KB161796

바이마르, 괴테 가든 하우스 카를 아우구스트 대공으로부터 하사받은 집으로, 괴테는 만년을 이곳에서 보냈다. 1998년 유네스코 세계문화유산으로 지정되었다.

▲바이마르 궁정으로 통하는 다리
《괴테와의 대화》1823년 6월 10일 에커만이 바이마르를 방문해 괴테를 만나는 것으로 이야기가 시작된다.

◀안나 아말리아 대공비 (1739~1807)
바이마르 공국 카를 아우구스트 공의 어머니
아들이 아직 어리므로 섭정을 하게 된다. 괴테는 1775년 안나 아말리아의 초청으로 바이마르로 이주하여 일생을 이곳에서 살았다.

앙겔리카 카우프만(1741~1807) 스위스 출신 신고전주의 화가. 영국 왕립미술원 창설자의 한 사람
1823년 11월 23일 '…괴테는… 그 색이 앙겔리카 카우프만이 그림의 살색 부분에 즐겨 사용하는 색과 똑같다는 것을
알고 얼마나 놀랐는지 모른다고 말했다.'

▲함께 늙어가는 카를 아우구스트 대공(1757~1828, 재위 1816~1828)과 괴테

1815년 바이마르 공국이 작센 바이마르 아이제나흐 대공국으로 승격되어 아우구스트 공은 대공이 되었다. 1828년 6월 15일 공연 관람을 준비하던 괴테는 슬픈 소식을 듣는다. '극장 관람은 취소되었습니다. 오늘 무대 상연은 없습니다. 대공께서 돌아가셨습니다. 베를린 여행에서 바이마르로 오는 길에 세상을 떠나셨습니다.'

◀루이제 대공비(1757~1830) 티슈바인. 1795. 카를 아우구스트 대공의 부인

▲바이마르 극장
극장 앞에 괴테와 실러 동상이 서 있다. 1825년 3월 22일 '바이마르 극장 화재'에 대한 이야기가 서술되어 있다. 오늘날의 건물은 세 번째 지어진 건물이다.

▶《파우스트》 제1부
〈발푸르기스의 밤〉
람베르크

▲바이마르 티푸르 성
안나 아말리아 대공비의 여름 별궁으로 지어졌으며 바이마르 동쪽 4km, 일름 강변에 있다. 1998년 유네스코 세계문화유산 지정

◀마리아 파블로브나 대공비(1786 ~1859)
카를 프리드리히 대공의 부인. 에커만은 《괴테와의 대화》를 파블로브나 대공비에게 헌정한다.

▼카를 프리드리히 대공(1783~1853, 재위 1828~1853)
1828년 전임 카를 아우구스트 대공에 이어 즉위했다.

〈이피게니에〉의 한 장면

1827년 4월 1일 나는 어제 바이마르 극장에서 상연된 그의 작품 〈이피게니에〉에 대해 이야기를 나눴다. 괴테는 말했다. "이 연극은 그 나름대로 어려운 점을 가지고 있지. 내면적인 움직임은 풍부하지만 외면적인 움직임은 빈약하기 때문이야. …"

Conversations of
GOETHE

WITH JOHANN PETER ECKERMANN

Introduction by Havelock Ellis

《괴테와의 대화》(1830~32) 표지

세계사상전집68
Johann Peter Eckermann
GESPRÄCHE MIT GOETHE

괴테와의 대화 Ⅱ

요한 페터 에커만/곽복록 옮김

동서문화사

괴테와의 대화 I II

차례

괴테와의 대화 II

괴테와의 대화 I

제2부
(1828~1832)

1830년

1830년 1월 3일 일요일

괴테는 나에게 영국의 연감 〈키프세이크〉의 1830년 판을 보여주었다. 거기에는 대단히 아름다운 동판화와 바이런 경이 쓴 아주 흥미진진한 편지 두세 통이 들어 있었기 때문에, 나는 식사가 끝난 뒤에 그것을 읽어 보았다. 그 사이에 괴테 자신은 최근 제라르*¹가 번역한 〈파우스트〉의 프랑스어 판을 쥐고 책장을 넘기면서 여기저기를 읽고 있는 것 같았다.

"이 책이 50년 전에 볼테르가 사용했던 언어로 읽히고 있다는 것을 생각하면 이상한 기분에 사로잡히게 되네. 이렇게 말해도 자네는 내가 무엇을 생각하고 있는지 이해하지 못할 것이야. 더군다나 볼테르와 그 당시의 위대한 사람들이 나의 청년기에 얼마나 큰 의의를 가졌었는가, 또 그들이 윤리적인 세계 전체에 얼마나 군림하고 있었는가 하는 점에 대해서는 도저히 상상조차 하지 못할 것이야. 이 사람들이 나의 청년기에 얼마나 큰 영향을 주었는지, 또한 그들에 대항하여 스스로를 지키면서 독립된 입장에서 자연에 대해 참된 관계를 가지려고 내가 얼마나 남다른 노력을 다하였는지, 그런 것은 나의 자서전*²에는 확실하게 나타나 있지 않지."

우리는 계속하여 볼테르에 대해 이야기하였다. 괴테는 볼테르의 〈체계〉라는 시를 암송했다. 이것으로 보아 괴테는 청년기에 이러한 작품을 열심히 연구하여 자기의 것으로 만들려고 노력했음에 틀림없었다.

위에서 말한 제라르의 번역은 대부분 산문체였지만, 괴테는 이것을 아주 잘

---

*1 제라르(1808~1855). 프랑스의 낭만주의 작가인 그는 1827년 괴테의 〈파우스트〉를 프랑스어로 번역했다. 또 1830년에는 괴테, 실러 그리고 빌란트의 시를 프랑스어로 번역하여 〈독일 시집〉으로 출판했다.
*2 〈시와 진실〉 제3부 제11장을 말하고 있다.

된 번역이라고 칭찬했다. "나는 이제 독일어로는 〈파우스트〉를 읽고 싶은 생각이 없어. 그러나 이렇게 프랑스어로 번역된 것을 읽으면 모든 것이 다시 신선하고 새로워 발랄한 감명을 받게 되지."

괴테는 말을 계속했다. "〈파우스트〉에는 헤아릴 수 없는 그 무엇이 담겨 있어. 오성을 가지고 이것에 접근해 보려고 하지만 허사로 끝나고 말지. 게다가 이 제1부가 한 개인의 어딘지 좀 어두운 의식상태에서 태어났다는 것을 생각하지 않으면 안 되네. 그러나 이 어두운 의식상태가 사람들의 마음을 끌어당기는 것이야. 그리고 사람들은 풀기 어려운 문제들에 맞붙어 씨름하듯이 이것에 매달려 어려움을 겪고 있지."

1830년 1월 10일 일요일

오늘 식사 후 괴테는 파우스트가 어머니들이 있는 곳으로 가는 장면을 낭송하여 내 마음을 정말 흐뭇하게 해 주었다. 대상이 너무나 새롭고 의외였고, 괴테가 그 장면을 낭독하는 방식이 이상하게도 나를 사로잡아서 나는 완전히 파우스트의 상태로 옮겨진 느낌이었다. 그래서 메피스토펠레스가 말할 때에는 파우스트와 마찬가지로 나도 온몸이 몸서리쳐지는 것을 느꼈다.*3

나는 그가 묘사하는 것을 잘 들었고 또 잘 느꼈다. 그러나 수수께끼와 같은 것이 많이 남았기 때문에 나는 괴테에게서 몇 가지 설명을 듣고 싶다는 간절한 소망을 저버릴 수 없었다. 그러나 그는 언제나 마찬가지로 비밀로 부치고는 큰 눈동자로 나를 응시하면서 다음과 같은 말을 되풀이하였다.

"어머니들, 어머니들!—참으로 이상하게 들리는데!"*4

괴테가 말했다. "자네에게 이 이상은 더 밝힐 수가 없어. 어머니들을 신성(神性)으로 취급하고 있다는 이야기는 플루타르코스에서 볼 수 있고, 그리스의 고대에도 있었지. 내가 전설의 덕을 보고 있는 것은 이것이 전부이고 나머지는 나 자신의 창작이야. 자네는 이 원고를 집으로 가지고 가서 전체를 자세히 연구해 보고, 어디까지 이해할 수 있는지 한번 시도해 보게."

---

*3 〈파우스트〉제2부 제1막 6216행 〈어두운 복도〉 장면을 말한다.
*4 〈파우스트〉제2부 제1막 6217행이다.

그 후 나는 이 독특한 장면을 되풀이하여 조용히 관찰할 수 있어서 기뻤다. 그 어머니들의 특이한 본성과 활동, 그리고 그녀들의 환경과 그 거주지에 관해 다음과 같은 견해에 도달했다.

우리들이 살고 있는 이 거대한 지구의 내부가 아무런 물체에도 부딪치지 않고 일직선으로 수백 마일을 걸어갈 수 있는 텅 빈 공간이라고 생각한다면, 그것이 바로 파우스트가 내려가 찾은 저 미지의 여신들이 사는 주거지일 것이다. 그녀들은 말하자면 일체의 공간 밖에서 살고 있는 것이다. 왜냐하면 그녀들의 가까운 주위에는 고체가 전혀 없기 때문이다. 또한 그녀들은 일체의 시간 밖에서 살고 있다. 왜냐하면 올라갔다가 떨어지며 낮과 밤의 변화를 알려주는 별도 전혀 그녀들을 비추지 않기 때문이다.

이와 같이 어머니들은 영원한 박명과 고독 속에 머무르면서 창조하는 존재인 것이다. 그녀들은 창조하고 보존하는 근원체이다. 지구의 표면에서 형체와 생명을 갖추고 있는 모든 것은 거기에서 발생하는 것이다. 호흡이 끊어진 것은 정령이 되어 그녀들 곁으로 되돌아간다. 그리고 다시 보호를 받는다. 과거에 존재한 것과 미래에 존재하게 될 모든 영혼과 형체는, 어머니들의 주거지인 무한한 공간 속에서 구름처럼 여기저기를 떠돌아다니면서 그녀들을 에워싸고 있다. 그러므로 마술사들도 마술의 힘으로 어떤 생물의 형태를 지배하고 전에 살고 있었던 것을 불러내 가상의 생명을 주려고 한다면, 그녀들이 살고 있는 나라로 가야만 한다.

이렇듯 이 세상의 존재, 생성과 발육, 파괴와 재생의 쉴 새 없는 변화는 어머니들의 끊임없는 영위인 것이다. 그런데 이 지상에서 쉬지 않고 생식에 의해 새로운 생명을 양육해 가는 모든 경우에 여성적인 것이 중요한 역할을 행사하고 있는 것처럼, 저 창조하는 신들은 바로 여성적인 것이라고 생각해도 좋을 것이다. 그리고 그들에게 저 영광스러운 '어머니'의 이름을 붙이는 것도 근거 없는 바는 아닐 것이다.

물론 이런 모든 것은 단지 시적인 창조에 지나지 않는다. 그러나 우리 유한한 인간은 더 이상 앞으로 나아갈 수 없다. 그러므로 인간은 마음의 평화를 누릴 수 있는 얼마간의 것을 발견하게 되면 그것으로 만족해하면 되는 것이다.

우리는 이 지상에서 갖가지 현상을 목격하고 그 작용을 느끼지만, 그것이 어디에서 와서 어디로 사라지는가에 대해서는 모르고 있다. 우리는 정신적인 원천이 있다는 것, 유일한 신성이 존재한다는 것을 추측은 하지만 이것에 대한 각별한 개념이나 표현을 가지고 있는 것은 아니다. 그러므로 우리의 막연한 예상을 어느 정도까지 구상화하고 명백하게 하기 위해서도 그것을 우리의 수준으로까지 끌어내려 의인화하지 않으면 안 된다.

이렇게 하여 모든 신화가 탄생했던 것이다. 그리고 그것은 세기에서 세기를 거쳐 여러 민족들 사이에 전해 내려왔다. 괴테가 창조한 이 새로운 신화는 적어도 자연의 진리를 어느 정도 지니고 있는 면모를 보여 준다. 그리고 아마도 이때까지 창조된 신화 중에서도 최고의 것과 어깨를 나란히 겨눌 수 있는 것임에 틀림이 없을 것이다.

1830년 1월 24일 일요일

"나는 요사이 유명한 슈토테른하임의 암염(岩鹽) 채굴자*5로부터 한 통의 편지를 받았네" 하고 괴테가 말했다.

"그 글의 첫머리가 어딘지 좀 색다르다네. 그래서 그것을 자네에게 말하지 않을 수 없어. '나는 한 가지 경험을 했습니다. 이것은 나에게는 헛된 것이 되어서는 안 됩니다' 하고 그는 썼네. 이렇게 허두를 시작한 사건은 무엇이라고 생각하는가? 그건 적게 매겨도 1천 탈러에 이르는 손해에 관한 것이야. 부드러운 토양과 바위를 뚫고 1천 2백 피트 깊이의 암염이 있는 데까지 내려가는 수직갱 양쪽에 깜빡하고 버팀목을 대지 않았던 것이지. 이 때문에 부드러운 토양이 무너져 내리고 갱의 아래쪽이 진흙에 파묻혀, 이제는 이 진흙을 제거하기 위한 작업에 엄청난 비용을 들여야 하는 처지에 놓이게 되었지. 그는 이제 1천 2백 피트 깊이에 금속제의 관을 넣고, 이후로는 이런 불행한 사고가 다시는 일어나지 않도록 할 것이라고 말하였네. 그러나 이것을 처음부터 했으면 더

---

*5 카를 굴렝크(1779~1845). 슈토테른하임의 제염소장인 그는 1828년 1월 30일 대공비의 탄생일에 최초로 채취한 암염 견본을 헌정했다. 괴테는 이에 〈슈토테른하임 제염소의 최초의 산물〉이라는 시를 지었다.

돌소금 광산

좋았겠지. 우리들로서는 왜 진작 그렇게 하지 않았는지 도저히 이해할 수 없기도 하지. 그러나 이러한 후속조치도 무슨 일이든 거뜬히 해치우는 사람들만이 가지고 있는 대담한 성질에서 비롯되는 거야. 그래서 이런 재난을 당했어도 끝까지 태연스럽게 '나는 한 가지 경험을 했습니다. 이것은 나에게는 헛된 것이 되어서는 안 됩니다'라고 글을 쓸 수 있는 것이지. 이것이야말로 정말로 믿음직스러운 사람이라고 아니할 수 없네. 불평을 하지도 않고 곧 다시 일을 시작하고 언제나 스스로 일어서지. 자네는 어떻게 생각하는가. 정말 멋지지 않은가?"

"그 말을 들으니 작가인 스턴을 생각하게 됩니다" 하고 내가 대답했다. "그도 자신의 괴로움을 현자처럼 이용하지 않았던 것을 한탄하고 있습니다."

"그렇군. 어딘지 닮은 데가 있어" 하고 괴테는 말했다.

"그리고 나는 베리쉬*6에 대한 생각도 하지 않을 수 없습니다" 하고 나는 계속 말했다. "그는 경험이란 무엇인가를 가르쳐 주고 있습니다. '경험이란 경험하고 싶지 않은 것을 어쩔 수 없이 경험하게끔 만드는 것을 경험에 의해 경험하

---

*6 베리쉬(1738~1809). 괴테의 라이프치히 대학시절의 친구로 〈시와 진실〉에 자세히 나온다.

는 것이다.*⁷라는 말을 요 얼마 전에 다시금 읽고 경건한 마음이 되었습니다."

"그렇지" 하고 괴테는 웃으면서 말했다. "그것은 옛날식 익살이야. 그런 것을 말하면서 우리 둘은 시간을 때우곤 했네."

"베리쉬는 참으로 우아함과 섬세함이 넘쳤던 사람처럼 생각됩니다. 밤에 애인 곁으로 찾아가려는 젊은이를 만류하기 위해 술집에서 보여준 익살은 정말로 멋집니다. 그는 이것을 자못 명랑한 수법으로 해내고 있지요. 자기의 단검을 차 보이기도 하고 이렇게 해 보기도 하고 저렇게 해 보기도 하면서, 모든 사람들을 웃음 속으로 끌고 들어가 그 젊은이가 데이트 시간을 잊어버리게 만듭니다."

"그렇지" 하고 괴테는 말했다. "그것은 매우 근사한 것이었어. 그것을 무대에 올렸으면 가장 우아한 장면 중의 하나가 되었을 것이야. 대체로 베리쉬는 무대에 적합한 인물이었지."

이어 우리는 괴테의 〈자서전〉*⁸ 속에서 말하고 있는 베리쉬의 기이한 행동을 남김없이 되풀이하여 말했다. 그는 쥐색 복장을 즐겨 입었는데, 그것은 비단과 비로드 그리고 양털로 되어 있어 서로 두드러지게 짙음과 옅음의 차이를 나타내고 있었다. 게다가 그는 쉬지 않고 어떤 새로운 회색 옷을 몸에 걸칠 것인가에 신경을 쓰곤 했다. 그리고 그는 괴테의 시를 마치 식자공이 일을 하듯 정서(淨書)하곤 했는데, 그러는 동시에 정서하는 사람의 품위와 위엄을 극구 찬양했다. 또 창가에 드러누워서는 지나가는 사람들의 허물을 찾아내 머릿속에서 그들이 입은 옷을 바꾸어 보고는, 만약 그들이 이런 옷을 입었다면 얼마나 우스울 것인가 생각하면서 시간을 보내는 것을 즐겼다.*⁹

"그리고 우편집배원과 관련된 그의 장난은 상습적인 것이었지. 그 이야기는 어떻든가. 그것도 재미있지 않은가?" 내가 대답했다. "그것은 금시초문입니다. 당신의 〈자서전〉에는 그런 얘기는 전혀 없었습니다."

"그건 참 이상한데!" 하고 괴테는 말했다.

---

*7 〈시와 진실〉제2부 제7장 마지막을 참고하라.
*8 〈시와 진실〉을 말하는 것이다. 괴테 자서전의 제목은 원래 〈나의 생애에서〉였으나 현재에는 부제였던 〈시와 진실〉이 표제처럼 여겨지고 있다.
*9 〈시와 진실〉제2부 제7장을 말한다.

"그렇다면 그것을 자네에게 이야기해 주지. 우리는 함께 창가에 드러누워 있었지. 그러자 우편집배원이 이 집에서 저 집으로 걸어다니면서 이쪽으로 오고 있는 게 보였네. 그것을 보자 그는 여느 때처럼 1그로셴을 호주머니에서 꺼내 창가에 갖다 놓았어. 그러고는 '자네는 우편집배원이 보이는가?' 하고 향해 말했지. '그가 점점 가까이오고 있네. 그리고 이제 곧 여기 위로 올라오지. 나는 다 알고 있어. 그는 자네 앞으로 온 편지를 가지고 있네. 그것은 어떤 편지라고 생각하는가. 절대로 보통편지는 아니네. 어음이 들어 있지.—어음이란 말이야! 얼마짜리 어음인지는 말할 수 없어.—봐, 이번에는 이쪽으로 오고 있어. 아니군!—그렇지만 곧 올 게야. 자, 또 나타났어. 이번에는 오는군!—이쪽이야! 이쪽으로 들어오세요! 이쪽으로!—그냥 가버렸네! 어처구니없어! 정말 어이없어! 어쩌면 처사가 이렇게 바보스럽고 무책임할 수 있을까! 이중의 의미에서 무책임하지. 저자는 손에 자네 어음을 손에 쥐고도 가져오지 않았으니 그것은 자네에게 무책임한 짓이야. 그리고 그는 자기 자신에 대해서도 아주 무책임하지. 내가 그를 위해 벌써 준비해 놓고 있는 1그로셴을 받으려고 하지 않다니 말이야. 그렇다면 이제 돈을 다시 호주머니에 집어넣어야겠군.' 이 말과 함께 그는 1그로셴을 정중하게 다시 호주머니에 넣어 버렸어. 그러고 나서 우리 두 사람은 실컷 웃지 않을 수 없었지."

이 이야기는 재미있었다. 이것은 그와 관련된 다른 농담과 비슷한 것이었다. 나는 괴테에게 훗날 베리쉬를 다시 만났는지 물어 보았다.

"다시 만났지" 하고 괴테는 대답했다. "그것도 내가 바이마르로 도착한 바로 직후였어. 아마 1776년이라고 생각하네. 내가 대공과 함께 데사우로 여행하고 있을 때였어. 베리쉬는 거기에 황태자의 교육자로서 라이프치히에서 초청을 받고 와 있었지. 그는 그때에도 그전과 조금도 변하지 않았어. 감정이 섬세한 궁정관이었고 최고 유머의 소유자였네."

"당신이 그 사이에 아주 유명한 사람이 된 것에 대해 그는 뭐라고 말했습니까?" 괴테가 대답했다. "그것 봐, 내가 그때 말하지 않았던가?' 이것이 우리가 다시 만났을 때의 그의 첫마디였지. '자네가 그때 시를 인쇄하지 않고 걸작이 만들어질 때까지 기다렸던 것은 현명한 일이었어. 물론 그 당시의 작품도 괜찮았지. 그렇지 않았다면 나도 정서하지 않았을 테니까. 우리가 계속 함께 지냈다면 다른 시도 인쇄시키지 않고 내가 정서해 주었을 게야. 그랬으면 역시 더 좋았을 테지.' 어때 자네, 그는 옛날 그대로이지. 그는 궁정에서 아주 사랑을 받았네. 그는 언제나 공작의 식탁에 초대받곤 했어."

"마지막으로 그를 본 것은 1801년이었어. 그때 그는 벌써 노인이었지만 여전히 아주 명랑했네. 그는 성내의 아주 아름다운 방에서 살고 있었는데, 그 방하나를 완전히 제라늄 꽃으로 뒤덮어 놓았지. 그 당시의 사람들은 이 꽃을 특별히 사랑했어. 그런데 식물학자들이 제라늄을 여러 종류로 분류하여, 어떤 종류의 것에 펠라르고늄이라는 이름을 붙였지. 이 노인에게는 이것이 마음에 들지 않았어. 그래서 그는 식물학자들을 비난했지. '바보같은 놈들!' 하고 그는 말했네. '나는 방 안 전체를 제라늄으로 가득 채웠다고 생각하고 있지. 그런데 그놈들이 와서는 그것들을 펠라르고늄이라고 말했네. 그렇지만 그 꽃들이 제라늄이 아닌 것이 나하고 무슨 상관이 있다는 말인가. 펠라르고늄은 나에게는 쓸모가 없는 것이야.' 이렇게 그는 반 시간이나 말을 해댔지. 어때, 그는 옛날이나 지금이나 마찬가지야."

다음으로 우리는 〈고전적 발푸르기스의 밤〉*10에 대해 이야기했다. 그 첫 부분을 괴테는 2, 3일 전에 나에게 읽어 주었다. "그때에 내 머리에 떠오른 신화적인 인물들은 수없이 많았네. 그러나 나는 신중을 기해 그 모습을 확실하게 떠올릴 수 있을 것만을 택했지. 파우스트는 지금 히론*11과 함께 있어. 이 장면도 잘될 것이라고 생각하고 있네. 만약 내가 더 열심히 계속하면 〈발푸르기스의 밤〉도 2,3개월 안에 완성할 수 있을 게야. 그러니까 이제부터는 무슨 일이 있어도 절대로 〈파우스트〉에서 손때지 않을 것이야. 내가 살아 있는 동안

---

*10 여기 전체 다섯 가지에서 전개되는 광경은 파우스트, 메피스토펠레스 그리고 호문클루스가 각각 주가 되어 이끌어 간다.

*11 히론은 다른 켄타우로스로서 역시 머리에서 허리까지는 인간이고, 다른 부분은 말의 신체를 가지고 있다. 켄타우로스는 괴물이지만 고대 사람들은 말을 좋아했기 때문에, 이들에게만은 훌륭한 성질을 부여했다. 특히 히론이라고 불리는 이 켄타우로스는 아폴로와 아르테미스에게서 교육을 받아, 사냥, 의술, 음악 그리고 예언술에 뛰어나 유명했다. 아르테미스의 이야기에 나오는 가장 훌륭한 영웅들은 모두 그의 제자였다.

파우스트와 히론 〈파우스트〉 제2부 제2막 7320~7494

에 〈파우스트〉의 완성을 체험할 수 있다면 이 이상 멋진 일이 또 어디에 있겠는가! 그리고 이것은 가능한 일이야. 제5막은 이제는 거의 완성한 거나 다름없고, 제4막도 저절로 완성될 것이니까 말일세."

이어 괴테는 자신의 건강에 대해서 말하면서, 계속하여 더할 나위 없이 건강하게 지내고 있어서 고마울 뿐이라고 말했다. "내가 지금 이렇게 건강한 것은 포겔의 덕분이라네. 그가 없었으면 나는 이미 이 세상에 존재하지 않을 것이야. 포겔은 타고난 의사라네. 실제로 그는 내가 이때까지 알고 지낸 사람 중에서 가장 천재적인 인물 중의 한 사람이야. 그러나 그가 훌륭하다는 것을 너무 칭찬하지는 말아야 해. 다른 사람에게 그를 빼앗기지 않으려면 말일세."

1830년 1월 31일 일요일

밀턴

괴테와 함께 식사를 하며 밀턴*[12]에 대해서 이야기했다. "나는 요 얼마 전에 그의 〈삼손〉을 읽었지" 하고 괴테는 말했다. "그런데 이것만큼 고대인의 정신을 잘 전달해 준 작품은 근대에 이르러 어떠한 작가의 저작 중에서도 찾아볼 수 없네. 그는 참으로 위대하지. 그 자신이 장님이었던 것이 삼손을 이처럼 생생한 필치로 쓰게 하는 데에 도움이 되었을 게야. 밀턴은 진짜로 훌륭한 시인이었지. 우리는 그에게 최대한의 존경을 표시해야 하네."

여러 종류의 신문들이 도착했다. 그리고 베를린의 연극통신에는 그곳 무대에 바다의 괴물 그리고 고래가 등장했다고 나와 있었다.

괴테는 프랑스 신문 〈루 탕〉에 실린 영국 성직자의 막대한 봉급에 대한 기사를 읽었다. 그것은 기독교계를 전부 통틀어 영국 성직자들보다 많은 액수를 받는 교역자는 없다는 내용이었다. 괴테는 말했다. "이 세상은 보수에 의해 지배된다고 말하는 사람들이 있지. 그러나 나는 이 세상이 잘 지배되고 있는지 그렇지 않은지는 지불되는 보수에 의해 알 수 있다고 생각하네."

1830년 2월 3일 수요일

괴테와 함께 식사를 했다. 우리는 모차르트에 대해 이야기했다. "나는 모차르트가 아직 일곱 살 소년이었을 때 그를 만난 적이 있네" 하고 괴테는 말했다. "그가 여행을 하면서 연주회를 열었을 때였어. 나는 그때 열네 살이었을 게야. 머리를 묶고 칼을 찬 그의 작은 모습을 지금도 똑똑히 기억하고 있지." 나

＊12 밀턴(1608~1678). 영국의 작가로서 자신도 소경이 된 그는 구술로써 인간성을 대표하는 아담의 죄와 벌 그리고 그럼에도 여전히 존재하는 구제의 가능성 〈실낙원〉(1667)을 저술했다. 그 대서사시는 노래하고 있다. 이어 구약성서 〈판관기〉에 나오는 소경의 영웅 삼손의 죽음을 다룬 〈투사 삼손〉(1671)에서 그는 그리스 비극의 형식을 채용하여 가장 완벽한 예술미를 나타냈다고 한다.

는 이 말을 듣고 깜짝 놀라서 눈을 크게 떴다. '괴테가 어릴 때의 모차르트를 만난 적이 있을 만큼 나이를 먹었구나' 하는 것을 생각하고는 이상한 기분이 들었다.

1830년 2월 7일 일요일

괴테와 함께 식사를 했다. 우리는 수석 대주교이자 대공*¹³인 어떤 사람에 관해 여러 가지 이야기를 했다. 괴테는 자신이 오스트리아 여제의 연회석상에서 교묘한 말솜씨로 이 대주교를 변호해 주었다고 말했다. 또 대공이 철학에 관해서는 식견이 없었다는 것, 그림을 그리기는 했지만 아마추어의 수준이었고 취미도 별로 없었다는 것, 고어 양*¹⁴에게 그림을 보냈다는 것 등이 화제에 올랐다. 그리고 괴테는 그가 마음이 착하고 온순하여 무엇이든지 사람들에게 주어 버려, 급기야는 곤궁에 빠지고 말았다고 하였다. 이어 우리는 무례한 태도의 개념에 대한 이야기 등을 나누었다.

식사 후에 괴테의 아들이 발터와 볼프를 데리고 클링조르*¹⁵로 가장하고 궁정으로 갔다.

1830년 2월 10일 수요일

괴테와 함께 식사를 했다. 그는 리머가 2월 2일의 축제를 기념하여 쓴 축제가*¹⁶를 극구 칭찬했다. "정말이지 리머가 쓴 시는 어떤 대가나 동료 앞에 내놓아도 부끄럽지 않은 것이야."

우리는 이어 〈고전적 발푸르기스의 밤〉에 대해 이야기했다. 괴테는 이것을 쓰고 있을 때 여러 가지 착상이 머리에 떠올라 자신도 놀랄 지경이라고 말했다. 그리고 소재 범위도 예상 외로 넓어졌다는 것이었다.

---

*13 칼테오도르 폰 달베르크(1744~1817)를 말하는 것으로, 그는 괴테, 헤르더 그리고 빌란트와 친교를 맺고 있었다. 마인츠의 선제후인 그는 프랑크푸르트 대공이라는 칭호를 가지고 있다.
*14 고어 양(1754~1802). 1731년 이래로 바이마르에 정착한 영국인 찰스 고어의 딸이다.
*15 중세기의 전설적인 인물인 그는 〈발트부르크 노래경연대회〉에서 심판관으로 등장했다.
*16 리머는 대공의 탄생일에 가장 행렬을 〈발트부르크 노래경연대회〉라는 시(詩)로 노래했다.

"지금으로서는 절반 이상을 넘어선 상태야" 하고 그는 말했다. "그러나 이대로 계속 써 나가면 부활절까지는 완성되리라고 믿고 있네. 그때까지는 자네에게도 이 이상 더 보여주지 않겠어. 그러나 다 완성되면 자네에게 줄 터이니 집으로 가져가 조용히 읽어 주게. 자네가 이번에 제38권과 39권을 함께 정리하여 부활절까지 최종원고를 보낼 수 있으면 좋겠어. 그렇게 되면 우리는 여름에 마음놓고 더 큰 작업에 손을 댈 수 있어. 나는 〈파우스트〉를 계속 써서 제4막을 완성할 수 있을 게야." 이 말을 듣고 나는 기뻤다. 그리고 가능한 한 어떤 도움도 아끼지 않겠다고 약속했다.

괴테는 이어 하인을 보내 대공모의 안부를 알아오도록 했다. 대공모가 중태여서 그녀의 용태를 걱정하고 있었던 것이다.

"대공모께서 가장행렬을 참관하지 않았으면 좋았을걸 그랬어" 하고 그는 말했다.

"그러나 높으신 분들은 자기의 뜻을 관철시키는 데에 익숙해져 있네. 그래서 시종들이나 의사들이 아무리 반대를 해도 소용없어. 이런 강한 의지력이 있었기에 대공모는 전에 나폴레옹에 대항하여 맞설 수 있었고, 지금은 쇠약해진 몸을 잘 지탱하고 계시네. 나는 이미 잘 알고 있지. 그분도 대공 전하와 마찬가지로 원기 왕성하시고 정신력도 또렷하시지만, 이제는 육체가 말을 듣지 않으니 끝날 날이 오게 될 게야."

괴테는 눈에 띄게 걱정하고 있는 모습으로 한동안 침묵을 지키고 있었다. 그러나 우리는 다시 명랑한 이야기로 옮겨갔다. 그는 허드슨 로웨*17의 변명에 관한 책 이야기를 했다.

"이 책 속에는 가장 귀중한 글이 적혀 있지" 하고 그는 말했다. "여기엔 직접 눈으로 본 사람이 아니고는 쓸 수 없는 것이 들어 있어. 자네도 알지만 나폴레옹은 언제나 진한 녹색 군복을 입고 있었지. 그런데 그 옷은 너무 오래 입어서 낡았고 햇빛에 타서 아주 초라하게 보였네. 그래서 그는 이것을 다른 옷과 바꿀 필요를 느꼈지. 그는 같은 진한 녹색을 원했어. 그러나 이 섬에는 그런 물건

---

*17 하드슨 로웨(1767~1844). 영국의 군인으로 나폴레옹이 유폐된 세인트 헬레나의 총독을 지냈다. 그는 〈세인트 헬레나의 나폴레옹의 유폐에 대한 회상〉(1830년)을 썼다.

이 없었지. 물론 녹색천은 찾았지만 그 색은 불순하게도 황색이 섞여 있었네. 이런 색의 옷을 입는다는 것은 세계를 제패한 황제에게는 아무래도 불가능한 일이었지. 그래서 할 수 없이 그 낡은 군복을 뒤집어서 입는 수밖에 없었네.

나폴레옹

자네는 이것을 어떻게 생각하는가? 정말로 비극적인 이야기가 아닌가? 제왕중의 제왕이 급기야는 군복을 뒤집어 입어야 할 정도로 영락한 것을 볼 때에는 참을 수 없는 기분이 되지 않나? 그렇지만 이것이 수백만 명의 인명과 행복을 유린한 사나이의 최후라는 것을 생각하면, 그가 겪은 이러한 운명은 아직도 너무나 미온적인 것이지. 복수의 여신도 이 영웅의 위대함을 참작하여 어느 정도 적당히 봐준 모양이네. 자기 자신을 절대적인 것으로 끌어올리고, 모든 것을 어떤 이념의 실현을 위해 희생시킨다는 것, 이것이 얼마나 위험한 것인가를 나폴레옹은 우리들에게 보여 주고 있는 것일세."

우리는 계속하여 이와 관련된 여러 가지 이야기를 했다. 그리고 나는 〈세빌랴의 별〉*¹⁸을 관람하러 극장으로 갔다.

1830년 2월 14일 일요일

오늘 정오에 식사 초대를 받고 괴테에게로 가는 도중에, 이제 막 대공모전하께서 서거하셨다는 보고를 접했다. 그때 나에게 제일 먼저 떠오른 생각은 이것이 저 고령의 괴테에게 어떤 영향을 미칠 것인가 하는 것이었다. 그리고 다소 걱정을 하면서 문지방에 들어섰다. 하인은 나에게 방금 그의 며느리가 이 비보를 알리려고 그한테로 갔다고 말했다. 나는 혼잣말을 했다. '50년 이

---

*18 오스트리아의 시인인 요제프 크리스티안 폰 체드리츠(1790~1862)가 로페 데 베가의 동명 희곡을 모방한 것이다.

상이나 괴테는 이 대공모와 함께 지내면서 특별한 비호와 은총을 받고 지냈다. 그분의 죽음은 그의 마음을 깊이 요동시킬 것임에 틀림없어.' 이렇게 생각하면서 나는 그의 방으로 들어갔다. 그러나 그는 며느리와 손자들과 함께 식탁에 앉아 아주 쾌활하고 기운차게 수프를 들고 있었다. 나는 그것을 보고 적잖이 놀랐다. 마치 아무 일도 없었던 것 같이 우리는 자못 명랑하게 두서 없는 말을 계속했다. 이윽고 거리 전체의 모든 종이 일제히 울리기 시작했다. 조종이 울리자, 젊은 괴테 부인은 나에게 눈짓을 보냈다. 그래서 우리는 한층 더 목소리를 높여 말하면서, 종의 울림이 그의 마음속 깊이 스며들어 비통한 심기를 북돋우지 않도록 신경을 썼다. 왜냐하면 우리는 그도 우리와 같은 느낌일 것이라고 생각했기 때문이다. 그렇건만 그는 우리처럼 느끼고 있지 않았다. 그의 심경은 전혀 다른 것이었다. 그는 마치 이 세상의 고뇌하고는 상관없는 한 단계 높은 존재인 것처럼 우리 앞에 앉아 있었다. 궁중고문관인 포겔이 나타났다. 그는 우리와 자리를 함께 하면서 승천하신 그분의 임종에 대해 자세히 이야기해 주었다. 괴테는 이것을 전과 마찬가지로 조용히 그리고 침착하게 듣고 있었다. 포겔은 가 버렸다. 우리는 오찬을 들면서 담화를 계속하였다. 〈카오스〉*[19]에 관한 이야기도 여러 번 있었고, 괴테는 그 잡지의 지난 호에 실린 〈연주에 관한 고찰〉은 참으로 탁월한 글이라고 칭찬했다. 젊은 괴테 부인이 아이들과 함께 자리를 물러간 뒤에 나는 괴테와 단둘이 남게 되었다. 그는 나에게 〈고전적 발푸르기스의 밤〉에 대해 이야기했다. 그 작업은 날이 갈수록 잘 진척되고 있고 기대 이상으로 성공하고 있다는 것이었다. 이어 그는 오늘 바이에른 왕으로부터 받은 한 통의 편지를 보여 주었다. 나는 그것을 아주 흥미있게 읽었다. 왕의 고귀함과 성실한 정신은 편지의 각 행간을 꿰뚫어 나타나고 있었다. 이렇게 왕이 자신에 대해 언제나 변치 않고 있는 것이 괴테를 각별히 기쁘게 해 준 것 같이 보였다. 궁중고문관인 소레가 와서 자리를 함께 했다. 그는 전하께서 괴테에게 보내는 위로의 말씀을 전하러 왔던 것이다. 이것은 밝게 마음을 가라앉히고 있는 괴테의 기분을 한층 더 드높이는 데 도움을 주었

---

*19 괴테의 며느리인 오틸리에의 주관으로 1829년 9월 12일부터 1931년까지 협회 회원들의 기고로만 출판된 개인잡지였다.

다. 괴테는 담화를 계속하여 저 유명한 니농 드 랑클로[20]에 대해 말했다. 그녀는 대단한 미인이었는데 16세 때에 죽을 고비를 맞은 적이 있다고 한다. 그런데 그녀는 조금도 흐트러지지 않고 다음과 같은 말로 주위의 사람들을 위로했다. "도대체 무슨 일이 더 있겠습니까? 나도 결국 한 발짝 먼저 죽음의 대열에 들어선 것에 지나지 않지요!"—그랬건만 그녀는 오래오래 90세까지 살아서 80대에 이르기까지 수백 명의 애인들을 행복하게 해 주기도 하고 절망 속으로 몰아 넣기도 했다는 것이었다.

이어 괴테는 고치[21]와 베네치아에 있는 그의 극장에 대해 이야기했다. 이 극장에서는 배우들이 대강의 줄거리만 받아서 그 즉석에서 연기를 한다는 것이다. 고치는 비극적인 경우는 단지 서른여섯 가지만 있을 뿐이라는 견해를 가지고 있었다고 한다. 실러는 그 외에도 더 있을 것이라고 믿었지만 그만큼의 숫자를 찾는 데에 성공하지 못했다.

그리고 나서 그림[22]에 대해 여러 가지 흥미로운 이야기가 있었다. 그의 정신과 성격에 대한 일화가 나왔는데, 그는 너무 지나치게 지폐를 경멸했다는 것이었다.

1830년 2월 17일 수요일

우리는 연극에 대해, 특히 무대의 배경그림과 의상의 색채에 대해 이야기했다. 결론은 다음과 같은 것이었다.

일반적으로 무대 배경그림은 전면에 나오는 의상의 갖가지 색채를 돋보이게 하는 색조를 가져야 한다. 가령 보이터[23]가 그린 무대 배경그림처럼 다소 갈색을 띠고 의복의 색깔이 아주 선명하게 드러나게 해야 하는 것이다. 그러나 무대 배경그림을 그리는 화가가 적색이나 황색 방 또는 흰 천막과 녹색의 정원

---

[20] 니농 드 랑클로(1620~1705). 뛰어난 재주와 용모로 유명했던 프랑스 부인으로 그녀의 주거지는 그 당시 유명인사들의 사교장이었다.
[21] 고치(1720~1806). 이탈리아의 희극작가이다.
[22] 그림(1723~1807). 그는 1748년 이래로 파리에서 주로 프랑스의 백과전서 일파와 어울리면서, 특히 독일 귀족 계급을 위해 프랑스의 문학동향에 대한 글을 쓰고 있었다.
[23] 보이터(1777~1856). 배우이자 무대 배경 화가이다.

을 그려야 해서 이런 안성맞춤의 막연한 색채를 사용할 수 없는 경우, 배우는 이것과 똑같은 색깔의 의상을 입지 않는 것이 현명하다. 붉은 유니폼과 녹색 바지를 입은 배우가 붉은 방으로 들어가게 되면 관객들의 눈에는 상반신이 지워진 두 다리만이 보이게 될 것이다. 또 그 사나이가 같은 복장으로 녹색 정원으로 들어가게 되면 이제 다리는 사라지고 상반신만이 돋보여 이상하게 될 것이다. 실제로 나는 흰 유니폼과 새까만 바지를 입은 배우가 흰 천막 속과 흑색 배경 앞에 서게 되어, 한 번은 상체가 다른 한 번은 다리가 사라진 채로 연기하는 것을 본 일이 있다.

괴테는 덧붙여 말했다. "그리고 무대 배경그림 화가가 적색과 황색의 방 또는 녹색 정원이나 삼림을 만들 때에는, 언제나 이것들의 색채를 다소 약하게 하여 엷은 안개에 싸인 것처럼 하는 것이 중요하지. 이렇게 하면 전면에 나타나는 배우 각자의 의상을 드러나게 하는 충분한 성과를 거둘 수 있네."

우리는 〈일리아스〉에 대해 이야기했다. 괴테는 나에게 이 서사시의 모티브가 훌륭하다는 것을 이야기하여 그에 대한 주의를 환기시켰다. 그는 아킬레스의 활동을 한동안 중지시켜 놓고 다른 영웅들을 출현시켜 활동할 수 있는 여유를 주고 있다는 점을 들었다.

그는 〈친화력〉에 대해서도 이야기했다. 그 속에 있는 단 한 행도 그의 체험이 반영되지 않는 것은 없지만, 그 한 행 한 행이 체험 그 자체만을 쓴 것은 아니라고 말했다. 그것은 제젠하임의 이야기*24에 있어서도 마찬가지라고 했다.

식사가 끝난 뒤에 네덜란드파의 화첩을 훑어 보았다. 항구가 그려진 그림*25 한 폭이 있었다. 그림 한쪽에서 사람들이 음료수를 배에 싣고 있다. 그리고 다른 한쪽에서는 큰 나무통 위에서 주사위놀이를 하고 있다. 이 그림은 다음과 같은 점을 고찰하는 데 훌륭한 계기를 제공하고 있다. 즉 예술적인 효과를 손상시키지 않으면서도 어떻게 하면 현실을 생략할 것인가. 큰 나무통 뚜껑 위에

---

*24 괴테가 슈트라스부르크 대학을 다닐 때, 그 근교 제젠하임 목사의 딸 프리드리케 부리온과의 사랑을 말하는 것이다.

*25 네덜란드의 화가인 링겔바흐(1623~1674)의 그림을 말하고 있다.

비치고 있는 햇빛은 가장 강하다. 주사위는 던져지고 있다. 이것은 사람들의 몸 짓에서 알 수 있다. 그렇지만 뚜껑 표면에는 주사위가 그려져 있지 않다. 왜냐 하면 주사위가 있으면 광선이 통과되지 않아 효과가 약해지기 때문이다. 이어 로이스달이 자신의 묘지를 설계한 초벌 그림을 보았다. 거기에서는 이 거장의 고심이 이만저만이 아닌 정도를 엿볼 수 있었다.

1830년 2월 21일 일요일

괴테와 함께 식사를 했다. 그는 나에게 기생식물*26을 보여 주었다. 나는 이 것을 아주 흥미롭게 관찰했다. 나는 그것을 보고 식물이 그의 뒤를 이어갈 개 체가 확실하게 나타날 때까지 가능한 한 오랫동안 자기의 생존을 계속하려고 노력하고 있는 것을 알아차렸다.

"결심했어" 하고 괴테는 말했다. "4주일 동안은 〈루 탕〉지와 〈글로브〉지를 읽 지 않기로 했어. 여러 가지 사정으로 볼 때 이 기간 중에 무슨 일이 일어날 것 임에 틀림없지. 하지만 나는 이런 소식이 외부에서 올 때까지 가만히 기다리기 로 했네. 그 사이에 나의 〈고전적 발푸르기스의 밤〉을 마무리하게 될 게야. 하 여튼 그런 것에 대한 관심*27에서는 하등 얻는 것이 없고 대개 분별력을 잃는 경우가 많지."

이어 그는 나에게 뮌헨의 보아스레*28에게서 온 편지를 넘겨주었다. 그것은 그를 기쁘게 해 주었다. 그리고 나도 마찬가지로 그것을 읽고 만족을 느꼈다. 보아스레는 특히 〈제2차 로마 체류기〉 그리고 〈예술과 고대〉의 종간호의 두세 가지 점에 대해 언급하고 있다. 이들 사항에 대한 그의 판단은 대단히 호의적 인 것이며 깊이 있는 것이었다. 그리고 이것이 계기가 되어 우리는 이 훌륭한 인물의 보기 드문 교양과 업적에 관해 여러 가지로 이야기를 나눴다.

---

*26 여기서 말하는 것은 변태근의 한 가지인 기근(氣根)을 가진 식물이다. 이 예로는 석곡이나 풍란이 있는데, 이것들은 가지나무 줄기에서 뿌리가 하늘로 올라가서 대기중에서 양분을 흡수하여 살아간다.
*27 혁명에 대한 관심을 말한다.
*28 보아스레(1783~1854). 1810년 이래로 괴테와 친교를 맺고 있는 미술학자이다. 괴테는 그의 영향으로 고대 독일 미술에 대한 흥미를 되찾았다.

괴테는 이어 코르넬리우스*[29]의 신작 그림에 대해 말하면서, 그것은 구상과 필법이 모두 건실하다고 말했다. 그리고 한 개의 그림이 좋은 색채를 구비하는 조건은 그 구상에 달려 있다고 했다.

그 후 산책하는 도중 또다시 기생식물이 나의 뇌리 속에 떠올랐다. 생물은 자기의 생존을 가능한 한 존속하려고 하지만, 그 후 다시 자기와 비슷한 것을 탄생시키기 위해 온갖 힘을 다한다는 생각이 들었다. 이런 자연법칙에서 나는 저 전설을 생각해 냈다. 세계의 태초에는 오직 한 분의 신만이 있었지만 그 후 신은 자기와 똑같은 모습을 한 아들을 창조했다는 것이다. 훌륭한 거장도 마찬가지로 자기의 근본원리와 활동을 계속해 나갈 착한 제자를 양성하는 것을 가장 중요한 일로 여긴다. 미술가 혹은 시인의 모든 작품은 그 자체가 그 작가 자신을 나타낸다고 볼 수 있다. 즉 이런 작품이 탁월한 경우에는 이것을 만들어 낸 미술가 혹은 시인이 탁월하다는 의미인 것이다. 그러므로 다른 사람의 탁월한 작품을 보더라도 나는 절대로 질투심을 느끼지 않는다. 왜냐하면 걸작을 창조하는 것은 결국 그것을 만들어 낼 만한 가치가 있는 출중한 인간에게 돌아가는 일이기 때문이다.

1830년 2월 24일 수요일

괴테와 함께 식사를 하며 호메로스에 대해 이야기했다. 나는 이 신들의 작용이 현실과 직접 결부되어 있다고 말했다. 그러자 괴테가 말했다. "이것은 그들이 한없이 섬세하고 인간적이라는 증거이지. 그래서 나는 프랑스인들이 신들의 이 작용을 속임수라고 불렀던 시대에 태어나지 않은 것을 고맙게 생각하고 있네. 그러나 물론 그처럼 위대한 공적에 동감하려면 아직도 상당한 시간이 걸리겠지. 그렇게 되려면 시대의 문화를 완전히 바꿔야 하기 때문이라네."

괴테는 헬레나가 출현하는 장면에서 그녀의 아름다움을 한층 더 드높이기 위해서 가필(加筆)*[30]을 했다고 말했다. 그리고 이것은 내가 언급한 의견이 주된 계기를 만든 것이기 때문에 나는 영광스럽게 느꼈다.

---

*29 코르넬리우스(1783~1867). 독일의 역사화가로, 그는 나잘레파에 속한다.
*30 〈파우스트〉 제2부 제2막 7434행 이하를 말하는 것이다.

식사가 끝난 뒤에 괴테는 나에게 코르넬리우스의 스케치를 보여 주었다. 저승의 신인 플루토(하데스)의 옥좌 앞에서 오르페우스가 죽은 아내인 에우리디케를 환생시켜 줄 것을 애걸하는 장면이 그려져 있었다. 이 그림은 언뜻 볼 때 잘 배려되어 있고 세부에 걸친 묘사도 탁월했다. 그렇지만 차분한 만족감을 주지 못했고 우리 심정에 순수한 기쁨을 주는 것도 아니었다. 우리는 차라리 색채를 첨가하였더라면 더 큰 조화를 얻을 수 있을 것이라고 생각했다. 아니면 다음 순간, 즉 오르페우스가 벌써 플루토의 마음을 정복하고 그에게서 에우리디케를 되돌려 받는 장면을 그렸다면 훨씬 더 잘 되었을 것이다. 그랬다면 그 장면에서 긴장감이나 기대감은 없어지고 오히려 완전한 만족감이 주어졌을 것이기 때문이다.

1830년 3월 1일 월요일

괴테 댁에서 예나의 궁중고문관인 포이크트*[31]와 함께 식사를 했다. 담화는 온통 박물학을 주제로 한 것이었다. 이때에 포이크트 궁중고문관은 다방면에 걸친 지식을 펼쳐 보였다. 괴테는 자신이 한 통의 편지를 받았는데, 거기에는 떡잎은 잎이 아니라고 항의하고 있는 글이 적혀 있었다고 했다. 더구나 그 항의자는 떡잎에서는 절대로 싹이 나올 수 없기 때문이라는 이유를 댔다는 것이다.

그러나 우리는 여러 종류의 식물을 살펴보았기 때문에, 나중에 발생하는 잎과 마찬가지로 떡잎에도 싹이 있다는 확신이 있었다. 포이크트는 식물변태설은 최근의 자연과 과학 분야에서 이루어진 가장 풍요로운 발견 중의 하나라고 말했다.

우리는 박제한 새(鳥)의 수집에 대한 이야기를 나누었다. 그때 괴테는 큰 우리 속에 수백 종류의 살아 있는 새를 기르던 어떤 영국인 얘기를 했다. 그는 어느 날 그 가운데 두세 마리가 죽어 있는 것을 보고 그것들을 박제로 만들었는데, 아주 마음에 들었다. 그래서 차라리 모두 죽여 박제하는 것이 좋지 않을까 하고 생각하고 곧 실행에 옮겼다고 한다.

---

*31 포이크트(1781~1850). 예나의 동물학자로 괴테와 친하게 지낸다.

포이크트 궁중고문관은 퀴비에의 〈박물학〉 5권을 번역하고, 그것을 보완 증강하여 출판하려 한다고 말했다.

식사 후 포이크트가 떠나간 뒤에 괴테는 나에게 〈발푸르기스의 밤〉의 원고를 보여주었다. 몇 주일밖에 지나지 않았는데도 그렇게 늘어나 두꺼워진 원고를 보고 나는 놀라지 않을 수 없었다.

1830년 3월 3일 수요일

식사를 하기 전에 괴테와 함께 마차를 타고 산책을 했다. 그는 바이에른 왕에 관한 나의 시에 대해 호의적인 평가를 해주면서, 바이런 경의 좋은 영향이 보인다고 말했다. 그러나 세상에서 흔히 예법이라고 하는 것이 나에게는 아직 결여되어 있으니, 이 점에서 참으로 위대했던 볼테르를 모범으로 삼을 것을 권했다.

이어 식사 중에 우리는 빌란트에 대해 여러 가지 이야기를 했다. 특히 〈오베론〉에 관해서였다. 괴테의 의견은 다음과 같았다. "기초가 빈약한데다 펜을 들기 전까지 그 계획을 충분히 다듬지 않았어. 수염과 어금니의 조달에 정령을 이용하고 있지만 결코 좋은 착상은 아니야. 특히 이 때문에 주인공의 활동이 완전히 억제되기 때문이지. 그러나 이 위대한 시인의 우아하고 관능적이고 기지에 찬 필치가 이 책을 읽는 독자를 아주 기분 좋게 해 준다네. 그래서 이 시 본래의 빈약한 기초는 이 이상 더 생각하지 않고 대충 읽고 넘어가게 되지."

우리는 계속하여 여러 가지 이야기를 했다. 그러다 화제는 다시금 엔텔레키에까지 이르렀다.

"개성에서 볼 수 있는 집요한 점, 그리고 인간이 자기에게 적합하지 않는 것을 떨쳐버리는 점 등은 엔텔레키가 존재하고 있다는 증거라고 생각하네." 나도 몇 분 전부터 그와 같은 것을 생각하면서 입 밖에 꺼내려던 참이었기 때문에, 괴테가 그 말을 꺼내자 몇 배로 기뻤다.

"라이프니츠는"*32 하고 그는 계속했다. "이런 자립적 본질에 대해 이와 비슷

---

*32 라이프니츠(1646~1716). 괴테는 철학자이자 수학자인 그의 단자론에 흥미를 가져, 적분학 창시의 우선권에 관한 라이프니츠와 뉴턴과의 논쟁에도 손을 댔다.

한 사상을 가지고 있었네. 물론 우리가 엔텔레키라고 부르는 것을 그는 단지 '단자'라고 불렀지만."

나는 라이프니츠의 저서를 읽고 이것에 대한 자세한 것을 조사해 볼 것을 결심했다.

라이프니츠

1830년 3월 7일 일요일

12시경에 괴테를 찾아갔는데 오늘 그는 유달리 생기 있고 활기에 차 있었다. 그는 나에게 전집의 마지막 부분을 완성하지 않으면 안 되기 때문에, 〈고전적 발푸르기스의 밤〉을 뒤로 미룰 수 밖에 없었다고 털어놓았다. "그러나 여기서 중단한 것은 현명한 일이었어. 글도 잘 풀려 가고 있었고 이미 쓰려고 한 것도 여러 가지로 머리에 떠오르긴 하지만, 막혀버릴 때까지 계속 쓰는 것보다는 이렇게 해야 다시 시작하기가 훨씬 쉽지." 나는 이 말을 유익한 교훈으로 여기고 마음에 새겨 두었다.

식사 전에 마차를 타고 산책에 나설 계획이었지만, 두 사람 모두 방에 있는 것이 훨씬 좋았기 때문에 말에서 안장을 내려놓게 했다.

이럭저럭 하는 사이에 프리드리히 하인이 파리에서 도착한 큰 상자를 풀었다. 그것은 조각가인 다비드에게서 온 선물이었다. 57명의 유명인사들의 초상을 석고로 본떠 얕게 돋을새김을 한 것이었다. 프리드리히는 이 모형을 각각 서랍에 간수했다. 이 모든 중요한 인물들을 바라보는 것은 아주 즐거운 일이었다. 특히 나는 메리메에게 끌렸다. 그의 머리부분은 그의 재능과 마찬가지로 참으로 활기에 차 있고 대담무쌍하게 보였다. 괴테는 이 사나이에게는 일종의 유머가 있다고 말했다. 빅토르 위고, 알프레드 드 비니,[33] 에밀 데샹[34]은 순수하고 활달하고 상쾌한 머리를 하고 있었다. 또 우리를 기쁘게 한 것은

---

*33 알프레드 드 비니(1797~1863). 프랑스 낭만파의 4대 시인의 한 사람이다.
*34 에밀 데샹(1791~1871). 프랑스 낭만주의의 대담한 창도자이다. 또한 그는 괴테와 실러의 시를 번역했다.

게이 양과 타스튜 부인*35 그리고 그 밖에 젊은 여류작가의 초상이었다. 파비에 장군*36의 힘찬 모습은 고대인을 생각나게 했기 때문에 우리는 그것을 되풀이하여 바라보았다. 이렇게 우리는 중요인물 한사람 한 사람의 얼굴로 시선을 옮겨갔다. 괴테는 다비드의 이 선물 덕분으로 자기는 보물의 소유자가 되었으니, 저 탁월한 예술가에게 어떻게 감사를 표시해야 할지 모르겠다는 말을 되풀이했다. 그는 여행자들이 오면 반드시 이 수집품을 꺼내 보이면서, 그가 아직 알지 못하는 두세 명의 인물에 대해 묻고 설명듣는 것을 서슴지 않을 것이다.

이 상자에는 책도 들어 있었다. 그는 그것을 앞의 방으로 가져오게 했다. 우리는 그 뒤를 따라갔다. 그리고는 식탁에 가서 앉았다. 우리는 유쾌하게 작업과 계획에 대해 이것저것 이야기했다. 괴테가 말했다. "인간이 혼자 지내는 것은 좋은 것이 못되지. 그리고 특히 고립하여 작업을 하는 것은 좋지 않아. 오히려 괜찮은 것을 만들어 내려면 협력과 자극이 필요하지. 〈아킬레스〉*37나 그 밖의 담시 여러 편은 실러의 도움을 많이 받았네. 나를 그렇게 하게끔 몰고 갔던 것은 바로 실러였어. 그리고 또 내가 〈파우스트〉 제2부를 완성하게 되면 그것은 자네의 공적으로 돌려도 되지. 나는 이미 여러 번 이 말을 했지만, 자네가 그것을 납득하여 주기까지 되풀이하는 거라네." 나는 이 말을 듣고 기뻤다. 그것은 그의 진심에서 우러나오는 말임을 느꼈기 때문이다.

식사 후에 괴테는 소포 중 하나를 풀었다. 에밀 데샹의 시집과 함께 한 통의 편지가 들어 있었는데, 그는 그것을 나에게 넘겨주면서 읽어 보라고 했다. 이것을 읽고 나는 비로소 괴테가 프랑스 문학의 새로운 생명에 얼마나 큰 영향을 끼쳤는가, 그리고 젊은 시인들이 그를 정신적인 우두머리로서 얼마나 존경하고 사랑하고 있는가를 알고 이루 말할 수 없이 기뻤다. 괴테의 청년기에는 셰익스피어가 이와 똑같은 영향을 주었다. 볼테르에 관해서는 두말 할 필요조차 없을 것이다. 볼테르는 이 같은 영향을 영국의 젊은 시인들에게 끼쳤고, 사

---

*35 타스튜 부인(1798~1885). 프랑스의 여류시인이다.
*36 파비에 장군(1782~1855). 프랑스의 장군인 그는 그리스 독립운동의 찬조자였다.
*37 제1가만이 완성된 단편으로 남은 괴테의 호메로스 풍자 서사시(1799년)이다.

프랑스의 조각가인 다비드는 빅토르 위고와 메리메 그리고 영국의 바이런 등 57명의 석고상을
괴테에게 보내면서, 괴테의 청년기에는 셰익스피어와 볼테르가 문학의 스승이었지만, 이제 사람
들은 괴테를 그 스승으로 모시고 있다고 말한다.

람들은 그의 정신 아래 결집하여 그를 주(主)로, 스승으로서 우러러 모셨던 것이다. 에밀 데샹의 편지에는 구석구석까지 깊은 애정을 담은 따뜻함이 줄줄이 이어지고 있었다. 이에 괴테는 "아름다운 심정의 봄날을 보는 것 같다"고 말했다.

이 외에도 다비드의 선물 속에는 여러 가지 지위에 따라 바뀌는 나폴레옹의 모자를 그린 그림 한 폭이 있었다. "이것은 내 아들이 딱 좋아할 게야"라고 괴테는 말했다. 그리고 이 그림을 곧장 위층에 있는 그에게 보냈다. 그 효과는 만점이었다. 아들은 즉시로 아래로 내려와서 기뻐서 어쩔 줄 모르며 그가 숭배하는 영웅의 이 모자 그림을 그의 수집물 중 최고의 것으로 선언했다. 그러고 나서 5분도 채 지나지 않아 이 그림은 유리 액자 속에 넣어져 이 영웅에 관련된 다른 물품과 기념물 속에 함께 배치되었다.

1830년 3월 16일 화요일

아침에 괴테의 아들이 찾아와 그가 오랫동안 희망하고 있었던 이탈리아 여행이 결정되었다는 소식을 알렸다. 그리고 아버지가 여기에 필요한 비용을 대 줄 것을 허락해 주었지만 내가 함께 가는 것을 원하신다고 말했다. 우리는 이 소식에 함께 기뻐했다. 그리고 그 준비에 대해서 여러 가지로 협의했다.

그리고 정오경에 괴테의 집 앞을 지나가는데 괴테가 창가에 서서 나에게 눈짓을 했다. 그래서 나는 곧 바로 그에게로 올라갔다. 그는 바깥방에 있었고 아주 쾌활하고 발랄했다. 그는 곧바로 그의 아들이 계획하고 있는 여행에 대해 말을 하기 시작했다. 그는 이 여행을 그럴듯하다고 생각하기 때문에 찬성을 했고, 내가 함께 가게 되어 기쁘다고 말했다. "이것은 자네 두 사람에게는 아주 유익할 게야. 그리고 특히 자네의 교양을 위해서는 나쁘지 않을 것이야."*38

이어 그는 12사도들을 이끌고 있는 그리스도*39의 조각상을 보여 주었다. 우리는 조각가가 이런 군상을 표현의 주제로 삼는 것은 너무나 단조롭다는 의견

---

*38 독일에서는 이탈리아로 여행가는 것을 교양여행이라고 불렀다.
*39 아마 코펜하겐의 수녀원을 위해 덴마크의 조각가인 토발트젠(1768~1844)이 그린 작품의 초벌 그림일 것이다.

을 나눴다. "어떤 사도도 다른 사도하고 거의 다를 바가 없어. 그들 각자가 지니고 있는 성격과 의의를 나타낼 수 있는 생활과 활동도 거의 엿볼 수 없네. 그러므로 나는 이 기회에 위로 삼아 성서에 나오는 12인물의 군상을 제각각 중대하고 독특하게 만들어, 한 사람 한 사람이 미술가의 대상으로서 좋은 재료가 될 수 있게 창작을 해 보았네.

맨 먼저 아담, 그는 우리가 생각할 수 있는 가장 아름답고 완벽한 사나이지. 인간은 대지를 경작하는 것을 사명으로 삼고 있다고 하는 상징으로서 그의 한쪽 손은 괭이 위에 올려놓는 것이 좋을 것이야.

그 다음은 노아, 새로운 창조는 여기에서 다시 시작되는 것이지. 그는 포도를 재배하고 있네. 그의 모습은 어딘지 인도의 주신(酒神)과 같은 느낌을 주도록 해야 하네.

다음으로 최초의 입법자로서의 모세.

그리고 전사이며 왕자인 다윗.

다음으로는 군주이며 예언자인 이사야.

그리고 미래의 그리스도를 예언하는 다니엘.

그리스도.

그의 다음이 현재의 그리스도를 사랑하는 요한.

그리고 그리스도는 두 사람의 젊은 인물들로 둘러싸여 있는게 좋아. 그중 한 사람은 다니엘, 그는 부드럽고 긴 머리를 한 모습으로 그리겠어. 다른 한 사람은 짧은 곱슬머리를 한 열정적인 요한이 좋겠지. 그러면 요한 다음으로는 누가 올 것인가?

카퍼나움의 대장, 그는 친히 도움을 청하는 신자들의 대표일세.

그 다음이 막달라 마리아, 그녀는 회개하고 용서를 빌며 선행을 지향하는 인류의 상징이지. 이제 나올 다음 두 인물 속에 그리스도교의 정수가 포함되어 있네.

그 첫 번째가 그리스도의 가르침을 가장 정열적으로 전파한 바울일세.

그 다음이 가장 먼 거리에 있는 민족들에게로 가서 선교사업을 펼친 선교사의 대표자인 야고보야.

드디어 마지막이 베드로이지. 미술가는 그를 문 가까이에 세워두고 안으로 들어오는 사람들이 성당으로 들어올 자격이 있는지 없는지를 찬찬히 살펴보는 그런 표정을 그려야 할 것이야.

이런 군상들을 자네는 어떻게 생각하는가? 서로 엇비슷하게 보이는 12사도보다는 훨씬 풍족한 느낌을 주는 것 같지 않나? 모세와 막달라 마리아는 앉아 있는 모습을 그리고 싶군."

나는 그의 말을 듣고 매우 기뻐했다. 그러고는 이 말을 실제로 글로 써 달라고 부탁했다. 괴테는 그렇게 해 주겠다고 약속했다. "이런 구상들은 아직 더 차분하게 생각해 봐야겠어" 하고 말했다. "그리고 난 다음에 다른 최근의 것과 함께 전집 제39권*40에 넣을 수 있게 자네에게 넘겨주도록 하지."

1830년 3월 17일 수요일

괴테와 함께 식사를 하며 그의 시집 중 한 군데*41를 수정하는 일에 대해 논의했다. 그것은 모든 구판에 쓰여져 있는 것처럼 '당신의 사제인 호라츠가 환희에 넘쳐 약속했던 것처럼'으로 그냥 놔둘 것인가, 아니면 신판에 나와 있는 대로 '당신의 사제인 프로페르츠*42 운운'으로 고칠 것인가 하는 문제였다.

"이 후자와 같이 쓴 것은 괴틀링에 매혹되어서 그랬지. 게다가 또 프로페르츠 사제는 어감이 좋지 않아. 그러므로 구판대로 놔두는 쪽이 좋다고 생각하네."

"이것과 똑같은 것이 당신의 〈헬레나〉 원고 속에도 있습니다. 테세우스가 유괴한 것은 겨우 열 살*43밖에 안 되는 가냘픈 노루 같은 소녀라고 한 대목입니다. 그렇지만 당신은 이것에 반대한 괴틀링의 의의를 받아들여, 일곱 살밖

---

*40 원고에 1830년이라는 날짜가 있는 문장은 유고 제44권에 실려 1832년에 발표되었다.

*41 〈로마의 비가〉의 제15가를 말한다.

*42 프로페르츠는 우리에게는 잘 알려져 있지 않은 로마의 비가 시인이다. 그러나 원래 이 시 구에는 우리에게도 널리 알려져 있는 동시대 로마의 계관시인 호라츠 즉 호라티우스의 이름이 들어가 있었다.

*43 〈파우스트〉 제2부 제3막 8850행에서 헬레나가 '겨우 열 살밖에 안 되는 가냘픈 노루와 같은 나를 유괴하여'라고 말하는 대목이 나온다.

에 안 되는 소녀라고 고쳐 인쇄했습니다. 이것으로는 아무리 아름다운 소녀라고 하더라도 너무 어린 나이이고, 그러면 그녀를 구출한 그녀의 형제들 카스토르와 폴룩스 쌍둥이의 나이도 문제가 됩니다. 모든 것은 신화시대의 것입니다. 원래 그녀는 몇 살이었는지는 아무도 모릅니다. 게다가 모든 신화는 고정되어 있는 것이 아니기 때문에, 우리는 이것을 부드럽고 아름답게 취급해도 좋을 것이라고 생각합니다."

"자네 말이 맞네" 하고 괴테는 말했다. "나 또한 테세우스에게 유괴당했을 때 그녀가 열 살이었다고 하는 설에 찬성이야. 그녀는 10세 때 이후부터는 아주 쓸모 없는 여자가 되었다고 썼지. 이제부터 개정판에서는 일곱 살을 열 살로 고쳐 주기 바라네."

식사가 끝난 뒤에 괴테는 그의 담시를 노이로이터*44가 그림으로 그린 신선미 풍기는 책 2권을 보여 주었다. 우리는 무엇보다도 이 사랑스러운 미술가의 자유롭고 밝은 정신을 찬양했다.

1830년 3월 21일 일요일

괴테와 함께 식사를 했다. 그는 우선 먼저 아들의 여행에 대해 말하며, 그 성과를 너무 기대해서는 안 된다고 했다. "누구나 떠날 때 그대로 돌아오는 것이 보통이지. 돌아올 때에 우리의 경우에 어울리지 않는 생각을 가지고 돌아오는 일이 없도록 조심하지 않으면 안 되네. 가령 나는 이탈리아에서 아름다운 계단의 개념을 가지고 돌아왔지. 그리고 나는 이 개념 때문에 확실히 내 집을 엉망으로 만들어 버렸어. 계단에 신경을 쓰느라 방을 모두 어울리지 않게 작게 만들어 버렸거든. 중요한 것은 자기 자신을 억제하는 방법을 배워야 한다는 거지. 만약 내가 아무에게도 방해 받지 않고 내멋대로 행동을 했다면 틀림없이 내 자신뿐만 아니라 주위 사람들까지 파멸에 빠뜨렸을 것이야."

우리는 다음으로 육체의 병적인 상태, 그리고 육체와 정신 사이의 상호작용에 대해 이야기했다.

---

*44 노이로이터(1806~1882). 그는 괴테에게 바친 〈괴테의 담시와 민요조의 설화시를 위한 난외삽화〉를 발행하여 명성을 확고히 했다.

"육체를 유지하는 데 있어서 정신이 얼마나 큰 힘을 가지고 있는가 하는 것은 믿을 수 없을 정도야. 나는 이따금 복부에 고통을 느낄 때가 있지만 정신의 의지력과 상반신의 힘으로 버티어 가고 있네. 모름지기 정신은 육체에 무릎을 꿇어서는 안 되지. 나는 기압계가 높을 때가 낮을 때보다 훨씬 일하기 쉽다네. 이것을 알고 있기 때문에 기압계가 낮을 때에는 불리한 영향을 받지 않으려고 더 노력을 하는데, 그래서 그만큼 일이 잘되지.

그러나 시를 쓸 때에는 무리를 하게 되면 작업이 잘되지 않아. 아무리 정신력을 불러일으켜도 일이 여물지 않으면 좋은 기회가 도래하는 것을 기다리는 수밖에 없어. 그러므로 나는 지금 〈발푸르기스의 밤〉의 구석구석에 충분한 힘과 아름다움이 갖추어질 때까지 시간을 충분히 들이고 있네. 상당히 진행되어 있기 때문에 자네가 출발하기 전까지는 완성될 거라고 생각하고 있지.

이 가운데에는 문제가 될만한 부분이 있지만, 나는 특수한 대상으로부터는 피하고 보편적인 것을 취급하여 독자와의 관련이 끊어지지 않도록 하고 있네. 그렇긴 하지만 본래의 의미가 어디에 있는 것인지는 확실하게 윤곽을 잡으려고 했고, 낭만적인 수법에서 오는 몽롱한 것이나 명확하지 않는 것은 나타나지 않도록 노력했지."

괴테는 말을 계속했다. "현재에 이르러서는 문학에 있어서 고전적인 것과 낭만적인 것의 개념이 온 세계에 퍼져 여러 가지 논쟁과 분열을 일으키고 있지. 그런데 이 개념은 원래 나와 실러의 논쟁에서 시작된 것이었네. 나는 문학에 있어서 객관적인 수법을 신조로 했고 이것만을 존중했지. 그런데 실러는 어디까지나 주관적으로 행동했다네. 그는 그 양식이 타당하다고 생각하고는 나에게 대항하기 위해 소박문학과 감상문학에 관한 논문을 썼어. 그는 억지로 내가 낭만적이라는 것을 증명하기 위해 나의 〈이피게니에〉는 감정이 주조를 이루고 있으며, 사람들이 막연하게 생각하는 것처럼 고전적인 것이 아니고 고대 정신에 따른 것도 아니라고 했지. 그런데 슐레겔 형제[45]가 이 이념을 받아들

---

[45] 형 아우구스트와 동생 푸리드리히 형제를 말한다. 그중 동생 슐레겔은 '괴테의 〈빌헬름 마이스터〉에 관하여'라는 논문에서 역사상 처음으로 고전주의와 낭만주의의 대립을 취급했다.

여 한층 더 발전시켰기 때문에, 이제는 전세계에 걸쳐 퍼져버려 너나할 것 없이 고전주의와 낭만주의를 입에 올리게 되었네. 50년 전에는 이렇게 되리라고 아무도 생각하지 못했어."

나는 다시 12사도 군상에 화제를 돌렸다. 그러자 괴테는 두세 가지를 보충해서 말했다.

"아담은 내가 말한 대로 만들어야 할 것이야. 그렇지만 발가숭이 모습은 좋지 않아. 추방되고나서의 그가 가장 좋다고 생각하지. 그에게는 색이 엷은 어린 노루가죽을 입히는 것이 좋을 것이야. 그리고 동시에 그가 인류의 아버지라는 것을 나타내기 위해 그의 옆에 장남을 두면 좋겠지. 뱀을 한쪽 손으로 눌러 죽이면서 대담무쌍하게 주위를 노려보는 반항적인 어린 소년을 그려야 해. 헤라클레스와 같은 모습으로 말일세.

또 노아에 대해서는 더 좋은 생각이 떠올랐네. 그는 인도의 주신과 비슷하게 하지 않는 편이 좋겠어. 그를 그냥 포도 재배자로 그리는 것이 좋아. 그렇게 하면 그가 포도나무를 처음으로 재배하여 인류를 불안과 곤궁의 괴로움으로부터 해방시켜 준 일종의 구제자인 것을 알게 될 것이야."

이런 유익한 생각을 나는 기쁘게 경청했다. 그러므로 나는 이것을 적어 두어야 하겠다고 생각했다.

이어 괴테는 나에게 그의 편자의 성담(聖譚)에 넣을 노이로이터의 그림을 보여 주었다. 그것을 보고 내가 그 화가는 구세주를 따르고 있는 사도들을 8명으로 나타내고 있는 것을 지적했다. 그러자 괴테가 대답했다."

"이 8명의 사도만으로도 이 화가에게는 너무 많아. 그래서 그는 아주 교묘하게 그들을 두 그룹으로 갈라놓고 무의미한 행렬의 단조로움을 피하려고 하고 있지."

1830년 3월 24일 수요일

아주 쾌적한 대화를 나누면서 괴테 댁에서 식사를 함께 했다. 그는 나에게 프랑스 시를 이야기했다. 다비드가 수집품과 함께 보내온 것인데, 〈미라보의 웃음〉이라는 제목이었다.

"그 시는 재기발랄하고 대담무쌍하지" 하고 괴테는 말했다. "자네는 그것을 꼭 읽어야 해. 마치 메피스토펠레스가 이 시인에게 잉크를 제공하여 글을 쓰게 한 것 같아. 그가 〈파우스트〉를 읽지 않고 이것을 쓸 수 있었다면 정말 위대하네. 읽고 썼다고 하더라도 역시 마찬가지지."

1830년 4월 21일 수요일

오늘 나는 괴테에게 작별인사를 드렸다. 내일 아침 일찍 궁중의 시종인 그의 아들과 함께 이탈리아 여행길에 오르게 되어 있기 때문이다. 화제는 시종여행에 관한 여러 가지였지만, 특히 그는 나에게 구경을 잘 하고 가끔 소식을 전해 달라고 말했다.

괴테의 곁을 떠나야 한다는 것을 생각하니 가슴이 허전해지는 것을 느꼈다. 그러나 변함 없이 건강한 그의 모습을 보고 나는 반드시 그와 별탈 없이 재회할 수 있을 것이라고 믿고 스스로를 위로했다.

작별할 때 그는 나에게 기념수첩을 하나 주었다. 거기에 그는 다음과 같은 말을 적어 넣었다.

  그가 내 앞을 스쳐 가시건만 보이지 않고
  지나가시건만 알아볼 수가 없네. —욥기[46]

  여행을 떠나는 사람들에게
  1830년 4월 21일 바이마르에서 괴테

1830년 4월 24일 토요일 프랑크푸르트

11시쯤에 나는 도시 주위를 산책했고, 작은 공원들을 여러 번 지나 타우누스 산 쪽으로 갔다. 나는 이 멋진 자연과 초목을 보고 기쁨을 느꼈다. 그저께 바이마르에서는 나무들이 아직 꽃봉오리를 내밀었을 뿐이었다. 그러나 여기서는 밤나무는 벌써 1피트, 보리수는 반 피트나 되는 작은 가지를 달고 있었다.

---

[46] 구약성서 욥기 제9장 제11절에 있다. 괴테는 그의 논문 '유기체의 형성과 변성'의 권두 표어로서도 이것을 사용하고 있다.

자작나무의 잎은 벌써 짙은 녹색을 하고 있었고, 떡갈나무는 일제히 싹이 돋아나고 있었다. 풀은 1피트의 높이로 자라 있었다. 그래서 성문 쪽에서 무거운 풀이 들어 있는 바구니를 등에 짊어진 아가씨들도 볼 수 있었다.

타우누스 산의 전망을 마음껏 보려고 나는 공원 여러 개를 통과해 지나갔다. 바람은 상쾌하게 불고 있었다. 서북쪽에서 흘러나온 구름은 북동쪽을 향해 지나가면서 산 위에 그림자를 던지고 있었다. 공원에서는 여러 마리의 황새가 낮게 날아왔다가 다시 창공으로 날아오르는 것이 보였다. 그것들이 햇빛을 받으면서 흰 구름과 푸른 공간을 지나가는 모습은 아름다운 광경이었고 더할 나위 없는 풍경이었다. 돌아오는 길에 성문 앞에서 길을 지나가는 아름다운 암소들을 만났다. 그것들은 갈색과 흰색 그리고 얼룩색으로 빛나는 피부를 하고 있었다.

이곳 공기는 쾌적하고 건강에도 좋다. 물맛도 감미롭다. 함부르크를 제외하고 비프스테이크가 이렇게 맛있는 곳은 이때까지 없었다. 게다가 흰 빵 맛도 아주 좋아 기분이 좋았다.

대목장이 열리고 있어 길거리는 아침부터 밤늦게까지 인파로 들끓었고 이런저런 음악도 흘러나오고 있었다. 사부아 태생인 한 소년이 특히 나의 눈길을 끌었는데, 그는 풍금 핸들을 돌려 연주하고 있었다. 또 그 아이는 개를 데리고 있었는데 그 개의 등에는 원숭이가 올라타고 있었다. 그는 우리를 향해 휘파람을 불고 노래를 부르기도 하면서 한동안 시끄럽게 얼마간의 보수를 요구하는 것이었다.

우리는 그가 기대하는 것보다 많은 돈을 그에게 던져주었기 때문에, 나는 그가 이쪽을 쳐다보면서 고맙다는 눈짓을 할 것이라고 당연하게 생각했다. 그러나 그 소년은 그런 기색은 전혀 보이지 않고 돈을 받아 챙기자마자 곧 돈을 줄 만한 다른 사람들에게로 눈길을 돌렸다.

1830년 4월 25일 일요일 프랑크푸르트

오늘 아침 우리는 묵고 있는 숙소가 제공한 아주 우아한 마차를 타고 도시 주변을 산책했다. 보기도 즐거운 공원, 화려한 건물, 아름다운 강, 공원들, 손짓

하는 듯한 정자를 보고는 기분도 상쾌해졌다. 그러나 나는 곧 이러한 대상으로부터 어떤 상념을 이끌어내려고 하는 것은 실제로 정신의 욕구가 있기 때문이며, 이것이 없다면 어떤 것이든 무의미하게 눈앞을 스쳐 지나갈 뿐이라는 것을 알아차렸다.

정오에 숙소의 공동식탁에서 나는 많은 사람들의 얼굴을 보았지만, 표정이 다른 사람은 거의 만나지 못했다. 그렇지만 급사장은 나의 관심을 끌었기 때문에 내 시선은 오직 그의 동작만 쫓아갔다. 실제로 그는 흔치 않은 인간이었다! 거기에 있던 손님들은 약 200명 정도로 우리는 모두 긴 테이블에 앉아 있었다. 그리고 이렇게 말을 해도 좀처럼 믿지 못하지만, 이 급사장은 거의 혼자서 모든 접대를 해내고 있었다. 그는 모든 접시를 갖다놓고는 다시 치웠다. 다른 급사들은 다만 그에게 요리를 넘기고 그의 손에서 빈 접시를 받아 가는 것뿐이었다. 이럴 때에도 그는 잘못해서 엎지르는 일이 없었고 또 식사 중의 사람과 몸을 부딪치거나 하지도 않고, 그 모든 일을 경쾌하고도 민첩하게 마치 영물(靈物)의 소행처럼 해냈다. 수없이 많은 큰 접시 작은 접시가 그의 손으로 테이블 위로 날라졌고, 다시 테이블에서 그를 따르는 급사들의 손으로 넘겨졌다. 그는 오로지 자기 일에만 전념하고 있어 온몸이 눈과 손뿐이었다. 그리고 꾹 다문 입술은 때때로 응답과 명령할 때에만 겨우 열릴 뿐이었다. 그는 음식뿐만 아니라 술이나 다른 주문에도 일일이 신경을 쓰고 있었다. 그리고 그럴 때마다 모든 것을 기억하고 있어서 식사 후에도 각 손님에게 각각의 음식 대금을 청하고 돈을 받고 있었다.

나는 이 보기 드문 젊은 사나이의 통찰의 민첩성, 침착한 정신, 탁월한 기억력에 놀랄 뿐이었다. 그러면서도 그는 시종 냉정 그 자체였고 자기 자신을 잃지 않았다. 그뿐만 아니라 농담 한두 마디나 재치 있는 대답을 언제나 준비하고 있어서 입술에는 늘 미소가 감돌고 있었다. 프랑스의 어떤 노기병 대위가 식사가 끝날 무렵 부인들이 가버린 것을 불평한 적이 있었는데, 그는 곧 그럴듯한 말로 대꾸했다. "그것은 손님들의 세계에 관련된 일입니다. 우리들로서는 어찌 해 볼 도리가 없습니다." 그는 프랑스어를 완전하게 구사했고, 영어도 마찬가지였다. 확실한 소문에 의하면, 그는 그 외에도 다른 두세 가지 외국어를 자유롭게 말할 수 있다는 것이었다. 나중에 그하고 말할 기회가 있었는데, 나는 그가 모든 방면에 걸쳐서 보기 드문 교양을 갖추고 있는 것에 무척 감탄하였다.

저녁때에 〈돈 조반니〉을 관람하게 되었는데, 이것은 바이마르에 대한 그리움을 느끼는 계기가 되었다. 요컨대 모두 목소리도 좋고 재능도 있었지만 그들의 연기나 화술은 순전히 아마추어 그대로여서 스승에게서 전혀 지도를 받은 것 같지는 않다. 그들은 애매모호했고 마치 그들 앞에는 한 사람의 관중도 없는 것처럼 행동했다. 배우 두셋의 연기를 보고 있는 동안 범상한 것이라도 확실한 성격이 드러나면 곧 예술의 더 높은 영역으로 올라갈 수 있지만, 성격이 드러나지 않으면 순식간에 천하고 참을 수 없는 것이 되어 버린다는 것을 알게 되었다. 관중은 너무 시끄럽고 난잡했다. 그러면서도 '다시 해 보라'느니 '앙코르'니 하면서 여러 번이나 외쳐댔다. 체를리네는 동시에 좋기도 하고 나쁘기도 했다. 극장의 절반은 '쳇' 하면서 혀를 찼고 다른 절반은 갈채를 보내기도 했다. 그리고 이 분열은 점점 높아져 끔찍한 소동과 소요로 끝났다.

1830년 5월 28일 밀라노

이곳으로 온 지 벌써 3주일이 된다. 이제 슬슬 뭔가를 써도 좋을 때이기도 하다.

위대한 스칼라 오페라극장*47은 유감스럽게도 문을 닫은 상태였다. 우리는 안으로 들어갔지만 그곳은 건축 발판이 가득 들어차 있고, 여러 가지 개수공사가 진행되고 있었다. 그리고 들리는 바로는 특별석을 한 줄 더 만든다는 것이었다. 일류 남녀 가수들은 이 기간을 이용하여 여행하는 중이어서, 그 일부는 빈에 가 있고 다른 사람들은 파리에 머물고 있다고 했다.

나는 이곳에 도착하자마자 곧 인형극장을 찾아갔다. 등장 인물들의 대사가 유달리 분명한 것을 알고 나는 기뻤다. 이 인형극장은 아마 세계에서 최고일

---

*47 세계에서 가장 잘 알려진 이탈리아의 오페라극장이다. 1920년에 토스카니니가 예술감독이 된 후로 황금시대를 맞이한다. 1943년 폭격으로 파괴되었지만 전후 재빨리 3600석의 수용 인원을 확보한 건물로 재건되어, 1946년 5월 11일에 토스카니니가 지휘하는 공연을 시작으로 다시 문을 열었다.

것이다. 이 인형극장은 이름이 알려져 있어서 밀라노에 가까워짐에 따라 이 인형극장에 관해 이야기하는 것을 더 자주 듣게 된다.

가노비아나 극장은 상하 다섯 줄의 특별석이 있고 스칼라 극장 다음으로 가장 크다. 이 극장은 약 3천 명을 수용할 수 있었는데 나에게는 아주 쾌적한 곳이었다. 나는 여러 번 찾아가서 언제나 똑같은 가극과 무용을 관람했다. 이 곳에서는 3주 전부터 로시니의 오페라 〈오리 백작〉과 〈제네부라의 고아들〉을 상연하고 있었다. 무대장치는 산 기리코의 지도에 따라 만들어진 것으로 이를 데 없이 쾌적한 효과를 올리고 있었고, 또 출연자의 의상을 드러나게 하기 위해 충분히 그 한계점을 지키고 있었다. 사람들의 말로는 산 기리코는 솜씨와 기량이 뛰어난 사람들을 많이 활용하고 있다는 것이다. 모든 주문은 그에게로 오지만 그는 이것을 다시 그들에게 넘겨 지시할 뿐이라고 했다. 그래서 작업은 모두 그의 이름으로 행해지고 있지만 그 자신이 직접 하는 일은 아주 적은 부분이었다. 그는 많은 기량 좋은 화가들에게 매번 충분한 봉급을 주고 있었다. 그리고 설사 그들이 병을 앓아 1년 중 아무 일을 하지 않아도 봉급을 지급하고 있다는 것이다.

오페라 자체에 대해서 말한다면 가장 나의 마음에 들었던 것은, 보통 언제나 연기자의 발 아래에 숨어서 아주 불유쾌한 인상을 주는 예의 프롬프터 상자가 눈에 띄지 않는다는 것이었다.

다음으로 마음에 들었던 것은 지휘자의 좌석이었다. 그는 좌우를 살펴보고 지휘하면서 오케스트라 전체를 바라볼 수 있고, 또 그 동시에 어느 쪽에서도 보일 수 있는 데에 서 있었다. 이 극장의 지휘자는 관람석 바로 옆에서 조금 높게 중앙을 점령하고 있기 때문에 오케스트라 너머로 무대를 자유롭게 바라볼 수 있다. 그런데 바이마르에서 지휘자는 무대를 자유롭게 볼 수 있는 데에 서 있지만, 오케스트라는 그의 배후에 있기 때문에 누군가에게 지시를 하려면 일일이 뒤를 돌아봐야만 했다.

오케스트라 자체는 정말이지 꽉 차 있다. 저음 바스는 세어 보았더니 16인이었다. 그리고 이들은 양쪽 끝에 각각 8명씩 자리를 차지하고 있었다. 모두 합쳐서 약 100명에 이르는 단원들이 양쪽에서 지휘자가 있는 곳을 향해 앉아 있다. 그러면서도 그들은 무대 전면에까지 들어와 있는 1층의 칸막이한 좌석에 등을 대고 있기 때문에 한쪽 눈으로는 무대를, 다른 쪽으로는 1층을 보고 정면으로는 지휘자를 보는 위치에 있는 것이다.

남성가수와 여성가수에 대해 말한다면, 그들은 그 맑은 울림과 풍부한 성량, 그리고 조금도 억지가 없는 경쾌한 발음과 자유로운 발성으로 나의 마음을 사로잡았다. 나는 첼터를 생각했고 그가 옆에 있었으면 얼마나 좋을까 하고 생각했다. 그 중에서도 나를 기쁘게 한 것은 시동을 노래한 코라디—판타넬리 부인의 목소리였다. 사람들의 말에 의하면 이 탁월한 여류가수는 이번 겨울 스칼라 극장에 출연 계약을 맺고 있다고 했다. 아델레 백작부인으로 분장한 프리마 돈나는 처음으로 무대에 출연한다는 젊은 알베르티니였다. 그녀의 목소리에는 어딘지 모르게 태양의 빛깔처럼 아주 온화하고 밝고 맑은 데가 있었다. 독일에서 온 사람은 누구나 틀림없이 그녀에게서 가장 큰 기쁨을 느낄 것이다. 그리고 한 사람의 저음 가수가 특히 눈에 띄었다. 그의 목소리에는 매우 강한 음조가 있었으나 아직도 좀 어색한 데가 있었다. 연기에 있어서도 마찬가지로 활달한 데가 있었지만 기술상 미숙한 점이 엿보였다.

코러스의 진행도 당당했고 오케스트라와의 일치는 대단히 정확한 것이었다.

연기자의 동작에 관해서 나의 눈길을 끈 것은 어느 정도의 절도와 평정이 유지되고 있다는 점이었다. 이것은 내가 그들의 연기에서 밝고 쾌활한 이탈리아인적인 기질이 나타날 것으로 예상했기 때문이기도 하다.

화장은 아주 살짝 연지를 찍었을 정도여서 밖에서 봐도 호감이 갔고, 볼에 분장을 했다고는 생각할 수 없었다. 오케스트라의 성원은 상당히 많은데도 가수들의 목소리를 지우지 않았고, 노래에서 시종 가수들 쪽이 언제나 지배적이라는 점에 마음이 끌렸다. 숙소의 공동식탁에서 내가 이에 관해 이야기하자 어떤 총명한 젊은이가 다음과 같이 말해 주었다.

"독일의 오케스트라는 에고이스틱해서 오케스트라 자체만 그 존재를 주장하고 인정 받으려고 합니다. 이와는 반대로 이탈리아의 오케스트라는 신중합니다. 오페라에 있어서는 인간의 목소리에 의한 가창이 중심이며, 오케스트라의 반주는 단지 이 노래를 끌고 가는 데에 지나지 않는다는 것을 분별하고 있습니다. 여기에 더하여 이탈리아인은 한 악기의 음색의 아름다움은 다만 연주자가 무리하여 연주하지 않을 때에만 가능한 것이라고 생각하고 있습니다. 그러므로 이탈리아의 오케스트라에서는 여러 가지의 바이올린, 클라리넷, 나팔과 저음 악기가 연주되고 취주되어도 전체의 인상은 언제나 부드럽고 쾌적합니다. 그런데 독일의 오케스트라는 아무리 성원을 3분의 1로 축소한다고 하더라도, 자칫하면 소리가 높고 요란해지지요.”

나는 이와 같은 설득력 있는 말에 반박할 수 없었고, 나의 미심쩍은 생각도 깨끗하게 풀려서 기뻤다.

그래도 나는 약간의 의문을 제기해 보았다. “그렇긴 하지만 최근의 작곡가에게도 그 책임이 있는 게 아닙니까? 그들은 오페라 반주인 오케스트라에 너무 많은 악기를 사용하고 있습니다.”

“물론” 하고 이 낯선 사람은 대답했다. “새로운 작곡가들은 그런 결함을 가지고 있습니다. 그러나 모차르트나 로시니와 같은 위대한 거장들은 결코 그런 일이 없지요. 물론 이 사람들도 반주 중에 노래의 멜로디와 상관없는 독자적인 모티브를 끌어들이고 있는 것을 볼 수 있습니다. 그러나 그런데도 불구하고 언제나 절도를 잘 지키고 있어, 가수의 목소리가 언제나 주체가 되고 우위를 점하고 있습니다. 이와는 반대로 최근의 대가들은 반주를 위한 모티브가 빈약한데도 강렬한 악기의 음에 의지하려고 하기 때문에, 노래가 들리지 않는 경우가 너무나 많아요.”

나는 이 분별있는 젊은 이방인에게 찬사를 표시했다. 옆자리에 앉은 사람의 말에 의하면, 이 사람은 리프란드의 젊은 남작으로 오랫동안 파리와 런던에 체류했고 지금은 이곳에 와서 5년 이상 지내면서 여러 가지로 연구하고 있다는 것이었다.

그 외에 나에게 기쁨을 주었던 오페라를 보면서 느낀 점 여러 가지를 여기에 적어 두어야겠다. 그것은 이런 것이다. 이탈리아인들이 무대에서 밤을 취급할 때에는 무대를 실제의 밤처럼 만들지 않고 다만 상징적으로만 취급하고 있다. 독일 무대에서는 밤의 장면이 되면 실제와 같이 완전한 밤을 연출하여 언제나 불유쾌하기 그지없다. 연기자의 표정은 물론이고 모습 그 자체도 완전히 사라져 전적으로 공허한 밤 외에는 아무것도 보이지 않게 되는 경우가 많은 것이다. 이에 비해 이탈리아인들의 취급방법은 훨씬 현명하다. 무대의 밤은 결코 실제적인 것이 아니고 암시에 머물 뿐이다. 다만 무대의 배경만이 약간 컴컴해진다. 그리고 연기자는 쭉 전면으로 나와 있기 때문에 온몸에 광선을 받아 관중은 그들의 얼굴 표정에서 일어나는 어떠한 미미한 움직임도 다 잡을 수 있다. 이것은 그림에도 해당되는 것이다. 밤이라고 해서 표정을 분간할 수 없을 만큼 얼굴을 꺼멓게 칠해 버린다면 이상할 것이다. 훌륭한 대가의 그림 중에 이런 그림은 없다고 생각한다.

이와 똑같은 훌륭한 원칙은 이탈리아의 발레에서도 사용되고 있었다. 아가씨가 한 도적에게 습격당하는 밤의 장면이 상연되었다. 무대는 약간 어두웠을 뿐이었기 때문에 우리는 모든 동작과 얼굴 표정을 확실하게 알 수 있었다. 아가씨가 비명 소리를 지르자 악한은 달아났다. 그러자 시골 사람들이 햇불을 손에 쥐고 작은 집에서 뛰쳐나온다. 그런데 햇불 불빛이 약한 것이 아니고 대낮의 햇빛으로 착각할 정도로 환했기 때문에, 이 눈부신 조명을 보고 비로소 먼저의 장면은 밤이었다는 것을 알 수 있었다.

독일에 있을 때부터 이탈리아의 관중은 떠들썩하다는 말을 들었는데 그것은 사실이었다. 오페라의 상연이 길어지면 길어질수록 관중의 소요는 더해 갔다. 2주일 전에 나는 〈오리 백작〉의 초연을 보았다. 제1류의 남녀 가수들이 등장하자, 사람들은 그들을 박수로 맞이했다. 하지만 그저 그렇고 그런 장면이 나오자 사람들은 말을 하기 시작했다. 그러다가 또 좋은 독창이 나오자 모두 조용해졌다. 그리고 일제히 박수를 쳐서 그 가수에게 보답했다. 코러스의 진행도 당당했고, 오케스트라와 노래의 호흡이 하나같이 꼭 맞는 그 정확함에 그저 놀랄 뿐이었다. 그러나 그 이후부터 똑같은 오페라가 매일 밤 상연되었기 때문에, 이제는 관중의 주의력이 완전히 사라져 모두 서로 말을 하고 장내에는 큰 소리가 울려 퍼졌다. 더 이상 박수를 치는 사람조차 없었다. 무대에서는 아직 계속 노래를 부르고 있고, 오케스트라도 여전히 반주를 계속하고 있는데도 거의 아무도 거들떠보려고 하지 않는다. 이렇듯 아무런 열의와 정확성도 찾을 수 없기 때문에, 반드시 뭔가를 듣고 싶어하는 외국인이 있다면 틀림없이 실망할 것이다. 그리고 그렇지 않은 경우에도 이처럼 시끄러운 관객 틈에 있게 되면 누구나 절망해 버릴 것이다.

1830년 5월 30일 성령 강림제 제1일 밀라노

이탈리아에 와서 오늘까지 지내면서 겪은 기뻤던 일과 그 외에 흥미 있는 일 가운데서 두세 가지를 적어 두려고 한다.

눈과 안개로 덮여 황량한 심플론*48 위에 있는 피난처 근처에서, 한 어린 사내아이가 여동생을 데리고 산을 올라와 우리가 탄 마차 쪽으로 다가오고 있었다. 두 아이는 아직도 식물이 어느 정도 남아 있는 산지 아래에서 거둬온 땔나무를 담은 작은 바구니를 각자의 등에 짊어지고 있었다. 그 사내아이는 우리에게 두세 개의 수정과 다른 돌을 주었다. 그래서 우리는 그 애에게 잔돈을 얼마간 주었다. 그런데 그 소년이 우리 마차 옆을 지나가면서, 그 돈을 살짝 들여다보고는 얼마나 기뻐하였던지, 그때의 인상을 잊을 수가 없다. 나는 그처럼 신성하고 행복한 표정을 그때까지 한 번도 본 일이 없었다. 신은 행복의 모든 원천과 모든 능력을 인간의 심정에 심어 주었던 것이다. 그리고 어디에서 어떤 생활을 하고 있는지 간에 이 행복을 느끼는 것은 모두 똑같은 것이다. 나는 그렇게 생각하지 않을 수 없었다.

나는 나의 보고를 더 계속하려고 했지만 중단했다. 그 후 이탈리아 체류중, 단 하루도 중요한 인상과 관찰 없이 지나간 날은 없었지만 다시 펜을 들지는 않았다. 괴테의 아들과 헤어져 알프스를 뒤로 하고, 비로소 나는 다시 괴테에게 다음과 같은 편지를 보냈다.

1830년 9월 12일 일요일 제네바

이번에는 당신에게 보고할 것이 너무 많아 어디서부터 시작하여 어디에서 끝을 맺어야 할지 알 수 없을 정도입니다.

각하께서는 자주 농담으로 '다시 돌아오지 않아도 된다면 여행처럼 좋은 것

---

*48 이탈리아와 스위스 사이에 있는 알프스의 고개이다.

은 없다'고 말씀하신 적이 있습니다. 나는 이제 이것을 확실하게 깨닫고 괴로워하고 있습니다. 왜냐하면 나는 지금 일종의 기로에 서 있어서 어느 길을 나아가야 할지 모르기 때문입니다.

나의 이탈리아 체류는, 아주 짧은 것이기는 했지만, 나에게는 의외로 막대한 영향을 주었습니다. 풍요로운 자연은 여러 가지 경의로움으로 나에게 말을 걸어왔고, 나는 그 말을 알아듣기 위해 어느 만큼 성장하고 있는가 하고 나 자신에게 물어 보았습니다. 인간의 위대한 작품과 위대한 업적은 나를 북돋아, 나 자신에게 무엇이 가능할 것인가를 알기 위해 스스로 역량을 반성해 보게 했습니다. 수없이 다양한 생활에 접하게 되어, 나의 생활은 도대체 어떤 상태에 있는 것인가 하고 스스로에게 물어 보았습니다. 이렇게 하여 나의 가슴 속에는 세 개의 큰 욕구가 활발하게 일어나기 시작했습니다. 나의 지식을 증가시킬 것, 나의 생활을 개선할 것 그리고 이 두 가지를 성취하면 무엇보다도 한 몫을 해야겠다는 것이었습니다.

그렇다면 이 마지막 것, 즉 내가 무엇을 할 것인가는 뚜렷합니다. 그것은 오랫동안 내 마음속을 점령하고 있는 하나의 저서(著書)를 쓰는 것입니다. 나는 지난 세월 동안 틈만 나면 이것에 몰두하여 왔기에 이제는 상당한 진전을 보았고, 그것은 거의 새로 건조된 배처럼 밧줄과 돛만 갖추어지면 바다로 띄울 수 있게 되어 있습니다.

그것은 지식과 예술의 모든 분야에 걸친 위대한 원리에 관한 대화인 것이며, 인간의 고매한 관심과 정신적인 소산 그리고 금세기의 탁월한 사람들에 관한 해명이기도 합니다. 이것은 지난 6년 동안 내가 당신과 가까이 접촉하여 이 행복을 누린 덕택에 나누었던 수없이 많은 대화입니다. 이 대화는 나에게는 아무리 퍼 올려도 끝이 없는 교양의 기초가 되었습니다. 그리고 나는 이것을 듣고 가슴에 되새기는 것을 이를 데 없는 기쁨으로 여겼습니다. 나는 이 행복을 다른 착한 사람들과도 서로 나누어 가지고 싶습니다. 이리하여 나는 이 대화를 글로 써서 이것을 인류의 선화(善化)를 위해 보존하기로 했습니다.

각하는 가끔 이 대화의 여러 군데를 대강 훑어보면서 이것을 찬성해 주었고, 이 계획을 계속 진행할 것을 되풀이해 격려해 주었습니다. 이것은 바이마르에서 나의 분주한 생활이 허락하는 한 기회 있을 때마다 썼던 것인데, 이제는 2권이 될 만큼 풍부한 재료가 모아졌습니다.

이탈리아로 출발하기 전 나는 이 귀중한 원고를 다른 서류나 물건들과 따로 분류하여 특별한 고리짝에 넣고 봉한 뒤, 그 보관을 친구인 소레에게 위탁했습니다. 그리고 만일 여행 도중에 나에게 불행한 일이 생겨 내가 두 번 다시 돌아오지 못하게 되면, 이것을 직접 당신 손에 넘겨 드리도록 부탁했습니다.

베니스를 방문한 뒤 밀라노에 두 번째로 체류하고 있을 때, 나는 열병에 걸려 여러 날 밤을 몹시 괴롭게 지냈고 1주일간 꼬박 전혀 식욕을 느끼지 못하고 몸져누워 있었습니다. 이처럼 외롭고 속절없는 심정으로 있을 때 내가 맨먼저 생각한 것은 저 원고였습니다. 그런데 그것이 그대로 사용할 수 있을 만큼 완전히 정리된 상태가 아니라는 점이 마음에 걸렸습니다. 단지 연필로 휘갈겨 쓴 데도 많고 두세 군데는 표현이 명료하지 않은데다, 또 그저 암시에만 머물러 있는 데가 많기 때문입니다. 한마디로 말한다면 적절한 편집도 되어 있지 않고 마지막 끝손질이 되어 있지 않다는 것이 마음에 걸렸던 것이지요.

이러한 심경과 감정 속에서, 내 마음에 있던 그 원고에 대한 간절한 욕구가 눈을 뜨게 되었습니다.

나폴리와 로마를 보고 싶다는 갈망은 사라지고 모든 일에서 손을 떼고 독일로 돌아가 조용히 저 원고를 완성시켜야 하겠다는 생각에 사로잡히게 되었습니다.

그래서 나는 당신의 아드님에게 나의 마음속 깊이 들끓고 있는 심정에 대해서는 말하지 않고, 내 건강상태에 대해서만 이야기를 했습니다. 그는 이렇게 찌는 듯한 무더위 속에서 나까지 끌고 다니게 되는지 모르겠다는 의구심을 느꼈던 것 같습니다. 그리하여 우리는 우선 제노바까지 가서 만약 거기에서도 내 건강 상태가 호전되지 않을 때에는, 나의 자유선택에 따라 귀국하는 것으로 의견 일치를 보았습니다.

이렇게 우리 두 사람이 제노바에 도착하여 며칠이 지나게 되었을 때 당신에게서 편지가 온 것입니다. 편지에 의하면 당신은 멀리에 있으면서도 우리 두 사람의 사정을 거의 다 꿰뚫어 보고 계시는 듯이, '만약 돌아오고 싶은 의향이라면 자네를 기꺼이 환영하겠다'고 쓰셨지요.

　우리는 당신의 통찰에 탄복했고 알프스 저쪽에 있는 당신이 우리 두 사람 사이에서 결정을 본 사항에 대해 찬성해 주신 것에 기뻐했습니다. 나는 곧 독일로 출발하려고 결심했습니다. 그러나 당신의 아드님께서는 내가 그날 하루는 여기에 머물다가 떠났으면 하는 것이었습니다.

　나는 이에 기꺼이 응했습니다. 이리하여 우리가 제노바의 거리에서 서로 헤어지며 작별을 나눈 것은 7월 25일 일요일 오전 4시였습니다. 두 대의 마차가 기다리고 있었습니다. 하나는 해안을 따라 리보르노로 향하는 것으로 당신의 아드님은 거기에 탔고, 다른 하나는 산을 넘어 토리노로 향하는 것으로 나는 그 마차에 다른 승객들과 함께 몸을 실었습니다. 이렇게 하여 우리는 각각 다른 방향으로 향해 떠났습니다만 간절한 마음으로 서로 간의 무사함을 빌었습니다.

　찌는 듯한 무더위와 먼지 속을 달려 노비리구레, 알레산드리아 그리고 아스티를 지나 3일 후 토리노에 도착했습니다. 여기에서 나는 2,3일간 휴식을 취하고 여기저기를 구경하면서 알프스를 넘어갈 적당한 기회를 기다려야 했습니다. 8월 2일 월요일에 몽 세니산을 넘어 샹 베리로 가는 편이 있었습니다. 거기에는 6일 밤에 도착했습니다. 7일 오후 계속하여 에크스로 가는 마차가 있었습니다. 그렇게 해서 8일, 비 오는 늦은 밤에 제네바에 도착하여 크로네 여관에서 여장을 풀었습니다.

　여기는 어디를 가나 파리에서 도망쳐 온 영국인들로 가득 차 있었습니다. 그곳에서 일어난 이상한 사건을 목격한 그들은 여러 가지로 이야기를 주고받고 있었습니다. 세계를 뒤흔들어 놓은 저 대사건을 처음 알았을 때 내가 어떤 인상을 받았는지 짐작하실 수 있을 것입니다. 나는 비상한 관심을 갖고 피에몽트 지방에서는 판매가 금지된 신문을 읽었습니다. 그리고 매일 새로 도착한 사람들의 이야기와 공동식탁에서 나오는 정치상의 담론과 논의를 경청했습니다. 어느 누구나 모두들 극도로 흥분하고 있었습니다. 그리고 이와 같은 일대 강압수단이 유럽 여러 나라에 어떤 결과를 초래할 것인가를 예상해 보려고 했습니다. 나는 친구인 질베스트르 양과 소레의 양친과 형제를 방문했습니다.

그리고 누구나 이 격동의 날을 맞아 하나의 의견을 가지지 않을 수 없었기 때문에, 나는 내 나름대로 다음과 같이 생각했습니다. 이것은 특히 프랑스의 장관들에게 그 책임이 있는 것이라고 말입니다. 왕이 민중으로부터 그 신망과 위엄을 잃는 상황까지 갔던 데에는 그들의 책임이 클 테니까요.

제네바에 도착하자마자 곧 당신에게 자세히 편지를 쓸 심산이었지만 요전 날의 흥분과 어리둥절한 기분이 너무나 컸기 때문에 어떻게 보고해야 할지 결정할 수가 없었습니다. 거기에다가 8월 15일 제노바의 친구 스틸링*49으로부터 한 통의 편지를 받았습니다. 그것을 읽고 나는 완전히 마음이 꺾여 바이마르로 편지를 쓸 용기가 서지 않았습니다. 그 친구는 당신의 아드님이 나하고 헤어진 그날 마차 전복 사고를 당하고 쇄골을 다쳐 스페치아에서 누워 있다고 전해 왔습니다. 나는 그 즉시로 답장을 써서 소식을 알려주는 대로 알프스를 넘어 돌아갈 준비가 되어 있다는 것을 알렸습니다. 그리고 독일로 돌아가는 도중이기는 하지만 완전히 안심할 수 있는 통지가 있기 전에는 절대로 제네바를 떠나지 않을 것이라고 했지요. 소식을 기다리면서 나는 비용을 절약하기 위해 어떤 여염집 여인숙을 숙소로 빌렸습니다. 이 체류로 프랑스어에 한층 더 숙달할 수 있었지요.

8월 28일 드디어 나에게 이중의 의미에서 기쁜 일이 생겼습니다. 이날 스틸링의 두 번째 편지를 받았는데, 그 문면이 나를 기쁘게 한 것입니다. 그가 당신의 아드님이 그 재앙에서 곧 쾌유되어 완전히 명랑하고 건강한 몸으로 리보르노에 있다는 소식을 알려온 것입니다. 이로써 이 건에 대한 나의 걱정은 단번에 완전히 없어져 버렸습니다. 이리하여 나는 마음을 가라앉히고 다음의 시를 노래불렀습니다.

　　그대여, 신이 그대를 압박할 때에 감사하라
　　그리고 신이 그대를 다시 풀어 줄 때에 감사하라*50

---

*49 스틸링(1804~1880). 이탈리아의 제노바의 영국 영사의 아들이다. 그는 바이런의 소개를 통해 괴테는 물론 오틸리에하고도 친교를 맺고 있다.
*50 괴테의 〈서동시집〉 중의 '부적' 항목에 있는 것이다.

이제야 나는 진지한 마음으로 당신에게 나에 관한 소식을 전할 수 있게 되었습니다. 제가 말씀드리고자 하는 것은 대략 이렇습니다. 나는 지금 대단히 걱정스러운 저 원고를 완성하고 싶은 마음입니다. 그래서 바이마르를 떠나 조용히 틀어박혀 작업하기 위한 허락을 받을 수 없을까 하고 여쭈어 보고자 합니다. 나는 오랫동안 깊이 유념하여 온 저 원고*51를 깨끗이 정서하여 철하고, 출판 동의를 얻기 위해 당신에게 제출하기 전에는 온전한 자유와 기쁨을 느낄 수 없을 것입니다.

그러나 지금 바이마르에서 온 편지를 접하고 내가 곧 돌아올 것을 기다리고 있다는 것, 그리고 나에게 어떤 지위를 줄 계획을 가지고 있다는 것을 알았습니다. 이러한 호의에 대해 나는 단지 감사하는 마음밖에는 없습니다. 그러나 그것은 현재 내가 추진하고 있는 여러 계획하고 차질을 빚는 것입니다. 그래서 이상하게도 나를 자기모순 속으로 몰고 갑니다.

내가 지금 바이마르로 돌아가면 나의 문학상의 계획을 신속하게 완성시킬 수 없게 될 것입니다. 그리고 나는 또 그곳에서 옛날처럼 허둥지둥하는 생활 속에 젖어 들게 될 것입니다. 서로 무릎을 맞댈 수 있을 정도로 저 좁은 거리로 돌아가게 되면, 나는 또다시 곳곳에서 여러 가지 작은 일에 관련되고 번거롭게 되어 내 자신을 해칠 뿐 이렇다 할 소득을 올리지 못할 것입니다.

물론 바이마르에도 좋은 점, 그리고 탁월한 점들이 많이 있습니다. 나는 오랫동안 이 도시를 사랑하여 왔고 또 영원히 사랑할 것입니다. 하지만 지금 그곳으로 돌아갈 생각을 하면, 마치 도시의 문 앞에서 한 천사가 불 붙은 검을 손에 쥐고 내가 문 안으로 들어가는 것을 막으면서 내쫓으려고 하는 것 같은 기분이 듭니다.

나는 내 자신이 괴짜라는 것을 잘 알고 있습니다. 어떤 일에 있어서는 충실하고 고집스럽지요. 또한 아무리 여러 해가 걸리고 많은 우회로나 곤란에 맞닥뜨리더라도 집요하게 목적을 실현시키고야 맙니다. 그러나 나만큼 쉽게 모든 인상에 구애되어 어리둥절해하면서 영향을 받는 사람은 또 없을 겁니다. 이 양면이 내 운명의 변화무쌍함을 만들었고, 동시에 내 생애의 부동성을 산출

---

*51 에커만이 집필 중인 〈괴테와의 대화〉의 원고를 말하는 것이다.

했던 것입니다. 지나온 과거를 되돌아볼 때 내가 밟아 온 환경과 상태는 다채롭고 다양합니다. 그러나 이것을 한층 더 깊게 지켜보면, 모든 것을 통해 한층 더 높은 것으로 추구하는 한 단일선을 관통하고 있다는 것을 알 수 있습니다. 이러했기 때문에 나는 한 걸음 한 걸음 자신을 드높이고 개선할 수 있었다고 생각합니다.

그러나 나의 본질인 동요성과 순응성이야말로 때에 따라서는 나의 생활환경의 개선을 위해 필요한 것입니다. 이것은 뱃사공이 계속 불어오는 바람에 밀려 흘러가지만, 여전히 원래의 방향을 향해 가는 것과 같습니다.

어떤 지위에 오른다는 것은 지금으로서는 내가 오랫동안 억눌러 왔던 문학상의 목적과 일치하지 않습니다. 또한 젊은 영국인들을 위해 이 이상 시간을 할애하는 것도 나의 본의는 아닙니다. 나는 그 언어를 터득했습니다. 그리고 그것은 나에게는 완전히 결여되어 있었던 것이었기 때문에 지금 이것을 기쁘게 생각하고 있습니다. 이 젊은 외국인과 오랫동안 사귄 덕분에 얻게 된 수확을 부정하지는 않습니다. 그러나 어느 것에도 결말이 있고 변화가 있게 마련입니다.

어떤 경우에도 구두로 가르친다든지 근무한다든지 하는 것은 나의 격에 맞지 않습니다. 나는 그런 직업에 재능도 없고 숙련을 쌓지도 못했습니다. 나에게는 웅변술이 전혀 없습니다. 대체로 누구하고 마주 앉아도 상대편은 나에게 비상한 힘을 갖고 작용하여 옵니다. 그러나 나는 그 사람의 본질과 흥미 속에 끌려 들어가 나 자신을 잊어버리게 됩니다. 그 때문에 생각하는 것도 속박을 느껴 느긋해지지 못했고 나의 사상을 십분 자유롭게 전개한다는 것은 좀처럼 잘 되지 않았습니다.

이와는 반대로 펜을 들게 되면 나는 내 자신이 어디까지나 자유롭다는 것을 느끼며 완전히 자아를 되찾게 됩니다. 그러므로 나의 사상을 문자로 전개시켜 간다는 것은 본래의 기쁨인 것이며 나의 생명이기도 합니다. 그러므로 나는 매일 2,3 페이지일지라도 글을 쓰는 것이 즐겁고, 이 일을 하지 않으면 매일을 허송세월한 것으로 후회하게 됩니다.

나는 지금 나 자신만의 세계에서 벗어나 더 넓은 영역으로 활동을 넓혀 문학계에 영향력을 행사하는 더 큰 행운을 얻을 수 있다면, 마지막으로 어느 정도의 명성을 남기고 싶다는 충동으로 가득 차 있습니다.

물론 문학상의 명성은 그 자체로 볼 때에는 얻으려고 노력할 가치가 없습니다. 그뿐이겠습니까. 그것은 아주 번거롭고 귀찮은 것이라는 것도 알고 있습니다. 그러나 그것은 좋은 점도 있습니다. 그것은 계속적인 행동과 노력을 인정받아 그 결과로 얻은 하나의 확고한 지위인 것입니다. 그리고 그것은 거룩하고 성스럽다고 할 만한 감정인 것이며, 인간을 드높이는 것이며, 만약 그것이 없으면 도달할 수 없는 갖가지 사상과 힘을 주는 것이기도 하지요.

하지만 만약 우리가 너무 오래 좁고 작은 환경 속에서 몸을 웅크리고 지내게 되면 정신과 성격도 해를 입어, 급기야는 큰 일을 성취할 수 없고 자신을 드높이는 데에도 곤란을 초래할 것입니다.

대공비께서 실제로 저를 위해 뭔가를 해 주실 의향이 있으시다면, 그처럼 고귀한 분이신 만큼 자비를 베풀 수 있는 방법을 찾는 것은 아주 쉬운 일입니다. 그분이 나의 이 문학적 작업을 지지하고 보호해 주신다면, 그분은 선행을 베푸신 것이 되어 그 열매는 영원토록 이 세상에 남을 것입니다.

왕자께서는 내 마음속에 특별한 위치를 차지하고 있다고 할 수 있습니다. 나는 그분의 정신적인 능력과 성격에서 많은 선행이 이루어질 것을 기대하고 있습니다. 그러므로 나의 얼마 안 되는 지식을 기꺼운 마음으로 그분이 이용할 수 있도록 할 것입니다. 또한 나는 쉬지 않고 나의 교양연마에 힘써 갈 것이고, 그분은 점점 더 나이를 거듭해 감에 따라 내가 더 좋은 것을 물려주더라도 잘 받아들일 것입니다.

그러나 지금 무엇보다도 내 마음에 걸리는 것은, 여러 번 되풀이하는 바입니다만, 그 원고를 완전히 완성하는 일입니다. 나는 2,3개월을 괴팅겐 근방 나의 애인집이나, 아니면 그녀의 친척집에서 조용히 칩거하면서 이 작업에 전념하고 싶습니다. 그리고 나의 오래된 무거운 짐으로부터 해방되어 새삼 장래의 새로운 작업을 준비하고 싶습니다. 나의 생활은 요 몇 년 이래로 정체 상태에 있었기 때문에, 다시 한 번 다소라도 신선한 비약을 시도해 보려고 합니다. 그리고 나의 건강도 약하고 확실치 않기 때문에 오래 살 수 있을지 장담할 수 없습니다. 그러므로 나는 나의 이름을 한동안만이라도 사람들의 기억 속에 머물게 할 수 있는 뭔가 좋은 것을 남기고 싶습니다.

그러나 지금의 나로서는 당신의 동의와 축복 없이는 아무것도 할 수 없습니다. 당신이 나의 장래에 관해 어떤 의중을 가지고 계신지 알 수 없고 또한 높으신 분들이 어떤 후의를 베풀려고 하는지도 알지 못하고 있습니다. 그러나 나의 사정은 지금 말씀드린 대로입니다. 이제 이렇게 말씀드렸으니, 다른 계획을 좇아 즉각 귀국하는 것이 나의 행운을 위해 소망스러운 것인가, 그렇지 않으면 당분간은 차분하게 나 자신의 정신적인 계획에 따르는 것이 좋을 것인가는 당신이 쉽게 판단할 수 있으리라고 생각합니다.

나는 2,3일 안으로 이곳을 떠나 프랑크푸르트로 갈 것입니다. 노이샤텔과 콜마 그리고 슈트라스부르크를 거칠 예정인데, 마차 편을 이용해 충분한 여유를 가지고 구경도 하면서 목적지로 가려고 합니다. 프랑크푸르트에서 당신으로부터 온 짧은 편지를 받을 수 있으면 고맙겠습니다. 그 편지는 그곳의 유치 우편으로 보내 주시기를 바랍니다.

나는 이 짓눌리는 것같이 답답한 심경의 고백을 끝마친 것을 기쁘게 생각합니다. 그리고 다음 편지에서는 각하께 훨씬 더 상쾌한 일들을 전해드릴 수 있을 것이라고 생각하고 있습니다.

궁중고문관인 마이어, 토목국장인 쿠드레이, 리머 교수, 법무장관인 폰 뮐러 그리고 그 외의 당신이 가까이 지내시는 분들에게 안부 인사를 전해 주십시오.

그러나 내 마음에 있는 것은 각하뿐입니다. 이 몸은 어디에 있더라도 당신에게 지극한 존경과 애정을 바치며, 오로지 당신의 것이라고 말씀드리는 바입니다.

에커만

1830년 9월 14일 제네바

제네바로 보내주신 당신의 최근 편지로 〈고전적 발푸르기스의 밤〉의 공백과 결말 부분이 훌륭히 완성됐다는 것을 알고 정말로 기뻤습니다. 이것으로 헬레나와 연결을 맺는 데 최대의 난관이었던 제3막은 완전히 마무리된 셈입니다. 당신이 나에게 말한 바에 의하면 결말은 이미 이루어져 있습니다. 그렇다면 제4막은 나의 기대대로 곧 완성될 것입니다. 이렇게 하여 앞으로 수세기에 걸쳐 사람들을 감동시키고 그들의 자아수련에 도움이 될 위대한 작품이 완성될 것입니다. 나는 이것을 정말로 이를 데 없이 즐거운 마음으로 고대하고 있습니다. 편지를 받고 이 웅대한 시적 창작작품의 진척 상황을 전해 들을 때마다 기쁨을 느낍니다.

여행길에서 〈파우스트〉가 마음속에 떠올랐을 때, 그 중에서도 고전적인 시구 몇 줄이 여러 번 마음에 짚혔습니다. 이탈리아에서 아름다운 사람들과 만나고, 발랄한 어린이들이 성장해 가는 모습을 볼 때 다음과 같은 시구가 떠올랐던 것입니다.

> 여기서는 생활에 만족하고 있는 것을
> 이어받아 볼과 입도 명랑하다
> 누구나 안주할 곳을 얻어 죽지 않는 몸이 되고
> 그들은 만족해하고 건강도 하다.
>
> 이렇게 순결한 날을 보내다가 귀여운 어린아이는
> 자라나서 아버지로서의 힘을 얻는다
> 우리들은 그저 그것을 보고 놀랄 뿐이고, 신인가
> 인간인가 하는 의문이 그대로 남는다.*52

이와는 반대로 아름다운 자연을 보고 넋을 잃고 호수와 산 그리고 골짜기에 마음과 눈을 빼앗겨 있을 때에는, 뭔가 눈에 보이지 않는 작은 악마가 나를 가지고 놀다가 다음 시구를 나에게 속삭이는 것 같았습니다.

---

*52 〈파우스트〉 2부 제3막 9550~9557행. 새로운 왕국의 영주 파우스트는 헬레나를 맞이하여 그처럼 힘겨웠던 고난의 과거를 떨쳐버리고, 그와 함께 스파르타를 이웃하고 있는 이곳에 고대그리스의 도원경 아르카디아를 건설하여 가자고 다짐한다.

만일 내가 흔들흔들 뒤흔들지 않았으면
어떻게 세계가 이렇게 아름다워질 수 있었을까?*[53]

그러면 마음속에 모든 이성적인 관념은 사라지고 불합리한 것이 제멋대로 행동하기 시작하고 일종의 격변을 느끼게 되어, 언제나 마지막에 가서는 웃어 버리지 않을 수 없었습니다.

그럴 때마다 나는 시인이란 원래 어떠한 경우에도 적극적이어야 한다는 것을 확실하게 느꼈습니다. 인간은 자기 스스로는 표현할 수 없는 것도 죄다 말하고 싶어하기 때문에 시인을 필요로 하는 것입니다. 어떤 현상이나 어떤 감정에 사로잡히면 사람들은 말을 찾아봅니다. 그러나 자기의 어휘만으로는 부족하다는 것을 알게 됩니다. 그러므로 시인이 나타나 그를 돕고 만족시켜 주지 않으면 안 됩니다.

이런 생각을 하면서 나는 저 첫 번째 시구를 되풀이하여 축복했습니다. 그리고 후반부의 시구를 매일 웃으면서 저주했습니다. 그러면서도 이들 시구는 그것이 끼워져 아주 훌륭한 효과를 내고 있기 때문에, 이 부분이 없어도 좋겠다고 생각하는 사람은 아무도 없을 것입니다.

엄밀한 의미에서 나는 이탈리아에서는 일기를 쓰지 않았습니다. 지속적으로 나타나는 현상들은 너무나 위대하고 너무나 다양하고 너무나 빨리 변화하기 때문에, 그것을 그 순간에 붙잡아 내 것으로 소화하려고 하지 않았고 또 그렇게 할 수도 없었습니다. 그러나 나는 쉬지 않고 눈을 크게 뜨고 또 귀를 활짝 열어, 많은 것에 주의를 기울였습니다. 이번에 이런 추억들을 따로따로 분류하여 각각 표제를 붙여 취급해 보려고 생각하고 있습니다. 특히 나는 〈색채론〉에 관한 재미있는 관찰을 했습니다. 때가 되면 이것을 펜으로 옮기게 될 것을 기쁨으로 생각하고 있습니다. 물론 이것은 별로 새로운 것은 아닙니다만, 오래된 법칙에 새로운 실증을 더한다는 것은 언제나 바람직한 일이라고 생각합니다.

---

*53 이것은 지진의 신인 자이스모스가 〈고전적 발푸르기스의 밤〉에서 한 말로 〈파우스트〉 제2부 제2막 7752~7753행에 나오는 대목이다.

제노바의 스틸링은 이 학설에 비상한 관심을 표시해 주었습니다. 그는 뉴턴의 학설에서 얻은 것에는 만족하지 않았지요. 그래서 내가 그에게 당신의 학설을 되풀이하여 이야기하였던 바 그 중요한 점들을 열심히 경청하였습니다. 만약 당신이 제노바로 당신의 예의 저서 일부를 보내 주시면 그는 그 선물에 반드시 기뻐하리라고 생각합니다.

이곳 제네바에 3주일 간 체류하고 있는 동안 나는 지식욕에 불타는 여류학도 질베스트르와 친구가 되었습니다. 나는 그때에 다음과 같은 것을 알 수 있었습니다. 단순한 것도 이해하는 일은 예상 외로 어려우며, 다양한 개개 현상 속에서 쉬지 않고 근본원칙을 발견한다는 것은 비상한 수완을 필요로 한다는 것을 말입니다. 자연은 극히 미묘한 것이기 때문에 정신은 상당히 노련한 데가 있어야 합니다. 따라서 우리는 언제나 판단을 빨리 얻기 위해 무리를 하지 않도록 신중해야 합니다.

그렇건만 이곳 제네바에서는 그처럼 위대한 사실에 대해서 어떠한 관심을 표시한 흔적도 찾아볼 수 없습니다. 이 지역 도서관에는 당신의 〈색채론〉이 없을 뿐만 아니라, 하물며 이곳 사람들은 이 세상에 그런 것이 존재한다는 것조차도 모르고 있는 실정입니다. 이에 관한 책임은 제네바 사람들보다는 오히려 독일인들에게 있을 것입니다. 아무튼 나는 너무나 화가 났기 때문에 빈정대는 말을 터뜨리지 않을 수 없었습니다.

바이런 경이 한동안 이곳에 머물고 있었다는 것은 잘 알려져 있는 사실입니다. 그런데 그는 사교계는 좋아하지 않고 낮과 밤을 숲 속이나 호반에서 생활했다고 합니다. 이것은 지금도 이곳 사람들의 화제가 되고 있고, 그의 〈차일드 하롤드〉 속에 아름다운 기념비로 남아 있습니다. 그는 로느 강의 색깔에 대해서도 쓰고 있습니다. 그것을 보면 그가 그 원인을 추측할 수는 없었더라도, 감수적인 눈을 가지고 있었다는 것을 알 수 있습니다. 그는 제3의 노래의 노트에서 이렇게 말하고 있습니다.

'제네바의 로느 강의 색깔은 매우 푸르다. 지중해나 다도해에서 본 것을 빼면 바닷물 민물을 막론하고 지금껏 이처럼 진한 색깔은 본 일이 없다.'

로느 강은 갑자기 물줄기가 좁아지는 제네바 진입 지점에서 두 지류로 갈라

집니다. 그 상류 위에는 네 개의 다리가 세워져 있어서, 그곳에서 강물의 색깔을 상당히 잘 관찰할 수 있습니다.

그런데 신기한 것은 한쪽 지류의 물은 바이런이 본 것처럼 푸른색이지만 다른 쪽은 녹색이라는 것입니다. 물이 푸르게 보이는 쪽의 지류는 흐름도 한층 더 급해 강바닥도 그처럼 깊게 움푹 패여 있고, 햇빛도 전혀 닿지 않아 물속은 완전히 암흑이 지배하고 있습니다. 아주 맑은 물은 어두운 중개물로 작용하기 때문에 저 잘 알려진 법칙에 의거하여 이를 데 없이 아름다운 푸른 빛깔을 일으키는 것입니다. 다른 쪽 지류의 물은 그처럼 깊지 않고 햇빛도 강바닥에 닿아 돌도 보일 정도입니다. 푸른 빛깔이 될 만큼 아랫부분이 충분히 어둡지 않고, 그렇다고 해서 누런 강바닥까지 투명하게 보일 만큼 얕거나 물이 맑게 빛나고 있는 것도 아니기 때문에 그 빛깔은 중간에 머물러 있어 녹색을 드러냅니다.

그런데 만약 내가 바이런처럼 미친 짓을 좋아하고, 또 그런 것을 실행할 방법이 있다면 다음과 같은 실험을 했을 것입니다.

로느 강의 녹색 쪽 지류에 있는 매일 수천 명의 사람들이 지나가는 다리 근처 강바닥에 크고 꺼먼 판자, 또는 이와 비슷한 것을 깊숙이 고정시켜 놓고 순수한 푸른색이 생길 수 있게 합니다. 그리고 거기에서 얼마 멀지 않은 곳에 희게 빛나는 아주 큰 생철판을 앞의 것과 같은 깊이로 설치하고 햇빛에 비쳐 선명하게 황색으로 빛나도록 하는 것입니다. 이제 사람들은 지나가다가 녹색의 물속에 황색과 청색 부분이 있는 것을 알아보고 수수께끼처럼 생각할 것이고, 애가 타지만 그것을 도저히 풀지는 못할 것입니다. 우리는 여행길에 오르게 되면 갖가지 농담을 생각해 내는 법이지요. 그러나 이것은 좋은 종류의 것으로 여겨지며 의미도 있고 다소 도움도 될 것입니다. 요 며칠 전에 나는 어떤 책방에 들렀습니다. 거기에서 처음으로 손에 잡힌 4·6판 소책자 속에 있는 어느 구절이 눈에 띄었습니다. 번역해 보면 다음과 같습니다.

'그러나 이제 나한테 말해 주기를 바란다. 만약 우리가 진리를 발견한다면 이것을 다른 사람들에게 전달해야만 하는가? 만약 여러분들이 이것을 가르치면 그것과 상반되는 오류에 의해 생활하고 있는 많은 사람들은, 그 오류야말

로 진리인 것이며 그것을 파괴하려고 하는 것이 최대의 오류라고 단언하고 여러분들을 박해할 것이다.'

이 문구는 전문가들이 당신의 〈색채론〉에 대해 취한 태도에 적용된다고 생각합니다. 이것은 당신을 위해 쓰여진 것이나 다름없습니다. 이 문구가 내 마음에 들었기 때문에 나는 기쁜 마음으로 그 책을 샀습니다. 베르나르당 드 상 피에르*54의 〈폴과 비르지니〉와 〈인도의 초가집〉도 함께 수록되어 있었습니다. 아무튼 나는 그 책을 읽고 기쁨을 느꼈고, 책 산 것을 후회하지 않습니다. 저자의 순수하고 훌륭한 정신이 나를 즐겁게 해 주었습니다. 그리고 그의 섬세한 기교, 특히 누구에게나 알려져 있는 비유를 교묘하게 사용하고 있는 것을 보고, 그것을 높이 평가하지 않을 수 없었습니다.

또한 나는 루소와 몽테스키외에 관해서 비로소 여기에 와서 알게 되었습니다. 이 밖에도 사람들과 다른 여러 가지 일을 더 이야기하고 싶지만 오늘은 이것으로 그만두겠습니다. 그렇지 않으면 이 편지가 한 권의 책처럼 두꺼워질 테니까요.

그저께 그 긴 편지로 마음에 쌓였던 것을 죄다 말해 버리고 나서는 나는 요 수년 동안 없었던 쾌활하고 자유로운 기분을 맛보고 있습니다. 앞으로도 계속 편지를 쓰고 말씀드리고 싶습니다. 적어도 당분간은 바이마르에서 떠나 있는 것이 나의 가장 절실한 소망입니다. 당신이 이것에 찬성해 주셔서 내가 택한 이 행동이 옳았다고 말씀하실 날이 올 것을 기대하고 있겠습니다.

내일 이곳 극장에서 〈세빌랴의 이발사〉가 상연되기 때문에 관람하려고 생각하고 있습니다. 그리고 출발도 진지하게 생각하고 있습니다. 날씨가 다시 갤 것 같아서 형편이 좋아질 것으로 생각됩니다. 당신의 탄생일 이래로 이곳은 연달아 비가 쏟아지고 있었습니다. 그날 아침 일찍부터 시작한 뇌우는 하루 종일 리옹 방면으로부터 로느 강을 따라서 호수 위를 지나 로잔 쪽으로 사라졌습니다. 그래서 거의 하루 종일 천둥이 쳤습니다. 나는 방 하나를 하루 16수를 주고 빌렸습니다. 이 방은 호수나 산들을 바라보는 데에는 더할 나위 없이

---

*54 베르나르당 드 상 피에르(1737~1814). 프랑스의 시인인 그는 루소이념의 주창자이다. 〈폴과 비르지니〉(1787)와 〈인도의 초가집〉(1787)은 그의 대표작이다.

좋습니다. 어제 아침 저지대에서는 비가 와서 추웠습니다. 소나기가 지나간 뒤 유라 산맥의 여러 봉우리는 눈을 뒤집어쓴 채 처음으로 나타났다가 오늘 또다시 그 모습을 감추었습니다. 몽블랑 앞쪽의 산들은 벌써 사철눈을 덮어쓰기 시작했습니다. 호수로 흘러드는 강가를 따라 늘어선 푸르름이 방울져 떨어지듯 풍요로운 초목 속에는 벌써 황색과 갈색의 수목들이 두셋 보입니다. 밤마다 추워져 가을이 찾아왔다는 것을 알려줍니다.

젊은 괴테 부인, 울리케 양, 발터, 볼프 그리고 알마에게 부디 안부를 전해 주십시오. 젊은 괴테 부인에게는 스틸링의 여러 가지를 전하고 싶지만 내일로 미루겠습니다.

프랑크푸르트에서 각하의 편지를 받게 될 것을 즐겁게 기다리겠습니다. 정말이지 이것은 즐거운 희망입니다.

최선의 희망과 충실한 마음을 담아서
에커만

9월 21일 제네바를 떠나 베른에서 2,3일 체류한 후, 27일에 슈트라스부르크에 도착하여 이곳에서 또 며칠을 머물렀다. 여기서 어떤 이발소를 지나가는데, 그 유리 창문을 통해 나폴레옹의 작은 반신상이 내 눈에 들어왔다. 거리에서 실내의 어둠 속을 향해 바라보니 그것은 푸른색의 모든 단계, 즉 우유색을 띤 밝은 푸른색에서부터 가장 진한 보랏빛에 이르기까지의 모든 색조를 나타내고 있었다. 가게의 내부에서 햇빛이 들어오고 있는 바깥쪽을 향해 바라본다면 황색의 모든 단계가 인지될 것이라고 생각되었다. 그걸 본 나는 순간적으로 성급한 충동에 사로잡혀, 알지도 못하는 사람들만 있는 그 가게로 거리낌없이 들어갔다.

나는 우선 그 흉상 쪽으로 눈길을 보냈다. 그러자 햇빛을 받은 측면에서 극히 엷은 황색부터 짙은 루비색에 이르기까지의 색채가 멋지게 드러났기 때문에 정말로 기뻤다. 나는 신이 나서 이발소의 주인에게 이 위대한 영웅의 흉상을 양보해 줄 수 없겠는가 하고 물었다. 그도 나와 마찬가지로 이 황제에 애착심이 있어, 바로 얼마 전에 파리에서 이 흉상을 사 가지고 온 것이라고 대답했다. 그러나 이 사람은 내가 열광적으로 기뻐하는 모습을 보고, 내가 자기보다 훨씬 강한 집착을 가지고 있다고 생각했는지 나에게 그 소유권을 기꺼이 양보하겠다고 말했다.

내가 볼 때에 이 유리제의 흉상은 이루 말할 수 없이 귀중한 가치를 지닌 것이었다. 그러므로 그가 얼마 안 되는 돈을 받고 이것을 넘겨주었을 때 나는 매우 놀라 이 선량한 소유주를 쳐다보지 않을 수 없었다. 나는 이것을 밀라노에서 구입한, 역시 희귀한 메달과 함께 작은 여행 선물로서 괴테에게 보냈다. 괴테는 이것의 진가에 상응하는 평가를 해 줄 것이다.

그 후 프랑크푸르트에 와서 나는 그에게서 다음과 같은 편지를 받았다.

첫 번째 편지

오늘은 정말로 간단하게 자네에게 쓰겠네. 자네가 제네바에서 보내 준 두 통의 편지는 무사히 받았네. 그것도 겨우 9월 26일의 일이지. 그러므로 서둘러 용건만 말하겠네. 당분간 프랑크푸르트에 머물러 있는 것이 좋겠어. 그리고 자네가 이 겨울을 어디서 지낼 것인가는 차분히 상담해 보도록 하세.

이번에는 다만 추밀고문관인 폰 빌레머*⁵⁵ 부부에게 드릴 편지 한 장을 동봉하겠네. 이것을 곧장 그분들한테 전해 주면 고맙겠네. 그러면 자네는 두세 명의 새로운 친구를 얻게 될 것일세. 이분들은 나하고는 매우 고상한 의미에서 친교를 맺고 있기 때문에, 자네의 프랑크푸르트의 체류를 유익하고도 유쾌한 것으로 만들어 줄 것이야.

이번에는 우선 이 정도로 끝내겠네. 이 편지를 받는 즉시로 곧 답장을 해 주게.

1830년 9월 26일 바이마르에서

언제나 변함없는 괴테

---

*55 폰 빌레머(1760~1838). 프랑크푸르트의 은행가인 그는 괴테와는 친한 사이이다. 그의 부인 마리안네(1784~1860)는 여배우 출신인데, 괴테는 1814년 라인 지방 여행 중 그녀와 알게 된 이래로 17년간 서로 편지를 주고받았다. 〈서동시집〉의 줄라이카 권은 이 체험에서 탄생한 것이다.

두 번째 편지

나의 둘도 없는 친구여! 내가 태어난 도시에서 지내고 있는 자네에게 진심으로 감사를 드리는 바이네. 요 며칠 동안 자네는 나의 훌륭한 친구들과 친교를 맺고 격의 없는 기쁨 속에서 지냈을 것이라 생각하네. 자네가 노르트하임으로 가서 한동안 체류하고 싶다면, 나는 거기에 조금도 반대할 생각이 없네. 자네가 조용한 시간을 얻어 소레에게 넘긴 원고에 손을 대어 다듬고 싶다면 나는 더더욱 기쁘네. 사실 지금 곧 그것을 출판하기보다는 자네와 함께 대강 훑어보고 정정하고 싶기 때문이야. 만약 그것이 나의 의향대로 쓰여져 있다는 것을 내가 증명할 수 있다면 그만큼 그 책의 가치도 높아질 것이야.

이것만 전하고 나머지 일은 자네에게 맡겨 자네의 편지를 기다리겠네. 나의 가족들 모두가 자네에게 안부를 전해 달라고 하고 있지. 자네의 편지를 받은 이후 다른 협력자들에게는 아무 말도 하지 않았네.

1830년 10월 12일 바이마르에서

그대의 충실한 J.W.v. 괴테

세 번째 편지[56]

자네가 다양한 빛깔을 자아내는 이 진귀한 흉상을 보았을 때 받은 강한 인상, 이것을 수중에 넣으려고 한 욕망, 그 때문에 자네가 행한 모험, 이것을 나에게 여행 선물로 보내려고 했던 착한 생각, 이러한 모든 것은 여기에 십분 나타나고 있는 장엄한 근본현상을 자네가 얼마나 깊이 터득하고 있는가를 의미하는 것이네. 이 관념과 이 감정은 그 결실과 함께 자네의 전 생애를 통해 따라다닐 것이며, 많은 생산적인 방법으로 확증될 것이야. 오류는 도서관에 속하며 진리는 인간의 정신에 속하는 것이지. 서적들은 서적들을 통해 증가할 것이야. 그러나 살아 있는 근본원칙과 접촉하는 것을 즐기는 것은, 단순한 것을 파악할 줄 알고 헝클어진 것을 풀 줄 알고 어둠을 밝게 해 주는 것은 정신인 것이지.

---

[56] 이 편지에 날짜가 없는 것은 괴테가 이 편지를 발송하지 않고 에커만이 바이마르로 돌아온 후에 그에게 직접 주었기 때문이다.

만약 자네의 데몬이 자네를 다시 바이마르로 돌아오게 하면, 자네는 그 흉상이 눈부시게 밝은 햇빛 속에 서 있는 것을 보게 될 것이야. 투명한 안면의 온화한 청색 아래로는 가슴과 견장의 딱 벌어진 덩어리가 반짝이는 보랏빛의 온갖 색조를 자아내면서 빛나고 있지. 그것은 마치 소리를 낸다고 전해지는 멤논*57의 화강암상과 같아. 여기에서는 이 어두운 유리의 흉상이 화려한 색조를 자아내고 있네. 이런 점에서 이 영웅은 바로 〈색채론〉에서도 승리자가 되고 있어. 이것으로 나에게는 그처럼 중요한 학설을 뜻하지 않게 확증해 준 셈이 되었으니 이를 데 없이 고마울 뿐이지.

또한 자네가 메달을 보내 주어 나의 수집품실을 몇 배로 풍요롭게 해 주었어. 나는 듀프레*58라는 이름에 마음이 끌렸지. 이 메달 작가는 탁월한 조각가이며 주조공이라네. 퐁네프 다리 위에 있는 하인리히 4세의 상을 주조한 것도 이 사람이지. 보내준 메달을 보고 흥미가 생겨 나는 내가 가지고 있는 다른 것도 대강 훑어보았네. 내 수집품 중에는 이 작가가 만든 역시 아주 유명한 작품이 있었고, 이외에도 그의 솜씨로 보이는 작품이 있었지. 그러므로 자네가 보내준 선물은 나에게는 좋은 자극이 되었네.

소레가 번역 중인 나의 〈식물 변태설〉은 이제 겨우 5장째를 달성하고 있어. 이 계획을 저주해야 할 것인가 축복해야 할 것인지 나는 오랫동안 결정을 못하고 있었네. 그러나 또 다시 유기적인 자연관찰에 몰두하게 된 지금에 이르러서 기쁜 마음으로 이 작업에 종사하고 있어. 이제는 벌써 40년 이상이나 지났지만 지금도 변치 않는 이 원리*59는 나에게는 여전히 가치 있는 것이야. 어떠한 미궁과 같은 영역의 어떠한 구석까지도 우리의 이해가 닿는 범위에서는 이 원리에 의해 무사히 구명될 수 있지. 그러다 급기야는 이해할 수 없는 한계에까지 인도되긴 하지만, 거기에 도달하기까지 충분한 이득을 얻고 있기 때문에 우리는 그런 점에서 자족해야 하네. 동서고금의 어떠한 철학자도 이 이상 더

---

*57 에티오피아의 전설적인 왕인 그는 트로이 전쟁 때 트로이 군을 도왔기 때문에 그리스군의 영웅 아킬레스에게 살해당했다.

*58 17세기 프랑스의 형제 조각가이자 메달 제작가이다. 그들 형제의 작품은 괴테의 미술품 수집 목록에 기록되어 있다.

*59 괴테가 저술한 〈식물의 변태〉(1790년 발표)의 원리를 말한다.

앞으로 나가지는 못했어. 이 이상 저술 속에서 언급한다는 것은 거의 월권에 가까운 것이라네.

J.W.v. 괴테

프랑크푸르트와 카셀에서 한동안 묵었다가 10월 말경에야 겨우 노르트하임에 도착했다. 그 사이에 모든 사정이 갖추어져 내가 바이마르로 돌아가는 것이 바람직스러운 상황이 되어 갔다.

나의 〈대화록〉을 즉시 출판하는 것에 괴테는 동의해 주지 않았다. 이로써 순수문학의 행로에 성공적으로 진입하려고 한 나의 계획은 이제는 생각할 수 없게 되었다.

거기에다 오랫동안 깊이 사랑하여 온 애인과 다시 만나, 나날이 새로워지는 그녀의 훌륭하고 정숙한 심정에 감명을 받아 즉시 그녀와 결혼하고 싶은 염원을 가지게 되었고, 안정된 생활을 꾸며 보려는 소망을 간절히 느끼게 되었다.

이러한 사정에 놓여 있을 때 바이마르로부터 한 통의 편지가 왔다. 그것은 대공비의 지시에 따른 것으로, 내가 이것을 받았을 때의 기쁜 심정은 괴테에게 보낸 다음과 같은 편지에 자세히 표시되어 있다.

1830년 11월 6일 노르트하임

인간은 생각합니다. 그리고 신은 인도합니다. 인간이 손바닥을 뒤집을 사이도 없이 우리의 상태와 염원을 우리가 예상했던 것과는 다르게 변화시킵니다.

2, 3주일 전에 나는 바이마르로 다시 돌아가는 것에 일종의 의구심을 가지고 있었습니다. 그런데 이제는 사정이 나로 하여금 기꺼이 즉시 돌아가야겠다고 생각하게 만들 뿐만 아니라, 그곳에서 가정을 꾸미고 영원히 살고 싶다는 생각을 가지게 했습니다.

요 며칠 전에 나는 소레에게서 한 통의 편지를 받았습니다. 거기에는 내가 다시 돌아가 지금까지와 마찬가지로 계속 왕자의 교육을 맡는다면 대공비한테서 일정한 수당을 받게 된다는 내용이 쓰여 있었습니다. 그뿐만 아니라 이이외의 다른 좋은 일도 있지만 그것은 소레가 직접 나에게 전해 줄 것이라고 했습니다. 이런 모든 것으로 사람들이 나에게 기울여 준 각별한 후의를 알 수 있었습니다.

그러므로 나는 소레에게 그 제안을 기꺼이 받아들인다는 답장을 썼습니다. 그러나 들리는 바로는 그는 그의 가족이 있는 제네바로 떠났다고 합니다.

이 소식은 당신에게도 어느 정도 좋게 받아들여질 것으로 생각됩니다. 당신은 나의 행복과 안정을 오랫동안 걱정해 주시고 있었기 때문입니다.

사랑하는 당신 가족 모든 분들에게 마음으로부터의 인사를 드리는 바입니다. 얼마 안 있어 다시 만나 뵐 것을 기쁘게 생각합니다.

에커만

11월 20일 오후 나는 노르트하임을 출발하여, 어둑어둑해졌을 때에 괴팅겐에 도착했다.

저녁때 숙소의 공동식탁에서 나는 내가 바이마르에 사는 사람이며 지금 그곳으로 가는 도중이라고 했다. 그러자 여관집 주인은 위대한 시인인 괴테는 그처럼 나이가 많은데 얼마나 괴로우실까, 오늘 신문을 보니 괴테의 단 하나밖에 없는 아들이 이탈리아에서 뇌출혈로 죽었다*[60]더라고 아주 느긋하게 말했다.

이 말을 들었을 때의 나의 심정은 어떠했겠는가를 상상할 수 있을 것이다. 나는 등불을 들고 내 방으로 올라갔다. 거기에 있는 낯모르는 사람들에게 내 마음의 동요가 알려지는 것이 싫었기 때문이다.

나는 그날 밤 내내 잠을 자지 못했다. 나에게는 너무나 가슴 아픈 이 사건은 나의 머리에 쉬지 않고 떠올랐다. 그 후로 마차 안에서의 낮과 밤, 그리고 뮐하우젠과 고타에서 지낸 며칠 간은 도무지 즐겁지 않았다. 혼자 마차 속에 앉은 채 컴컴한 11월의 황량한 들판 속을 지나갔다. 눈에 비치는 어떠한 것도 나를 위로하거나 내 마음을 밝게 해 줄 수 없었다. 생각을 다른 데에서 찾으려고 해도 헛수고였다. 그리고 어느 여관에서든 사람들은 최근의 새로운 화

---

*60 괴테의 아들 아우구스트 폰 괴테는 1830년 10월 27일에 로마에서 객사했다. 이 부고가 괴테에게 도달한 것은 1830년 11월 10일이었다.

제로서, 나에게는 너무나 가까운 사람에게 일어난 이 슬픈 사건을 말하는 것이었다. 나의 가장 큰 걱정은 그처럼 나이가 많은 괴테가 과연 아버지로서 감정의 격동을 견디어 낼 수 있을까 하는 것이었다. 나는 나에게 혼잣말을 했다. '나의 도착은 어떤 인상을 줄 것인가. 나는 그의 아드님과 함께 떠났는데 혼자서 돌아왔다! 그는 나를 만나보고서야 비로소 아들을 잃은 현실을 절감할 것이다.'

이런 것을 생각하면서 나는 11월 23일 화요일 저녁 6시에 바이마르로 가는 마지막 톨게이트에 도착했다. 인생을 살아가는 동안에는 반드시 괴로움을 뚫고 지나가야 할 때가 있다고 다시 한 번 느끼는 순간이었다. 바로 그때 달이 언뜻 얼굴을 내밀고, 몇 분 동안 두꺼운 구름 사이에서 휘황찬란하게 빛났다. 그러고는 다시 전과 마찬가지로 어둠 속으로 묻혀 버렸다. 이것은 우연이었던가 아니면 그 이상의 것이었던가. 좌우간 그때 나는 이것은 천상에 계시는 신이 나에게 내려주시는 은총의 표시라고 생각하고는 나도 모르게 마음의 든든함을 얻었다.

나는 하숙집 주인 내외에게 인사를 하자마자 곧장 괴테 댁으로 갔다. 우선 젊은 괴테 부인에게로 갔다. 그녀는 벌써 꺼먼 상복을 입고 있었지만 조용하니 침착했다. 우리는 여러 가지 이야기를 나누었다.

이어 나는 괴테가 있는 방으로 내려갔다. 그는 똑바로 꼿꼿이 서서 나를 두 팔로 껴안았다. 그는 이제는 완전히 기운을 도로 찾아 차분했다. 우리는 자리에 앉자마자 곧 격의없는 이야기를 주고받았다. 이리하여 나는 다시 그의 곁에 있다는 것에 무한한 행복을 느꼈다. 그는 나에게 두 통의 편지를 보여 주었다. 그것들은 노르트하임에 있는 나한테로 보내려고 했던 것이었다. 다음으로 괴테는 대공비와 왕자에 대한 일과 그 이외의 많은 다른 것을 언급했다. 그러나 아들에 대해서는 한마디도 언급하지 않았다.

1830년 11월 25일 목요일

괴테는 오늘 아침 나에게 여러 권의 책들을 보내왔다. 영국과 독일 작가들이 나에게 기증하기 위해 보내온 책들이었다. 정오에 그에게로 가서 식사를 함께 했다. 그는 동판화와 스케치가 들어 있는 서류철을 바라보고 있었다. 이것은 그의 구입을 희망하며 화상이 보내온 것이다. 그는 나에게 오늘 아침 대공비 전하의 방문을 받았다고 이야기하면서, 나의 도착 소식을 그녀에게 전해 주었다고 말했다.

젊은 괴테 부인도 우리와 자리를 함께 하여 식탁에 앉았다. 나는 여행에 대해 이야기를 하지 않을 수 없었다. 베니스와 밀라노 그리고 제노바에 대해서 이야기했다. 그는 특히 그곳 영국 영사*⁶¹의 가족에 대한 자세한 보고를 듣고는 깊은 관심을 가지는 것 같았다. 나는 다음으로 제네바에 대해서 이야기를 했는데, 그는 소레의 가족과 폰 본슈테텐 씨*⁶²에 대해 열심히 물어보았다. 그리고 그 후자는 그가 더 자세한 것을 알고 싶어했기 때문에 나는 말씀드릴 수 있는 모든 것을 이야기했다.

식사 후 괴테가 나의 〈대화록〉에 대한 이야기를 시작한 것은 기쁜 일이었다. "이것은 자네의 처녀작이 될 것임에 틀림없어" 하고 그는 말했다. "그러므로 그것이 완전무결하게 다듬어질 때까지 손을 놓아서는 안 되네."

그건 그렇고 괴테는 오늘 유달리 말수가 적고 이따금 방심 상태에 있는 것 같았다. 그리고 걱정스럽게도 내가 보기에 이것은 그다지 좋은 징조는 아닌 듯하다.

1830년 11월 30일 화요일

괴테는 지난 주 금요일 우리를 적잖이 걱정하게 만들었다. 그가 밤중에 심하게 피를 토하고 하루 종일 사경을 헤맸던 것이다. 그는 방혈법으로 뽑은 것을 합쳐 6파운드에 달하는 피를 잃었다. 이것은 80세인 그에게는 심각한 문제였다. 괴테의 주치의이자 궁중고문관인 포겔의 탁월한 의술과 괴테의 유례 드문 천성이 결합하여, 이번에도 그는 살아남을 수 있었다. 이리하여 그는 급속도로 건강이 회복되어 벌써 양호한 식욕을 보였고 밤중에는 내내 다시 잠을 잘 수 있게 되었다. 누구와의 면회도 허락되지 않았고 말하는 것도 금지되어

---

*61 제노바의 영국 영사인 제임스 스털링을 말한다.
*62 폰 본슈테텐(1745~1832). 스위스의 작가로 1827년 8월 21일에 괴테에게 편지를 보냈다.

있었지만, 영원히 움직여 쉴 줄 모르는 그의 정신은 가만히 있지 않고 또다시 해야 할 일을 생각하고 있었다. 오늘 아침 나는 그가 침상에서 연필로 쓴 다음과 같은 단신을 받았다.

내 최고의 의사여! 이미 잘 알고 있는 시를 동봉하네. 수고스럽겠지만 다시 한 번 통독하고, 맨 앞에 내놓은 새로운 시를 전체에 꼭 들어맞게 편집해 주게나! 〈파우스트〉는 다음 기회로 미루지!

다시 만나기를 고대하면서!

바이마르 1830년 11월 30일 괴테

괴테는 급속하게 완전히 회복하였고, 그 뒤에는 그의 모든 관심을 〈파우스트〉 제4막과 〈진실과 시〉의 제4권의 완성에 쏟았다.

그는 나에게 지금까지 인쇄에 부치지 않은 작은 원고의 편집, 그리고 그의 일기와 발신한 서간의 정리를 부탁했다. 그것은 장차 출판할 때 취급방법을 어떻게 할 것인가를 확실히 해두기 위해서였다.

괴테와 〈대화록〉을 편찬하는 것은 이제는 생각조차 할 수 없게 되었다. 게다가 나 또한 지금까지 쓰여진 것에 집착하기보다는, 행운이 베풀어지는 한 새로운 재료로 이 축적분을 한층 더 늘려나가는 것이 현명하다고 생각하게 되었다.

1831년

1831년 1월 1일 토요일

여러 인물들에게 보낸 괴테의 편지 초고는 1807년 이래로 철을 하여 보존되어 있다. 그 중의 2, 3년 분의 것을 지난 몇 주 동안 정성들여 조사해 본 결과, 그것들은 장차 편찬과 출판할 때에 도움이 될 것으로 판단되었다. 그에 따라 나는 그 편지들을 다음과 같은 항목으로 분류하여 몇 가지 일반적인 비망록을 써 두려고 한다.

1

우선 이 편지들을 군데군데를 발췌하여 발표하는 것이 좋은가, 그렇게 하지 않는 것이 좋은가 하는 문제가 생긴다.

여기에 나는 다음과 같이 말하고 싶다. 대체로 괴테의 천성과 태도는 아무리 사소한 대상이라도 일정한 목적을 갖고 상대한다. 특히 이러한 편지에 있어서 필자인 괴테는 언제나 온몸과 마음을 다하여 정성을 들이고 있다. 그러므로 아무리 짧은 편지라고 하더라도 시종일관 더할 나위 없이 완벽하게 쓰여져 있을 뿐만 아니라, 어떠한 글의 행간에서도 그의 탁월한 천성과 교양을 엿볼 수 있다.

따라서 나는 이 편지들을 처음부터 마지막까지 전부 그대로의 형태대로 싣는 것이 좋다고 생각한다. 특히 개개의 중요한 부분은 선행하는 것과 후속하는 것에 의해 비로소 그 참된 광채와 효과적인 해명을 발휘할 수 있기 때문이다.

그리고 더 자세히 고찰해 보면 이 편지들은 다양하고 거대한 세계와 접촉하고 있다는 것을 알게 된다. 이런 점을 생각할 때, 어떤 부분은 발표할 만큼 중요하고 다른 부분은 그렇지 않다고 누가 감히 말할 수 있겠는가? 실제로 문법학자, 전기작가, 철학자, 윤리학자, 자연과학자, 예술가, 시인, 대학교수, 배우 그리고 기타 수없이 많은 사람들, 이 제각기 다른 사람들은 모두 그들 나름대로의 관심사를 가지고 있다. 그렇다면 어떤 사람은 읽지 않고 그대로 지나가는 부분도 다른 사람은 지극히 의의있는 것으로 감명 깊게 받아들여 섭취할 것이다.

가령 1807년의 제1집 중에 괴테가 어떤 친구에게 보낸 편지가 있는데, 여기에서 괴테는 산림 사업에 몸을 바치려고 하는 이 친구의 아들을 위해 조언을 하고 있다. 이런 편지는 아마 젊은 작가는 읽지 않고 그냥 지나가겠지만, 산림 종사자는 틀림없이 기꺼이 읽고 그 교시를 마음에 담을 것이다. 그리고 괴테라는 이 시인은 자신의 전문 분야에도 정통하고 있어 그에 관해서도 좋은 충고를 하려 한다고 생각할 것이다.

그러므로 나는 다시 한 번 말하지만, 그의 편지를 발췌하지 않고 전부 있는 그대로 발표하는 것이 바람직하다고 보는 바이다. 그것이 이 편지들이 세상에 유포되어 있는 원래의 형태이고, 이것을 받은 분들도 훗날 반드시 쓰여진 그대로 인쇄될 것이라고 생각하고 있기에 더욱 그렇게 생각한다.

2

그러나 좋은 부분을 내포하고 있지만 발췌하지 않고 그 내용 또는 분량 전부를 공개하는 것이 곤란한 편지가 있을 때에는, 그런 부분만을 골라내고 그 편지가 속하는 연도별로 분류하거나 임의로 독자적인 선집을 만드는 것도 좋을 것이다.

3

처음 제1집 중에 있는 어떤 편지는 각별한 의미가 있다고 보이지 않기 때문에 그것을 발표하는 의미가 의문시되는 경우가 생길 것이다. 그러나 이것은 수년이 지난 뒤에 계속 나타나는 연속적인 쇠사슬의 최초의 한 고리를 형성하는 것이므로, 중요하게 다루어 발표해야 한다.

4

이 편지들을 받은 사람의 인명에 따라 정리할 것인가, 아니면 각기 연도에 따라 연대기적으로 이어가는 것이 좋은 것인가가 문제될 것이다. 나는 후자 쪽을 택한다. 그 첫째 이유로는 그렇게 하면 쉬지 않고 새로운 변화가 나타나기 때문이다. 사실 상대편이 바뀌면 문제의 느낌도 바뀔 뿐만 아니라 진술되는 화제도 쉬지 않고 달라진다. 그러므로 연극이라든지 문학상의 작업이라든지 자연연구, 가족 내에서 일어나는 여러 가지 일들, 신분이 높은 분들과의 사교, 친분을 나눈 사람들과의 우정관계 등등이 번갈아 가면서 나타날 것이다.

그러나 내가 연대에 따라 혼합적으로 편찬하는 것에 찬성하는 것은 다음과 같은 두 번째 이유가 있기 때문이기도 하다. 어떤 연도의 편지는 동연대에 살아 활동했던 일들에 접촉하고 있다. 따라서 그 연도의 특색을 담고 있을 뿐만 아니라, 해당 필자의 심경이나 영위가 모든 측면과 각도에서 진술된다. 그러므로 연차별 서간집은 그 신선한 세부묘사로 이미 인쇄된 총괄적인 일기 또는 〈연대기〉에 의한 전기에, 그때그때의 신선한 보충물이 될 수 있을 것이기 때문이다.

5

다른 사람들이 이미 인쇄한 서간문들은 대체로 그들의 공적이 인정된 것이라든지, 또는 찬사나 특이한 것이 쓰여져 있는 것이다. 그렇다고 해도 이것들 역시 다시 한 번 이 선집 속에 들어가야 한다. 이렇게 하는 것은 그들이 갖고 있는 문서가 진실된 것임을 세상에 실증하는 일이 되기 때문에 그 사람들에게도 만족감을 줄 수 있을 것이다.

6

이 선집 속에 추천장을 수록할 것인가 그렇게 하지 말 것인가 하는 것은 추천된 인물을 고려하여 결정해야 할 것이다. 만약 그 사람이 이렇다 할 큰 일을 성취하지 못했고, 또 그 편지에 이렇다 할 다른 사항이 쓰여져 있지 않은 때에는 수록하지 않아도 되는 것이다. 그러나 추천되는 인물이 세상에 나가 명성을 떨치게 되었다면 그 추천장은 수록되어야 할 것이다.

7

괴테의 시대를 살았던 사람들 중 잘 알려져 있는 인물들, 가령 라바터라든지 융이라든지 베리쉬, 크니프, 하케르트 그리고 그 이외의 사람들에게 보낸 편지는 그 자체로 흥미가 있다. 그러므로 이런 편지들은 설사 이렇다 할 중요한 사항들이 쓰여져 있지 않은 때라도 발표해야 한다.

8

대체로 이들 서간문의 발표 범위는 너무 좁게 한정되지 않도록 해야 할 것이다. 이 편지들은 우리에게 괴테의 광범위한 생활과 다양한 활동을 남김없이 이해할 수 있게 해 줄 것이며, 또한 각양각색의 인물들과 다양한 경우 그의 태도를 잘 알 수 있게 해 줄 것이기 때문이다.

9

편지가 제각기 다르더라도 그것들이 한 가지의 동일한 사실을 언급할 때에는 그 가운데서 가장 탁월한 것을 선택해야 한다. 그리고 어떤 포인트가 여러 가지 다른 편지를 통해 나타나는 경우에는, 가장 잘 쓰여져 있는 것을 싣고 그 이외의 것은 생략하는 것이 좋다.

10

예외적인 일이지만 1811년부터 1812년에 보낸 서간 중에는 세상에 널리 알려진 인물들에게 휘호를 써 달라고 부탁하고 있는 것이 20통이나 된다. 이런 부분과 이와 비슷한 부분은 생략되어서는 안 된다. 이런 것은 아주 특색이 있고 흐뭇하게 보이기 때문이다.

앞에서 언급한 여러 항목들은 1807년, 1808년, 1809년의 서간들을 조사하면서 생각난 것들이다. 그리고 앞으로 이 일을 계속하는 동안 일반적인 주의사항이 다시 생길 때에는 이 현재의 것에 보충적으로 첨가하면 될 것이다.

1831년 1월 1일 바이마르에서 에커만

오늘 식사 후 괴테와 함께 이상의 사항을 하나하나 상세하게 이야기했는데, 그는 나의 제안에 깊은 찬성을 표시했다. "그럼 나의 유서에 자네를 편지들의 편집자로 지명해 두겠네. 그리고 그 편집 과정에서 이행해야 할 방법에 대해 우리가 서로 의견의 일치를 보았다는 것을 표시해 둘 것이야."

1831년 2월 9일 수요일

나는 어제 왕자와 함께 포스의 〈루이제〉를 읽었다. 그리고 이 책에 관해 나름대로 깨달은 점을 여러 가지로 마음속에 떠올렸다. 풍토의 서술이나 여러 인물의 멋진 외면묘사는 나를 열광케 했다. 그러나 이 시는 일종의 알맹이가 결여되어 있다고도 생각되었다. 등장 인물들이 이따금 서로 담화를 나누면서 자기의 마음속을 드러내려고 하는 부분에서는 특히 이런 느낌이 들었다. 〈웨이크필드의 목사〉[1] 속에도 어느 시골 목사와 그 가족이 그려져 있다. 하지만 이 영국시인은 한층 더 높은 교양을 가지고 있기 때문에, 그것이 여기에 나타나는 인물들에게도 전달되어 모든 인물들이 그들의 마음속을 한층 더 다양하게 드러내고 있다. 〈루이제〉도 물론 어떤 종류의 독자권은 만족시킬 수 있을 것이다. 그러나 그 교양 수준은 모두 제한되어 있고 평범할 뿐이다. 시구에 관해 말한다면, 이런 제한된 상태에서는 너무나 무겁고 또 가끔 무리가 생겨 시의 느낌을 딱딱하게 만들기 쉬운 6각운을 사용하고 있었다. 따라서 문장 진행이 자연적으로 흘러가지 못해 읽기가 수월하지 않았다.

나는 오늘 정오의 식탁에서 괴테에게 이 점에 대해 말했다. "그 작품의 최초의 판은 그런 부분이 훨씬 잘되어 있었기 때문에 나는 그것을 즐겨 낭독했었네. 그런데 그 뒤 포스는 그 작품 여기저기에 손을 대고 변덕스러운 기교를

---

[1] 1766년 출판된 골드스미스의 소설도 인간미와 유머 그리고 적절한 풍자가 흐르고 있는 걸작이다.

부려, 오히려 시구의 경쾌함과 원활함을 망쳐버리고 말았지. 대체로 오늘날에는 모든 것이 기교적인 것으로부터 시작하고 있네. 비평가 선생들은 하나의 운(韻) 속에서 하나의 S 뒤에 다시 다른 하나의 S가 오고, 그 뒤에 SZ가 와서는 안 된다는 것에 신경을 쓰고 있지. 만약 내가 아직 젊고 대담하다면 의식적으로 이런 모든 기교상의 제약을 거역하고 나갈 것이야. 두운법이든 반해음이든 그리고 틀린 운이든 무엇이든 간에 생각나는 대로 자유롭게 사용하면서 말이야. 그러나 중요한 점은 고려하여 누구든지 그것을 읽으면 암송하고 싶을 만큼 심정을 북돋는 훌륭한 것을 쓰도록 노력할 거라네."

1831년 2월 11일 금요일

오늘 식탁에서 괴테는 나에게 〈파우스트〉 제2부의 제4막을 시작했으며, 그것을 계속하여 진행할 생각이라고 말했다. 이 말을 듣고 나는 매우 기뻐했다. 이어 그는 라이프치히의 젊은 언어학자인 프리드리히 고트홀트 쇤*² 에 대해 격찬했다. 이 사람은 유리피데스의 여러 연극 중에서 의상에 관한 논문을 썼고, 아주 박식한데도 자기의 목적에 필요한 것 외에는 어떤 것에 관해서도 이러니저러니 하지 않는다는 것이다.

"내가 흐뭇하게 생각하는 것은 그는 한결같이 생산적인 정신을 갖고 자기 일에 전념하고 있다는 것이네. 하지만 현대의 다른 언어학자들은 너무나 기교적인 문제나 철자의 장단에 집착하고 있네.

기교적인 세세한 점에 깊이 관여하는 것은 비생산적인 시대의 특징이지. 개인의 경우에도 이런 것에 관련을 갖는다는 것은 비생산적인 인간의 특징인 것이야. 그리고 문학적 작업에 지장을 가져오는 것으로는 다른 종류의 결점도 있어. 가령 플라텐 백작은 좋은 시인이 가져야 할 것의 모든 주요 조건을 구비하고 있지. 그는 고도의 상상력, 구상력, 정신, 그리고 창조력 등을 가지고 있네. 게다가 완벽하리만큼 기교상의 교양이 있고 풍부한 연구심 그리고 보기 드문 진지함도 있어. 그러면서도 그는 논쟁을 일상사로 삼고 있는데, 바로 이런 버릇

---

*2 고트홀트 쇤(1806~1857). 문헌학자로, 1831년 유리피데스 연극의 의상 문제에 대한 논문을 썼는데 괴테는 이것을 아주 높이 평가했다.

이 불행하게도 그에게 화근으로 작용하고 있는 것이야.

그는 나폴리와 로마의 위대한 환경 속에 있으면서 독일문학의 빈곤을 잊을 수가 없다고 말하고 있지만, 그건 그처럼 탁월한 재능을 소유한 자의 언사로 서는 용서할 수 없는 것이지. 〈낭만적 오이디프스〉는 특히 그 기법면에 있어서 플라텐이야말로 가장 훌륭한 독일비극을 쓸 수 있는 인물이라는 것을 보여 주고 있지만, 그는 이 연극에서 비극적인 모티브를 빈정거리듯 사용했네. 그러고 지금에 이르러서 어떻게 진정한 비극을 쓸 생각을 할 수 있다는 말인가!

이러한 논쟁버릇이 그를 괴롭히리라는 것은 아무리 생각해도 틀린 말이 아니야. 논쟁상의 적은 자유로운 모든 창작 사이사이에 유령처럼 나타나, 그렇지 않아도 민감한 그의 성질에 극심한 소란을 불러일으키지. 바이런 경 역시 이런 논쟁적 버릇 때문에 자멸하고 말았다네. 그러므로 플라텐도 마땅히 독일문학의 명예를 위해서 이런 바람직하지 않은 길을 영원히 피해야 할 거야."

1831년 2월 12일 토요일

나는 신약성서를 읽고 괴테가 얼마 전에 나에게 보여준 어떤 그림을 떠올렸다. 그것은 그리스도가 바닷물 위를 걸어오고 있는데, 그를 맞이하기 위해 물 위를 걸어가던 베드로가 순간적으로 자신감을 잃어 물속으로 빠지는 장면을 그린 것이다.[3]

"이것은 가장 아름다운 종교전설 중의 하나이지" 하고 괴테는 말했다. "나는 이것을 다른 어떤 것보다도 좋아하네. 이 속에는 인간이란 신앙과 끓어오르는 용기만 있으면 아무리 어려운 계획일지라도 정복할 수 있지만, 그 대신 아주 조금이라도 의혹을 품게 되면 곧 파멸하고 만다는 고매한 가르침이 담겨 있어."

1831년 2월 13일 일요일

괴테 댁에서 함께 식사를 했다. 그는 나에게 〈파우스트〉 제4막을 계속 쓰고 있고, 이번에 그 첫 부분이 원하는 대로 잘 완성되었다고 말했다. "사건의 줄거

---

[3] 신약성서 마태오복음 제14장 제25~33절이다.

리는 자네도 알고 있듯이 이미 만들어져 있었지만, 그것을 어떻게 취급할 것인가에 대해서는 아직껏 만족할 만한 방법을 찾을 수 없었지. 그런데 다행스럽게도 좋은 생각이 떠올랐어. 나는 〈헬레나〉부터 완성된 제5막까지 살펴본 후 모든 빠져 있는 부분을 하나하나 구상하여 자세한 개요를 만들고, 그러고서 펜을 들려고 하고 있네. 이렇게 하면 아주 기분좋고 확실하게 진행해 나갈 수 있고, 먼저 마음에 드는 부분부터 시작할 수 있지. 이 막은 또한 완전히 독자적인 특색을 갖추고 있다네. 이것만으로도 독립된 작은 세계를 이루고 있어 다른 것하고는 관련이 없어. 그 전후는 단지 작은 부분을 통해 전체와 결합되어 있을 뿐이지."

"그렇다면 다른 막과의 구별이 확실해질 것입니다. 요컨대 〈아우에르바하 지하 술집〉, 〈마녀의 부엌〉, 〈부로켄산〉, 〈국회〉, 〈가장 무도회〉, 〈지폐〉, 〈실험실〉, 〈고전적 발푸르기스의 밤〉, 〈헬레나〉 등과 같은 것들도 순전히 그 자체만으로 독립된 소세계권을 형성하여 다른 것과 분리되어 있습니다. 물론 상호간의 영향이 없는 것은 아니지만 그 연관성은 아주 작지요. 작가에게 가장 중요한 점은 각양각색의 세계를 남김없이 표현하는 것이며, 유명한 영웅의 이야기는 작가가 원하는 대로 각 장면 장면을 꿰매 맞추어 가는 데 사용되는 일종의 실마리라고 생각합니다. 〈오디세우스〉나 〈질 불라스〉*4만 하더라도 이것과 다를 것이 없습니다."

"과연 자네가 말한 대로야" 하고 괴테는 말했다. "이런 구성에 있어서는 개개 집단의 의미를 확연하게 해두는 것이 중요하네. 그뿐만 아니라 다른 한편으로는 전체로서도 언제나 혼연일체가 되어 서로 떨어질 수 없게 해 놓아야 하지. 그러나 바로 이 때문에 마치 풀리지 않는 문제처럼 사람들로 하여금 되풀이하여 그것을 고찰해 보아야 하겠다는 기분이 들게 하는 거라네."

이어 나는 어떤 젊은 군인의 편지에 대해 말했다. 나는 다른 친구들과 함께 그가 외국 근무에 종사하는 것이 좋겠다고 권고한 일이 있었다. 그런데 그 외국에서의 상황이 생각만큼 좋지 않자 그는 그에게 권고한 모든 사람들을 비난

---

*4 프랑스의 소설가이자 극작가인 르 사즈(1668~1747)의 작품이다. 그는 스페인의 악한 소설을 이입한 풍속소설 〈질 불라스의 이야기〉 4권(1715~1735)을 써서 걸작을 남겼다.

하고 있었던 것이다.

"충고라는 것은 쉬운 일이 못되지" 하고 괴테는 말했다. "세상에 나가보면 곧 알게 되지만 가장 현명한 것이 의외로 실패하고 오히려 가장 허무맹랑한 것이 성공을 거두는 경우가 있어. 그리고 이런 상황을 알게 되면 누구나 조언을 하는 것을 주저하게 되네. 요컨대 조언을 원하는 것도 바보스럽고 조언을 해 주는 것도 월권행위이지. 그러니 우리는 자신도 협력할 의향이 있는 것에 한해서만 조언하는 것이 좋아. 어떤 사람이 나에게 좋은 충고를 원한다면 나는 그 사람에게 조언하는 것을 아끼지 않을 게야. 그러나 그 사람이 그 조언에 따라 행동하지 않을 것을 조건으로 할 거네."

화제는 신약성서에 이르렀다. 나는 그리스도가 바다 위를 걸어오자, 베드로가 그를 맞이하는 부분을 다시 읽었다고 말했다. "오래간만에 복음서들을 읽게 되면 여러 인물들의 위대한 윤리성에 새삼스럽게 놀라게 됩니다. 그리고 우리의 도덕적 의지력에 부과되는 고상한 요구가 일종의 지상명령처럼 생각됩니다."

"특히 자네는 신앙의 지상명령을 느끼고 있는 것일 게야. 그것을 마호메트는 한층 더 강하게 요구했지." 이에 내가 말했다. "그런데 우리가 이 복음 전도사들을 더 자세히 관찰해 보면 배리와 모순에 가득 차 있습니다. 이 복음서들은 현재 우리가 보는 바와 같은 책으로 정리되기까지 틀림없이 기구한 운명을 거쳐왔을 것입니다." 그러자 괴테가 대답했다. "그러므로 복음서에 관해서 역사적인, 그리고 비판적인 연구를 시도한다는 것은 바닷물을 다 마셔 버리려고 하는 것과 같지. 그러니까 현재 실제로 존재하고 있는 그 이상의 것을 꼬치꼬치 캐묻지 말고, 거기에서 자신의 윤리적인 교양 함양과 자기 발전을 위해 도움이 될 수 있는 것을 배우는 것이 제일 좋은 것이야. 또한 복음서에 등장하는 지방의 상태에 대해서 통달하는 것도 좋은 일이지. 그를 위해서는 무엇보다도 뢰르가 쓴 팔레스타인에 관한 책*5을 추천하고 싶네. 아주 훌륭한 책이라네.

---

*5 바이마르의 신교 관구 총감독을 지낸 뢰르(1777~1848)씨는 괴테와 가깝게 지냈고, 괴테의 장례식 때에는 조사를 읽기도 했다. 그가 쓴 〈예수시대의 유대의 토지의 역사적 지리적 고찰〉(1816년)은 그 당시 널리 읽혔다.

그 이상 가는 책은 아직 없어. 돌아가신 대공께서는 그 책을 그토록 좋아하여 두 번씩이나 사셨지. 그중 한 권은 읽고 난 뒤에 도서관에 기증했고, 또 한 권은 늘 자기 옆에 두고 볼 수 있게 보관하셨다네."

대공이 이런 일에 관심을 가졌던 것을 알고 나는 놀랐다.

"이런 점에서 그는 위대했다네. 무슨 일에나 조금이라도 의의가 있으면, 설사 그것이 전문적인 것에 속한다고 하더라도 관심을 가졌어. 그는 언제나 진보적이었네. 그래서 뭔가 새로운 발견이 이루어진다든지 새로운 설비가 등장한다든지 하면 그는 이것을 스스로 채택하려고 노력했어. 그 시도가 실패로 돌아간다고 하더라도 그것을 각별히 문제 삼지 않았네. 나도 이것저것 실책을 저지르고는 대공에게 어떻게 용서를 빌어야 할지 고민한 적이 여러 번 있었지만, 대공은 어떠한 실패도 모르는 척하면서 지극히 쾌활한 태도를 보여주었고 언제나 곧 새로운 것으로 향해 전진해 나갔지. 이것이 그의 본성을 보여 주는 위대한 점이었어. 그러나 이런 면모는 교양으로 얻어진 것이 아니라 선천적으로 타고난 것이었네."

식사가 끝난 뒤 우리는 현대 대가들의 손에서 나온 몇 개의 동판화를 바라보았다. 특히 풍경화 몇 점을 자세히 감상했지만 그 어느 것에서도 거짓된 것이 발견되지 않아서 기뻤다. "수세기에 걸쳐 이 세상에는 많은 걸작이 탄생하고 있지" 하고 괴테는 말했다. "그러므로 이 영향에 의해 다시금 훌륭한 작품들이 나온다고 한다면 어쩌면 그건 당연한 일이네."

"그러나 한 가지 좋지 않은 것은 이 세상에는 그릇된 학설들이 많아, 재능이 있는 청년들이 그중 어떤 신성한 것에 몸을 맡겨야 할지 구분을 못 하고 있다는 것입니다."

"그 점에 관해서는 많은 실례가 있지" 하고 괴테는 말했다. "우리는 그릇된 원리 때문에 시대 전체가 길을 잘못 들어 괴로워하는 것을 보아왔고, 우리 자신들도 그 속에서 고생하여 왔네. 게다가 오늘날에는 어떤 오류도 재빨리 인쇄되어 일반에게 쉽게 유포되지! 그런 미술 평론가 중의 한 사람이 2, 3년쯤 뒤에 자기의 잘못을 알아차리고 더 좋은 생각을 가지게 되고, 개선된 신념을 널리 퍼뜨릴 수도 있을 것이야. 그러나 그의 그릇된 학설은 이미 세상에 퍼진 상태이고, 그 효과는 가는 곳마다 좋은 학설에 덩굴풀처럼 달라붙어 계속 영향을 끼치게 될 것이야. 다만 정말로 위대한 천재라면 이런 미로에 빠져들지 않고 손해도 입지 않을 것일세. 그나마 이것이 나에게 위안이 되기도 하지."

우리는 계속하여 동판화를 감상하였다. "정말 좋은 작품들이야. 이것들은 순수하고 훌륭한 재능을 가진 작가들이 만든 것이지. 그들은 숙련도 쌓았고 취향에 있어서나 기법에 있어서 당당한 경지까지 체득하고 있어. 그러나 이 모든 그림들에는 뭔가가 결여되어 있지. 다시 말해 남성적인 것 말이야. 자네는 이 말에 주의하고 밑줄을 그어야 하네! 이 그림들에는 박진감이 없어. 그것은 이전 세기에서는 어디에나 볼 수 있었던 것인데 현 세기에는 빠져 있는 게야. 또한 이것은 단지 그림 작품에서뿐만 아니라 다른 모든 예술 분야에서도 그러하지. 현대 사람들은 과거 사람들보다 취약하네. 이들이 태어날 때부터 그러한 것인지 아니면 과거보다 더 취약한 교육과 영향 때문에 그렇게 된 것인지는 확실하지 않지만 말일세."

"그러나 이 그림을 보면" 하고 나는 말했다. "어떤 예술에 있어서나 위대한 인격이 얼마나 중대한가 하는 것을 알 수 있습니다. 물론 이것은 예전에는 유달리 신기한 것이 아니었습니다. 베니스의 티치아노*6나 파울 베로네제*7의 작품 앞에 설 때에는, 이들 대가들의 강인한 정신이 주제의 최초 착상에서 마지막 마무리까지를 꿰뚫고 있다는 것을 느낄 수 있습니다. 그들의 왕성하고 위대한 감성은 화면 전체의 구석구석까지 스며들고 있어, 이것을 보고 있노라면 이 미술가의 인격이 우리의 고유한 본질을 확대시켜 우리를 우리 자신 이상으로 드높여 줍니다. 당신이 말씀하시는 남성적인 정신은 루벤스의 풍경화 속에서도 정말로 확연하게 드러나고 있습니다. 물론 거기에 나타나고 있는 것은 단지 나무, 대지, 바위 그리고 구름에 불과하지만, 그의 힘찬 정신은 그 형

---

*6 베니스의 티치아노(1477~1576). 이탈리아 화가인 그는 16세기 이탈리아 르네상스의 주류 베니스파의 거장이다.

*7 파울 베로네제(1528~1588). 르네상스 말기에서 바로크 시대로 옮겨갈 때의 과도기를 이루고 있는 미술 양식을 마니에리스모라고 하는데, 이 유파의 대표적인 화가가 베니스의 베로네제였다. 괴테는 베로나의 화랑에서 이 베로네제의 그림들을 보고는 그에 대한 존경심이 더해갈 뿐이라고 말하고 있다.

식 속에 스며들어 있는 것입니다. 어떤 것을 보나 흔히 볼 수 있는 자연이지만, 그 자연이 이 화가의 힘으로 관통되고 그 정신으로 새롭게 창조되어 있습니다."

"물론이지. 미술과 문학에서는 인격이 전부일세. 그렇지만 최근의 문학 평론가나 미술 평론가들 중에는 취약한 인물들이 있어서, 이것을 인정하지 않고 문학작품이나 미술작품에서 드러나는 위대한 인격을 단지 변변치 않은 첨가물 정도로만 생각하고 있네.

더 말할 필요도 없지만 위대한 인격을 체득하고 존경하려면 자기 자신도 그러한 인물이 되지 않으면 안 되지. 유리피데스의 숭고성을 부정한 사람들*8은 모두 불쌍한 얼간이들이었고, 그와 같은 숭고함을 이해하지 못한 인간들이었어. 그렇지 않으면 취약한 이 세상의 면전에 불손하게도 무턱대고 자기 자신을 내세우려고 하고, 또 사실 자기 자신을 내세워 보인 뻔뻔스러운 사기꾼들이지."

1831년 2월 14일 월요일

괴테와 식사를 함께 했다. 그가 읽은 라프 장군*9의 〈회고록〉 중에서 나폴레옹에 관한 부분이 대화의 화제가 되었다. 우리는 레티치아 부인*10이 자신이 그처럼 많은 영웅과 그처럼 위대한 일가의 어머니라는 것을 자각했을 때 어떤 기분이었을까를 이야기했다. 나폴레옹은 그녀의 둘째아들로 태어났다. 그때 그녀는 18세였고, 남편은 23세였다. 그러므로 그를 낳았을 때 부모가 가지고 있던 청춘의 활력이 그의 육체에 좋은 영향을 주었을 것이다. 그가 태어난 뒤에 그녀는 다른 세 아들을 가졌는데, 모두 자질이 우수했고 세상사에 있어서 총명하고 정력적인데다 어느 정도의 시적 재능을 갖추고 있었다. 이런 네 아들에 이어 딸 셋이 태어났고 마지막으로 제롬이라는 아이가 태어났는데, 형제 중에서는 그가 가장 약한 소질을 가졌던 것으로 생각된다.

"재능은 물론 유전되는 것은 아니지만 부모로서 그것의 기반이 되는 활기찬

---

*8 특히 괴테는 빌헬름 슐레겔의 〈연극 예술과 문학에 관한 강의〉에 대해서 말하고 있다.
*9 라프 장군(1771~1821). 프랑스의 장군이자, 나폴레옹의 부관이었던 그는 1823년에 〈회상록〉을 출판했다.
*10 레티치아 부인(1780~1836). 나폴레옹의 어머니를 말한다.

육체를 갖추는 것은 언제나 바람직한 일이지. 그러므로 누구나 첫째로 태어났는가, 마지막으로 태어났는가, 부모가 힘이 좋고 젊었을 때의 자식인가, 나이 먹고 약할 때 태어난 자식인가를 문제 삼는데, 이런 것은 아무래도 어느 정도 의미가 있다고 할 수 있네."

"모든 재능 중에서" 하고 나는 말했다. "음악적인 재능이 가장 일찍 나타난다는 것은 주목할 만한 일입니다. 모차르트는 5세 때, 베토벤은 8세 때, 훔멜은 9세 때에 벌써 연주나 작곡을 해 가까운 사람들을 놀라게 했습니다."

"음악적인 재능이 아주 일찍 확연하게 나타나는 것은, 음악은 순전히 타고나는 것이며 내면적인 것이기 때문이네. 즉 그것은 외부로부터의 각별한 자양분을 필요로 하지 않으며 실제 생활에서 얻는 경험도 필요로 하지 않는 것이야. 그렇지만 모차르트의 출현과 같은 경우는 아무리 보아도 도저히 풀 수 없는 영원한 기적으로 남을 것임에 틀림없어. 그러나 만약 이따금 신이 어떻게 해서 이 세상에 태어났는지 알 수 없을 만큼 놀랍고 위대한 인물을 출현시키지 않는다면, 도대체 어디에서 기적을 행할 기회를 찾을 수 있겠는가."

1831년 2월 15일 화요일

괴테와 함께 식사를 했다. 나는 그에게 연극 이야기를 했다. 그는 어제의 연극인 뒤마*[11]의 〈앙리 3세〉가 정말로 멋졌다고 칭찬했다. 그렇지만 이것이 대중의 입맛에 딱 들어맞는 식사가 되지 못했다는 것은 당연한 것이라고 말했다. "내가 극장감독을 맡고 있을 때라도 이 작품을 상연하려고 하지는 않았을 게야" 하고 그는 말했다. "왜냐하면 나는 지금도 〈의연한 왕자〉*[12]를 상연했을 때의 일을 너무나 잘 기억하고 있거든. 이것은 〈앙리 3세〉보다 훨씬 인간적이고 시적이어서 훨씬 친밀감이 가는 것이었지만, 이것을 대중적으로 만들기 위해서는 무척 고생을 해야 했어."

나는 최근에 다시 읽었던 〈대사기꾼〉에 대해 말했다. 나는 이 작품의 한 장

---

*11 뒤마(1803~1870)는 프랑스의 작가인데, 〈앙리 3세와 그 궁정〉(1829)은 그의 출세작이 된 희곡이다.

*12 칼데론의 〈포르투갈의 의연한 왕자〉는 슐레겔과 볼프에 의해 각각 번역, 각색되어 1811년 바이마르에서 상연되었다.

면 한 장면이 대화식으로 진행되는 공연을 관람하고 싶다고 했다.

"자네가 이 연극에 호의를 가지고 있고, 또 내가 얼마나 고심을 다했는가를 간파한 것은 기쁜 일이지. 뭐니뭐니해도 실제의 사건을 문학적으로, 또 연극에 맞게 구성한다는 것은 쉬운 일이 아니야. 그러나 이것은 전체적으로 볼 때 무대에 딱 들어맞게 되어 있다는 것을 알 수 있을 게야. 실러도 이 연극에 비상한 힘을 쏟아 우리 두 사람은 이것을 교양 높은 사람들을 위해 상연하여 정말로 빛나는 찬사를 받았지. 그렇지만 일반 대중에게는 그렇지 못했어. 소재로 취급하고 있는 범죄가 좀 떨떠름한 데가 있어서, 이 작품은 일반인들에게 친숙해지지 못했지. 이 연극의 대담무쌍한 성격으로 말하면 이것은 전적으로 〈클라라 가줄〉*13과 같은 종류에 들어가는 것이네. 이 프랑스 시인은 내가 그처럼 좋은 재료를 그보다 선취한 것에 질투가 날 것이야. 내가 이것을 참으로 좋은 재료라고 말하는 것은 요컨대 이것은 윤리적인 의미뿐만 아니라 역사적인 의의도 풍부하기 때문이지. 이 사건은 바로 프랑스 혁명 직전에 일어났고, 거기에 상당히 깊은 근본적인 관련을 갖고 있네. 왕비는 불행한 목걸이 사건에 말려들어 그녀의 위엄뿐만 아니라 존경까지도 상실하게 되었고, 국민의 여론이 침범할 수 없던 자신의 입장을 잃어버리게 되었지. 증오는 사람을 해치는 것이 아니지만, 경멸은 사람을 파멸로 몰고 가는 것이야. 코체부의 경우만 해도 그렇지. 사람들은 오랫동안 그를 미워하고 있었는데 어떤 잡지가 그를 경멸하기까지 하자, 드디어 학생의 비수*14가 그에게 돌려지기에 이르렀던 것이야."

---

*13 제1부 235번에서도 소개한 프랑스의 작가 메리메는 22세 때 처녀작인 〈클라라 가줄 희곡집〉을 발표하면서, 스페인 여배우의 작품을 프랑스어로 번역한 것이라고 속여 독자를 어리둥절케 하기도 했다. 그는 왕성한 창작 활동을 하면서 실제로 방문한 이국 땅을 무대로 한 〈콜롬바〉(1840)와 〈카르멘〉(1845)과 같은 작품을 썼는데, 그 속에 여성의 야성적인 정열과 마력을 그렸다.

*14 코체부는 제1부 67번에서도 언급한 바 있다. 문학사에 남은 작가들이 인간의 진실된 모습을 있는 그대로 그리고, 때로는 응징하려고 한 것에 비하여 통속작가였던 코체부는 도리어 시대의 풍습에 지배되어 그 속으로 밀고 들어가 자기도 자유를 빼앗는다. 그는 베를린에서 괴테와의 의견차로 서로 계속 논박을 벌였고, 이어 러시아의 페테르부르크에서는 정치적 활동을 계속하다가 대학생인 잔트에게 러시아의 스파이로 몰려 사살됐다.

1831년 2월 17일 목요일

괴테와 함께 식사를 했다. 나는 오늘 아침 막 정리를 끝낸, 괴테의 1807년 작 〈카를스바트의 체류기〉를 가지고 갔다. 우리는 그 속에서 볼 수 있는 매일 메모 형식으로 써넣은 현명한 문구에 대해 이야기를 나눴다. "세상 사람들은 곧잘 말하곤 하지" 하고 괴테는 웃으면서 말했다. "우리가 영리해지려면 나이를 먹어야 한다고 말이야. 그러나 나이를 먹는다고 해도 전과 마찬가지로 현명하게 몸을 가꾸기는 더욱 어려워지네. 인간은 나이가 들어갈수록 달라지기는 하지만 그렇다고 한층 더 현명해진다고는 말할 수 없어. 경우에 따라서는 20대 때와 마찬가지로 60대에 이르러서도 어느 쪽이 옳다고 말할 수 없을 때도 있지.

사실 이 세계는 평지에서 볼 때하고 산의 높은 곳에서, 또는 원시산맥의 빙하에서 볼 때가 각각 다르네. 우리가 어떤 한 입장에 서면 세계의 한 부분을 다른 입장에서보다 더 많이 볼 수 있을 게야. 그러나 그것뿐인 것이지. 어느 입장이 다른 입장보다 더 올바르게 본다고 말할 수는 없는 게야. 그러므로 만약 어떤 작가가 그의 생애의 여러 가지 단계를 거치면서 그때마다 기념비를 남기려고 한다면, 날 때부터의 소질과 성의를 갖고 어떤 단계도 순수하게 보고 느껴야 하네. 또 부차적인 목적을 끼워 넣지 말고 그가 생각하는 것을 직접적으로 충실하게 표현하는 것이 중요하지. 그리고 그것이 쓰여지는 단계에서 옳은 것이었다면, 그 작가가 훗날 어떻게 발전하고 어떻게 변화하더라도 그 작품은 언제나 옳은 것으로 남게 될 걸세."

나는 유익한 이 말에 전폭적으로 찬성했다. "최근에 내 손에 한 장의 쪽지가 들어왔는데, 그것을 읽고 '여기에 쓰여져 있는 것은 전혀 틀린 것은 아니야. 나라도 이렇게 생각하고 이 정도밖에 말하지 못할 것이야'라고 혼잣말을 했네. 그런데 그 종이 쪽지를 자세히 조사해 보니 그것은 내 작품 중의 한 단편이었지. 나는 쉬지 않고 앞으로 나아가고 있기 때문에 무엇을 썼는지 잊어버리고 내 자신의 것까지도 낯선 것으로 생각할 때가 있네."

나는 〈파우스트〉의 진행 상황을 물어봤다. "이제는 손을 떼지 않고 있네. 매일같이 생각을 다듬고 계속 쓰고 있어. 그런데 제2부 전체의 원고가 얼마 만큼의 분량으로 불어나고 있는지 이 눈으로 정확히 확인하기 위해 오늘 철을 하게 했지. 제4막 중 아직 미완성의 부분에는 흰 종이를 끼워 두었어. 이렇게 완성된 것을 정리하면, 마음이 끌리고 자극을 받아 미완성 부분도 완성해야겠다는 생각이 들지. 이러한 감각적인 작업도 의외로 헛수고는 아니야. 이렇게 이것저것 온갖 수단을 다하여 정신적인 일을 돕도록 노력하지 않으면 안 되지."

괴테는 새롭게 철한 〈파우스트〉를 가져오게 했다. 나는 그 원고의 분량을 보고 깜짝 놀랐다. 그 원고만으로도 충분히 2절판의 책이 될 만한 분량이었기 때문이다.

"이것은 모두 내가 이곳에 온 뒤 6년 동안 쓴 것이지요. 당신은 쭉 다른 많은 일에 종사하였고, 이것을 쓰기 위해 바친 시간은 얼마 안 되었는데도 정말 대단한 분량입니다. 이따금 조금씩이라도 써 나가면 결국 이렇게 뭔가 완성된다는 것을 알겠습니다."

"그렇지. 그렇다는 것을 우리는 특히 나이를 먹어 감에 따라 확실하게 알 수 있어. 그렇건만 젊은 사람들은 무슨 일이든 하루 안에 다 해낼 수 있다고 믿고 있지. 난 운이 좋아서 앞으로도 몸이 건강하다면 이번 봄을 지내는 동안에 제4막을 꾸준히 계속 써 나갈 생각이라네. 자네도 알고 있듯이 이 막을 착상한 지도 상당히 오래됐지. 그러나 이것을 완성해 가는 동안 다른 부분이 상당히 늘어났기 때문에, 지금에 와서는 처음의 구상들 중에서는 단지 공통적인 것만을 사용할 수밖에 없게 되었네. 그러므로 구상을 다시 새롭게 짜서 이들 삽입 부분이 다른 부분과 균형을 이룰 수 있도록 하지 않으면 안 되겠어."

이에 내가 말했다. "역시 제2부는 제1부에서 나타나 있는 세계보다 훨씬 더 풍부합니다."

"나도 그렇게 생각하네" 하고 괴테는 말했다. "제1부는 거의 완전히 주관적이지. 모든 것이 이를 데 없이 편견에 사로잡혀 있고 몹시 정열적인 한 개인으로부터 발생하고 있네. 이 사나이의 어두운 면이 사람들의 마음을 흐뭇하게 하는 것인지도 모르겠어. 그러나 제2부는 주관적인 것은 거의 없어. 여기에 나타나 있는 세계는 한층 높고 넓고, 또 한층 더 밝고 냉정하네.

그리고 이것은 다소라도 고통을 겪어 보지 못한 사람, 어느 정도 체험을 쌓지 못한 사람은 이해하지 못할 것이야."

"그 점에서 이 책을 읽으면 적잖게 사고를 단련할 수 있을 것입니다" 하고 나는 말했다. "또한 때로는 어느 정도 학식을 필요로 할 것이고요. 나는 셸링의 카비렌에 관한 소책자*15를 읽고 나서 당신이 〈고전적 발푸르기스의 밤〉 중 저 유명한 부분에서 무엇을 암시하려고 했는지 알게 되어 기쁩니다."

이에 괴테는 웃으면서 말했다. "언제나 짐작할 수 있는 것이지만 무엇이든 알아두는 것은 좋은 일이지."

1831년 2월 18일 금요일

괴테와 함께 식사를 하며 여러 가지 정치 형태를 이야기했다. 자유주의도 너무 과도하게 앞장서서 나아가면 수많은 개인들이 저마다 요구를 불러일으켜 문제가 생긴다는 것이다. 우리는 혼탁하고 때로는 저주스러운 세상을 다루면서도 존엄성을 지켜나가야 하기 때문에, 정국을 담당하다 보면 과도한 온정과 자비 그리고 도덕적인 배려만으로는 오래 지탱해 나갈 수 없다는 것을 알게 된다. 또한 통치한다는 것은 일대 사업인 것이며 인간의 전심전력을 요구하는 것이므로, 통치자가 부차적인 방향, 가령 주로 예술에만 열중한다는 것은 좋지 않다. 그렇게 되면 군주의 관심뿐만 아니라 국가의 권력도 반드시 필요한 사항에서 이탈하여 힘을 쓰지 못하게 된다. 그러므로 완전히 예술에 몰두하는 것은 돈 많은 사람들이 개인적으로 해야 하는 일이라는 것이다.

이어 괴테는 그의 〈식물의 변태설〉이 소레의 번역과 함께 순조롭게 진척되어가고 있다고 하였다. 특히 지금은 나선형 식물에 관한 보충적인 연구를 하고 있는데 고맙게도 전혀 예기치 않았던 좋은 일이 외부에서 일어나 큰 힘을 얻고 있다는 것을 말해 주었다. "자네도 알고 있지만 우리는 이미 1년 이상이나 이 번역에 몰두하고 있네. 그동안 수없이 많은 장해가 일어났고 때로는 이 계획이 전면 중단된 일도 있어 정말 지긋지긋할 정도였지. 그래서 마음속으로 저

---

*15 '사모트라케섬의 신격(神格)에 관하여'(1816년)라는 논문으로, 카비렌은 에게해(海)의 북동부 흑해 입구에 근처의 사모트라케섬의 주민과 기타의 페니키아 사람들이 수호신으로 숭배한 신이다.

주스럽게 생각한 일도 한두 번이 아니었다네. 그러나 지금에 이르러서는 이런 모든 장해를 고맙게 생각해야 할 만큼 상황이 달라졌지. 우리가 지지부진하고 있는 사이에 외국의 훌륭한 사람들 사이에서 이 작업이 무르익었기 때문이네. 이리하여 이제는 나의 학설과 딱 들어맞게 일치하게 됐지. 게다가 그 작업은 전혀 생각할 수 없을 데까지 전개되어 나의 작업에 어떤 결말을 가져다 주었네. 이것은 1년 전에는 꿈에도 생각할 수 없었던 일이었지. 나는 지금까지 지내오는 동안 이런 일을 여러 번 보았어. 누구든지 이런 경우를 접하게 되면 어떤 고차원적인 작용, 즉 데몬적인 것의 소행이라고 믿게 된다네. 그래서 이것을 숭배하고는 그 이상 더 꼬치꼬치 캐지 않네."

1831년 2월 19일 토요일

궁중고문관인 포겔과 함께 괴테 댁에서 식사를 했다. 헬고란트 섬에 관한 소책자*[16]가 괴테에게 배달되었다. 괴테는 그것이 아주 재미있었는지 그 요점을 우리에게 이야기해 주었다.

화제는 그 섬의 매우 특이한 풍토에 이어 의학상의 사항으로 흘러갔다. 포겔의 이야기에 따르면, 최근에 아이제나흐에서는 모든 시민에게 종두를 실시하였는데도 또다시 천연두가 발생하여 삽시간에 많은 사람들이 생명을 잃었다는 것이었다.

포겔은 말했다. "자연은 언제나 세상 사람에게 장난을 치지요. 그러므로 하나의 학설을 자연에 꼭 들어맞게 하려고 할 때 우리는 세심한 주의를 기울여야 합니다. 우리는 예방주사를 아주 안전하고 확실한 것이라고 생각하고 있지요. 그렇기 때문에 법률에 따라 종두를 실시하고 있습니다. 그렇지만 아이제나흐에서처럼 종두를 실시했는데도 천연두에 걸리는 이런 사건이 일어나면, 예방주사의 확실성이 의심을 받게 되고 법률 자체의 취지가 약화됩니다."

"아무리 그렇다고 하더라도" 하고 괴테는 말했다. "나는 엄격한 종두 실시법령은 절대로 철회해서는 안 된다고 생각하네. 그러한 사소한 예외가 일어난다

---

*16 라펜베르크(1794~1865)라는 함부르크의 기록수집가가 쓴 '헬고란트 섬의 과거의 환경과 옛날 역사에 관하여'(1831년)를 말한다.

고 하더라도, 그것은 법률이 가져다주는 한없는 혜택에 비교하여 전혀 문제가 되지 않지."

"나도 같은 의견입니다" 하고 포겔은 말했다. "게다가 나는 예방접종 이후에 천연두에 걸린 이런 경우는, 모두 종두가 불완전하기 때문이라고 주장하고 싶습니다. 종두가 효과를 발휘하려면 열이 날 만큼 강하지 않으면 안 됩니다. 단지 피부를 자극할 정도뿐이고 열을 일으키지 않는다면 아무 효과가 없기 때문입니다. 그러므로 나는 오늘 회의에서 각 주에 있는 위원 모든 분들이 예방접종을 열이 날 만큼 강도 있게 실시하는 것을 의무화할 것을 제안했습니다."

이에 괴테는 그 제안이 꼭 통과되기 바란다고 하면서 말을 이었다. "나는 언제나 법률은 엄하게 지켜져야 한다고 생각하고 있지. 특히 오늘날처럼 나약함과 과도한 자유주의 때문에 일반적으로 야무지지 못한 시대에는 더욱더 그러하네."

다음으로 화제는 범죄자의 책임 능력으로 넘어갔다. 현재는 처벌이 너무 온유하고 관대하다는 의견이 나왔다. 그리고 의사의 증명과 감정 결과로는 제 정신을 가진 자인데도 죄를 짓고 당연히 받아야 하는 징벌을 면제받는 경우가 종종 있다는 것이 언급되었다. 그때 포겔은 언제나 절개를 굽히지 않는 어떤 젊은 촉탁 의사를 칭찬했다. 그 젊은 의사는 최근에 재판관이 어떤 영아 살해범에게 인책능력이 있는가 없는가를 갖고 결단을 내리지 못하고 있을 때, 그녀에게 확실하게 책임이 있다고 증언을 했다는 것이다.

1831년 2월 20일 일요일

괴테와 함께 식사를 했다. 괴테는 눈 속의 푸른 그림자에 대한 나의 관찰 결과가 옳다는 판단을 내리게 되었다고 했다. 즉 그것이 푸른 하늘빛의 반사에서 발생하는 것이라는 나의 결론을 실험으로 확인했다는 것이었다. "그렇지만 양자는 동시에 작용할 수 있는 것이네. 누런 빛깔에 의해 야기된 요구가 청색 현상을 강화시키는 일도 있을 것이기 때문이지." 나는 이 말에 전적으로 동의했다. 그리고 드디어 괴테가 나에게 찬성해 준 것을 기뻐했다.

"다만 내가 유감으로 생각하는 것은" 하고 나는 말했다. "몬테 로자와 몽블랑에서 한 색채 관찰을 곧 그 장소에서 자세히 써 두지 않았다는 것입니다. 그러나 그 관찰의 중요한 성과를 말씀드리면 다음과 같습니다. 대낮, 햇빛이 가장 강렬하게 비칠 때 18시간에서 20시간 거리에서 바라보면 눈은 황색 내지는 적황색으로 보이지만, 산의 눈이 없는 꺼먼 부분은 아주 확실하게 청색으로 보인다는 것입니다. 이 현상은 나를 놀라게 하지는 못했습니다. 왜냐하면 그 중간에는 상당한 양의 흐린 공간이 개재하고 있어, 그것이 대낮의 햇빛을 반사하고 있는 눈에 강한 누런 색조를 제공할 것이라고 예상하고 있었기 때문입니다. 그러나 이 현상은 공기에는 사물을 푸르게 채색하는 특성이 있다고 한 몇몇 자연과학자의 그릇된 견해를 결정적으로 부정했다는 점에서 특히 나를 기쁘게 했습니다. 왜냐하면 공기 자체가 청색이라면 나와 몬테 로자 사이에 있는 20시간 떨어진 공간은 눈을 엷은 청색 또는 흰색을 띤 청색으로 보이게 해야 하고, 실제로 나타나는 색깔처럼 황색이나 누런 적색으로는 보이게 하지는 않을 것이기 때문입니다."

"그 관찰은 아주 중요한 것일세. 그런 학자들의 그릇된 생각을 완전히 부정하고 있으니 말이야."

"필경 흐린 것에 대한 학설은 매우 단순하기 때문에 이것을 다른 사람에게 전달하는 것은 2, 3일 또는 몇 시간만 있으면 될 만큼 쉽다고 믿게 됩니다. 그러나 그 법칙을 적용하고, 헤아릴 수 없을 만큼 다양한 겹으로 가려져 있는 여러 현상 속에서 하나의 근원현상을 밝혀낸다는 것은 어려운 일입니다."

"나는 그것을 카드놀이와 비교하고 싶네" 하고 괴테는 말했다. "그것도 그 법칙이나 규약을 익히는 것은 아주 쉬운 일이지만 그것에 도통하려면 상당히 오랫동안 몰두하지 않으면 안 되지. 대체로 누구나 듣는 것만으로는 배울 수 없어. 무슨 일이든 자기 스스로 몸을 바쳐 노력하지 않으면 단지 사물을 피상적으로만 알게 될 뿐이야."

이어 괴테는 어떤 젊은 물리학자*[17]의 저서를 말하면서, 그 필치의 명료한 점을 칭찬하며 그 속에 나타나는 그의 목적론적인 경향도 너그럽게 봐주고 싶

---

*17 스위스 제네바의 식물학자인 바우하(1763~1841)를 말하는 것이다. 괴테는 1830년에 나온 〈유럽의 식물의 생리학사〉를 자신의 〈식물의 변태설〉 프랑스어판의 보충에서 논하고 있다.

다고 말했다.

"흔히 인간은 자기를 천지창조의 목적으로 생각한다네. 그래서 그 밖의 모든 사물들은 단지 자기와의 관계, 그리고 그것이 자기에게 봉사하고 도움을 주는 정도로만 존재하는 것이라고 여기는 게 보통이지. 인간은 식물계와 동물계를 지배하고 있네. 그리고 다른 생물을 안성맞춤의 먹거리로 탐식하면서, 자기의 신을 믿고 자기를 아버지처럼 돌봐주는 신의 온정을 찬양하지. 암소로부터는 우유를 짜내고, 꿀벌로부터는 꿀을, 양으로부터는 양털을 채취하네. 또 각종 사물에 이기적인 목적을 붙여서 그것들이 그러한 목적 때문에 만들어졌다고 믿지. 어디 그뿐이겠는가. 아무리 가장 작은 잡초라도 인간을 위해 존재하고 있지 않은 것은 없다고 생각하고 있어. 그리고 지금은 그 이용법을 모른다고 하더라도 언젠가는 알게 될 것임에 틀림없다고 생각하고 있네.

이렇게 인간은 일반적인 사항에서 그러하듯 특수한 사항에 있어서도 그와 같이 생각하고 있지. 실생활에서 얻은 일상적인 생각을 학문으로까지 도입하여, 한 유기체의 각 부분을 볼 때에도 이런 목적과 용도를 문제로 삼는 것이야.

이런 방식은 한동안은 통할 것이네. 학문세계에서도 잠시 동안은 이것으로 헤쳐나갈 수 있을 것이야. 그러나 곧 이러한 협소한 생각으로는 어찌할 도리가 없는 현상에 부딪칠 것일세. 그리고 이 경우에 한층 더 고차원적인 입장을 취하지 않고서는 순전한 모순 속으로 빠져 들어가게 될 것이야.

그러나 이러한 공리주의자들은 곧잘 '암소는 자기 방위를 위해 뿔을 가지고 있다'고 말하지. 그렇다면 어째서 양에게는 뿔이 없는가? 그리고 있다고 하더라도 어찌하여 아무 쓸모 없이 구부러져 있는가?

그러나 내가 '암소는 뿔을 가지고 있다. 그 뿔로 자기 몸을 방위한다'고 말한다면 문제는 달라지지.

목적을 묻는 질문, 즉 어째서라는 물음은 절대로 학문적이 못되네. 그러나 '어떻게 해서'라고 묻는다면 더욱더 앞으로 나아갈 수 있어. 왜냐하면 만약 내가 '어떻게 해서 황소는 뿔을 가지고 있는가?'라고 묻는다면, 그것은 나로 하여금 황소의 신체구조를 고찰하게 하지. 동시에 사자는 어떻게 해서 뿔이 없는가 묻고, 그것을 가지고 있을 리 없다는 것도 배우게 되는 거라네.

이것과 마찬가지로 인간의 두개(頭蓋)에는 두 개의 공동(空洞)이 있지. 그런데 '왜'라는 질문만 해서는 그 이상 앞으로 나가지 못하네. 그러나 이와는 반대로 '어떻게 해서'라는 질문이 나오면, 이 공동은 동물적 두개의 유물이며 하등동물의 조직 속에서 곧잘 볼 수 있는 것인데, 고도로 진화한 인간에게서도 여태껏 완전히 없어지지 않았다는 것을 알 수 있는 것이야.

공리주의자들은 신이 황소에게 스스로를 보호하라고 뿔을 제공해 주었다고 믿지 않으면 신을 숭배하지 않는 것이라고 생각하고 있는지도 모르지. 그러나 나는 수천 가지의 식물을 창조하고 난 뒤에도 계속하여 이들 모든 것을 포함하는 하나의 식물을 만들었고, 수천 가지의 동물을 창조한 뒤에 이들 모든 것을 포함하는 일체, 즉 인간을 창조할 만큼 풍요로운 창작력을 가진 위대한 신을 숭배한다고 서슴없이 말하고 싶네.

또한 사람들은 가축에게는 먹이를 주고 인간에게는 충분히 누릴 수 있을 만큼의 음식물을 베풀어 주는 신을 숭배하지. 하지만 나는 이 세상에 그처럼 위대한 번식력을 내려준 신을 숭배하네. 설령 생존을 계속하는 것은 그중 백만분의 1이라고 하더라도 이 세계는 생물로 넘쳐나지. 그러므로 전쟁이 있고 흑사병, 홍수, 화재가 일어나더라도 이 세계를 완전히 해칠 수는 없네. 이것이 나의 신*[18]인 것이야."

1831년 2월 21일 월요일

괴테는 뮌헨 대학생들의 마음을 완전히 진정시킨 셸링의 최근 강연*[19]을 극구 칭찬했다.

"이 연설은 철두철미하고 훌륭한 것이야. 우리가 오랫동안 가깝게 지냈고 존경해 마지않았던 저 훌륭한 재능의 소유자를 다시 한 번 접하게 되어 참으로 기쁘네. 이번에는 제목도 탁월한 것이었고 목적도 공정한 것이었기 때문에 일대 성공을 거두었어. 만약 그의 〈카비렌 논고〉의 문제와 목적을 말한다면, 거

---

*18 이것은 에커만의 일기에 의해 확인된 괴테의 신앙고백이다.
*19 이것은 셸링이 1830년 12월 30일 저녁 뮌헨의 루드비히 막시밀리안 대강당에서 대학생들을 위해 행한 것을 말한다.

기에서도 우리는 그를 칭찬하지 않을
수 없지. 왜냐하면 거기에서도 그는 수
사학적인 재능과 수완을 남김없이 발
휘하고 있기 때문이야."

화제는 셸링의 〈카비렌〉에서 〈고전
적 발푸르기스의 밤〉으로 바뀌었고,
더 나아가 어떻게 이것을 제1부의 〈부
로켄 산〉과 구별지을 수 있는가에 이
르렀다.

"이전의 발푸르기스의 밤은 군주제
일세. 거기에서는 악마가 결정적인 우   티크 그림. 빌헬름 셸링

두머리로서 어디에서도 존경을 받고 있지. 그러나 〈고전적 발푸르기스의 밤〉
쪽은 완전히 공화제일세. 어디를 보나 모든 것이 서로 공존하고 있기 때문에,
한 사람 한 사람 모두 동등한 대접을 받고 있어 아무도 다른 사람에게 종속되
어 있지 않고, 또 간섭도 하지 않고 있네."

"마찬가지로 〈고전적 발푸르기스의 밤〉 쪽에서는 모두 개성적인 윤곽이 완
연하게 드러나고 있지만, 〈부로켄 산〉 쪽에서는 모두 평범한 마녀의 무리 속에
매몰되어 있습니다."

"그러므로" 하고 괴테는 말했다. "메피스토펠레스도 호문클루스가 그에게 테
살리아의 마녀들[20]을 말했을 때, 그것이 무엇을 의미하는지 알고 있지. 고대
에 통달하고 있는 사람이라면 〈테살리아의 마녀들〉을 듣고 마음속 깊이 짚이
는 데가 있겠지만, 학식이 별로 없는 사람이라면 단지 이름으로만 생각할 것
이야."

"〈고전적 발푸르기스의 밤〉은 당신의 마음속에서 아주 생생하게 떠오르는
것이 틀림없습니다. 그렇지 않으면 모든 인물들에게 그처럼 신선한 생명을 주
어 재현하고, 또 이들을 당신이 뜻하는 대로 자유자재로 취급하지는 못했을
것입니다."

---

*20 〈파우스트〉 제2부 제2막 6977행 이하에 나오는 대목이다.

"일생에 걸친 조형미술의 연구가 없었더라면 이렇게 이루어 내지는 못했을 게야. 그렇더라도 너무 활기차게 했기 때문에, 절도를 지키고 나의 의향과 맞지 않는 것들을 제거한다는 것은 여간 어려운 일이 아니었지. 그러므로 미노타우로스*²¹나 하르피아이*²² 그리고 그 이외의 몇 개의 괴물들을 전혀 사용하지 않았어."

"그렇지만 당신이 그날 밤의 묘사로 택한 것은" 하고 나는 말했다. "모든 것이 꼭 들어맞게 잘 어울리기 때문에, 누구나 이것을 읽으면 쉽게 상상력을 발휘하여 한 폭의 그림으로 만들고 싶어질 것입니다. 화가가 이런 좋은 재료를 만나기도 어렵지요. 특히 나는 메피스토펠레스가 포르키아스들이 있는 곳에서 옆얼굴에 멋진 가면을 부착시켜 보여 주는 장면에 매우 끌립니다."

"그 속에는 좋은 의미에서 두세 군데 익살맞은 데가 있지" 하고 괴테는 말했다. "조만간 세상은 이것을 여러 가지 방법으로 이용할 게야. 만약 프랑스인들이 〈헬레나〉를 처음으로 알고, 처음으로 무대에 올린다면 어떻게 될 것인가! 그들은 이 작품의 원형을 엉망으로 만들겠지만 그들의 목적에 맞게 교묘하게 이용할 게야. 아무리 기대하고 희망해 본다 해도 그것이 고작일 것이야. 그들은 틀림없이 포르키아스에서 괴물들의 합창을 첨가하겠지. 이것은 다른 데에서 이미 암시되어 있기도 하네."

"만약 낭만파의 탁월한 시인이 이 연극 전체를 가극으로 만들고, 로시니가 위대한 재능을 발휘하여 작곡을 해서 〈헬레나〉가 완성된다면 그것은 틀림없이 아주 대단한 작품이 될 것입니다. 왜냐하면 그 속에는 다른 작품에서는 쉽게 볼 수 없을 화려한 장식, 당돌한 변화, 빛나는 의상, 또한 매혹적인 무용이 가득 차 있고, 여기에 더하여 좀처럼 볼 수 없는 풍부한 정신적 구상이 넘쳐흐르는 감각성의 토대 위에 움직이고 있기 때문입니다."

"이것이 어떤 운명을 더듬어 갈 것인지 우리 기대해 보기로 하세. 이런 건 절대로 서둘러서는 안 되는 일이지. 문제는 그것이 사람들의 마음에 동화될 수 있을 것인가, 그리고 무대감독과 시인, 작곡가가 그 속에서 자기의 역할을 다

---

*21 그리스 신화에 나오는 인신우두(人身牛頭)의 괴물을 말한다.
*22 그리스 신화에 나오는 조신인면(鳥身人面)의 마녀를 말한다.

호문클루스는 갈라테아에 매료되어 그녀에게 부딪혀 부서진다. 〈파우스트〉 2부 2막 마지막 장면, 라파엘
로 그림

헬레나는 궁궐 안채 시녀장 포르키아스에게서 처음으로 스파르타왕인 남편 메넬라오스가 자기를 죽이려 하고 있다는 것을 듣게 된다. 이에 그녀는 북쪽 나라에서 온 이웃 나라의 지배자인 파우스트에게로 도망갈 것을 결심하고 이것을 실행에 옮긴다. 〈파우스트〉 제2부 제3막 8488~9126행.

할 수 있을 것인가의 여하에 달려 있네."

1831년 2월 22일 화요일

거리에서 고등 종교국 평정관인 슈바베*23를 만났다. 나는 한동안 그와 동행했다. 그가 직무상의 여러 가지 일들을 이야기했기 때문에, 이 훌륭한 인물의 중요한 활동범위를 엿볼 수 있었다. 그는 여가에는 최근의 설교를 모은 소책자의 출판을 준비하고 있다는 것, 그가 만든 학교 교과서 중 하나가 얼마 전에 덴마크어로 번역되어 4만 부나 팔렸다는 것, 프러시아에서는 이것을 주로 명문 학교에서 채용하고 있다는 것 등의 이야기를 했다. 그리고 그는 나에게 찾아와 달라고 했기 때문에 나는 기꺼이 그렇게 할 것을 약속했다.

그 후 괴테와 함께 식사를 했다. 나는 슈바베에 대해 이야기했다. 괴테는 나의 찬사에 전적으로 동의했다. "대공비는 그를 아주 높이 평가하고 있네. 대공비는 어떤 경우에도 사람들의 진가를 가장 올바르게 판별하고 있지. 그를 나

---

*23 슈바베(1779~1834). 그는 1827년 이래로 바이마르의 궁정설교사이다. 그의 저서를 덴마크어로 번역한 〈초등학교용 독본과 입문서〉는 1831년에 벌써 7판을 넘어서고 있었다.

의 초상수집첩 안에 넣어 두려고 하네. 그러므로 자네가 그를 방문하게 되면 미리 그 허락을 받아 오는 게 좋겠어. 반드시 방문하도록 하게. 그가 행하고 계획하고 있는 것에 관심이 있다는 것을 알려 주는 것이 좋지. 자네에게도 그런 특별한 활동 범위와 소통한다는 것은 흥미있는 일일 것이야. 그리고 그런 것은 그와 같은 인물과 친히 교제하지 않으면 올바르게 이해할 수 없다네."

나는 그렇게 할 것을 약속했다. 나는 지식을 실제로 활용하고 있는 인간을 안다는 것을 참으로 좋아하기 때문이다.

1831년 2월 23일 수요일

식사 전에 에어푸르트 거리를 산책하다가 괴테를 만났다. 그는 마차를 세우고 나를 마차 안으로 들어오게 했다. 우리는 얼마쯤 거리를 가다가 드디어 언덕 위의 작은 전나무 숲 쪽에 이르러 박물학 이야기를 나눴다.

언덕과 산들은 눈으로 덮여 있었다. 나는, 황색은 실로 섬세해서 수마일을 사이에 두고 중간에 빛이 통하지 않는 엷은 흐림이 개재하게 되면, 밝은 부분이 황색이 되지 않고 오히려 어두운 청색으로 나타난다고 말했다. 괴테는 나의 말에 수긍했다. 그리고 우리는 그 근원현상의 배후에는 직접 신성(神性)이 보이는 것같이 생각된다고 말하며, 그 현상의 깊은 의미를 이야기했다.

"나는 최고 존재인 신이 오성을 가지고 있는지, 이성을 가지고 있는지 없는지를 문제 삼지 않네. 그러나 나는 신이 오성이며 또한 이성 자체라는 것을 느끼지. 모든 생물은 신에 의해 관통되어 있네. 인간이 최고 존재인 신을 부분적으로 느낄 수 있는 것도 그 이성을 지니고 있기 때문이야."

식사 때에 광물학에서 출발하여 유기적(有機的)인 세계를 탐구하려고 하는 일부 자연과학자[24]의 노력이 화제에 올랐다. "이것은 대단한 오류이지" 하고 괴테는 말했다. "광물계에서는 단순한 것이 가장 좋은 것이지만 유기체의 세계에서 가장 좋은 것은 복잡한 것이야. 즉 이 두 개의 세계는 전혀 다른 경향을 가지고 있어. 그리고 한쪽 세계에서 다른 쪽 세계로의 점차적인 발전은 결코

---

*24 논문 '무기물의 제 형태에 관한 연구'(1821년)를 쓴 하우스만과 그와 같은 생각을 가진 학자들을 지칭하는 것이다.

일어나지 않네."

나는 이 말을 아주 중요한 것으로 적어 두었다.

1831년 2월 24일 목요일

나는 〈빈(Wien) 영감〉에 실린 찬*25에 관한 괴테의 논문을 읽었다. 그리고 이 것을 쓰기 위해 전제로 했던 예비조건에 생각이 미치자 나는 감탄하지 않을 수 없었다.

식사 때에 괴테는 나에게 소레가 다녀갔다고 하면서 두 사람의 〈식물의 변태설〉의 번역은 상당한 진척을 보이고 있다고 말했다.

"자연에 관해서 어려운 것은 우리의 눈에 숨겨져 있는 법칙을 발견하는 일이네. 우리 감각에 반대되는 현상이라고 간과해서는 안 되지. 왜냐하면 자연속에는 감각에 반대되면서도 진실인 경우가 많기 때문이야. 태양이 정지하고 있어 그것이 올라가지도 않고 내려가지도 않는다는 것, 또 지구는 매일 헤아릴 수 없을 만큼 빠른 속도로 회전하고 있다는 사실은 우리의 감각으로 볼 때에는 이를 데 없이 모순되는 것이네. 그러면서도 이 사실을 의심하는 교육자는 한 사람도 없지. 이처럼 식물계에서도 이러한 모순 현상을 엿볼 수 있어. 그러므로 우리는 이런 현실에 매혹되어 그릇된 길로 끌려 들어가지 않도록 충분히 주의를 기울이지 않으면 안 된다네."

1831년 2월 26일 토요일

나는 오늘 괴테의 〈색채론〉 중 상당히 많은 부분을 읽었다. 나는 내가 요 몇 년 이래로 여러 가지 현상의 실험을 통해 이 저서에 통달하게 되었고, 이제 그의 위대한 공적을 상당히 확실하게 이해할 수 있는 상태까지 성장하게 되었다는 것을 깨닫고 기뻤다. 그리고 그가 이와 같은 저서를 집대성하기 위해 얼마나 말 못할 신고(辛苦)를 겪었을까 생각하고 그저 경탄할 뿐이었다. 이것은 단

---

*25 찬(1800~1871). 건축가이자 화가로서 나중에 베를린 대학교수가 되었다. 그는 괴테에게 폼페이에 있는 '괴테의 작은집'의 겨냥도와 함께 그곳의 잠자리에서 발견된 알렉산더 전쟁 모자이크의 소묘를 보냈다.

지 내가 그 궁극적인 결론을 이해했기 때문만은 아니고, 확고한 결론에 도달하기까지 겪었던 그의 모든 고초를 더욱 깊이 이해할 수 있었기 때문이다.

이것은 다만 위대한 도덕적인 힘을 갖춘 자만이 관철시킬 수 있는 것이다. 그러므로 이 사람에게서 배우려고 하는 사람은 비약적인 향상을 얻을 수 있을 것이다. 모든 조잡한 것, 진실치 못한 것, 이기적인 것은 마음으로부터 사라져 버릴 것임에 틀림없다. 그렇지 않으면 순수하고 참된 자연으로부터 경멸을 당할 것이다. 사람들이 이런 것에 생각을 돌리게 된다면, 그들은 생애의 몇 년간 기꺼이 마음을 기울여 이 학문의 영역을 이러한 방법으로 체험을 하고, 이것에 의해 감각과 정신 그리고 성격도 연마하고 만들어 내려고 할 것이다. 이러한 사람은 법칙에 경이를 표시하게 되고, 이 세상에 삶을 얻은 인간으로서 가능한 한 신성한 것에 더 가까이 다가가게 될 것이다.

하지만 지금 사람들은 실로 너무나도 문학이나 초감각적인 신비에 사로잡혀 있다. 그런 것은 주관적이고 뜻을 굽히기 쉽다. 인간을 조금도 적극적으로 만들지 못하고 오히려 아양을 떨게 하거나, 기껏해야 모든 것을 있는 그대로 방임하게 만들 뿐이다.

문학에서는 오직 참으로 위대한 것, 순수한 것만이 우리에게 도움이 된다. 그런 것은 또한 제2의 자연처럼 존재하여, 우리를 드높이든지 그렇지 않으면 우리에게 반발한다. 이와는 반대로 불완전한 문학은 우리의 결점을 조장한다. 그리고 우리는 그 작가 속에 있는 약점을 스스로의 몸에 받아들인다. 더구나 그 결함이 우리의 성질에 맞을 때에는 그것이 있다는 사실조차 알아차리지 못하고 부지불식 중에 그것을 수용하게 된다.

그러나 문학에서 좋은 것이든 나쁜 것이든 다소라도 효과를 끌어내리면, 우선 아주 높은 입장에 서서 그런 것을 객관적으로 관찰할 수 있는 기초를 가지고 있지 않으면 안 된다.

그러므로 나는 자연과 어울리는 것을 추천하고 싶다. 자연은 절대로 우리의 약점을 감싸주지 않는다. 우리를 개발해 주지만 어떠한 경우에도 언제나 우리에게 무관심으로 일관하기 때문이다.

1831년 2월 28일 월요일

하루 종일 괴테의 〈자서전〉 제4권의 원고에 매달렸다. 어제 그가 나에게 보내온 것이다. 아직도 손을 댈 데가 더 있는지 조사해 달라는 것이었다. 이미 완성된 부분과 아직 쓰여져 있지 않은 부분을 생각할 때 이 작품은 나에게는 재미있는 것이었다. 여러 권은 완전히 완성되어 있어서 더 이상 더 손을 댈 필요가 없다. 반대로 다른 것들은 아직도 상당한 결함이 있어서 한결 같지가 않은데, 이것은 그것들이 각기 다른 시기에 쓰여졌기 때문이다.

이 제4권 전체는 종래의 3권에 비교하면 아주 현저하게 다르다. 이때까지 그것에는 어디까지나 발전적이고 일정한 방향이 주어져 있었다. 그러므로 그 경로도 여러 해에 걸쳐 있었다. 이와는 반대로 이 4권에서는 거의 시간의 움직임이 보이지 않는다. 거기에다 주요인물의 일관된 영위도 나타나 있지 않다. 여러 가지 계획은 세웠지만 성취되지 않고 있으며, 많은 것이 의욕을 가지고 있지만 그 의도와는 다른 길로 달리고 있다. 그러므로 곳곳에서 불가사의한 힘의 작용을 느낀다. 그것은 여러 종류의 풀어진 실(絲)들이 장차 하나의 직물로 완성되는 것과 같은 일종의 운명이라고 할 수 있는 것이다.

그러므로 이 4권*26에서 저 불가사의하고 문제가 많은 힘의 작용을 언급하고 있는 것은 합당한 것이다. 이것은 모든 사람들이 느끼고 있는 바이지만 어떠한 철학자도 해명하지 못하는 것이다. 이에 대해서는 종교인도 한동안 사람들을 안심시키기 위해 허황된 위안의 말로 임시변통하고 있는 것이다.

괴테는 그것을 표현할 수 없는 세계와 인생의 수수께끼를 데모니슈, 즉 강력한 마력적인 정신이라고 이름 붙였다. 그리고 그가 그 본질을 설명해 주면, 정말로 그것을 파악했다고 느끼게 되고 뭔가 우리 인생의 배후를 덮고 있는 장막이 제쳐지는 것처럼 생각된다. 우리는 시야가 한층 더 넓어지고 밝아진 것처럼 믿게 된다. 그러나 이 주제는 너무나 거대하고 다양하여 우리의 눈을 가지고는 일정한 한계선까지만 도달할 수 있다는 것을 알게 될 것이다.

인간이란 언제나 작은 것에만 적응하도록 되어 있다. 그리고 자기가 잘 알고 있는 것을 이해하는 것에만 기쁨을 느낀다. 위대한 감식자는 한 폭의 그림과

---

*26 구체적으로 그 책의 제20장을 말한다.

접해도 그 각 부분 하나하나를 그가 정통하고 있는 보편성과 연관시키는 방법을 알고 있다. 그는 그림 전체와 각 부분을 똑같이 생생하게 느낄 수 있는 것이다. 또 절대 일정한 부분만을 편애하지 않는다. 얼굴의 아름다움과 추한 점, 어떤 부분의 밝고 어두운 점, 그런 것은 문제 삼지 않는다. 오히려 모든 것이 제자리를 차지하고 있고 규칙적이고 올바른가가 문제인 것이다. 그러나 우리가 초심자를 상당히 큰 그림 앞으로 안내하게 되면, 그가 그림 전체에 아무런 감명을 느끼지 못하든가, 정신적인 혼란을 일으킨다든가, 각기 부분에만 매력을 느낀다든가, 다른 것은 싫어하고 결국 자기에게 잘 알려진, 정말로 보잘것없는 작은 것에 집착하여 그림 속의 갑옷이나 새털과 같은 것만을 칭찬한다든가 하는 것을 보게 된다.

결국 우리 인간들은 세계라고 하는 이 거대한 운명의 그림 앞에 서서 크든 작든 이 초심자처럼 갖가지 연기를 해 보이고 있는 것이다. 밝은 부분이나 우아한 부분에는 마음이 끌리고 그늘지고 불쾌한 부분으로부터는 등을 돌리며, 그 전체 앞에서는 혼란에 빠진다. 그러므로 우리는 이런 모순과 당착을 떠맡을 수 있는 유일한 절대의 이념을 헛되게 찾고 있는 것이다.

사람은 각자의 자질에 따라서 인간들 사이에서 일어나는 여러 가지 일들을 잘 다스리는 훌륭한 식자가 될 수도 있을 것이다. 거장의 기술과 학식을 완벽하리만큼 체득하면 이것은 가능할 것이다. 그러나 신적 세계에 통달한다는 것은 가장 높은 신과 어깨를 겨룰 수 있는 사람 외에는 불가능한 일이다. 설사 여기에 그런 사람이 출현하여 그가 자신이 깨달은 비밀을 전달하고 계시한다고 하더라도, 우리는 이것을 이해할 수 없을 뿐만 아니라 어디서부터 손을 써야 할지도 모를 것이다. 그러므로 우리도 그림 앞에 서 있는 저 초심자와 조금도 다를 바가 없고, 유식자가 자기 판단의 기초가 되고 있는 전제를 아무리 여러 가지로 설명을 해도 결국은 납득하지 못할 것이다.

이 점에서 모든 종교는 신으로부터 직접 주어진 것이 아니라, 걸출한 사람들이 그들과 똑같은 대다수 민중들의 요구와 이해력에 맞추어 그들이 적응할 수 있게 만든 것이라고 간주하는 것이 타당할 것이다.

만약 종교가 신이 만든 것이라면 아무도 이것을 이해하지는 못할 것이다. 그러나 인간이 만든 것이기 때문에, 알 수 없는 것을 언급하지 않는 것이다.

교양이 고도로 발달했던 고대 그리스인들의 종교에서도 알 수 없는 것을 표현할 때에는, 특별한 종류의 신들아 제각기 구체적으로 설명하는 것으로 그쳤다. 그런데 개개의 한정된 이런 신들은 생겼지만 전체를 연관짓는 것은 공백으로만 남아 있었다. 그러므로 그들은 운명이라는 이념을 안출해 내어 모든 것에 적용시켰던 것이다. 그러나 이 운명도 여전히 알 수 없는 것이었기 때문에, 문제는 해결되었다기보다는 오히려 버려진 꼴이 되어 버리고 말았다.

그리스도는 유일신을 생각하고 그것에 자기의 마음속으로 완전하다고 느낀 모든 성질을 부여했다. 그러므로 신이란 본래 그리스도가 가졌던 아름다운 마음의 실체인 것이며, 그리스도 자신처럼 선의와 사랑에 가득 차 있는 것이다. 그러므로 선량한 사람들이 신뢰를 바쳐 그에게 헌신하며, 그의 가르침을 천국으로 통하는 이를 데 없이 아름다운 다리[橋]로서 마음 깊숙이 받아들인 것은 지극히 당연한 것이었다.

그런데 우리가 여기서 신성이라고 부르는 위대한 것은 인간 속에서뿐만 아니라 풍요롭고 거대한 자연이나 세계적인 큰 사건 속에서도 나타난다. 그러므로 인간이 그 성질에 적응시켜 만들어 낸 개념으로는 충분히 설명할 수 없는 것도 당연한 것이다. 그래서 주의 깊은 사람이라면 불완전과 모순에 부딪치게 될 것이고, 그가 일시 모면 방편으로 교묘하게 구실을 둘러대는 소인배이거나 더 높은 식견의 입장으로 향상될 만큼의 큰 인물이 아니면 회의나 절망 속으로 빠져버릴 것이다

이처럼 높은 입장을 괴테는 일찍부터 스피노자*27 속에서 발견했다. 그리고 그는 이 대사상가의 식견이 그의 청년기의 요구에 꼭 들어맞는다는 것을 알고 기뻐했다. 그는 스피노자 속에서 자기 자신을 발견했고, 또 스피노자에 의해 아주 훌륭하게 자기 입장을 확립할 수 있었던 것이다.

그런데 이런 식견은 주관적이지 않고, 그 기초는 이 세계를 통해서 신이 작

---

* 27 스피노자(1632~1677). 괴테는 바이마르의 초기에 스피노자의 철학에 몰두하고 있었는데, 그 이야기는 〈시와 진실〉에서 소상하게 논해지고 있다. 스피노자와 괴테의 사상적 공통점은 신은 곧 자연이라는 범신론적 일원론의 경향이다. 괴테는 자기 생애의 3대 스승으로 셰익스피어와 린네 그리고 스피노자를 들고 있다.

용하고 현시하고 있는 데에 있는 것이었다. 그 때문에 그는 훗날 스스로의 세계탐구와 자연연구를 심화시키고 있을 때에도 그것을 무용지물의 외피로써 벗어던져 버리지 않았던 것이다. 오히려 그것은 식물의 최초의 싹이나 뿌리와 같은 것이어서, 오랫동안 쉬지 않고 건강한 방향으로 나아가면서 드디어는 풍요로운 인식의 꽃으로 전개되기에 이르렀다.

반대론자들은 이따금 괴테를 신앙이 없는 자라고 비난했다. 그러나 그는 그들이 제창하는 신앙을 가지지 않았던 것일 뿐이었다. 왜냐하면 그에게는 그런 신앙이 너무나 작았기 때문이다. 만약에 그가 그 나름대로의 신앙을 발표한다면 그들은 놀랄 것이지만, 그들은 그것을 이해할 만한 능력이 없는 것이다. 그러나 아무래도 괴테 자신이 지고의 신을 그대로 인정하리라고는 생각할 수 없다. 그가 쓰고 말한 모든 것에서 추측할 때 그는 신이란 규명할 수 없는 존재이며, 인간은 다만 그것이 나타나는 흔적과 예감을 희미하게나마 느끼고 있을 뿐이라고 생각한 것 같다.

요컨대 존재하는 것은 자연인 것이며 우리 모든 인간은 신적인 것의 입김을 섭취하고 있기 때문에, 신은 우리를 보존하고 또 우리는 신 속에서 살고 활동하고 존재하면서 영원한 법칙에 따라 괴로워하고 기뻐하는 것이다. 그리고 우리는 그 법칙을 인식하든 인식하지 않든 간에 그 법칙을 실행하고, 또 법칙은 우리 가운데서 실행되고 있는 것이다.

그것은 어린아이가 과자를, 빵집에서 만들었다는 것을 모르면서 맛있게 먹는 것과 같다. 또 참새가 버찌를, 그것이 어떻게 익게 되었는지를 생각하지 않고 쪼아먹는 것과도 같은 것이다.

1831년 3월 2일 수요일

오늘은 괴테 댁에서 식사를 했다. 화제는 또다시 데모니슈한 것, 즉 강력한 마력적인 정신에 이르렀고 그는 덧붙이듯 한층 더 자세하게 다음과 같이 설명했다.

"데모니슈는 오성이나 이성을 갖고는 해명할 수 없는 것이야. 이것은 우리가 날 때부터 가지고 있는 것은 아니지만 우리는 이것에 예속되어 있네."

"나폴레옹은 데모니슈한 종류의 사람이었던 것 같습니다." 이에 괴테가 말했다. "그는 철두철미했네. 그와 비교할 수 있는 사람은 거의 찾아낼 수 없을 정도야. 돌아가신 대공도 데모니슈한 성질이었지. 무한히 넘쳐나는 활동력과 동요에 가득 차 있었어. 그러므로 그에게는 이 나라가 너무 좁았지. 아무리 큰 나라라도 그에게는 좁았을 게야. 이러한 종류의 데모니슈한 사람을 그리스인들은 반신(半神)으로 생각했어."

"사건 속에도 데모니슈한 것이 나타나지 않습니까?"

"특히 현저하게 나타나지" 하고 괴테는 말했다. "우리의 오성이나 이성으로는 풀 수 없는 모든 것 속에서 나타나네. 눈으로 볼 수 있는 자연 속이든, 눈으로 볼 수 없는 자연 속이든 상관없어. 그건 형형색색의 방법으로 모든 자연 속에서 나타난다네. 생물 중에는 전적으로 데모니슈한 종류가 많아. 이 밖에 부분적으로 그것에 영향을 받고 있는 것도 다소 있지."

이런 그의 말에 내가 물었다. "메피스토펠레스도 또한 데모니슈한 특색을 가지고 있지 않습니까?"

"그렇지 않지. 메피스토펠레스는 너무 부정적이야. 그러나 데모니슈한 것은 어디까지나 긍정적인 행동력 속에 나타나는 것일세."

"예술가 중에서는" 하고 괴테는 계속했다. "화가보다는 음악가 중에서 더 많이 볼 수 있네. 파가니니에게서는 그것이 아주 강하게 나타나지. 그래서 그가 그처럼 대단한 성과를 올릴 수 있었던 걸세."

나는 이런 모든 설명을 듣고 아주 기뻤다. 이 말로 데모니슈라는 개념이 무엇을 의미하는지를 이제 한층 더 확실히 이해할 수 있었기 때문이다.

이어 우리는 제4권에 대해 여러 가지 이야기를 나눴다. 괴테는 나에게 아직도 더 손을 대는 것이 좋겠다고 생각하는 데에는 표시를 해 달라고 부탁했다.

1831년 3월 3일 목요일

정오에 괴테와 함께 식사했다. 그는 건축학 책 두어 권을 대강 훑어보고 있었다. 괴테는 쌓아올린 돌이 얼마나 오랫동안 그대로 있을 수 있는 것인지는 보증할 수 없기 때문에, 궁전을 건립하는 것은 상당한 대담성이 필요한 법이라고 했다. 그러고는 이렇게 덧붙였다. "천막 속에서 살고 있는 사람이 가장 행복하지. 그렇지 않으면 일부 영국인들처럼 한 도시에서 다른 도시로 거처를 바꿔 떠돌아다니면서 산해진미를 찾아다니는 것도 좋을 게야."

1831년 3월 6일 일요일

괴테와 함께 식사를 하면서 여러 가지 이야기를 주고받았다. 어린 아이들의 장난에 대한 이야기도 나왔다. 그는 그것을 식물의 경엽에 비교했다. 그것은 점차 저절로 없어져 가는 것이기 때문에 너무 엄격하게 생각할 필요가 없다는 것이었다.

"인간에게는 거쳐가지 않으면 안 되는 여러 단계가 있지. 그리고 그 단계에는 각기 그 나름대로의 독특한 이점이 있는가 하면 결점도 있네. 그것들의 이점과 결점도 어디까지나 자연스러운 것이라고 볼 수 있고, 그 한도 내에서 정당한 것이야. 다음 단계에 이르게 되면 다시 변하게 되어 그때까지의 이점과 결점은 흔적도 없이 사라져 버리네. 그러나 이것을 대신하여 다른 장점과 단점이 나타나게 되지. 이렇게 계속되다가 드디어 최종 변화에까지 가게 되지만, 그것이 어떻게 될 것인지는 우리는 아직 알 수 없어."

이어 식사가 끝난 뒤 괴테는 나에게 1775년 이래로 소장하고 있던 〈어떤 어릿광대의 결혼〉*28의 단편을 읽어 주었다. 이 연극은 킬리안 부르스트풀레크의 독백으로 시작된다. 이 독백에서 이 인물은 한스부르스트가 모든 노력을 다해 자신을 교육했지만, 그것이 정말로 나쁜 결과를 가져왔다고 하소연하고 있다. 이 장면도 그렇고 다른 모든 장면도 〈파우스트〉식으로 쓰여져 있다. 왕성한 창작력이 꽉 차 터질 듯이 행간마다 나타나 있다. 그런데 그 정도가 너무나 지나쳤기 때문에 그것은 이 단편에서 잘 전달되지 않고 있었다. 괴테는 또한 나에게 이 연극에 등장하는 인물의 목록을 읽어 주었다. 그것은 거의 3페이지에 가득 차 있고, 100명에 가까운 숫자였다. 거기에는 온갖 추한 이름들이 다 있었다. 때로는 정말로 추잡하고 익살맞은 것도 있어 웃음을 터뜨리지 않을 수 없었다. 그 대부분이 육체적인 결함에서 비롯된 이름으로 그 인물이 눈

---

*28 〈시와 진실〉 제18장에 나오고 있다.

앞에 생생하게 떠오르는 것이었다. 이 밖에도 그 이름들은 각양각색의 나쁜 버릇과 악덕을 나타내고 있었다. 이 단편은 비도덕적인 세계의 극치를 깊숙이 엿볼 수 있도록 한 것 같았다. 만약 이 연극이 완성됐더라면, 사람들은 그처럼 다양한 상징적인 인물을 오직 하나의 줄거리 속에 생생하게 결합시킨 발상을 칭찬하지 않을 수 없었을 것이다.

"나는 이 연극을 완성시킬 수 있으리라고는 생각하지 않았네" 하고 괴테는 말했다. "왜냐하면 이것은 변덕의 극치를 전제로 하지 않으면 안 되게 되어 있기 때문이지. 아무리 일시적으로 그렇게 된다고 하더라도, 그러한 것은 나의 날 때부터의 진면목이 아니었기에 더 이상 계속할 수 없었다네. 그리고 또 우리 독일 사회는 너무 편협해서 이런 것을 떳떳하게 발표할 수도 없어. 파리와 같은 지방의 풍속에서는 이런 종류의 것도 마구 설칠 수 있지. 거기에는 베랑제와 같은 인간이 있어서 그럴 것이지만, 프랑크푸르트나 바이마르에서는 도저히 생각할 수 없는 일이야."

1831년 3월 8일 화요일

오늘 괴테와 함께 식사를 하는데, 그가 처음으로 〈아이반호〉를 읽고 있다고 했다. "월터 스콧은 위대한 천재이지" 하고 그는 말했다. "그와 어깨를 겨룰 수 있는 사람은 아무도 없어. 그리고 아무리 그의 칭찬을 해도 지나치지 않네. 그는 독서계층 모두에게 비상한 영향을 가져왔지. 그는 나로 하여금 여러 가지를 생각하게 만들었어. 그리고 나는 그에게서 독자적인 법칙을 가진 전혀 새로운 기법을 발견하게 된다네."

이어 우리는 〈자서전〉의 제4권에 대해 말했다. 그리고 화제는 뜻하지 않게 거듭하여 데모니슈, 즉 마력적인 정신으로 흘렀다.

"문학 가운데는 철저하게 데모니슈한 것이 있네. 그리고 이것은 무의식적인 작품 중에서 볼 수 있어. 그런 작품은 일체의 오성과 이성도 불충분하지. 그리고 이러하기 때문에 그것은 생각할 수 없을 만큼의 영향을 끼치네.

이러한 것은 음악에 있어서 가장 현저하지. 왜냐하면 음악은 그것이 위치하고 있는 곳이 너무나 높아, 아무리 이것을 이해하려고 해도 설명할 수가 없네.

그리고 거기에서 흘러나오는 힘은 일체를 지배하는 것이지만, 아무도 설명할 수 없는 것이기도 하지. 그러므로 종교상의 예배도 이것 없이는 할 수 없는 것이야. 이것은 사람들에게 불가사의한 작용을 끼치는 주요 수단 중의 하나일세.

데모니슈는 또한 즐겨 유명한 인물들에게서 나타나지. 특히 프리드리히 대왕과 페터 대왕 같은 신분이 높은 인물들에게서 그러하다네.

돌아가신 대공에게도 아무도 거역할 수 없는 데모니슈한 데가 있었지. 그는 가만히 있는 것만으로도 사람들을 끌어당겼어. 그러므로 그는 유달리 친절하게 행동한다든지 친밀감을 느끼게 행동할 필요가 없었다네. 내가 그의 조언에 따라 계획한 모든 것은 성공을 거두었지. 그러므로 나는 자신의 오성과 이성으로는 도저히 어떻게 할 수 없는 문제가 있을 때에는, 어떻게 하면 좋은가 하고 그에게 묻기만 하면 좋았던 게야.

그럴 때면 그는 본능적으로 발언을 했지. 그리고 언제나 나는 확실하게 좋은 성과를 얻을 것이라고 미리 예상할 수 있었어.

그가 나와 같은 이념을 가지고 있었거나 훨씬 많은 노력을 하였다면 좋았을 것이야. 왜냐하면 데모니슈한 정신이 그에게서 사라지고 다만 인간적인 것만이 남겨졌을 때, 그분은 어떻게 하면 좋을지 몰라 곤란해하였기 때문이지.

바이런에게도 데모니슈한 것이 고도로 작동하고 있었네. 그래서 그는 많은 민중 속에서 견인력을 가지고 있었고, 특히 여성들은 그에게 강하게 끌려가지 않을 수 없었어."

나는 시험 삼아 말했다. "신과 같은 것이라는 이념 속에는 우리가 데모니슈한 것이라고 부르고 있는 능동적인 힘은 없는 것처럼 보입니다만."

이것을 들은 괴테가 말했다. "자네, 도대체 우리가 신과 같은 것이라고 하는 그 이념에 대해 뭘 알고 있다고 생각하는가! 그리고 우리의 좁은 개념을 갖고 최고의 존재에 대해 도대체 무슨 말을 할 수 있다는 말인가! 만약 내가 터키인들처럼 신을 부를 때에 100개의 명칭을 늘어놓는다고 하더라도, 아직도 너무나 모자랄 게야. 저 무한한 특성과 비교하면 아무것도 말하지 않은 것과 마찬가지일세."

1831년 3월 9일 수요일

괴테는 오늘도 월터 스콧을 극구 찬양했다.

"사람들은 너무나 하찮은 것을 많이 읽지. 하지만 그런 독서로는 시간을 낭비할 뿐 아무것도 얻는 것이 없어. 원래 사람들은 오직 칭찬할 만한 것을 읽어야 하는 것이네. 나는 청년시절을 언제나 그렇게 보냈어. 그리고 지금도 월터 스콧을 읽으며 그렇게 하고 있지. 나는 이번에 〈롭 로이〉를 읽기 시작했는데, 계속하여 그의 훌륭한 소설들을 차례차례로 읽을 생각이라네. 물론 소재, 내용, 인물묘사 그리고 취급방법 등 모든 것이 위대하지. 그는 예비연구에 있어서도 지칠 줄 모르는 열성을 보여 준다네. 또 필치는 미세한 점에 이르기까지 위대한 진실로 관통되어 있어! 이 탁월한 시인에게 이와 같은 유산이 주어진 것을 볼 때 영국의 역사가 얼마나 훌륭한 것인가 알게 되지. 이와는 반대로 5권으로 된 우리의 독일역사[29]는 문자 그대로 빈약하기 때문에, 난 〈괴츠 폰 베를리힝겐〉을 쓰고 난 다음 곧 사적 생활로 들어가 버렸네. 또 〈아그네스 베르나우어〉나 〈오토 폰 빗텔스바흐〉[30] 같은 것도 쓰여졌지만 이것들만으로는 대단하다고 할 수 없지."

나는 〈다프니스와 클로에〉[31]를 쿠리에의 번역으로 읽고 있다고 말했다. "그것은 걸작이야" 하고 괴테는 말했다. "나는 그것을 여러 번 읽고 감탄했지. 그속에는 지고의 오성과 예술 그리고 취미가 나타나고 있어. 베르길리우스도 좋지만 그것에 비하면 물론 다소 뒤떨어지네. 풍토묘사는 푸생의 양식 그대로이고 짧은 붓놀림으로 등장 인물의 배후를 잘 처리하고 있어.

자네도 알지만 쿠리에는 피렌체의 도서관에서 이 시의 중요한 시구가 들어 있는 새로운 원고를 발견했지. 이것은 지금까지의 판에서는 없는 것이었어. 나는 이 시를 언제나 불완전한 형태로 읽고 있었던 셈이야. 그런데 그렇게 제일 중요한 부분이 빠져 있었는데도 조금도 개의치 않고 감탄하며 읽었다고 말하

---

* 29 신학자인 피스터(1772~1835)가 쓴 〈독일의 역사〉를 지칭하는 것으로, 전 5권인 이 책들은 1829년 이래로 간행되었다.
* 30 극작가인 요제프 마리우스 폰 바보(1756~1822)가 쓴 역사연극이다.
* 31 그리스의 작가인 롱고스(기원 3세기경)에 의해 쓰여진 가장 유명하고 에로틱한 전원 이야기로, 1811년 고전학자인 팟소(1786~1833)가 이것을 독일어로 번역했다.

지 않을 수 없네. 지금까지의 것만으로도 뭔가 부족하다는 것을 알아차리지 못할 만큼 우리에게 만족감을 주고 있었던 것은 이 시가 탁월하다는 증거일 것이야.”

식사 후 괴테는 나에게 쿠드레이가 그린 정취가 풍부한 도른부르크 성(城)의 문짝을 보여주었다. 거기에는 라틴어의 제명이 적혀 있었다. 그 의미는 찾아오는 사람을 기껍게 맞이하며 떠나가는 사람에게는 무사하기를 빈다는 것이었다.

괴테는 이 제명을 독일어의 2행시로 바꿔 어떤 편지의 첫머리에 좌우명으로 썼다. 이 편지는 그가 1828년 여름 대공이 돌아가신 후 도른부르크에 머무르고 있을 때 폰 보일비츠 대령에게 보낸 것이다. 나는 이 편지가 그 당시 일반인들 사이에서 아주 좋은 평판이 났던 것을 알고 있었기 때문에, 괴테가 오늘 그 문짝 그림과 함께 이것을 보여 주어 정말로 기뻤다.

나는 이 편지를 아주 흥미 있게 읽었다. 나는 괴테가 도른부르크 성의 지방색과 골짜기 아래의 평지를 정말이지 잘 이용하고 있고, 게다가 위대한 견식을 결부시키고 있는 것에 탄복하지 않을 수 없었다. 그리고 이러한 종류의 견식은 그처럼 큰 손실로 끔찍한 고통을 겪어야 했던 사람을 다시 완전히 일으켜 세워 새롭게 자립하게 만드는 것이었다.

나는 이 편지를 읽고 대단히 행복했다. 시인은 좋은 재료를 찾아 멀리까지 갈 필요가 없으며, 오직 그 가슴속에 훌륭한 내용만 간직하고 있으면 아무리 보잘것없는 것으로부터도 멋진 작품을 탄생시킬 수 있다는 것을 은근히 알아차릴 수 있었기 때문이다.

괴테는 그 편지와 그림을 함께 서류첩 속에 넣었다. 두 개 모두 길이 보존하기 위함이었다.

1831년 3월 10일 목요일

나는 오늘 왕자와 함께 호랑이와 사자를 소재로 한 괴테의 단편을 읽었다. 그것을 읽고 왕자는 아주 행복해하였다. 위대한 예술의 효과를 느꼈기 때문이다. 그리고 나 역시 완성된 구성의 그물코를 확실하게 읽고 이해할 수 있어 적잖게 기뻤다. 이 작품에 사상이 골고루 미치고 있는 것을 느낄 수 있었다. 이것은 이 시인이 주제를 다년간 마음속에 배양하고 있었기 때문에, 재료의 소화가 잘된 결과인 것이다. 그러므로 전체와 각 부분도 동시에 확실하게 바라볼수 있고, 요소 하나하나가 제각기 교묘하게 배치되어 있어서 그 자체도 독립되어 있음과 동시에 다음으로 오는 것의 복선으로 연관되어 있었다. 게다가 모든 것이 전후와 연관되어 있으면서도 동시에 올바른 위치를 점령하고 있어, 누가 구성을 해도 이 이상 완전한 것을 만든다는 것은 쉽지 않을 것 같았다. 책을 읽고 있는 동안 나는 이 주옥과 같은 단편을 어떤 다른 사람의 작품으로서 괴테 자신에게 고찰하게 하면 어떨까 하는 간절한 소망을 가져보았다. 이작품은 재료의 분량도 작가가 모든 것을 순서 있게 정리할 수 있을 정도로 꼭알맞았다. 또 이것은 독자가 읽었을 때에도 일관된 이해력으로 그 전체와 부분을 소화할 수 있는 이야기라는 생각이 들었다.

1831년 3월 11일 금요일

괴테와 함께 식사를 하면서 여러 가지 이야기를 나눴다. "월터 스콧의 경우세부에 걸친 묘사가 정말로 훌륭한 장점이긴 하지만, 바로 이것이 실패를 자초하는 원인이 되기도 하지. 〈아이반호〉에서 밤에 사람들이 어떤 성의 홀에 모여 식탁에 둘러앉아 있는데 낯선 사람 하나가 들어오는 장면이 있네. 물론 작가가 이 외래인을 위에서 아래까지 훑으며 그 풍채나 복장 모양을 묘사한 것은 옳은 것이지. 그렇지만 그 사람의 다리나 구두 그리고 양말까지 설명한 것은 실패라고 할 수 있네. 밤에 식탁에 둘러앉아 있는데 누군가가 들어온다고하면 우리의 눈에는 다만 그의 상반신만 보이는 게 보통이야. 다리까지 보이려면 방문자의 몸 전체를 비치는 낯선 광선이 들어오게 되어 그 장면은 밤의 특색을 잃어버리게 되네."

이것은 정말이지 핵심을 찌르는 말로 생각되어 나는 앞으로 참고로 삼기 위해 이를 적어 두었다.

이어 괴테는 계속하여 대단한 칭찬과 함께 월터 스콧을 이야기했다. 나는그에게 그 견해를 글로 쓰는 것이 좋겠다고 권했다. 그러나 그는 그것을 거절하면서 이 작가의 예술은 아주 높은 수준의 것이기 때문에, 이런 것을 널리 발표하기는 어렵다고 말했다.

1831년 3월 14일 월요일

괴테와 함께 식사를 하면서 이런저런 이야기를 나누었다. 나는 그저께 상연된 〈포르티치의 벙어리 아가씨〉*³²를 말하지 않을 수 없었다. 그래서 이 작품이 혁명의 원인이 되었던 본래의 계기를 전혀 보여 주고 있지 않는데도 관객들의 호응을 받고 있는 것은, 각자가 자기의 도시나 나라에서 겪고 있는 불유쾌한 일들, 그런 아쉬운 것들을 대리 만족시켜 주기 때문이라고 했다. 이에 괴테가 말했다. "이 가극 전체는 결국 서민에 대한 풍자이지. 어느 어부 아가씨의 정사가 어마어마한 사건이 되고, 영주가 여자 영주와 결혼했다고 해서 폭군이라고 불리는 것은 정말이지 이치에도 맞지 않고 우습기 그지없네."

식사가 끝난 뒤에 괴테는 나에게 베를린 사투리를 그림으로 형상화한 것을 보여 주었다. 거기에는 정말로 재미있는 점이 많았지만, 나는 특히 이 화가가 용케도 절도를 지켜 단지 캐리커처로 흐르지 않았다는 것에 감명을 받았다.

1831년 3월 15일 화요일

이날 아침 내내 나는 〈시와 진실〉 제4권의 원고에 몰두했고, 다음과 같은 비망록을 만들어 괴테에게 보냈다.

제2권과 제4권 그리고 제5권은 완성된 것으로 생각됩니다. 두세 군데 작은 부분이 남아 있기는 하지만, 이것도 마지막으로 통독할 때 아주 쉽게 정리될 것입니다. 제1권과 제3권에서 알아차린 두어 가지를 여기에 쓰겠습니다.

제1권

융이 눈 치료에 실패한 대목은 아주 엄숙한 의미가 있기 때문에, 이것을 읽는 사람들을 심사숙고하게 만듭니다. 그리고 만약 이것이 사람들이 모인 곳에

---

*32 프랑스의 오페라 작곡가인 오베르(1782~1871)의 작품이다. 그는 꾸준히 오페라를 발표하여 19세기 프랑스 오페라의 황금시대를 구축했다.

서 말해질 때, 그 후 틀림없이 말이 중단될 것입니다. 그러므로 나는 여기서 제1권을 끝낼 것을 권고하고 싶습니다. 그렇게 하면 이런 방법으로 일종의 중단이 생기기 때문입니다.

유대인 거리의 화재라든지 어머니의 빨간 비로드 모자를 쓰고 빙상 활주를 하고 싶었던 날의 멋진 일화들은 지금 제1권의 마지막에 있지만 그 장소가 적당하지 않습니다. 이것들은 정말 무의식적으로 시를 썼다고 한 그 말 속에 넣으면 아주 꼭 들어맞을 것입니다. 이런 경우에는 행동하면서도 무엇을 할 것인가는 전혀 문제가 되지 않으며 생각도 하지 않습니다. 그러므로 이것들은 아직 생각이 정리되기도 전에 행동을 하는 행복한 심적 상태를 나타내고 있기 때문입니다.

제3권

이 권은 역시 함께 논의해 보도록 합시다. 그리고 1775년의 해외 정치 정세와 독일의 국내 정세 그리고 귀족의 교양 등등을 더 구술하여 첨가하도록 하는 것이 좋을 것입니다.

마찬가지로 〈어릿광대의 결혼〉과 그 외 완성되었거나 아직 미완성인 시 작품의 계획 설명은 제3권에 첨가하는 것이 좋을 것입니다. 이것들을 이미 상당히 두꺼워진 제4권에 넣는 것은 그다지 좋지 않으며, 또 그렇게 하면 지금 아주 잘 정리되어 있는 전후의 연관을 해치게 될는지 모릅니다.

나는 이 목적을 위해 일체의 복안과 단편을 제3권에 모았습니다. 그리고 다행히도 당신의 기분이 한결 나아져서 미완성의 이 권도 활기 있는 정신과 우아함을 갖고 구술하실 것을 원하고 있습니다. E.

정오에, 왕자 그리고 소레와 함께 식사를 했다. 우리는 쿠리에에 대해 많은 것을 이야기했다. 이어 괴테의 단편소설의 결말에 이르러 나는 다음과 같이 말했다. 이 작품의 내용이라든지 기법은 아주 수준이 높기 때문에, 사람들은 이것을 어디서부터 손을 대야 할지 알지 못한다. 사람은 누구나 전에 한 번 보고 들은 것을 되풀이하여 접하고 싶어한다. 우리는 문학이라는 꽃을 어디까지나 문학적인 영역에서 보는 것에 길들여져 있기 때문에, 이 경우 그 문학이 어디까지나 현실적인 기반에서 태어난 것을 보고 놀라워하는 것이다. 사람들은 문학적인 세계의 것은 기꺼이 받아들이고 어떠한 기적이라도 놀라지 않고 믿고 있다. 그렇지만 이곳 현실 세계의 밝은 빛에 접할 때에는 아주 사소한 일이라도 조금만 상도(常道)를 벗어나면 깜짝 놀라곤 한다. 우리는 수천 가지의 기적에 에워싸여 있는데도, 그중의 단 하나가 지금까지의 경험으로 알 수 없는 것이면 불편한 심정이 되어 버린다. 그리고 또 인간은 이전의 기적을 믿는 것은 조금도 어렵게 생각하지 않는다. 하지만 현재 일어나고 있는 기적에 일종의 현실성을 부여하여 이것을 확실한 현실과 나란히 세워놓고, 더 고차원적인 현실로서 숭배하려 하지는 않는 것 같다. 설령 이러한 것이 행해지고 있다고 하더라도 교육에 의해 부정되는 것으로 보인다. 그러므로 우리의 세기는 초자연적인 것과의 교류가 쇠퇴하고 신앙이 감퇴하여 점점 더 산문적으로 변해 버리고, 모든 문학은 점점 더 소멸되어 갈 것이다.

괴테의 단편소설의 결말은 결국 인간은 신에게서 완전히 버림을 받고 있는 것은 아니며, 오히려 신은 인간을 지켜보고 보살펴 주고 또한 고난에 처하게 되면 곁에서 힘을 보태 준다는 것을 보여 주고 있다.

이와 같은 신앙은 모든 인간에게 속해 있는 것으로 그 본질의 한 요소를 형성하고 있는 지극히 자연적인 것이며, 또한 모든 종교의 기반으로서 모든 민족이 선천적으로 갖추고 있는 것이다. 이러한 신앙은 인간의 원시시대에는 더욱 강하게 나타났다. 또한 이것은 문화가 최고도로 발달한 시대에도 물러가지 않았다. 그러므로 고대 그리스인들 중에서도 특히 플라톤에서 가장 현저하게 나타나고 있고, 마지막으로는 〈다프니스와 클로에〉의 작가에게서도 찬란하게 나타나고 있다. 이 우아한 시 속에서는 신적인 것이 목축의 신인 판과 물의 요정인 님프의 형체를 빌리고 있다. 그리고 그들은 경건한 목동들과 애인들을 동정하고 있다. 낮에는 그들을 지켜 주고 도와 주고, 밤이면 꿈속에 나타나 무엇을 할 것인가를 일러 준다. 괴테의 단편 중에서는 이 눈에 보이지 않는 수호신이 영원한 자와 천사의 모습으로 나타난다. 그래서 그들은 어떤 때에는 동굴 속의 광포한 사자에게서 예언자를 지켜 주고, 또 다른 때에는 이와 비슷한 괴물로부터 착한 어린아이를 보호하고 있다. 사자는 어린아이를 찢어버리지 않고 오히려 온순하게 순종하듯 행동한다. 왜냐하면 영원 속을 계속 활동하고 있는 신이 중재를 하면서 조화를 이루어 나가고 있기 때문이다.

그러나 이것이 회의적인 19세기의 사람들에게 좀 이상하게 보이지 않도록, 시인 괴테는 계속하여 제2의 유력한 모티브, 즉 음악을 이용하고 있다. 사람들은 음악의 마력을 아주 오랜 옛날부터 알고 있었다. 그리고 그것은 오늘에 이르기까지 여전히 매일같이 우리를 지배하고 있지만, 어째서 그렇게 되는지는 모르고 있다.

그리고 오르페우스가 이런 마력으로 숲 속의 모든 동물을 자기 쪽으로 끌어온 것처럼, 그리스 최후의 작품에서도 젊은 목동이 피리를 불어 염소들을 인도하고 있다. 염소들은 갖가지 멜로디로 흩어지고 모여들고, 적으로부터 도망치고 조용히 풀을 뜯기도 한다. 괴테의 단편 중에도 음악은 사자를 위해 힘을 발휘하고 있다. 그 억센 동물이 감미로운 피리의 멜로디에 따르고 순진한 어린아이가 인도하는 대로 어디로든 따라가는 것이다.

여러 사람들과 함께 설명할 수 없는 이런 사항을 말하고 있는 사이에 나는 다음과 같은 것을 깨달았다. 즉 인간은 자신의 뛰어난 장점들을 너무나 과신하고 있어, 이것을 신의 하사품이라고 생각하는 데에는 조금도 주저함이 없지만 동물에게도 그 권리가 있다고는 좀처럼 생각하지 않는다.

1831년 3월 16일 수요일

괴테와 함께 식사를 했다. 나는 그 자리에서 〈자서전〉 제4권의 원고를 되돌려 주면서 그것에 대해 여러 가지 이야기를 했다.

우리는 다시 〈텔〉의 결말을 이야기하였는데, 나는 실러가 행한 다음과 같은 과실이 납득이 가지 않는다고 말했다. 즉 자기의 주인공이 도망간 슈바벤 공작에게 야비한 행동을 하게 해, 오히려 그를 아주 욕되게 하고 있는 것이다. 그는 자신의 행동을 자랑하면서도 공작에게는 엄한 재판을 강행하는 모습을 보여 준다.

"그건 나도 수긍이 안 가는 일이라네" 하고 괴테는 말했다. "그렇지만 실러도 다른 사람들과 마찬가지로 부인들로부터 그런 영향을 받았네. 그러므로 이 경우의 그런 과실은 그 본래의 착한 인품에서 나온 것이 아니고, 오히려 그런 영향에서 나온 것이야."

1831년 3월 18일 금요일

괴테와 함께 식사를 했다. 나는 그의 집으로 갈 때 〈다프니스와 클로에〉를 가지고 갔다. 그가 이것을 한 번 더 읽고 싶다고 했기 때문이다.

우리는 고상한 잠언을 다른 사람에게 전하는 것이 유익한 것인가 그렇지 않은 것인가, 그리고 그렇게 하는 것이 가능한가 그렇지 않은가 이야기했다.

"수준이 높은 것을 받아들이는 소질은 극히 드물다네. 그러므로 보통 이런 것은 자기 혼자만을 위해서 간직하고 있다가, 다만 다른 사람에게 이익이 될 필요가 있을 때에만 꺼집어내는 것이 좋은 일이네."

이어 화제는 많은 사람들, 특히 정말로 훌륭한 것을 완전히 무시하고 오히려 제2류의 것에 특별한 가치를 두는 비평가와 작가에 이르렀다.

"인간은 단지 자기가 할 수 있는 것만을 인정하고 칭찬하는 것이야. 그리고 어떤 사람들은 제2류의 세계에서 생계를 꾸려가고 있기 때문에, 그들은 술책을 부려 문학 중 실제로 비난을 받아 마땅한 것을 찾아내 철저하게 매도하고 완전히 깎아내리네. 물론 그런 일이 다소 장점을 가지고 있다고 하더라도, 그건 결국 자기들이 칭찬하는 제2류 정도의 것을 점점 더 드높여 보려고 하는 짓이지."

나는 장차 이와 비슷한 경우에 처할지 모를 것 같아 이 말을 마음에 새겨두었다.

다음으로 우리의 화제는 〈색채론〉에 이르러, 일부 독일의 교수진들이 여전히 학생들 앞에서 이것을 큰 오류라고 언명하고 있다는 말이 나왔다.

"이 일이 유감스럽게 생각되는 것은" 하고 괴테는 말했다. "다만 많은 선량한 학생들 때문이야. 그러나 나 자신에게는 어느 쪽이든 매한가지일세. 나의 〈색채론〉은 이 세계와 마찬가지로 오래된 것이야. 지금 그런다고 해서 부정되는 것도 아니고 내버려지는 것도 아니지."

이어 괴테는 나에게 〈식물의 변태설〉의 신판에 대해서, 소레의 번역이 점점 더 잘되어 훌륭히 진전되고 있다고 말했다. "이것은 주목할 만한 책이 될 거라 네" 하고 괴테는 말했다. "이 속에는 여러 종류의 요소가 하나로 정리되어 있 기 때문이지. 나는 유명한 젊은 자연과학자들이 말한 문구 가운데 두세 가지 를 인용했네. 오늘날에는 독일의 훌륭한 사람들 사이에 좋은 문체가 쏟아져 나와 누가 말하는지 모를 정도가 되었어. 이건 정말 기쁜 일이야. 어쨌든 그 책 의 작업으로 정말 예상 외로 고생을 많이 했어. 그런데 처음에는 마지못해 억 지로 착수했지만, 점차 데모니슈한 것에 지배되어 이젠 그만둘 수 없게 되어 버렸네."

"그런 작용에 순종했다는 것은 정말로 잘한 일이었습니다" 하고 나는 말했 다. "왜냐하면 데모니슈한 것은 힘이 아주 강해 무슨 일이 있어도 그 계획을 완수할 때까지는 떨어지지 않는 것 같기 때문입니다."

"인간은 또한 한편으로는 데모니슈한 것에 계속 꾸준히 대항해 나가도록 노 력해야 한다네. 현재의 내 경우가 그러하지. 나는 자신의 힘과 사정이 허락하 는 범위에서, 모든 힘을 아끼지 않고 자기 일을 훌륭히 해치울 수 있게 노력하 지 않으면 안 된다고 생각하네. 이것은 프랑스인들이 코디유라고 부르는 저 놀 이와 같은 것이야. 그것은 원래 대체로 던져지는 주사위로 결판이 나는 것이지 만, 돌을 놀이판 위에서 얼마나 잘 굴리는가 하는 것도 노름꾼의 지혜 여하에 달려 있지."

나는 이 훌륭한 말을 받들어 좋은 가르침으로, 그리고 실천적인 법칙으로 내 기억 속에 깊이 담아 두었다.

1831년 3월 20일 일요일

괴테는 식사를 하면서 나에게 2, 3일 동안 〈다프니스와 클로에〉를 읽었다고 말했다.

"이 시는 정말 아름다워. 우리가 생활하고 있는 환경이 좋지 않기 때문에, 우리는 이런 시의 인상을 오래도록 간직하고 있을 수 없지. 그래서 이것을 되 풀이하여 읽을 때마다 언제나 놀라움을 느끼게 되네. 이 속에는 아주 밝고도 밝은 대낮이 있어. 그러므로 헤르쿨라네움*³³의 그림을 보는 것만 같고, 또한 이 그림이 이 책에 반응을 일으켜 읽고 있는 우리의 상상력을 도와 주는 것 같지."

"나에게는 전체적으로 정리가 아주 잘 되어 있어서, 그 속에 모든 것이 포함되어 있다고 생각됩니다. 우리 독자들을 이 행복한 환경에서 유리시키는 낯선 것들에 대한 암시는 거의 눈에 띄지 않습니다. 여기서 활동하고 있는 것 중에서 신성(神性)을 갖춘 것은 목축의 신 판과 물의 요정 님프뿐이고, 다른 신은 거의 이름조차 나와 있지 않습니다. 그리고 목동 자신들도 이 신들만으로 충분히 만족하고 있는 것처럼 보입니다."

"그렇게 모든 것이 절도있게 잘 정리되어 있기 때문에 이 가운데서 전개되고 있는 세계가 완전한 것이라네. 모든 종류의 목동들이 있고 농부며 정원사, 포도 재배인들이 있어. 뱃사공, 도둑 그리고 군인도 있지. 이밖에 상류계급의 시민과 고관들, 그리고 노예도 있고 말일세."

"그리고 또 그 속에는" 하고 나는 말했다. "신생아부터 시작하여 노년에 이르기까지 세상을 사는 모든 연대의 사람들이 나옵니다. 또 4계절의 변화에 따라 일어나는 가정 내에서의 여러 가지 모양새가 눈앞을 스쳐 지나갑니다."

"그리고 또 지방 풍경은 어떤가" 하고 괴테는 말했다. "간결한 붓놀림이지만 정말로 완연히 그려져 있어, 인물들 뒤쪽 언덕 위로는 포도밭, 그리고 과수원이 보이고, 아래쪽 목장에는 개천이 흐르고 작은 산림이 있고, 멀리에는 바다가 널리 펼쳐져 있는 것이 보이네. 흐린 날씨, 안개, 구름, 습기 같은 느낌은 조금도 없어. 하늘은 한없이 푸르고 맑게 개어 있고 대기는 상쾌하고 대지는 언제나 건조해서, 어디서나 발가벗고 아무렇게나 드러눕고 싶은 기분이 드네."

괴테는 말을 계속했다. "이 시 전체는 최고의 기술과 교양을 나타내고 있어. 생각이 골고루 퍼져 있고 모티브도 부족한 것 하나 없으며, 모든 것이 가장 근본적이고 정말로 멋지다네. 가령 해안에서 악취를 발산하는 돌고래 옆에 있는 보물과도 같은 것이지. 그리고 완벽한 마무리라든지 감정의 섬세함을 보여

*33 폼페이와 나폴리의 중간에 있었던 이 해안도시는 기원후 79년에 베수비오 화산 폭발로 폼페이와 함께 매몰되었다. 나중에 이곳에서는 귀중한 고대 유적들이 발굴되었다.

주는 취미도 이때까지 있었던 최고의 작품에 필적하는 것이야. 또한 습격, 절도, 전쟁과 같이 외부에서 들어와 이 시의 행복한 상태를 휘저어 어지럽히는 모든 망측한 것들은, 언제나 즉시 처치되어 흔적도 없이 사라지네. 그리고 죄악도 시민의 수행원, 특히 주요 인물이 아니고 부차적인 인물이나 하인들 사이에서 일어나지. 모든 것이 아름다움의 극치일세."

"그리고 여기에서 나타나고 있는 주종 관계를 읽고 마음이 흐뭇해짐을 느낍니다. 주인에게는 아주 인도주의적인 데가 있어요. 또 하인은 아주 소박하면서도 여유가 있고, 주인에 대한 외경심이 깊어 그의 마음에 들기 위해 노력하고 있습니다. 부자연스러운 사랑을 무리하게 요구하여 다프니스의 미움을 샀던 젊은 시민도, 그가 주인의 아들이라는 것을 알게 되자 다시 환심을 사려고 하지요. 그는 빼앗긴 클로에를 소몰이 목동으로부터 대담한 방법으로 되찾아 다프니스에게로 데리고 옵니다."

그러자 괴테가 말했다. "이런 모든 것에는 위대한 오성이 나타나 있네. 클로에가 발가벗고 달라붙는 것만을 생각하는 양쪽 연인들의 의사에 맞서, 이 이야기의 마지막까지 순결을 지키는 것도 훌륭하지. 이것이 참으로 아름다운 모티브가 되어 더할 나위 없이 위대한 인간의 사건이 진술되는 것이야.

이 시의 위대한 가치를 제대로 평가하려면 넉넉히 한 권의 책을 써야 할 게야. 우리는 매년 한 번 정도는 이 책을 다시 읽고 되풀이하여 배우고, 이 위대한 아름다움의 인상을 새롭게 체득하는 게 좋겠네."

1831년 3월 21일 월요일

화제는 정치에 이르러, 우리는 여전히 계속되고 있는 파리의 불안과 국가 최고의 사건에 관여하려고 하는 젊은 사람들의 그릇된 생각을 이야기했다.

"영국에서도 몇 년 전에 학생들이 가톨릭 문제의 해결과 관련해 탄원서를 제출하여 당국을 움직이려고 한 일이 있었습니다. 하지만 사람들은 이를 무시하고 그 이상 신경쓰지 않았습니다."

괴테가 말했다. "나폴레옹의 영향이 특히 영웅의 밑에서 자란 젊은 프랑스인들 사이에 에고이즘을 불러일으켰어. 그러므로 그들은 그들 중에서 위대한 전제 군주가 다시 출연하기 전에는 진정하지 못하네. 자기들의 소망대로 왕을 모시려는 것이지. 그러나 한 가지 유감스러운 것은 나폴레옹과 같은 인물은 그렇게 쉽게 다시 탄생할 수 없다는 것이네. 그러므로 이 세상이 다시 조용해지기 전까지 수십만 명의 사람들이 더 희생되어야 할 것 같아 걱정이 되네.

사람들은 문학상의 활동을 수년 동안은 전혀 돌보지 않게 될 게야. 그러니 지금은 오로지 평화로운 앞날을 위해 많은 좋은 것을 조용히 준비하는 길밖에 없네."

이런 정치적인 사항에 대한 언급이 조금 나온 뒤에, 화제는 곧 다시 〈다프니스와 클로에〉로 옮겨졌다. 괴테는 쿠리에의 번역이 아주 완벽하다고 칭찬했다. "쿠리에는 번역을 아주 잘했어. 오래된 아미요*³⁴의 번역을 존중해서, 그것을 참고하고 다만 몇 군데를 고치고 순화하여 한층 더 원작에 가까운 것으로 만들었지. 오래된 이 프랑스어는 소박하고 이런 제목에 잘 조화를 이루고 있어. 어떤 다른 언어로도 이 책을 이 이상 더 잘 번역하기는 어려울 게야."

이어 우리는 쿠리에의 작품과 그의 소책자들 그리고 피렌체에 있는 원고에 묻힌 잉크 얼룩에 관한 저 유명한 변명을 이야기했다.

"쿠리에는 위대한 천재야. 바이런이나 보마르셰, 그리고 디드로와 같은 특색을 가지고 있네. 그는 바이런에게서 자신을 증명하는 데에 도움이 되는 모든 것을 끌어내는 방법을, 보마르셰로부터는 위대한 변호사의 수완을, 디드로에게서 변증법을 배웠지. 그렇더라도 잉크 얼룩의 책임을 완전히 씻어냈다고 할 수는 없어. 또 그는 모든 방면에 걸쳐서 남김없이 적극적이었던 것은 아니었네. 그러므로 그를 무조건 칭찬할 수는 없지. 그는 세상 전체와 맞서 싸웠어. 그러므로 그 자신에게도 어느 정도의 책임과 부정이 있었다고 봐야 할 걸세."

이어 우리는 독일어의 Geist(정신)와 프랑스어의 esprit(정신)와의 개념 구별에 대해 이야기했다. "프랑스어의 에스프리는 우리 독일인들이 Witz(기지)라고

---

*34 아미요(1513~1593). 프랑스의 작가이자 고전문학 번역가인 그는 그리스 작가 롱고스의 전원소설 〈다프니스와 클로에〉를 1559년에 프랑스어로 번역했다.

부르고 있는 것에 가깝네. 우리의 Geist를 아마 프랑스인들은 esprit와 ame로 표현할 것이야. 이 말 속에는 동시에 생산이라는 개념이 있지만, 프랑스어의 에스프리에는 그것이 없지."

"볼테르는" 하고 나는 말했다. "우리가 독일어로 Geist라고 부르고 있는 개념을 가지고 있습니다. 그런데 프랑스어의 에스프리로는 충분하지 않을 때 프랑스인들은 어떻게 말합니까?"

"이런 높은 의미의 경우에는 그들은 genie를 사용하고 있지."

"나는 지금 디드로의 책을 읽고 있습니다" 하고 나는 말했다. "그리고 그 인물의 비상한 재능에 놀라워하고 있습니다. 얼마나 대단한 지식인지! 그리고 얼마나 힘이 가득찬 연설인지! 서로 괴롭히고 있는 거대한 동란의 세계 속에서 쉬지 않고 시련을 겪으면서도 지식과 인격의 양자가 딱 들어맞게 굳게 보존되어 있는 것이 눈에 보입니다. 그러나 프랑스인들이 전세기에 있어서 문학계에 이와 같은 인물을 갖고 있다는 것은 정말 놀라운 일이라고 생각합니다. 나는 지금 그저 조금 엿보았을 뿐인데 깜짝 놀랐습니다."

"그것은 1백 년에 걸친 문학의 변용이야" 하고 괴테는 말했다. "루이 14세 이래로 성장해서 드디어 황금기에 도달한 셈이지. 그러나 디드로나 달랑베르, 보마르셰 그리고 그 밖의 다른 특출한 천재들을 부추겨 경주하게 한 것은 역시 볼테르였지. 그와 어깨를 나란히 하고 따라붙는 것만도 대단히 힘겨운 일이었기 때문에, 그들은 조금도 안일하게 지낼 수 없었던 것이야."

괴테는 다음으로 동양언어 및 문학을 전공하는 예나의 젊은 교수*35에 대해 이야기했다. 그 사람은 한동안 파리에서 지내면서 실로 훌륭한 교양을 갖추고 있기 때문에 그와 알고 지내게 되면 배울 것이 많을 것이라고 했다. 집으로 돌아올 때 그는 나에게 얼마 안 있어 나타나게 될 혜성에 관한 슈뢴*36의 논문을 넘겨 주었다. 괴테는 내가 이런 일에 있어서 전혀 문외한이어서는 안 된다는 생각에서 호의를 베푼 것이었다.

---

*35 슈티켈(1805~1896). 1827년 이래로 예나대학 동양어학 강사로 일하고 있던 그는 1831년 3월 21일 괴테를 방문한 적이 있었다.
*36 슈뢴(1799~1875). 예나대학의 천문학 교수이자 천문대장을 지내고 있다.

1831년 3월 22일 화요일

괴테는 식사 후에 나에게 로마에 있는 어떤 젊은 친구[*37]의 편지를 군데군데 읽어 주었다. 그에 따르면 로마 체류 중인 독일 화가 몇몇은 장발에다 콧수염을 기르고, 고대 독일식 윗도리를 입고 셔츠의 옷깃을 뒤집은 모습으로 다닌다고 하였다. 또 그들은 파이프를 입에 문 채 불도그를 이끌고 나타나기도 한다는 것이었다. 그는 그들이 로마에 와 있는 것은 거장들과 접촉하기 위해서도 또 뭔가를 배우기 위해서도 아닌 것 같다고 하였다. 이 사람들에게 라파엘로는 약하고 티치안은 단지 색채가로만 비치는 것 같다는 것이다.

"니브르는 야만시대가 온다고 말했는데, 이건 정말로 옳은 말이지. 그 시대는 이미 와 있네. 우리는 그 한가운데에 있지. 왜냐하면 야만이란, 사람들이 이제는 탁월한 것을 인정하지 않음을 의미하기 때문이야."

이어 그 젊은 친구는 사육제, 새로운 교황의 선출, 그리고 그 바로 뒤에 발발한 혁명에 대해 언급하고 있었다.

'호라스 베르네[*38]가 기사처럼 보루를 둘러싸고 지키고 있다는 것은 알려져 있다. 이와는 반대로 그 몇 명의 독일 화가들은 한가하게 집 안에 머물며 수염을 손질하고 있다. 이것으로 추측할 때, 그들의 행동은 로마인들 사이에서 그다지 호의를 얻지 못하고 있는 것 같다.'

화제는 일부 젊은 독일 화가들에게서 볼 수 있는 이런 혼란의 원인에 이르렀다. 우리는 그것이 각 개인의 개성에서 오는 것인가, 아니면 정신적인 전염에서 오는 것인가, 그렇지 않으면 이 시대의 전체 속에 그 원인이 있는 것인가를 논했다.

"그것은 소수의 개인에게서 일어난 것이지" 하고 괴테는 말했다. "그리고 지금까지 40년 동안 계속 영향을 끼치고 있네. 그것은 예술가가 최고의 영역에 도달하기 위해 갖추어야 할 것은 무엇보다 경건한 마음씨와 재능이라는 가르침에서 비롯된 것이야. 이런 가르침은 다분히 아부적이어서 사람들은 두 손

---

*37 작곡가 멘델스존(1809~1847)을 말하는 것으로, 괴테는 그가 로마에서 보내온 편지의 일부 내용을 에커만에게 읽어 주고 있다.

*38 호라스 베르네(1789~1863). 프랑스의 화가로 전쟁풍속화를 잘 그렸다. 그는 1828년부터 1835년까지 로마에 있는 프랑스 미술학교의 교장을 지냈다.

들어 대환영을 했지. 왜냐하면 깊은 신앙심은 애써 배우지 않아도 되는 것이고 재능은 이미 어머니에게서 물려받은 것이기 때문일세. 어중간한 대중에게서 큰 지지를 얻으려면 그런 자부심을 가지고 있는 나약한 심정의 소유자들에게 알랑거리는 언사를 잘하기만 하면 되는 것이지."

1831년 3월 25일 금요일

괴테는 엘레강스한 녹색 안락의자를 보여주었다. 이것은 그가 최근 어떤 경매를 통해 얻은 것이다.

"그렇지만 나는 이것을 거의, 아니면 전혀 사용하지 않을 것이야" 하고 그는 말했다. "왜냐하면 모든 안락한 종류의 것은 내 성미에는 전혀 맞지 않기 때문이야. 내 방에 안락의자는 하나도 없어. 나는 언제나 낡은 목제 의자에 앉아 있지. 머리를 위해 받이를 붙인 것도 겨우 최근 2, 3주일 전의 일이야. 편리하고 정취 있는 가재도구에 에워싸여 있으면 사색을 할 수 없게 되고, 편안하기 때문에 수동적인 상태로 되어 버리지. 그런 게 청년시절부터 습관이 된 사람이라면 몰라도, 보통 화려한 방이나 엘레강스한 가구는 사상을 가지고 있지 않고, 또 가지려고도 하지 않는 사람들을 위한 것이야."

1831년 3월 27일 일요일

오랫동안 기다렸던 이를 데 없이 쾌청한 봄 날씨가 드디어 찾아왔다. 그지없이 푸른 창공에는 군데군데 흰구름 조각이 떠돌고 있었고, 기온은 여름 복장을 하고 외출할 수 있을 만큼 따뜻했다.

괴테가 정원 옆에 있는 정자에 식탁을 차리게 하여 우리는 오늘 다시 집 밖에서 식사를 했다. 대공비에 대한 이야기가 있었다. 그녀는 표면적으로는 잘 나타내지 않지만 다방면으로 활동을 하면서 선행을 베풀어, 모든 신하들의 마음을 차지하고 있다는 것이었다. "대공비는 재능과 자비심 그리고 성의도 충분히 갖추고 있지. 그녀는 정말 이 나라에 내려진 축복이라고 할 수 있어. 사람은 어떤 경우에도 은혜가 어디에서 오는 것인지를 곧 감지한다네. 그러므로 사람들이 진심으로 그녀에게 애정을 바치면, 그녀도 당연히 곧 알아차리고 보답해 주지."

나는 왕자와 함께 〈민나 폰 바른헬름〉을 읽었다는 것, 그리고 이 작품은 정말로 탁월하다는 것을 말했다. "사람들은 레싱을 냉철하고 이지적인 사람이라고 평하고 있습니다. 나는 작품 속에서 이를 데 없이 많은 심정과 사랑스러운 자연성, 명랑하고 신선한 낙천가의 고동과 얽매이지 않는 사회적 교양을 예상 외로 많이 찾아낼 수 있습니다."

이에 괴테가 말했다. "이 연극이 저 암울한 시대에 출현했을 때 우리 청년들에게 어떤 영향을 끼쳤을지 한 번 생각해 보게. 이 연극은 참으로 찬란한 유성과 같은 것이었지. 이것은 사람들에게 그 당시에 약하기 그지없는 문학계가 생각하는 것보다 한 단계 높은 수준으로 존재하고 있다는 것을 알아차리게 했지. 이 최초의 두 막은 실제로 발단으로는 완벽한 것이며, 배울 것도 많았어. 그리고 지금에 와서도 여전히 배울 것이 많네.

오늘날에 와서는 이제 당연한 것처럼 발단을 문제 삼지 않고 있네. 그런데 지금까지는 제3막에서 기대되던 효과를 지금은 벌써 제1막에서 올리려고 하고 있지. 사람들은 문학도 항해와 같다는 것에 생각이 미치지 못하고 있어. 항해에 있어서도 돛에 바람을 한껏 가득 안고 앞으로 나아가는 것은, 처음 해안을 떠나 어느 정도 먼 바다로 진입한 후가 아니면 안 되지."

괴테는 고급 라인포도주를 가져오게 했다. 프랑크푸르트의 친구가 얼마전 그의 탄생일에 보내온 것이다. 그는 이때 세상을 떠난 대공에게까지도 서슴지 않고 말을 하던 메르크의 일화를 두세 가지 이야기해 주었다. 메르크는 어느 날 대공이 아이제나흐의 룰에서 평범한 포도주를 가지고 오자, 귀한 것을 가져왔다고 칭찬했다고 한다.

"메르크와 나는 언제나 파우스트와 메피스토펠레스 같았지. 그래서 그는 나의 아버지가 이탈리아에서 보낸 편지를 읽고는 비웃었어. '괴테의 아버지는 거기에서 지내면서 어렵다든가 음식이 입에 맞지 않는다든가, 포도주가 맛이 없다거나 모기가 많다거나 하면서 하소연을 하고 있네' 하고 말이야. 메르크는 그처럼 멋진 토지와 화려한 환경 속에 있으면서 음식물이나 파리와 같은 아주 하찮은 것에 마음을 어지럽히는 것을 이해할 수 없었던 거지.

이런 야유는 두말할 필요 없이 메르크의 높은 교양을 기반으로 하여 나오고 있었네. 그렇지만 그는 생산적이지 못했고, 오히려 그 방면에서는 무척 소극적이었지. 그리고 그는 칭찬을 하는 것보다는 오히려 질책하는 쪽이 더 많았네. 이리하여 그는 자기도 모르는 사이에 나무랄 것들을 찾아내어 스스로 쾌감을 느꼈던 게야."

우리는 이어 포겔과 그의 행정수완을, 그리고 XXX*³⁹와 그의 인품을 말했다. "XXX*⁴⁰는" 하고 괴테는 말했다. "누구하고도 비교할 수 없을 만큼 독보적인 사람이었지. 그는 나와 함께 출판의 자유*⁴¹에 대한 압박에 항의한 유일한 사람이었네. 그는 입장이 확고했기 때문에 신뢰를 얻고 있었지. 그는 언제나 정의의 편에 설 게야."

우리는 식사 후 한동안 정원 안을 오가면서 흰 스노드롭 풀과 누런 샤프란이 피어 있는 것을 보고 기뻐했다. 튤립도 싹이 돋고 있었다. 우리는 네덜란드에서 생산하는 이런 종류의 아름답고 진귀한 식물을 이야기했다. "위대한 꽃 화가가 출현하는 것은" 하고 괴테는 말했다. "생각할 수도 없는 일이야. 오늘날 사람들은 너무나 과학적인 진실을 찾고 있어. 식물학자가 화가가 그린 화사(花絲)의 수를 조사하고 있는 형편이니 말일세. 하지만 그들은 회화적인 배치나 명암같은 것을 보는 눈은 전혀 가지고 있지 않다네."

1831년 3월 28일 월요일

나는 오늘 괴테와 함께 또다시 정말로 아름다운 시간을 보냈다. 〈식물의 변태설〉은 이제는 괜찮게 완성되었지. 나선형이나 폰 마르티우스 씨를 언급하지 않을 수 없었던 부분도 아주 잘 정리되었어. 그러므로 오늘 아침에는 다시 〈자서전〉의 제4권 쪽으로 향하고 있네. 그리고 이제부터 손을 대지 않으면 안 될 부분의 개요를 썼지. 이것은 적이 부러움을 살 만한 일이야. 이 정도로 나이를 먹고도, 자신의 청년기, 그리고 여러 가지 점에서 위대한 의의가 있는 한 시기

*39 요한 프리드리히 길레(1780~1836)를 말하는 것으로, 본인이 거명되는 것을 원치 않았다.
*40 502번과 같은 인물이다.
*41 독일에서는 1819년 9월 20일 카를스바트에서 열린 독일연방회의 의약에 따라 출판법이 발포되었다.

의 이야기를 쓰는 것이 허락되어 있으니 말이야."

우리는 각 부분을 따로따로 충분히 논의했다. 그도 그렇고 나도 마찬가지로 각 부분에 통달하고 있었다. 내가 말했다.

"릴리와의 연애관계를 서술한 부분은 당신의 젊은 입김을 그대로 나타내고 있습니다. 당신의 젊은 기운은 사라지기는 커녕 그 장면에서 더할 나위 없이 여실히 드러나고 있지요."

"그 이유는 그 장면이 시적이기 때문이야. 나는 시의 힘을 빌려 이미 잃어버린 젊은 연애 감정을 보충했지."

다음으로 우리는 괴테가 그의 누이동생의 상태를 이야기하는 흔치 않은 부분에 관해서 이야기를 나눴다. "이 장은 교양 있는 부인들이 흥미롭게 읽을 것이야. 왜냐하면 여기에 나오는 내 누이동생과 마찬가지로 정신적으로나 도덕적으로나 탁월한 성질을 구비하고 있으면서도 아름다움의 혜택을 받지 못한 부인들이 많기 때문이네."

"그녀는 축제나 무도회가 다가오면 언제나 얼굴에 여드름이 생겼다는 것은 어딘지 좀 이상한 것, 데모니슈한 것의 작용이라고 생각합니다만……."

"그녀는 어딘지 남다른 데가 있었지" 하고 괴테는 말했다. "그녀는 도덕적으로는 아주 고자세였지만 성적인 매력은 전혀 없었어. 그녀는 한 남자에게 몸을 바친다는 생각을 싫어했지. 이런 성질의 사람은 결혼을 해도 유쾌하지 않은 시간을 보내는 일이 많을 거라고 생각하네. 같은 종류의 혐오감을 가지고 있는 부인, 또는 자기 남편을 사랑하고 있지 않은 부인들은 이 부분의 의미를 알 수 있을 것이야. 그러므로 나는 누이동생이 결혼하리라고는 꿈에도 생각하지 않았지. 오히려 그녀는 수도원으로 들어가 원장으로 있는 것이 더 어울렸을 게야.

그녀는 아주 훌륭한 사나이*42하고 결혼했지만 그 결혼은 행복하지 않았어. 그래서 그녀는 릴리와 나와의 혼인 계획을 극구 반대했지."

---

*42 요한 게오르크 슐로서(1739~1799). 프랑크푸르트 출신으로 괴테의 친구이기도 했던 그는 1773년 괴테의 누이동생 코르넬리아와 결혼했다. 그는 법률가 뷔르템베르크 지방 행정장관을 지냈으며, 플라톤과 아리스토텔레스를 독일어로 번역하기도 하였다.

1831년 3월 29일 화요일

우리는 오늘 메르크에 대해 이야기했다. 괴테는 그의 눈에 띄었던 진면목 몇 가지를 말해 주었다.

"돌아간 대공은 메르크에게는 각별한 호감을 가졌었지! 한번은 대공이 그를 위해 4천 탈러 부채의 보증인이 된 일이 있었어. 그런데 얼마 안 있어 메르크 가 그 증서를 다시 돌려보냈기 때문에 이상하게 생각했지. 그는 그때 주머니 사정이 좀 좋지 않았기 때문에, 어떻게 변통했는지 의아해했어. 하지만 나와 만났을 때 그가 다음과 같이 말했기 때문에 이 수수께끼는 풀리게 되었다네."

"대공은 자비롭고 훌륭한 분이야. 사람들에 대한 신뢰심이 두텁고 자기 힘 이 닿는 만큼 도와주고 있네. 그러므로 나는 이렇게 생각했어. 만약 내가 이 분을 금전문제 때문에 속이게 되면 수천의 다른 사람들에게 폐를 끼치는 결 과를 가져오게 된다. 왜냐하면 대공은 자신이 가지고 있는 신뢰심을 잃게 될 것이고 그러면 이 한 사람의 나쁜 놈 때문에 불행하고 선량한 많은 사람들이 괴로움을 당할 것이기 때문이야. ―그렇다면 나는 지금 무엇을 해야 할 것인 가? ―나는 여러 가지로 궁리를 했네. 그리고 어떤 악당으로부터 돈을 꾸었 지. 그놈은 속여도 아무렇지도 않네. 그러나 저 착한 분을 속이게 되면 미안 하기 짝이 없어." 우리는 이 사나이의 이상스런 위대함에 웃지 않을 수 없었 다. "메르크는 기묘한 데가 있었어" 하고 괴테는 계속했다. "대화 도중에 '헷! 헷!'을 연발하곤 했지. 이 버릇은 나이를 먹어 감에 따라 더욱 심해져서 마지 막에는 개가 짖는 것 같았어. 그는 드디어 심한 우울증에 빠져버려 권총자살 을 하고 말았네. 그는 자신이 파산할 것임에 틀림없다고 생각하고 있었어. 하 지만 나중에 판명된 바에 의하면 실제 그의 상황은 그가 생각했던 것만큼 나 쁜 것이 아니었다네."

1831년 3월 30일 수요일

우리는 또 다시 데모니슈, 즉 마력적인 정신에 대해 이야기했다.

"이것은 곧잘 유명한 인물들에게서 일어나지" 하고 괴테는 말했다. "그것은 상당히 어두운 시각을 즐겨 택하네. 베를린처럼 밝고 산문적인 도시에서는 출현할 기회가 거의 없어."

이런 괴테의 말은 내가 며칠 전에 생각했던 바와 같았기 때문에 기뻤다. 우리의 생각이 실증되는 것을 보는 일은 언제나 즐겁게 느껴지는 법이다.

어제와 오늘 아침에 나는 그의 〈자서전〉 제3권을 읽었다. 그때 나는 이 책을 처음 읽는 것 같은 생각이 들었다. 어떤 책을 다시 읽게 되면, 전에 이해했다고 믿었던 것이더라도 사람의 생각이 성장하는 그때에 이르러 비로소 아주 미세한 부분이나 뉘앙스까지 풀려 나오는 경우가 있다. 이것이 바로 그러한 경우였다.

이에 내가 말했다. "당신의 〈자서전〉은 우리의 문화가 결정적으로 진보하고 있다는 것을 알게 해주는 책입니다."

"이것은 내 생애의 순수한 결정체야" 하고 괴테는 말했다. "그리고 더 높은 진리를 실증하기 위해서 도움이 되는 것이기도 하지."

"당신은 이 속에서 바제도*43가 더 높은 목적을 달성하기 위해 사람들을 필요로 하고, 또 그들의 호의를 얻으려고 한다고 쓰고 있습니다. 그러나 무엄하게도 자기의 부정적인 종교상의 의견을 발표하면 어떤 결과가 오는지 모르고 있다고 했지요. 즉 사람들로 하여금 그들이 애정을 바쳐 의지하고 있는 것에 의심을 품게 만들면 모든 것을 해치는 결과가 된다는 것을 알아차리지 못하고 있다는 것입니다. 이것이나 이와 유사한 글들은 나에게는 아주 큰 의의가 있는 것처럼 생각됩니다."

"나는 이 책 속에 인생의 상징을 포함시켰다고 생각하네. 나는 이 책을 〈시와 진실〉이라고 이름을 붙였지. 이것은 낮은 현실 지대로부터 더 높은 방향을 지나 올라가기 때문이야. 장 파울은 이것과는 반대의 정신에서 자기 생애의 〈진실〉을 썼지!*44—마치 이런 저자와 같은 인간의 생애가 가진 진실은 속인들

*43 바제도(1723~1790). 교육제도의 개혁자이며 박애협회의 창립자이기도 한 그는 통속 철학자로서 합리적이고 종교적인 작가이다. 1774년에 괴테 그리고 라파터와 함께 라인강 지방을 여행했다. 괴테의 〈시와 진실〉 제14장에 이 이야기가 자세히 나온다.
*44 괴테와 실러가 모든 것을 명확하게 파악하려고 한 것과는 달리, 낭만주의 작가인 장 파울(1763~1825)은 감정과 공상을 최대한으로 신장시켜 현실을 세밀하게 취급하려고 했다. 장 파울의 자서전도 〈장 파울의 생애로부터의 진실〉이라는 제목하에 1826년부터 여러 책이

의 그것과는 다르다는 것을 말하려는 것처럼!—그러나 독일인들이 비범한 것을 받아들이기란 상당히 어렵네. 그러므로 숭고한 것이 나타나도 이것을 알아차리지 못하고 그냥 지나가 버리는 일이 많지. 우리 생애의 사실이 가치 있는 것은 그것이 진실이기 때문이 아니고 그것이 어떤 의미를 가지고 있기 때문이야."

1831년 3월 31일 목요일

왕자 곁에서 소레와 마이어와 함께 식사를 했다. 대화는 문학을 소재로 진행되었고 마이어는 실러를 처음 만났을 때의 일을 이야기했다.

"나는 괴테와 함께 예나의 소위 낙원을 산책하고 있을 때 실러를 만났어.[45] 거기에서 우리는 처음으로 말을 나눴네. 그는 그때 아직 〈돈 카를로스〉를 완성하지 못하고 있었어. 막 슈바벤에서 돌아왔을 때였는데 건강이 아주 좋지 않아 신경통을 앓고 있는 것처럼 보였지. 그의 얼굴은 그림에 나오는 십자가에 매달린 그리스도와도 같았어. 괴테는 그가 2주일도 더 살지 못할 것이라고 생각했네. 그러나 그는 상태가 점점 좋아져 몸이 회복되었고, 그의 중요한 작품들은 모두 그 뒤에 비로소 쓰여졌다네."

다음으로 마이어는 하이델베르크의 여관에서 만난 장 파울과 슐레겔[46]의 특징을 말했다. 그리고 그의 이탈리아 체류 중 일어난 유쾌한 일들을 이야기해 우리를 즐겁게 해 주었다.

마이어가 내 옆에 있으면 나는 언제나 기분이 좋았다. 그는 자기 혼자서 언제나 만족하고 있고 주위에는 거의 신경을 쓰지 않지만, 대신 적당한 짬짬이 그 자신의 쾌적한 마음속을 입 밖에 낸다. 그러면서도 그는 어느 때에도 위태롭지 않다. 이를 데 없이 풍부한 지식과, 먼 이전에 일어난 일도 마치 어제 있었던 일처럼 생생하게 말하는 기억력을 가지고 있다. 그는 넘쳐나는 오성을 갖고 있기 때문에, 만약 그가 그 기초에 고귀한 교양을 가지고 있지 않았다면 틀

출판되었다.

*45 실러는 1794년 10월 28일 괴테에게 마이어와 개인적으로 인사를 나누고 싶으니 소개시켜
달라고 하였고, 그리하여 두 사람은 11월초에 처음으로 만나게 되었다.
*46 마이어는 1817년 가을 하이델베르크에서 장 파울과 슐레겔을 만난 적이 있었다.

림없이 사람들에게서 두려움을 샀을 것이다. 그러나 실제 생활에서는 조용한 그가 옆에 있으면 언제나 기분이 좋고 그에게서 배우는 것이 많았다.

1831년 4월 1일 금요일

괴테와 함께 식사를 하면서 여러 가지 이야기를 나눴다. 그는 폰 로이테른 씨*47의 수채화를 보여 주었다. 작은 도시의 시장에서 바구니와 깔개를 파는 여자 옆에 서 있는 어떤 젊은 농부를 그리고 있었다. 젊은 사람은 그의 옆에 놓여 있는 바구니를 찬찬히 보고 있다. 한편 앉아 있는 두 여자와 거기에 멈춰 서 있는 실팍한 아가씨가 이 잘생긴 젊은이를 마음에 들어하면서 쳐다보고 있다. 그 그림의 구도는 참으로 훌륭했고 인물들의 표정도 진실되고 소박했기 때문에 아무리 바라보아도 싫증이 나지 않았다.

"이 그림에서 볼 수 있는 수채화 수법은" 하고 괴테는 말했다. "상당히 높은 수준에 도달해 있네. 그렇건만 단순한 사람들은 폰 로이테른 씨는 그의 예술에 있어서 아무에게서도 지도를 받지 않았고, 모든 것을 자기 혼자의 힘으로 개척했다고 말하고 있어. 마치 우리가 무언가를 자기 혼자의 힘으로 하지 않으면 어리석음과 서투름을 자초하게 되기라도 하듯이 말이지! 만약 이 화가가 당대의 유명한 대가에게서 직접 지도를 받지 않았다고 하더라도, 역시 그는 훌륭한 대가들하고 어울렸을 게야. 그리고 그들과 위대한 선배들로부터 또 어디에서나 볼 수 있는 대자연으로부터 자기 자신의 것을 습득했음에 틀림없지. 자연은 그에게 훌륭한 재능을 주었고, 그는 이것을 예술에 접하고 자연에 접하면서 연마했을 게야. 그는 탁월하며 많은 점에서 독자적이지. 그러나 그가 모든 것을 자기 혼자의 힘으로 창출했다고 할 수는 없어. 무척 변덕스럽고 결점이 있는 미술가인 경우에는 혹시 모든 것을 자기 자신의 힘으로 이룬 것이라고 말할 수도 있겠지만, 훌륭한 화가라면 그렇게 말할 수는 없는 것이라네."

이어 괴테는 같은 화가의 작품으로, 금색과 충분한 색채를 사용한 액자 그림을 보여 주었다. 그 중앙 부분은 제명을 써넣기 위해 비워 두었다. 윗부분

---

*47 폰 로이테른(1783~1865). 발트해 연안 리프랜드의 장교이자 화가인 그는 1814년에 괴테를 방문했고, 나중에 하이델베르크와 바이마르에서 다시 괴테를 만났다.

에는 고딕식 건물이 보인다. 그 양쪽은 풍경과 실내의 장면이 뒤섞여 멋진 아라베스크 무늬가 있었고, 아래쪽은 생생한 숲과 잔디가 있는 부분으로 끝나 있다.

"폰 로이테른 씨는" 하고 괴테는 말했다. "이 공백 장소에 무엇을 써넣어 달라고 부탁해 왔지. 그러나 이 액자 그림은 참으로 훌륭하고 예술미가 풍부한 것인데, 나의 필적으로 그것을 상하게 하지나 않을까 하고 염려되네. 그래서 여기에 들어갈 시구를 몇 마디 만들기는 했지만, 글을 잘 쓰는 사람이 써넣는 것이 좋지 않을까 하는 생각에 그림에 손대지 않았지. 또 그렇더라도 내가 직접 써넣고 싶기도 하다네. 자네는 어떻게 생각하는가? 무슨 좋은 생각이 없겠는가?"

"만약 내가 폰 로이테른 씨라면 그 시가 다른 사람의 필적으로 쓰여지는 것을 좋지 않게 생각할 것입니다. 이 화가는 이 액자 그림에 자기의 기량을 마음껏 발휘했기 때문에 필적 여하는 그 아름다움에 별로 영향을 주지 않을 것입니다. 중요한 것은 다만 당신의 필적인가 아닌가이지요. 덧붙여 나는 당신이 무슨 일이 있어도 라틴 문자가 아니라 독일 문자로 쓰실 것을 권하고 싶습니다. 당신의 필적은 독일 문자에서 한층 더 독특한 특색이 나타나며, 또한 그 편이 이 고딕식 그림의 분위기에도 훨씬 더 조화를 이룰 것입니다."

"자네 생각이 옳은 것 같아" 하고 괴테는 말했다. "그리고 내가 그렇게 하는 것이 제일 빠른 길이지. 아마 어느새 마음이 움직여 해치우게 될 것이야."

그러고 나서 그는 웃으면서 덧붙였다. "그렇지만 만약 이 아름다운 그림을 욕되게 한다면 그것은 자네의 책임이야."

"제발 직접 쓰도록 하십시오" 하고 나는 말했다. "아무튼 그렇게 하는 것이 역시 가장 좋을 것입니다."

1831년 4월 5일 화요일

괴테와 함께 점심식사를 했다. "미술계에서 노이로이터 이상으로 호감이 가는 재능의 소유자는 좀처럼 찾을 수 없지. 미술가 중에서 자기의 능력 범위내에서 몸을 삼가고 있는 사람은 드물어. 대부분은 자기의 능력 이상의 것을 하려고 자연으로부터 주어진 재능의 한계를 빠져나오려고 하지. 그러나 노이로이터는 재능 이상이라고 말할 수 있네. 그는 자연의 영역으로부터 얻은 재료를 나름대로 자유롭게 소화하고 있어. 대지나 암석, 수목을 그려도, 그리고 동물과 인간을 그려도 마찬가지로 잘하고 있네. 구상과 기교, 그리고 취미도 수준급이지. 또한 그는 이러한 풍성한 재능을 가벼운 액자 그림 속에서도 적당히 뿌려대기 때문에 자기 능력을 갖고 장난치고 있는 것 같이 보이기도 한다네. 이건 부자가 기분이 좋아 재산을 자유롭게 베풀 때에 따라오기 마련인 쾌감이 그걸 보는 사람에게도 전해져 오는 것과 같다네.

액자 수준을 이 사람만큼 드높인 화가는 이때까지 없었어. 뒤러의 위대한 재능도, 그에게 자극은 되겠지만 모범으로 삼기에는 부족하지."

괴테는 계속해서 말했다. "노이로이터의 스케치들 가운데 한 장을 스코틀랜드에 있는 칼라일 씨에게 보내려고 한다네. 이것은 저 친구에게 틀림없이 기쁜 선물이 될 것이야."

1831년 5월 2일 월요일

괴테는 지금까지 내용이 빠져 있었던 〈파우스트〉 제2부 제5막의 첫 부분[48]을 거의 마무리짓는 데에 성공했다는 소식으로 나를 기쁘게 했다.

"이 장면의 계획도 30년 이상 된 오래된 것이야. 이것은 아주 중요한 것이었기 때문에 이에 대한 흥미는 사라지지 않고 있었지만, 그 완성에는 아주 큰 어려움이 있어서 걱정을 하고 있었지. 그러다가 이리저리 생각을 가다듬고 있는 사이 일이 순조롭게 진행되었지. 운이 좋으면 이번에는 제4막을 계속하여 쓸 수 있을 것이야."

이어 괴테는 어떤 유명한 작가[49]에 대해 말했다. "그는 도당을 짜서 당파적 증오심을 이용하고 있는 인물이지. 도당 없이는 아무 일도 할 수 없어. 문학계에서는 사실 증오가 천재[50]를 대신하여 당파의 일원으로 나타나기 때문에 하

---

*48 바우치스와 필레몬이 등장하는 장면을 말한다.
*49 루드비히 뵈르네(1786~1837)를 말한다.
*50 천재라는 말의 오용에 대해서는 〈시와 진실〉 제19장에 나온다.

찮은 재능이라도 대단하게 보일 때가 있지. 그리고 이 세상에는 독립할 수 있을 만큼의 충분한 특색을 갖고 있지 않은 사람들이 수없이 많아. 이들은 한결같이 어떤 도당으로 들어가 위세를 부리면서 잘난 체를 하고 있다네.

이와는 반대로 베랑제는 독립자족하고 있는 재주 있는 사람이야. 그러므로 그는 한 번도 당파에 들어간 일이 없어. 그는 마음속으로 혼자 아주 만족하고 있기 때문에, 세상 사람들을 도와 준다든지 또는 세상 사람들의 도움을 받는다든지 할 필요가 없는 것일세."

1831년 5월 15일 일요일

괴테는 나와 단둘이서 그의 서재에서 식사를 했다. 많은 즐거운 담화 끝에, 그는 마지막으로 그의 개인적인 용건을 이야기했다. 괴테는 일어나 탁자에서 서류를 꺼냈다.

"나처럼 80세가 넘으면 더 이상 더 오래 살 자격이 거의 없지. 그러므로 언제라도 이 세상과 작별할 각오를 하고 있지 않으면 안 되네. 따라서 주변정리를 생각하지 않으면 안 되지. 며칠 전에 고백했던 것처럼 나는 유서 속에서 자네를 나의 문학 작품과 관련한 유고의 편집인으로 지명했네. 그래서 오늘 아침 일종의 계약서로서 간단한 증서를 기초했으니, 거기에 나와 함께 서명해 주었으면 좋겠어."

이렇게 말하면서 괴테는 나에게 그 서류를 내밀었다. 거기에서 그는 자신이 죽은 뒤에 출판할 것들과 완성 또는 미완성 저작품의 이름을 열거하고, 대체적으로 상세한 규약과 조건을 밝히고 있었다. 나는 전적으로 동의했기 때문에 그와 함께 서명을 했다.

위에서 말한 원고는 내가 기회있을 때마다 정리하고 있었던 것이지만 대략 15권*51을 헤아린다. 우리는 이에 관해 아직 전혀 결정되지 않은 부분 하나하나를 이야기했다.

괴테는 말했다. "출판할 때 어느 정도 이상의 매수를 초과하는 것은 좋지 않네. 그래서 출판하고 싶은 원고 속의 여러 내용을 생략해야 할 경우가 발생

---

*51 1832~1834년에 발간된 유고 제41권~55권을 말한다.

할 것이야. 그럴 때면 〈색채론〉의 논쟁적인 부분*52을 빼주기 바라네. 나의 본래의 학설은 이론적인 부분에 포함되어 있지. 게다가 역사적인 부분에도 논쟁적인 것이 많이 나와 있네. 뉴턴 학설의 주요한 오류는 그 속에 논술되어 있기 때문에, 논쟁적인 것은 거의 이것으로 충분해. 물론 내가 뉴턴의 명제를 날카롭게 해부했다는 것을 부정하는 것은 아닐세. 그것은 그 당시 필요하기도 했고 장차에도 가치를 잃지 않겠지만, 요컨대 논쟁의 작업은 무슨 일에 있어서도 나의 본래의 성분에 맞지 않는 것이야. 그런 것에는 거의 기쁨을 느끼지 못한다네."

그 다음으로 우리 두 사람 사이에 더 상세하게 말이 오간 것은 〈편력시대〉의 제2부 및 제3부의 마지막에 인쇄되어 있는 〈잠언과 성찰〉에 대한 것이었다.

이 소설은 전에는 한 권으로 나왔지만, 괴테는 이것을 이 개작과 수정 작업을 통해 두 권으로 만들 방침을 세웠다. 이것은 전집의 신판 예고에도 나와 있다. 그러나 이 일을 계속하고 있는 도중에 예상 외로 원고가 불어났다. 게다가 그의 서기가 글자를 좀 크게 썼기 때문에, 괴테는 착각을 하고 2권으로 하지 않고 3권으로 하는 것이 좋겠다고 생각하게 되었다. 그래서 그 원고를 3권으로 하여 출판사에 넘겼다.

그러나 인쇄를 어느 정도 진행하고 있을 때 괴테가 오산을 했다는 것이 밝혀졌고, 특히 마지막 이 2권이 너무 얇게 나오게 되었다는 것을 알게 되었다. 그래서 출판사는 더 많은 원고를 보내 달라고 했지만, 소설의 줄거리는 이제는 변경할 수가 없는 상태였다. 게다가 시일이 촉박했기 때문에 새롭게 단편을 창출해 삽입할 수도 없어 괴테는 사실 적잖게 당황하였다.

사정이 이러했기 때문에 그는 나를 불러냈다. 괴테는 나에게 그 전말을 말하고 이 궁지를 어떻게 헤쳐나갈 것인가 생각 중이라고 되뇌면서, 두 개의 두꺼운 원고 다발을 내놓았다.

"이 두 개의 꾸러미 속에는 지금까지 발표되지 않은 여러 가지 글들이 들어 있네. 별개의 것으로 완성한 것이라든지 미완성인 것, 자연연구, 미술, 문학 그리고 인생에 관한 잠언 등 모든 것이 뒤섞여 있어. 만약 자네가 이것을 100페

---

*52 〈색채론〉의 이 부분은 실제로도 수록되지 않았다.

이지 내지 120페이지의 분량으로 편집할 수 있으면, 우선 〈편력시대〉의 공백은 메꿀 수 있을 게야. 엄밀하게 말하면 여기에 들어갈 것은 아니지. 그러나 〈마카리에〉의 서고(書庫)에 의해 진술된 것이라고 하면 명분이 될 것이야. 사실 그 속에는 그런 단편이 있지. 이렇게 하면 우리는 이 큰 곤경을 뛰어넘을 수 있을 게야. 그리고 동시에 이것을 매개로 아주 중요한 많은 원고를 멋지게 발표할 수 있다는 이익을 얻을 수 있지."

나는 이 제의에 동의하고 즉시 그 일에 착수했고 이 단편들의 정리를 불과 몇 시간 안에 끝내 버렸다. 괴테는 대단히 만족해하는 것처럼 보였다. 나는 전체를 두 개의 주요한 부분으로 정리하여, 하나는 〈마카리에의 문고에서〉로 다른 하나는 〈편력자들의 마음의 성찰〉로 제목을 붙였다. 그리고 바로 이때에 괴테는 두 편의 시, 〈실러의 두개(頭蓋)에 붙여서〉와 〈어떤 존재도 무(無) 속으로 붕괴되지 않는다〉를 완성하였다. 그가 이 시 두 편도 바로 발표할 것을 원했기 때문에 우리는 이것들을 분류한 두 권의 결말에 첨부하기로 했다.

그러나 〈편력시대〉가 세상에 나왔을 때*53 아무도 그 편집 과정의 내막을 알지 못했다. 이 소설의 줄거리는 많은 수수께끼같은 잠언집으로 중단되어 있었던 것이다. 이것을 푸는 일은 오직 전문가들, 즉 미술가나 자연과학자 그리고 문학자들에게 기대하는 수밖에 없었다. 이 이외의 모든 독자들, 특히 부인 독자들은 당혹감에 빠지지 않을 수 없었던 것이다. 또 사람들은 저 두 개의 시도 거의 이해하지 못했고, 그것이 어떻게 해서 그런 곳에 있는지도 알지 못했다.

괴테는 이것을 두고 웃어 버렸다. "이제 끝나버린 일이지 않은가" 하고 그는 말했다. "지금으로서는 자네가 앞으로 나의 유고를 출판할 때 이런 단편들을 적재적소에 밀어 넣기를 바라는 수밖에. 그렇게 해서 내 작품을 금후에 재판할 때에는, 이것들을 적당한 곳에 분류하여 〈편력시대〉는 처음 계획대로 2권으로 좁히고, 이들 단편이나 두 개의 시는 빼 버리게나."

우리는 장차 미술에 관한 모든 잠언을 미술의 문제를 취급한 한 권 속에, 자연에 관한 모든 것은 자연과학 일반에 관해 취급한 한 권 속에, 또 윤리적인

───────────────

*53 1829년이다.

것, 문학상 문제의 모든 것도 마찬가지로 적당한 곳에 배분하기로 의견 일치를 보았다.

1831년 5월 25일 수요일

우리는 〈발렌슈타인의 진영〉에 관해서 이야기를 했다. 나는 괴테가 이 연극에 관여했다는 것, 그리고 특히 카프친 회의 수도사의 설교는 그에게서 나온 것이라는 말을 여러 번 들었기 때문에 오늘 식사 중에 물어 보았다. 그는 다음과 같이 대답했다.

"결국 모든 것은 실러 자신의 작업이지. 그러나 우리들의 생활은 서로 아주 긴밀했기 때문에 실러는 나에게 그 계획을 전하고 나하고 상담을 했었어. 그뿐만 아니라 매일 진척 상황을 보고하고 나의 주의를 듣고 이용했기 때문에 나도 다소는 관여했다고 할 수 있지. 카프친 회의 수도사의 설교를 위해 나는 그에게 아브라함 아 장크타 클라라*54의 설교집을 보냈지. 그는 이것을 곧 위대한 재능을 발휘해 정리하여 그와 같은 설교를 만들어 낸 것이야.

나에게서 나온 구체적인 부분으로서 기억에 남아 있는 것은 다음 두 개의 시구뿐이네.

타인에게 살해된 어떤 대위가
나에게 행운의 주사위 한 조를 남겨 주었다.

나는 이 농부가 그 가짜 주사위를 수중에 넣는 모티브를 어떻게 해서든 만들고 싶었기 때문에, 이 시구를 자필로 그 원고에 써 넣었지. 실러는 그런 것에는 신경을 쓰지 않았네. 언제나처럼 대담하게 농부에게 즉시 주사위를 손에 쥐게 했지만 그것이 어떻게 해서 그의 손에 들어오게 된 것인지는 전혀 문제삼지 않았어. 앞에서도 말했지만 모티브에 대해 세심하게 신경을 쓰는 것은

---

*54 아브라함 아 장크다 클라라(1644~1709). 독일 슈바벤 아우구스틴회의 수도사로 그는 민중 설교자로 유명했다. 실러는 〈발렌슈타인의 진영〉에 등장시킬 카프친 교단 수도사의 연설을 준비해야 했기 때문에, 괴테는 그에게 이 아브라함 아 장크다 클라라의 설교집 책을 빌려 주었다.

그의 격식이 아니었지. 하지만 만약 그가 그렇게 했더라면 그의 연극이 거둔 무대 효과는 한층 더 성공적이었을 게야."

1831년 5월 29일 일요일

괴테는 어떤 사내아이[55]에 대해 말했다. 이 아이는 대수롭지 않은 과실을 범했는데 마음의 안정을 찾지 못한다는 것이다.

"이 사내아이를 쳐다본다는 것은 나에게 유쾌한 일이 아니었지. 그것은 이 아이가 너무나 민감한 양심을 가지고 있다는 증거였기 때문이네. 그는 자기 자신이 도덕적으로 아주 훌륭하다고 생각하고 있기 때문에 양심의 가책을 받으면 견딜 수 없는 것이야. 이러한 양심이 위대한 행위로 균형을 잡지 못하면 그 애는 우울증의 인간이 되어 버리고 말 게야."

최근 얼마 전에 나는 어떤 사람에게서 둥지에 들어 있는 새끼휘파람새를 그 어미새와 함께 선물로 받았다. 이것은 끈끈이 막대로 잡은 것이었다. 그런데 그 어미새는 실내에서도 쉬지 않고 새끼에게 먹이를 주었을 뿐만 아니라 창문 밖으로 놓아 주어도 다시 새끼에게로 되돌아왔다. 그것을 보고는 나는 감탄하지 않을 수 없었다. 이러한 위험과 감금을 조금도 무서워하지 않는 어미새의 사랑에 깊이 감동 받아, 나는 오늘 괴테에게 나의 놀라움을 알려드렸다.

"바보 같으니라구!" 하고 그는 미소지으면서 의미심장하게 대답했다. "만약 자네가 신을 믿고 있다면 그것이 이상할 것은 하나도 없네."

> 신은 어울리게도 안으로 세계를 움직이고
> 자기 안에 자연을, 자연 속에 스스로를 품어 기른다.
> 그러므로 신 안에서 살고 움직이고 존재하는 것은
> 신의 힘과 정신을 잃지 않는 것이다.[56]

"만약 신이 어미새에게 자기 새끼새에 관한 이와 같은 무한한 사랑의 본능

---

*55 괴테의 손자인 볼프를 말하는 것으로 추정된다.
*56 괴테의 시집인 〈신과 심정 그리고 세계〉에서는, 이 시의 첫머리 2행이 생략되어 있다.

을 불어넣지 않았다면, 또 이와 똑같은 본능이 자연 전체의 일체 생물에게 미치게 하지 않는다면, 이 세계는 영원히 지속하지 못할 게야!—그와 같이 신의 위력은 세계 어디에나 편재해 있고, 무한한 사랑은 어디에서나 약동하고 있는 것이라네."

괴테는 얼마 전에 이와 똑같은 것을 말한 적이 있었다. 그것은 어떤 젊은 조각가가 뮈론*⁵⁷의 작품 〈송아지에게 젖을 먹이고 있는 어미소〉의 석고 모형을 보내왔을 때였다.

"여기에 우리가 가지고 있는 최고의 주제가 있지. 세계를 보존하고 자연 전체를 양육하고 있는 원리가 여기에서 아름다운 비유로 나타나 있어. 이런 종류의 사랑을 나는 편재하는 신의 상징이라고 부른다네."

1831년 6월 6일 월요일

괴테는 오늘 나에게 이때까지 미처 완성되지 않았던 〈파우스트〉 제5막의 첫 부분을 보여 주었다. 필레몬과 바우키스의 오두막집이 불에 타자 밤에 파우스트가 궁전의 발코니에 서서*⁵⁸ 미풍을 타고 떠도는 그 연기의 냄새를 맡는 데까지 읽었다.

"필레몬과 바우키스라는 이름을 들으면" 하고 나는 말했다. "프리지아 해변에 있는 기분이 되어 저 유명한 고대의 부부를 연상하게 됩니다. 그러나 여기 이 장면을 보면 이곳은 훨씬 근대적이고 그리스도교적인 지방인 것 같습니다."

"나의 필레몬과 바우키스*⁵⁹는" 하고 괴테는 말했다. "저 유명한 고대의 부부나, 그들과 연관된 전설하고는 전혀 상관이 없지. 내가 나의 부부에게 그와 같은 이름을 붙인 것은 다만 그것으로 그들의 성격을 드높이기 위함이야. 인물도 상황도 비슷하기 때문에 이름도 비슷하게 되면 이를 데 없이 좋은 효과를 낼 수 있으니까 말일세."

이어 우리는 〈파우스트〉에 대해서 말했다. 그의 유전적 성격인 만족을 느

---

*57 뮈론(기원전 5세기). 고대 그리스의 조각가로 그의 작품은 현존하고 있지 않다.
*58 〈파우스트〉 제2부 제5막 11378행 이하 〈깊은밤〉을 말한다.
*59 괴테는 〈파우스트〉 제2부 제5막에 등장하는 필레몬과 바우치스는 오비디우스의 〈변신 이야기〉 제8권에 등장하는 인물들과 아무런 상관이 없다고 말한다.

끼지 못하는 심정은 노년에 이르러서도 없어지지 않는다. 그는 이 세상의 모든 재산을 자기 것으로 하고 자기 자신의 힘으로 세운 새로운 나라에 살고 있으면서도, 몇 그루 보리수 나무나 오두막집 그리고 작은 종소리 때문에 마음을 썩이고 있는 것이다. 괴테는 이 점에 있어서 파우스트는 나보테의 포도밭이 자기의 소유로 되지 않는 한 자기는 무일푼이라고 믿는 이스라엘의 왕 아합*60과 비슷하다고 말했다.

"〈파우스트〉의 제5막에 나타나는 파우스트는" 하고 괴테는 말을 이어갔다. "내 생각으로는 100살이 되어 있을 거야. 이것을 어디에 확실하게 적어 두고 싶지만 어떻게 하는 것이 좋을지 아직 결정을 내리지 못하고 있네."

다음으로 우리는 그 결말을 이야기했다. 그리고 괴테는 다음과 같은 시구에 나의 주의를 촉구했다.

영혼 세계의 거룩한 한 분이
악마의 손에서 구원을 받았습니다
'끊임없이 애쓰며 노력하는 자를
우리는 구원할 수 있습니다'
그리고 이 사람에게는 천상의
사랑이 더하여 있습니다
축복받은 무리들이
진심으로 기뻐하며 이 사람을 맞이합니다.*61

"이 시구 속에는 파우스트의 구제를 위한 열쇠가 깃들어 있지. 파우스트 내부에는 죽음에 이르기까지 점점 더 높이 올라가고 점점 더 순화되어 가는 활

---

*60 구약성서 열왕기 상 제21장 이하이다. 나보테의 포도산을 탐낸 사마리아의 왕 아합은 그 포도밭을 많은 돈과 바꿀 것을 제의했으나, 나보테는 이를 거절했다. 아합이 이 일로 신경 과민이 되어 음식을 먹을 수가 없게 되자, 그의 아내 이세벨은 나보테를 죽일 것을 모의하고 그를 반역으로 몰아 처형해 버렸다. 그러나 그 후 아합은 이 흉악한 행동에 대한 책임을 져야 했다.
*61 괴테는 이 시구 속에 파우스트 구제의 열쇠가 담겨 있다고 말한다.

동이 있고, 천상에는 그를 구제하려고 하는 사랑이 있다는 것이야. 이것은 우리의 정화는 우리 자신의 힘뿐만 아니라 자비로운 신의 은총이 가세하여야 비로소 이루어지는 것이라는 우리의 종교관과 완전히 일치하는 생각이지.

그건 그렇고 자네도 인정하겠지만 구제된 영혼이 천상으로 인도되는 그 결말을 마무리짓는 것은 정말로 어려운 일이었어. 만약 내가 나의 문학적인 의도에, 윤곽이 확실한 그리스도교적이고 교회적인 인물과 관념으로 적절히 제한되는 형식과 고정성을 부여하지 않았더라면, 그처럼 초감각적이고 거의 상상조차 할 수 없는 것은 아무리 노력을 해도 막연하니 포착할 수 없었을 것이야."

그로부터 몇 주 뒤 괴테는 아직 미완성이던 제4막을 마무리했기 때문에 8월에는 〈파우스트〉 제2부 전부가 가제본되어 작업이 완전히 끝나 버렸다. 정말로 오랫동안 노력하여 온 이 목적에 드디어 도달했을 때 괴테의 기쁨은 말로는 표현할 수 없는 것이었다. 그는 말했다. "나는 이제부터의 여생을 순수하게 선물이라고 생각하고 있네. 이제부터는 무슨 일을 하든, 또는 안 하든 매한가지이지."

1831년 12월 21일 수요일

괴테와 함께 식사를 했다. 우리는 그의 〈색채론〉이 그처럼 보편화되지 못하는 이유가 무엇인가 이야기했다. "이것을 전달한다는 것은 상당히 어려운 일이지" 하고 그는 말했다. "자네도 알고 있듯이 이것은 읽고 연구해야 할 뿐만 아니라 자기가 직접 실험해 보지 않으면 안 되기 때문이야. 그것이 어려운 점이지. 문학이나 그림의 법칙도 이와 마찬가지로 어느 정도까지는 전달할 수 있어. 그러나 훌륭한 시인이나 화가가 되려면 천재를 필요로 하지. 그러나 천재는 전달할 수 없는 것이야. 근본 현상이 아무리 단순하다고 하더라도 그것을 섭취하여 그 높은 의의를 인식하고 활용하기 위해서는, 다방면에 걸쳐서 통달할 수 있는 생산적인 정신이 없으면 안 되는 것이지. 그리고 이러한 재능은 아주 드문 것이며 천성적으로 월등히 뛰어난 사람만이 가지고 있는 것이야.

그리고 그것만으로도 충분하지 않네. 모든 법칙을 체득하고 천부의 재능을 몸에 갖추고 있는 사람이라고 하더라도, 참된 화가가 되려면 쉬지 않고 연습을 하지 않으면 안 되지. 이와 마찬가지로 〈색채론〉을 이해하는 것도 핵심이 되는 원칙을 인식하고, 이에 합당한 정신을 가지고 있는 것만으로는 충분하지 않아. 이 불가사의하기 이를 데 없는 현상 하나하나에 접하면서 쉬지않고 그 추론과 결합에 종사하지 않으면 안 되는 것일세.

가령 녹색이 황색과 청색의 혼합으로 생긴다는 것은 일반적으로 잘 알려져 있어. 그러나 무지개의 녹색, 잎의 녹색 또는 바닷물의 녹색을 알 수 있다고 말하려면 색채계의 모든 방면을 통달해야 해. 그리고 그 색채계에서 지금까지 거의 아무도 도달하지 못했던 고도의 식견을 얻어야만 하는 것이지."

식사가 끝난 뒤 우리는 푸생의 풍경화 두세 장을 감상하였다. "이 부분에서" 하고 괴테는 이 기회에 말했다. "이 화가는 가장 강렬한 빛을 사용하고 있는데, 이런 데에서는 세밀한 묘사가 허락되지 않네. 그러므로 물이나 암석, 노출된 지면 그리고 건물은 세찬 빛을 받고 있는 사물로 그리기에 가장 적절한 대상물들이야. 이와는 반대로 한층 정밀한 묘사를 필요로 하는 그림에서 이렇게 햇빛을 강하게 받는 장소를 사용하는 것은 현명한 화가가 할 일이 아니지."

"풍경 화가는" 하고 괴테는 계속하여 말했다. "많은 지식을 가지고 있지 않으면 안 되는 것이야. 원근법이나 건축술 그리고 인간과 동물의 해부학을 이해하는 것만으로는 충분하지 않아. 식물학이나 광물학에 대해서도 상당한 식견을 갖추고 있지 않으면 안 되네. 전자는 나무나 식물의 주요한 특색을, 후자는 갖가지 암석의 성질을 적당히 표현할 수 있어야 하지. 그렇더라도 그 때문에 전문적인 광물학자가 될 필요는 없어. 주로 석회암이나 점토층 그리고 사암(砂岩) 같은 산을 연구하고, 그것이 어떤 모양을 하고 있고 풍화작용에 의해 어떻게 분열했는지 그 정도만 알면 되네. 또 거기에서는 어떤 종류의 식물이 번식하는지 혹은 성장하지 않는지를 알고 있으면 그것으로 충분하다네."

이어 괴테는 나에게 헤르만 폰 슈바네펠트*62의 풍경화 두세 장을 보여주면서 이 탁월한 화가의 예술과 인품에 대해서 여러 가지 이야기를 해 주었다.

---

*62 헤르만 폰 슈바네펠트(1600~1655). 네덜란드의 풍경화가이자 동판화가이다.

"취미로서의 예술, 예술로서의 취미가 그에게서는 다른 누구하고도 비교할 수 없을 만큼 잘 나타나 있지. 그는 자연에 깊은 애정을 갖고 있기 때문에 우리가 그의 그림들을 바라보고 있으면 일종의 신적인 평화가 전달되어 오네. 그는 네덜란드에서 태어나 로마의 로랭 밑에서 연구했고, 이 대가에 의해 충분히 수련을 쌓아 그의 독자적인 아름다움을 한없이 자유롭게 전개해 나갔지."

우리는 미술가 사전을 펼쳐 슈바네펠트에 대해서 어떻게 쓰여 있는지를 조사해 봤다. 그리고 그것은 그가 그의 스승에게 못미치고 있다면서 비난하고 있었다.

"어처구니없지!" 하고 괴테는 말했다. "슈바네펠트는 로랭하고는 성질이 다른 화가였어. 그러니 로랭 쪽이 더 우수하다고도 말할 수는 없지. 만약 전기작가나 백과사전 편찬자들이 우리에 관해서 이야기하는 것 이외에는 우리의 생애에 이 이상 더 말할 것이 아무것도 없다고 한다면, 우리는 전혀 애쓴 보람이 없는 하찮은 직업에 종사한 것이 되는 것이야."

이 해의 마지막 그리고 그 다음 해의 초반에 괴테는 다시 그가 애호하는 연구, 즉 자연과학 연구에 몰두했다. 그리고 보아스레의 권고에 의해 무지개 법칙의 기초를 한층 더 확고하게 하는 일에 착수했다. 그가 자연과학에 다시 몰입한 것은, 특히 식물계와 동물계의 변태설 문제로 퀴비에와 상틸레르 사이에서 일어났던 논쟁에 흥미를 느꼈기 때문이기도 했다. 그는 나와 협력하여 〈색채론〉의 역사적 부분을 정리했다. 그는 색채의 혼합에 관한 일장(一章)에 깊은 관심을 나타냈다. 나는 이것을 그의 제의에 의해 이론편에 함께 넣기 위해 편찬했다.

그 당시에 우리 두 사람은 여러 가지 흥미로운 담화를 나누었고, 그는 여러 귀중한 이야기를 들려주었다. 그는 혈기왕성했고 활발하였으며 나와 매일 만나고 있었기 때문에, 나는 그가 언제나 그런 상태로 있을 것이라고 생각하고 그의 말을 적어 놓는 것을 등한히 하였다. 그러나 그 덕분에 나는, 급기야 다시는 돌이킬 수 없는 난처한 처지에 빠져 버리고 말았다. 1832년 3월 22일, 나는 수천의 존경하는 독일인들과 함께 돌이킬 수 없는 그의 죽음을 맞아 슬퍼 울지 않을 수 없었던 것이다.

다음 글들은 그 뒤 얼마 지나지 않아서 내가 다시 기억을 더듬어 써 두었던 것이다.

그림으로 보는 괴테의 일생

1832년

1832년 3월초

괴테는 식사 때에 카를 폰 슈피겔 남작[*1]이 그를 찾아왔었다고 하면서 그는 매우 호감이 가는 사람이었다고 말했다. "그는 예의나 태도에 아주 훌륭한 데가 있어서 한번 보면 그가 귀족이라는 것을 알 수 있다네. 나도 모르는 사이에 그의 혈통과 고귀한 정신을 알게 되는 거지. 왜냐하면 가문과 정신은 두 개 다 일단 몸에 갖춰 틀이 잡혀지면 아무리 숨기려고 해도 감춰지지 않기 때문일세. 그것은 아름다움이 가지고 있는 힘과 똑같은 것이야. 그런 사람한테로 다가가면 고귀한 것을 알아차리지 못하고는 그냥 지나칠 수 없는 법이라네."

며칠이 지난 뒤에 우리는 고대 그리스인들의 비극적인 운명관을 이야기했다.

"현대의 우리 사고법에는 맞지 않지. 그것은 고풍스러운 것이 되어 버렸고, 사실 현대의 종교적 관념하고도 모순되고 있어. 현대 시인이 이런 고대사상을 연극 작품으로 취급하게 되면 일종의 허식처럼 비칠 게야. 이것은 이미 오래전 시대의 복장인 고대 로마인의 외출복 토가(toga)와 마찬가지로 이제 우리에게는 어울리지 않지.

우리 근대인들이 나폴레옹이 말한 것처럼 '정치는 운명이다'라고 말하는 것은 괜찮을 것이야. 그러나 우리나라의 현대 문학자들[*2]이 '정치는 문학이다.' 또는 '정치는 문학에 잘 어울리는 주제이다'라고 하는 말을 하는데, 이런 언행

---

*1 그는 카를 에밀 폰 슈피겔의 아들이다.
*2 뵈르네와 멘첼 그리고 그 일파들을 말한다.

은 삼가는 게 좋아. 영국의 시인인 톰슨*³은 4계절을 제재로 하여 아주 훌륭한 시를 썼지만, 그가 자유에 관해 부른 노래는 정말로 보잘것없었지. 이것은 시인에게 시가 결여되어 있는 것 때문이 아니라, 제재에 시가 결여되어 있기 때문이야.

어떤 시인이 정치활동을 하려면 그는 어느 당파에 몸을 맡기지 않으면 안 되네. 그리고 그렇게 되면 그는 시인으로서의 독자성을 상실하게 되는 것이야. 그 사람은 그의 자주적 정신 그리고 편견없는 견해하고는 이별을 고하고, 이에 대신하여 편협성과 맹목적인 증오의 모자를 귀까지 덮어쓰지 않으면 안 되지.

시인도 인간으로서 또 시민으로서 자기 조국을 사랑할 수 있을 것이야. 그러나 그가 그려내는 시적인 힘과 시적 활동의 조국은 선(善)인 것이며 고귀한 것이며, 그리고 아름다움인 것이지. 그것은 절대로 특수한 주나 특별한 나라에 한정되는 것이 아니야. 장소의 여하를 묻지 않지. 어디에서든 이것들을 발견하게 되면 이것들을 포착하여 그려내는 것일세. 이런 점에서 그는 독수리와도 같아. 독수리는 세계의 각 나라 위를 자유롭게 날아다니면서, 토끼가 눈에 띄면 그 토끼가 지금 프러시아 지방을 달리고 있든 또는 작센 지방을 달리고 있든 상관하지 않고 쏜살같이 내려가지.

그건 그렇고 도대체 자기 조국을 사랑한다는 것은 무엇을 말하는 것인가? 그리고 조국을 위해 활동을 해야 한다는 것은 무엇을 말하는 것인가? 만약 한 시인이 일생 동안 저주스러운 편견과 싸우고 편협한 견해를 타파하고, 국민의 지능을 계발하고 그 취미를 정화하고 지조와 사고방식을 드높였다고 한다면 이 이상 더 무엇을 해야 한다는 말인가? 이 이상 더 애국적인 활동을 해야 한다면 어떻게 하면 된다는 말인가?—한 시인을 향해 그처럼 부당하고 배은망덕한 요구를 하는 것은, 마치 연대장에게 참다운 애국자가 되려면 정치적인 개혁에 참여하고 그가 당면한 시급한 정상 업무를 저버리라고 요구하는 것과 같은 게야. 그러나 연대장의 조국은 바로 이 연대인 것이지. 그는 정치적인 사항과 교섭할 필요가 없는 한 이것에 관여할 필요는 없는 것이야. 그것보다

---

*3 톰슨(1700~1748). 스코틀랜드의 시인으로 교훈적인 시집 〈4계절〉(1730년)을 썼다.

도 전심전력을 오로지 그 소속부대 일에만 바쳐, 이 부대를 잘 훈육하고 훌륭한 군기를 유지하도록 노력하는 것이 그의 일일세. 조국이 위급한 상황에 처하게 됐을 때 용감한 장병으로 하여금 동포를 위해 일어설 수 있도록 한다면 그는 비로소 완전무결한 애국자가 될 수 있는 것이야.

나는 모든 서투른 솜씨를 죄악과 마찬가지로 미워하지. 특히 국정에 관계됐을 때의 서투른 솜씨는 더욱 그러하네. 왜냐하면 그 때문에 수천 그리고 수백만의 사람들에게 일어나는 불행은 너무나 크기 때문이지.

자네는 잘 알고 있겠지만 나는 나를 누가 뭐라고 쓰더라도 조금도 개의치 않네. 그러나 그 말은 내 귀에 들어오지. 또 내가 일생 동안 이처럼 괴로움을 당했는데도, 그 모든 업적이 어떤 종류의 사람들 눈에는 일고의 가치도 없다는 것도 잘 알고 있네. 또 그 이유는 내가 정치적인 당파에 가담하는 것을 배격하기 때문이라는 것 역시 알고 있다네. 이런 작가들의 마음에 들려면 나는 자코뱅 클럽의 일원이 되어 살육과 유혈을 설교하고 돌아다녀야 하지. 그러나 이제는 이런 하찮은 이야기는 그만 하겠네. 어리석은 이야기를 하다보면 나도 바보가 되어 버리지."

이것과 마찬가지로 괴테는 세상에서 아주 칭찬을 받고 있는 울란트의 정치적인 경향을 비난했다. "조심해야지" 하고 그는 말했다. "정치가가 되어버리면 시인으로서는 멸망해 버리고 마네. 국회의 일원이 되어 일상적인 알력과 격동 속에서 생활한다는 것은, 시인의 섬세한 성질로서는 도저히 감당할 수 없는 일이지. 그가 시인으로서 부르는 노래는 이제 끝이 날 것이야. 이것은 참으로 유감스러운 일이지. 슈바벤에는 국회의원의 일원이 될 수 있는 충분한 교양을 갖춘 착하고 유능한 달변가가 많지만 울란트와 같은 시인은 오직 한 사람밖에는 없네."

괴테의 극진한 대접을 받은 마지막 손님은 폰 아르님 부인[*4]의 장남이었다.

[*4] 벳티나 아르님(1785~1859). 그녀는 괴테의 젊은 시절 애인 막시밀리아 네 라로슈의 딸로 〈괴테와 어떤 어린아이의 왕복 서간(1835)〉을 썼다. 열렬한 베토벤 숭배자였던 그녀의 주선으로 괴테는 1812년 7월 19일 처음으로 베토벤과 만남을 가졌다.

이 젊은 친구의 기념 수첩에 써 넣은 두세 시구가 그의 마지막 시구가 되어 버린 것이다.

  괴테가 운명을 달리한 다음 날 아침, 나는 이미 세상을 떠난 그의 모습을 한 번만 더 보고 싶다는 간절한 그리움에 사로잡혔다. 그의 충실한 하인인 프리드리히가 그가 안치되어 있는 방문을 열어 주었다. 반듯이 드러누워 있는 그는 마치 잠들어 있는 사람 같았다. 그의 숭고하고 고귀한 용모 전체는 깊은 평화와 견고함이 지배하고 있었다. 그의 억센 이마에는 아직도 사상이 깃들어 있는 것 같았다. 나는 그의 머리카락을 조금 잘라내 간직하고 싶었지만 황공한 생각에 짓눌려 결국 그렇게 하지 못했다. 육체는 옷이 벗겨진 채로 흰 시트로 싸여 있었고 주위에는 큰 얼음 덩어리들이 놓여 있었다. 이것은 유해를 가능한 한 오랫동안 시원하게 보존하기 위함이었다. 프리드리히가 그 시트를 열어 보여주었다. 그러자 나는 신성하리만큼 장엄한 그의 사지를 보고 눈을 크게 뜨지 않을 수 없었다. 가슴은 아주 억세고 넓고 솟아 나와 있었으며, 팔과 넓적다리는 토실토실하니 부드럽게 살이 쪄 있었다. 다리는 화사하게 참으로 아름다운 모양을 하고 있었다. 신체의 어느 부분에서도 비대하거나 마르고 쇠약한 흔적은 전혀 볼 수 없었다. 한 사람의 완벽한 인간이 위대한 아름다움을 갖고 내 앞에 있었다. 나는 감동한 나머지 순간적으로 저 불멸의 정신이 이 유해를 떠나가 버렸다는 것을 잊고 있었다. 나는 손을 그의 가슴에 갖다댔다.—한없이 깊은 침묵뿐이었다.—나는 옆으로 몸을 돌리고 참고 참았던 눈물을 하염없이 흘렸다.

제3부
(1822~1832)

머리말

드디어 오랫동안 약속했던 《괴테와의 대화》 제3부의 완결을 이제 내 앞에 보게 되어 큰 장애물을 뛰어넘었다는 깊은 환희에 잠기고 있다.

나는 정말로 다사다난했다. 그 상황은 마구 불어 대는 세찬 바람 때문에 돛을 달 수 없어 때로는 여러 주일, 아니 여러 달을 무진장 견디어 내면서, 예전에 불었던 것과 같은 순풍을 기다려야 하는 저 뱃사공과도 같았다—내가 최초의 두 권을 썼을 때에는 행운아처럼 순풍을 등에 업고 달릴 수 있었다. 그 당시에는 방금 그에게서 들은 말들이 아직 생생하게 나의 귓전에 울리고 있었고, 저 기적과도 같은 분과의 친교는 나를 쉴 사이 없는 감격 속에 몰아넣어 마치 순풍의 날개를 타고 목적지로 가는 것 같은 기분이었다.

그렇건만 그 목소리도 이미 끊어진 지가 여러 해 됐고 그분과의 행복하고 친근한 접촉도 오래전의 일로 되어 버린 지금에 이르러서는, 그 당시 매시간 가졌던 감동은 아무리 찾아보아도 도저히 얻을 수가 없었다. 그러나 때때로 나 자신의 내면으로 돌아가 나만의 생각에 잠길 때면 지나간 일들이 다시 생생한 색깔을 띠고 떠오르기 시작했다. 그러고는 그의 위대한 사상과 그의 위대한 인물의 특징이 멀리에서이기는 하지만 아주 선명하게, 마치 대낮에 햇빛을 받은 대산맥처럼 내 눈앞에 나타나기도 했다.

저 위대한 인물과 접촉하는 기쁨에서 오는 나의 감격은 이렇게 하여 다시 찾아왔던 것이다. 그의 사상의 흐름과 그의 입으로 직접 전해지던 말 하나하나가 마치 어제의 일처럼 생생하게 되살아났다. 그러자 살아 있는 괴테가 다시 거기에 나타났다. 달리 비길 데 없는 독특하고 사랑스러운 그의 음성을 다시 들을 수 있었다. 저녁때가 되면 꺼먼 연미복에 훈장을 달고, 그의 방의 밝은 불빛을 받으면서 모임에 섞여 웃고 농담을 하며 즐겁게 대화를 나누고 있는 그와 다시 만날 수 있었다. 또 어떤 활짝 갠 날에 그는 갈색 윗도리와 푸른 색 천으로 된 모자를 착용하고 엷은 쥐색 모포를 무릎 위에 덮고 나와 나란히 마차를 타고 있었다. 그의 얼굴색은 신선한 공기처럼 건강한 갈색으로 햇볕에 그을려 있었다. 그의 기지에 찬 말솜씨는 마차바퀴 소리를 압도하면서 밖으로 흘러나왔다. 어떨 때 나는 저녁의 조용한 촛불빛 아래에 비춰진 그의 서재에 있었다. 그는 흰색 플란넬의 잠옷을 입고 즐거웠던 날처럼 온화스러운 기분으로 책상을 사이에 두고 나와 마주하고 있었다. 우리는 위대하고 유익한 말을 서로 주고받았다. 그는 천성으로 가지고 있는 가장 고귀한 것을 나에게 토로했다. 나의 정신은 그의 정신에 부딪쳐 불타오르곤 했다. 우리 두 사람은 마음으로부터의 조화로 화합하고 있었다. 그는 책상 너머로 손을 내밀었다. 나는 그 손을 꽉 잡고 아무 말 없이 그를 위해 건배했다. 그럴 때면 나의 시선은 그 술잔을 너머 그의 눈 속에 머물러 있었다.

이렇게 하여 나는 다시 살아 있는 그대로의 그와 함께 어울렸고, 그의 말은 옛날 그대로 또 다시 울려왔던 것이다.

우리는 곧잘 세상을 떠나간 사랑하는 애인에게 생각이 미칠 때가 있지만, 그것도 번거로운 나날의 잡음에 방해받아 몇 주일이나 몇 달 사이에서 겨우 한동안만으로 그칠 때가 많다. 그리고 우리를 앞서 떠나간 애인이 마치 완전히 다시 소생한 것 같이 느껴지는 조용한 묵상의 순간이 찾아오는 것은 정말로 드문 경우인 것이다. 나의 괴테와의 관계도 그와 같았다.

때때로 번거로운 일상생활에 떠밀려 나의 마음은 몇 달이고 그에 대해서 무감각해졌고, 그쪽에서도 나의 정신에게 한마디 말을 걸어 오지 않은 채 시간이 지나갔다. 또한 나의 마음속에서 싹이 트지 않고 꽃도 피지 않으려고 하는 기분이 수주일 또는 수개월 동안 계속되었다. 나는 이런 텅빈 시간을 꾹 참으며 아무것도 쓰지 못하고 그저 헛되게 보내는 수밖에 없었다. 왜냐하면 그럴 때에는 제대로 된 것을 써 내려갈 수 없기 때문이다. 나는 지나간 것들이 발랄하게 다시 현실로 소생하고, 나의 마음이 정신적인 활력에 넘쳐 감각적으로 쾌적해져 괴테의 사상과 감정이 제자리를 찾기에 적합한 주거지가 될 수 있게 다시 일정한 높이로 드높여지는 시기가 오는 것을 기다리는 수밖에 없었다. 왜냐하면 내가 그려내려고 하는 것은 훼손되어서는 안 되는 한 사람의 영웅이었기 때문이다. 그 진실된 묘사를 위해서 그는 고매한 인간에게서 볼 수 있는 한없이 온유한 정서, 투철함과 활기에 찬 정신, 언제나 같은 위엄, 이런 것들을 갖추고 있는 인간으로 출현하지 않으면 안 되었던 것이다. 그러나 이것은 결코 쉬운 작업이 아니었다!

그에 대한 나의 관계는 어딘지 독특한 것으로 정말로 아기자기한 것이었다. 그것은 스승에 대한 제자, 아버지에 대한 아들과 같은 것이기도 했고, 교양이 풍부한 사람에 대한 교양이 부족한 사람의 관계이기도 했다. 그는 나를 그의 울타리 속으로 끌어들여 정신적으로나 육체적으로 고귀한 실생활을 향유하게 해 주었다. 때로는 매주 단지 한 번만 저녁 시간에 방문한 일도 있었다. 때로는 매일 정오에 만났다. 어떨 때에는 많은 사람들의 모임 속에서 그를 만났고, 어떨 때에는 단둘이 서로 마주하고 식탁에 앉았던 행복도 맛보았다.

그의 담화는 그의 작품과 마찬가지로 다방면에 걸친 것이었다. 그는 언제나 같은 인간이었지만 그와 동시에 또 다른 인간이었다. 때때로 위대한 사상이 그를 가득 채우면 그의 말은 마치 샘물이 용솟음치듯 품어나와 그칠 줄을 몰랐다. 그럴 때면 그의 이야기는 마치 모든 꽃들이 경쟁을 하듯 피어오른 봄날의 정원과도 같았다. 그러면 똑같이 널려 있는 화사함에 눈이 부셔 그중 일부를 선택해서 꽃다발을 만든다는 것은 생각조차 할 수 없는 것이었다. 때로는 이것과는 정반대로 그는 침묵을 지켜 마음속에 안개로 그물을 치고 있는 것처럼 보였다. 실제로 그때 그는 얼음처럼 차갑기 그지없어 서리 끼고 눈이 내린 들판 위를 지나가는 살을 에는 세찬 바람과도 같았다. 그러다가도 다음에 그를 다시 만나게 되면 벌써 쾌적한 여름 날씨로 돌아가 있었다. 숲 속의 모든 노래꾼들이 덤불과 풀숲에서 나와 기쁘게 맞고 두견이가 푸른 창공을 누비면서 지저귀고, 시냇물은 꽃이 핀 목장을 꿰뚫고 졸졸 흐르고 있는 것이다. 이럴 때마다 그와 이야기를 나누는 것은 즐거웠다. 그리고 그의 '가까이'에 있으면 '축복받고 있다'는 것을 느낄 수 있었고 그의 말을 듣고 있노라면 가슴이 활짝 펴졌다.

겨울과 여름, 노년과 청춘이 그의 가슴속에서 쉬지 않고 싸우고 서로 교체하고 있는 것처럼 보였다. 그러나 벌써 70세에서 80세에 이르는 노인인 그가 쉴 사이 없이 청춘의 세력을 만회하여, 위에서 말한 것과 같은 저 가을과 겨울의 날은 극히 적었다는 것은 정말로 경탄할 만한 것이다.

그의 자아억제는 위대한 것이었다. 바로 이것이야말로 그의 본성의 중요한 독자성을 만들어 냈던 것이다. 그의 자기억제는 그로 하여금 언제나 소재를 완전히 소화하게 하고, 그의 모든 작품에서 우리 모두를 놀라게 만든 예술적인 끝마무리를 일구어 낼 수 있게 했던 저 고귀한 성찰의 자매였다. 그러나 다름아닌 이 특색 때문에, 그는 자신의 많은 저작이나 담화 속에서도 나타나듯이 때때로 구속을 받았고 또한 대단히 신중을 기하곤 했다. 그러나 행복한 순간이 찾아와 힘찬 마력적인 정신이 그에게 작동하게 되면, 그의 담화는 높은 곳에서 낮은 곳으로 떨어지는 산골 시냇물처럼 막힘없이 좔좔 흘러나왔다. 그럴 때면 그는 가슴속에 품고 있는 최선의 것을 입 밖에 냈다. 그의 옛날 친구들이 그가 직접 입으로 하는 말이 그의 기록된 말이나 인쇄된 글보다 훨씬 뛰어나다고 한 것도, 아마 이러한 순간을 생각하면 이해할 수 있을 것이다. 마르몽텔*1도 이것과 비슷한 말을 한 적이 있는데, 그것은 디드로에 대해 다음과 같은 평가를 한 것이다. '이 사람을 작품을 통해서만 안다는 것은 그를 절반만 아는 것에 그치는 것이다. 그는 한 번 그와 친히 담화를 나누게 되는 사람들을 모두 매료시켜 버리기 때문이다.'

만약 내가 이 대화집 속에 그 행복한 순간의 갖가지 말들을 수록해 냈다고 할 수 있다면, 그것은 이 책 속에서 괴테라는 인물이 이중으로 반영—하나는 나에게, 다른 하나는 한 젊은 친구에게 비친 모습—되고 있다는 점에 힘입은 바 클 것이다.

제네바 태생인 소레*2 씨는 자유주의 사상을 믿는 공화주의자이며, 대공

---

*1 마르몽텔(1723~1799). 프랑스의 작가이자 극작가이다. 그의 공적 중 가장 큰 일은 디드로가 간수한 〈백과전서〉의 문학에 관한 다수 항목을 집필한 것이다. 또한 이것은 나중에 〈문학원리〉(1787)라는 이름으로 별도의 책으로 출판되었다.

*2 소레에 대해서는 이미 제1부 89번에서 자세히 밝힌 바 있다. 스위스 프랑스어권 제네바 출신인 그는 바이마르의 공자 교육관으로 초빙되어 에커만보다 9개월 가량 먼저 바이마르로 와서, 역시 그와 가까이 지내면서 그에 관한 사항을 일기에 기록해 두었다. 에커만은 그에

전하의 교육을 담당하기 위해 1822년에 바이마르로 초빙된 인물이다. 그는 그 때부터 괴테가 세상을 떠날 때까지 역시 괴테와 밀접한 친교를 맺었다. 그는 때때로 괴테 댁의 식탁에서 우리와 함께 했고, 때로는 괴테 일가의 밤의 집회에 나타나서 환대를 받았다. 여기에 더하여 그의 자연과학상의 지식은 괴테와의 여러 가지 접촉점을 제공하여 그들을 오랫동안 어울리게 만들었다. 정통한 광물학자인 그는 괴테의 결정론을 정리하였다. 그리고 그는 자신의 식물학적 지식으로 괴테의 〈식물의 변태설〉을 프랑스어로 번역했다. 이로써 저 중요한 저작은 널리 보편화하는 데에 성공을 거두었다. 여기에 더하여 그는 궁중에 출사하고 있었기 때문에 괴테와 서로 접촉할 기회가 많았다. 때로는 왕자를 동반하여 괴테에게 오기도 했고, 때로는 대공 전하 또는 대공비 전하의 위촉을 받고 괴테를 방문할 때도 있었다.

그러므로 소레 씨는 이러한 친숙한 개인적인 접촉에 관해 그의 일기장에 적잖은 내용을 적어 두었다.*3 이리하여 수년 전에 친절하게도 그것을 정리한 원고 중 일부 분량을 나에게 넘겨주었고, 그중에서 가장 좋은 부분, 가장 흥미있는 부분을 이 제3부에 연대순으로 편입하는 것을 허락해 주었다.

프랑스어로 쓰여진 이 노트는 때로는 너무 상세한 부분이 있고, 때로는 필자가 너무 바쁜 일정에 쫓기는 탓에 단편적으로 탈락된 부분도 있었다. 그렇지만 이 원고 속에는 괴테와 나와의 사이에서 자주 또 상세하게 화제에 오르지 않았던 것은 하나도 없었다. 그러므로 나 자신이 쓴 일기는 소레 씨가 쓴 것을 보충하고 거기서 탈락된 공백을 메우고, 때때로 단지 암시에 그쳐 있는 부분을 마음껏 전개하는 데 알맞은 것이었다. 그러나 처음 2년 간의 기록에서 볼 수 있듯이 소레 씨의 원고를 기초로 하였거나, 많이 이용한 대화는 전부 날짜 옆에 ★표를 붙였다. 이것은 내가 쓴 것, 다시 말해 1824년부터 1829년 사이, 1830년, 1831년, 그리고 1832년의 기록 대부분과 구별하기 위함이다.

게서 그 기록의 일부를 제3부에 실을 것을 허락받고, 그의 일기의 연월, 날짜 그리고 요일 뒤에는 별표를 달았다. 에커만은 이것을 제3부 '머리말'에서 밝히고 있다.

*3 소레가 쓴 〈괴테와 함께 지낸 10년(1822~1832)〉의 독일어 번역본은 무려 799페이지에 달한다. 이 책은 에커만의 〈괴테와의 대화〉와 함께 만년의 괴테를 알 수 있는 귀중한 자료를 제공해 주고 있다.

이 이상 더 보탤 말은 없다. 오랫동안 애정을 갖고 가꾸어 온 이 〈제3부〉도 앞서의 2권과 마찬가지로 풍성하고도 호의적인 환대를 받을 것을 기원하는 바이다.

1847년 12월 21일 바이마르에서

1822년

1822년 9월 21일 토요일 ★

오늘 저녁[*1] 괴테 댁에서 궁중고문관인 마이어와 자리를 함께 했다. 담화는 주로 광물학과 화학 그리고 물리학에 이르렀다. 그는 특히 편광(偏光) 현상에 관심을 갖고 있는 것 같았다. 그는 나에게 여러 가지 장치를 보여주었다. 그 대부분은 그 자신의 지시로 만들어진 것이다. 그리고 나와 함께 두 종류의 실험을 해 보고 싶다고 말했다.

괴테는 말이 진행됨에 따라 점점 더 편안해지면서 마음을 터놓았다. 나는 한 시간 이상 앉아 있었지만, 헤어질 때에도 그는 나에게 여러 가지로 호의에 찬 말을 해 주었다.

그의 용모는 지금도 아름답다고 말할 수 있다. 그의 이마와 눈은 특히 위엄이 있었다. 그의 몸집은 크고 체구는 단단했다. 최근 수년 이래로 너무 나이를 먹어 이제는 회합과 궁정에는 나가지 않는다고 공언하고 있지만, 민첩한 외모로 볼 때 그것은 생각할 수 없는 일이다.

1822년 9월 24일 화요일 ★

오늘 저녁 괴테 댁에서 마이어, 괴테의 아드님, 괴테의 며느리 그리고 그의 주치의이자 궁중고문관인 레바인과 자리를 함께 했다. 괴테는 오늘 유달리 기분이 좋았다. 그는 나에게 슈투트가르트에서 온 화려한 석판 인쇄를 보여 주었다. 이런 종류의 것 중에서는 이때까지 본 일이 없을 정도로 완전한 것이었다. 이어 우리는 과학에 대해, 특히 화학의 진보에 대해 이야기를 했다.

[*1] 바이마르에서 지내게 된 소례는 그날 처음으로 마이어 추밀고문관의 소개로 괴테를 찾아가 인사를 나눈다.

괴테는 특히 옥소와 염소*2를 연구하고 있었다. 그는 물질들에 관한 화학의 새로운 발견들이 전혀 뜻밖에 연달아 일어난 것에 깜짝 놀랐다고 말했다. 그는 약간의 옥소를 가져오게 하고는 이것을 우리들의 면전에서 양촛불에 갖다 대어 증발시켰다. 그러자 그의 색채론의 한 원칙을 멋지게 실증하는 보라색의 증기가 나타났기 때문에 모든 사람들이 깜짝 놀랐다.

1822년 10월 1일 화요일 ★

괴테 댁에서 저녁모임이 있었다. 참석자 중에는 법무장관인 폰 뮐러 씨, 포이처 국장, 슈테판 쉬체 박사 그리고 슈미트 참사관이 있었다. 슈미트 씨가 베토벤의 소나타를 드물게도 완벽하게 연주했다. 괴테와 그의 며느리의 담화도 나에게는 매우 즐거운 것이었다. 그 젊은 괴테 부인은 명랑하였고, 내면적으로는 사랑스러운 기질과 무한한 재기가 잘 융합되어 있었다.

1822년 10월 10일 목요일 ★

괴테 댁의 저녁모임에서 괴팅겐의 유명한 블루멘바흐*3와 자리를 함께 했다. 그는 늙었지만 그의 대화는 활발하고 명쾌했다. 청년과도 같은 경쾌함을 잃지 않고 있었다. 그의 태도에는 학자인 체하는 것이 전혀 없었다. 그는 마음을 터놓고 즐기고 있었다. 조금도 꾸미는 데가 없어서 그하고는 곧바로 친해질 수 있었다. 그를 알게 된 것은 아주 흥미로웠고 나에게는 기쁜 일이기도 했다.

1822년 11월 5일 화요일 ★

괴테 댁에서 저녁모임이 있었다. 참석한 사람 가운데는 콜베*4 화가도 있었다. 우리는 그가 그린 훌륭한 큰 그림 한 점을 관람했다. 그것은 드레스덴 미술

---

*2 옥소는 1811년 해초회에서 발견됐고, 염소는 1810년 영국의 데이비에 의해 발견되었다.

*3 불르멘바하(1752~1840), 괴팅겐 대학의 해부학 교수로 처음에는 약간골 학설에 대해 괴테와 반대입장에 있다가, 나중에 그것이 때로는 인간에게서도 발견된다는 것을 인정했다.

*4 콜베(1771~1836), 독일화가로 뒤셀도르프 미술 연구소의 교수로 있었다. 1799년 이래로 괴테와 가까이 지냈고 유명한 괴테의 초상화를 그렸다.

관에 있는 티치안의 비너스를 모사한 것이다.

폰 에슈베게*5 씨와 유명한 홈멜*6 씨도 이날 저녁 괴테 댁에 와 있었다. 홈멜은 한 시간 가량 즉석에서 피아노를 연주했다. 그의 연주는 실제로 들어본 적이 없는 사람들은 상상조차 할 수 없을 만큼 힘차고 훌륭한 것이었다. 그의 담화는 소박하면서도 자연스러웠고, 그 자신은 그처럼 유명한 대가인데도 놀랄 만큼 겸손하였다.

1822년 12월 3일 화요일 ★

괴테 댁에서 열린 저녁회합에 참석했다. 리머 씨, 쿠드레이 씨, 마이어 씨, 괴테의 아드님과 젊은 괴테 부인도 함께 있었다.

예나의 대학생들이 폭동을 일으키려고 했기 때문에 이것을 진압하기 위해 포병중대가 파견되었다는 얘기가 나왔다. 리머는 학생들에게 금지되어 소동의 원인 또는 구실이 된 문제의 가곡집을 읽었다. 이 모든 가곡은 낭독할 때마다 아주 굉장한 갈채를 받았다. 이것은 특히 낭독할 때에 나타난 낭독자의 재능 때문이었다. 괴테까지도 이것을 칭찬하면서 나중에 천천히 나에게 통독해 주겠다고 약속하였다.

이어 한동안 동판화와 귀중한 책들을 보고 난 뒤에 괴테는 〈카론〉*7이라는 시를 읽어 우리를 기쁘게 해 주었다. 괴테가 이 시를 읽을 때의 명쾌하고 정력적인 낭독법에 나는 감탄하지 않을 수 없었다. 이처럼 아름다운 낭송에 접한 것은 난생 처음 겪는 일이었다. 이 얼마나 대단한 열정인가! 그의 부리부리한 눈빛과 목소리는 얼마나 엄청난 것이었던가! 어떤 때는 천둥이 치는 것과 같았고 그러다가도 다시 잔잔하게 부드러워졌다. 또 어떤 때에는 우리가 있었던 작은 방이 감당할 수 없는 힘을 쏟은 것 같은 생각까지 들었다. 그리고 그의 낭송에는 생략했으면 좋겠다고 생각된 부분은 한 군데도 없었다.

---

*5 폰 에슈베게(1777~1855). 브라질의 광산기사이고 감독자이다.
*6 홈멜(1778~1837). 1819년 이래로 바이마르의 궁정악장을 지낸 그는 유명한 피아노 연주자일 뿐만 아니라 작곡가로도 알려져 있다.
*7 리머의 도움을 받아 괴테가 근대 그리스어로 쓰여진 시를 번역한 것으로, 카론이란 저승으로 가는 스틱스 강의 나룻배 사공을 말한다.

이어 괴테는 문학과 그의 작품에 대해, 그리고 스탈 부인*8 등에 대해 말했다. 그는 현재 유리피데스의 〈파에톤〉 단편을 번역, 정리하고 있다. 그는 이 작업에 1년 전에 손을 댔지만 최근에 또다시 착수하였다고 했다.

1822년 12월 5일 목요일 ★

오늘 괴테 댁에서 에버바인이 제작 중인 가극 〈폰 글라이헨 백작〉 제1막의 시연을 들었다. 괴테가 무대감독을 그만둔 이래로 가극계의 이런 대가를 댁에 초빙한 것은 이것이 처음이라고 하였다. 에버바인 씨는 이 노래를 지휘했다. 합창단에는 괴테가 잘 아는 부인 2, 3명도 있었다. 그러나 독창부분은 가극단의 단원이 불렀다. 특히 군데군데에 있었던 사성음(四聲音)의 연창은 아주 드문 것으로 생각되었다.

1822년 12월 17일 화요일 ★

저녁에 괴테 댁으로 갔다. 그는 아주 쾌활했다. 그리고 아버지들의 어리석음은 자녀들에게 유전되는 것이 아니라는 것을 재미있게 이야기해 주었다. 지금 세상은 소금의 원천을 발견하는 데에 열을 올리고 있었는데, 그는 그 탐색에 강한 흥미를 나타내고 있었다. 그는 일부 기업가들을 어리석다고 비난했다. 암연(岩鹽)이 있는 곳을 찾아 뚫는 기계로 작업을 해야 하건만 그들은 지층 외표의 단서와 위치 그리고 그 연관 상태에는 전혀 무관심한 채, 정확한 지점을 확인하려고 하지 않고 언제나 똑같은 곳을 마구잡이로 고집스럽게 시굴하고 있

---

*8 스탈 부인(1766~1817). 프랑스인들에게 뿐만 아니라 그 당시 신흥국가인 미국의 젊은 지식인들, 특히 에머슨에게까지, 독일과 독일문학 그리고 독일문화에 관한 지식을 처음으로 종합적으로 알린 장본인이다. 그녀는 1813년 〈독일론〉을 발표하며 독일을 시인과 사상가의 나라라고 불러 세상을 깜짝 놀라게 하였다. 스탈 부인의 처녀작 〈창작론〉은 1795년에 발표되었는데, 이것이 괴테의 눈에 띄어 그 이듬해인 1796년에 실러가 주재하는 문학잡지 〈호렌〉에 독일어로 번역되어 실렸다. 이 일과 괴테의 작품에 대한 숭배가 계기가 되어 스탈 부인은 그 후 여러 차례 독일과 바이마르를 방문했다. 1803년 12월 4일 바이마르를 방문했을 때 그녀는 바이마르 궁성환영회에서 실러와 빌란트의 환영과 함께, 아우구스트 대공과 안나 아말리아 모당의 따뜻하고도 열렬한 접대를 받았다. 괴테의 〈베르테르〉와 〈에그몬트〉는 그녀에게 가장 많은 눈물을 흘리게 한 작품이었다고 한다.

프랑스의 여류 시인인 스탈 부인 1813년 〈독일론〉을 발표하여 독일은 당당한 문화의 나라라는 것을 프랑스인들에게 알렸다. 이 책과 괴테의 〈베르테르〉(1774년)가 계기가 되어 영국과 그즈음 신흥국가인 미국의 지식인들도 독일문화와 독일의 대학에 대해 관심을 갖게 되었고, 1825년에는 미국 하버드 대학에서 처음으로 독일어를 가르치기 시작했다.

다는 것이었다.

1823년

1823년 2월 9일 월요일 ★

저녁때에 괴테를 방문하자 그는 마이어와 단둘이서 이야기를 하고 있었다. 나는 루터, 에라스무스, 모스하임[1] 그리고 다른 아주 유명한 사람들의 필적이 실려 있는 옛날 앨범을 훑어보고 있었다. 모스하임은 라틴어로 다음과 같은 드문 말을 쓰고 있었다.

> 명성은 노고의 원천
> 암흑은 행복의 원천

1823년 2월 23일 월요일 ★

괴테는 최근 며칠 전 중태에 빠졌고 어제는 상태가 절망적이었다. 그러나 오늘은 위기를 넘기고 회복세로 돌아선 것 같이 생각된다. 오늘 아침까지도 그는 "이제는 끝장이다"라고 말했다. 하지만 그 뒤 정오에 이르러서는 다시 일어날 것이라는 희망을 가지게 했다. 그리고 저녁때에는 만약 회복된다면, 이번 병은 늙은이로서는 너무나 큰 도박을 한 것이라고 했다.

1823년 2월 24일 화요일 ★

오늘 괴테의 병세는 또다시 아주 위험스러웠다. 어제와는 달리 정오가 되었어도 회복 기미가 보이지 않았다. 쇠약 상태에 빠져 있으면서 그는 자기 며느리에게 "내 가슴속에서 삶과 죽음이 싸움을 시작하는 시기가 온 것 같다"고 말했다.

---

[1] 모스하임(1694~1755). 독일의 신교 신학자이자 괴팅겐 대학교수이다.

그러나 병자는 저녁때에는 완전히 제정신으로 돌아와 이제는 두어 마디 짓궂은 농담을 할 정도로 기력을 다시 찾았다. "나에 대한 자네의 치료법은 너무 쭈뼛쭈뼛해!" 하고 그는 레바인에게 말했다—"나와 같은 환자를 취급할 때에는 어느 정도 나폴레옹식으로 엄격하게 손을 쓰지 않으면 안 되지." 이어 그는 아르니카의 탕약을 가득 마셨다. 이것은 어제 중태 때에 후슈케*² 가 사용한 것으로, 이것이 다행히도 효과를 가져왔던 것이다. 괴테는 이 약초를 자세하게 설명하면서 그 효험을 하늘 높이 칭찬했다—대공이 그를 문안하려고 했지만, 의사가 이것을 허락하지 않았다는 말이 나왔다. "만약 내가 대공이었더라면" 하고 괴테는 외쳤다. "이것저것 캐물어 자네들의 마음을 심란하게 했을 게야!"

그는 점점 회복되어 갔고 마음도 한결 편안해져서, 그에 따라 그의 기분도 가벼워지고 정신도 또렷해졌다. 그러므로 레바인은 옆에 있는 사람들 중 한 사람에게 "호흡이 순조로워지면 좋은 영감이 동반되는 법이다"라고 속삭였다. 괴테는 이 말을 듣고는 곧 기분이 좋아져 외쳤다. "이것을 나는 전부터 잘 알고 있었지. 그러나 이 진리는 자네들과 같은 악당들에게는 들어맞지 않네."

괴테는 그의 침대에서 똑바로 일어나서 앉았다. 그는 자신의 작업실의 열린 창문을 마주하고 있었지만, 그 방에 그의 친한 친구들이 모여 있다는 것을 모르고 있었다. 그의 용모는 거의 달라지지 않은 것처럼 보였다. 그의 목소리는 맑고 확실했지만, 그 속에는 죽음에 가까이 다가서고 있는 사람에게 나타나는 것과 같은 엄숙한 음색이 있었다. "너희들은" 하고 그는 자기 아이들을 향해 말했다. "내가 곧 회복될 것이라고 믿고 있는 것 같은데 그것은 잘못된 생각이야." 그렇지만 모든 사람들은 애써 농담을 해 가면서 그의 마음에 걸린 이런 염려를 없애도록 힘썼다. 그도 역시 이것을 기꺼이 받아들이려고 하는 것 같았다. 이럭저럭하는 사이에 방 안으로 점점 더 많은 사람들이 왔다. 나는 이것은 절대로 좋지 않다고 생각했다. 사람들이 많아지면 쓸데없이 방 공기가 혼탁해지고 환자를 충분히 시중들 수가 없기 때문이다. 나는 가만히 있을 수가 없어서 이것을 말하지 않을 수 없었다. 그러고는 아래층으로 내려가

---

*2 후슈케(1760~1828). 대공가의 주치의이다.

거기에서 대공 전하에게 병상보고서를 적어서 보냈다.

1823년 2월 25일 수요일 ★

괴테는 그때까지 자기가 받은 간호에 대해 설명해 줄 것을 요구했다. 그리고 그는 지금까지 그의 병환을 문안해 준 사람들의 이름을 읽었다. 그 숫자는 매일 정말로 대단한 것이었다. 이어 그는 대공을 영접하였다. 그러나 그 이후로도 이 방문 때문에 피곤해진 기색은 없었다. 오늘 그의 작업장에는 사람들의 출입이 적었다. 이것은 어제 내가 주의를 준 것이 적잖게 효과를 발휘했기 때문이라고 생각되어 기뻤다.

잠시 병세는 물러갔지만 이제부터가 걱정이었다. 그의 왼쪽 손은 부어올라 있었는데, 이것은 수종(水腫)을 유발할 위험한 징조였다. 며칠을 더 지나지 않고서는 이 병세가 결국 어느 방향으로 가게 되는지 아무도 알 수 없었다. 괴테는 오늘 처음으로 그의 친구 중의 한 사람, 다시 말해 그의 가장 오랜 친구인 마이어를 만나고 싶다고 말했다. 그는 그 친구에게 그를 대단히 기쁘게 해 준 보답으로 보기 드문 보헤미아 메달을 보여 주고 싶었던 것이다.

나는 12시에 방문했다. 괴테는 내가 와 있다는 말을 듣고는 자기 옆으로 불러들였다. 그는 나에게 손을 내밀고는 "자, 어떤가. 이제는 사경에서 빠져 나왔네" 하고 말했다. 이어 그는 자신의 병중에 온정을 베풀어 준 대공 전하에게 감사하다는 말을 전해 달라고 부탁했다.

"내가 건강을 회복하기까지는 상당한 시일이 걸릴 것이야" 하고 그는 말을 덧붙였다. "그러나 나에 대해 적잖게 기적을 일구어 낸 의사 여러분들의 명예를 손상시키는 일은 결코 없을 게야."

몇 분이 지나서 나는 인사를 드리고 나왔다. 그의 안색은 좋았지만 너무 여위어 초라해진 모습이었고 아직 호흡이 좀 곤란한 듯했다. 그는 말하는 데 어제보다 어려움을 겪고 있는 것 같았다. 왼쪽 팔이 부어 있는 것이 뚜렷하게 나타났고, 두 눈은 감은 채로 말할 때만 열었다.

1823년 3월 2일 월요일 ★

오늘 저녁 괴테에게로 갔다. 나는 최근 며칠 동안 그를 만나지 못했다. 그는 팔걸이의자에 기대어 있었고, 그 옆에는 그의 며느리와 리머가 있었다. 그는 눈에 드러나게 건강을 회복하고 있었다. 그의 목소리는 다시 옛날 울림으로 되돌아왔고 호흡은 편안해졌으며, 손도 이제는 부어 있지 않았다. 외모도 전과 마찬가지로 건강한 모습이었으며 담소도 경쾌했다. 그는 일어나 거침없이 침실 안으로 들어갔다가 다시 돌아왔다. 모두 그의 옆에서 차를 마셨다. 이렇게 하는 것도 그 일이 있은 후로는 오늘이 처음이었기 때문에 나는 농담조로 젊은 괴테 부인이 차 쟁반에 꽃다발을 얹어 놓는 것을 잊어버리고 있다고 책망을 했다. 그러자 젊은 괴테 부인은 곧바로 그녀의 모자에서 색깔 있는 리본을 풀어 그것을 차 쟁반에 갖다 묶었다. 이 익살을 보고 있던 괴테는 대단히 만족해하는 것 같았다.

이어 우리는 대공이 파리에서 들여왔다고 하는 모조보석 수집품들을 관람했다.

1823년 3월 22일 토요일 ★

오늘 그의 건강회복을 축하하여 그의 〈타소〉가 극장에서 상연되었다. 리머가 쓴 서문을 폰 하이겐도르프 부인이 읽었다. 그의 흉상은 흥분한 관중들의 열렬한 갈채를 받으면서 월계관으로 장식되었다. 상연이 끝난 뒤에 폰 하이겐도르프 부인은 괴테에게로 갔다. 그녀는 아직 레오노레의 의상을 입은 채로 타소의 화관을 그에게 바쳤다. 괴테는 그것으로 알렉산드라 대공비 전하*³의 흉상을 장식했다.

1823년 4월 1일 수요일 ★

나는 대공 전하가 갖고 있던 프랑스의 유행잡지 하나를 괴테에게 갖다 드렸다. 그 속에는 그의 작품 번역에 관한 기사가 있었다. 이것을 계기로 우리는 오

---

*3 알렉산드라 대공비(1798~1860). 프러시아의 프리드리히 빌헬름 3세의 딸 샤를로테로, 나중에 러시아 황제 니콜라이 2세의 아내가 되어 대공비의 자리에 오른다.

래전에 원본이 상실된 〈라모의 조카〉*⁴에 관해 이야기를 했다. 많은 독일인들은 저 원본은 전혀 존재하지 않는다고 생각하며 모든 것이 괴테 자신의 창안이라고 믿고 있다.

그러나 괴테는 디드로의 재기발랄한 묘사와 수법을 모방한다는 것은 자기로서는 도저히 불가능한 일이며, 독일어의 〈라모의 조카〉는 단지 아주 충실하게 번역한 것에 지나지 않는다고 단언했다.

1823년 4월 3일 금요일 ★

한동안 저녁마다 토목국장인 쿠드레이 씨와 함께 괴테 댁에서 지냈다. 우리는 연극에 대해, 또 최근 몇 년 동안 일어나고 있는 연극개량 운동에 대해 이야기를 했다.

"그것은 내가 가서 보지 않아도 알 수 있지"하고 괴테는 웃으면서 말했다.

"2개월 전만 해도 우리 아이들은 저녁때면 언제나 불평을 하면서 집으로 돌아왔어. 그들은 극장에서 제공한 흥행에 만족할 수 없었던 것이야. 그러나 지금은 상황이 완전히 달라졌지. 그들은 자못 기뻐하는 얼굴로 집으로 돌아오고 있어. 이것은 그들이 마음껏 울고 돌아올 수 있게 되었기 때문이야. 어제도 그들은 코체부의 연극 덕분으로 〈눈물 속에 있는 희열〉*⁵을 맛보았던 것이지."

1823년 4월 13일 월요일 ★

저녁때 나는 괴테와 단둘이 만났다. 우리는 문학에 관해, 또 바이런 경과 그의 〈사다나팔루스 왕〉과 〈베르너〉에 대해 이야기했다. 이어 화제는 〈파우스트〉에 이르렀다. 〈파우스트〉를 괴테는 여러 번 즐겨 말했다. 그는 그 작품이 프랑스어로, 그것도 마로*⁶ 시대의 문체로 번역되는 것을 원하고 있다. 그는 바

---

*4 괴테는 그 당시 인쇄되어 있지 않았던 디드로의 이 작품을 사본에 의거하여 독일어로 번역했다. 그러자 괴테의 이 번역본이 프랑스어로 중역이 되어, 오랫동안 유일한 프랑스판으로서의 지위를 확보하게 되었다.

*5 괴테의 농담으로 코체부의 감상적인 희곡 〈화해〉를 괴테 자신의 작품 〈슬픔의 환희〉와 〈눈물 속의 위로〉의 제목으로 뒤섞어 바꿔 말한 것이다.

*6 마로(1496~1544). 프랑스의 르네상스 시인으로, 그는 그의 담시 상송을 위해 독특한 양식을

이런이 〈맨프렛〉의 분위기를 찾아낸 근원은 〈파우스트〉라고 보고 있다. 괴테가 보는 바에 의하면 바이런은 그의 마지막 두 비극 작품에서 결정적인 진전을 보았다. 그 작품들 속에서는 음울함이 경감된 상태고, 인간을 싫어하는 모습도 거의 보이지 않는다는 것이다. 이어 우리의 화제는 〈마술피리〉의 원본*⁷에 이르렀다. 괴테는 이 속편*⁸을 썼지만, 이 주제를 잘 다룰 수 있는 작곡가를 아직 찾지 못하고 있다는 것이었다. 괴테도 저 유명한 제1부가 허구와 해학에 가득 차 있어 아무도 이것을 이해하고 평가할 수 없을 정도라는 것을 시인하고 있다. 그러나 우리는 어떠한 경우에도 대비의 효과를 사용하여 위대한 무대효과를 거둘 수 있는 기술은 작가가 최고로 잘 알고 있다는 것을 인정하지 않으면 안 된다고 하였다.

1823년 4월 15일 수요일 ★

저녁때 괴테 댁에서 카롤리네 에글로프슈타인 백작부인과 함께 지냈다. 괴테는 독일의 연감과 기타 다른 정기출판물들이 모두 우스꽝스러운 감상주의에 젖어 있는데, 이것은 현대의 일반적인 상황인 것 같다고 농담조로 이야기를 했다. 그러자 백작부인은 처음에는 독일 소설가들이 수없이 많은 독자들의 취미를 타락시켰지만, 오늘날에 와서는 오히려 독자들이 소설가를 타락하게 만들고 있다고 하였다. 이어 그녀는 작가들은 자기의 원고를 출판해 줄 사람을 찾기 위해 대중에게 인기 있는 악취미에 영합하지 않으면 안 되게 되었다고 말했다.

1823년 4월 26일 일요일 ★

괴테에게로 갔더니 쿠드레이와 마이어가 와 있었다. 나는 그들과 함께 여러 가지 이야기를 나누었다. "대공의 서고에는" 하고 괴테는 말했다. "카를 5세

창조했다.
*7 배우 겸 극작가인 에마누엘 쉬카네더(1751~1812)가 쓴 모차르트의 오페라 대본을 말한다.
*8 괴테는 1795년 그 집필에 착수했는데, 빈의 음악가인 브라니키는 이미 1796년에 그 대본에 곡을 붙이려 하고 있었다.

의 치하에 어떤 스페인 사람이 제작한 지구의*⁹가 있었지. 거기에는 몇 개 주목할 제명이 쓰여 있었어. 가령 '중국인은 독일인과 많은 유사점을 가지고 있는 민족이다.' 이런 식이었지." 괴테는 말을 계속했다. "옛날에는 지도 위에 아프리카 사막을 맹수의 그림으로 표시하곤 했네. 그러나 오늘날에는 이렇게 하지 않지. 오히려 지리학자들은 그곳을 비워 두고 무슨 생각을 하든 우리의 자유에 맡기고 있어."

1823년 5월 6일 수요일 ★

저녁때에 괴테 댁에서 지냈다. 그는 나에게 〈색채론〉의 개념을 가르쳐 주려고 했다. "빛은 결코 여러 가지 색채가 합성된 것이 아니야. 게다가 또 빛깔만으로는 색채가 생길 수 없어. 색채가 생기려면 오히려 빛과 그림자의 변화와 혼합이 필요하지."

1823년 5월 13일 화요일 ★

내가 괴테를 방문했을 때 그는 짧은 시와 사람들에게 보낸 단편을 모으는 일을 하고 있었다. "예전에는" 하고 그는 말했다. "내가 쓴 것을 비교적 소홀하게 취급했고 사본을 떠놓지 않았기 때문에 이런 시가 수백 개 있었지만 모두 분실하고 말았다네."

1823년 6월 2일 월요일 ★

법무장관과 리머 그리고 마이어가 괴테 댁에 있었다. 베랑제의 시가 화제에 올랐다. 괴테는 그 중 몇 개를 정말로 독창적으로, 그리고 신이 나서 논평하고 해석했다.

이어 물리학과 기상학이 논해졌다. 괴테는 때마침 기상학 이론을 완성할 참이었다. 그것에 의하면 기압계의 상승과 하강은 순전히 지구의 활동 때문이며, 지구가 대기를 끌어당기고 떼어놓기 때문이라는 것이다.

---

*⁹ 이 기록은 아마도 소레의 착오일 것이다. 이 지구의(1534)는 뉘른베르크의 수학자인 쇠너가 만든 것이다. 서고에 있던 세계 지도가 스페인 사람에 의해 제작된 것이었다.

"학자 선생들, 특히 수학 선생들은" 하고 괴테는 말을 계속했다. "틀림없이 나의 생각을 아주 심하게 조롱할 게야. 때로는 점잖은 척하면서 완전히 묵살해 버리는 자도 있지만 그래도 이것은 나은 편이지. 그런데 어째서 이러는지 자네들은 아는가? 내가 전문가가 아니라는 것이 그 이유야."

"학자들의 편협한 정신은 그래도 용서할 수 있겠습니다" 하고 나는 대답했다. "그들의 이론 속에는 오류가 상당히 많이 흘러들어가 이것에 끌려가고 있기 때문입니다. 그것도 틀림없이 그들이 아직 학창시절에 있을 때 이런 것을 정설로서 교육받았기 때문일 것입니다."

"자네 말이 옳아!" 하고 괴테는 외쳤다. "학자들은 우리 바이마르의 책 제본업자들과 똑같은 짓을 하고 있지. 조합 가입을 위해 제본업자들이 요구하는 시험작품은 결코 최신 취미에 맞는 아름다운 장정이 아니야. 아니, 이것하고는 거리가 먼 것이지! 지금도 변함없이 2, 3세기 전에 유행했던 것과 똑같이 볼품없는 표지와 딱딱한 가죽으로 장정한 2절판의 두꺼운 성서가 제출되지 않으면 안 되네─이 과제는 정말 어리석은 짓이야. 그러나 만약 불쌍한 직공이 시험관들은 바보라고 말하기만 하면 틀림없이 낙제 점수를 받게 된다네."

1823년 10월 24일 금요일 ★

저녁때 괴테 댁에서 지냈다. 이번 여름 괴테가 마리엔바트에서 알게 된 시마노프스카 부인이 즉흥 피아노 곡을 연주했다. 넋을 잃고 듣고 있던 괴테는 이따금 마음이 심하게 동요되는 것처럼 보였다.

1823년 11월 11일 화요일 ★

괴테 댁에서 소규모 저녁모임이 있었다. 괴테는 한참 전부터 또다시 병을 앓고 있다. 그는 그의 두 다리를 모포로 감싸고 있었다. 이 모포는 그가 샹파뉴의 종군 이래로 어디로 가든 가지고 다녔던 것이다. 그는 이 모포와 관련하여 1806년에 있었던 일화를 우리에게 이야기하여 주었다. "그 당시 프랑스 군인들이 예나를 점령하고 있을 때 프랑스 연대에 속한 어떤 종군 신부가 제단을 장식하기 위해 천을 징발하고 있었네. 누군가가 화려한 진홍색 천 한 장을 그에게 제공했지. 그러나 그 신부는 그것으로는 만족하지 않았어. 그는 그것 때문에 나에게 불만을 호소했고 나는 그 천을 나에게 보여 달라고 하면서 말했지. '내가 그것보다는 더 좋은 것을 조달하도록 해 보겠습니다.' 그럴 즈음 우리의 극장에서 새로운 연극을 상연하게 되었네. 그러므로 나는 그 화려한 붉은 천을 배우의 의상을 만드는 데에 이용했지. 그러나 그 종군 신부는 아무것도 받지 못했어. 모두들 그 종군 신부에 대해서 잊고 있었기 때문에 그는 자기 혼자서 다시 천을 마련하지 않으면 안 되었지."

1823년 11월 16일 일요일 ★

괴테의 용태는 계속 좋지 않았다. 대공비 전하는 오늘 저녁 나에게 명령을 내려 아름다운 메달 2, 3개를 그에게 보내도록 했다. 그가 이것을 들여다보면서 어느 정도 위안을 받고, 기운을 차리게 하기 위함이었다. 괴테는 대공비의 이와 같은 섬세한 배려에 대단히 기뻐하고 있었다.

그는 나에게 심장 언저리에 지난해 겨울의 중병 전에 겪었던 것과 똑같은 통증을 느낀다고 하소연을 했다. "일을 할 수 없어"라고 그는 말했다. "책도 읽을 수 없지. 그리고 사색을 할 수 있는 것도 통증이 물러간 잠시 동안뿐이야."

1823년 11월 17일 월요일 ★

훔볼트가 이곳에 와 있었다. 나는 오늘 잠시 동안 괴테 댁에 들렀다. 훔볼트를 만나 서로 담화를 나눈 것이 그에게 상당히 좋은 영향을 준 것 같이 보였다. 그의 병은 단지 육체적인 것만이 아닌 것처럼 보였다. 그가 이번 여름 마리엔바트에서 만난 어떤 젊은 여성에게 품었던 열렬한 사랑을 애써 극복하려고 하는 것이 현재의 병의 중요한 원인이라고 생각되었다.

1823년 11월 28일 금요일 ★

괴테는 최근에 출판된 마이어의 〈미술사〉의 제1부를 탐독하고 있는 것 같았다. 그는 오늘 이 책에 대단한 찬사를 아끼지 않았다.

바이마르의 책 제본업자들

1823년 12월 5일 금요일 ★

나는 괴테에게 두세 가지 광물, 특히 코르마이얀의 데상*10이 발견하고 마소*11 씨가 극찬한 점토성의 자토(赭土) 하나를 가지고 갔다. 괴테는 그것을 보고 대단히 놀라워하면서, 그 색이 앙겔리카 카우프만*12이 그림의 살 부분에 즐겨 사용한 색과 똑같다는 것을 알고 얼마나 놀랐는지 모른다고 말했다. "그녀는 이것을 아주 작은 분량만을 입수하는 데에도 황금무게와 똑같은 값을

---

*10 소레의 스위스 친구이다.

*11 화가로 역시 소레의 친구이다.

*12 앙겔리카 카우프만(1741~1807). 스위스의 여류화가로 괴테하고는 이탈리아에서 가깝게 지냈고, 그로부터 높은 평가를 받았다.

주었지. 그러나 그것의 출처가 어디이며, 어디에서 발견되고 있는지는 그녀도 알지 못했다네."

괴테는 자기의 며느리에게, 소레가 이슬람교 국가의 군주를 대하듯이 자신에게 매일같이 새로운 선물을 갖다 주고 있다고 말했다. "오히려 그는 아버님을 어린아이처럼 취급하고 있는 거예요!"라고 젊은 괴테 부인이 대답했다. 이말을 듣자 그는 자기도 모르게 미소지었다.

1823년 12월 7일 일요일 ★

나는 괴테에게 오늘은 기분이 어떠냐고 물었다. 그러자 그는 "외로운 섬에서 혼자 지내야 하는 나폴레옹처럼 나쁘지는 않지" 하며 탄식 소리와 함께 대답했다. 병이 너무 오래 되어 그 영향이 점점 강하게 그에게 작용하고 있는 것같았다.

1823년 12월 21일 일요일 ★

오늘 괴테는 또다시 매우 좋은 기분으로 돌아섰다. 이제 동지(冬至)가 왔다. 이제부터는 일주일마다 낮이 점점 드러나게 길어질 것이라는 기대가 괴테의 기분에 매우 좋은 영향을 주고 있는 것 같았다. "오늘 우리 태양의 재생을 축하하세!" 하고 그는 내가 오늘 오전 그의 방으로 들어갔을 때 기쁜 마음으로 외쳤다. 그는 언제나 동지 전의 몇 주일은 기분이 좋지 않아 탄식을 하면서 지낸다고 들은 터였다.

젊은 괴테 부인이 들어와서, 머지않아 집으로 돌아오는 어머니를 만나러 베를린으로 출발할 거라고 시아버지에게 알렸다.

젊은 괴테 부인이 나가자, 괴테는 나에게 젊은 세대의 특징인 발랄한 상상력에 대해 농담을 하면서 이야기했다. "나는 너무 나이를 먹었기 때문에, 어머니를 처음으로 다시 만나는 장소가 그쪽이든 이쪽이든 간에 그 기쁨에는 조금도 다를 것이 없다는 것을, 어머니에게 반대하면서까지 설득하고 싶은 생각은 없지. 겨울 여행이란 고생스럽기만 하지 아무런 이득이 없어. 그러나 이런 헛된 일들이 젊었을 때에는 헤아릴 수 없이 많은 법이네—그리고 전체적으로 볼

괴테가 이탈리아 체류 중(1786~1788) 가깝게 지냈던 화가 중의 한 사람인 스위스의 카우프만은 1781년 런던에 왕립미술학교가 세워졌을 때, 학교 강당 천장에 〈그림의 4가지 요소들〉을 비유적으로 그렸다. 그 중 〈색채〉 부분에서 한 처녀가 넓은 하늘을 향해 무지개를 그리고 있는 모습.

때에 그것은 소용없는 것들이지! 오직 짧은 순간이긴 하지만 새롭게 산 보람을 느끼기 위해 바보같은 짓을 해야만 할 때가 있는 거라네. 내가 젊었을 때에는 이것보다 더 잘했다고 말할 수는 없지. 지금까지 이럭저럭 무사히 벗어났다고 할 수는 있지만 말일세.”

1823년 12월 30일 화요일★

저녁 때에 괴테와 단둘이 여러 가지 이야기를 나눴다. 그는 나에게 1797년의 〈스위스 기행〉을 전집에 수록할 생각이라고 말했다. 이어 화제는 〈베르테르〉에 이르렀는데, 그는 이것이 이 세상에 나온 이후 약 10년 동안 단지 한 번만 다시 읽어 보았다고 했다. 괴테는 이 밖의 다른 작품에 있어서도 또한 그러했다고 말했다. 다음으로 번역에 관한 문제로 들어가, 그는 영국 시를 독일의 시구로 재현하는 것은 대단히 어려운 일이라고 했다.

"저 정확한 단음절의 영국인들의 말을" 하고 그는 말했다. "다음절이고 복합적인 독일어로 표현하게 되면 힘과 효과도 완전히 없어져 버리지." 그는 〈라모〉에 관해 얘기하며 이것을 4주일 걸려서 번역했고 모든 것을 구술한 것이라고 말했다.

이어 자연과학에 관해, 특히 여러 학자들이 우선권을 둘러싸고 이러니 저러니 서로 싸우고 있는 것에 이르렀다. 괴테는 말했다. "나는 무엇보다도 자연과학의 연구를 통해 인간을 한층 더 잘 배울 수 있었네. 그 때문에 비상한 희생을 지불해야 했고 또 그와 관련하여 많은 고통도 겪어야 했지만, 나는 그런 경험을 쌓은 것을 지금도 기쁘게 생각하고 있지."

"과학에 종사하게 되면" 하고 나는 말했다. "인간의 이기주의가 한층 더 강하게 북돋아지는 것 같습니다. 이것이 일단 발동을 하게 되면 금세 그 인물의 여러 가지 약점들이 속속들이 드러나기 십상이지요."

"과학의 문제는" 하고 괴테는 말했다. "실제적인 생계의 문제가 되는 것이 정말로 많지. 오직 한 가지의 발견으로 한 인간이 유명해지고 시민으로서의 행복의 기초도 얻을 수 있네. 그러므로 과학계에서는 다른 사람의 창의(創意)에 대해서 이처럼 심하게 싸우고 고집하고 질투하기도 하지. 이와는 반대로 미학계에서는 모든 것이 훨씬 관대하네. 사상은 다소의 차이는 있지만 어떠한 인간도 나면서부터 구비하고 있지. 그러므로 모든 것은 그 취급방법과 표현 여하에 달려 있어. 그러므로 거의 질투가 일어나지 않는 것이 당연해. 다만 하나의 사상은 곧잘 백(百)의 잠언시의 기초를 제공할 수도 있네. 그리고 문제는 오직 그 시인이 그 사상을 가장 적절하게 가장 아름답게 표현해야 한다면, 그 방법은 무엇인가 하는 것이야. 그러나 과학계에 있어서는 취급방법이 문제가 되지 않지. 모든 성과는 오직 그 창의에 달려 있어. 이 분야에 있어서는 보편적인 것, 주관적인 것은 거의 찾아볼 수 없지. 자연법칙 개개의 발현은 우리하고는 아무런 관계가 없어. 그 모든 것은 스핑크스처럼 아무 말없이 확고부동하게 가로누워 있네. 새로운 현상은 그것을 모든 사람들이 인정할 때에 발견이 되지. 그러면 발견은 각기 그 사람의 재산이 되네. 그러니 다른 사람이 조금이라도 그 재산에 손을 대려고 하면 소유주는 그 즉시 격분하게 되는 것이야."

괴테는 말을 계속했다. "과학계에서는 대학에서 가르침을 받고 배운 것도 재산으로 생각하고 있지. 만약 누군가가 새로운 학설을 가져온다고 하세. 그런데 이 새로운 학설이 오랫동안 맹종되고 되풀이되어 온 신조에 역행할 뿐만 아니라 이것을 전복해 버리게 될 염려가 있을 경우, 사람들은 격분하여 이것에 반항하고 모든 수단을 다해 이것을 압박하려고 할 게야. 가능한 한 이것을 향해 저항하고 들어도 못들은 척, 알아도 모르는 것처럼 행동할 게야. 이처럼 새로운 진리가 탄탄한 궤도에 올라서기까지는 오랜 시간을 필요로 하지. 어떤 프랑스인이 나의 〈색채론〉에 관해 내 친구에게 이렇게 말했어. '우리는 뉴턴 제국을 수립하고 확고히 하는 데에만 50년 동안의 연구를 바쳤네. 그러니 이것을 뒤집어 엎으려면 50년은 더 걸릴 것이네'라고 말이야.

수학계에서는 과학계에서의 나의 이름을 신용할 수 없는 것으로 만들려고 노력했기 때문에, 사람들은 나의 이름을 입 밖에 내는 것조차 꺼리고 있네. 며칠 전에 〈색채론〉의 문제를 취급한 소책자가 내 수중으로 들어왔지. 이 저자는 전적으로 내 학설을 신봉하고 있어서 모든 것을 나와 똑같은 기초 위에 서서 귀납하고 있었네. 나는 이 논문을 아주 기쁜 마음으로 읽었지. 그러나 나는 적잖게 놀랐네. 왜냐하면 이 저자가 나의 이름을 한 번도 거론하지 않았기 때문일세. 그 후에 이 수수께끼는 풀렸지. 이 저자와 나와의 공통의 친구가 나를 찾아와 이것을 숨김없이 이야기해 주었네. 재능이 풍부한 이 젊은 저자는 그 논문으로 그 명성의 기초를 세우려고 했지. 그런데 여기에 만약 나의 이름을 드러내고 그 논술의 지주로서 밝히게 되면 학자 세계에서 불이익을 자초하게 되기 때문에 이것을 교묘히 피했다는 것이었어—이 소논문은 성공을 거두었지. 그 후 이 재능이 풍부한 젊은 학자는 친히 나를 찾아와 용서를 빌었다네."

"이런 일은 나에게 점점 더 이상하게 생각됩니다" 하고 나는 대답했다. "다른 모든 분야에서 사람들은 당신을 당연한 권위자로서 인정하여 자랑으로 생각하고, 세상 사람들 앞에서 당신의 동의를 받으면 힘이 생긴다고 기뻐하기 때문입니다. 당신의 〈색채론〉에 있어서의 화근은, 당신은 단지 모든 사람들에 의해 인정되고 있는 유명한 뉴턴뿐만 아니라 온 세계에 퍼져 있는 그의 학도들과도 대적해야 한다는 것입니다. 뉴턴의 신봉자는 너무 많아서 그 숫자는 한 군단을 형성할 수 있을 정도입니다. 결국 당신이 옳다고 하더라도, 당신은 틀림없이 오랫동안 당신의 새로운 학설과 함께 고립된 채로 지내게 될 것입니다."

"나는 그것에 길들여져 있지. 또 그것을 각오하고 있기도 하네" 하고 괴테는 대답했다. "그런데 자네는 이것을 어떻게 생각하는가?" 하고 괴테는 말을 계속했다. "위대한 뉴턴과 모든 수학자들 그리고 당당한 계산가들이 색채론에 있어서는 뉴턴과 함께 결정적인 오류에 빠져 있지. 나는 자연의 이 중대한 문제에 관한 진실을 알고 있는 것은 백만 명의 사람 중에서 오직 나 하나뿐이라고 20년 동안 나 자신을 타이르지 않을 수 없었다네. 이 사실만으로도 나는 스스로를 자랑스러워해도 좋을 것이야. 이런 우월감을 가지고 있기 때문에 나는 나의 반대자들의 어리석은 불손에도 견딜 수 있었네. 사람들은 나와 나의 학설을 모든 수단을 다해 반대하고 조롱하려고 하고 있지. 그렇지만 무엇이라고 말하든 나는 내가 완성한 일에 대해 아주 기쁘게 생각하고 있네. 나의 반대자들이 아무리 공격을 하더라도, 그것은 그들의 인간적인 약점을 알아차리게 하는 데에 도움을 주었을 뿐이지."

이처럼 괴테가 힘차고도 알차게—나는 이것을 있는 그대로 완전히 표현할 수가 없다—말을 하고 있는 동안 그의 눈은 비상한 불꽃으로 빛나고 있었다. 그 속에는 승리의 표정이 보였다. 그리고 그의 입술 언저리에는 빈정대는 미소가 감돌고 있었다. 그의 아름다운 얼굴에는 지금까지 볼 수 없었던 당당함이 나타나 있었다.

1823년 12월 31일 수요일 ★

괴테 댁에서 식사를 하면서 여러 가지 이야기를 나눴다. 그는 스케치 그림이 들어 있는 서류철을 보여 주었다. 그 중에서도 하인리히 퓌슬리*[13]의 초기

---

*13 퓌슬리(1742~1825). 스위스의 화가이다. 괴테는 그의 화집과 역시 화가이고 미술연구가인 그의 형 한스 루돌프(1737~1806)의 23장짜리 스케치 화집을 가지고 있었다. 퓌슬리 일가는 취리히에서는 유명한 예술가 집안이다.

작품이 눈에 띄었다.

이어 종교 이야기가 나와 우리는 신의 이름의 남용에 대해 말했다.

괴테는 말했다. "사람들은 이해는 물론 상상하는 것조차도 허락되지 않는 저 지고의 신을 마치 자기 동료들처럼 취급하고 있지. 그렇지 않다면 '하느님'이라든가 '사랑하는 하느님' 그리고 '착한 하느님'이라고 말하지는 못할 것이야. 하느님이란 사람들에게, 특히 이것을 매일 입에 올리는 성직자들에게 단지 하나의 상투어나 명사에 지나지 않게 되었어. 그래서 그들은 이것을 입에 올릴 때 각별히 정성을 들이지는 않지. 그러나 만약 그들에게 하느님의 위대함이 침투되어 있다고 한다면, 감히 그 이름을 입 밖에 내거나 부르지도 못하게 될 것이야."

1824년

1824년 1월 2일

괴테 댁에서 식사를 하면서 즐거운 이야기를 나눴다. 바이마르 사교계의 어떤 젊은 미인이 화제에 올랐다. 자리를 함께 했던 한 사람이, 그녀의 지적인 면은 대단한 것이라고 말할 수는 없지만 지금이라도 그녀를 사랑하고 싶어진다고 말했다.

"흥" 하고 괴테는 웃으면서 말했다. "연애와 지적인 면이 서로 무슨 연관성이라도 있다고 하는 것 같군그래! 우리가 한 젊은 여성을 사랑하는 것은 그녀의 지적인 면하고는 전혀 다른 것 때문이지. 우리가 여성을 사랑하는 것은 그녀의 아름다움, 그녀의 젊음, 심통사나움, 믿음직스러움, 그녀의 개성, 결점, 그리고 그녀의 변덕에 이르기까지, 뭐라고 표현할 수 없는 여러 가지 점들 때문이야. 그녀의 지적인 면을 사랑하는 것은 아니란 말일세. 만약 그녀의 지적인 면이 빛난다고 하면 우리는 그것을 존경할 수는 있지. 그리고 이로 말미암아 그 아가씨가 우리 눈에 한없이 고귀하게 보일 수도 있어. 그리고 또 이미 서로 사랑하고 있는 사이라면, 그녀의 지적인 면은 그 관계를 유지하는 데에 충분히 도움을 줄 수 있을 거야. 그러나 우리를 열중케 하고 정열을 불러일으키게 하는 힘을 가지고 있는 것은 그 여자의 지적인 면이 아니지."

괴테의 이 말에는 많은 진리가 담겨 있었고 설득력도 있었다. 그러므로 우리는 이 여성을 이런 측면에서 바라보는 것에 동의했다.

식사 끝나고 사람들이 가고 난 뒤, 나는 괴테 곁에 머물러 그와 계속 여러 가지 유익한 이야기를 나눴다.

우리는 영국의 문학과 그리고 셰익스피어의 위대한 점을 이야기했고, 그 문학의 거장 이후에 탄생한 영국의 모든 희곡 작가들은 얼마나 불리한 입장에

처해 있어야만 했는가를 이야기했다.

"희곡적인 재능이 있는 사람으로서" 하고 괴테는 말을 계속했다. "훌륭한 사람이라면 셰익스피어에 주시하지 않을 수 없었을 것이고, 반드시 그를 연구하지 않을 수 없었을 것이야. 그러나 셰익스피어를 연구해 보면 셰익스피어가 인간의 본질 전체를 모든 각도에서 그 심연과 절정의 온갖 것을 보여 주며 남김없이 그려 냈기 때문에, 결국 그의 후배로 태어난 사람이 손댈 수 있는 것은 아무것도 남아 있지 않다는 것을 깨닫게 되었을 것일세. 그리고 이토록 헤아릴 수 없을 만큼, 그리고 도저히 도달할 수 없을 만큼 탁월한 걸작들이 이미 이 세상에 존재한다는 것을 진지하고도 솔직한 심정으로 인정한다면, 어떻게 글을 쓰겠다고 펜을 들어 볼 용기가 생기겠는가! 사실 나는 50년 전에 내가 사랑하는 독일에서 태어나서 한결 형편이 좋았네. 나는 기성 문학과는 곧 작별을 했지. 그것들은 더 이상 내 마음을 끌어당기지도 않았고, 나의 마음을 붙잡아 두지도 못했어. 나는 독일 문학과 그 연구를 그만두고 인생과 창작에 마음을 돌렸지. 이렇게 하여 나는 한걸음 한걸음 앞으로 나아가면서, 나의 본성의 전개를 계속하여 갔네. 그리고 그것을 한 시기에서 다른 시기로 순차적으로 배양해 가면서 가능한 창작 활동을 성취하여 갔지. 게다가 걸작에 대한 나의 이념도 나의 생애의 각 단계에 국한하였기 때문에, 그때그때 실현하여 가는 것이 불가능할 만큼 힘에 벅찬 것은 아니었어. 그러나 내가 만약 영국인으로서 이 세상에 태어났고, 셰익스피어의 저 다양한 모든 걸작들이 이제 겨우 청춘에 눈을 뜬 나에게 맹렬한 위세를 떨치면서 다가왔다면, 나는 그것에 압도당해 어찌하면 좋을지 몰랐을 게야. 이렇게 손쉽게 신이 나서 전진해 나갈 수도 없었을 것이고, 틀림없이 처음 한동안은 깊이 생각하고 주위를 두리번거리면서 새로운 출구는 어디에 있을 것인가 하고 찾았을 게야."

나는 화제를 다시 셰익스피어로 되돌렸다. "만약 우리가 셰익스피어를, 말하자면 영국 문학에서 뽑아내어 한 개인으로서 독일로 옮겨놓고 관찰한다면, 기적과도 같은 그의 거대한 위대함에 그저 놀랄 뿐입니다. 그렇지만 그를 그 자신의 고향에 그대로 두고, 우리 자신이 그가 태어난 나라와 그가 살았던 그 세기의 분위기 속으로 몸을 옮겨 그의 동시대 사람들과 또 직접적인 후계자들을 연구한다고 합시다. 벤 존슨*¹이나 매신저,*² 말로우*³ 그리고 보먼트*⁴와 플레처*⁵들에게서 불어오는 힘을 흡수해 보는 것입니다. 그때에도 셰익스피어는 여전히 변함없이 거대하고 걸출한 위인임에는 틀림없습니다만, 그래도 그의 정신의 기적은 어느 정도까지 파악할 수 있을 것이고, 그가 가지고 있는 많은 것은 그 세기와 그 시대의 활발하고 창조적인 공기 속에 있었다는 것을 확신할 수 있을 것입니다."

"자네 말이 전적으로 옳아" 하고 괴테는 대답했다. "셰익스피어는 스위스의 산맥들과 비교할 수 있지. 몽블랑을 광활한 뤼네부르크의 황야로 옮겨 놓으면 어떨까. 그렇게 되면 그 방대함에 놀라 말문이 막혀 버릴 것이야. 그러나 몽블랑을 그 거대한 고향으로 찾아가, 그의 큰 이웃들, 즉 융프라우, 핀스터아르호른, 아이거, 베터호른, 고트하르트 그리고 몬테로자를 넘게 되면, 몽블랑이 거대한 것은 여전하지만 우리는 이제 전처럼 놀라지는 않게 되지."

괴테는 말을 계속했다. "좌우간 셰익스피어의 위대함의 대부분은 그 당시의 활발하고 위대한 시대가 만든 것이지. 이것을 믿지 않는 사람은 1824년 오늘날의 영국, 즉 중상과 분열로 가득한 저널리즘의 흉측한 시대에 그와 같은 놀라운 인물의 출현이 가능할 것인가를 한번 자문해 보는 것이 좋을 걸세.

정말이지 참으로 위대한 작품은 한결같고 순수하고 몽유병자와 같은 창조력에서만 탄생할 수 있는 것인데, 이것이 이제는 전적으로 불가능하게 되어 버렸다. 오늘날 우리의 재능 있는 작가들은 모두 뭇사람들의 주목을 받고 있다네. 매일 같이 50여 곳에서 발행되는 평론 잡지들, 그리고 이것을 둘러싸고 대중들 사이에 전개되는 잡담으로는 절대로 건전한 창작의 출현을 기대할 수 없지. 오늘날에는 이런 것들로부터 몸을 피하고 무리를 해서라도 고립을 지키지

---

*1 벤 존슨(1573~1637). 영국의 극작가로, 엘리자베스 여왕 시대의 화려한 연극 극단을 지배한 고전주의작가이다.
*2 매신저(1584~1640). 영국의 극작가로 셰익스피어 이후의 인기작가이다.
*3 말로우(1564~1593). 영국의 극작가로 영국 극단에 문예부흥의 기운을 촉진시켰고, 셰익스피어에게도 영향을 끼쳤다.
*4 보먼트(1584~1616). 역시 영국의 극작가로 플레처와의 합작이 많아 언제나 그의 이름과 함께 불려진다.
*5 플레처(1579~1625). 영국의 극작가이자 시인이다.

않는 사람은 멸망을 하고 말걸세. 이런 야비하고 대부분 부정적인 문예비평을 일삼는 저널리즘 때문에 군중들 사이에 일종의 어설픈 문화가 조성되고 있는데, 그런 것은 새로운 것을 산출하려는 재능의 소유자에게는 해로운 안개, 뚝뚝 떨어지는 독약인 것이야. 그것은 창조력을 저장하고 있는 나무의 아름다운 푸른 나뭇잎은 말할 것도 없고, 가장 깊은 심수(心髓), 그 가장 깊은 곳에 자리 잡고 있는 섬유의 끝까지 파괴해 버리고 마는 독소인 것이지.

게다가 최근 2, 3백 년 사이에 현실 생활 그 자체는 얼마나 허약의 극을 달려가고 있었던가! 어디에서 우리가 독창적인 인물을 만날 수 있다는 말인가! 참되고 타고난 그대로의 자기 자신을 나타내는 힘을 가지고 있는 자는 어디에 있다는 말인가! 이것은 또한 시인에게 거꾸로 되돌아가고 있지. 외부 세계의 모든 것으로부터 버림을 받고 있기 때문에 시인은 모든 것을 자기 자신 속에서 찾아내지 않으면 안 되네."

화제는 〈베르테르〉로 옮겨졌다. 괴테는 말했다. "그것도 펠리컨*[6]처럼 나 자신의 심장의 피를 갖고 길러 낸 작품이지. 그 속에는 내 자신의 가슴속에서 흘러나온 내면적인 것, 사상과 감정이 담뿍 담겨져 있어서, 그것만으로도 족히 이런 종류의 작은 소설을 10권 정도 되는 장편소설로 만들 수 있을 것이야. 그건 그렇고 이미 여러 번 말한 바 있지만 이 책이 출판된 이래로 나는 이것을 단지 한 번만 다시 읽었을 뿐이네. 그리고 이것을 두 번 다시는 읽지 않도록 조심하고 있다. 이것은 순전히 업화(業火) 그 자체야!—이것에 접근하는 것만으로도 벌써 섬뜩해지네. 거기에서 빚어지는 병적인 상태 속으로 다시 흘러들어가는 것이 두렵거든."

나는 그의 나폴레옹*[7]과의 회담을 끄집어냈다. 이것은 내가 그가 아직 발표

---

*6 그 당시 펠리컨은 새끼를 자기 심장의 피로 기른다는 미신이 있었다. 괴테의 〈젊은 베르테르의 슬픔〉은 젊은이를 위한 책으로, 오늘날에도 온 세계에서 사랑을 받고 있다. 이 작품으로 독일문학은 처음으로 세계문학 무대에서 다른 나라와 어깨를 겨룰 수 있게 되었다. 괴테는 '누구나 일생을 살아가는 동안 〈베르테르〉는 자신을 위해서만 쓰여진 것이라고 생각하는 시기가 한번쯤은 있을 것이다. 만약 이런 일이 일생에 한 번도 없다면 오히려 곤란하기 그지없는 일이다'라고 말한 적도 있다.

*7 〈베르테르〉의 열렬한 애독자인 나폴레옹은 1808년 10월 2일, 6일 그리고 10일 세 번에 걸쳐 바이마르에서 가까운 에르푸르트에서 괴테를 만나, 자기 참모진들 앞에서 극찬을 아끼지

하지 않은 원고 중에 있던 초안에서 발견한 것이었다. 그리고 나는 그에게 이 초안에 손을 대어 완성하도록 새삼 부탁했다. "나폴레옹은" 하고 나는 말했다. "당신에게 〈베르테르〉 중의 한 부분을 가리키면서, 그 부분이 날카로운 심문을 받게 되면 감당해 내기 어려울 것이라고 말하고 있고 당신도 이것에 동의하고 있습니다. 나는 그가 어느 부분을 지적하면서 말했는지 알고 싶습니다."

"맞혀보도록 하게" 하면서 괴테는 까닭이 있음직한 미소를 지었다.

"글쎄요" 하고 나는 말했다. "대체로 제 생각에는 로테가 알베르트에게 한 마디도 하지 않고, 또 자신의 예감과 두려움을 그에게 전달하지도 않은 채 베르테르에게 피스톨을 보내는 부분 같습니다. 물론 당신은 모든 노력을 기울여 이 침묵에 동기를 부여하려고 합니다. 그러나 친구의 생명이 관련되어 있는 이런 긴박한 상황에서는 그 어떤 동기도 무력한 것처럼 보입니다."

괴테는 대답했다. "자네의 소견이 물론 틀린 것은 아니지. 그러나 나폴레옹이 같은 부분을 말했는지 아니면 다른 부분을 지적했는지 밝히지 않는 것이 좋다고 생각하네. 그러나 지금 말한 대로 자네의 견해도 그의 견해와 마찬가지로 옳은 것이야."

나는 〈베르테르〉가 이 세상에 나왔을 때 비상한 영향력을 불러일으켰던 것이 그 시대의 상황 때문이었는가를 언급하면서, 일반적으로 퍼져 있는 이러한 견해에는 승복할 수 없다고 말했다.

〈베르테르〉가 신기원을 이룩한 이유는 그 출현 자체에 있는 것이며, 그것이 출현한 시대에 상관되는 것은 아닙니다. 시대 여하를 막론하고 말로는 도저히 표현할 수 없는 그처럼 많은 고뇌와 숨은 불만, 그리고 삶에 대한 권태가 있는 것입니다. 그리고 개개인의 인간에게는 이 사회와의 불협화음, 그리고 자신의

않아 괴테를 감격시켰다. 그러면서도 때로는 나폴레옹은 〈베르테르〉를 소상하게 읽은 사람답게 책의 일부 장면을 지적하면서 '어째서 이렇게 했습니까? 이것은 자연스럽다고 생각할 수 없습니다'라고 말했다. 그의 탐독에 의한 이러한 옳은 판단에 대해 괴테 자신도 거기에는 어딘지 부자연스러운 데가 있다고 시인했다. 그러면서도 괴테는 간단하고, 또 자연스러운 방법으로는 도달할 수 없는 어떤 효과를 산출하기 위해 쉽게 찾아 낼 수 없는 그러한 기교를 사용한다면, 그것도 시인에게는 허용될 것이라고 덧붙였다. 이 말을 듣고 황제는 만족해하는 것처럼 보였다. 괴테는 이렇게 이 회견을 통해 새로운 질서에 의해 프랑스 혁명을 극복한 위대한 사람을 보았던 것이다.

책을 읽고 있는 베르테르

천성과 사회 조직 사이의 갈등이 정말로 많지요. 그러므로 〈베르테르〉가 오늘 처음으로 출판된다고 하더라도 신기원을 열게 될 겁니다.”

“자네 말이 전적으로 옳은 것이야” 하고 괴테는 대답했다. “그래서 이 책은 현재에도 그 당시와 마찬가지로 일정한 시기의 청년들에게 계속 영향을 끼치고 있지. 나 또한 내 청년기의 우울함이 그 당시의 일반적인 상태라든지 영국 작가 몇몇의 작품에서 온 것이라고 추정할 필요는 없다고 생각하네. 오히려 개인적인 신변 사정이 나를 부추기고 괴롭힌 끝에, 앞뒤 가리지 않고 펜을 들어 〈베르테르〉를 쓰게 만들었던 것이지. 나는 삶을 살았고 사랑을 했고 너무나 많은 괴로움을 당했어!—이것이 개인적이고 직접적인 사정이었던 것이야.

여러 가지로 논쟁이 되고 있는 ‘베르테르 시대’도, 우리가 이것을 더 천천히 관찰해 보면, 전체적인 세계 문화의 발전하고는 상관이 없고 개개인의 생활 과정과 밀접한 관계가 있다는 것을 알게 되지. 각 개인이란 그가 태어난 대로의 자유로운 천성을 갖고 옛날 그대로의 세계라고 할 수 있는 이 한정된 형식 속으로 들어가 그것에 순응하는 것을 배워야만 하는 것이야. 그래서 행복이 방해 받고 활동이 저지당하고 소망이 채워지지 않지. 이것은 어느 특별한 시대에 한정된 결함이 아니고 모든 개개인에게 나타나고 있는 불행이야. 그러므로 누구나 일생을 살아가는 동안 〈베르테르〉는 자기 자신을 위해서만 쓰인 것이라고 생각하는 시기가 한 번쯤은 있는 법이야. 만약 이것이 일생에 단 한 번도 없다면 오히려 곤란하기 그지없는 일이지.”

1824년 1월 4일 일요일

오늘 식사가 끝난 뒤 괴테는 나와 함께 라파엘로*8의 작품이 들어 있는 화첩을 훑어보았다. 그는 끊임없이 라파엘로에 대한 연구에 몰두하고 있다. 쉬지 않고 최고의 작품에 접하고 고귀한 사람의 사상을 받아들여 심신의 단련을 계속하고 있는 것이다. 그는 이런 기회에 나를 이러한 작품 속으로 안내하는

---

*8 라파엘로(1483~1520). 이탈리아 르네상스 고전적양식의 완성자로 불린다. 괴테는 그의 그림 전부를 가지고 있었는데, 괴테에게 그는 셰익스피어나 모차르트와 함께 모든 예술의 정점을 의미하는 것이었다.

것을 기뻐했다.

이어 우리의 화제는 〈서동시집(西東詩集)〉, 그중에서 특히 그가 그의 적들에게 품고 있었던 생각을 여러 가지로 털어놓았던 〈불만의 권(卷)〉에 이르렀다.

"좌우간 나의 태도는 정말로 관대했던 것이야" 하고 그는 덧붙였다. "만약 내가 나를 화나게 하고 괴롭혔던 모든 것을 남김없이 토해 냈다면 이 얼마 안 되는 페이지가 족히 한 권의 책으로 늘어났을 것일세.

결국 사람들이 나에게 만족하지 않았던 게야. 사람들은 신의 뜻에 따라 만들어진 나하고는 언제나 다른 나를 원했지. 그리고 그들이 내가 만들어 낸 작품에 대해 만족하는 것도 드문 일이었어. 내가 오랜 세월 전심전력을 다해 이 세상에 기여하려고 새로운 작품을 썼어도, 나에게 이번만은 봐 줄 터이니 오히려 자기들에게 고마워해야 한다고 했지.―사람들이 나를 칭찬했을 때에도 나는 이것을 당연히 받아야 할 선물로서 기쁜 자부심을 갖고 받아들여서는 안 된다는 것이었네. 오히려 사람들은 나에게 칭찬을 거절하는 것처럼 겸손한 말을 하라고 했고, 나의 인물과 작품도 전혀 보잘것없는 것이라고 표명할 것을 요구했지. 그러나 이것은 나의 성미에는 맞지 않았어. 만약 이런 식으로 아부하고 거짓말을 했다면 나는 틀림없이 야비한 놈이 되었을 것이야. 그러나 나는 나의 감정을 적나라하게 말할 수 있는 용기를 가지고 있었기 때문에 오만한 놈으로 간주되었고 지금도 그렇게 여겨지고 있지.

종교상의 일에 있어서나 과학상이나 정치상의 일에 있어서도, 또 그 어떤 일에 있어서도, 나는 꾸며 대지 않고 내가 느꼈던 그대로를 입 밖에 낼 수 있는 용기를 가지고 있었기 때문에 언제나 괴로워하지 않으면 안 되었네.

나는 신과 자연을 믿었고 고귀한 것이 악을 이긴다는 것을 믿고 있었지. 그러나 독실한 신앙가들은 이것으로는 만족하지 않았어. 나도 또한 삼위 일체를 믿지 않으면 안 된다고 했지. 그러나 이것은 영혼의 진리를 사랑하는 나의 감정하고는 반대되는 것이었네. 그리고 나는 이것이 나의 구원에 조금도 도움을 주지 않는다는 것을 알아차렸지.

또한 나는 빛과 색채에 관한 뉴턴의 학설이 오류라는 것을 간파하고, 일반화되어 버린 이 신조에 반론을 제기할 용기를 가졌다는 것 때문에 더욱 불리했어. 나는 순수와 진실 속에 있는 빛을 인식하고 그를 위해 논쟁하는 것을 나의 의무라고 생각했네. 그러나 반대파는 진지한 체하면서 이 빛을 검게 만들어 버렸지. 그들은 그늘이 빛의 일부라고 주장했던 거야. 내가 이렇게 말하면 좀 이상하게 들리겠지만 실제로 그랬다네. 왜냐하면 색채는 하나의 그늘인 것이며 그늘을 통해서 생기는 것인데, 그들은 색체가 빛 그 자체라든가, 결국은 같은 말이지만 빛이 여러 모양으로 굴절한 것이라고 했기 때문이지."

괴테는 침묵했다. 그의 엄숙한 얼굴에는 아이러니컬한 미소가 퍼져갔다. 그는 계속했다.

"그런데 정치적인 사항에 이르러서는 더욱더 그러했지!—내가 얼마나 곤경에 빠지고 고생을 했는지는 말로는 다 할 수 없어. 자네는 나의 〈격분한 사람들〉*⁹을 알고 있는가?"

"어제 처음으로" 하고 나는 대답했다. "당신의 전집 신판 작업을 할 때 그 연극을 읽었습니다. 그리고 그 연극이 아직 미완성으로 남아 있다는 것을 알고 진심으로 안타깝게 생각했습니다. 그렇지만 사려 깊은 사람이라면 그것만으로도 모두 당신의 생각에 동감할 것입니다."

"나는 그것을 프랑스 혁명 당시에 썼지" 하고 괴테는 계속했다. "그리고 그것은 말하자면 그 당시 나의 정치적 신앙 고백이라고 할 수 있네. 귀족의 대표자로서 나는 백작부인을 등장시키고 그녀의 입을 통해 귀족이 본래 어떻게 생각해야 하는지를 분명하게 했지. 백작부인은 지금 막 파리에서 돌아왔고, 그 곳에서 혁명 과정을 목격했네. 그러므로 거기에서 체득한 교훈은 그녀에게는 절대로 나쁜 것이 아니었지. 민중은 압박을 가할 수는 있어도 눌러 없앨 수 있는 것이 아니고, 하층 계급의 혁명적인 반란은 상류 계급의 부정의 결과라는 것을 그녀는 확인할 수 있었던 것이야. 그녀는 말하고 있지. '이제부터는 부당하다고 생각되는 행위는 어떠한 것이든 엄격하게 피해 갈 것입니다. 그리고 다른 사람의 그러한 행위에 대해서는 그것이 사교계에서 일어났든 궁정에서 일어났든 간에 나의 의견을 명백하게 말할 작정입니다. 설령 여류 민주주의자라고 욕을 먹는 한이 있더라도, 어떠한 부정도 이제는 침묵을 지키지 않을 것입니다.'"

---

*9 이것은 1828년에 처음으로 나온 괴테의 연극 작품으로 프랑스혁명을 배경으로 하고 있다.

괴테는 계속했다. "나는 이러한 마음가짐을 전적으로 존경해야 마땅하다고 생각했지. 이것은 또 그 당시의 나의 마음가짐이었고, 지금에 이르러서도 변하지 않았네. 그렇건만 세상 사람들은 이에 대한 보답으로 나에게 여러 가지 별명*10을 붙여 댔다네. 이 얘기를 또 다시 되풀이하기도 싫네만."

"당신이 어떤 생각을 가지고 있는지는" 하고 나는 대답했다. "〈에그몬트〉를 읽어 보면 알 것 같습니다. 독일 연극 중에서 이것만큼 민중의 자유에 대해 많은 말을 하고 있는 작품은 아무것도 없습니다."

"세상 사람들은" 하고 괴테는 대답했다. "웬일인지 나를 있는 그대로 보려고 하지 않네. 아무리 내가 나 자신의 참된 모습을 보인다고 하더라도 일체 이것에는 눈길을 보내려고 하지 않고 그저 등을 돌려 버리고 말지. 이와는 반대로 실러는, 여기에서만 털어놓고 말하지만, 나보다 훨씬 귀족주의자였네. 그렇지만 그는 말을 할 때 나보다 더 조심스러웠기 때문에 남다른 민중의 친구라고 여겨지는 대단한 행복을 누렸지. 나는 이것을 그를 위해 마음으로부터 축복했어. 그리고 나 이전의 다른 작가들도 역시 불행했던 것을 생각하고 스스로를 위로하고 있지.

내가 프랑스 혁명의 친구가 될 수 없었던 것은 사실이야. 왜냐하면 그 야만적인 행위가 너무나 가까이에서 일어났고, 또 매일같이 시시각각으로 나를 분격하게 만들었으며, 그 당시에는 아직 그것의 유익한 결과를 예상할 수도 없었기 때문이지. 그뿐만 아니라 프랑스에서 위대한 필연성의 결과로 일어난 장면을 독일에서 인공적으로 만들어 내려고 하는 사람들에 대해서 무관심으로 일관할 수는 없었네.

그렇다고 해서 나는 전제적인 독재의 친구도 아니었어. 또한 나는 아무리 큰 혁명도 국민에게 책임이 있는 것이 아니며 정부에게 책임이 있는 것이라고 굳게 믿어 의심치 않았네.

그런데 사람들은 내가 혁명을 미워했다고 해서 사람들은 나를 현존하는 질서의 친구라고 부르고 있지. 그러나 이것은 아주 애매 모호한 칭호이기 때문에 나는 이것을 거절하고 싶네. 만약 현존하는 질서가 모두 훌륭한 것이며 선

---

*10 뵈르네나 멘첼은 괴테를 '기득권자들의 친구' 또는 '군주의 하인'이라고 불렀다.

하고 옳은 것이라면 나는 이것을 거절하지 않을 것이야. 그러나 그중에는 많은 착한 것과 함께 악한 것, 부정한 것 그리고 불완전한 것이 있기 때문에, 현존하는 질서의 친구라고 하면 이따금 시대에 뒤떨어진 것, 열악한 것의 친구라고 불리는 것과 조금도 다른 것이 없는 것이지.

그러나 시대는 쉬지 않고 발전해 가고 있네. 그리고 세상만사는 50년마다 다른 모습을 갖추게 되어 있기에 1800년에 완전했던 제도도 1850년에는 벌써 불완전한 것이 되어 버리지.

여기에 대해서 다른 국민을 모방한 것이 아니고 그 국민 자신의 본질에 뿌리를 내리고 있고 그 국민 자신의 공통된 요구에서 탄생한 것, 이것만은 그 국민에게 선한 것이라고 말할 수 있네. 왜냐하면 일정한 연령 단계에 도달한 어떤 국민에게 유익한 자양분이 될 수 있는 것이 다른 국민에게는 독이 될 수 있기 때문이야. 그러므로 어느 외국에서 일어난 개혁에 대한 요구가 우리 국민의 깊은 심층에는 뿌리내리고 있지 않은데도, 그것을 도입하려고 하는 것은 어리석은 짓이지. 그리고 이러한 것을 의도하고 있는 혁명은 성공하지 못하네. 왜냐하면 거기에는 선이 없기 때문이야. 또 신은 이런 의심스러운 것에서는 손을 떼는 법이라네. 그러나 어떤 국민에게 위대한 개혁을 위한 참된 욕구가 있으면, 신은 이 국민과 함께 하고 그 개혁은 성공을 거두게 된다네. 그것은 그리스도와 그의 최초의 제자들을 보아도 알 수 있지. 그때 많은 국민들은 새로운 사랑의 교리의 출현을 원하고 있었어. 마찬가지로 루터의 경우가 성공한 것을 보게. 그건 성직자들에 의해 손상된 교리를 정화해야 한다는 것이 한결같은 국민의 요구가 있었기 때문이야. 그러나 지금 언급한 두 개의 위대한 힘들은 원래 존재하던 질서의 친구는 아니었어. 오히려 두 개 다 오래된 곰팡이를 제거해야 했고, 그 이상 진실되지 않고 옳지 않은 것 그리고 불완전한 것을 현상대로 방치해 둘 수 없다는 확신에 불타 있었지."

1824년 5월 5일 수요일

나는 괴테가 배우인 볼프, 그뤼너와 함께 행한 연구의 원고를 최근에 열심히 조사해, 심하게 따로따로 흩어져 있는 메모를 쓸 만한 형태로 정리하여 배우들을 위한 일종의 입문서라고 할 수 있는 것을 완성하였다.

나는 오늘 괴테와 함께 이 작업에 대해 이야기하고 개개의 문제에 걸쳐서 면밀하게 조사했다. 특히 우리에게는 방언의 발음과 교정에 관한 지시가 중요한 것으로 생각되었다.

"나는 오랫동안 실습을 담당하면서" 하고 괴테는 말했다. "독일의 각 지방에서 온 배우 초심자들과 알게 되었네. 북독(北獨)에서 온 사람들의 발음은 대체로 정정할 필요가 없었지. 순수하고 많은 점에서 모범적이라고 생각되네. 이와는 반대로 슈바벤 출신, 오스트리아 출신, 그리고 작센 출신 사람들과는 어지간히 곤란을 겪었지. 그리고 우리가 살고 있는, 이 사랑하는 도시 바이마르 출신 사람들과 일하면서도 나는 상당히 많은 애를 먹었네. 이곳 거리에서는 아주 우스꽝스러운 잘못이 벌어지고 있지.

이곳 학교에서는 B와 P 그리고 D와 T의 뚜렷한 구별을 위한 엄격한 발음 연습을 시키지 않고 있어. 요컨대 그들은 B,P,D,T가 네 개의 각각 다른 문자라는 것을 믿으려고 하지도 않는 것 같아. 그들은 언제나 하나의 B를 약하게 발음하기도 하고, 또 강하게 발음하기도 하고, D 역시 약하게 또는 강하게 발음할 뿐이거든. 마치 P와 T는 전혀 존재하고 있지 않다고 암시하려는 듯이 말이야. 이러한 사람의 발음에 따르면 고통(Pein)은 다리(Bein)처럼, 통로(Pass)는 남성 저음(Bass)처럼, 오소리 사냥개(Teckel)는 뚜껑(Deckel)처럼 들릴 것이야."

나는 대답했다. "요전 날 이곳의 어떤 배우가 T와 D를 확실하게 구별하지 못해서 지금 말씀하신 것과 비슷한 잘못을 저지르는 것을 보았습니다. 그건 정말 아주 이상하게 생각되었지요. 한 젊은 여자의 애인인 그가 저지른 대수롭지 않은 잘못에 그 여자는 화가 나서 그를 심하게 꾸짖습니다. 참을 수 없었던 그는 드디어 '이제 그만 해줘!(O ende!)' 하고 외칩니다. 그러나 T와 D를 잘 구별하지 못해서 '아, 오리같으니라구!(O Ente!)'라고 외쳤기 때문에 모두 참지 못하고 웃음을 터뜨렸습니다."

"그 예는 아주 재미있는데" 하고 괴테는 말했다. "우리 연극인 문서에 집어넣을 만하군."

"이곳 출신의 여류 가수도" 하고 나는 말을 계속했다. "마찬가지로 T와 D의 구별을 잘 하지 못했는데, 며칠 전에 '나는 자네를 일당(Eingeweihten)에게 넘기겠다.'는 말을 해야 했습니다. 그러나 T를 D처럼 발음했기 때문에 '나는 자네를 내장(Eingeweiden)에게 넘겨 주겠다'고 말하는 것처럼 들리고 말았습니다."

나는 계속했다. "또 최근 연극에서도 이곳 출신의 배우가 하인 역을 맡아하면서 낯선 손님에게 '주인님은 지금 집에 안 계십니다. 그는 회합에(im Rate) 나가 있습니다'라고 말해야 할 것을 T와 D를 구별하지 않아서, '주인님은 지금 집에 안 계십니다. 그는 차바퀴 속에(im Rade) 있습니다'라고 말하는 것처럼 들렸습니다."

"그 두 사례도 괜찮네. 우리 이것들을 써 넣도록 하세. 이런 식으로 P와 B를 구별하지 못하는 사람이 '그를 붙잡아라!(packe ihn an!)' 하고 외쳐야 할 부분을 엉뚱하게 '그를 불살라라!(backe ihn an!)' 하고 외치면 또 웃음거리가 돼 버리지."

"마찬가지로" 하고 괴테는 계속했다. "이곳에서는 Ü를 I로 발음하는 경우가 많아 그 때문에 터무니없는 오해를 가져오는 경우가 적지 않지. 해변의 주민(Küstenbewohner) 대신 상자 속의 주민(Kistenbewohner), 문 위에 있는 그림(Türstück) 대신 동물 그림(Tierstück), 근본적인(gründlich) 대신 부스럼 딱지의(grindlich)가 되고, 우울(Trübe) 대신 본능(Triebe)이 되고 자네들은…해야 해(Ihr müsst) 대신 자네들은…없이 지낸다(Ihr misst)라고 들리는 경우가 있기 때문에 나도 모르게 웃어버린 적이 있다네."

"이것과 똑같은 일입니다만" 하고 나는 말했다. "최근에 극장에서 아주 익살맞은 사건이 일어났습니다. 어떤 부인이 이때까지 한 번도 본 일이 없는 사나이의 뒤를 순순히 따라가야 하는 곤란한 처지에 빠지게 되었습니다. 그녀는 '나는 당신을 잘 모릅니다만 당신의, 그 고결한 용모(Züge)를 보고 전적으로 신뢰하겠습니다'라고 말을 해야 했습니다. 그러나 그녀는 Ü를 I처럼 발음해 버려 '나는 당신을 잘 모릅니다만 당신의 그 고결한 염소(Ziege)를 보고 전적으로 신뢰하겠습니다'라고 말을 해 버려 뭇사람들의 웃음거리가 되었습니다."

"그 경우도 괜찮군. 그것도 마찬가지로 집어넣도록 하지." 괴테는 계속했다. "이곳에서는 G와 K가 혼동되어 사용될 때도 많다네. 그러므로 G 대신 K가, K 대신 G가 발음되고 있어. 이것도 문자의 강약 구별이 확실하지 않기 때문이고 이 지방에 널리 퍼져 있는 가르침 때문이겠지. 아마 자네도 이곳 극장에서 정자(Gartenhaus)를 카드놀이집(Kartenhaus)으로, 골목길(Gasse)을 금고(Kasse)로, 믿는다(glauben)를 집어내다(Klauben)로, 경계를 짓다(begrenzen)를 화환으로 장식하다(bekränzen)로, 은혜(Gunst)를 예술(Kunst)로 발음하는 것을 여러 번 들었을 것이고, 앞으로도 계속 듣게 될 것이야."

나는 대답했다. "나도 그 비슷한 일을 실제로 보았습니다. 이곳 출신의 어떤 배우가 '당신의 비통(Gram)함이 내 마음에 사무칩니다'라고 말해야 하는데, G를 K처럼 발음해 그것도 아주 명백하게 말을 했기 때문에 '당신의 잡동사니(Kram)가 내 마음에 사무칩니다.'가 되어 버렸습니다."

"그건 그렇고 G와 K의 이러한 혼동은" 하고 괴테는 말했다. "배우들 뿐만 아니라 아주 박식한 신학자들에게서도 들을 수 있지. 나 자신도 이런 케이스를 직접 당했는데, 자네에게 그것을 꼭 말해 주고 싶네.

몇 년 전에 한동안 예나에 머물면서 '전나무'라고 부르는 여관에 숙박하고 있을 때였는데, 어느 날 아침 어떤 신학생이 나를 찾아 왔네. 그는 한동안 나하고 아주 즐겁게 이야기를 나눈 뒤에 작별하면서 나에게 정말로 묘한 간청을 해 왔지. 즉 오는 일요일에는 나 대신 꼭 자기가 설교할 수 있게 해 달라는 것이었어. 나는 그가 어떻게 해서 나에게 이런 말을 하게 됐는가를 곧 알아차렸지. 이 믿음직스러운 젊은이는 G와 K를 혼동하는 사람이었던 거야. 그래서 나는 친절하게, 나로서는 당신의 소망을 도와 줄 수 없지만, 부목사인 쾨테*¹¹씨에게 말씀을 드려 보면 목적을 달성할 수 있을 것이라고 말했다네."

1824년 5월 18일 화요일

저녁 때 괴테 댁에서 리머와 자리를 함께 했다. 괴테는 지질학을 주제로 하는 영국의 어떤 시*¹²에 대해 이야기했다. 그는 이것을 이야기식으로 즉흥적으로 번역했다. 그는 아주 재기 발랄했고 상상력도 풍부했으며 기분도 매우 좋았기 때문에 그 모든 구상 하나하나가 생생하게 눈앞에 떠올라 시시각각 그

＊11 부목사 쾨테(1781~1850). 그는 예나의 신학교수이다.
＊12 영국의 장교이자 교훈 시인인 존 스케이프의 〈석탄왕의 접견〉(1819년)을 말한다.

의 마음속에서 생겨나는 것 같았다. 이 시의 주인공인 석탄 왕은 알현실의 옥좌에 앉아 있고, 그의 옆에는 황철광 왕비도 자리를 함께 하여 이 왕국의 높은 분들의 내방을 기다리고 있다―그들이 위계에 따라 차례로 나타나 왕에게 배알을 한다. 화강암 공작, 석판석 후작, 반암 백작부인, 그 이외에도 각각 적당한 칭호와 익살에 의해 성격이 잘 나타나고 있다. 계속하여 들어오는 것은 석회암 로렌츠 경이다. 이 사나이는 방대한 영지를 가지고 있고 궁정의 총애를 받고 있다. 그는 그의 어머니인 대리석 부인이 주거지가 좀 먼 곳에 있기 때문에 참가하지 못한 것에 대해 용서를 빈다. 좌우간 그녀는 높은 교양과 고상한 취미를 갖추고 있는 부인인 것 같다. 오늘 그녀가 궁정에 모습을 나타내지 않은 것은 그녀가 자신에게 무던히도 아첨을 떨고 있는 카사노바와의 정사에 말려들고 있기 때문인 듯하다. 도마뱀과 고기로 그의 머리칼을 장식하고 있는 응회암은 조금 술에 취한 채로 나타났다. 이회암(泥灰岩)인 한스와 도토(陶土)인 야콥은 알현이 거의 끝날 무렵에야 나타난다. 특히 야콥은 왕비에게 패류(貝類) 수집을 약속했기 때문에 그녀의 환심을 사고 있다. 이렇게 묘사는 아주 쾌적하게 오래 계속된다. 그러나 너무 자세하기 때문에 그 다음의 경과를 기억할 수 없을 정도였다.

"이러한 시는" 하고 괴테는 말했다. "철저하게 세상 사람들을 즐겁게 하기 위한 배려를 하고 있지. 그리고 동시에 원래 어떤 사람에게도 없어서는 안 될 유익한 지식을 다량으로 보급시켜 준다네. 이로 말미암아 상류 사회에 과학에 대한 취미를 북돋아주게 되지. 그런데 이런 절반 농담을 섞은 즐거운 시에서 결과적으로 얼마나 많은 좋은 것이 생겨나는 것인지 아무도 이해하지 못한다네. 많은 현명한 사람들은 자기 가까이의 범위 내에서 자기 스스로 관찰하게 될 것이야. 그리고 우리를 에워싼 자연에서 얻은 이러한 개인적인 관찰은 그 관찰자가 실제의 전문가가 아니면 아닐수록 그만큼 그 가치가 높을 때가 많지."

"그렇다면" 하고 나는 말했다. "지식이 많은 사람일수록 관찰이 서툴러진다는 것처럼 들립니다만."

"우리에게 전해 내려오고 있는 지식이 오류와 결합된 경우에는 확실히 그렇지!" 하고 괴테는 대답했다. "과학계에서는 편협한 특정 신조에 사로잡혀 버리는 즉시 자유롭고 정직한 관찰이 불가능해져. 완강한 화성론자*13는 오로지 화성론자의 안경을 쓰고 관찰하게 되네. 수성론자*14나 최근의 융기이론*15 신봉자도 마찬가지로 각자 자기식의 해석을 내리지. 오직 한 가지의 배타적 방향에 사로잡혀 있는 이런 이론가의 세계관은 천진함을 잃게 되고, 대상은 이제 자연 그대로의 순수한 모습으로 보이지 않게 되네. 그러므로 이런 학자들이 그 관찰을 설명하게 되면, 그들 각자는 개인으로서 이를 데 없이 진리를 사랑하고 있다고 하는데도, 우리는 아무리 해도 사물의 참된 모습을 손에 잡을 수 없지. 오히려 우리가 받아들이는 대상들은 언제나 아주 강한 주관이 뒤섞인 취미에 젖어 있어.

그러나 얽매이지 않은 올바른 지식이 관찰을 방해하고 있다고 주장하려는 것은 결코 아니라네. 오히려 우리의 눈과 귀도 사실은 오직 알기 위해서만 존재하고 있다는 옛 진리를 옳다고 믿는 것에는 변함이 없네. 오케스트라의 합동 연주 때에 전문적인 음악가는 각 악기와 그 악기 하나하나의 음색을 들어서 구별하지만, 아마추어는 전체의 종합적인 효과에 사로잡혀 버리지. 이처럼 단지 향락적인 사람은 푸르고 푸른, 혹은 꽃이 만발한 초원의 아늑한 표면을 바라보는 것에 그치지만, 이것을 관찰하는 식물학자에게는 각각 다른 식물과 풀 하나하나의 한없이 미세한 부분이 눈에 띄게 되네.

그러나 어떤 것에도 그 정도의 한계가 있는 법이야. 나는 이미 〈괴츠〉 속에 학문에만 열중한 나머지 자기 아버지의 얼굴까지도 알아보지 못하게 된 아이들 얘기를 쓴 적이 있는데, 이와 마찬가지로 과학계에도 순수한 학식과 가설에만 몰두하다가 보는 것과 듣는 것도 할 수 없게 된 사람들이 있다네. 이런

＊13 화성설의 신봉자를 말한다. 이 학설에 따르면 암석의 생성과 일반적인 지질학적 현상은 아직 완전히 차가워지지 않은 지구 내부의 영향에 의거하는 것이다.

＊14 암석수성론의 신봉자를 일컫는데, 그들의 학설은 딱딱한 지각의 모든 요소는 물 또는 그 공동 작용에 의해 생긴다고 주장하는 것이다.

＊15 프랑스의 지질학자인 보몽의 이론이다. 그는 어떤 산맥들은 그 생성의 방향, 시기, 성질이 같기 때문에 일체화하는 것이 가능하다고 하였는데, 알렉산더 폰 훔볼트는 1823년에 발표한 '화산의 구조와 활동 양식'에서 이미 이와 비슷한 견해를 발표한 적이 있었다. 또한 이 학설에 대해서는 〈빌헬름 마이스터의 편력시대〉 제2권 제9장에서도 논해지고 있다.

사람들은 무슨 일에 있어서도 곧 생각에 잠겨 버린다네. 그들은 자기 마음속에서 북받치는 것에 정신이 팔려 길거리에서 가장 친한 친구를 만나도 알아차리지 못하고 그냥 스쳐 지나가 버리지. 자연 관찰에는 어떤 것에도 방해 받지 않고 어떠한 선입견에도 얽매이지 않는 조용하고 맑은 마음이 필요한 것이야. 어린아이는 꽃에 머물러 있는 갑충을 놓치지 않지. 어린아이는 오직 한 가지의 단순한 흥미에만 그의 온 정신을 집중하네. 그래서 같은 시각에 구름 모양에 어딘가 이상한 점이 생긴다고 하더라도 전혀 그 방향으로 눈길을 돌려보려고 하지 않아."

"그렇다면" 하고 나는 대답했다. "어린아이들이나 이와 비슷한 사람들은 과학계에서는 정말로 훌륭한 조수 일을 할 수 있겠군요."

이에 괴테가 말했다. "물론 우리 모두가 훌륭한 조수 이상의 것이 되려고 하지 않는다면 괜찮지. 하지만 우리는 그 이상의 것이 되려고 하여 철학이나 가설 같은 대규모의 도구를 여기저기 장소를 가리지 않고 끌고 다니기 때문에 엉망이 되어 버리고 만다네."

담화가 도중에서 조금 끊어졌다. 리머가 입을 열어 바이런 경과 그의 죽음에 대해 말을 하기 시작했다.

이어 괴테는 그의 작품들에 대해 멋지게 논하였다. 그리고 그의 논평은 최고의 찬사와 가장 순수한 존경으로 가득 차 있었다. 괴테는 말을 계속 했다. "바이런은 아주 젊어서 죽었지만 그것이 그의 계속적인 문학 전개에 본질적인 손실을 입혔다고는 말할 수 없네. 바이런은 말하자면 그 이상 더 앞으로 나아갈 수 없었지. 그는 그의 창작력의 정상에 도달해 있었어. 그가 그 이후에 계속 창작을 했다고 하더라도 그의 재능에 허용된 이 한계를 뛰어넘지는 못했을 게야. 그토록 이해하기 어려운 시 〈최후의 심판의 날〉*¹⁶에서 그는 자기 역량을 끝까지 선보이고 있네."

＊16 더 정확하게는 바이런의 〈최후 심판의 환상〉(1822년)을 말하는 것이다. 그 당시 영국의 계관시인 사우디(1774~1843)가 〈최후의 심판의 날〉이라는 제목의 시를 썼는데, 그 내용은 1820년 서거한 영국 국왕 조지 3세가 천국 가까운 곳에서 악마를 물리치고 마침내 천국으로 들어간다는 것이었다. 바이런의 이 시는 사우디에 대한 호된 비난이자 신랄한 풍자였던 것이다.

이어 화제는 이탈리아의 시인인 토르크와토 타소*17로 옮겨졌고 이 시인과 바이런과의 관계에 이르렀다. 이때에 괴테는 바이런 쪽이 그 정신에 있어서, 그 세계에 있어서, 그 창작력에 있어서 훨씬 탁월하다고 강조했다. "이 두 사람의 시인을" 하고 그는 덧붙였다. "서로 비교하게 되면 한쪽을 위해 다른 쪽을 부정하는 길밖에는 다른 도리가 없네. 바이런은 레바논 산의 신성한 삼나무를 재로 만들어 버릴 수 있는 불타는 가시나무 덤불이야. 한편 이탈리아인인 타소의 위대한 서사시는 수세기에 걸쳐 그 명성을 유지하고 있지. 그러나 〈돈 조반니〉 중의 단 한 행을 갖고도 〈예루살렘의 해방〉 전체를 독살시킬 수 있네."

1824년 5월 26일 수요일

나는 오늘 괴테에게 작별 인사를 드렸다. 하노버에 있는 나의 애인을 만나고, 내가 오랫동안 계획하고 있었던 대로 라인 강을 방문하기 위해서였다. 괴테는 두 팔을 벌려 진심을 다해 나를 안아 주었다. "하노버에 있는 레베르크*18가(家)를 방문하게 되면" 하고 그는 말했다. "아마 내 젊은 시절의 여자 친구인 샤를롯테 케스트너*19를 만나게 되겠군. 그녀에게 나의 안부를 잘 전해 주길 바라네.

프랑크푸르트에 있는 나의 친구인 빌레머 가와 라인하르트 백작, 그리고 슐로서*20가를 자네에게 소개해 주도록 하지. 하이델베르크와 본에도 나에게 성실한 친구들이 있는데 그분들도 자네를 극진히 환대해 줄 게야. 나는 이번 여

---

*17 토르크와토 타소(1544~1595). 그가 쓴 〈예루살렘의 해방〉(1580년)은 제1회 십자군을 주제로 한 것인데, 작중의 성격이 한결같이 독창적이어서 세계적인 걸작으로 간주되고 있다.

*18 레베르크(1757~1836). 독일 하노버의 추밀고문관이다.

*19 샤를롯테 케스트너(1753~1828). 애칭 롯테로 괴테의 〈젊은 베르테르의 슬픔〉의 모델이다. 그녀는 베츨라에서 하노버의 케스트너 일가에 시집을 왔는데, 이 일가는 하노버의 명문가로 그 학술수집품은 오늘날 시립박물관으로 되었다. 그곳에는 그녀 자신의 유물도 함께 진열되어 있다고 한다.

*20 여기서는 슐로서가(家) 중 특히 요한 프리드리히 슐로서(1780~1851)를 말하고 있는데, 그는 괴테의 누이동생인 코르넬리아의 남편이 된 요한 게오르크의 조카뻘이 되며 괴테의 죽마고우인 히에로니무스 슐러서의 아들이고 변호사이다.

름 한동안을 또다시 마리엔바트에서 지낼 작정이지만 자네가 돌아올 때까지는 떠나지 않을 것이야."

나에게 괴테와의 작별은 마음이 괴로운 일이었다. 그러나 2개월 후에는 건강하고 유쾌한 그를 다시 만날 것이라고 굳게 믿어 의심하지 않았다.

다음 날 마차가 나의 사랑하는 고향인 하노버를 향해 떠났을 때 나는 행복했다. 그간 나의 간절한 마음은 늘 그곳으로 향해 있었기 때문이다.

1825년

1825년 3월 22일 화요일

이날 밤 12시가 지났을 때 우리는 경종 소리에 눈을 떴다. "극장에 불이 났다!" 하고 사람들이 외쳤다.[1] 나는 곧 옷을 입고 현장으로 달려갔다. 그 지역에는 일대 혼란이 일어났다. 몇 시간 전 이곳에서는 컴버랜드[2]의 〈유대인〉이 상연되어 라 로슈의 멋진 연기가 우리를 열광케 만들었고, 자이델의 신명이 난 익살이 모든 사람들을 웃게 만들었다. 그런데 바로 지금 그 장소, 방금 전까지만 해도 사람들을 즐겁게 해 주었던 그곳은 미친 듯이 날뛰는 무서운 파괴의 불길에 휩싸여 있었다.

불은 난방 기구에서 일어났고 일층부터 불길을 내뿜었다고 한다. 불은 얼마 안 있어 무대와 측면 배경의 건조한 격자 세공품으로 옮아가 불붙기 쉬운 것들에 순식간에 번져 버렸다. 불길은 지붕 전체로 용솟음쳐 서까래가 쿵 하는 소리와 함께 무너져 내렸다.

---

*1 원래 처음에는 바이마르 궁성 안에 작은 극장이 있었다. 그런데 1774년에 바이마르 궁성이 화재로 전소되면서 그 극장도 없어졌다. 1780년에 새로운 바이마르 극장이 세워지면서 1783년부터는 직업 배우들이 무대에 등장하게 되었고, 이탈리아 여행에서 돌아온 괴테가 1791년부터 1817년까지 바이마르 극장 무대감독의 책임을 맡게 된다. 이후 이 극장에서는 괴테와 실러의 따뜻한 우정의 결과로, 실러의 〈발렌슈타인〉 3부작을 비롯한 그의 걸작 희곡들과 괴테의 〈에그몬트〉가 실러의 연출로 처음으로 상연될 수 있었다. 이러한 바이마르 극장은 1825년 3월 22일 화재로 없어졌다가 1829년에 신축되었고, 1907년에는 더 크고 현대적인 건물이 세워졌다. 이후 2차 세계대전 중 폭격으로 건물 정면만 남은 것을 다시 지어, 1948년 8월 28일 파우스트 공연과 함께 극장 문을 새로 열었다. 이 극장은 1975년에 다시 완전히 개축되어 바이마르 1000년 존속 기념일을 경축했다. 1919년 독일 국회의원들이 한 자리에 모여 독일이 공화국이 되었음을 선포한 것도 바로 이 극장에서였다.

*2 컴버랜드(1732~1811). 영국의 극작가인 그의 5막물의 감상적인 희곡 〈유대인〉은 1825년 바이마르에서 상연되었다.

소화 장치는 잘 되어 있었다. 사람들은 점차로 건물을 소화기로 포위하다시 피하여 다량의 물을 불 속으로 퍼부었다. 그렇지만 전혀 효과를 내지 못했다. 불길은 여전히 하늘 속으로 미처 날뛰었고 수없이 많은 불꽃 덩어리와 가벼운 물건의 파편들이 불 붙은 채로 암흑의 하늘로 날아올랐다. 이어 그것들은 산들바람을 타고 옆쪽에 있는 거리 위로 흘러들어갔다. 소화 사다리와 소화 펌프 아래에 모여서 활동하고 있는 사람들의 술렁거림과 외침 소리는 격해져 갔다. 사람들은 있는 힘을 다해 무리를 해서라도 불길을 잡으려고 하는 것 같았다. 조금 옆쪽으로 불길과 가장 가까운 곳에는 외투와 군모를 쓴 채 천천히 시가를 피우면서 꼼짝 않고 서 있는 사나이가 있었다. 그런데 처음에 단순한 구경꾼인 줄 알았던 그가 몇 마디 명령을 내리면 사람들은 곧장 그 명령을 실행에 옮겼다. 그는 카를 아우구스트 대공이었던 것이다. 대공은 얼마 안 있어 그 건물만은 살려낼 수 없다는 것을 깨달았다. 그러므로 그는 그것을 허물고 소화 펌프를 언제 불길이 옮겨 붙을지 모르는 이웃집들에게 돌리도록 명령을 내렸다. 그는 군주답게 단념을 하고는

불타버려 없어져라!
더욱 아름답게 다시 지을 것일진대*3

라고 생각하고 있는 것 같았다. 그의 이와 같은 조치는 잘못된 것이 아니었다. 극장은 낡았고 전혀 아름답지도 않았다. 그리고 매년 늘어만 가는 관객을 수용하기에는 충분한 것이 못되던 차였다. 아무리 그렇다고 하더라도 그처럼 위대하고 그리운 수많은 과거의 추억이 깃든 건물이 잿더미로 사라져 가는 것은 바이마르로서는 참으로 애처로운 일이었다.
나는 많은 사람들이 극장의 몰락을 슬퍼하며 아름다운 눈동자에서 흘러내리는 눈물을 보았다. 이에 못지않게 나를 감동시킨 것은 관현악단의 한 단원이었다. 그는 자신의 바이올린이 불타 버렸다고 울고 있었다.
날이 밝아 왔을 때 나는 많은 창백한 얼굴들을 보았다. 상류 계급의 여러

*3 괴테의 축제극인 〈판도라〉에 나오는 시구이다.

아가씨와 부인들이 눈에 띄었다. 그녀들은 하룻밤 내내 화재의 추이를 지켜보고 있었던 것이다. 그리고 지금 차가운 아침 바람 속에서 그들은 다소 추위를 느끼고 몸을 떨고 있었다. 나는 집으로 돌아가 잠시 쉬었다가 오전 중에 괴테를 찾아갔다.

하인은 나에게 그는 기분이 좋지 않아 침대에 있다고 알려왔다. 그런데도 괴테는 나를 자기 곁으로 불렀다. 그는 나에게 손을 내밀었다. "이제 모든 것이 끝장났어" 하고 괴테는 말했다. "그렇지만 별도리가 없지. 귀여운 볼프가 오늘 아침 일찍 내 침실에 문안하러 왔었네. 그 아이는 내 손을 꼭 붙잡고 물끄러미 나의 얼굴을 바라보면서 이렇게 말했지. '세상만사가 이런 것이겠지요!'—사랑하는 볼프는 이렇게 말하고 나를 위로하려고 했네. 이 말 외에 무슨 말을 더 할 수 있겠는가. 내가 거의 30년 동안 애정을 기울여 고생을 거듭해 온 저 현장이 폐허로 변해 버리고 말았어. 그러니 볼프가 말한 대로지. '세상만사가 이런 것이겠지.' 나는 어제 밤새도록 거의 잠을 이룰 수 없었네. 앞쪽 유리창을 통해 불길이 쉬지 않고 하늘로 올라가는 것을 보았어. 자네도 상상할 수 있을 게야. 갖가지 상념이 내 가슴을 뚫고 지나갔지. 먼 옛날의 일들, 오랜 세월을 실러와 함께 활동했던 일들, 많은 사랑하는 제자들이 처음으로 그 무대에 올랐다가 성장하여 떠나갔던 일들. 이런 것들이 나의 마음속 깊숙이 적지 않은 동요를 불러일으키지 않을 수 없기에 오늘은 이렇게 드러누워 있는 것이 가장 좋겠다고 생각했네."

나는 그의 이런 조심스러움에 대한 찬사의 말씀을 드렸다. 그러나 그는 조금도 쇠약해진 것 같지 않았고 피곤한 기색도 보이지 않았다. 오히려 아주 쾌적하니 명랑하게 보였다. 이렇게 잠자리에 들고 있는 것은 아마도 무슨 일이 일어날 때면 많은 방문객들이 몰려오는 것을 두려워하여 옛날부터 사용하고 있는 전략인 것처럼 생각되었다.

괴테는 나에게 침대 앞 의자에 앉으라고 권하면서 한동안 머물러 있어 달라고 부탁했다. 그러면서 그가 물었다.

"나는 여러 가지로 자네 일을 생각하고 딱하게 여기고 있네. 자네는 이제부터는 저녁에 무엇을 하고 지낼 작정인가?"

"아시다시피" 하고 나는 대답했다. "나는 미친 듯이 연극을 좋아하게 되었습니다. 2년 전에 이곳으로 왔을 때에는 하노버에서 관람한 몇몇 연극 외에는 아무것도 아는 것이 없었기 때문에, 배우나 희곡 작품 모든 것이 신기하게 보였습니다. 무엇보다도 당신의 충고로 인해 나는 이것저것 생각하고 반성할 여유도 없이 그저 상연 작품에서 받는 감명 속에 온몸을 맡겼던 것입니다. 그러므로 정말이지 지난 두 해에 걸친 겨울 동안 극장에서 지금까지 체험했던 것 중에서 가장 천진난만하고 즐거운 시간을 보냈다고 말할 수 있습니다. 게다가 극장에 흠뻑 빠져 어떤 상연물도 놓치지 않았지요. 그뿐만 아니라 나는 사전 연습에도 입장 허락을 받았습니다. 그런데 나는 그것으로도 만족할 수가 없어서 이따금 낮에 지나가다가 우연히 극장 문이 열려 있는 것을 볼 때면, 곧잘 1층의 텅 비어 있는 좌석에 반시간 가량 앉아서 이제 상연될 것만 같은 장면을 상상해 보곤 했습니다."

"자네는 정말이지 미친 사람 같군 그래" 하고 괴테는 웃으면서 대답했다. "그렇지만 나는 그 말을 들으니 기쁘네. 관객이 모두 자네 같은 사람들이라면 얼마나 좋을까! 그리고 결국 자네의 태도는 옳아. 옳고말고. 나쁜 습관에 물들지 않은 한창 젊은 사람에게 극장만큼 쾌적한 장소는 좀처럼 없지. 극장은 자네에게 무엇을 요구하는 것도 아니고 마음이 내키지 않으면 입을 열지 않아도 되네. 그뿐이겠는가. 왕처럼 완전히 기분 좋게 앉은 채 느긋하게 모든 것이 눈앞에서 전개되는 대로 보면 되네. 또 자기가 소망하는 대로 자기 정신과 감각을 즐겁게 해 줄 수도 있지. 거기에는 시가 있고 그림이 있고 음악도 있어. 그리고 또 연기가 있으니 없는 것이 무엇이란 말인가!

이런 모든 예술과 청춘과 아름다움의 매력이 오직 하룻밤 사이에 한 덩어리가 되어 당당하게 펼쳐질 때에는 다른 무엇하고도 비교할 수 없는 향연이 실현되는 것이지. 물론 때로는 좋지 않은 작품도 있을 것이고, 또 좋은 작품이 얼마 되지 않을 수도 있을 것이야. 그렇더라도 창 밖을 내다본다든지, 어딘지 은밀한 클럽의 담배 연기 속에서 카드놀이를 하는 것보다는 훨씬 낫지. 자네도 알고 있지만 바이마르의 극장은 결코 무시할 수 없네. 이것은 여전히 우리의 황금 시대에 뿌리를 박고 있는 전통적인 줄기인 것이야. 신인 배우들도 이곳에서 배우고 완성되었지. 그리고 우리는 지금도 사람들을 끌어들여 만족을 줄 수 있는 것, 적어도 완벽에 가까운 것을 상연할 수 있었네."

"2, 30년 전의 상연 작품들을 한번 보고 싶습니다!" 하고 나는 말했다. "말할 필요도 없지만" 하고 괴테는 대답했다. "그 시대에는 일을 진행하는 것이 정말로 유리했지. 생각을 해 보게. 그 당시는 아직 프랑스풍 취미의 지루한 시대가 물러간 지 얼마 되지 않았을 때였지. 게다가 관객들은 아직 조금도 과격한 자극을 받지 않고 있었고, 셰익스피어가 이제 겨우 발랄하게 영향을 끼치기 시작했던 시기라네. 모차르트의 오페라도 새로웠고, 그리고 급기야는 실러의 희곡 작품들이 매년 이곳에서 완성되었던 때일세. 그리고 그는 바이마르 극장에서 그 작품들을 자신의 손으로 연출, 상연하여 최초의 영광을 마음껏 누렸지. 이렇게 남녀노소를 막론한 관객들을 그와 같은 진수성찬으로 대접했기 때문에, 우리는 언제나 우리에게 감사하는 관객을 가지고 있었다네. 이런 것은 아마 자네도 상상할 수 있을 것이야."

"그 시절을 겪었던 노인들은 그 당시가 바이마르 극장의 정점이었다고 입을 모아 칭찬합니다."[4]

"나도 그것을 부인하고 싶지는 않네" 하고 괴테는 대답했다. "그것은 정말로 훌륭한 시대였어—그런데 제일 중요한 것은 대공이 나에게 모든 것을 맡겼다는 점이었지. 그러므로 나는 내 뜻대로 마음껏 할 수 있었네. 화려한 장식과 아름다운 의상 같은 것은 거들떠보지도 않고 오로지 훌륭한 각본을 찾았지. 비극에서 익살극에 이르기까지 그 종류의 여하를 묻지 않았어. 그러나 훌륭한 작품이 아니면 채택하지 않았네. 보다 위대하고 훌륭하고 쾌활하고 우아하고 또한 어떠한 경우에도 건전하고, 무엇보다 일정한 알맹이를 갖고 있는 것이 아니면 안 되었지. 병적인 것, 허약한 것, 눈물을 짜게 만드는 것, 감상적인 것,

---

*4 괴테와 실러와의 결합은 1794년에 시작하여 1805년에 실러가 사망할 때까지 계속되었는데, 이들의 협력은 이를 데 없이 생산적인 것이었다. 괴테가 오랫동안 중단하고 있었던 〈파우스트〉를 다시 시작하도록 독촉한 것도 바로 실러였다. 이에 괴테는 훗날 실러에게 감사해하면서 '그가 나에게 제2의 청춘을 갖다주어, 나를 다시 시인으로 만들어주었다'라고 했다. 괴테 역시 실러를 격려하여 실러의 고전적 희곡 창작을 촉구했고, 또 바이마르 극장의 총감독으로서 실러의 작품들을 무대에 올려 상연했던 것이다.

또한 전율적인 것, 잔인한 것, 아름다운 풍속을 해치는 것, 이런 모든 것은 단연코 제외시켰어. 그런 것은 배우와 관객들을 모두 타락시킬 염려가 있었기 때문이지.

그러나 나는 좋은 연극은 망설이지 않고 택했고, 그것으로 배우들을 향상시켰네. 왜냐하면 훌륭한 작품을 연구하고 걸작을 쉬지 않고 연습하면 재능을 타고난 사람은 틀림없이 제구실을 하는 어엿한 인물이 될 수 있기 때문이야. 그리고 나는 배우들하고도 쉴새 없이 직접 접촉했지. 대본 읽기를 지도했고 일일이 그 배역을 설명했어. 중요한 예행 연습에 입회하여 어떻게 하면 더 연기를 잘할 수 있을지를 함께 의논했지. 상연할 때에는 빼놓지 않고 관람했고 좋지 않았던 부분들은 모두 다음 날 주의를 주었네.

이렇게 하여 나는 그들의 기술을 향상시켰지. 또한 나는 배우 계급 전체가 세상 사람들에게서 존경받을 수 있도록 노력했네. 나는 가장 훌륭하고 가장 촉망 받는 배우들을 나의 사교 모임에 끌어들여 내가 그들과 서로 어울릴 만큼 그들을 존경하고 있다는 것을 세상에 보여 주었지. 그러자 바이마르의 다른 상류 사교계도 나한테 뒤지려고 하지 않았어. 이리하여 얼마 안 있어 남자 배우와 여자 배우들도 제1류 회합으로의 정중한 초대를 받게 되었지. 나의 제자인 베를린의 볼프도, 그리고 우리의 뒤랑*5도 매우 섬세한 사교술을 지니고 있는 사람들이지. 윌과 그라프 두 사람은 최고의 사교계에서도 부끄럽지 않을 만큼 높은 교양을 풍부하게 갖추고 있었네.

실러도 나와 똑같은 정신으로 행동을 했지. 그는 남자 배우들, 여자 배우들과 쉴새 없이 사귀었어. 나와 마찬가지로 어떠한 예행 연습에도 빠지지 않고 일일이 입회했어. 그리고 자기 작품의 상연이 끝난 뒤에는 그들을 자기 집으로 초대해서 그들과 함께 즐거운 하루를 보내곤 했어. 성공한 부분은 함께 기뻐했지. 그리고 서로 다음 번에 개량할 점을 이야기하곤 했네. 그러나 실러가 바이마르에 나타났을 때에는 이미 배우나 관객들의 교양이 높은 수준으로 발전하고 있었어. 그러므로 그의 작품이 당장 성공할 수 있었던 것은 이 점에 힘입

---

*5 우리의 뒤랑(1787~1852). 바이마르 극장의 배우였던 그는 1823년 이후 그 극장의 무대감독으로 일했다.

초대 바이마르 극장(1780~1825)

두 번째 바이마르 극장(1825~1907)

현재의 바이마르 극장

은 바가 컸다네. 이것은 부인할 수 없는 일이지."

괴테가 그처럼 자세하게 말하는 것을 듣고 나는 정말로 기뻤다. 이것은 내가 언제나 비상한 관심을 가졌던 것이었으며, 특히 어제의 불행한 일로 나의 마음에서 떠나지 않았던 것이었다.

나는 말했다. "당신과 실러가 오랫동안 이루 말할 수 없는 많은 영향을 끼친 극장이 오늘 불타 버렸으니, 바이마르로서는 다시 되돌아갈 수 없는 위대한 시대의 종말을 맞은 것과도 같습니다. 하지만 당신은 그 당시 극장의 감독을 맡아하시면서 최초의 성공을 거두셨으니, 많은 기쁨을 체험하셨을 테지요."

"또한 적지 않은 성가신 일과 괴로운 일들도 겪었지." 괴테는 한숨을 쉬면서 대답했다.

"그처럼 많은 사람들이 적절히 질서를 지키도록 하는 것은 여간 어려운 일이 아니었을 것입니다" 하고 나는 말했다.

"그렇게 하려면 엄격하게 다스리는 것도 아주 중요하네. 그렇지만 애정을 갖고 대하는 것이 더욱 좋지. 그러나 가장 좋은 것은 식견을 갖고 아무도 편들지 않고 공평한 입장을 취하고, 개인적인 차별을 두지 않는 것이지. 나는 나에게 위험한 두 가지의 적으로부터 스스로를 보호하지 않으면 안 되었네.

그 하나는 재능이 있는 사람을 무한정 사랑하여 자칫하면 공평함을 잃게 되는 것이고, 또 다른 한 가지는, 이것은 말하고 싶지 않지만 자네는 이미 짐작할 수 있을 것이야. 우리의 극장에는 젊고 아름답고, 게다가 마음씨까지 아주 부드러운 여성이 있었지—나는 이따금 이런 여성들에게 매력을 느껴 제정신을 잃곤 했네. 그리고 때로는 나를 향해 접근해 오는 여성들도 있었어. 그러나 나는 마음을 단단히 먹고 더 이상 깊이 들어가서는 안 된다고 스스로를 타일렀네—나는 나의 입장을 잘 알고 있었고, 그들에 대해 내가 책임 있는 입장에 있다는 것도 분별하고 있었지. 여기서 나는 사인(私人)이 아니었네. 한 조직의 우두머리인 것이며, 그 조직의 번영이 나 개인의 일시적인 행복보다 더 중요한 것이었어. 만약 내가 누구하고 사랑에 빠진다면 아무리 강력한 자석이 그 옆에 있다고 하더라도 옳은 방향을 가리키지 않는 나침반처럼 되어버릴 것이야.

이렇듯 나는 어디까지나 순수함을 지켰고 언제나 나 자신을 억제했기 때문에 극장을 잘 통솔할 수 있었네. 또 남들에게서 존경심을 얻는 데에도 실패하지 않았지. 그런 존경심을 얻지 못하면 어떠한 권위도 금세 땅에 떨어져 버리고 마는 것이야."

괴테의 이 고백은 나에게는 정말로 놀라운 것이었다. 밖에서 그에 관해 이것과 비슷한 이야기를 듣기는 했지만, 지금 그에게 직접 확증되는 말을 듣게 되어서 나는 기뻤다. 나는 지금까지보다 더 그가 좋아졌다. 그리고 진심 어린 악수를 나누고 그의 곁을 떠났다.

나는 화재 현장으로 다시 돌아왔다. 잿더미에서는 아직도 불길이 타고 있었고, 그 위로 자욱히 연기 기둥이 올라가고 있었다. 나는 그 가까이에서 대사를 적어 놓은 종이가 불에 탄 것을 발견했다. 그것은 괴테의 〈타소〉에 있는 시구였다.

1825년 3월 24일 목요일

괴테 댁에서 식사를 함께 했다. 주된 이야기는 극장이 불타 없어져 버린 사건이었다. 젊은 괴테 부인과 울리케 양은 오래된 저 극장에서 보낸 즐거웠던 날들의 추억에 빠져 있었다. 그녀들은 불타 버린 부스러기 속에서 기념품 몇 개를 찾아내어 그것은 어디에도 비길 수 없는 것이라고 말하고 있었다. 그렇지만 그것은 기껏해야 2, 3개의 돌덩어리 아니면 타다 남은 양탄자 조각이었다.

"중요한 것은" 하고 괴테는 말했다. "빨리 평정으로 되돌아가 가능한 한 빨리 다시 일어서는 것이지—나는 내주 중으로도 다시 연극을 상연할 수 있었으면 좋겠어. 군주의 저택에서든 그렇지 않으면 시청의 대공회당에서든 어디든지 괜찮지. 좌우간 휴관이 너무 오래 계속되면 좋지 않아. 그렇게 되면 사람들은 밤이 따분해져서 틀림없이 다른 클럽을 찾아 나설 것이야."

"그렇지만 무대 도구는 전부 없어져 버리지 않았습니까?" 하고 누군가가 말했다.

"무대 도구는 그렇게 크게 필요하지 않아" 하고 괴테는 대답했다. "게다가 규모가 큰 작품을 올릴 필요도 없지. 그리고 또 반드시 극 전체를 상연할 필요가 없고 말이야. 중요한 것은 장면 변화가 야단스럽지 않은 것을 선택하는 것이야. 일막극의 희극이라든지, 일막극의 익살극이라든지, 소가극같은 것이 좋지. 소가곡, 2부 합주, 인기 있는 오페라의 마지막 곡 같은 것은 어떨까—이런 것을 상연하면 만족해할 것이야. 이런 식으로 4월을 꾸려나가면, 5월에는 곧 숲 속 노래꾼들이 지저귀는 자연의 목소리를 들을 수 있게 될 테지."

괴테는 말을 계속했다. "그런 저런 일을 하는 사이에 여름 몇 달 동안 새로운 극장이 세워져 자네들은 다시 연극을 관람할 수 있게 될 것이야. 이번 화재는 나에게는 참으로 묘하게 느껴지네. 자네들에게만 털어놓는 바이지만 사실은 지난 긴 겨울 동안에 나는 쿠드레이와 함께 바이마르에 어울리는 새로운 극장을 하나 설계했다네. 몇몇 독일 일류 극장에서 평면도와 단면도를 가져오게 해서 그중에서 제일 좋은 부분을 택하고 불완전하다고 생각되는 것을 피하는 식으로 계획했지. 그래서 이만하면 사람들에게 보여 줘도 괜찮을 거라고 생각되는 설계도를 만들었어. 대공께서 허락해 주시면 언제라도 건축에 착수할 수 있네. 이런 재난이 있기 전에 우리가 이처럼 완전하게 준비를 했다는 것이 정말 이상하다는 생각이 들어. 어쨌든 결코 무의미한 일은 아니었군."

우리는 괴테의 이 보고를 대단한 기쁨을 갖고 받아들였다.

"지금까지의 극장에는" 하고 괴테는 말했다. "귀족을 위해서는 2층 관람석이 마련되어 있었네. 그리고 근로 계급과 직공들을 위해서는 제일 높은 자리가 배정되었었지. 그러나 생활이 풍요롭고 고상한 중류 계급에게는 형편이 좋지 않았네. 왜냐하면 상연물에 따라서는 학생들이 1층 좌석을 점령하게 되어 중류 계급은 어디에도 갈 수 없을 때가 있었기 때문이야. 1층 뒤에 있는 얼마 안되는 칸막이석과 역시 얼마 되지 않는 1층 앞 부분 좌석으로는 충분하지 못했네. 이번에 우리는 이 점을 잘 고려했지. 1층 주위에 빙 둘러 칸막이석을 만들었고, 또 2층의 칸막이석과 최상층 사이에 2등의 칸막이석 한 줄을 더 설치했어. 이렇게 하면 좌석이 많이 생기고, 그러면서도 극장이 각별히 더 넓어질 필요는 없지."

우리는 이 보고를 듣고 기뻐했고 괴테의 극장과 관객에 대한 친절한 배려를 칭찬했다.

나로서도 이 훌륭한 미래의 극장을 위해 뭔가를 해야겠다고 생각하고는, 식사 후에 친구인 로버트 둘란*⁶과 함께 상부 바이마르로 갔다. 우리는 그곳 카페에서 한 잔의 커피를 마시면서 메타스타시오*⁷의 〈이시필레〉를 본받아 가극의 대본을 쓰기 시작했다. 무엇보다 첫 시작으로 프로그램을 쓰고, 이 대본의 배역을 바이마르 극장의 가장 인기 있는 남녀 가수에게 맡기는 것이다. 이것은 우리에게는 아주 즐거운 작업이었다. 우리 두 사람은 마치 다시금 오케스트라의 앞에 앉아 있는 것 같았다. 이어 진지한 마음으로 극본을 써나가 우리는 제1막의 대부분을 완성했다.

1825년 3월 27일 일요일

괴테의 댁에서 식사를 함께 했다. 상당히 활기에 찬 모임이었다. 그는 우리에게 새로운 극장의 설계도를 보여 주었다. 그것은 그가 우리에게 며칠 전에 말했던 것과 같은 것이었다. 외관으로나 내부적으로나 정말로 훌륭한 건물이 될 것으로 예상되었다.

이처럼 훌륭한 극장에는 아름다운 무대 도구와 종전보다 훨씬 좋은 의상이 필요하게 될 것이라는 이야기가 나왔다. 게다가 또 배우의 숫자도 점점 부족해져서 연극에서도 그렇고 가극에서도 젊고 우수한 멤버 여러 명을 고용하지 않으면 안 될 것이라는 의견이 있었다. 그런데 이런 것에는 모두 엄청난 비용 지출이 수반되게 마련이어서, 지금까지와 같은 재원으로는 충당해 낼 수 없을 것이라고 하였다.

"나는 너무나 잘 알고 있지" 하고 괴테는 말참견을 했다. "돈을 절약해야 한다는 구실 아래 별로 돈이 들지 않는 연기가 서투른 배우를 채용하려는 것이야. 이런 식으로 돈을 쓰게 되면 아무리 해도 도움이 된다고 생각할 수 없지.

---

*6 에커만이 평소에 가깝게 지낸 영국인 친구이다.
*7 메타스타시오(1698~1782). 이탈리아의 시인이자 극작가인 그는 근대 이탈리아 오페라의 창시자이다. 오페라 〈이지필레〉의 대본이 그의 작품이다.

이처럼 가장 본질적인 사안에서 돈을 아끼려고 하는 처사만큼 극장 수입 증가를 위한 노력에 큰 해를 끼치는 일은 없어. 우리가 생각해야 할 일은 어떻게 하면 매일 밤 극장 안을 꽉 차도록 할 수 있을까 하는 것일세. 그렇게 하려면 젊은 남녀 가수를 각각 한 명씩 확보하고, 뛰어난 재능을 갖춘 젊고 늠름한 남녀 주연 배우, 그리고 소수의 미인들을 선발해야 하네. 그렇지. 내가 지금도 극장 운영의 선두에서 지휘를 맡고 있다면 최선의 수입을 올리기 위해 한 걸음 더 앞으로 나아갈 것이야."

그러자 사람들은 그에게 그렇다면 어떤 생각을 가지고 있는가를 물었다.

"나는 아주 간단한 방법을 택하겠네" 하고 그는 대답했다. "나는 일요일에도 공연을 하게 할 것이야. 이렇게 하면 적어도 한 해 동안 40일 분의 수입이 늘어날 것일세. 그리고 이로 말미암아 적게 잡아도 연간 1만 내지 1만 5천 탈러의 재원을 올리게 될 테지."

사람들은 이 타개책을 실제로 행할 수 있을 것이라고 생각했다. 일주일 간 대체로 밤늦게까지 일하고 있는 대다수의 노동 계급에게는 일요일이 유일한 휴일인 것이다. 그들은 그런 일요일을 보내는 방법으로 선술집에서 춤을 춘다거나 맥주를 마시는 것보다는 연극 관람이라는 고상한 오락 방법을 택할 것임에 틀림없다는 이야기도 나왔다. 또한 모두들 이 부근 소도시의 지주, 소작인 그리고 관리와 돈 있는 사람들은 일요일을 바이마르 극장으로 가는 가장 알맞은 날로 여기게 될 것이라고 생각했다. 지금까지 바이마르의 일요일 밤은 궁정에 나가지 않는 사람들 또는 즐거운 가정 모임이나 사적인 클럽에 가입해 있지 않은 사람들에게는 지루하고 따분하기 그지없었다. 그 한 사람 한 사람이 갈 데가 없었던 것이다. 그래서 사람들은 어떻게든 일요일 밤을 즐겁게 지내고, 일주일 간의 시름을 잊어버릴 수 있는 장소를 가졌으면 좋겠다고 생각했다.

일요일에도 극장 상연을 하자는 괴테의 생각은 독일의 다른 도시에서는 이미 실행되고 있기도 했고, 또 앞서의 이유도 있어 전폭적인 동의를 얻고 명안이라고 환영을 받았다. 다만 궁정에서 찬성할지 그렇지 않을지가 약간의 의문으로 남았다.

"바이마르의 궁정은" 하고 괴테는 대답했다. "선하고 현명하기 때문에 도시와 주요 시설물에 이익을 가져오는 입안을 방해하는 일은 없을 게야. 반드시 기꺼운 마음으로 작은 희생을 치를 것이고 일요일 궁정의 밤 모임을 다른 날로 바꿀 게야. 그러나 만약 그것이 허락되지 않는다 하더라도, 공연작이 부족하진 않을 걸세. 궁정인의 눈에는 좋게 보이지 않을지 몰라도 일반 대중에게는 딱 들어맞는 일요일용 희곡 작품이 넘쳐나고 있어 수입을 실컷 올릴 수 있지."

화제는 바뀌어 배우로 옮겨갔다. 그리고 그들이 실력을 충분히 발휘할 수 있는지 없는지 여러 가지로 말이 나왔다.

"오랜 세월에 걸친 실제 체험에서 나는 연극이든 가극이든 간에, 수년에 걸쳐 충분히 성공을 거둘 수 있다는 확실한 예상을 할 수 없는 작품은 연습을 시켜서는 안 된다는 것을 알아냈지. 5막의 각본, 아니면 이것과 같은 길이의 가극을 연습하는 데 얼마나 많은 정력과 노력이 필요한지는 아무도 충분히 알 수 없는 일이야. 생각해 보게. 어떤 가수가 모든 장면과 막을 통해 하나의 배역을 완전히 소화한다는 것은 대단한 노력이 필요한 일이지. 게다가 합창단이 생각대로 되기까지는 정말로 큰 고생을 해야 하네. 이따금 어떤 가극에 대해 그 성공 여부를 철저하게 알아보지도 않고 단지 확실치 않은 신문 기사 몇 줄에 경솔하게 연습 명령을 내리는 사람들이 있는데, 이런 것을 볼 때면 몸이 오싹해지지. 독일에는 벌써 웬만한 우편 마차가 완비되어 있네. 그리고 급행 우편 마차도 개설되어 있지. 그러므로 어떤 다른 곳에서 상연되어 호평을 받은 신작 가극의 보고에 접하게 되면, 무대 감독이나 다른 신뢰할 수 있는 극장의 일원을 현장으로 파견하는 것이 좋아. 실제로 상연을 직접 눈으로 보고 칭찬을 받은 신작 가극의 어떤 점이 좋고 탁월한가, 또 우리의 힘으로 이것을 어디까지 만들어 낼 수 있는가를 확인하는 것이지. 이런 여행의 비용은 이것을 통해 얻어지는 막대한 이익이나 이것으로 인해 방지할 수 있는 불행한 손실에 비교하면 아무 것도 아닐세.

그런 다음 일단 좋은 각본이나 가극의 예행 연습이 끝나게 되면, 극장이 만원 상태를 계속하고 있는 그 사이에 한 짧은 기간을 집어넣어서 상연을 계속하는 것이 좋지. 오래된 것 중에서 좋은 각본이나 좋은 가극이 있으면 이것에 대해서도 마찬가지야. 그런 것들은 오랜 세월 동안 공연되지 않았던 것이기 때문에, 지금 그것을 상연하여 다시 성공을 거두기 위해서는 마찬가지로 이만저만이 아닌 연구가 필요하겠지. 이런 상연도 마찬가지로 짧은 기간 동안 간격을 두면서, 관객들이 그것에 흥미를 보이고 있는 한 여러 번 되풀이하여 상연하는 것이 좋지. 쉬지 않고 새로운 것을 보고 싶어하거나, 말로는 다할 수 없을 만큼 고생을 해 가며 예행 연습을 한 좋은 각본과 가극을 기껏 두 번 정도 관람하는 것은 좋지 않네. 또 이러한 것을 다시 상연하기까지 6주 내지 8주 간의 경과를 두고 새삼스럽게 새로운 연구를 하는 나쁜 습관은 정말 극장을 파멸로 몰고 가는 것이며, 출연자의 힘을 남용하는 것으로 전적으로 용서할 수 없는 일이야."

괴테는 이 문제를 대단히 중요시하는 것 같았다. 그리고 매번 걱정이 되었던 모양으로, 평소 극히 평안하고 침착한 그가 보기 드물 정도로 이야기에 열중하고 있었다.

"이탈리아에서는" 하고 괴테는 말을 계속했다. "똑같은 하나의 가극을 4주 내지 6주간에 걸쳐 매일 밤 상연하지. 그리고 이탈리아의 위대한 관객들은 그 사이에 결코 다른 것을 원하지 않네. 교양 있는 파리 사람들도 조국의 대작가의 고전 작품을 여러 번 관람하지. 그리고 이것을 외워버리고, 음절 하나하나의 강약까지 구별한다네. 이곳 바이마르에서는 나의 〈이피게니에〉나 〈타소〉가 상연된 적이 있지. 이것은 정말이지 나에게는 명예로운 일이라고 생각하고 있네. 그러나 몇 번이나 상연되었다는 말인가? 기껏해야 3,4년에 한 번이야. 관객들은 지루하다고 말을 하지. 과연 그렇다네. 배우들은 이 연극을 연기할 수 있을 만한 훈련이 되어 있지 않아. 그리고 관객은 이것을 들을 만한 훈련이 되어 있지 않지. 배우들이 여러 번 되풀이하여 연습해서 그 배역을 자기 몸에 다져 넣을 수 있어야만 하네. 그래서 가르침을 받았다는 식이 아니라 마치 자기의 마음속으로부터 솟아 나온 것처럼 생생하게 연기를 할 수 있게 되면, 관객도 그걸 보고 흥미가 솟아나지 않고 감동도 느끼지 못한다고 말하지 못할 것이야.

사실 나는 일찍이 독일 연극을 교화할 수 있을 것이라는 망상에 사로잡혔었네. 그뿐만 아니라 내 자신이 그것에 기여할 수 있고, 또 이러한 영위에 다소나마 기초를 만들어 확고하게 할 수 있을 것이라는 공상에 빠졌었지. 나는 〈이피게니에〉와 〈타소〉를 썼어. 그리고 그것으로 잘될 것이라는 어린애 같은 기대를 품고 있었지―그러나 반응도 없었고 감동도 일어나지 않았으며 모든 것이 본래의 상태 그대로였어―만약 내가 감동을 불러일으켜 갈채를 받았다면 자네들을 위해 〈이피게니에〉와 〈타소〉와 같은 작품을 한 열두 개쯤 더 써서 보였을 게야. 재료가 없어서 어려움을 느끼지는 않았어. 그러나 지금 말한 것처럼 이런 것을 정신과 생명을 갖고 연기할 수 있는 배우가 없었고, 또 이러한 것을 감정을 갖고 받아들이는 관중도 없었지."

1825년 3월 30일 수요일

저녁때 괴테 댁에서 성대한 다과회가 있었다. 이곳에서 살고 있는 젊은 영국인들 외에 젊은 미국인[8] 한 사람도 와 있었다. 그곳에서 나는 율리에 폰 에그로프슈타인 백작부인을 만나게 되어 아주 기뻤다. 그날 그녀와 나는 여러 가지 유익한 이야기를 나눴다.

1825년 4월 6일 수요일

괴테의 권고에 따라, 오늘 저녁 처음으로 시청의 대회당에서 연극 상연이 있었다. 물론 장소에 제한이 있고 도구 부족이라는 악조건도 있고 하여, 소품과 일부 발췌된 작품이 상연되었다. 소가극인 〈하인〉[9]은 극장에서 상연될 때와 꼭 마찬가지로 일대 성공을 거두었다. 이어 에버바인의 가극인 〈글라이헨 백작〉 중에서는 역시 사람들에게 인기 있는 쿼르테트가 대갈채를 받았다. 이어 우리의 제1테너인 몰트케 씨가 〈마술피리〉 중에서 가끔 듣게 되는 가극을 불렀다. 이어 휴식을 취한 뒤에 〈돈 조반니〉 제1막의 위대한 종곡이 힘차게 등장했다. 이렇게 하여 오늘 가설 극장이 맞은 최초의 밤은 당당하고도 멋지게 막을 내렸다.

---

*8 미국의 작가인 조지 헨리 칼버트(1803~1889)를 말한다.
*9 오스트리아의 빈 극장지휘자인 아톤 피져(1777~1809)가 작곡한 빈의 민중희극이다.

1825년 4월 10일 일요일

괴테와 함께 식사를 했다. "자네에게 좋은 소식을 알려 주겠네" 하고 괴테는 말했다. "대공이 우리의 새 극장 설계도를 재가해 주었어. 얼마 안 있으면 기초 공사에 착수하게 될 게야."

나는 이 말을 듣고 정말 기뻤다.

"우리는 갖가지 반대 의견과 싸우지 않으면 안 되었지" 하고 괴테는 계속했다. "그러나 운이 좋게도 결국 우리 계획을 관철시킬 수 있었네. 이때에도 추밀 고문관인 슈바이처의 특별한 도움을 받았지. 그는 우리가 기대했던 대로 확고한 신념을 갖고 성실하게 우리 쪽을 밀어 주었어. 설계도는 대공이 손수 서명을 했기 때문에, 이제 아무리 해도 변경할 수 없다네. 어때, 기쁜 일이지? 자네들은 정말로 멋진 극장을 갖게 되었으니 말이야."

1825년 4월 14일 목요일

저녁때 괴테 댁에서 지냈다. 요즈음은 극장과 연극 지도에 관한 담화가 한창 유행하고 있었기 때문에, 나는 그에게 새로운 배우를 뽑을 때에는 어떤 원칙을 적용하였는지 물었다.

"그것은 간단하게 말할 수 없지" 하고 그는 대답했다. "나는 사실 여러 가지 방법을 사용했네. 신인이라고 하더라도 이미 상당한 명성을 갖추고 있는 배우인 경우에는, 그에게 연기를 시켜 보고 그와 다른 배우와의 균형이 잘 잡힐 것인가를 보았지. 그의 태도와 처사가 우리 전체의 조화를 어지럽게 하지 않을까 살폈고, 특히 그가 우리의 결함을 채워 줄 것인가를 검토했지. 그러나 그때까지 한 번도 무대에 서 본 일이 없는 젊은 사람인 경우에는 우선 무엇보다도 그의 사람 됨됨이를 보았고, 그가 다른 사람을 끌어당기고 흥미를 느끼게 하는 점을 내면적으로 가지고 있는지, 그리고 무엇보다 자제심을 가지고 있는지를 조사해 봤네. 왜냐하면 조금도 자제심을 가지고 있지 않고, 다른 사람에게도 호감이 가도록 행동할 수 없는 사람은 절대로 어엿한 배우가 될 수 없기 때문이네. 배우라는 직업에 투철하기 위해서는 쉬지 않고 자기 자신을 부정하고, 끊임없이 타인의 가면을 쓰고 죽기도 하고 살기도 해야 하니까 말이야.

그의 외모와 태도가 나의 마음에 들면 책을 읽게 하고 그의 감각 기능의 힘과 범위, 그리고 그의 정신 능력을 알아보았네. 위대한 시인의 숭고한 작품을 주어 그가 참으로 위대한 것을 느낄 수 있는가, 그리고 표현할 수 있는가를 알아보았지. 다음으로는 정열적인 것이나 야성적인 것을 주어서 그 힘을 시험해 보았네. 그러고는 산뜻하고 이지적인 것이나 기지에 찬 것, 풍자적인 것, 익살스러운 것을 차례로 읽게 하고, 그런 것에 접하고 어떤 태도를 취하는가 관찰하기도 했지. 또 그의 정신이 충분한 자유를 가지고 있는지 없는지를 알아보았네. 다음으로는 상처받은 영혼의 괴로움이나 위대한 정신의 고뇌가 담겨져 있는 것을 주어 감동적인 것의 표현도 소화할 수 있는지를 보았지.

이렇게 여러 가지 방면에 걸쳐 나를 만족시켰을 때에는, 그 사람은 정말이지 훌륭한 배우가 될 수 있다는 확실한 기대가 생겼네. 만약 그의 몇 가지가 다른 방면보다 뛰어나게 좋았을 경우에는 그에게 특별히 적합한 전문 분야가 무엇인가를 일러 주었지. 다음으로 그의 약한 점을 알아냈을 때에도 나는 그 사람이 그 부분에 힘을 들여 연습하도록 했네. 그리고 방언, 소위 말하는 지방 사투리의 결점을 알아냈을 때에는 이것을 없애야 한다고 시끄럽게 다그쳤지. 그리고 전혀 사투리가 없는 단원 중의 한 사람을 소개하여 서로 어울리게 해서 그걸 끈질기게 고치도록 했어. 그러고는 무용이나 펜싱을 할 수 있는지 물었지. 그리고 만약 이것을 할 수 없다면 한동안 그를 무용 교사나 펜싱 선생한테 맡겼네.

이제 드디어 무대에 등장할 수 있게 되면 우선 처음에는 그의 개성에 맞는 역을 주어 한동안은 맡은 배역을 연기하는 것만으로 그냥 놔두었지. 그런데 그 사람이 성질이 너무 급하다는 것이 드러나면, 나는 그 사람에게 우둔한 배역을 주었네. 그러나 그 사람이 너무 침착하고 한가로운 것 같으면 그에게 성질이 급하고 민첩한 역을 주었지. 그렇게 함으로써 우선 자기를 버리고 다른 인물로 변신할 수 있게 연습시켰어."

담화는 연극의 배역으로 옮겨졌다. 그때에 괴테는 무엇보다도 다음과 같이 말했는데, 이것은 나에게는 주목할 만한 것이라고 생각되었다.

"평범한 작품에는 평범한 배우를 기용해도 괜찮다고 생각하는 것은 큰 잘못이지. 작품이 2류 3류라고 하더라도 1류의 힘을 가진 배우에 의해 연기되면, 그것은 믿지 못할 만큼 드높아져 실로 훌륭한 것이 된다네. 그러나 만약 작품이 2류나 3류고, 배우도 2류나 3류라면 공연이 완전히 실패로 끝난다 해도 별로 이상하게 생각될 것이 없지.

2류의 배우들이 위대한 작품에 출연하면 정말로 당당하지. 그들이 그림의 경우와 똑같은 작용을 하기 때문이야. 이런 인물들은 어느 정도는 그림자가 되어, 온몸에 빛을 받고 있는 중요 인물들을 한층 더 강렬하게 보여 주는 임무를 수행하는 것이라네."

1825년 4월 16일 토요일

괴테 댁에서 달톤과 함께 식사를 했다. 달톤과는 지난 해 여름 본에서 알게 되었는데 나는 그를 다시 만날 수 있어 아주 기뻤다. 달톤은 완전히 괴테의 취향에 맞는 인물이었다. 게다가 두 사람 사이에는 아주 아름다운 관계가 성립되어 있었다. 그의 과학 연구는 대단한 중요성을 띠고 있는 것 같았다. 그러므로 괴테는 그의 의견을 아주 존중하여 그 말 한마디 한마디를 주목하고 있었다. 또한 달톤은 인간으로서도 호감이 가는 인물이었다. 그는 재기 발랄하고 말을 잘했고, 사상의 풍부함에 있어서는 넘쳐날 정도여서, 그와 같은 사람은 좀처럼 만날 수 없을 것 같았다. 그의 말을 듣고 있으면 조금도 싫증이 느껴지지 않았다. 괴테는 자연의 본질을 규명하려는 노력에 있어서 즐겨 삼라만상을 포괄적으로 취급하려고 유념하고 있었기 때문에, 특수 분야에 전생애를 바치고 있는 저명한 자연과학자 한 사람 한 사람에 대해서는 아무래도 불리한 입장에 놓여 있었다. 이러한 자연과학자들은 한 영역을 한없이 세부에 걸쳐 정통하고 있지만, 괴테는 언제나 어떤 종류의 위대한 종합을 추구하고 있었다. 그래서 개개 사실에 대한 지식에는 결함이 있었고, 그로 인해 예감은 하지만 실증할 도리는 없었다. 그러므로 그는 중요한 자연과학자들에게 아주 강한 애정을 갖고 친교를 맺곤 했다. 그는 자기 자신에게 부족한 것을 그들 속에서 발견하고, 자기 자신 속에 결여되어 있는 것을 그들에 의해서 보충해 가려고 한 것이다. 그는 몇 년 후면 80세에 이르게 되지만, 탐구하고 체험하는 일에는 아직껏 손을 놓지 않고 있는 것이다. 어떠한 방면에 있어서도 그는 끝났다고 멈춰서지 않는다. 그는 쉬지 않고 앞으로 앞으로 전진하려고 한다! 쉬지 않고 배우고 또 배우려고 한다! 그리고 바로 이렇게 함으로써 그는 자신이 영원히 절대로 멸망하지 않는 젊은 인간으로 머물러 있음을 보여 주고 있는 것이다.

이상과 같은 고찰은 오늘 정오 그가 달톤과 발랄하게 담화를 나누고 있는 것을 보았을 때 나의 마음에 떠오른 것이다. 달톤은 설치류 동물의 골격 형성과 변화에 대해 이야기했다. 그리고 괴테는 언제나와 마찬가지로 여러 가지 개개 사실에 대해 캐묻는 것에 싫증을 느끼지 않았다.

1825년 4월 27일 수요일

저녁때 괴테를 방문했다. 그가 아래쪽에 있는 정원으로 마차를 달려 산책을 하자고 나를 초청했던 것이다. 나를 본 괴테가 말했다. "마차에 타기 전에 자네에게 첼터의 편지를 보여 주지. 어제 이것을 받았는데 우리의 극장도 언급하고 있네."

첼터는 편지에 이렇게 쓰고 있었다. '당신이 바이마르의 민중을 위해서 극장을 건립할 만한 인물이 아니라는 것을 나는 훨씬 전부터 알고 있습니다. 풀이 파래지기 시작하면 염소들이 와서 먹어치운다는 말이 있습니다. 발효 중인 포도주를 병마개로 막으려고 하는 다른 높은 분들도 이 일을 잘 생각해야 할 것입니다. 친구여, 우리는 이것을 체험하여 왔습니다. 아니, 지금 체험하고 있습니다.'

괴테는 나를 쳐다보았다. 그리고 우리 두 사람은 웃었다. "첼터는 씩씩하고 믿음직스럽지" 하고 그는 말했다. "그러나 때로는 전혀 나를 이해하지 못하고 나의 말을 오해하기도 한다네.

나는 민중의 교화를 위해 나의 전생애를 바쳐 왔지. 그런데 어째서 그런 내가 이 민중을 위해서 극장을 세우면 안 되는가!—그러나 이 작은 도시 바이마르는 세상 사람들이 농지거리로 말하듯, 시인은 1만 명이나 되고 민중은 얼마 안 되는 그런 곳이지. 이런 도시에서 어떻게 민중이 특별히 문제가 되어야 한다는 말인가. 하물며 민중 극장이란 전혀 말이 안 되지! 물론 바이마르도 언젠가는 정말로 대도시가 될 게야. 그러나 바이마르 민중의 숫자가 충분하게 불어나 스스로 극장을 꽉 채우고 또 극장을 세우고 유지하는 걸 보려면 아직도 수세기를 더 기다리지 않으면 안 될 것이네."

그러는 사이에 마차 준비가 다 되었기 때문에 우리는 아래쪽 정원으로 마차를 몰고 갔다. 저녁은 조용하고 온화했고 어딘지 좀 무더웠다. 거대한 구름이 모습을 나타냈다. 그것은 서로 어울려 덩어리를 이루어 곧 소나기를 부를 것 같았다. 우리는 건조한 모래 바닥길을 올라가기도 하고 내려가기도 했다. 괴테는 내 옆에서 입을 다물고 있었지만 갖가지 생각을 두루하고 있는 것 같이 보였다. 나는 그 사이 지빠귀와 개똥지빠귀들이 일름 강 저쪽, 아직 잎이 자라지 않은 서양물푸레나무의 우듬지에서, 금방 내릴 것만 같은 소나기를 향해 지저귀고 있는 것에 귀를 기울이고 있었다.

괴테는 눈길을 구름 쪽으로, 때로는 푸른 잎사귀 위로 보내기도 했다. 푸른 잎사귀는 길 양쪽에서, 그리고 목장 위에서, 또는 덤불과 울타리를 따라 힘차게 싹트고 있었다. "저녁때가 되면 틀림없이 소나기가 내릴 거야."

이럭저럭 하는 사이에 구름이 밀려들었다. 멀리에서 천둥이 울렸고 비로소 빗방울이 조금씩 떨어졌다. 그러므로 괴테는 시내로 되돌아가는 것이 좋겠다고 말했다. 그의 저택에 도착하여 마차에서 내렸을 때 "특별히 볼 일이 없으면 위로 올라가서 잠깐 쉬었다 가게"라고 말했다. 그러므로 나는 기쁜 마음으로 그 말에 따랐다.

첼터의 편지는 아직도 책상 위에 놓인 채로 있었다. "이상해. 정말로 이상해" 하고 괴테는 말했다. "사람들이 얼마나 쉽게 세상의 여론에 따라 그릇된 생각으로 빠져 버리는지 보게!—나는 지금까지 민중에 거역하여 죄를 범한 일이 없는데도 사람들은 내가 결코 민중의 편이 아니라고 말하고 있어. 물론 나는 절대로 약탈과 살인 그리고 방화를 저지르고, 사회의 복지라는 그릇된 방패 뒤에 숨어서 오로지 가장 비열하고 이기적인 목적만을 일삼는 사이비 혁명가의 친구는 아니지. 하지만 나는 이런 자들의 친구가 아닌 것과 마찬가지로 폭군 루이 15세의 친구도 아니야. 나는 어떠한 폭력적인 혁명도 미워하지. 왜냐하면 그것으로 좋은 결과도 얻어지지만, 그와 똑같은 정도의 파괴가 자행되기 때문이야. 나는 혁명을 실행하는 사람들을 미워하지만 이것에 불을 붙인 사람들도 미워하네. 그렇지만 그렇다고 해서 내가 민중의 친구가 아니란 말인가?—사리를 잘 아는 사람이라면 이것과는 다른 생각을 할 수 있겠지?

우리에게 미래를 약속해 줄 수 있는 그런 개선이라면 나는 무엇이든 대환영이라는 것을 자네도 알고 있을 걸세. 그러나 지금도 말한 바이지만 폭력적인 것, 돌발적인 것은 일체 나의 정신에 맞지 않네. 그것은 자연을 따르지 않기 때문이야.

나는 식물의 친구라네. 특히 우리 독일의 자연이 길러내는 꽃 중에서 가장 완전한 장미를 사랑하고 있지. 그러나 4월 말인 지금 정원에 핀 장미꽃이 보고 싶다고 할 만큼 바보는 아니야. 지금은 이제 겨우 꽃잎이 푸르러진 것을 보는 것만으로 만족하고 있지. 잎이 줄기를 만들고 매주 자라는 것을 보기만 하면 충분하네. 5월에 꽃봉오리를 보는 것은 즐겁고, 6월에 드디어 대망의 장미가 화려하고 그윽한 향기를 풍기면서 피어 있는 것을 볼 때면 행복을 느끼지. 그러나 그때까지 기다릴 수 없는 사람은 온실로 가야 할 것이야.

그런데 나를 군주의 종자 또는 군주의 하인*[10]이라고 말하는 사람도 있지—이것으로 마치 할 말을 다했다는 식이야!—내가 섬기고 있는 분이 도대체 폭군이라는 말인가? 전제군주라는 말인가? 도대체 내가 국민을 희생해가면서 영락에만 빠져 있는 그런 군주를 섬기고 있다는 말인가?—다행히도 그런 군주나 그런 시대는 벌써 오래전에 없어져 버리고 말았지. 나는 지난 50년 동안 대공과 가장 친밀하게 지내고 있고, 지난 반세기를 통해 그와 고락을 함께 하고 있네. 그리고 대공이 국토의 안녕을 위해, 그리고 국민 한 사람 한 사람의 상황 개선을 위해 적절한 일을 시도하고 실행하지 않는 날이 단 하루라도 있었다고 말한다면, 나는 거짓말을 하는 것이 되지—대공 개인으로만 볼 때에도, 군주라는 신분에서 오는 부담과 고생 이외에 그가 또 무엇을 얻었다는 것인가! 그의 주거, 그의 의복 그리고 그의 식사가 부자인 민간인보다 더 좋다고? 우리 나라의 바닷가 도시로 한번 가 보면 어떨까. 이름난 상인의 요리장과

---

*10 뵈르네는 한술 더 떠서 〈파리로부터의 소식〉에서 괴테를 '전제군주의 하인'이라고 부르고 있다.

술 저장 지하실이 대공의 그것보다 훨씬 잘 갖추어져 있다는 것을 알 수 있을 것이야."

괴테는 말을 계속했다. "이번 가을에는 대공의 통치 50년을 기념하여 축하를 하기로 되어 있지. 그러나 잘 생각해 보면 그의 통치란 끊임없는 봉사일 뿐이었네. 위대한 목적을 달성하기 위한 봉사, 국민의 복지를 위한 봉사 이외에는 그 무엇도 아니었지!—그러므로 내가 군이 군주의 하인이라고 말해야 한다면 그것도 괜찮을 것이야. 군주 자신이 공공 복지를 도모하기 위한 하인이신데, 이런 분의 하인에 지나지 않는다는 것이 차라리 나의 위로인 것이지."

1825년 4월 29일 금요일

새로운 극장의 건축은 요즈음 빠른 속도로 진척을 보이고 있다. 기초로 쌓은 벽이 여기저기에서 높이 올라가, 머지않아 참으로 아름다운 건물이 완성될 것이라고 생각되었다.

그러나 오늘 건축 현장에 가보니 놀랍게도 공사가 중단되어 있었다. 게다가 소문에 의하면 괴테와 쿠드레이에게 반대하는 일파가 드디어 승리를 거두었다는 것이었다. 그래서 쿠드레이는 건축 감독에서 손을 떼고 다른 건축가가 새로운 설계에 따라 공사를 맡게 되며, 이미 만들어진 기초는 이에 따라 변경될 것이라고 하였다.

이것을 보고 또 이 말을 듣다 보니 나는 아주 슬픈 심정이 되었다. 왜냐하면 나는 괴테의 실용적인 의견에 기초한 편리한 내부 구조가 완성되는 것이 보고 싶었고, 또 미적인 견지에서도 그의 교양 높은 취미에 알맞은 극장이 바이마르에 탄생할 것을 기대하고 있었기 때문이다.

그리고 괴테와 쿠드레이를 생각해도 마음이 어두워졌다. 바이마르에서 일어난 이 일로 틀림없이 두 분은 적잖게 마음에 상처를 받았을 것이기 때문이다.

1825년 5월 1일 일요일

괴테 댁에서 식사를 함께 했다. 우리 두 사람 사이에 교환된 최초의 화제는 당연히 변경된 극장 건축이었다. 나는 방금 말한 대로 정말로 생각지도 않은 처사가 괴테에게 깊은 해를 끼쳤을 것이라고 걱정을 하고 있었다. 그런데 그가 그 때문에 언짢은 기색은 전혀 보이지 않았다!—그는 지극히 온화하고 밝은 기분이었고, 모든 사소한 일에는 일체 신경을 쓰지 않고 있었다.

"그들은 비용상의 문제를 거론하고 건축 설계를 변경하면 많은 것을 절약할 수 있다고 대공을 설득해, 결국 성공을 거두었지. 나도 그것으로 완전히 만족하고 있네. 새로운 극장도 필경은 새로운 장작더미에 지나지 않아. 그것도 조만간 우연한 일로 또다시 불타 버릴 게야. 나는 이렇게 생각하고 스스로 위로하고 있지. 그건 그렇고 조금 좋고 나쁜 것이나 조금 엇갈리는 것은 문제 삼을 것이 못되네. 설사 내가 원하고 생각한 그대로가 아니라고 하더라도 그런대로 그럴듯한 집이 세워질 것이야. 자네들도 그곳으로 갈 것이고 나 또한 갈 것이네. 이렇게 하여 결국 모든 것이 원만하게 잘 되어 갈 것이야."

괴테는 계속했다. "대공은 '극장은 특별히 건축학상으로 호화로울 필요가 없지 않은가'라는 의견이었고, 물론 나는 이 점에 조금도 반대하지 않지. 대공은 계속하여 극장은 무슨 일이 있어도 돈을 벌어들이는 목적을 가진 건물에 머물러야 한다고 말씀하셨어. 이와 같은 견해는 좀 실리적으로 들리겠지만, 잘 생각해 보면 이것에도 한 단계 높은 의미가 내포되어 있다고 할 수 있지. 왜냐하면 극장이란 단순히 비용을 들일 뿐만 아니라 그 위에 또한 이득을 올려 돈을 벌어들이지 않으면 안 되기 때문이라네. 그러려면 모든 것이 어디까지나 훌륭해야 하지. 제1류의 감독이 선두에 서고 배우도 모두 제1류가 아니면 안 되네. 그리고 각본도 아주 좋아야 하고, 매일 밤 만원이 될 수 있게 매력을 갖춘 것을 쉬지 않고 상연해야 되네. 이 말씀은 얼마 안 되는 몇 마디이긴 하지만 실로 여러 가지로 해석되어 이해하기 상당히 어렵지."

"그렇다면 연극에 의해 돈을 벌겠다는 대공의 생각은" 하고 나는 말했다. "철저하게 실리적이라고 생각됩니다. 그러려면 무슨 일이 있어도 최고의 수준을 유지해야 한다는 말이 되기 때문입니다."

"셰익스피어와 몰리에르도" 하고 괴테는 대답했다. "똑같은 생각이었지. 두 사람 다 우선 그들의 연극으로 돈을 벌려고 했어. 그러나 그들은 이 중요한 목적에 도달하기 위해서 언제나 모든 것에 최선을 다했고, 때로는 고전 걸작과 나란히 매력 있고 재미있는 신작을 선보였지. 〈타르튀프〉의 상연 금지는 몰리에르에게는 일대 타격이었네. 그러나 이 타격은 시인으로서보다는 오히려 감독으로서의 몰리에르에게 가해진 것이었지. 그는 저 유명한 극단의 안정에 신경을 써야 했고, 자신과 그의 단원들을 위해 생계의 길을 꾸려나가지 않으면 안 되었거든."

"극장의 번영에" 하고 괴테는 말을 계속했다. "무엇보다 위험한 것은 감독 자신이 극장의 현금 수입의 많고 적고에 개인적으로 영향을 받는 것일세. 그러므로 1년을 지내는 동안 극장의 회계 수입에 결손이 생기면 연도 말에 가서 다른 재원에서 보충할 수 있는, 그런 근심 걱정 없는 안정 속에 한가롭게 지낼 수 있는 바로 그 상태가 필요한 것이야. 좌우간 인간이란 직접적인 이해득실에 쫓김을 당하지 않으면 마음이 해이해지기 쉽지. 물론 바이마르와 같은 도시의 극장이 자립해야 하며, 공작가의 금고에서 나오는 보조 연금이 전혀 필요없다는 소리가 아닐세. 그러나 모든 것에는 정도와 한계가 있는 법이네. 게다가 1년에 2, 3천 탈러의 증감(增減)은 결코 사소한 일이 아니야. 특히 극장 수입이 줄어들면 극장의 질이 당연히 나빠지게 되어, 단지 돈을 놓칠 뿐만 아니라 동시에 명예도 잃게 되네.

만약 내가 대공이라면 앞으로 감독을 교체할 때에는 1년분의 보조금 일정 금액을 확실하게 정해 놓을 것이야. 최근 10년 간의 보조금 평균을 확인하고 이것에 따라 적절한 유지에 충분하다고 생각되는 금액을 안배하면 되겠지. 이 금액을 갖고 경영해 나가지 않으면 안 되는 것이지.―게다가 한 걸음 더 나가서 이렇게 할 수도 있을 것이야. 감독과 무대 감독들이 현명하고도 정력적으로 지도하여 연말 회계에 잉여금이 생겼을 경우에는, 이 잉여금으로 감독과 무대 감독들 그리고 가장 훌륭한 활동을 한 단원들에게 사례금을 지불하는 것일세. 이렇게 하면 틀림없이 극장은 활기를 되찾게 되고, 점점 빠져들고 있는 선잠 상태에서 깨어날 수 있지."

"우리 극장의 규칙에는" 하고 괴테는 계속했다. "각종 벌칙은 존재하지만, 현저한 공적을 장려하고 보상해 주는 규칙은 단 한 가지도 없네. 이것은 중대한 결함이야. 자기에게 과실이 있을 때 일일이 감봉 처분을 받을 것이라고 예상해야 한다면, 자기가 기대 이상의 성과를 올렸을 경우에는 당연히 장려금을 받을 수 있다는 희망을 가질 수도 있어야 하네. 극장의 모든 단원이 기대되고 요구되는 것 이상의 업적을 올림으로써 극장은 번영해 가는 것이니까 말일세."

젊은 괴테 부인과 울리케 양이 들어왔다. 두 사람 다 맑게 갠 날씨 탓으로 참으로 기분좋은 여름 옷차림을 하고 있었다. 식사 중의 이야기는 부드럽고도 밝게 흘러갔다. 지난 주에 있었던 여러 가지 즐거웠던 모임 이야기, 그리고 이제 곧 개최될 그러한 모임의 계획을 이야기했다.

"쾌청한 저녁 날씨가 계속 된다면" 하고 젊은 괴테 부인은 말했다. "근간에 공원에서 나이팅게일의 노랫소리를 들으면서 꼭 한 번 다과회를 개최하려고 생각합니다. 아버님께서는 어떻게 생각하십니까?"

"그거야 아주 멋진 생각이지!" 하고 괴테는 대답했다.―"그리고 에커만, 당신은요?" 젊은 괴테 부인이 물었다. "어떻습니까? 초대를 해도 괜찮겠어요?" 이에 울리케 양이 말참견을 했다. "그렇지만 오틸리에! 어떻게 에커만 씨를 초대할 수 있단 말인가요! 이분은 절대로 오지 않습니다. 그리고 설사 온다고 하더라도 안절부절못하면서 한시라도 빨리 집으로 돌아가려고 할 것입니다." 내가 대답했다. "솔직히 말해서 나는 둘란과 함께 들판을 헤매면서 다니는 것이 훨씬 좋습니다. 그런 다과회에서의 담화는 나의 성미에는 어울리지 않습니다. 생각만 해도 벌써 섬뜩해지는 걸요"―"그렇지만 에커만 씨!" 하고 젊은 괴테 부인이 말했다. "공원 안에서의 다과회는 야외에서 하는 것인데요. 그러니 당신에게도 잘 어울릴 것입니다."―"아니, 그 반대입니다" 하고 나는 말했다. "자연 가까이에서 모든 향기를 냄새 맡으면서도 그 안으로는 못 들어간다면, 나는 물가까이까지는 가도 물 안으로 잠수하는 것이 허락되지 않는 오리처럼 초조해질 뿐입니다."

"이렇게 말할 수 있겠군" 하고 괴테는 웃으면서 말했다. "자네는 마구간에서 머리만 내밀고 눈앞에 펼쳐진 목장에서 다른 말들이 마구 뛰어다니고 있는 것을 보는 말과도 같은 기분이라는 것이지. 발랄한 자연의 모든 기쁨과 자유를 냄새 맡으면서도 그 안으로 들어갈 수는 없으니까 말이야. 그러니 에커만은 그대로 놔두는 길밖에는 없지. 그를 고칠 수는 없어. 그건 그렇고 자네는 둘란하고 이 쾌청하고 긴 오후에 자유로운 들판에서 무엇을 할 셈인가?"

"우리는 어디 조용한 골짜기를 찾아가서" 하고 나는 말했다. "활을 갖고 화살을 쏘려고 합니다."

"흠" 하고 괴테는 말했다. "그것도 좋은 놀이라고 할 수 있지."

"지루한 겨울을 나기 위한 최고의 놀이입니다."

"그렇지만 도대체 어떻게 이곳 바이마르에서 화살과 활을 입수할 수 있었는가?"

나는 대답했다. "1814년 출정 중에 나는 브라반트에서 활 모형 하나를 가져왔습니다. 그곳에서 활쏘는 놀이는 일반에게 널리 퍼져 있습니다. 어느 도시에서나 양궁 클럽을 발견할 수 있지요. 우리나라의 볼링장과 마찬가지로 어떤 술집에도 활을 쏘는 장소가 있어서 언제나 저녁 늦게 사람들이 모여듭니다. 나는 그것을 자주 보았는데 정말로 유쾌했습니다. 그들은 몸이 딱 벌어진 튼튼한 사람들이었지요. 활을 쏠 때의 자세는 정말로 그림과도 같았습니다. 자못 힘이 배어 있었고 정말로 솜씨 좋은 명사수였습니다!—그들은 보통 60보에서 80보의 거리를 두고 습기 있는 점토 벽에 붙인 종이 표적을 향해 쏘았습니다. 차례로 재빨리 발사하여 표적을 맞혔지요. 그렇게 하면 탈러화 크기의 표적을 15개의 화살 중에서 5개가 명중시키고, 다른 화살들은 그 근처에 꽂히는 것도 드물지 않았습니다. 화살을 전부 쏘고 나면 그 사람은 걸어가서 자기의 화살을 부드러운 벽에서 빼내어 다시 시작하는 것이었습니다. 나는 그 당시 이 양궁 사격에 매우 열광했기 때문에, 이것을 독일로 도입하는 것이 정말로 중대한 일이라고 생각했습니다. 그리고 나는 어리석게도 그것이 가능할 것이라고 믿고 있었습니다. 나는 되풀이하여 활의 값을 흥정했습니다만 20프랑 이하 짜리는 없었습니다. 하지만 나처럼 가난한 야전 저격병이 어떻게 이와 같이 많은 돈을 마련할 수 있었겠습니까! 그러므로 나는 단념하고 비교적 값어치가 있고 미술적이기도 한 화살 하나를 브뤼셀에 있는 어떤 공장에서 1프랑에 사 가지고, 한 장의 스케치와 함께 나의 유일한 전리품으로서 고향으로 가지고 돌아왔습니다."

"그건 자네다운 이야기로군그래" 하고 괴테는 대답했다. "그러나 아름다운 것, 자연스러운 것을 유행시킬 수 있다고 생각해서는 안 되지. 적어도 유행하기까지는 시일이 필요하네. 그리고 있는 술책을 다 쓰지 않으면 안 되지. 그렇지만 나도 이 브라반트의 양궁술은 아름다운 것이라고 생각하네. 그것에 비하면 우리의 독일 볼링 게임은 거칠고 평범한 데다 너무나 속물적인 면이 많지."

"활쏘기가 좋은 것은" 하고 나는 대답했다. "그것이 체구를 균등하게 발달시키고 힘을 평등하게 쓰도록 요구하기 때문입니다. 그때에 활을 떠받치고 있는 왼쪽 팔은 단단히 죄어지고 힘이 들어가 흔들리지 않아야 합니다. 화살을 시위에 메기고 있는 오른쪽 팔도 이에 못지않게 힘이 들어가 있지 않으면 안 됩니다. 동시에 지상을 향해 똑바로 열려 있는 두 발과 양쪽 가랑이는 상반신을 떠받치는 확고한 초석의 역할을 합니다. 표적을 겨누는 눈, 목과 목덜미의 근육, 이 모든 것이 고도의 긴장과 활동을 요합니다. 그리고 화살이 쉿 소리를 내면서 날아가 원했던 표적을 명중시켰을 때의 쾌감! 나는 이것에 필적할 수 있는 다른 신체의 단련을 알지 못합니다."

"그것은 우리나라의 체조 학교에는 아주 좋을 게야" 하고 괴테는 대답했다. "그렇게 하면 20년 후에는 독일에서 수천의 양궁 선수들이 탄생하게 되겠지. 대체로 어른 세대들의 신체나 정신 단련 그리고 취미나 인격수양 같은 것에는 크게 손을 쓸 수가 없지. 그러나 학교에서 시작하면 좋을 것이야. 그렇게 하면 잘 되어 갈 테지."

"그렇지만 우리 독일의 체육 교사들은" 하고 나는 대답했다. "화살과 활을 어떻게 다루어야 할지를 모릅니다."

이에 괴테는 대답했다. "그렇다면 몇몇 체육 학교가 서로 협력하여 한 사람의 유능한 궁수를 플랑드르나 브라반트에서 초빙하면 되지. 아니면 훌륭한 체구의 젊은 체육 교사 두어 명을 브라반트로 보내 그곳에서 좋은 궁수가 되도록 교육과 훈련을 받도록 하는 방법도 있네. 그들이 활을 어떻게 조각하고 화살을 어떻게 만드는가 하는 것도 배워와야겠군. 그리고 이런 사람들이 독일 체조 학교 교사로서 취직하게 하는 걸세. 그들은 때로는 순회 교사로 채용되어 일정한 시기를 이쪽 학교에 머물러 있다가 얼마 안 있어서 다른 학교로 가게 되는 거지."

괴테는 말을 계속했다. "나는 어디까지나 독일의 체조 훈련을 싫어하는 것은 아닐세. 하지만 그것에 여러 가지 정치적인 것이 섞여 들어가서 당국이 할 수 없이 제한을 두었고,*11 심지어는 금지하고 폐지하기에 이르렀지. 그래서 이것을 생각할 때마다 유감스러웠네. 그 때문에 오늘날에는 좋은 것까지도 나쁜 것과 함께 버려지고 있지. 그러나 나는 체조 학교가 다시 일어설 것을 기대하고 있네. 왜냐하면 우리 독일 청년에게 이것은 필요한 것이기 때문이야. 특히 학생들에게는 그러하지. 학생들은 많은 정신적이고 학문적인 것에 몰두하고 있기 때문에 육체적인 균형을 완전히 잃고 있을 뿐만 아니라, 이와 함께 필요한 활동력까지도 잃고 있어. 그건 그렇고 자네의 양궁 이야기를 더 자세히 해 주기 바라네. 그렇지 그러면 자네는 활 하나를 브라반트에서 가지고 왔다고 했지. 그것을 한 번 볼 수 없겠나?"

"그것은 벌써 오래전에 없어졌습니다" 하고 나는 대답했다.

"그러나 나는 그것을 머릿속에 정말로 잘 간직하고 있었기 때문에, 활을 하나뿐만 아니라 한 다스라도 만들어 낼 수 있었습니다. 물론 그것은 생각했던 것만큼 그렇게 쉬운 일은 아니었습니다. 그러므로 그때 나는 헛된 시도도 했고 여러 번 실패를 거듭했습니다. 그러나 바로 이렇게 해 보는 동안, 마지막에 가서는 많은 것을 배울 수 있었던 것입니다. 우선 무엇보다도 화살의 살대가 문제였습니다. 이것은 똑발라야 하고 시간이 지나가도 구부러져서는 안 되는 것입니다. 다음으로 가볍고 튼튼하고, 딱딱한 것에 부딪혀도 부러지지 않아야 합니다. 나는 포플러 나무를, 다음으로 가문비나무를 그리고 마지막으로 자작나무의 줄기를 갖고 시도해 보았습니다. 그런데 모두 어딘가에 결점이 있었고 바람직하지 못했습니다. 그러므로 나는 보리수나무의 줄기를, 그것도 늘씬하고 직선으로 성장한 가지를 가지고 시도해 보았습니다. 그러자 이것은 실제로 소망하는 대로의 것으로 탄생했습니다. 이렇게 생겨난 화살의 살대는 경쾌하고도 곧았고 그러면서도 섬유가 가늘고 단단했습니다. 그런데 다음으로는 화살 아래 끝에 뿔의 촉을 붙이는 것이 문제였습니다. 그런데 나중에 알아낸 것이지만 여기에는 마땅한 뿔이라는 것이 없었습니다. 그리고 쏜 화살이 딱딱

---

*11 프러시아에서는 이미 1818년에 체조훈련장에서의 체조훈련은 금지되어 있었다.

한 물체에 맞았을 때 부서지지 않게 하기 위해서는 그것이 나무의 핵에서 잘라 낸 것이 아니면 안 됩니다. 이번에는 가장 어렵고 기술을 필요로 하는 작업, 다시 말해 화살에 깃털을 붙이는 일이 남아 있었습니다. 나는 이럴 때에도 서투른 조치를 취하기도 하고 여러 번 실패를 되풀이하기도 했지만, 겨우 성공을 거두었고 이렇게 하여 남이 보아도 괜찮을 만한 단계에 이르렀습니다."

"깃털은 화살의 살대에 끼워 넣는 것이 아니고 아교로 꼭 들어붙게 하는 것이지 않은가?"

"네, 아교로 붙인 것입니다" 하고 나는 대답했다. "그리고 그것은 정말로 착실하고도 우아하게 붙여야 하지요. 그리고 깃털은 살대와 하나라서 마치 살대에서 나온 것처럼 보일 때까지 잘 붙이지 않으면 안 됩니다. 게다가 또 여기에 사용되는 아교도 아무 거나 써서는 안 되지요. 철갑상어의 부레로 만든 아교를 몇 시간 동안 물에 담그고, 그런 다음 약간의 알코올을 부어 약한 숯불에 올려놓고 끈적끈적한 액체가 될 때까지 녹이는 것이 가장 좋다는 것을 알아 냈습니다. 아교로 붙이는 깃털 역시 어떤 것이든 똑같이 사용할 수 있는 것은 아니었습니다. 거대한 새의 날개에서 따온 깃털은 모두 잘 되었습니다. 또 공작의 빨간 날개 깃털, 칠면조의 큰 깃털, 특히 독수리나 들기러기의 튼튼하고 당당한 깃털은 가장 훌륭하다고 생각되었습니다."

"그 이야기는 모두 아주 재미있군" 하고 괴테는 말했다. "자네를 모르는 사람은 자네의 집착이 그처럼 강하다고는 믿지 못할 것이야. 그건 그렇고 이제 이야기 해 보세. 활은 어떻게 만들었다는 말인가?"

"직접 두세 개 만들어 보았습니다" 하고 나는 대답했다. "그러나 처음에는 여러 번 연거푸 실패했습니다. 그러고는 가구공이나 수레 목수와 상담하여 이 지방의 모든 종류의 목재를 시험해 보았습니다. 그런 뒤 아주 좋은 결과에 도달했습니다. 목재를 선택할 때 활이 쉽게 펴지고 신속하고도 강하게 튀어서 되돌아오고, 무엇보다도 탄력이 오래 계속되도록 유의했습니다. 처음에는 서양 물푸레나무, 그것도 대강 10년쯤 된 것을 골라 보통 사람의 팔 굵기만 한 가지 없는 줄기를 갖고 시험해 보았습니다. 그 결과 이 나무가 조악하다는 것을 알 수 있었습니다. 그 후에 4개로 슐라흐텐(schlachten)할 수 있게 단단한 줄기를 가지고 사용해 보라고 사람들이 가르쳐 주었습니다."

"슐라흐텐이란 무엇을 의미하는 것인가?"

"그것은 수레 목수들이 사용하는 용어입니다" 하고 나는 대답했다. "생나무를 쪼갠다는 것과 같은 의미지요. 그리고 이럴 때 쐐기는 줄기의 길이에 따라 끝에서 다른 끝까지 박아 넣어야 합니다. 줄기가 똑바로 성장한 것, 다시 말해 섬유가 일직선으로 뻗어 있는 것은, 쪼개고 갈라놓은 것도 일직선으로 되어야 활을 만드는 데 안성맞춤입니다. 그러나 줄기가 구부러진 것이면 쪼개진 것도 구부러져 있어 활로는 사용할 수 없습니다. 쐐기는 섬유를 따라 관통하기 때문입니다."

"그렇지만 그러한 줄기를 톱으로 4개로 자르면 어떻겠는가? 그렇게 하면 어떤 경우에도 똑바른 것이 생길 수 있을 텐데."

"조금이라도 줄기에 구부러진 데가 있으면" 하고 나는 대답했다. "그 섬유를 절단해 버리게 됩니다. 그렇게 되면 그 부분은 전혀 활로는 사용할 수 없습니다."

"이해하겠네. 섬유가 잘려 있으면 활이 잘린다는 말이로구먼. 그러면 계속 이야기해 주기 바라네. 이건 매우 재미있군."

나는 이야기를 계속했다. "그래서 나는 두 번째 활은 서양물푸레나무를 쪼개고 갈라놓은 것으로 만들었습니다. 뒷면의 섬유도 잘려 있지 않았습니다. 이 활은 튼튼하고 팽팽했는데 활을 펴보니 나긋나긋하지 않고 딱딱하다는 결함이 나타났습니다. 수레 목수가 말했습니다. '당신은 야생 서양물푸레나무를 사용하였군요. 그것은 보통 아주 딱딱한 나무입니다. 홉 재배원이나 실내에서 자라는 부드러운 것을 사용해 보십시오. 훨씬 더 잘될 것입니다.' 이 말을 듣고 나는 같은 서양물푸레나무라도 아주 큰 차이가 있다는 것, 모든 나무는 자라난 곳 그리고 그 지형과 매우 깊은 관계를 맺고 있다는 것을 깨달았습니다. 또한 에터산의 나무는 건축용 재목으로는 거의 가치가 없다는 것을 알았습니다. 이와는 반대로 노라 지방산 나무는 특별히 단단하기 때문에, 바이마르의 운송업자들은 노라에서 행하는 마차의 수선을 특별히 신용하고 있지요. 나는 계속 노력하고 있는 사이에, 경사진 북쪽에서 자란 나무는 남쪽에서 성장하는 것보다 훨씬 단단하고 섬유도 직선이라는 것을 알 수 있었습니다. 이것도 또한 누구나 알고 있는 사실입니다. 왜냐하면 햇볕을 받지 않는 북쪽의 경사진 곳에서 자란 어린 나무의 줄기는 빛과 햇빛을 찾아 오로지 위로 향합니다. 이것은 햇빛을 갈망하면서 쉬지 않고 위로 올라가려 하고, 그 때문에 섬유는 직선을 이루면서 상승합니다. 또한 아기자기한 섬유를 형성하기 위해서는 그늘진 곳이 더 유리합니다. 이것은 줄곧 햇빛과 마주하고 있는 남쪽이 아니라 쉬지 않고 그늘 속에 있어야 하는 북쪽 야외에서 자란 나무를 보면 확실하게 알 수 있습니다. 이런 줄기를 톱으로 잘라보면 나무의 핵이 위치하고 있는 곳이 중앙이 아니라 눈에 드러나게 한쪽으로 치우친 지점임을 볼 수 있습니다. 그리고 그것의 중심점이 이처럼 벗어나 있는 원인은 남쪽의 연륜이 쉴 사이 없는 일광 작용을 받아 아주 강하게 성장하여, 그늘진 북쪽의 연륜보다 넓어져 버렸기 때문입니다. 그러므로 가구공이나 수레 목수들은 나뭇결이 단단하고 섬세한 것을 갖고 작업을 하려고 할 때에 줄기 부분 중에서 북쪽의 섬세하게 발달한 부분을 택합니다. 그래서 그들은 이것을 겨울쪽(Winterseite), 북쪽이라고 이름을 붙여 특별히 귀중하게 여깁니다."

"자네도 알 수 있겠지만" 하고 괴테는 말했다. "자네의 이야기는 인생의 절반을 식물과 나무의 성장 연구에 몰두해 온 나에게는 특별히 흥미가 있네. 자, 계속 이야기를 해 줘! 자네는 강인한 서양물푸레나무를 갖고 두 번째의 활을 만들었다는 것이지?"

"그렇습니다" 하고 나는 대답했다. "나는 잘 쪼갠 겨울쪽, 즉 북쪽의 것을 입수했습니다. 이것에도 상당히 섬세한 섬유가 있었습니다. 게다가 또 이 활은 당겨도 부드럽고 탄력도 충분했습니다. 그러나 2, 3개월을 사용하여 보니 벌써 비뚤어지는 것이 눈에 띄었습니다. 그리고 탄력도 그 기능을 발휘하지 못한다는 것이 분명해졌습니다. 그래서 이제 어린 떡갈나무로 시험해 보았습니다. 이것 또한 좋은 목재이긴 했지만 얼마 안 돼서 똑같은 결함이 나타났습니다. 다음으로 호두나무의 줄기를 사용해 보았습니다. 그리고 이것이 한층 좋았습니다. 그리고 마지막으로 작은 잎이 달린 단풍나무, 보통 마스홀더라고 부르는 것을 사용해 보았습니다. 이것이 어느 것보다 가장 좋았고 이 이상 가는 것은 없었습니다."

"이 나무 같으면 나도 알고 있지" 하고 괴테는 대답했다. "산울타리에서 자주 볼 수 있어. 그것 같으면 좋다고 생각하네. 그렇다 하더라도 가지가 없는 어린 나무를 찾아낸다는 것은 어려울 것이야. 그런데 활을 만드는 데는 어째서 가지가 전혀 없는 나무가 필요하단 말인가?"

"어린 나무에는 물론 가지가 없을 수는 없습니다. 그러나 사람이 이것을 길러서 재료용 나무로 만들 때에 가지를 없애 버립니다. 또는 그것이 덤불에서 자랄 때면 시간이 지나면서 자연적으로 가지가 없어집니다. 그런데 사람들이 가지를 없애 버리는 것은 줄기의 직경이 약 3인치 내지 4인치로 자라는 시기입니다. 이것을 그대로 키우면 연연 새로운 나무의 질이 나무의 외부 쪽으로 형성되어, 50년 내지 80년 경과 후 마디 투성이인 나무의 안쪽은 가지가 없는 진정한 나무의 질이 되어 반 피트나 우거져 뻗어 나옵니다. 이런 줄기의 표면은 매끈매끈하게 보입니다. 그러나 그 내부에 어떤 악질적인 것이 존재하고 있는지는 물론 알 수 없습니다. 그러므로 이런 줄기의 표면에 평행하여 톱질을 하여 판자를 떼어 가는 것입니다. 2, 3인치 넓이로 나무 껍질 바로 아래의 백목질, 그리고 이에 속해 있는 부분을 잘라 냅니다. 이 부분은 대체로 가장 성성하고 가장 강하여 활로 만들기에 딱 들어맞는 부분입니다. 이렇게 하면 어떠한 경우에도 실패하지는 않습니다."

"활로 사용하는 나무는" 하고 괴테는 말참견을 했다. "톱으로 잘라서는 안되네. 그렇지, 자네가 말한 것처럼 슐라흐텐하지 않으면 안 된다는 것이지."

"그렇습니다" 하고 나는 대답했다. "슐라흐텐하지 않으면 안 됩니다. 서양물푸레나무나 떡갈나무, 그리고 호두나무는 슐라흐텐할 수 있습니다. 이들 나무의 섬유는 대단히 거칠기 때문입니다. 그러나 마스홀더는 안 됩니다. 왜냐하면 이 나무의 섬유는 잘고 단단하게 서로 얽혀서 성장하고 있기 때문입니다. 그러므로 섬유를 따라 떼어 낼 수 없습니다. 오히려 섬유의 어느 것도 자연적으로 성장한 방향과는 완전히 반대로 쪼개집니다. 그러므로 마스홀더는 톱으로 자르지 않으면 안 됩니다. 이렇게 해도 활의 강도에는 아무런 지장이 없습니다."

"흠! 그건 그렇고 자네는 양궁을 좋아하게 된 덕분으로 완전히 이 방면의 전

활과 화살. 에커만은 자기가 직접 활과 화살을 만들어 본 경험을 털어놓는다.

문가가 되었구먼. 이런 것이야말로 실제적인 방법을 통해서만 얻을 수 있는 산 지식이지. 동시에 이것은 우리로 하여금 언제나 사물의 내부에 파고들지 않을 수 없게 하는 어떤 열정적인 성향이 주는 하사품이야. 그리고 탐색하다가 미혹에 빠지는 것도 좋은 것이지. 왜냐하면 우리는 탐색과 미혹을 통해서 교훈을 얻기 때문일세. 단지 그 사물뿐만 아니라 그 주변 전체도 알 수 있게 되지. 내 경우만 하더라도 만약 내가 식물과 색채에 관해서 제3자가 완성한 이론을 그대로 받아들여 외워 댔다면 그것이 무슨 소용이 있었겠는가! 그렇지만 나는 모든 것을 내 스스로 탐색하고 발견했네. 물론 때로는 미로에 빠지지 않으면 안 되었지. 하지만 그렇게 했기 때문에 나는 이 두 분야에 대해서 어느 정도, 그리고 책에 쓰여져 있는 이상으로 알고 있다고 말할 수 있지.―그건 그렇고 자네의 양궁에 대해서 또 한 가지 물어볼 것이 있네. 나는 스코틀랜드의 활을 본 일이 있는데, 앞 끝에 이르기까지 완전히 똑바로 뻗어 있었지. 이와는 반대로 다른 활들은 앞 끝이 구부러져 있었어. 자네는 어느 쪽이 더 좋다고 생각하는가?"

나는 대답했다. "앞 끝이 뒤로 구부러져 있는 활은 탄력이 아주 강합니다. 나는 처음에는 양쪽 끝을 구부리는 방법을 몰랐기 때문에 똑바르게 만들었습니다. 그러나 나중에 그 방법을 배웠기 때문에 양쪽을 구부려 만들었더니 활은 이 때문에 보기에도 아름다워졌을 뿐만 아니라 힘도 한층 더 강해졌습니다."

괴테가 다시 물었다. "그런데 활을 구부리는 것은 열(熱)로 하는 것인가?"

"뜨거운 물의 열로 그렇게 합니다" 하고 나는 대답했다. "탄력이 균등하게 나눠지고 모든 부분에서 필요 이상의 강약이 없어질 만큼 완전하게 되면, 이 활의 한쪽 끝을 6 내지 8인치 깊이의 뜨거운 물 속에 넣어 1시간 동안 끓입니다. 그러고 나서 이렇게 하여 부드러워진 끝을 뜨거운 상태 그대로 두 개의 작은 목판틀에 넣어 단단히 조입니다. 이 목판 안쪽에는 그 활의 곡선이 원하는 대로 틀이 박혀 있습니다. 이렇게 끼워 넣은 채로 적어도 하루 낮과 밤 동안 그대로 놔두고 물기를 완전히 뺍니다. 다음으로 다른 한쪽 끝도 같은 방법으로 합니다. 이렇게 하여 만들어진 양쪽 끝은 튼튼하게 구부러진 채로 자라난 것같이 보이게 됩니다."

"그런데 말이야." 괴테는 은밀한 미소를 띠면서 말했다. "나는 자네가 좋아할 만한 것을 하나 가지고 있지. 우리 함께 아래로 내려가 보세. 만약 내가 자네에게 진짜 바슈킬인*¹²의 활을 만져 보게 해 준다면 어떻게 할 것인가?"

"바슈킬인의 활이라고요?" 나는 기뻐서 어쩔 줄 몰라하면서 외쳤다. "그거 진짜입니까?"

"그렇고말고, 바보 같으니라고! 그건 진짜일세." 이렇게 괴테는 말을 이었다. "이리 오게."

우리는 정원으로 내려갔다. 괴테는 작은 별관 아래층의 방문을 열었다. 그곳 책상 위와 주위의 벽은 장소가 비좁을 만큼 여러 종류의 진기한 물건들로 가득 차 있는 것 같았다. 나의 눈길은 이런 모든 보물들을 슬쩍 쳐다만 봤을 뿐, 곧 활을 찾아 나섰다. "여기 있지" 하면서 괴테는 각종 진귀한 도구들이 산더미를 이루고 있는 한쪽 구석에서 그것을 끄집어냈다. "이것은 1814년 바슈킬의 추장이 나에게 선물로 준 것인데, 아직도 그 당시와 똑같은 상태로 있네. 자, 어떻게 생각하는가?"

나는 기쁨에 넘쳐 이 사랑스러운 무기를 손에 쥐었다. 그것은 조금도 손상되지 않은 것 같았고, 활줄도 아직 충분히 사용할 수 있었다. 나는 이것을 손으로 만져 보고 음미하여 보았다. 아직도 상당한 탄력을 갖추고 있다는 것을

---

*12 바슈킬인은 우랄산맥 안에서 사는 터키 타타르족을 말한다.

알 수 있었다.

"좋은 활입니다" 하고 나는 말했다. "그런데 특히 내 마음에 드는 것은 이 활의 외형입니다. 앞으로는 이것을 모델로 삼아 만들어 보겠습니다."

"이것은 어떤 나무로 만들어진 것이라고 생각하는가?" 하고 괴테는 말했다.

나는 대답했다. "보시다시피 이것은 가느다란 자작나무 껍질로 감겨져 있기 때문에 나무의 질은 거의 나타나 있지 않습니다. 다만 구부러진 양쪽 끝이 노출되어 있을 뿐입니다. 그렇지만 그것도 세월이 감에 따라 심하게 검은 빛을 띠어 정체를 잘 알 수 없습니다. 언뜻 보아서는 어린 떡갈나무 같기도 하고, 또 호두나무 같기도 합니다. 호두나무가 아니면 그것과 비슷한 나무라고 생각합니다. 하지만 단풍나무나 마스홀더는 아닙니다. 그것들은 섬유가 거칠어서 한 번 쪼개면 그 흔적이 선명하게 나타나거든요."

괴테는 말했다. "어떤가 자네, 한번 시험해 보지 않겠는가? 여기 화살도 있어. 그러나 앞쪽 끝의 화살촉은 조심해야 해! 거기에 독이 묻어 있을지도 모르지."

우리는 다시 정원으로 나갔고 나는 활을 잔뜩 당겼다. "자, 어디다 대고 쏘지?" 하고 괴테는 말했다. "우선 한번은 하늘로 향해 쏘려고 생각합니다" 하고 나는 말했다. "자, 해 보게" 하고 괴테는 말했다. 나는 창공 한가운데 햇빛이 빛나고 있는 구름을 향해 높이 쏘았다. 화살은 잘 날아갔다. 이어 곡선을 그리면서 다시 윙윙 소리를 내고 내려와 지상으로 떨어졌다. "이번에는 내가 해 봐야지" 하고 괴테는 말했다.

그가 쏘려고 하는 것을 보고 나는 기뻤다. 나는 그에게 활을 넘겨주고 화살을 갖다 주었다. 괴테는 화살 끝 부분을 줄에 대고 활을 똑바로 잡았다. 그러나 호흡을 안정적으로 조절하기까지 한참 시간이 걸렸다. 이제 그는 상공을 표적으로 삼아 줄을 당겼다. 그는 내적으로 불멸의 청춘을 지니고 있는 아폴로처럼 거기에 서 있었다. 그러나 늙어버린 체력은 어찌할 도리가 없었다. 화살은 단지 얼마 안 되는 높이에 도달했을 뿐 곧바로 땅으로 떨어졌다. 나는 달려가서 화살을 가져왔다. "한 번만 더!" 하고 괴테는 말했다. 이번에는 방향을 잡고 정원의 모래길을 겨누었다. 화살은 30보 정도의 거리로 꽤 멀리 날아가 소리를 내면서 지상으로 떨어졌다. 이렇게 화살을 쏘고 있는 괴테를 보고 있으려니 이루 말할 수 없을 정도로 호감이 느껴졌다. 나는 마음속에 다음의 시를 떠올렸다.

밀려오는 나이가 나를 저버렸단 말인가?
나는 다시 어린아이로 되돌아갔단 말인가?*13

나는 화살을 집어 왔다. 괴테는 나에게 한 번만 더 수평 방향으로 쏴 줄 것을 부탁했다. 그리고 표적으로는 그의 서재의 덧문에 있는 반점을 지정했다. 나는 쐈다. 화살은 표적 가까이를 맞혔지만 나무가 부드러웠기 때문에 깊이 박혀버려 다시 빼낼 수 없었다. "그대로 두기로 하지" 하고 괴테는 말했다. "2, 3일 동안 오늘의 즐거웠던 일을 되새기는 추억의 실마리가 될 것이야."

맑게 갠 날이어서 우리는 정원 안 이쪽저쪽을 걸어다녔다. 이어 빽빽이 들어찬 풀숲의 신록을 등에 지고 벤치에 가서 앉았다. 우리는 오디세우스의 활에 관해, 호메로스의 영웅들에 관해, 그리고 그리스 비극 작가들에 관해 이야기했다. 그리고 마지막으로 그리스 연극의 쇠퇴에 대한 일반적인 견해,*14 즉 그 책임이 유리피데스에게 있다는 설을 언급했다. 괴테는 이 견해에 결코 동의하지 않았다.

"대체로 어느 시대의 예술이 한 특정한 개인에 의해서 쇠퇴하여 갔다는 것은 생각할 수 없는 것이지. 이 문제는 정말로 많은 것들이 복합적으로 작용하고 있는 것으로, 그렇게 간단하게 잘라 말할 수 있는 것이 아니야. 그리스인의 비극 예술은 결코 유리피데스에 의해 쇠퇴해 버린 것이 아니지. 그리스의 조형 미술이 피디아스와 같은 시대에 살았지만 그보다는 좀 뒤떨어지는 어떤 위대한 조각가에 의해 쇠퇴해 버렸다고 말할 수 없는 것과 마찬가지네. 왜냐하면 시대가 위대하면 예술도 한층 더 순조로운 길을 걸어가지만, 열악한 것은 흔

---

*13 괴테의 〈온화한 크세니엔〉 중에서 등장하는 대목이다.
*14 빌헬름 슐레겔은 고대 그리스 연극은 유리피데스 때문에 쇠퇴해 버렸다고 주장하고 있는데, 괴테는 이 견해에 반대하고 있다.

아폴로가 활과 화살을 갖고 괴물구렁이 피톤을 없애 버리는 순간이다. 고대 그리스인들은 태양의 신 아폴로를 불멸의 청춘에 대한 상징으로서 숭상하였다. 로마 바티칸 교황청이 소장하고 있는 이 대리석상은 기원전 2세기에 제작된 것이다.

적조차 남기지 않기 때문이야.

그러나 유리피데스의 시대는 얼마나 위대한 시대였던가! 그것은 취향이 후퇴하는 시대가 아니라 앞으로 전진해 가는 시대였지. 조각은 아직 절정에 도달하지 못했고 회화도 이제 겨우 성장하기 시작하고 있었어.

유리피데스의 작품들을 소포클레스의 그것과 비교해 보면 큰 결점은 있겠지만, 그렇다고 해서 후세의 시인들이 이 결점을 모방하여 그리스 연극이 파멸했다고 할 수는 없는 것이야. 그러나 만약 유리피데스의 희곡 작품에 위대한 장점이 있었고, 사람들이 그의 몇몇 작품을 소포클레스의 작품보다도 훨씬 더 선호했다면, 어째서 그 후의 시인들이 이 장점을 배우려고 노력하지 않았고 적어도 유리피데스처럼 위대하게 되지 못했겠는가!

이 유명한 3대 비극 시인 뒤에 제4, 제5, 제6의 위대한 작가가 한 사람도 탄생하지 않았다는 것은 물론 쉽게 설명할 수 없는 문제이지. 그러나 우리는 추측은 할 수 있고 어느 정도까지는 그 사정을 알 수 있네.

인간이란 단순한 존재이지. 설사 아무리 풍부하고 다양하고 또한 헤아리기 어려운 점이 있다고 하더라도, 인간이 만들어 내는 상황궤도는 곧 파악되기 마련이야.

우리 독일은 괜찮은 희곡 작품을 레싱이 2개에서 3개, 나 자신은 3개에서 4개, 실러가 5개에서 6개 정도 쓴 것에 그친 빈곤한 상황이네. 이런 상황이라면 또 제4, 제5, 제6의 비극 시인들이 탄생할 여지가 확실히 있을 거야.*15

그러나 그리스의 경우 이 3대 작가들은 각각 100편 이상 또는 100편에 가까운 작품을 썼고, 호메로스나 영웅 전설의 비극적인 주제는 그중 어떤 것은 3번이나 4번도 다루어지고 있을 정도로 작품들이 풍부하지. 이미 나온 작품들이 이처럼 풍부해서 소재나 내용도 다 써 버렸으니, 이 3대 작가를 이어받을 후배

---

*15 괴테가 예언한 대로, 독일어권 나라에서도 그 후 다음과 같이 많은 훌륭한 희곡작가들이
배출되었다.
클라이스트(1777~1811). 희곡작품 5편
그릴파르처(1791~1872). 희곡작품 7편
헵벨(1813~1872). 희곡작품 5편
하우프트만(1862~1946). 희곡작품 8편

들은 이제는 무엇을 해야 할지 알 수가 없었을 걸세. 이런 것은 누구나 상상할 수 있을 것이야.

그리고 결국 이 이상 더 쓸 필요가 없다고 생각하지 않았겠는가!—당분간은 그것으로 충분하지 않은가! 아이스킬로스나 소포클레스 그리고 유리피데스가 창작한 것은 그 양식에 있어서나 그 깊이에 있어서 몇 번 되풀이하여 들어도 진부하지 않고, 버리고 싶지 않은 그런 종류의 것이지 않은가?—우리에게까지 전해 내려오고 있는 이 단편들은 비록 그 수는 적지만, 우리 가련한 유럽인들은 이미 수세기에 걸쳐 그것들을 연구하고 있지. 이렇게 그것들을 충분히 소화하여 내 것으로 만들려면 앞으로도 수세기가 걸릴 만큼 그 범위가 방대하고 의미 깊은 것들이라네."

1826년

1826년 6월 5일 월요일

괴테는 2, 3년에 걸쳐 이탈리아를 갔다오게 될 프렐러*¹가 작별 인사를 하러 왔었다고 말했다.

"여행길에 축복으로 나는 그에게 특히 푸생과 클로드 로랭을 스승으로 삼으라 했지. 나쁜 길에 빠지지 말고, 무엇보다도 이 두 화가의 작품을 연구하여 그들이 자연을 어떻게 파악했는가, 그리고 그 예술상의 관조와 감정을 어떻게 표현했는가를 확실하게 밝혀 가지고 오도록 충고를 했네.

프렐러는 훌륭한 재능의 소유자이기 때문에 걱정할 필요가 없어. 게다가 성격도 착실한 것 같아. 그는 확실히 클로드 로랭보다는 오히려 푸생 쪽에 더 가깝다네. 그렇지만 나는 그에게 로랭 쪽을 특별히 연구할 것을 권고했네. 이것은 이유가 없는 것이 아니야. 왜냐하면 미술가의 수업도 다른 분야 사람들의 수업과 마찬가지이기 때문이지. 우리의 장점은 어느 정도는 자기의 힘으로 배양되는 법이기도 하다네. 그러나 우리가 원래 타고난 꽃봉오리와 소질이라고 하더라도 평소에 우리가 열심히 돌보고 씩씩한 기백으로 만들지 않으면 안 되며, 이것을 다른 것과 마찬가지로 장점으로 만들기 위해서는 특별히 손을 보지 않으면 안 되는 것이야.

내가 이때까지 여러 번 말한 바이지만, 어떤 종류의 음색을 태어날 때부터 정말로 훌륭하게, 그 이상 더 바랄 수 없을 정도로 잘 다루는 젊은 가수가 있을 수 있지. 그러나 그가 이 밖의 다른 음색에 있어서는 그만큼 강하지도 순

---

*1 프렐러(1804~1878). 바이마르의 화가인 그는 괴테의 추천으로 카를 아우구스트 대공의 급비생으로서 1826년부터 이탈리아의 밀라노, 로마에서 유학했고 귀국 뒤에는 바이마르의 미술학교에서 교단에 섰다. 프렐러는 괴테가 서거한 다음날(1832년 3월 23일) 그의 마지막 모습을 그린 그림을 우리에게 남겼다. 또 그는 에커만의 아들 칼에게 그림을 가르치기도 했다.

수하지도 않고, 또 풍부하지도 못할 수도 있어. 그러나 이 사람은 특별한 연습을 통해서 그 음색들을 자신 있는 음조처럼 잘 다룰 수 있게 노력하지 않으면 안 되네.

프렐러는 훗날 틀림없이 엄숙한 것, 규모가 큰 것, 그리고 또 야성적인 것을 아주 멋지게 완성할 것이네. 그러나 밝은 것, 부드러운 것, 사랑스러운 것도 그와 마찬가지로 잘 다룰 수 있을지는 모르겠네. 그러므로 나는 클로드 로랭을 간절하게 권했어. 그가 클로드 로랭을 연구하게 되면 그의 본디 자질에 없는 것을 지닐 수 있을 것이라고 생각했기 때문이지.

그리고 또 하나 그가 주목해야 할 것을 말했네. 나는 이때까지 자연을 그린 그의 많은 습작을 보아왔지. 그것들은 훌륭했네. 그리고 저력과 생명력도 배어 있었지. 그러나 모든 것이 따로따로 떨어진 단독적인 것을 그린 것에 지나지 않았고, 그것을 갖고 독자적인 것을 만들어 내는 데까지는 아직 거의 도달하지 못하고 있네. 그러므로 앞으로는 나무 하나라든지, 바위 덩어리 하나라든지, 오두막집 한 채라든지, 그렇게 자연 속의 대상 하나만을 빼내서 그리지 말고, 그것들과 함께 어느 정도의 배경이나 환경을 함께 넣을 것을 충고했지.

그것은 다음과 같은 이유가 있었기 때문이네. 우리는 자연 속에 존재하는 것을 볼 때에 하나하나를 따로 떼어서 보지 않아. 우리는 사물을 볼 때 모두 그 전후, 좌우, 그리고 위와 아래에 있는 다른 것과 결합하여 보고 있지. 그렇지만 따로 떼어놓은 대상, 그것만이 유달리 아름답고 회화적으로 눈에 들어오는 경우도 있을 게야. 그러나 이러한 효과를 가져오는 것은 단지 그 대상이 아니라 전후, 좌우, 상하에 있는 주변의 모든 것과 그것과의 연관인 것이지.

가령 내가 산보 길에서 하나의 떡갈나무에 깊은 인생을 받아 갑자기 그것을 그리고 싶은 심정이 되었다고 하세. 그렇지만 그 나무만을 빼내어 그린다고 한다면, 아마 내가 그때 느꼈던 인상은 조금도 나타나지 않을 게야. 왜냐하면 그것만 그려서는 자연 속에서 그 나무에게 그림 같은 인상을 주고 그것을 아름답게 하는 것을 나타낼 수 없기 때문이지. 그뿐만 아니라 하나의 숲이 아름다운 것은 바로 하늘, 빛 그리고 태양의 위치에 의한 작용 때문이네. 그러므로 그림 속에서 이런 모든 것을 없애 버린다면 그 그림은 아무런 힘도 없고 무미 건조한 것이 되어 어떤 독특한 매력도 갖지 못할 것이야.

그리고 여기에 더하여 이렇게 말할 수도 있네. 자연 속에서는 자연의 법칙에 의해 진실된 것으로 증명될 수 없는 것은 결코 아름답지 않은 것이라고 말이야. 그렇기 때문에 그림에서 저 자연 그대로의 진실을 여실하게 나타내기 위해서는 그것에 영향을 끼치고 있는 것을 함께 넣어 주는 것을 기본으로 하지 않으면 안 되는 것이야.

어느 실개천 옆에서 모양이 근사한 돌을 발견했다고 하세. 그 대기에 노출된 부분은 녹색의 이끼로 덮여 있어 정말로 그림과도 같지. 그러나 이 이끼가 생긴 것은 돌이 물에 씻겨졌기 때문만이 아니네. 북쪽으로 향한 경사라든지 햇빛을 가로막는 나무나 덤불 같은 실개천의 위치가 그 생성에 영향을 주고 있는 것이지. 그러나 그림을 그릴 때 이런 연관적인 원인을 없애 버린다면, 그 그림은 진실을 담고 있지 않기에 사람의 마음을 설득시키는 독자적인 힘을 가질 수 없을 것이야.

이처럼 한 나무의 위치, 그 나무 아래의 지질, 그 전후 좌우에 있는 다른 나무, 이런 것은 그 나무의 성장에 막대한 영향을 주고 있지. 바위로 된 언덕의 서쪽 끝, 바람이 불어오는 쪽에 서 있는 떡갈나무는 아래쪽의 바람이 차단된 골짜기의 부드러운 토지에서 번성하고 있는 다른 떡갈나무하고는 전혀 다른 모양을 형성하게 되네. 양쪽 나무 다 각각 그 나름대로 아름답기는 하지만 예술적으로는 전혀 다른 특색을 구비하고 있지. 그러므로 이것을 예술화하여 풍경화로 창작할 경우에도 자연 그대로의 이런 위치를 같이 표현해 줘야 의의가 있을 것이야. 그러므로 미술가는 언제나 대상과 함께 그 위치를 나타내는 주변을 함께 그려야 하는 것이지.

그런데 또 찰나적인 현상에 지나지 않고 주제의 형태나 생성에도 거의 영향이 없는 여러 가지 무의미하고 우발적인 것을 함께 그려 내려고 하는 것은 새삼스러운 말 같지만 어리석은 짓이야. 이런 모든 세세한 암시의 중요점을 프렐러에게 말했지. 그는 타고난 재능이 있는 사람이기 때문에 이것을 근거로 삼아 성장하여 나갈 것이라고 믿고 있네."

1827년

1827년 2월 21일 수요일

괴테와 식사를 함께 했다.―그는 감탄을 담아 알렉산더 폰 훔볼트*¹에 관해 많은 이야기를 했다. 괴테는 쿠바와 콜롬비아에 대한 그의 저서를 읽기 시작했는데, 파나마 지협의 개착 계획에 대한 그의 의견에 특별한 관심을 두고 있는 것 같았다. 괴테는 말했다.

"훔볼트는 비상한 전문 지식을 갖고 다른 지점도 거론하고 있네. 그는 멕시코만으로 흘러들어가는 두세 개 하천을 이용하면 아마도 파나마 이상으로 유리하게 목적을 달성할 수 있을 것이라고 했지. 그런데 이런 것이 이루어지는 걸 보려면 앞으로 출현할 위대한 기업가를 기다리는 길밖에는 없어. 만약 이러한 개착이 성공을 거두어 아무리 무거운 적재량의 선박이라도, 그리고 아무리 대형의 선박이라도 이와 같은 운하를 통해 멕시코만에서 태평양으로 항해할 수 있게 된다면, 문명인과 미개인을 막론한 모든 인류에게 헤아릴 수 없는 큰 혜택이 될 걸세.*² 미합중국은 분명 이러한 사업에 착수하는 좋은 기회를 놓치지 않을 것이야. 이 신흥 국가는 영토를 서부로 확장하려는 뚜렷한 의도를 보여 주고 있어. 그러니 30년 내지 50년이 지나면 로키산맥 저쪽에 미치는 광활한 국토를 소유하여 그곳에서도 주민들을 살게 할 것으로 예상되지.―그뿐만 아니라 태평양 모든 해안 일대에는 가장 넓고 안전한 항구가 자연적으로 형성되어 있기 때문에, 중국과 동인도 그리고 미합중국 사이에 활발한 무역 중

---

*1 알렉산더 폰 훔볼트에 대해서는 이미 203번에도 언급한 바 있다. 괴테는 학식과 실제적인 지식을 그만큼 두루 갖추고 있는 사람은 본 일이 없다고 하면서, 그는 보통 우리가 2, 3년 걸려도 달성할 수 없는 탐구를 단지 하루만에 해결해 줄 수 있는 그런 사람이라고 말한다.

*2 괴테는 미국이 앞으로 틀림없이 태평양으로 나갈 수 있는 개착사업을 펼 것이라고, 그의 말대로 파나마운하는 미국의 건설사업으로 드디어 1914년 개통되었다.

개를 성사시킬 아주 중요한 상업 도시들이 점차 탄생하게 될 것이야. 이런 것은 단지 바람직할 뿐만 아니라 거의 필수적인 일이지. 그러면 앞으로는 북아메리카의 동서양 해안 사이를 상선과 군함이 한층 더 신속하게 왕래할 수 있게 되고, 지금처럼 케이프 호른을 돌아가는 지루하고 또 막대한 비용까지 드는 항해를 하지 않아도 되지. 그러므로 나는 되풀이하여 말하지만 멕시코만에서 태평양으로의 통로를 실현시키려는 것은, 미합중국에게는 꼭 필요한 일이니 만큼 미합중국이 이것을 성취할 것으로 확실히 믿는 바일세.

나는 이것을 살아 있는 동안 체험하고 싶지만 이 소원은 이뤄지지 못할 것이야. 두 번째로 내가 보고 싶은 것은 도나우 강과 라인 강의 연결이 완성되는 것이지. 그러나 이 계획도 너무나 방대한 것이고, 특히 우리 독일의 재력으로 미루어 볼 때 그 실현 가능성은 의심스럽네. 그리고 마지막으로 내가 보고 싶은 것은 영국인들이 수에즈 운하를 소유하는 것이지.*³ 나는 내가 살아 있는 동안 이 세 가지가 이루어지는 것을 보고 싶지만, 그러기 위해서는 아마 앞으로 50년 이상은 더 살아야 할 거야."

1827년 3월 1일 목요일

괴테와 함께 식사를 했다. 그는 나에게 슈테른베르크 백작과 차우퍼에게서 선물을 받아 기쁘다고 말했다. 이어 우리는 〈색채론〉이나 주관적인 삼릉형의 실험 그리고 무지개가 형성되는 법칙에 관하여 여러 가지로 이야기했다. 그는 이런 어려운 문제에 대한 나의 관심이 더욱더 커져 가는 것을 보고 기뻐하였다.

1827년 3월 21일 수요일

괴테는 나에게 힌리히스*⁴가 고대 비극의 본질에 관해 쓴 소책자를 보여주었다. "나는 이 책을 아주 재미있게 읽었어"라고 그는 말했다. "힌리히스는 기

---

*3 수에즈 운하는 1869년에 개통되었다.
*4 힌리히스(1794~1861). 독일의 헤겔 우파에 속하며, 할레대학의 철학교수인 그는 1825년 괴테에게 '학문적 예술평가의 기여로서의 괴테의 〈파우스트〉에 관한 미학적강의'를 기증했고 1827년에는 〈고대비극의 본질〉을 출판하였다.

초 재료로서 특히 소포클레스의 〈오이디푸스 왕〉과 〈안티고네〉를 사용하여 그의 견해를 전개하고 있지. 아주 주목할 만한 책이니 가지고 가서 한번 읽어 보도록 하게. 그러고 나서 이 책에 관해 같이 이야기해 보도록 하지. 나는 그의 의견에는 절대 찬성할 수 없다네. 하지만 그와 같이 철학적인 교양이 풍부하고 철저한 사람이, 자신의 학파가 취한 독자적인 입장에서만 문학적인 예술작품을 관찰하고 있다는 것을 알게 되어 참으로 배우는 바가 크네. 아직 읽지 않은 자네를 앞질러 가기 싫어 오늘은 이 이상 더 말하지 않겠어. 한번 읽어 보게. 이 책이 여러 가지 다채로운 사상을 보여 주고 있다는 것을 알게 될게야."

1827년 3월 28일 수요일

나는 그 사이에 열심히 읽었던 힌리히스의 책을 괴테에게 돌려 드리려고 갔다. 그리고 그 주제를 완전히 파악하기 위해 소포클레스의 작품 전체를 다시 한 번 대강 훑어보았다.

"어때?" 하고 괴테는 말했다. "읽어 보니 어떠하던가? 그는 어려운 문제를 과감히 맞서 해결하려 하고 있지."

"이것은 정말로 이상한 책입니다" 하고 나는 말했다. "이 책만큼 내 가슴속에 여러 가지 생각을 불러일으킨 것은 없었습니다. 그러나 또 동시에 이 책만큼 반감을 느끼게 한 것도 없었습니다."

"바로 그것이야!" 하고 괴테는 말했다. "우리와 똑같은 경향은 우리를 안심시키지. 그러나 반대적인 것은 우리를 생산적으로 만들어."

"그의 의향은 정말 존경할 만하다고 생각했습니다. 그는 결코 사물의 표면에 머물러 있지 않습니다. 그러나 그는 이따금 아주 미세하고 내면적인 관계에 깊이 빠져 들어가 자기가 갈 길을 잃기도 합니다. 그리고 그 방법이 아주 주관적이기 때문에 개개 대상에 대한 있는 그대로의 관조나 전체의 전망을 잃게 됩니다. 그래서 그의 사고의 흐름에 따라가다 보면 가끔 나 자신과 대상을 무리하게 왜곡하지 않고서는 그와 똑같이 생각할 수 없는 경우가 있었습니다.—그리고 또 그의 이상하리만큼 섬세한 구별을 이해할 수 없어서 나의 두뇌가 너무나 뒤떨어지는 것이 아닌가 하는 생각도 들었습니다."

이에 괴테가 말했다. "자네도 그와 똑같은 철학상의 준비*5가 되어 있었으면 훨씬 더 잘 이해할 수 있었을 것이야. 그러나 정직하게 말해서 힌리히스처럼 북독일의 해안에서 태어나 의심할 여지없이 강건한 자질을 갖고 있는 사람이 이처럼 헤겔 철학의 길로 들어섰다는 것은 정말 유감스러운 일이야. 자연과 사물을 있는 그대로 보고 생각하는 것을 못하게 되었으니, 점점 사상과 표현도 인공적이고 어색한 모습으로 변해 버리지 않았는가. 그래서 그의 책을 읽으면 부분적으로는 우리의 이해력이 작동하지 않아 그 일부 내용에는 무엇이 쓰여 있는지를 전혀 알지 못하게 되지."

"나도 잘 이해할 수 없었습니다" 하고 나는 말했다. "그렇지만 가령 〈오이디푸스〉의 우화와 그의 관계를 언급한 것처럼 철두철미하게 인간적이고 명백한 부분을 만나면 기뻤습니다."

"그 부분은" 하고 괴테는 말했다. "물론 엄격하게 사실과 꼭 맞지 않으면 안 되었던 것이지. 그러나 그의 책 속에는 사고가 앞으로 전진했다가 다시 뒤로 가곤 하는 부분이 상당히 많아. 애매한 말이 같은 데에서 쉬지 않고 똑같은 원을 그리면서 움직이고 있을 뿐이지. 마치 나의 〈파우스트〉에서 마녀가 외치고 있는 99법과 같이 말이야. 그 책을 이리 줘 보게! 합창에 관한 그의 강의 제6편은 나도 전혀 이해할 수 없었어. 가령 거의 마지막에 이르러 나오는 이 부분을 자네는 어떻게 생각하는가?

Diese Wirklichkeit(nämlich des Volkslebens) ist als die wahre Bedeutung derselben deshalb auch allein nur ihre wahrhafte Wirklichkeit, die zugleich als sich selber die Wahrheit und Gewissheit darum die allgemein geistige Gewissheit ausmacht, welche Gewissheit zugleich die versöhnende Gewissheit des Chors ist, so dass allein in dieser Gewissheit, die sich als das Resultat der gesamten Bewegung der tragischen Handlung erwiesen, der Chor erst wahrhaft dem allgemeinen Volksbewusstsein gemäss sich

---

＊5 괴테는 첼터에게 보낸 1827년 11월 14일자의 편지에서 헤겔의 표현법을 확실치 않고 착잡하다고 말하고 있다.

verhält, und als solcher nicht bloss das Volk mehr vorstellt, sondern selbst an und für sich dasselbe seiner Gewissheit nach ist.

"이 현실(다시 말해 민족생활의)은, 그 참된 의미로서는 단지 참된 현실에 지나지 않는다. 그것은 그 자체로써 진실과 확신, 그리고 보편적이고도 정신적인 확증을 형성한다. 그 확신은 합창의 화해적인 것이며 비극적인 행위의 전체적인 진행의 결과로서 출현하는 이 확신에 있어서만이 합창은 참으로 보편적인 민족의식에 적절한 것으로서 민족을 표상할 뿐만 아니라, 그 자체로 확신에 의거한 민족 그 자체에 지나지 않는 것이다."

"이것만 봐도 충분하지!—우리 독일인들조차 무슨 말을 하는 것인지 이해할 수 없는 이런 상황에, 하물며 영국인들과 프랑스인들은 우리나라 철학자들의 언어를 어떻게 생각하겠는가"

"그렇다고 하더라도" 하고 나는 말했다. "이 책의 근본을 이루고 있는 것은 고귀한 의지입니다. 가족과 국가가 사상을 자극하는 특질을 가지고 있다고 보는 데 있어서는 나는 그와 같은 의견입니다."

"물론 그는 가족과 국가에 관한 이념을 잘 파악하고 있네" 하고 괴테는 말했다. "그리고 그 이념에서 생길 수 있는 비극적인 갈등을 설명한 부분은 확실히 좋고 알맹이가 있는 것이기도 하지. 그렇지만 그것이 비극 예술에 제일 좋은 것이라든가 또는 오직 유일하게 타당한 것이라고 하는 의견에는 동의할 수 없네.

물론 우리 모두는 가족과 국가 안에서 생활하고 있지. 우리가 만나는 비극적인 운명은 거의 이 양자의 일원으로서 맞게 되는 것이네. 그러나 우리는 누군가 비극을 당했을 때, 그 인물을 주목하되 한 가족 또는 한 국가 구성원으로서의 그를 분석하지는 않지. 그러니 필경 비극에서 문제가 되는 것은 어떤 해결도 주어질 수 없는 그런 갈등뿐인 것이야. 그리고 이것으로 인해 일어나는 모순은 그 환경 여하를 묻지 않지. 다만 그 배후에 참으로 자연적인 근거가 있고, 그것이 순수하게 비극적이기만 하면 좋은 게야. 예를 들어 아이아스는 상처받은 명예심의 데몬 때문에, 헤라클레스는 사랑에서 오는 질투심이라는 데몬 때문에 파멸해 버리고 말지. 하지만 양자의 경우에는 힌리히스가 그리스 비극의 요소여야 한다고 강변하고 있는 가족 숭상이나 국가 도덕에서 오는 갈등은 전혀 찾아볼 수 없네."

"이 이론을 내세웠을 때에 그는 〈안티고네〉만을 염두에 두고 있었던 것이 분명합니다. 그는 가족 숭상은 여성, 특히 자매 사이에서 가장 순수하게 나타나며, 누나나 누이동생으로서의 여성이 성(性)을 초월하여 순수하게 사랑할 수 있는 것은 그들의 오빠나 남동생뿐이라고 주장합니다. 하지만 이것은 그가 이 여주인공의 성격과 행실에만 중점을 두고 있기 때문인 것 같습니다."

"나 역시 언니나 누이동생 간의 사랑이" 하고 괴테는 대답했다. "한층 더 순수하고 성하고는 상관없는 것이라고 생각하네. 그도 남매 간에는 의식적으로든 무의식적으로든 대단히 관능적인 경향이 발생하는 경우가 헤아릴 수 없이 많다는 것을 염두에 두었겠지."

괴테는 계속했다. "자네도 알아차렸겠지만 힌리히스는 그리스 비극을 관찰할 때에 완전히 이념에서 출발하고 있지. 그는 소포클레스를 볼 때도 이런 이념을 갖고 생각하고 있네. 소포클레스가 작품을 창작하고 정리하는 데에 있어서 어떤 이념에서 출발하였고, 그것에 따라 등장 인물의 성격과 성장 과정 그리고 지위를 규정했다고 생각하는 거지. 그러나 소포클레스는 결코 작품의 창작을 어떤 이념에서 시작하지 않았어. 오히려 그는 오랜 세월에 걸쳐 완성되어서 이미 그 속에 훌륭한 이념을 내포하고 있는 민족 전설을 끄집어내어, 그것을 가능한 한 훌륭하게, 그리고 효과적으로 연극화하는 것만을 생각했던 것이지. 아트레우스의 자손들은 아이아스가 매장되는 것을 원하지 않아. 그렇지만 〈안티고네〉에서 여동생이 오빠를 위해 진력하고 있는 것처럼 〈아이아스〉의 동생도 형을 위해 정성을 다하고 있지. 매장되지 못하고 들에 버려진 오빠 폴리네이케스의 시신을 누이동생인 안티고네가 거두는 것과 죽은 아이아스의 뒤처리를 동생이 하고 있는 것은 우연인 게야. 즉 작가의 창작이 아니고 전설인 것이며, 작가는 그것에 따랐던 것이고, 따르지 않을 수 없었던 것이지."

"힌리히스가 크레온의 행동에 대해서 말하고 있는 것도 거의 근거가 있는 것이라고는 생각되지 않습니다. 그는 크레온이 폴리네이케스의 매장을 엄금한 것은 순수한 국가 도덕 때문이라고 주장하고 있습니다. 그리고 크레온은 단지 한 사나이가 아니라 군주이기 때문이라고 하면서, 다음과 같은 주장을 내세우고 있습니다. '이 인물은 국가의 비극적인 권력을 표상하고 있는 것이며, 인격화한 국가 그 자체, 다시 말해 군주 이외의 그 누구도 아닌 것이다. 즉 모든 인물 중에서 군주로서 국가 도덕을 실행하는 사람은 바로 이 인물이다.'"

"그런 주장은" 하고 괴테는 자못 미소를 지으면서 대답했다. "아마 아무도 믿지 않을 게야. 크레온의 행동은 절대로 국가 도덕에서 나온 것이 아니고 죽은 자에 대한 증오에서 나온 것이야. 폴리네이케스는 폭력으로 빼앗긴 아버지의 유산을 다시 찾으려고 했던 것뿐이지. 그러므로 죽음으로도 충분히 보상할 수 없어서 심지어 시체가 됐을 때까지 벌을 받아야 할 만큼 엄청난 국가에 대한 범죄는 추호도 없었던 것이네.

또한 일반적 도덕에 위배되는 그런 행동을 국가 도덕이라고 불러서도 안 되지. 크레온이 폴리네이케스의 매장을 엄중히 금지했기 때문에 부패한 그 시체가 대기를 병독으로 가득 채우게 되지 않았나. 그뿐만 아니라 개와 맹금들이 시체를 찢어 갈라놓고 그 살점을 여기저기 끌고 다녀 제단까지 더럽혀졌지. 이렇듯 사람과 신들을 함께 모욕한 행동은 결코 국가 도덕과 같은 이름으로 부를 수 있는 것이 아니네. 오히려 국가 범죄라고 해야 하는 것이지. 그리고 또 크레온은 작품 중의 모든 인물들을 적으로 돌리고 있지. 합창단을 형성하고 있는 국가의 장로들을 적으로 돌리고, 또 민중을 모조리 적으로 돌리며, 테이레시아스도 적으로 돌리고 심지어는 자신의 가족도 적으로 돌리고 있네. 그는 타인의 말을 듣지 않을 뿐만 아니라 집요하게 죄를 거듭해 가고 있어. 그리고 급기야는 그의 일가족 모두를 파멸에 빠뜨리고 그 자신도 결국 볼품 없이 되어 버리고 말지."

"그렇지만 우리가 그의 말을 듣고 있으면 그에게도 그 나름대로의 이유가 있는 것처럼 생각됩니다."

이에 괴테가 대답했다. "그 점이야말로 바로 소포클레스가 대가라고 불리는 까닭이야. 실제로 희곡적이란 것의 생명은 그 점에 있네. 그의 작중 인물들은 모두 이런 변론의 재능을 가지고 있어 자기 행동의 동기를 납득이 갈 만하게 설명을 하지. 그 때문에 듣는 사람 쪽에서는 마지막에 말한 사람 편을 들게 되네.

소포클레스는 청년 시기에 정말로 훌륭한 수사학적 수업을 쌓은 것 같이 생각되네. 그는 사물 속에 가로놓인 일체의 논거의 진위를 확인하는 것을 연마했어. 그러나 그의 위대한 재능도 때때로 그 도를 지나쳤기 때문에 그에게는 결점이 되어 버렸지.

가령 〈안티고네〉 속에 나에게는 언제나 오점처럼 보이는 한 군데가 있네. 아무리 비용이 많이 들어도 괜찮으니 훌륭한 문헌학자가 나타나 그것은 가필된 것이며, 위작(僞作)이라는 것을 증명해 주었으면 좋겠어.

이 연극이 진행됨에 따라 여주인공은 그녀의 행위에 대한 이유를 아주 의젓하게 진술하지. 그리고 지극히 순수하고 고귀한 심정이 전개되어 가네. 하지만 마지막으로 그녀가 죽기에 이르렀을 때 꺼내는 이유는 정말로 제대로 된 것이 아니며 거의 우습기까지 하지.

그녀는 말하네. 그녀가 자신의 오빠를 위해 한 행동은 자기가 어머니가 되어 자식이 죽었어도, 혹은 혼인을 하여 남편이 죽었어도 하지 않았을 행동이라고 말이야. 그리고 그 이유를 이렇게 말하지. '만약 남편이 죽으면 다른 남편을 얻으면 되는 것이고, 만약 아이들이 죽으면 새 남편을 얻어 다른 아이들을 낳기만 하면 되는 것이지. 그러나 나의 오빠는 다르지. 나는 오빠를 다시는 얻을 수가 없어. 나의 아버지와 어머니는 이미 돌아가셨으니 이제 아무도 두 번 다시 그를 만들어 주지 못해.'

적어도 이 부분이 이 여주인공이 가장 적나라하게 드러낸 심정이야. 곧 형장으로 가게 될 여주인공이 이런 말을 입 밖에 내는 것을 듣게 되면 비극적인 기분이 꺾이게 되지. 그리고 너무 궤변적인 계산에 치우쳐 있는 것 같이 생각되네.—그래서 앞에서도 말한 바 있지만, 훌륭한 문헌학자가 나타나 이 부분은 위조된 것이라는 것을 증명해 주었으면 좋겠어."

이어 우리는 소포클레스에 대해 계속 이야기했다. 소포클레스가 연극 작품을 쓸 때 주안점으로 삼은 것은 도덕적인 경향이라기보다는 오히려 자기의 각

대상들을 훌륭하게 처리하는 것이었고, 그래서 그는 특히 무대 효과를 염두에 두었다는 이야기를 하였다.

괴테는 말했다. "나는 희곡 작가가 윤리적인 효과를 주안점으로 삼는 것에 대해 결코 이론은 없네. 그러나 그 주제가 명백하고 효과적으로 관객들의 눈앞에 전개되도록 하는 데 윤리적인 목적은 별로 도움이 되지 않지. 그보다도 오히려 충분한 표현력과 무대 지식을 갖추고, 무엇을 해야 하며 무엇을 해서는 안 되는가를 알고 있는 것이 더 중요하네. 주제 속에 윤리적인 효과가 있다면 작가가 그것을 다만 효과적으로, 그리고 예술 본위로 취급했다고 하더라도 그것은 드러나게 되어 있지. 작가가 소포클레스처럼 고귀한 정신을 가지고 있으면 설사 자기 마음대로 글을 쓴다 해도 그 효과는 언제나 윤리적인 것이야. 게다가 소포클레스는 무대를 알고 있었지. 그리고 충분히 자기 직분을 이해하고 있었어."

내가 말참견을 했다. "그가 얼마나 깊이 연극에 통달하고 있었는가 그리고 얼마나 신중하게 무대 효과를 염두에 두었는가는 그의 〈필록테테스〉를 보면 알 수 있습니다. 이 연극은 그 구상과 줄거리의 진행에 있어서 〈콜로노스의 오이디푸스〉와 매우 비슷합니다.

두 연극의 주인공은 모두 어찌할 바를 모르는 상태에 빠져 있습니다. 둘 다 모두 나이 먹고 쇠약하여 괴로워하고 있지요. 의지가 되고 있는 것은 오이디푸스에게는 옆에서 그의 손을 잡고 다니는 딸인 것이며, 필록테테스에게는 활입니다. 그런데 또 한 가지 서로 공통된 점이 있습니다. 두 사람 다 괴로움을 안고 추방되어 있는 신세라는 것입니다. 그렇지만 그 후 사람들은 그 둘의 힘을 빌려야만 승리를 얻을 수 있을 것이라는 신탁이 내려지자 다시 그들을 수중에 넣으려고 합니다. 필록테테스에게는 오디세우스가 가고 오이디푸스에게는 크레온이 찾아갑니다. 양쪽 모두 그들의 술책과 그럴듯한 말을 총동원해 봅니다. 그러나 이것이 전혀 먹혀 들어가지 않자 그들은 폭력을 사용합니다. 그리고 필록테테스에게서는 활을, 오이디푸스에게서는 그의 딸을 빼앗아 갑니다."

"이런 폭력 행위가" 하고 괴테는 말했다. "멋진 대화가 이루어지는 원인이 됐지. 그리고 이런 어찌할 바를 모르게 하는 상태는 듣는 사람과 보는 사람의 마음을 북돋네. 그러므로 관객에 대한 효과를 거두기 위해 작가는 이런 장면을 즐겨 창출했던 것이야. 소포클레스는 〈오이디푸스〉에서 이 효과를 더 강화시키기 위해 오이디푸스를 약한 노인으로 등장시키고 있지. 그러나 어떤 사정이든 간에 그는 장년기의 절정에 있어야 할 사나이었어. 그러나 작가는 이 연극에서는 아무런 효과도 거둘 수 없을 그런 왕성한 연령을 오이디푸스에게 적용할 수 없었던 것이지. 그러므로 그를 약하디약하고 의지할 데 없는 노인으로 만들었던 게야."

"〈필록테테스〉와 비슷한 점은 또 있습니다" 하고 나는 계속했다. "이 작품의 두 주인공들은 행동적이 아니고 수동적입니다. 그리고 이 수동적인 주인공들은 자신들과는 대비되는 행동적인 인물들을 각각 둘씩 자신의 적으로서 가지고 있습니다. 오이디푸스는 크레온과 폴리네이케스, 필록테테스는 네오프톨레모스와 오디세우스입니다. 주제를 각 방면에서 그려 내고, 작품 자체에 적당한 풍부함과 살을 붙여 나가기 위해서는 이런 반동 작용을 하는 인물이 하나 이상 필요하였던 것입니다."

"아울러 여기에 덧붙여" 하고 괴테는 이어갔다. "비슷한 점이 또 하나 있지. 두 작품 모두 기쁜 변화를 나타내는 아주 효과적인 장면이 있네. 즉 어찌할 바를 몰라하던 주인공들에게 각각 사랑하는 딸과 그에 못지 않게 사랑하는 활이 다시 돌아오지.

그리고 이 두 작품 모두 마지막에 가서는 화해로 끝을 맺고 있는 것도 비슷하네. 두 주인공 모두 마지막에 가서는 자신의 고뇌에서 해방되는 것이야. 오이디푸스는 행복하게 이 세상을 떠나고, 필록테테스는 트로야 앞에서 의술의 신인 아스클레피오스의 손에 치유될 것이라는 신탁을 받지."

괴테는 계속했다. "그건 그렇고 우리가 현대적인 목적을 위해 연극술을 배우려고 할 때 우리가 따라가야 할 인물을 찾는다면 역시 그것은 몰리에르일 것이야.

자네는 그의 〈병든 줄 아는 사내〉를 알고 있는가? 그 속에는 읽을 때마다 완벽한 무대 지식의 상징으로 생각되는 한 장면이 있지. 그건 망상에 들린 환자가 그의 작은 딸 루이종에게 언니의 방에 젊은 남자가 있는지를 묻는 장면

이야.

그런데 몰리에르처럼 숙련된 솜씨를 가지고 있지 않은 작가라면 귀여운 루이종에게 아주 간단하게 사실만을 이야기하게 할 게야. 그러면 모든 것이 간단히 끝나 버리지.

그러나 몰리에르는 여러 가지 동기를 설정하여 상황을 지체시키고 이 심문에 생명과 효과를 부여하지. 그는 우선 처음에 어린 루이종에게 아버지의 질문을 이해할 수 없다는 식의 몸짓을 하게 하네. 그러고는 알지 못하는 것도 아니지만 말하지 않겠다고 거절하게 하지. 그 다음 아버지로부터 채찍으로 위협을 받고서는 의식을 잃은 척하는 걸세. 아버지가 절망한 나머지 소동을 부리면 그녀는 거짓 실신 상태에서 장난치듯 기운 좋게 뛰쳐 일어나면서 드디어 순차적으로 모든 것을 자백하지.

이상과 같은 나의 설명은 생동하는 저 장면에 대한 가장 간략한 개요를 전했을 뿐이야. 그러니까 자네가 직접 그 장면을 읽고 그 연극적인 가치를 규명해 보면 좋겠네. 그렇게 해 보면 그 속에 이론에서는 볼 수 없는 많은 실제적인 교훈이 내포되어 있다는 것을 알게 될 것이야.”

괴테는 계속했다. “나는 청년 시절부터 몰리에르를 알고 있고, 또 사랑하고 있지. 그리고 나는 전생애를 통해 그에게서 배우고 있네. 나는 늘 이 세상의 탁월한 것과 접하고자 하는 노력을 하고 있어서, 매년 몰리에르의 희곡 작품 2, 3편을 읽고 있어. 내가 그에게 끌리는 것은 단지 그의 예술상의 수법이 완벽하기 때문만이 아니라네. 그건 무엇보다 이 시인의 사랑스러운 천성과 교양 높은 심성 때문이야.

그는 우아함과 예법의 재치를 분별하고, 또 그것들을 마음속에 갖추고 있지. 그리고 서로 마음이 통하는 사람들이 공유할 수 있는 섬세한 교류의 가락도 가지고 있네. 이것은 그런 아름다운 천성을 가진 사람이 그 시대 최고의 사람들과 매일같이 교류를 나누어야 비로소 갖출 수 있는 것이야.—나는 메난드로스에 대해서는 몇 편의 단편만을 통해 알고 있을 뿐이라네. 그렇지만 그는 이 단편 작품들만으로도 나에게 몰리에르와 같은 아주 높은 이념을 전해 주고 있네. 나는 이 위대한 그리스인을 몰리에르와 비교할 수 있는 유일한 사람이라고 생각하고 있어."

"몰리에르에 대해 당신이 이처럼 높이 칭찬하는 것을 듣게 되어 기쁘게 생각합니다. 당신의 그 말씀은 폰 슐레겔*6씨하고는 좀 다르게 들리니까요! 나는 최근에 그의 〈희곡 문학 강의〉*7를 읽었습니다만, 몰리에르에 관해 언급하고 있는 부분에서 정말로 받아들일 수 없는 심한 반감을 느꼈습니다. 당신도 알고 계시지만 그는 몰리에르를 야비한 익살꾼으로 규정하면서 고자세로 내려다보고 있습니다. 그리고 이 익살꾼은 선량한 사교계를 오직 멀리에서만 바라보면서, 그 주인의 마음을 즐겁게 해 주기 위해 갖가지 익살극을 연출해 나가는 것을 업으로 삼고 있다고 했습니다. 또 그가 이런 맹랑한 저질 익살극에만 머물러 있었더라면 그나마 행복하게 지낼 수 있었을 텐데, 무리하게 최선의 것을 훔쳐서 고급 희곡을 쓰지 않고는 못 배겼기 때문에 전혀 성공을 거두지 못하게 되었다고 말하고 있습니다."

"슐레겔과 같은 인간에게 몰리에르처럼 훌륭한 재능의 소유자는 그야말로 눈엣가시와 같은 존재였음에 틀림없어. 그는 자기에게는 몰리에르와 같은 소질이 전혀 없다는 것을 알고 참을 수가 없었던 거야. 〈인간 혐오〉는 내가 가장 좋아하는 작품 중의 하나지. 나는 이것을 여러 번 되풀이하여 읽었지만, 슐레겔은 이 작품을 마음에 들어하지 않았네. 그는 〈타르튀프〉를 자못 부자연스럽게 조금 칭찬하더니 곧 다시 가능한 한 깎아 내렸지. 몰리에르가 교양 있는 부인들이 젠체하는 것을 웃음거리로 삼은 것을 슐레겔은 용서할 수 없었던 것이야. 나의 친구 중의 한 사람이 말했던 것처럼 슐레겔은 몰리에르와 같은 시대에 살았더라면 자기 자신이 웃음거리가 되었을 것이라고 느끼고 있는 것이지."

괴테는 말을 계속했다. "슐레겔이 한없이 많은 것을 알고 있다는 것은 부정할 수 없네. 그의 방대한 지식과 엄청난 독서량에는 거의 누구도 놀라지 않을 수 없어. 그러나 만사가 그것만으로 충분한 것은 아니네. 아무리 박식하다고

---

*6 슐레겔은 선황제인 페르디난트 3세가 그의 증조부에게 귀족칭호를 하사하여 1815년 이후 '폰'을 사용하게 되었다.

*7 1808년 오스트리아 빈에서 슐레겔이 행한 문예강연을 한데 모은 〈희곡예술과 문학에 관한 강의〉(1809~1811)이다. 이 책의 제2판은 1817년에 나왔는데, 여기에는 제2부 제11장에 몰리에르에 관한 강의가 들어 있다.

하더라도 그것만 가지고서는 결코 비평가가 될 수 없지. 그의 비평은 너무 심할 정도로 일면적이야. 이것은 그가 대체로 모든 연극 작품을 오직 그 각색과 구성만 중요시하며 보기 때문이지. 그리고 쉬지 않고 위대한 선배 작가들과의 사소한 유사점만을 증명하려고 하고 있어서, 작가가 그 고매한 정신에서 나오는 우아한 생활과 교양을 통해 우리에게 무엇을 보여 주려고 하는가에 대해서는 조금도 생각하지 않고 있네. 그렇지만 어떤 연극 작품에서 작가의 사랑스러운 개성이나 위대한 인품이 나타나지 않는다면, 아무리 재능이 있는 작가의 예술도 아무 소용이 없는 것이지! 민족 문화에 기여할 수 있는 것은 오직 이런 것뿐이야.

슐레겔이 프랑스 연극을 취급한 양식과 방법은 시시한 비평가를 위한 처방전일 뿐이라고 생각하네. 그러한 비평가에게는 탁월한 것을 존중하는 기능이 전혀 없어. 그런 사람은 유능한 재능의 소유자뿐만 아니라 위대한 인물까지도 마치 쓰레기를 보는 것처럼 그냥 지나쳐 버리고 말지."

"이것과는 달리 그는 셰익스피어[*8]와 칼데론을 정당하게 취급하고 있습니다. 그뿐만 아니라 열렬한 애정까지 나타내고 있습니다."

괴테가 대답했다. "그 두 분은 모두 말할 필요도 없이 그 미점을 아무리 칭송해도, 그 칭송이 끝나지 않는 그런 인물들이지. 그렇다 하더라도 슐레겔이 그 두 분을 여지없이 헐뜯지 않았던 것은 이상한 일이네. 그뿐만 아니라 그는 아이스킬로스나 소포클레스에 대해서도 그 진가를 인정하고 있지. 그러나 이것은 그가 그들의 절대적인 가치를 확실하게 인정했기 때문이기보다는, 이 두 사람이 문헌학자들 사이에서 전통적으로 아주 높게 평가되고 있기 때문이라고 생각하네. 요컨대 원래 작은 인물인 슐레겔은 품성이 뛰어난 이 두 인물을 이해할 수 없고, 적절하게 평가할 수도 없는 것이야. 만약 그에게 그럴 능력이 있었다면, 그는 틀림없이 유리피에스도 정당하게 평가했을 걸세. 그러나 그는 문헌학자들이 유리피데스를 특별히 존경하지는 않는다는 것을 알고 있었지. 그래서 그처럼 위대한 권위 위에 올라타서 이 위대한 고대인을 터무니없이 헐

[*8] 슐레겔은 그의 책 제12장에서 셰익스피어를 논하고 있는데, 그에 관해서는 옳은 평가를 내리고 있다.

뜯고는 전혀 부끄러워하지도 않는 거야."

괴테는 말을 이었다. "나는 유리피데스에게 결점이 없다고 말하지는 않아. 그렇지만 누가 뭐라고 하더라도 그는 변함없이 소포클레스나 아이스킬로스에게는 영광스러운 경쟁 상대인 것일세. 설사 그가 두 선행자와 같은 고귀한 진지함과 엄격한 예술적 완성도를 갖추고 있지 않고, 희곡 작가로서의 사물 취급 방법이 다소 야무지지 못해 인간적인 정에 좌우된다 하더라도, 이것은 그가 아테네 사람들의 심정을 너무나 잘 알고 있어서 그 동시대인들에게 어울리는 음률을 체득하고 있었기 때문일 것이야. 좌우간 이 시인은 소크라테스로부터 '나의 친구'라 불렸고 아리스토텔레스부터 존경을 받았으며, 메난드로스로부터 칭송을 받았던 사람이라네. 그가 세상을 떠났다는 소식을 듣자 소포클레스도 아테네 시민들도 모두 상복을 입었다고 했으니, 사실 위대한 인물이었음에는 틀림없지. 슐레겔과 같은 현대인이 그처럼 위대한 고대인의 결점을 타박했다면, 그는 그저 공손하게 무릎을 꿇고 있는 것이 옳을 것이야."

1827년 4월 1일 일요일

저녁때에 괴테 댁에서 지냈다. 나는 어제 이곳 바이마르 극장에서 상연된 그의 작품 〈이피게니에〉에 관해 그와 이야기를 나눴다. 베를린의 왕립극장의 전속 배우인 쿠뤼거*9 씨가 이 작품의 주인공인 오레스트를 연기해 일대 갈채를 받았다.

괴테는 말했다. "이 연극은 그 나름대로 어려운 점을 가지고 있지. 내면적인 움직임은 풍부하지만 외면적인 움직임은 빈약하기 때문이야. 그런데 이 내면적인 움직임을 어느 만큼 활발하게 나타낼 수 있는가가 중요한 점이지. 이 희곡은 여러 가지 소름끼치는 장면들이 기초를 이루고 있기 때문에, 거기에서 아주 많은 효과적인 수단을 끌어낼 수가 있어. 물론 인쇄된 언어는 이것을 창작할 당시 내 마음속에서 그처럼 약동하고 있었던 것을 그저 희미하게 반영한 것에 지나지 않네. 그렇지만 배우는 이 최초의 정열, 시인이 이 소재에 혼을

─────────────

*9 쿠뤼거(1791~1841). 베를린의 배우인 그는 첼터가 괴테에게 추천하여 비로소 바이마르의 무대에 서게 되었다.

괴테는 산문희곡 〈타우리스 섬의 이피게니에〉를 1779년에 완
성하였다. 그리고 그해 4월 자기가 직접 주인공 오레스트를 맡
아 바이마르 극장에서 첫 공연을 가진다.

운문으로 된 〈이피게니에〉(1786년)는 완성을 하고나서 바이마르 극장에서
가끔 상연되었다.

불어넣었던 바로 그 당시로 관객들을 인도하지 않으면 안 되는 것이야. 우리는 상쾌한 바닷바람을 맞는 정력적인 그리스 영웅들, 즉 갖은 재난과 위험에 시달렸어도 자기들의 가슴속에 넘쳐나듯 품고 있는 생각을 거침없이 토해 내는 저 고대 그리스인들을 보고 싶은 것이지. 그렇기 때문에 우리는 자기의 역할을 단지 건성으로 외우는 감각적이지 못한 배우는 원하지 않는 걸세. 하물며 자기의 역할을 제대로 소화하지 못하는 배우는 말할 필요도 없지.

사실대로 말한다면 나는 아직까지 〈이피게니에〉의 완전한 연출에 접해 보지 못했어. 내가 어제 관람하러 극장으로 가지 않았던 것도 바로 여기에 그 이유가 있었지. 왜냐하면 당연히 표출되어야 할 본래의 모습을 제대로 드러내지 못하는 배우들이 유령처럼 무대 위를 어슬렁거리는 꼴을 관람한다는 것은 나로서는 견딜 수 없이 고통스러운 일이기 때문이야."

이에 내가 말했다. "쿠뤼거 씨가 연기한 오레스트 같으면 당신도 다분히 만족해 하셨을 것입니다. 그의 연기는 명쾌했습니다. 그 역할을 그 사람 이상으로 더 잘 이해하고 체득한다는 것은 정말로 어려운 일일 것입니다. 모든 것이 박진감에 차 있었습니다. 그의 몸놀림과 대사 하나하나를 잊을 수가 없습니다.

그가 해야 하는 연기 중에는 열광적인 언사나 환상과 같은 것도 있지요. 그런데 그런 것까지도 그의 움직임과 차례로 변화하는 목소리의 장단으로 그의 마음 깊숙한 곳에서 표현되었기 때문에 마치 우리가 그것을 육안으로 보는 것 같은 생각이 들었습니다. 이런 오레스트를 보게 되면 실러도 틀림없이 복수의 여신들은 없어도 괜찮다고 생각했을 것입니다. 이 복수의 여신들은 오레스트의 배후에도 있었고, 그 주위에도 어른거리고 있었습니다.

저 중요한 부분, 다시 말해 오레스트가 정신을 잃었다가 다시 제정신을 차렸을 때 자신이 저승에 와 있는 것이 아닌가 하고 생각하는 부분은 정말 놀랄 정도의 명연기였습니다.[10] 조상들이 행렬을 짓고 서로 이야기를 하면서 떠돌아다니고 있었습니다. 오레스트는 그 사이에 끼어들어 무엇인가 물어 보면서

---

[10] 에커만은 베를린의 배우인 쿠뤼거가 괴테의 희곡 작품 〈타우리스섬의 이피게니에〉의 주인공 오레스트의 연기를 그처럼 훌륭히 잘 해낸 것을 직접 보고 괴테에게 이렇게 말하고 있다.

그들과 합류하려 합니다. 이것을 관람하고 있는 우리들은 자기도 모르게 끌려들어 이 망자들 틈에 함께 있는 것처럼 느꼈습니다. 이 배우의 감수성은 그처럼 순수하고 심오했습니다. 그리고 도저히 알 수 없는 것을 우리의 눈앞에 가져다 준 그의 능력은 정말로 위대했습니다.”

“자네는 대단히 감수성이 강한 관객이야” 하고 괴테는 웃으면서 말했다. “더 계속해 주게. 그리고 더 자세히 말해 주게. 그러고 보니 실제로 그는 훌륭했던 모양이지. 그의 신체적인 조건은 어땠는가?”

“그의 음성은 맑고 쾌적하게 울렸습니다. 연습을 아주 오래 했던 탓으로 감정의 표현도 최고로 부드러웠고 자유자재였습니다. 게다가 육체적인 힘이 잘 갖추어져 있었고 몸놀림도 자유로운 데가 있었기 때문에 연기상의 여러 가지 난점을 잘 극복할 수 있었습니다. 그는 지금까지 육체적인 수련과 연습을 게을리하지 않았던 것 같습니다.”

괴테는 말했다. “배우는 원래 조각가나 화가한테 배워야 할 것이 많지. 그리스의 영웅을 연기하려면 우리에게 전해 내려오고 있는 고대 조각 작품들을 잘 연구하여 그 앉아 있는 모습, 서 있는 모습 그리고 걸어가는 모양을 확실하게 마음에 새겨두지 않으면 안 되네.

그리고 또 육체적인 것만으로는 충분하지 않아. 배우는 고금에 걸친 가장 훌륭한 작가들을 열심히 연구하여, 자기의 정신 수업에 크게 힘쓰지 않으면 안 되네. 이것은 연기의 이해에 도움이 될 뿐만 아니라, 그의 모든 행동거지를 한층 더 드높여 줄 것이기 때문이지. 그렇지. 계속 이야기를 해 주게! 그리고 또 그에게 주목할 만한 좋은 점이 있었던가?”

“그는 자기의 역할에 깊은 애정을 쏟고 있는 것 같았습니다. 그는 많은 연구를 통해 모든 것을 구석구석까지 이해하여 조금도 무리하지 않고 완전히 주인공이 되어 활동하고 있었습니다. 그 역할에 관한 어떤 것도 자기의 것으로 만들지 않은 것은 없는 것 같았지요. 단어 하나하나의 발음이 정확했고, 그로 인해 올바른 강약도 생겨 나와 전혀 불안감을 주지 않았습니다. 그래서 배우에게 나지막이 대사를 읽어 주는 프롬프터 같은 건 전혀 필요가 없었습니다.”

“그 말을 들으니 기쁘네” 하고 괴테는 말했다. “그리고 그래야만 되네. 배우들이 자기의 역할을 자기 것으로 만들지 못하고 대사를 일일이 프롬프터한테서 듣는 것을 옆에서 본다는 것은 정말로 불유쾌하기 그지없지. 그러한 연기는 금세 못쓸 것이 되어 아무런 힘과 생명이 없는 것이 되고 말지. 나의 〈이피게니에〉와 같은 연극은 배우들이 그들의 역할에 확신을 갖지 못할 때에는 차라리 상연을 그만두는 것이 나아. 왜냐하면 이 연극은 오직 모든 것이 확실하고 신속하고 또 생생하게 진행될 때에만 효과를 올릴 수 있기 때문이야.

그런데 그렇지. 쿠뤼거가 그처럼 훌륭하게 연기해 주었다니 기쁘기 그지없네. 그는 첼터가 소개해 줘서 이곳 극장에 오게 되었지. 그래서 만약 쿠뤼거가 실제로 그처럼 훌륭하게 연기하지 못했다면 나로서도 몹시 난처해졌을 게야. 그러니 내 쪽에서도 그를 좀 기쁘게 해 주어야지. 나의 작품 〈이피게니에〉의 특별 장정본에 그의 훌륭한 연기에 대한 시구를 두세 줄 써 넣어 기념 선물로 보내야겠네."*11

화제는 소포클레스의 〈안티고네〉로 옮겨져 이 작품을 지배하고 있는 높은 윤리성에 이르렀고, 마지막으로 어떻게 하여 윤리적인 것이 이 세상에 생기게 되었는가 하는 것을 문제 삼게 되었다.

"이것은 모든 다른 선과 마찬가지로 신 자신에 의해 탄생하게 된 것이지" 하고 괴테는 대답했다. "이것은 인간의 반성의 산물이 아니고 우리가 이 세상에 태어날 때 신이 내려 주신 아름다운 천성인 것이야. 이것은 다소 차이는 있지만 모든 인간에게 주어진 것이고, 소수의 특별히 혜택 받은 사람들에게는 더 충분히 주어져 있네. 이와 같은 사람들은 위대한 행위를 통해서, 혹은 교리를 설교를 통해서 신의 마음을 현시하지. 이리하여 신의 마음은 이 표현의 아름다움으로 사람들의 사랑을 차지하고 깊은 존경을 받아, 사람들이 본받고자 하는 모범이 되었던 것이야.

---

*11 1827년 3월 31일 괴테는 베를린의 배우인 쿠뤼거에게 주는 그의 〈이피게니에〉 증정본 안에 다음과 같은 시를 써 넣어 보냈다. 시인이 이 작품에서 믿음과 소망으로 표시한 것이 독일 모든 곳에서 예술가인 배우의 훌륭한 연기로 소리 높이 전파되기를 바랄 뿐이다. '순수한 인간성만이 인간의 모든 결함을 보상해 줄 수 있다'고 정성을 다하여 알리라. 이 작품의 주제는 한 여성의 고귀한 영혼이 결국 불안한 두 남성, 즉 타우리스 섬의 왕과 남동생 오레스테스에게 조화와 관용을 가져다 준다는 것이다.

사람들은 점차 윤리적인 아름다움과 선의 값어치를 체험과 지식 연마를 통해 자각하게 되었다네. 왜냐하면 악은 개인이나 전체의 행복을 파괴하는 결과를 가져왔지만, 이것과는 반대로 숭고한 것이나 올바른 것은 개인뿐만 아니라 전체에게 행복을 가져다 주고 그 행복을 공고히 해 준다는 것이 확실하게 나타났기 때문이야. 이렇게 해서 윤리적인 아름다움은 교리가 되어, 명백한 형태로서 민족 전체에 퍼질 수 있었던 것이지.”

　“나는 최근에” 하고 나는 말참견을 했다. “어디에선가 그리스 비극은 윤리적인 아름다움을 특별한 대상으로 취급하고 있다는 분석을 읽었습니다.”

　이에 괴테는 대답했다. “윤리적인 것뿐만이 아니고 전체를 통해서 볼 때 오히려 순수하게 인간적인 것 전부를 취급하는 것이지. 그러나 특히 인간적인 것이 야망스런 권력과 체제와 부딪쳐 갈등을 빚어 비극적인 성격을 띠게 되지. 그래서 이 범위에서는 물론 윤리적인 것이 인간성의 주요 부분을 차지하게 된 거야.

　그건 그렇고 〈안티고네〉의 윤리성은 소포클레스가 창출해 낸 것이 아니야. 그건 소재 그 자체 안에 있었던 것이지. 그렇지만 소포클레스가 이런 소재를 즐겨 선택한 것은 그 안에 윤리적인 아름다움뿐만 아니라 다분히 희곡적인 효과도 포함되어 있었기 때문일 게야.”

　이어 괴테는 크레온과 이스메네의 성격에 대해 말했다. 그리고 두 사람은 여주인공인 안티고네의 아름다운 영혼을 전개시키기 위해 필요한 인물이라고 했다.

　“모든 고귀한 것은 그 자체가 조용한 성질을 내포하고 있어서 마치 잠자고 있는 것처럼 보이지. 그러나 한번 저항을 만나게 되면 깨우쳐져 일어서게 되네. 그런 저항의 역할을 하는 것이 크레온이지. 크레온은 한편으로는 안티고네를 위해 존재하고 있어. 크레온에 의해 안티고네의 고귀한 품성과 그녀 쪽에 있는 정의가 뚜렷하게 나타나기 때문이지. 그러나 또 한편으로 크레온은 그 자신을 위해서도 존재하고 있는 것이야. 그의 죄 많은 잘못이 우리에게 가증스러운 것으로 보이니까 말일세.

　그러나 소포클레스는 여주인공의 고귀한 심성을 그녀의 행동 이전에도 나타내기 위해 또 다른 저항을 필요로 했지. 이에 의해 그녀의 성격이 전개되어 가기 때문이야. 그래서 필요한 것이 바로 그의 여동생인 이스메네인 것이지. 작가는 이 이스메네 속에 보통 사람들의 아름다운 절도를 그리고 있네. 그리고 이런 절도를 뛰어넘는 것으로 안티고네의 고귀함이 점점 더 뚜렷하게 나타나게 되지."

화제는 희곡작가 일반에게 옮겨졌다. 그리고 그들이 대다수의 민족에게 얼마나 중대한 영향을 끼치고 있으며, 또한 끼칠 수 있을 것인가에 대해 이야기를 했다.

"위대한 희곡 시인이 만약 생산적이고 또한 그와 동시에 그의 모든 작품에 일관되게 강하고 고귀한 심정을 표현할 수 있다면, 그의 작품 정신은 민족 정신으로 발전할 수 있을 것이야. 이것은 애쓸 만한 보람이 있는 작업이라고 생각하네. 코르네유에게서 발단한 영향은 영웅의 혼을 만들어 내는 데 이르렀네. 이것은 영웅적인 인물을 필요로 하고 있었던 나폴레옹에게는 중대한 일이었지. 그래서 나폴레옹은 만약 코르네유가 살아 있다면 그를 공작으로 모셨을 것이라고 말했다네. 그러므로 희곡 시인은 자기의 사명을 분별하고, 자신의 발전을 위해 노력을 게을리해서는 안 되는 것이지. 자신이 민족에게 끼치는 영향이 유익하고도 고귀한 것이라는 것을 잊어서는 안 되는 것이야.

우리는 동시대인이나 동시대의 동업자들을 연구할 필요가 없네. 오히려 수세기 이래로 변치 않는 가치와 변치 않는 명성을 보유하여 온 작품을 가진 과거의 위대한 인물에게서 배워야 하네. 참으로 탁월한 자질을 가진 사람이라면 이런 말을 하지 않아도 스스로 이러한 욕구를 느낄 것이야. 위대한 선행자와 어울리고 싶다는 욕구야말로 훌륭한 소질을 가지고 있다는 증거라네. 몰리에르나 셰익스피어에게서 배우는 것도 좋은 일이지. 그러나 무엇보다 첫째로 우리는 항상 고대 그리스인에게서 배워야 하는 것이라네."

이에 내가 말했다. "탁월한 재능의 소유자에게 고대의 작품을 연구하는 것은 틀림없이 이루 말할 수 없이 귀중한 일일 것입니다. 그러나 그것은 일반적으로 개인의 성격에는 그다지 큰 영향을 끼치는 것 같지는 않습니다. 만약 영향을 끼치고 있다면 사실 모든 문헌학자나 신학자가 가장 훌륭한 사람들이어야 할 것입니다. 그러나 사실은 결코 그렇지가 않습니다. 고대 그리스어나 라틴어 작품을 연구하고 있는 전문가들 사이에는 정말로 훌륭한 사람이 있는가 하면 가련한 패거리들도 있습니다. 그래서 이것도 태어나면서부터 신이 내려 주신 것이거나 아니면 부모에게서 물려받은 자질의 좋고 나쁘기의 여하에 달려 있다고 생각합니다."

"그것에 대해서는 조금도 의의가 없네" 하고 괴테는 대답했다. "그러나 고대 작품의 연구가 어떤 경우에도 성격 형성에 도움이 되지 않는다고는 절대로 말할 수 없지. 무뢰한은 언제까지 기다려도 무뢰한으로 그치는 것이야. 하찮은 인간은 매일같이 위대한 고대 정신과 어울린다고 하더라도 한 발짝도 더 나아가거나 위대해지지 못할 것이네. 그러나 장차 위대한 인물이 되고, 숭고한 정신의 소유자가 될 능력을 신에게서 부여 받은 고귀한 인간이라면, 고대 그리스와 로마 시대의 숭고한 사람들과 친히 어울려 돈독하게 사귀면 자기 향상의 효과를 가장 바르게 볼 수 있을 것이고, 매일같이 눈에 띄게 발전하여 드디어는 위대한 인물의 반열에 올라서게 될 것이야."

1827년 4월 18일 수요일

식사를 하기 전에 괴테와 함께 에어푸르트로 향하는 가도를 산책하려고 마차를 달렸다. 우리는 화물을 실은 갖가지 화물 마차를 만났다. 라이프치히의 견본시로 가는 것들이었다. 승마용 말의 행렬 두셋도 만났는데, 그 가운데에는 정말로 아름다운 말들이 있었다.

"우리가 아름다움이라 표현하고 있는 도저히 말로는 할 수 없는 것을 얼마 안 되는 추상적인 언어를 사용하여 하나의 개념으로 통일해 보려고 고생을 하는 미학자들을 보면 정말로 우습기만 하네. 아름다움이란 근원 현상이야. 그것은 결코 그 자체로서 나타나는 것이 아니지. 그러나 그것은 창작하는 사람의 정신을 통해 여러 가지 표현을 취해 반영되고 발현된다네. 그리고 그것은 자연 그 자체와 마찬가지로 정말로 각양각색인 것이야."

나는 말했다. "나는 곧잘 '자연은 언제나 아름답다. 이것은 예술가에게는 절망감을 안겨 준다. 왜냐하면 이것을 완벽하게 전달한다는 것은 거의 불가능한 것이기 때문이다'라고 말하는 것을 듣습니다."

"자연은 때때로 도저히 도달할 수 없을 만큼의 매력을 발휘한다는 것을 나도 잘 알고 있지. 그러나 자연이 어떠한 형태로 외부로 나타나든 아름답다고 생각하지는 않아. 자연이 의도하는 바는 언제나 선(善)이겠지. 그러나 이것을 쉬지 않고 완벽하게 실현시키기에 필요한 조건이 갖추어져 있다고는 말할 수 없네.

가령 떡갈나무는 정말로 아름답게 자랄 수 있는 나무이지. 그러나 이 나무를 자연 그대로 아름답게 성장시키려면 여러 가지의 좋은 조건이 갖춰지지 않으면 안 되는 것이야. 만약 그것이 우거진 숲 속에서 다른 굵직한 나무 줄기에 에워 쌓여 성장하게 되면 쉬지 않고 자유로운 대기와 빛을 찾아 위로만 뻗어 가려고 할 것이야. 그것은 사방으로 가냘픈 가지를 조금 내뻗을 텐데, 이것도 오랜 시간이 지나면 또다시 시들어 떨어져 버릴 것일세. 마지막에 가서 겨우 그 나뭇가지 끝을 넓은 하늘로 뻗으면 이번에는 안심하고 사방으로 퍼져 수관을 형성하기 시작하게 되지. 그러나 그때 벌써 이 나무의 나이는 중년기를 넘겨 버리게 되네. 그리고 오랜 세월에 걸쳐 위로만 뻗으려고 노력한 덕분으로 그 발랄한 힘을 전부 다 써 버려 이제 와서는 옆으로 힘차게 뻗으려고 안간힘을 써 봐도 각별한 성과를 올릴 수 없어. 그리고 설사 그것이 완전히 성장하여 높이, 강하게 그리고 날씬하게 솟아올라갔다고 하더라도, 줄기와 수관 사이에 알맞은 균형이 잡히지 않으면 정말 아름답게는 보이지 않을 것이야.

이것과는 달리 습기 찬 소택지에서 자란 떡갈나무는 그 토지가 비옥하고 장소도 충분한 여유가 있어서 일찍부터 크고 작은 나뭇가지를 사방으로 펼칠 수 있을 것이야. 그리고 이것에 저항하고 방해하는 작용이 없기 때문에 혹이 있는 부분이나 구불구불한 데나 들쭉날쭉한 데는 생기지 않을 것이야. 하지만 이 나무는 멀리에서 봤을 때 가냘픈 보리수나무처럼 보이고 적어도 떡갈나무로서는 아름답다고 말할 수 없게 될 테지.

마지막으로 산지의 경사진 곳, 건조하고 돌이 많은 메마른 토지에서 자란 나무들은 심하게 들쭉날쭉하여 혹이 달려나올 것이야. 그런데 거기에서는 자유로운 성장이 방해를 받고 있기 때문에 그 모양은 일찍부터 위축되고 정체될 수 밖에 없네. 그래서 그 떡갈나무도 세상 사람들을 놀라게 할 수 있는 모습은 갖출 수 없을 것이야."

나는 이런 유익한 말을 기쁘게 듣다가 마침 생각난 것이 있어 말했다. "참으로 아름다운 떡갈나무를 몇 년 전에 괴팅겐에서 베저탈로 작은 여행을 갔을 때에 보았습니다. 그 중에서도 횤스터 지방의 졸링에서 본 나무는 매우 억센 것 같았습니다."

이를 듣고 괴테는 말을 계속했다. "떡갈나무에게는 모래땅이나 모래로 습한 토지에서 사방으로 강한 뿌리를 펼칠 수 있는 장소가 가장 적합하다고 생각하네. 빛과 햇빛, 비와 바람의 모든 작용을 사방에서 받기 위해 충분한 공간이 있는 위치가 좋지. 바람이나 폭풍우로부터 안전하게 보호 받고 성장한 떡갈나무는 대단한 것으로 자라지는 못하네. 그러나 백 년에 걸쳐 자연의 힘과 싸우고 있노라면 정말로 억세고 늠름해지지. 이렇게 완전하게 성장한 모습을 보게 되면 저절로 감탄하지 않을 수 없어."

"당신의 이야기에서 결론을 끄집어낼 수 있다면 이렇게 말할 수 있지 않겠습니까? '살아 숨쉬는 모든 생물은 자연 그대로의 성장에서 그 정점을 이룩하였을 때가 가장 아름다운 것이다'라고 말입니다.

"바로 그것이야" 하고 괴테는 대답했다. "그렇지만 그 전에 자연 그대로의 성장 정점을 어떻게 해석해야 할 것인가를 확실하게 밝히지 않으면 안 될 것이네."

"나는 그것으로 살아 숨쉬는 모든 생물이 각자의 독특한 특성을 이를 데 없이 가장 뚜렷하게 드러내 보이는 성장 시기를 말하고 싶었던 것입니다."

괴테는 대답했다. "그와 같은 의미라면 나는 조금도 의의가 없네. 그러나 특히 여기에 한마디 첨가해 말해야겠군. 그 정점은 그처럼 더할 나위 없이 강한 특색이 나타날 뿐만 아니라, 그와 동시에 한 생물의 모든 부분의 조직이 그 자연적 사명과 일치하는 합목적이 되는 시기라고 말이야.

가령 성숙한 아가씨의 자연적인 사명은 아기를 낳고 그 아기에게 젖을 먹이는 데에 있지. 그러므로 알맞게 골반이 넓고 유방이 풍요롭지 않으면 아름답다고 말할 수 없네. 그렇지만 그것이 도를 지나칠 때에도 아름답다고 할 수 없지. 왜냐하면 그것은 합목적을 넘어서 버린 상태이기 때문이야.

어째서 우리가 방금 전에 본 승마용 말들을 아름답다고 부를 수 있었을까? 이것은 바로 그 체격의 합목적성 때문이었네. 단지 그 동작이 경쾌하고 우아하기 때문만은 아니야. 한 걸음 더 나아가 그 이상의 무엇이 있었기 때문이지. 여기에 우리 문외한들은 어지간한 인상을 받는 것으로만 그치지만, 훌륭한 기사나 말 전문가들이 하는 평가를 직접 들어 보면 더 자세하고 구체적으로 알 수 있을 걸세."

"방금 전에 우리가 만났던 브라반트의 마부가 끌고 간 화물 마차의 말 가운데는 아주 건장한 것이 두세 마리 있었습니다. 그 말들을 아름답다고 말할 수 없는 것입니까?"

"물론 그렇게 말할 수 있지." 괴테는 대답했다. "어째서 그 말들을 아름답다고 말할 수 없단 말인가. 화가라면 승마용의 화사하고 유연한, 유형적인 특징보다는 이와 같은 화물 마차용 말의 두드러진 특색을 그릴 거야. 그 골격이나 다리, 그리고 근육이 보여 주는 활기에서 갖가지 아름다움이 훨씬 다양하게 약동하는 것을 발견할 수 있을 테니까."

괴테는 말을 계속했다. "중요한 것은 언제나 혈통이 순수해야 한다는 것, 인간에 의해 기형이 된 모습이 아니어야 한다는 것이지. 꼬리와 갈기가 잘려진 말, 귀를 짧게 잘린 개, 가장 씩씩해 보이는 가지가 제거되고 그 밖의 다른 가지는 둥글게 잘린 나무, 그리고 특히 젊었을 때부터 코르셋으로 죄어 몸이 볼품 없이 되어 버린 처녀, 이 모든 것은 선량한 취미를 역행하는 것이며 단지 속물 근성의 멋쟁이 독본에만 실리는 것들이야."

이와 비슷한 말을 주고받는 사이 우리는 다시 집으로 돌아왔다. 식사를 하기 전에 우리는 저택 안의 정원을 한동안 걸어다녔다. 날씨는 한결 상쾌했다. 봄날의 햇빛은 강렬하게 빛나고 있었고, 덤불과 산울타리에는 여러 가지 나뭇잎과 꽃들이 피기 시작하고 있었다. 괴테는 즐거워하면서 풍요로운 여름의 생각과 기대에 넘쳐 있었다.

이어 식사 중에는 우리 모두 마음이 들떠 있었다. 괴테의 아드님은 아버지의 〈헬레나〉를 읽고 나서 타고난 통찰력으로 여러 가지 투철한 식견을 피력했다. 고대 정신에 의거하여 창작된 부분에 대해 그는 눈을 반짝이면서 확실하게 기쁨을 표시했다. 하지만 가극적이고 낭만적인 다른 부분에서는 세상 사람들이 비평하는 것과 마찬가지로 자기도 씩씩한 생동감을 느끼지 못했다고 말했다.

"네 의견도 실제로 틀린 것은 아니지" 하고 괴테는 말했다. "그것은 독특한 작품이야. 이성적인 것이 반드시 아름답다고 말할 수는 없지만, 아름다운 것은 반드시 언제나 이성적이지. 또는 적어도 그렇지 않으면 안 되는 것이야. 고전적인 것이 네 마음에 들었던 이유는 그것이 이해하기 쉬웠기 때문이지. 세세한 부분에 이르기까지 명백하기 때문에 나의 이해력을 너의 이해력으로 접근시킬 수 있기 때문이야. 제2부에서도 역시 여러 가지 지성과 이성이 사용되고 가공되어 있기는 하지만 이것은 난해한 것이야. 독자가 그러한 사물에 접근하여 자기 자신의 이해력을 행사하고 그 각각의 의미를 찾아내는 데에는 상당한 연구가 필요하지."

이어 괴테는 타스튜 부인의 시에 대해 이것저것 극찬을 되풀이했다. 그는 요즘 그녀의 작품을 열심히 읽고 있었던 것이다.

다른 사람들이 다 가버리고, 나도 떠날 채비를 하자 그는 잠시 동안 더 있어 달라고 간청했다. 그는 네덜란드 거장들의 동판화와 부식 동판화 화첩을 가져오게 했다.

"식사 후의 디저트로 자네에게 꼭 보여 주어야 할 좋은 것을 가지고 있지." 이렇게 말하면서 그는 내 앞에 루벤스의 풍경화 하나를 내놓았다. 이미 내가 이 그림을 보여 주었을 게야. 그러나 탁월한 그림은 몇 번을 보아도 싫증나지 않지. 게다가 이번에 이 그림에는 아주 특수한 문제가 있네. 좌우간 자네가 감상한 것을 말해 주기 바라네."

"그러면 이 그림의 안쪽에서부터 시작해 보겠습니다. 가장 깊숙한 배후에는 참으로 밝은 창공이 있습니다. 이제 막 서쪽에서 해가 물러간 것 같습니다. 다음으로 거의 같은 때 가장 깊숙한 곳에 있는 촌락과 거리가 황혼 빛 속에 비추어지고 있습니다. 그리고 그림 한가운데에는 한 줄기의 길이 있고, 그 길 위에는 마을로 향해 바삐 가는 한 떼의 양들이 있습니다. 화면의 오른쪽에는 갖가지 건초더미와 방금 전에 가득 쌓아올린 수레가 있습니다. 도구를 몸에 걸친 말이 그 언저리에서 풀을 뜯고 있습니다. 또한 그 옆 풀숲 속에서는 많은 암말들이 망아지들과 함께 여기저기서 풀을 뜯고 있습니다. 언뜻 볼 때 그들은 이 밤을 집 밖에서 지내는 것처럼 생각됩니다. 그리고 앞쪽 풍경 가까이에는 무리를 이루고 있는 큰 나무들이 있습니다. 그리고 마지막으로 왼쪽 가장 앞쪽에는 집으로 돌아가고 있는 농부들이 있습니다.”

“좋았네” 하고 괴테는 말했다. “그것으로 전부라는 말이겠지. 그러나 제일 중요한 점을 빠뜨렸어. 얼핏 보았을 때에는 양들의 무리, 건초를 쌓아올린 수레, 말들, 집으로 돌아가고 있는 농부들, 이것들이 전부이지. 그런데 이 모든 것들이 어느 방향으로 빛을 받고 있는지 알겠는가?”

“이 그림의 빛은 우리 쪽에서 비치고 있습니다. 그리고 그림자는 그림의 안쪽을 향해 드리워져 있습니다. 특히 앞쪽 풍경인 집으로 돌아가고 있는 농부들은 아주 밝은 조명 속에 있기 때문에 멋진 효과를 드러내고 있습니다.”

“그런데 루벤스는 이 아름다운 효과를 자아내기 위해 어떤 수법을 사용하고 있다는 말인가?”

“그것은 이 밝은 인물들을 어두운 배경 위에 그리는 것입니다.”

그러자 괴테가 다시 물었다. “그렇지만 이 어두운 배경은 어떻게 해서 생겼다는 말인가?”

“그것은 무리를 이루고 서 있는 나무들이 인물들을 향해 던지고 있는 힘찬 그림자 때문입니다. 그런데 이건 좀 이상한데요.” 나는 깜짝 놀라면서 말을 이어갔다. “인물 쪽은 그 그림자를 그림의 안쪽을 향해 던지고 있습니다. 이와는 반대로 나무들은 그 그림자를 그림을 보는 우리 쪽을 향해 던지고 있습니다. 그렇다면 상반되는 두 개의 방향으로부터 빛이 들고 있는 것입니다. 이런 것은 실제로 자연 속에서는 있을 수 없는 일입니다.”

“바로 그거야” 하고 괴테는 약간 미소를 지으면서 대답했다. “이것으로 루벤스의 위대함이 아낌없이 드러나기도 하지. 그는 자유로운 정신을 갖고 자연을 타고 넘어, 그의 한 단계 높은 목적에 맞추어 자연을 처리한 것이야. 이중의 그림자는 확실히 무리한 짓이야. 그리고 자네가 말한 것처럼 자연을 배반했다고도 말할 수 있지. 그러나 아무리 자연을 배반한 것이라고 하더라도, 그것은 동시에 자연 이상의 것이었다고 할 수 있는 것이네. 나는 이것이야말로 대가의 대담한 시도라고 말하고 싶네. 그는 그의 천재적인 수단을 구사하여 예술은 자연 그대로의 필연성에 대한 맹종이 아니라는 것과, 예술은 그 자신의 법칙을 견지하고 있다는 것을 명백하게 내세운 것이지."

괴테는 말을 계속했다. "예술가는 두말 할 것 없이 자연 속에 존재하는 생명 하나하나를 성실하고도 경건하게 묘사하지 않으면 안 되지. 동물을 그릴 때에도 그 골격, 다리와 근육의 위치를 제 마음대로 변경하거나 본래의 특징을 해쳐서는 안 되네.—왜냐하면 이것은 자연을 파괴하는 것이라고 말할 수 있기 때문이지.—그렇지만 한 단계 더 높은 경지에 올라선 예술가는 하나의 그림을 참된 그림으로 만들 수 있는 방법을 체득하고 있기 때문에 훨씬 더 자유롭게 솜씨를 발휘할 수 있는 것이야. 그래서 루벤스는 이 풍경화에서 이중의 빛을 사용하는 것과 허구의 세계에까지 발을 들여놓는 것이 허락되는 것이지.

예술가는 자연에 대해 두 가지 관계를 가지고 있지. 그는 그 주인인 동시에 그 노예인 것이야.—다른 사람에게 이해받기 위해서 현실적인 수법을 써서 작업을 하는 범위 내에서는 노예인 것이지. 그러나 이 현실적인 수법을 자신의 한 단계 더 높은 의도에 예속시켜 복종하게 만드는 한도 내에서는 주인일세.

예술가는 하나의 완벽한 것을 통해 세계를 향해 말을 건네려고 하지. 그러나 이 완벽한 것은 자연 속에서는 발견되지 않네. 그것은 예술가 자신의 정신에서 만들어져 나오는 열매인 것이지. 다시 말해 풍요로운 신의 입김의 산들거림이 만들어 내는 것이라고 말할 수 있을 것이야.

우리가 루벤스의 이 풍경화를 그저 피상적으로 보아 넘기면, 모든 것이 자연적으로 보이고 마치 직접 자연을 묘사한 것처럼 생각되지. 그러나 사실은 그렇지 않네. 이와 같은 아름다운 그림은 절대로 자연 속에서는 발견할 수가 없지. 마찬가지로 푸생과 클로드 로랭의 풍경화도 아주 자연스럽게 보이네. 하지만 그러한 풍경은 현실 속에서는 아무리 찾아보아도 헛수고일 뿐이야."

이 말을 들은 내가 물었다. "루벤스의 이런 이중의 빛과 같이 대담하고도 특색 있는 허구의 수법을 문학 속에서도 발견할 수 있는 것입니까?"

괴테는 한동안 생각한 뒤에 대답했다. "문학에서 이런 것을 찾기 위해서는 각별히 헤맬 필요는 없지. 나는 셰익스피어 속에서 이러한 수법을 열두 개라도 지적할 수가 있네.—〈맥베스〉를 예로 들어 보기로 하지. 부인이 남편을 부추겨 예의 행동으로 옮기도록 할 때에 이렇게 말하고 있네.

나는 아이들을 젖을 먹여 길렀지요.*12

이것이 사실인지 아닌지는 전혀 문제가 되지 않아. 그러나 맥베스 부인이 이렇게 말하고 있고 이렇게 말하지 않을 수 없는 것은 이 말로써 자기의 어조가 강조되기 때문이야.—그러나 이 연극의 후반부에 이르러 맥다프가 그 가족의 몰락 소식을 들었을 때에 분노를 터뜨리면서 이렇게 외치지.

그자에겐 자식들이 하나도 없기 때문이야.*13

맥다프의 이 말은 맥베스 부인의 말하고는 모순되네. 그러나 셰익스피어는 이런 것에는 별로 신경을 쓰지 않지. 그에게 있어서 문제되는 것은 그때그때의 말의 힘인 것이야. 그러므로 맥베스 부인이 말에 비상한 힘을 주기 위해 '나는 아이들을 젖을 먹여 길렀어요'라고 말하는 것처럼, 맥다프도 똑같은 목적을 위해 '그자에겐 자식들이 하나도 없기 때문이지' 하고 말하는 걸세."

괴테는 말을 계속했다. "우리는 화가의 붓놀림과 시인의 말을 너무 세밀하게 캐물어서는 안 되네. 그것보다는 오히려 자유분방한 정신을 갖고 만들어진 예술 작품을, 우리 또한 가능한 한 그것과 똑같은 정신을 갖고 새롭게 감상하고 음미해야 할 게야.

그러므로

---

*12 셰익스피어의 〈맥베드〉 제1막 제7장에 나온다.
*13 셰익스피어의 〈맥베드〉 제4막 제3장에 나온다.

사내애만 낳으시오.[*14]

와 같은 맥베스의 말에서 이 부인은 아직 아이를 낳아본 적이 없는 아주 젊은 사람이라고 결론을 내린다면, 이것 또한 어리석은 짓이네. 그리고 한 걸음 더 나아가 무대에서 공연을 할 때에 그 역할은 젊은 배우가 맡아야 한다고 주장하는 것도 마찬가지로 어리석은 짓일 게야.

셰익스피어가 맥베스에게 이와 같은 말을 하게 한 것은 절대로 맥베스 부인의 젊음을 나타내기 위해서가 아니야. 바로 전에 인용한 맥베스 부인과 맥다프의 말과 같이 이것도 단지 수사상의 목적을 위한 것이지. 그리고 작가인 셰익스피어가 염두에 둔 것은 그때그때의 장면에 꼭 들어맞는 효과적이고도 좋은 문구를 등장 인물에게 말하게 하는 것이었네. 그리고 이런 문구가 다른 장면에 들어가 눈에 드러나는 모순을 일으키는 것은 아닌가 하는 것은 별로 걱정을 하지 않았고 계산에 넣고 있지도 않았지.

셰익스피어가 희곡 작품을 쓸 때 그는 그것이 인쇄물로 출판되어 사람들의 입에 오르내리면서, 서로 비교되고 평가받으리라고는 꿈에도 생각지 못했던 것이네. 오히려 그가 작품을 쓸 때에 염두에 두었던 것은 무대였던 것이지. 그는 자신의 작품을 움직이는 것, 살아 있는 것으로 간주했던 것이야. 그것은 무대 위에서 내려가 곧바로 객석의 눈과 귀에 흘러들어 버리는 것, 즉 사람들이 마음속에 묶어 놓을 수 없고 하나하나를 왈가왈부할 수도 없는 것으로 생각했던 게야. 그러므로 제일 중요한 것은 언제나 현재 그때그때의 순간에 효과가 있고 의미가 있는 것이었지."

1827년 4월 24일 목요일

아우구스트 빌헬름 폰 슐레겔이 이곳에 와 있다. 괴테는 식사 전에 그와 함께 산책을 하기 위해 마차를 달려 베비히트를 한 바퀴 돌았다. 그리고 이날 저녁에는 그를 위한 성대한 다과회를 열었다. 그 자리에는 슐레겔과 함께 여행

---

*14 셰익스피어의 〈맥베드〉 제1막 제7장에 나온다.

중인 랏센 박사*15도 참석했다. 바이마르에서 어느 정도 알려져 있고 높은 지위에 있는 사람들은 모두 초청을 받았기 때문에, 괴테 저택의 여러 방들은 일대 혼잡을 이루었다. 폰 슐레겔 씨는 귀부인들에게 완전히 에워싸여 있었다. 그는 그 부인들에게 인도의 불상이 그려져 있는 길고 가느다란 종이를 펼쳐 보이기도 하고, 위대한 인도의 시 두 편이 실려 있는 원본을 보여 주기도 했다. 하지만 그런 것은 그 자신과 랏센 박사 이외에는 아무도 이해하지 못했을 것이다. 슐레겔은 정말로 멋지게 옷을 차려 입고 있었고, 젊고 혈색도 한결 좋아 보였다. 그러므로 참석자 중의 몇 사람들은 그가 화장술을 잘 체득하고 있는 것이 아닌가 하고 궁금해할 정도였다.

괴테는 나를 창가 쪽으로 끌고 갔다. "어때, 자네는 어떻게 생각하는가?" 하고 물었기 때문에 나는 "지금도 전과 다름없이 같은 생각입니다"라고 대답했다. "물론 그는 많은 점에서 볼 때 참된 인물은 못되지" 하고 괴테는 말을 계속했다. "그렇더라도 다방면에 걸친 학식과 그의 위대한 업적을 고려하면 너그럽게 봐 줄 수 있네."

1827년 4월 25일 금요일

괴테 댁에서 랏센 박사와 함께 식사를 했다. 슐레겔은 또다시 궁정 연회에 불려갔다. 랏센 씨는 인도 문학에 관한 자신의 해박한 지식을 펼쳐 보여 주었다. 괴테는 이것을 아주 기쁜 마음으로 경청하면서 이 방면에 있어서는 전혀 문외한인 자기 자신의 지식을 보충하고 있었다.

저녁때에 나는 또다시 한동안을 괴테 댁에서 지냈다. 그는 나에게 슐레겔이 그를 초저녁에 찾아 왔다고 하면서, 그와 함께 문학 그리고 역사상의 문제에 관해 아주 중요한 담화를 나누었는데 그에게서 배우는 바가 아주 많았다고 했다.

그러고는 이에 덧붙여서 말했다. "하지만 가시나무에서 포도를, 그리고 엉겅퀴에서 무화과를 얻으려고 해서는 안 되지. 나중에 이런 일을 하지 않으면 모

---

*15 랏센 박사(1800~1876). 노르웨이 태생인 그는 1819년 이래로 독일에서 지내고 있었다. 그는 독일에서 인도언어학에 관한 비판적이고 역사적인 연구의 기초를 세웠다.

두 괜찮은 것이야."

1827년 5월 3일 목요일

괴테의 희곡 작품이 슈타푸페르*16에 의해 프랑스어로 번역되어 일대 성공을 거두었다. 파리에서 발간된 〈글로브〉지의 작년 호에 실린 J.J. 앙페르*17 씨의 평론 역시 이 번역을 상당히 잘된 것이라고 평했다. 이 때문에 괴테는 대단히 기분이 좋아 이것을 언급하면서 쉬지 않고 말을 그쪽으로 돌리며 극찬을 아끼지 않았다.

"앙페르 씨의 논지는 아주 수준이 높지. 독일의 비평가는 이럴 때 즐겨 철학에서 출발하네. 그리고 문학 작품을 관찰하고 비평할 때에 자기 일파의 철학자들만 이해할 수 있고 다른 사람들에게는 그 작품 자체보다 훨씬 알기 어려운 방법을 쓰고 있어. 이와는 반대로 앙페르 씨는 어디까지나 실제적이고 알기 쉬운 인간적인 방법을 쓰고 있지. 그는 자기 직업을 충분히 분별하고 있어서, 작가와 작품의 혈연 관계를 지적할 줄 알지. 그리고 여러 가지 문학작품을 시인이 서로 다른 생활 시기에서 얻은 다양한 결정체라고 판단하고 있네.

그는 내가 이 세상에서 실제적으로 겪은 인생 경로와 정신 상태와 그 변천 과정을 아주 주의 깊게 탐구하고 내가 입 밖에 내지 않은 것, 이른바 행간에 숨어 있는 뜻을 읽어 내는 능력까지 가지고 있네. 그는 내가 바이마르에서의 정무와 궁정 생활로 인해 최초의 10년 동안 전혀 이렇다 할 문필 작업을 하지 않았다고 했지. 그리고 그 때문에 절망한 나머지 이탈리아로 도망을 갔다고 했어. 그리고 그곳에서 창작에의 새로운 기쁨을 느끼고 〈타소〉의 줄거리를 잡고 그 적절한 소재를 취급하여, 이제껏 나에게 붙어 다녔던 바이마르의 인상

---

*16 슈타푸페르(1802~1892). 스위스의 파리 주재 대사인 그는 〈파우스트〉를 비롯하여 괴테의 많은 작품을 프랑스어로 번역했다. 괴테의 〈희곡집〉 4권은 1826년에 나왔다.

*17 앙페르(1800~1864). 프랑스의 문학사가로 〈글로브〉지의 동인이다. 1827년 4월 22일부터 며칠 동안 앙페르 일행은 바이마르에 머무르며 괴테, 에커만과 친교를 나누었다. 괴테와 에커만은 그와 의견을 나누다가 알아낸 사실에 놀랄 수 밖에 없었는데, 그것은 두각을 나타내던 프랑스의 일부 신예작가들과 〈글로브〉지의 동인들이 놀랍게도 20대의 청년들이라는 것 때문이었다. 이에 괴테는 에커만에게 한 나라의 모든 문화적인 활동과 산출이 이루어지는 도시 파리를 가진 프랑스와 당시 독일의 상황을 비교하여 설명한다.

이나 추억으로 인한 쓰디쓴 경험과 진절머리나는 것들을 죄다 털어 버렸다고 했지. 이것은 정말 정확한 지적이라고 할 수 있네. 그는 또 〈타소〉를 드높여진 〈베르테르〉라고 이름 붙이고 있는데, 그건 정말로 맞는 말이야. 다음으로 〈파우스트〉도 그는 이에 못지 않게 재기 발랄한 의견을 나타내고 있지. 그는 이 주인공의 음울하고 만족할 줄 모르는 노력뿐만 아니라 메피스토펠레스의 조롱이나 신랄한 풍자 또한 나 자신이 가진 본질의 일부라고 말하고 있어."

이렇게 칭찬을 하면서 괴테는 앙페르 씨에 관해서 되풀이하여 이야기했다. 우리는 그에게 대단한 흥미를 느끼고, 그의 사람됨됨이를 명백하게 밝혀 보려고 했다. 그러나 이것은 뜻대로 성공하지는 못했지만, 이처럼 인생과 창작의 상호 작용을 근본적으로 잘 이해하고 있는 것으로 보아 그는 틀림없이 중년의 사나이일 것이라고 우리는 서로 의견의 일치를 보았다.

그래서 앙페르 씨가 2, 3일 전에 바이마르에 도착하여, 아직 23, 4세밖에 안 되는 삶을 즐기는 청년으로서 우리 앞에 나타났을 때에 우리는 적잖게 놀랐다. 그리고 그와 서로 친교를 더 두텁게 다지고 있는 사이에 우리는 다시 한 번 이에 못지않게 놀라지 않을 수 없었다. 그것은 그 현명함, 그 절도 그리고 높은 교양 단계 때문에 우리를 이따금 감탄하게 만들었던 〈글로브〉지의 동인들이 모두 그와 마찬가지로 순전히 젊은 사람들뿐이라는 것을 알게 되었기 때문이다.

이에 내가 말했다. "젊은 나이에 이름 난 작품을 창출한다는 것, 가령 메리메와 같이 20대에 벌써 출중한 작품을 쓰는 일이 있다는 것은 나도 잘 알고 있습니다. 그렇지만 그와 비슷한 또래의 젊은이들이 〈글로브〉지의 동인들처럼 높은 판단력을 갖춘 넓은 시야와 깊은 식견을 자기 뜻대로 구사하고 있다는 것은 금시 초문입니다."

"자네와 같은 거칠거칠한 황야 출신에게" 하고 괴테는 대답했다. "그것은 물론 쉬운 일이 아니지. 우리 중부 독일 출신도 얼마 안 되는 지식을 얻기 위해 무척 고생을 해야 했으니까 말이네. 이것은 결국 우리 모두가 고립되어 가난한 생활을 영위하고 있기 때문이야. 우리나라 민중들끼리 서로 나눌 수 있는 문화는 정말로 얼마 안 되는 것뿐이었지. 그뿐만 아니라 우리나라의 재능 있는 사람이나 훌륭한 두뇌를 가진 사람들은 모두 독일 각지에 흩어져서 살고 있네. 어떤 사람은 빈에 살고 있고 어떤 사람은 베를린에, 다른 사람은 쾨니히스베르크에, 또 본에 혹은 뒤셀도르프에, 이런 식으로 모두가 서로 50내지 100마일 떨어져 살고 있어. 그래서 절친하게 접촉한다든지 사상적으로 개인적인 교류를 한다든지 하는 일은 좀처럼 이루어지지 못하고 있네.—그러나 만약 훔볼트와 같은 인물들이 이곳을 지나가다가 나 혼자의 힘만으로는 2, 3년이 걸려도 달성할 수 없는 내가 찾고 있는 것, 내가 알고 싶어하는 것을 단 하루만이라도 지도해 준다면 얼마나 고마운 일이겠는가.

그건 그렇고 이제 파리와 같은 도시를 한번 생각해 보게. 거기에서는 그 위대한 국가의 가장 훌륭한 두뇌들이 오직 한 곳에 모여 매일같이 서로 어울리고 논쟁을 해 가면서, 서로 경쟁적으로 학문과 수양을 닦는 데 전념을 다하고 있지. 거기에서는 전 세계에서 온 최고의 자연 물품과 예술 작품들이 매일같이 전시되고 있네. 이런 세계 도시를 한번 생각해 보게. 우리가 어디로 발을 옮겨도 다리 하나, 광장 하나에 그 나름대로의 위대한 과거의 추억이 깃들어 있는 곳을 말이야. 그리고 어떤 거리 모퉁이에도 역사의 한 토막이 전개되고 있네. 게다가 음울하고 활기 없는 시대가 아니라 19세기에 들어선 파리를 생각해 보게. 최근 1백 년이 채 못되는 사이에 몰리에르와 볼테르, 그리고 디드로와 같은 사람들에 의해 이 세상에서 두 번 다시는 일어나지 않을 그와 같은 풍요로운 정신적인 교류가 오직 한 곳에서 전개되어 왔어. 그러니 앙페르와 같이 두뇌가 명석한 사람이 그와 같은 환경 속에서 자라난다면 24세에 벌써 어엿한 인물이 될 수 있는 것이지. 이렇게 생각하면 자네도 이해할 수 있을 것이네."

괴테는 계속했다. "자네는 조금 전에 메리메 같은 20대의 젊은이가 그처럼 훌륭한 작품을 쓸 수 있다는 것은 충분히 이해할 수 있다고 말했지. 나는 그 말에 조금도 반론을 제기하고 싶지 않네. 그리고 젊어서 훌륭한 작품을 창출한다는 것이 젊어서 훌륭한 비평문을 쓰는 것보다 쉽다고 하는 자네의 견해에 대해서도 대체로 자네하고 같은 생각이야. 우리 독일에서 메리메와 같은 젊은 나이의 작가가 그의 〈클라라 가줄〉과 같은 원숙한 작품을 창출하는 것을 보려 한다면 그것은 단념하는 것이 좋을 게야. 〈군도〉나 〈간계와 사랑〉 그리고 〈피에스코〉를 쓴 당시의 실러가 아주 젊었던 것은 사실이지. 그러나 솔직하게 말한다면 오히려 이런 모든 작품들은 어떤 비상한 재능이 표출된 것이었지, 저자의 위대하고도 원숙한 교양을 증명하는 것은 아니야. 그렇지만 이 책임은 실러에게 있는 것이 아닐세. 그것은 국가의 문화적 상황과 우리 모두가 외로운 길을 혼자 뚫고 열어 나아가야만 하는 어려움 때문인 것이지.

이와는 반대로 베랑제를 한번 살펴보도록 하세. 그는 가난한 양친 사이에서 태어났고 가계는 대를 이은 가난한 재단사였지. 그는 인쇄소 수습공으로 지내다가 어떤 관청에 얼마 안 되는 봉급을 받고 고용되었어. 그는 전혀 학교를 다니지 않았고 대학교에도 간 일이 없지. 그렇지만 그의 가곡들은 풍요로운 교양으로 가득 채워져 있네. 실로 넘칠 정도로 우아하고 재기와 풍자로 가득차 있지. 그의 언어 구사는 뛰어난 예술적 완성미와 노련미를 보여 주고 있기 때문에 프랑스뿐만 아니라 모든 유럽 교양인들에게서 경이의 대상으로 칭송 받고 있어.

그런데 이 베랑제가 파리라는 이 세계 도시에서 태어나 자라났다고 생각하지 말고, 예나나 바이마르의 가난한 재단사의 아들이라고 해 보잔 말일세. 그리고 그가 그의 일생을 이런 작은 거리에서 가난에 허덕이면서 살았다고 해 보게. 그 똑같은 나무가 이러한 토지, 이러한 분위기 속에서 자라면 어떠한 결실을 맺게 될 것인가를 한번 생각해 보게.

그러므로 나는 되풀이하여 말하겠네. 한 사람의 재능이 신속하고도 구김살 없이 성장하려면 많은 재능과 우수한 교양이 국민들 사이에 넘치게 보급되어 있어야 한다고 말일세.

우리는 고대 그리스 작가들이 창작한 비극을 보고 그저 경탄할 뿐이야. 그러나 잘 생각해 보면 우리가 놀라워하는 대상은 그 저자 한 사람 한 사람이 아니라, 그 저자들에게 그런 작품들을 쓰게 만든 그 시대와 국민들인 것이지.—왜냐하면 설사 이들 작품 사이에 근소한 차이가 있고, 또 이 시인들 가운데 한 사람이 다른 시인보다 다소 더 위대하고 좀 더 완벽하게 보인다고 하더라도, 전체적으로 볼 때 모든 시인들에게서 일관되게 나타나는 것이 있기 때문이야. 그것은 규모가 크다는 것, 억세다는 것 그리고 건강하다는 것이네. 또 인간적인 완성, 고상한 생활의 지혜, 숭고한 사고법, 순수하고 강렬한 직관도 그 공통된 특징이지. 이 밖에 다른 여러 가지 특색도 열거할 수 있을 것이네.— 게다가 이런 모든 특색은 희곡 작품뿐만 아니라 오늘날까지 전해 내려오는 서 정시와 서사시에서도 잘 나타나고 있지. 또 철학자와 수사학자 그리고 역사학 자들 사이에서도 볼 수 있는 것이고, 마찬가지로 오늘날까지 전해지는 조형 미술의 작품 속에도 있는 것이지. 그러므로 이런 특색은 단지 개개 인물에게 만 갖추어져 있었던 것이 아니라, 그 국민과 그 시대 전체에 속해 있는 것으로 서 그 속에서 맥박을 함께 하고 있었다는 것을 확인할 수 있는 것이네.

스코틀랜드 출신인 번즈[18]를 한번 예로 들어보기로 하지. 그가 유명해진 것은 그의 조상들로부터 전해진 옛날 노래들이 계속 민중들의 입을 통해 살 아 내려와 그의 요람 곁에서도 불려졌기 때문이라네. 그는 유년기에도 그 노 래 속에서 자랐고 그런 훌륭한 노래본과 가깝게 지냈네. 그래서 그것을 생생 한 기본으로 삼아 거기에서 계속하여 앞으로 전진해 나갈 수 있었던 것이야.— 그리고 여기에 더하여 그가 유명해진 것은 그가 지은 노래를 그의 국민이 기 꺼이 맞아들였고, 또 얼마 안 있어 청중들이 직접 귀담아 받아들였기 때문이 지. 그 노래는 곧바로 들녘에서 수확물을 거둬들이는 사람들이나 벼이삭을 한 데 묶는 여자들이 듣고 불렀고, 그의 노래와 함께 그는 술집에서도 유쾌한 친 구들에게서 환영을 받았지. 이 정도로 상당히 알려졌으니 대단한 것이었지!

이것에 비교한다면 우리 독일인의 현 상황은 얼마나 비참한 모습인가! 나의 청년 시절, 번즈의 노래에 뒤떨어지지 않는 가치를 가진 우리나라의 옛 노래 들이 우리 독일 민중 사이에서 살아서 불려지고 있었던가? 헤르더와 그의 후 계자들[19]은 우선 노래들을 수집하여 망각 상태로부터 구출해 내는 것에서 시

---

*18 번즈(1759~1796). 영국의 시인인 그는 스코틀랜드의 방언과 민화를 사용한 시를 써서 일약 국민시인으로 알려지게 되었다. 1786년에 출판한 〈주로 스코틀랜드 방언에 의한 시집〉이 바로 그것이다.

*19 헤르더는 '시는 인류의 모국어다'라는 하만의 견해를 이어받아, 여러 나라의 민요를 수집하 여 〈민요집〉(1778~1779)을 편찬했다. 나중에 이것은 〈가요에서의 여러 민족의 목소리〉로 고쳐졌다. 헤르더의 전통을 이어받아 브렌타노(1778~1842)와 폰 아르님(1781~1831)은 서로

작해야만 했지. 그런 다음 이 노래들은 가까스로 인쇄되어 도서관에 비축되게 되었지. 그리고 나중에 이르러 뷔르거와 포스가 상당한 분량의 노래를 쓰지 않았던가! 그들의 노래가 그 훌륭한 번즈의 노래보다 민중적이지 못하다고 누가 감히 말할 수 있단 말인가! 그런데도 그중에서 지금도 노래불려지거나 민중들 사이에서 환영받는 것이 과연 얼마나 된단 말인가?—이 노래들은 쓰여지고 인쇄되어 도서관에 들어가 있지. 독일 시인들의 일반적인 운명과 마찬가지로 말이야.—나 자신의 노래도 과연 그중 얼마만큼이 살아 남겠는가? 글쎄 한두 개 정도는 예쁜 아가씨가 피아노를 치면서 노래부를지도 모르지. 그렇지만 이 노래들은 본래의 청중인 민중들 사이에서는 전혀 들려오지 않을 것이야. 언젠가 한 이탈리아 어부가 나에게 〈타소〉의 몇 구절을 노래불러 준 적이 있어. 그때의 일을 회상할 때마다 나는 지금도 깊은 감동에 잠기지 않을 수 없네.

우리 독일인은 아직도 후진 상태를 면치 못하고 있지. 물론 최근 1백 년을 지나는 사이에 문화 수준이 정말로 눈부시게 발전하긴 했어. 그러나 우리 국민들 사이에 높은 정신과 고도의 교양이 스며들고 그것들이 널리 일반화되어, 미를 숭상하는 그리스인들처럼 아름다운 노래에 열광하면서, 독일인이 야만인이었던 것은 오래전 이야기라고 말할 수 있을 때까지, 아직도 2, 3백 년은 더 걸릴 것일세."

1827년 5월 4일 금요일

앙페르와 그의 친구인 슈타푸페르를 환영하여 괴테 댁에서 성대한 오찬이 베풀어졌다. 담화는 밝고 활기찼으며 여러 화제가 다채롭게 뒤섞였다. 앙페르는 괴테에게 메리메와 알프레드 드 비니, 그리고 그 밖의 중요한 인물에 대해 여러 가지 이야기를 했다. 베랑제에 대한 이야기도 많이 나왔다. 베랑제의 비길 데 없는 노래들은 요즈음 괴테의 머리에서 떠나지 않고 있었다. 베랑제의

협력하여, 독일국민의 문학유산인 중세 이후의 민요를 수집했다. 이 후기 낭만주의 하이델베르크파의 가장 큰 업적으로 알려지는 이 민요집 〈소년의 마술피리〉는 다음으로 이어지는 작가들 곧 하이네, 아이헨도르프 등에게 깊은 영향을 주었다. 이뿐만 아니라 이 민요집 중에서 많은 노래는 브람스와 볼프에 의해 다시 곡이 붙여졌다.

밝은 사랑의 노래들이 그의 정치적인 노래와 비교하여 더 훌륭한 가치를 갖는 것에 대해서도 논의되었다. 이때 괴테는 대체로 순수한 시적 소재는 정치적 소재보다 훨씬 나은 것이라는 의견이었다. 그는 그러한 가치·평가는 영원하고 순수한 자연 진리를 당파적인 견해와 비교했을 때 얻게 되는 결론과 같은 것이라고 하였다.

괴테는 말을 계속했다. "베랑제는 그의 정치적인 시로 인해 프랑스 국민의 은인으로 추앙받고 있지. 동맹군의 침입을 받은 이후의 프랑스인들은 베랑제를 그들의 억압된 감정의 최고의 대변자로 보았던 것이지. 그는 황제 치하에서 무기를 들고 싸웠던 사람들에게 영광스러운 추억을 회상시키고 프랑스인들의 마음을 분발하게 했네. 황제에 대한 추억은 어떠한 오두막집에서도 아직 살아 숨쉬고 있지. 또한 시인은 황제의 전제 정치가 계속되길 희망하지는 않지만, 황제의 위대한 인품을 사랑하고 있어. 지금 그는 부르봉 왕조의 지배하에 있는 것을 좋게 생각하고 있지 않아. 이 혈통은 두말할 필요 없이 약체화되어 있네! 그리고 오늘날의 프랑스인은 가능하면 스스로 정치에 참여하고 직접 정치에 참견을 하고 싶어하긴 하지만, 역시 위대한 인물이 옥좌에 앉아 있는 것을 원하고 있지."

식사가 끝난 뒤에 참석자들은 정원 속에서 흩어졌다. 괴테는 나에게 눈짓을 보내 티이푸르트로 가는 길의 숲 언저리까지 마차로 산책을 나서자고 했다.

마차 산책 내내 그는 아주 기분이 좋았고 무척 다정했다. 그는 앙페르와 좋은 관계를 맺은 것을 기뻐했다. 그리고 이것으로 앙페르는 프랑스에서 독일 문학이 이해되고 보급되는 데 중요한 역할을 해 줄 것이라고 말했다.

그는 덧붙여 말했다. "앙페르는 정말로 높은 교양을 갖고 있어. 그래서 그의 많은 동향인들이 가지고 있는 국민적인 선입견과 의구심, 그리고 편견을 이미 초월하고 있지. 그러므로 그의 정신으로 볼 때 그는 파리 시민이라기보다는 오히려 세계 시민이야. 요컨대 프랑스에서는 그와 같은 사상을 가진 사람이 앞으로 수천 명이나 탄생하게 될 것이라고 생각하네."

1827년 5월 6일 일요일

괴테 집에서 또다시 오찬회가 있었다. 그저께와 똑같은 사람들이 참석했다. 〈헬레나〉와 〈타소〉에 대한 이야기가 아주 많이 나왔다. 이어 괴테는 〈텔〉에 관해 이야기했다. 1797년에 그는 텔에 관한 전설을 6각운으로 된 서사시로 쓰려는 계획을 세웠다는 것이었다.

"나는 그 해에 다시 한 번 스위스의 작은 주들과 피어발트슈테터 호수를 찾아갔었네. 그런데 이 매혹적이고 멋지고 웅장한 장면이 새삼스럽게 나에게 깊은 감명을 주었기 때문에, 변화도 많고 풍요롭기가 비길 데 없는 이 지방 풍경을 한 편의 시에 그려 보려고 마음먹었지. 나는 이 묘사에 한층 더한 매력과 흥미, 그리고 생명을 불어넣기 위해서는 이 이름난 배경과 땅에 걸맞는 인물을 등장시키는 것이 좋겠다고 생각했네. 그래서 여기에는 〈텔〉의 전설이 가장 바람직한 소재라고 생각하게 되었지.

나는 텔을 힘이 장사고 원만하면서도 어린아이처럼 천진난만한 영웅적인 인물이라고 생각했네. 짐을 나르는 사람으로서 이 나라의 각 주를 돌아다녀 어디에 가나 얼굴이 알려져 사랑을 받고, 신뢰를 받는 인물이지. 또한 자기의 일만을 조용히 수행하면서 처자를 먹여 살리고, 누가 주인이고 누가 하인이고 하는 그런 것에는 전혀 신경을 쓰지 않는 사람으로 생각하고 있었어.

나는 게슬러는 그와는 반대로 폭군이라고 생각했네. 하지만 그는 그래도 성질은 무사태평한 사람으로 마음이 내키면 착한 일도 하고 기분 여하에 따라 때로 나쁜 일을 저지르기도 한다네. 요컨대 그는 인민의 행복과 불행을 이 세상에 전혀 존재하지 않는다는 식으로 무관심한 사람인 것이지.

이런 성질에 비교하며 인간 본성에 잠재하고 있는 한 단계 더 높고 한 단계 더 선한 것, 다시 말해 향토애, 국가 법률에 의해 보호되어야 하는 자유와 안녕에의 갈망, 또한 외국의 무뢰한에 의해 혹사당하고 때로는 학대 받는 것을 볼 때의 굴욕감 그리고 드디어 마지막으로 이와 같은 증오스러운 속박으로부터 벗어나고자 결심하는 의지, 이러한 모든 고양된 감정과 자질들은 발터 퓌르스트, 슈타우프파허, 빙켈리트, 그리고 다른 저명하고 고귀한 인물들에게 배분했지. 이 인물들이야말로 본래의 주인공들인 것이며 의식적으로 행동하는 더 높은 수준의 세력들인 것이야. 한편 텔과 게슬러는 기회 있을 때마다 능동적으로 행동하기도 하지만 대체로는 오히려 수동적인 성격의 인물들이었다고 말할 수 있지.

나는 이 아름다운 소재에 완전히 열중하고 있어서 이따금 이 6각운의 시를 읊조리곤 했을 정도였어. 나는 고요한 달빛을 받고 있는 호수와 산속 깊숙이 퍼져 있는 햇빛 받은 안개를 머릿속에 떠올렸지. 또한 나는 아름다운 아침 햇살에 싸여 있는 호수, 그리고 숲 속과 목장에서 넘쳐 나는 환호성 소리와 생명을 마음속에 그렸지. 그러고는 폭풍을, 협곡에서 호수 위로 세차게 뿌려대는 뇌우를 그렸어. 또 밤의 고요함과 다리, 그리고 그 통나무 다리 위에서 등장 인물들이 밀회하는 장면도 곰곰이 생각했지.

나는 이런 모든 것을 실러에게 말했고, 실러는 이들 풍경과 등장 인물들을 정리하여 하나의 희곡으로 만들어 냈던 것이지. 그리고 나는 그때 다른 일에 상관하느라고 그 계획을 실현하는 것을 점점 미루고 있었기 때문에 이 소재를 전부 실러에게 양보하였네. 실러는 이렇게 하여 그처럼 세상을 깜짝 놀라게 만든 저 희곡을 썼던 게야."

우리는 이 이야기를 듣고 기뻐했다. 이것은 우리 모두에게 흥미로운 얘기였다. 나는 말했다. "3행시로 쓰여진 〈파우스트〉 제2부 제1막 첫 장면에서 전개되는 해돋이의 화려한 묘사는 저 피어발트슈테터 호수의 인상에서 얻은 추억에서 탄생한 것으로 생각됩니다."

그러자 괴테가 대답했다. "그 묘사가 거기에서 나왔다는 것을 부정하지는 않네. 그뿐만 아니라 저 웅장한 자연의 생생한 인상이 없었다면 지금 말한 3행시의 내용은 전혀 생각해 내지 못했을 게야. 그러나 내가 나의 텔—지방에서 얻은 황금을 녹여서 화폐로 만들어 낸 것은 그것이 전부이지. 나머지는 실러에게 양보했어. 그리고 실러는 우리 모두가 알고 있듯이 그것을 가장 가치 있게 다루었지."

화제는 〈타소〉로 바뀌어 괴테가 그 속에 구체적으로 어떤 이념을 나타내려고 했는가 하는 얘기가 나왔다.

"이념이라고?" 하고 괴테는 말했다. "나는 그런 것은 모르겠어! 내가 가지고 있었던 것은 타소의 생활과 나 자신의 생활이었지. 제각기 특색을 갖춘 참으로 불가사의한 이 두 인물이 혼합되어 내 마음속에서 탄생한 것이 타소의 초상화였네. 이것에 대립되는 산문적인 인물로서 안토니오를 가져왔지. 이 모델도 나에게는 부족함이 없었어. 여기에다 궁정 생활이나 연애 관계는 대체로 바이마르나 페라라에서 얻은 것과 엇비슷한 것이었지. 그러므로 내가 〈타소〉에서 한 묘사는 당연히 나의 뼈와 살을 나눈 것이라고 말할 수 있네.

독일 사람들은 아무래도 어딘지 좀 이상해!—도처에서 심오한 사상과 이념을 찾아내서 도처로 가지고 들어와 그것으로 인생을 쓸데없이 더 어렵게 만들고 있지.—그렇지! 이제부터라도 한번 용기를 내서 외부의 갖가지 인상에 푹 빠져 즐거운 한때를 보내며 감동에 설레보고, 자기 자신을 드높여 보는 것이 좋을 것이야. 게다가 배우는 것을 부끄러워하지 말고 위대한 것에 정열을 불태워 용기를 북돋아 주는 것도 좋을 것이고……. 추상적인 사상이나 이념 없이는 이 세상의 모든 것이 허무하다고 생각해서는 절대로 안 되는 것이지.

사람들은 나한테로 와서는 이렇게 물어 본다네. 내가 〈파우스트〉 속에 어떤 이념을 구체화하려고 했는가 하고 말이야.—마치 내가 그것을 스스로 알고 있어서 말로 표현할 수 있을 것처럼 묻는 거지.—〈파우스트〉는 천국에서 이 세상을 지나, 지옥으로 이르네. 이것은 필연적으로 무슨 의미가 있어 보이지. 그러나 이념하고는 아무런 상관이 없고 단지 줄거리의 흐름일 뿐이야. 그리고 악마가 내기를 해서 급기야는 패하게 되는 것, 고난에 찬 미혹 속에서도 끊임없이 선한 길을 향해 몸부림치는 인간은 결국 구제된다는 것, 이것도 물론 많은 것을 해명할 수 있는 유효한 사상이기는 하지. 그러나 이것도 작품 전체와 특수한 개개 장면의 기초를 이루고 있는 이념이라고 말할 수는 없는 것이야. 만약 내가 〈파우스트〉에서 그려낸 것과 같은 그처럼 풍부하고 다채롭고 또 다양한 생활을, 오직 한 줄기의 일관된 이념의 가느다란 실로 꿰려고 했더라도 사실상 틀림없이 괜찮은 것이 완성되었을 테지만 말일세."

괴테는 말을 계속했다. "하지만 대체로 시인으로서의 나는 뭔가 추상적인 것을 구상화하는 방식을 택하지는 않네. 나는 나의 마음속에 갖가지 인상을 받아들이지. 이것들은 구상적이고 생기에 넘쳐 있고 사랑스럽고 다양한 것들

〈파우스트〉의 제2부 제1막 4679~4727행. 불안하게 잠을 청하는 모습의 묘사, 막스 베크만 그림

로, 나에게 왕성한 상상력을 제공해 주네. 그러면 시인으로서의 나는 이러한 직관과 인상들을 가슴속에서 예술적으로 끝손질을 하여 형체를 만들어 가는 거야. 그래서 다른 사람들도 내가 그려낸 것을 듣거나 읽고 나와 똑같은 감명을 받을 수 있게 생생한 묘사를 통해 표현하는 것뿐이라네.

그렇지만 시인으로서 무슨 일이 있어도 어떤 종류의 이념을 그려내지 않으면 안 될 때에는, 나는 짧은 시를 통해 그렇게 했네. 짧은 시에서는 확실하게 통일을 취할 수 있고 전체의 전망도 한눈에 알아 볼 수 있지. 〈동물의 변태〉, 〈식물의 변태〉 그리고 〈유언〉이나 그 밖에 몇몇 다른 시가 그 예들이라네. 그

리고 규모가 큰 대형 작품 중에서 내가 의식적으로 일관되게 이념을 좌우명
으로 한 유일한 것이 아마 〈친화력〉일 것이야. 이 대하 소설은 이해하기 쉽지.
그러나 이 작품이 이념 때문에 더 좋아졌다고 말하고 싶지는 않네. 오히려 문
학 작품은 기계적으로 헤아리거나, 이성으로 파악하기가 어려울수록 그만큼
더 좋은 작품이 될 수 있다는 것이 나의 생각이지."

1827년 5월 15일 화요일

파리에서 폰 홀타이*20 씨가 와서 한동안을 이곳에서 지내고 있는데, 그는
자신의 인격과 재능 때문에 어디를 가나 극진한 대접을 받았다. 그래서 괴테
와 괴테 일가와도 아주 따뜻한 교류를 나누게 되었다.

괴테는 요 며칠 동안 가르텐하우스(정원집)로 옮겨가서 지내고 있었다. 거기
에서 그는 조용히 즐겁게 일을 하고 있었다. 나는 오늘 폰 홀타이 씨와 슐렌부
르크 백작*21과 함께 그곳으로 괴테를 찾아갔다. 그들은 앙페르와 함께 베를
린으로 떠나야 하기 때문에 그곳에서 괴테에게 작별의 인사를 드렸다.

1827년 7월 25일 수요일

괴테는 최근 월터 스콧에게서 한 통의 편지를 받았는데, 그것은 그에게 큰
기쁨을 안겨 주었다. 오늘 괴테는 그 편지를 나에게 보여 주었다. 영어의 필적
이 그에게는 아주 읽기 어려웠기 때문에 그는 나에게 그 내용을 번역해 달라
고 했다. 괴테가 먼저 이 고명한 영국 시인에게 편지를 썼고,*22 이 편지는 그
답장인 것 같았다.

월터 스콧은 다음과 같이 쓰고 있었다.

내가 쓴 작품 중 하나가 다행스럽게도 당신의 주목을 끌게 된 것을 나는 대
단한 영광으로 생각하고 있습니다. 나는 1798년 이래로 당신의 숭배자였습니

---

*20 폰 홀타이(1798~1880). 슐레지엔 작가이자 배우인 그는 1827년 5월 5일 최초로 바이마르를
　　방문하여 15일까지 머물렀으며, 그 다음해에도 〈파우스트〉 제1부 낭독을 위해 찾아왔다.
*21 슐렌부르크 백작(1794~1854). 작센의 오스트리아 주재 대사였다.
*22 괴테가 영국의 시인 월터 스콧에게 먼저 편지를 썼다는 것이다.

다. 같은 해, 당시 나의 독일어 실력은 미미한 것이었는데 정말로 대담하게도 〈괴츠 폰 베를리힝겐〉을 영어로 번역하였습니다. 이렇게 오직 젊은이의 혈기에 가득 차서 감행하였는데, 그때 나는 이 천재적인 작품의 아름다움을 자신이 체득하는 것에 그치지 않고 다른 사람도 느낄 수 있게 하기 위해서는 그것이 쓰여진 언어를 근본적으로 이해해야 한다는 것을 완전히 잊고 있었습니다. 그런데도 나는 청년 시절의 그 시도에 아직까지도 어느 정도의 가치를 두고 있습니다. 왜냐하면 이로써 적어도 내가 경탄할 만한 대상을 선택할 수 있는 분별력을 가지고 있다는 것을 나타낼 수 있었기 때문입니다.

나는 당신에 관해서는 여러 번 들어 알고 있습니다. 특히 나의 사위이며 유망한 문학 청년인 로크하르트*23의 입을 통해 당신을 잘 알게 되었지요. 이 청년은 수년 전, 아직 나의 집안과 인연을 맺기 이전에 독일 문학의 아버지인 당신과 면접하는 영광을 가졌던 것입니다. 당신에게 경의를 표하기 위해 서로 밀치락거리면서 몰려오는 많은 사람들 중 한 사람을 기억하기는 어려우실 것입니다. 그러나 우리 가족의 일원인 저 젊은이 이상으로 당신에게 열중하고 있는 사람은 결코 없을 것입니다.

최근 나의 친구인 존 호프 핑키 경*24이 영광스럽게도 당신을 방문한다 하여 나는 그때 당신에게 편지를 드리려고 마음먹었습니다. 그리고 사실 그 후에도 또 그의 친척 두 사람이 독일 여행에 오를 예정이었기 때문에 실례를 무릅쓰고 편지를 썼던 것입니다. 그러나 그 계획은 그들의 병 때문에 실현되지 못했고 나의 편지도 2, 3개월 지나서 나한테로 되돌아왔습니다. 이렇게 나는 용기를 내어 당신과 친교를 맺어 보려고 벌써 오래전부터 노력했습니다. 그리고 그것은 당신이 나에게 마음으로부터 따뜻한 소식을 전하기 이전에 있었던 일이었습니다.

유럽 최고 위인의 전형인 당신이 노경에 이르러 비상한 존경을 한 몸에 받고 행복과 영광에 가득찬 은둔 생활을 즐기고 있는 것을, 당신을 숭배하는 모

---

*23 로크하르트(1794~1854). 영국 스코틀랜드의 소설가이자 평론가인 그는 열렬한 괴테 숭배자로, 직접 괴테를 만나러 바이마르로 찾아간 일이 있었다. 그 뒤 그는 스콧의 딸과 결혼했는데, 그가 펴낸 〈스콧 전기〉 7권(1837~1838)은 전기 문학의 걸작으로 일컬어지고 있다.

*24 그는 1827년 5월 2일, 바이마르로 괴테를 찾아가 환대를 받은 적이 있었다.

든 사람들은 그저 감사하게 여기는 바입니다. 유감스럽고 애처롭게도 저 바이런 경은 그러한 행복한 운명을 누리지 못했습니다. 운명은 그가 인생의 전성기에 있을 때 그를 데려갔습니다. 아직도 그에게 더 큰 희망과 기대를 걸 수 있었건만, 그것은 영원히 부서져 버리고 말았습니다. 당신이 그에게 보내 준 찬사와 영광을 그는 고맙게 생각하고 있었습니다. 오늘날 문필을 업으로 삼고 있는 모든 사람들이 감사하는 마음을 갖고 어린아이와 같은 존경심으로 당연히 우러러보는 당신에게서 얼마나 큰 은혜를 입고 있었는지, 그는 늘 느끼고 있었던 것입니다.*25

나는 저 주목할 인물,*26 여러 해를 걸쳐 세계를 지배하고 끔찍한 영향을 끼친 그 사람의 전기를 시도해 보았습니다. 실례입니다만 나는 이것을 트로이델 씨와 뷔르트*27 씨에게 부탁하여 당신에게 보내 드렸습니다. 실은 나는 나폴레옹과 어떤 연관을 가지고 있지 않다고 말할 수 없습니다. 왜냐하면 그의 덕분으로 나는 12년 간이나 군복무에 종사해야 했기 때문입니다. 그동안 나는 우리 지방 민병군단에 복무했습니다. 나는 어릴 때부터 절름발이였습니다만, 훌륭한 기병, 헌병 그리고 저격병으로서 복무했습니다. 그러나 이런 훌륭한 능력도 최근에는 다소 약해졌습니다. 우리 북국의 기후가 가져오는 슬픈 재앙인 류머티즘이 나의 사지를 마비시켜 버렸기 때문입니다. 그러나 나는 한탄하지 않습니다. 수렵의 즐거움을 단념하지 않을 수 없게 된 이후로 이제는 내 아들들이 그것에 열중하는 것을 보고 만족하고 있지요.

나의 장남은 경기병 중대를 맡고 있습니다. 이것은 25세의 젊은 사람에게는 역시 대단한 중책입니다. 차남은 얼마 전에 옥스퍼드 대학에서 문과 계통 학사 학위를 받아 지금은 사회로 나가기 전 몇 달을 집에서 지내고 있습니다. 그 애들의 어머니는 신의 뜻에 따라 이 세상을 떠났기 때문에 막내 딸이 집안일을 돌보고 있습니다. 장녀는 결혼하여 독립된 가정을 꾸려가고 있지요.

이상의 것이 당신이 친절하게도 묻고 계신 나의 가정 상황입니다. 아무튼

---

*25 작가인 월터 스콧은 괴테가 얼마나 바이런 경을 존경하고 그의 작품을 사랑했는가를 알고 있었을 것이다.

*26 여기서 이 인물은 나폴레옹을 지칭한다.

*27 모두 파리의 서적상인들이다.

나는 상당히 심한 손상을 입기는 했지만, 소망대로 살아갈 수 있는 충분한 것을 소유하고 있습니다. 나는 지금 당당하고 유서 깊은 성에서 살고 있습니다. 당신의 친구라면 누구든 언제라도 대환영입니다. 집의 현관은 무기로 가득 채워져 있는데, 이것들은 〈괴츠〉의 거성인 약스트하우젠에 갖다 놓아도 손색이 없을 것입니다. 그 입구는 큰 사냥개 한 마리가 지키고 있습니다.

그건 그렇고 그가 살아 있는 동안은 그 존재를 잊을 수 없는 사람에 대해 깜빡하고 있었군요. 원컨대, 이 저서의 결점을 관대하게 봐 주시기를 바라는 바입니다. 그리고 섬나라 사람의 편견이 허락하는 한, 이 저자는 저 비상한 인물의 추억을 공정하게 취급하려는 염원에 불타고 있었다고 하는 점을 고려하여 주시기 바랍니다.

당신에게 편지를 드리는 이 기회는 갑자기, 그리고 우연히 어떤 여행자에 의해 제공된 것입니다. 그러므로 조금도 시간적인 여유가 없기 때문에 이 이상 쓸 수가 없습니다. 다만 나는 당신의 변함 없는 건강과 안녕을 충심으로 두 손 모아 기도 드리는 바입니다.

1827년 7월 9일 에든버러에서
월터 스콧

이미 말한 것처럼 괴테는 이 편지를 받고 대단히 기뻐했다. 그러나 그는 다음과 같이 말했다. "여기에는 과분한 찬사가 들어 있지. 스콧은 지위도 있고 사회 교양도 높은 분이기 때문에, 이들 언사의 많은 것들은 예절을 지키기 위한 것이라고 보아야 마땅할 것이네."

이어 그는 월터 스콧이 그의 가족 상황을 말하고 있는 선량하고도 성실한 글솜씨를 언급하고는, 마치 형제를 마주하듯 자기를 신뢰하고 있는 증거라고 하면서 아주 기뻤다고 말했다.

"정말이지 이제 나는 그가 쓴 〈나폴레옹의 생애〉가 몹시 보고 싶네. 그 책에 대해서는 반대와 분노의 목소리가 높다고 듣고 있지만, 여하튼 그런 반응도 이 책의 심대한 중요성을 뒷받침하는 것이라고 생각하네."

나는 로크하르트에 대해서 물었다. 그리고 괴테가 아직도 그를 기억하고 있는지를 물었다.

"알다뿐이겠는가. 아직도 그를 잘 기억하고 있다네" 하고 괴테는 대답했다. "그 인간 됨됨이가 아주 강한 인상을 남겼기 때문에 그렇게 쉽사리 잊어버릴 수는 없었네.

영국인 여행자나 나의 며느리에게서 들은 바에 의하면, 그는 문단에서 유망한 인물로서 촉망받고 있는 젊은이라는 게야.

그건 그렇고 월터 스콧은 칼라일에 대해서 한마디도 언급하지 않았다는 것이 좀 이상하군. 칼라일은 독일의 문물에 관해서 확고한 견해를 가지고 있기 때문에 그가 이 사람을 모를 리는 없는데 말이야.

우리가 칼라일에 대해 감탄해 마지않는 것은 그가 우리 독일 작가를 판단함에 있어서 특히 정신적이고 윤리적인 핵심을 본래의 근간으로 삼고, 이것을 중요시하고 있기 때문일세. 칼라일은 윤리적인 위력의 소유자로 여기에 큰 의미가 있지. 그에게는 많은 미래가 있어. 앞으로 그가 어떤 일을 성취할 것이며 또 어떤 업적을 남길 것인지는 전혀 예측할 수가 없지."

1827년 9월 26일 수요일

괴테는 오늘 아침 홋텔슈테터의 모서리, 다시 말해 에터스부르크의 서단 높은 곳으로 마차 산책을 하고, 그곳에서 에터스부르크의 수렵용 별장으로 함께 가자고 나를 불러냈다. 날씨는 이를 데 없이 쾌청했고 우리는 일찍 야콥 성문을 지나 밖으로 나왔다. 뤼체도르프를 뒤로 하자 가파른 산길로 들어서게 되었다. 그러므로 마차의 속도도 걸어서 가는 속도에 지나지 않아서 우리는 마음껏 사방을 둘러보는 기회를 얻을 수 있었다. 괴테는 우리의 오른쪽에 위치한 군주의 영지 뒤쪽 덤불 속에 한 무리의 새들이 머물고 있는 것을 보고 "저것은 종달새인가?" 하고 물었다. '위대하고도 그리운 자여, 당신은 이 세상의 다른 어떤 사람보다도 자연의 모든 것을 샅샅이 탐구해 내고 있습니다만, 조류학에 있어서는 아직도 어린아이와도 같습니다' 하고 나는 생각했다.

나는 그의 질문에 대답해 주었다. "멧새와 참새입니다. 그리고 또 두세 종류가 더 있을 것이고, 그중에는 좀 늦게 온 그라스뮈케(바위종다리)도 있을 것입니다. 저 녀석들은 기다렸던 털갈이가 끝난 뒤 에터스부르크의 숲에서 정원이나 들로 내려와 이동할 준비를 하고 있는 것입니다. 그러나 종달새는 아닙니다. 종달새는 보통 덤불 속에서는 거처하지 않습니다. 들종달새나 하늘종달새는 하늘 높이 올랐다가 다시 지상으로 내려옵니다. 가을에는 무리지어 하늘을 날 때도 있고, 곡식을 베고 난 뒤의 논밭으로 내려와 앉기도 합니다. 하지만 그것들은 산울타리나 덤불 위에서는 머물지 않습니다. 이것과는 달리 나무종달새는 높은 나무의 우듬지를 좋아해, 그곳에서 지저귀며 하늘로 날아 올라갔다가 다시 그곳으로 내려옵니다. 그리고 또 하나 다른 종달새가 있습니다. 이 새는 인기척이 드문 양지 바른 숲 속 빈터에서 가끔 우리 눈에 보입니다. 그리고 그 새들은 부드러운 피리 소리와 같이 어딘지 좀 멜랑콜리하게 노래합니다. 이 종달새는 에터스부르크에는 없습니다. 이 새들에게 이 산은 사람들이 사는 곳과 너무 가깝고 소란스럽기 때문입니다. 그러나 이 종달새도 덤불 속으로는 들어가지 않습니다."

"흠, 그렇구나!" 하고 괴테는 말했다. "자네는 이 방면에 관해서는 풋내기 수준은 아닌 것 같아."

"나는 젊은 시절부터 이 분야에 애정을 갖고 몰두했습니다" 하고 내가 말했다. "나는 이것을 위해 쉬지 않고 눈과 귀를 예민하게 했습니다. 에터스부르크 숲의 어느 곳도 내가 두루 돌아다니지 않은 곳이 없습니다. 이제는 새소리를 단 한 번만 들어도 방금 운 것이 어떤 새인가 하는 것을 말할 수 있습니다. 그리고 또 누군가 잡을 때 잘못 건드려 날개를 다친 새를 가져와도 재빠르게 날개를 고쳐 본디 상태로 건강하게 만들 수 있는 자신을 가지고 있습니다."

"그것은 두말 할 것도 없이 자네가 이 방면으로 이미 많은 경험을 쌓았다는 증거이지. 자네는 이 연구를 계속 착실하게 해 나가는 게 좋겠네. 자네는 끝까지 해내는 기질을 가지고 있으니 훌륭히 성공해 낼 것임에 틀림없지. 그건 그렇고 새의 털갈이에 대해서 좀 말해 주게. 아까 자네는 늦게 온 바위종다리가 털갈이를 끝내고 에터스부르크의 덤불에서 들녘으로 내려온다는 이야기를 했네. 그렇다면 새의 털갈이는 종류별로 일정한 시기에 한정되는 것인가, 아니면 어떤 새든지 모두 동시에 털갈이를 한다는 말인가?"

"대부분의 새들은 산란기가 끝나자마자 곧 털갈이를 합니다. 다시 말해 마지막에 낳은 새끼가 자립할 수 있게 되면 곧 털갈이가 시작됩니다. 그러나 이 마지막 새끼가 완전하게 성장하는 시기로부터 이동할 때까지 털갈이에 필요한 충분한 시간적 여유가 있는가 없는가가 문제가 됩니다. 만약 여유가 있으면 여기에서 털갈이를 하고 새 깃털로 이동을 합니다. 만약 여유가 없으면 옛날 깃털로 이동을 하고 나중에 따뜻한 남쪽 나라에서 털갈이를 합니다. 왜냐하면 새들은 봄에 우리한테로 오는 것도 종류별로 다르고 가을에 이동하는 것도 역시 각각이기 때문입니다. 어떤 종류의 새는 다소의 추위와 혹독한 기후에 대해 훨씬 더 무관심하고 훨씬 더 잘 견디지요. 그렇지만 우리가 있는 이곳으로 일찍 오는 새는 늦게 이동하고, 늦게 오는 새는 일찍 이동합니다.

이렇게 같은 과에 속하는 바위종다리 가운데에서도 벌써 큰 차이가 있습니다. 재잘재잘 지저귀는 바위종다리, 일명 물레방앗간 아저씨로 불리는 이 새는 3월 말이면 벌써 우리가 있는 곳에 와서 울기 시작합니다. 그리고 2주일 정도 지나면 머리가 검은 바위종다리가 옵니다. 그러다가 약 1주일이 지나면 밤꾀꼬리가 옵니다. 이어서 4월 말 아니면 5월 초에 회색 머리를 한 것이 옵니다. 이 새들은 모두 8월에 우리가 있는 이곳에서 털갈이를 합니다. 이 새들의 첫 새끼들도 마찬가지입니다. 그래서 8월 말에 새끼를 잡아 보면 이미 꺼먼 머리를 하고 있습니다. 그러나 마지막 새끼는 본래의 깃털을 갖고 이동하다가 나중에 남쪽 나라에 가서 털갈이를 합니다. 그렇기 때문에 9월 초에 이르러서도 어미와 마찬가지로 역시 붉은 머리를 한 새끼를 잡을 수 있는 것입니다."

괴테는 물었다. "회색바위종다리가 우리가 사는 이 지방에 가장 늦게 도착하는 새인가, 그렇지 않으면 더 늦게 도착하는 것들도 있는가?"

"소위 말하는 황색의 흉내쟁이새라든지, 화려하고 누런 황금색의 꾀꼬리는 오순절 가까이 되서야 겨우 나타납니다. 이 두 새들은 산란기를 완전히 끝내면 8월 중순에는 벌써 다시 떠납니다. 그리고 그 새끼와 함께 남쪽 나라에서 털갈이를 합니다. 그래서 이 새들은 새장에 넣어서 기르면 겨울에 털갈이를 하지요. 사실 이 새들은 집에서 기르기가 상당히 어렵습니다. 아주 충분히 따뜻한 온도를 필요로 하지만 난로 가까이에 걸어두면 신선한 공기가 부족하기

멧새

참새

종달새

바위종다리

에커만은 새소리만을 한 번 듣고도 새 종류를 알 수 있을 정도로 새에 대해 박식했다.

때문에 말라빠져 버립니다. 하지만 이와는 반대로 창가에 걸어두면 또 긴 밤의 추위 때문에 역시 말라 버립니다."

"새가 털갈이를 할 때에는 병을 앓거나 아니면 적어도 생리적인 쇠약을 동반할 것이라고 생각하는데."

"꼭 그렇지는 않습니다" 하고 나는 대답했다. "왜냐하면 그것은 생산력이 향상되는 상태이기 때문입니다. 그러므로 새들은 이렇다 할 고통을 겪지 않고 야외에서 훌륭히 털갈이를 해냅니다. 그뿐만 아니라 상당히 건장한 놈은 실내에서도 거뜬히 해냅니다. 바위종다리를 집에서 키운 적이 있었는데 털갈이를 하고 있는 내내 노래부르는 것을 멈추지 않았습니다. 이것은 처음부터 끝까지 기분이 좋았다는 증거입니다. 그리고 새가 실내에서 털갈이를 할 때에 병을 앓는 증상을 보인다면 이것은 먹이 아니면 신선한 공기 또는 물을 적당히 주지 않았기 때문이라고 결론을 내릴 수 있을 것입니다. 만약 새가 실내에서 지내는 동안 공기 부족과 자유의 결여 때문에 약해져서 털갈이를 할 만한 생산력이 없어지면 유익하고도 신선한 공기를 맞을 수 있게 해야 할 것입니다. 그렇게 하면 털갈이는 곧바로 아주 순조롭게 잘 진행될 것입니다. 이와는 반대로 자유로운 들녘에서 사는 새의 털갈이는 자연스럽게 조용하고도 서서히 이루어집니다."

"그런데 자네는 아까 바위종다리들이 털갈이를 할 때면 숲 속의 덤불로 들어간다고 하지 않았나."

"그 기간 동안에는" 하고 나는 대답했다. "새들은 물론 어느 정도의 보호를 필요로 합니다. 그리고 자연은 이 경우에도 그와 같이 지혜와 절도를 갖고 대처해 주기 때문에, 새는 털갈이를 할 때에도 절대로 많은 깃털을 한꺼번에 빼는 일이 없습니다. 그래야만 먹이를 찾는 데에 지장 없을 만큼 날아다니는 것이 가능하기 때문입니다. 그렇지만 새가 가령 한꺼번에 왼쪽 날개의 제4, 제5, 제6의 깃털 그리고 오른쪽 날개의 제4, 제5, 제6의 깃털을 잃어 버린다면, 물론 이 경우에도 나는 데에는 지장이 없지만 맹금의 추격으로부터, 그중에서도 특히 빠르고 약삭빠르기로 소문난 새호리기로부터 도망갈 수는 없습니다. 그러므로 털갈이를 할 때에는 덤불이 우거진 곳이 제일 좋은 안식처가 됩니다."

"그럴듯한 말이로군" 하고 괴테는 대답했다. "그런데 털갈이는 양쪽 날개의 깃털이 동시에, 말하자면 좌우 대칭적으로 빠져나간다는 것인가?"

"내가 관찰한 바로는 확실히 그렇습니다. 또한 그래야만 형편이 좋습니다. 왜냐하면 가령 어떤 새가 왼쪽 날개의 깃털 3개가 빠졌는데 동시에 오른쪽 날개 깃털이 동등하게 빠지지 않는다면, 양쪽 날개의 평형을 잃게 되어 동작을 자유롭게 할 수 없게 됩니다. 그러면 그 새는 마치 한쪽은 너무나 무겁고 다른 한쪽은 너무나 가벼운 돛단배와 같은 꼴이 될 것입니다."

"과연 당연한 말이네. 우리가 어떤 측면으로든 자연 속으로 파고들면 반드시 어떠한 지혜에 도달하게 되지."

그러는 사이에 우리는 고생을 하면서 산길로 들어섰고 가문비나무의 끝단을 따라 점점 위로 올라갔다. 어떤 장소에 다다르자 깨부순 돌들이 쌓여 있었다. 괴테는 마차를 세워 놓고는, 내려가서 화석을 발견할 수 있겠는지 조사해 달라고 했다. 나는 조개껍질과 암모나이트가 박힌 화석 두세 개를 찾아내 그에게 주고 다시 마차에 올랐다. 마차는 계속 앞으로 나아갔다.

"어디를 가든지 옛날을 말해 주는 것이 있기 마련이지!" 하고 괴테는 말했다. "이곳의 어디를 가든 옛날에는 바다 밑바닥이었네!—우리가 이 꼭대기에서 바이마르를 내려다보고 각종 촌락을 굽어볼 때, 누가 우리에게 저 아래 넓은 골짜기에서 고래들이 헤엄치면서 놀던 시대가 있었다고 말한다면, 우린 그걸 마치 기적과 같이 불가능한 일이라고 생각할 게야. 그렇지만 이것은 사실이지. 적어도 아주 사실에 가까워. 그 당시 이 산을 뒤덮고 있었던 넓은 바다 위를 날아다녔던 갈매기는 오늘날 이곳에서 우리 두 사람이 마차를 달릴 줄은 꿈에도 생각하지 못했을 게야. 그리고 또 수천 년이 지난 뒤에 또다시 갈매기가 이 산 위를 날아다니지 않을 것이라고는 아무도 장담할 수 없지."

우리는 이제 언덕 위로 왔고 마차는 속력을 내 계속 달렸다. 우리의 오른쪽에는 떡갈나무와 너도밤나무 그리고 그 밖의 활엽수가 있었다. 바이마르는 저 뒤로 멀어져 이제 보이지 않았다. 우리는 서쪽 언덕 끝단에 와 있었다. 많은 촌락과 작은 거리를 가진 운스투르트의 넓은 골짜기가 맑게 갠 아침 햇살을 흠뻑 받고 우리 눈앞에 전개되었다.

"여기가 좋겠어!" 하고 괴테는 말하면서 마차를 세웠다. "이처럼 상쾌한 대기 속에서 가벼운 아침 식사를 하면 음식 맛도 사뭇 좋을 게야."

우리는 마차에서 내렸다. 그리고 여러 번의 폭풍우 때문에 볼품 없이 구부러져 절반밖에 자라지 못한 떡갈나무 뿌리가 드러난 마른 지면 위를 몇 분 동안 왔다갔다 했다. 그러는 동안 프리드리히는 우리가 가지고 온 아침 식사를 풀어 잔디로 덮인 곳에 갖다 놓았다.

맑게 갠 가을의 밝은 아침 햇빛으로 가득 채워진 그곳에서 보는 전망은 정말로 멋진 것이었다. 남쪽 그리고 서쪽을 멀리 바라다보니 튀링거 산맥 전체가 나란히 줄지어 한눈에 들어왔다. 서쪽으로는 에어푸르트를 넘어 우뚝 솟은 고타성과 인젤스부르크가 보였고, 서북쪽으로는 랑겐잘차와 뮐하우젠 배후의 산들이 보였다. 북쪽 전망은 푸른 하르츠 산맥에 의해 한정되어 있었다. 나는 저 시구를 생각했다.

넓고 높고 멋진 전망
마치 돌고 도는 인생의 한가운데를!
산맥에서 산맥으로
영원한 정신은 떠돈다
영원한 생명을 예감하면서[28]

우리는 떡갈나무에 등을 돌리고 앉아 있었기 때문에 아침 식사를 하고 있는 동안에도 튀링겐의 절반에 이르는 넓은 전망을 쉬지 않고 볼 수 있었다. 그러는 사이에 우리는 신선한 흰 빵과 함께 두 마리의 구운 자고새를 먹어치웠고, 게다가 고급 포도주를 아름다운 금으로 된 술잔으로 한 잔 마셨다. 괴테는 이런 소풍을 나설 때면 언제나 이 술잔을 누런 가죽부대에 넣어서 가지고 다니는 것이었다.

"이곳에는 정말로 여러 번 왔었지" 하고 그는 말했다. "그런데 나이를 먹고 나서는 이곳에서 이 풍요롭고 장엄한 세상을 바라보는 것도 이것이 마지막일

---

[28] 괴테의 시 〈마부 크로노스에게〉(1774)에 나온다.

것이라고 여러 번 생각했네. 그러나 여전히 또다시 찾아오고 있지. 우리 둘이서 여기서 즐거운 날을 보내는 것은 오늘이 마지막이어서는 안 된다고 생각하네. 우리는 이제부터 자주 여기에 오도록 하세. 좁은 집 안에만 있으면 위축되어 버리지. 여기서는 누구나 눈앞에 보고 있는 위대한 자연과 마찬가지로 위대하고 자유로운 기분이 되네. 그리고 사람은 누구나 언제나 이런 기분이어야 하는 것이야."

괴테는 말을 계속했다. "여기에서 멀리 바라다보면 많은 지역들이 오랜 생애에 걸친 아주 풍부한 추억과 맺어진다네. 저쪽 일메나우의 산속에서 젊었을 때 여러 가지 일을 했었지! 그리고 그 아래의 그리운 에어푸르트에서는 얼마나 갖가지 유쾌한 모험을 했던가! 나는 이전에는 고타에도 자주 즐겨 찾아갔었어. 그렇지만 그곳에 전혀 가지 않은 지도 벌써 오래됐네."

내가 말했다. "내가 바이마르로 온 이후로 당신이 그곳으로 갔던 일은 없었던 걸로 기억하고 있습니다."

"사실 거기에는 좀 특별한 사정이 있지" 하고 괴테는 웃으면서 대답했다. "나는 그곳에서는 평판이 그렇게 좋지 않아. 자네에게는 그 이유 중 하나를 이야기해 주지. 현 군주의 어머니가 아직 예쁘고 젊었을 때에는 나는 그곳을 여러 번 찾아갔어. 어느 날 저녁 나는 그녀와 단둘이서 차를 마시고 있었지. 그런데 그때 그곳에 열 살과 열두 살 된 두 명의 아름다운 금발머리 왕자들이 뛰어들어와 우리가 테이블을 마주하고 있는 데로 다가왔지. 나는 될 수 있는 대로 불손하게 이 두 왕자의 머리털 안으로 나의 두 손을 밀어 넣고 '이봐, 단발머리 아이들아, 어때?' 하고 말해 버렸어.—이 두 어린이는 나의 무엄한 태도에 깜짝 놀라 눈을 크게 뜨고 나를 쳐다보았지. 이런 일이 있은 후로 그들은 나를 절대로 잊지 않고 있는 것 같았어.

나는 이런 일을 새삼 자랑하려고 하는 것은 아니라네. 하지만 이것은 사실 그대로이고, 또한 나의 타고난 본성으로 인한 일이기도 하지. 나는 명색만 군주일 뿐으로 이에 상응하는 훌륭한 인간성과 인간적인 가치를 가지고 있지 않는 분에게는 각별히 경의를 표시하지 않네. 그뿐만 아니라 나는 있는 그대로의 나 자신에게 만족하고 있었고, 또 나 자신을 아주 고귀하다고 생각하고 있었지. 그랬기 때문에 나는 아마 사람들이 나를 군주로 모셨다고 해도 그것을 특별히 이상하게 생각하지 않았을 게야. 내가 귀족의 사령장을 받았을 때 많은 사람들은 내가 이 때문에 대단한 흥분을 느꼈을 것이라고 생각했지. 그런데 우리끼리의 말이지만, 나에게 이것은 아무렇지도 않은 것이었네. 전혀 별스런 것이 아니었지. 우리 프랑크푸르트 명문가는 언제나 자신을 귀족과 대등하다고 생각하고 있었네. 그러므로 귀족 사령장을 내 손에 쥐었을 때에도 나는 이미 오래전에 소유하고 있던 것을 확인 받은 것에 지나지 않는다고 생각했어."

우리는 계속 금으로 된 술잔으로 포도주를 마셨다. 이어 에터스부르크의 북쪽을 돌아 그곳에 있는 수렵용 별장으로 향했다. 괴테는 관리인을 시켜 방을 모두 열게 했다. 방에는 그림들과 모두 밝은 느낌을 주는 벽걸이용 융단이 걸려 있었다. 2층의 서쪽 구석방에 이르자 그는 나에게 실러가 그 방에서 한동안을 지냈다고 말했다.

"훨씬 오래전의 일이었지만 우리는 여기에서 즐거운 나날을 보내면서 며칠 동안 놀고 지냈네. 그때 우리는 모두 젊었고 기운이 넘쳐흘렀네. 여름에는 갖가지 즉흥적인 희극을 상연했고, 겨울에는 횃불을 켜 놓고 갖가지 무용과 스키를 즐겼지."

우리는 다시 야외로 나갔다. 괴테는 나를 오솔길의 서쪽 방향으로 안내하면서 숲 속으로 들어갔다.

"무슨 일이 있어도 자네에게 너도밤나무는 보여 주어야겠어" 하고 그는 말했다. "50년 전에 우리는 우리 각자의 이름을 거기에다 새겼지.—그런데 그것이 어떻게 변해 버렸는지 아는가. 모든 것이 정말 크게 성장해 버렸어! 이것이 그 나무야!—보게, 지금도 얼마나 멋진가!—아직 우리의 이름도 남아 있지. 그렇지만 나무 둘레가 커지고 그 결도 달라져서 이젠 거의 읽어낼 수 없을 지경이야. 그 당시 이 너도밤나무는 넓고 마른 장소에 있었어. 사방으로 햇빛이 드는 쾌적한 곳이었지. 그리고 우리는 여름에 날씨가 쾌청하면 여기에서 즉흥적인 익살극을 연출하곤 했지. 지금 이곳은 습기가 차서 별로 상쾌한 곳이 못되네. 그 옛날에는 단지 나지막한 덤불에 지나지 않았던 것이 어느 사이에 성장하여 햇빛을 막아 버렸어. 그래서 내 청년 시절의 멋진 너도밤나무도 덤불 속에 매몰되어, 이제 우리 눈에 거의 띄지 않게 되었다네."

우리는 다시 수렵용 별장으로 돌아와 상당한 무기 수집품을 구경하고 난 뒤에 마차를 타고 바이마르로 돌아왔다.

1827년 9월 27일 목요일

오후 한동안을 괴테 댁에서 지냈다. 그때 나는 베를린의 슈트렉푸스 추밀고문관*29을 알게 되었다. 이분은 오전 중에 괴테와 함께 마차로 산책길에 올랐다가, 그 후로 그대로 계속 식탁에 앉아 있던 차였다. 슈트렉푸스가 떠날 때 나는 그를 동반하여 공원을 한 바퀴 돌았다. 시장을 지나 돌아오는 길에 법무장관과 라우파흐를 만났다. 나는 그분들과 함께 '코끼리'관으로 갔다. 그리고 저녁때에는 다시 괴테를 찾아갔다. 우리는 〈예술과 고대〉의 신간을 이야기했다. 이와 함께 리펜하우젠 형제가 델피의 집회소에 있는 폴뤼그노트*30의 벽화를, 파우사니아스의 기술에 의거하여 재현하려고 한 12장의 연필 그림에 대한 이야기도 나누었다. 괴테는 빈번히 이 계획을 칭찬했다.

1827년 10월 1일 월요일

극장에서 후발트의 〈초상〉이 상연되었다. 나는 그 2막을 보고 괴테한테로 갔다. 그는 나에게 〈파우스트〉 제2부의 제1막 제2장을 읽어 주었다.

"나는 이 황제에게" 하고 괴테는 말했다. "자기의 국토를 잃는 데 이르는 온갖 자질을 부여하려 했네. 또 그를 통해 훗날 기어이 그렇게 되고 마는 국왕을 그리려고 했지.

그는 국가와 신하의 안녕에 대해서는 아무 걱정도 하지 않았어. 그는 오직

---

*29 슈트렉푸스(1779~1844). 베를린의 추밀고문관이자 시인인 그는 1818년에 아리오스트를 번역했고, 1822년에는 타소를, 또 1824년에는 단테를 독일어로 번역하여 유명해졌다.

*30 포뤼그노트(기원전 450년경). 고대 그리스 아테네에서 활약했던 화가로, 이미 아리스토텔레스도 그를 높이 평가한 바 있었다. 기원전 2세기의 역사가인 파우사니아스의 〈그리스 여행기〉 제10권에 그에 관해 자세한 기록이 나와 있는데, 그는 아테네 신전 등에 많은 대형 벽화를 그렸다고 한다.

자기 자신의 일만을 생각했고 매일 매일을 새로운 즐거움에만 열중했지. 그의 국토에서는 정의가 행해질 수 없었고 법률도 통하지 않았네. 재판관이 스스로 범죄의 공범자이고 또 죄인의 편을 들고 있기 때문에, 전대미문의 범죄가 저질러져도 어느 누구도 제압을 받지 않았고 징벌도 받지 않았네. 병사들에게는 급료가 지급되지 않았고 군기도 없었어. 그들은 이리저리 돌아다니면서 약탈을 일삼고 자기의 급료를 스스로 조달하며 될 수 있는 한 자급자족을 도모하고 있지. 국고에는 돈이 없고 금후의 수입이 향상될 가능성도 보이지 않네. 황제 자신의 가정 상태도 좋아 보이지 않아. 요리장과 지하 저장실도 텅 비어 있지. 날이 갈수록 점점 더 어찌할 바를 모르는 궁내장관은 벌써 고리대금업자인 유태인의 수중에 들어가 있어. 모든 것이 유태인에게 저당 잡혀 있기 때문에 황제의 식탁에 오르는 빵도 차입된 것이야.

추밀고문관은 황제에게 이런 모든 궁핍을 간언하고 그 구제책을 강구하도록 권고하지. 그러나 이 자비로운 폐하는 그런 불유쾌한 일들에 그의 고귀한 귀를 기울이는 것을 아주 싫어하네. 그는 오히려 즐겁게 지내고 싶어하는 걸세. 이럴 때에 메피스토는 본래의 특성을 발휘하네. 그는 재빨리 지금까지의 바보를 밀어내고 새로운 바보로 변신하여 고문역을 맡아 황제를 가장 가까이에서 모시게 되지."

괴테는 이 장면과 그 사이에 일어나는 군중들의 불평을 아주 멋지게 낭독했다. 이리하여 나는 정말로 유쾌한 밤을 보냈다.

1827년 10월 7일 일요일

오늘 아침에는 날씨가 매우 아름다웠다. 벌써 8시 전에 나는 괴테와 함께 마차를 타고 예나를 향해 길을 달리고 있었다. 괴테는 그 다음 날 저녁때까지 그곳에 머물러 있을 작정이었다.

우리는 매우 일찍 그곳에 도착했다. 우리는 맨 먼저 식물원에 들렀다. 거기에서 괴테는 관목과 식수를 모두 조사했다. 모든 것이 아주 아름답게 정비되어 있었고 나무들은 정말 최고로 잘 자라고 있었다. 우리는 더 나아가 광물학의 수집품과 그 밖에 두어 가지 자연과학상의 소장품을 관람했다. 이어 우리는 폰 크네벨 댁으로 마차를 달렸다. 그는 식탁을 준비하고 우리를 기다리고 있었다.

크네벨 씨는 아주 고령이었다. 집 앞에서 반쯤 비틀거리면서 괴테에게 달려와서 그를 두 팔로 껴안았다. 옛날부터 친하게 지낸 두 사람은 서로 함께 무릎을 맞대고 있는 것만으로도 충분히 만족하고 있었다.

식사가 끝난 뒤에 우리는 산책을 하기 위해 잘레 강가를 따라 남쪽 방향으로 마차를 달렸다. 나는 이 아름다운 지방을 이미 오래전부터 알고 있었지만 모든 것을 마치 처음 보는 것과 같은 신선한 인상을 받았다.

우리가 다시 예나의 큰 거리로 들어오자 괴테는 마차를 어떤 실개천을 따라 올라가게 했다. 그러더니 겉으로 평범해 보이는 집 앞에 세우고 말했다.

"여기에 포스*31가 살고 있었다네. 자네에게 이 명소를 안내해야지." 우리는 문을 지나서 정원으로 들어섰다. 꽃도 얼마 없고 그 밖에도 이렇다 할 손이 갈 만한 것을 재배한 것 같이 보이지 않았다. 우리는 온통 과수만을 심은 잔디 위를 걸었다. "이것은 에르네스티네*32의 비장품이었지" 하고 괴테는 말했다. "그녀는 이곳에 와서도 오이틴의 사과를 잊을 수가 없었네. 그리고 어떤 것도 그것하고는 비교할 수 없다고 나한테 자랑을 했어. 그것은 그녀가 유년 시절에 먹었던 사과였다네. 그 때문에 그녀는 그 사과를 칭찬했지. 그건 그렇고 나는 여기서 포스와 그의 훌륭한 에르네스티네 부인과 함께 많은 아름다운 날을 보냈기 때문에 그 옛날의 일들을 즐겨 회상한다네. 좌우간 포스와 같은 인물은 그렇게 쉽게 두 번 다시 나타나지 않을 것이야. 고도의 독일 문화에 그와 같이 큰 영향을 끼친 사람은 거의 없지. 그는 모든 점에서 건전했고 확고했어. 그러므로 그의 그리스인에 대한 관계도 인위적인 것이 아니고 순전히 자연 그대로의 것이지. 그 때문에 우리들에게도 아주 유익한 성과를 가져다 줄 수 있었어. 그의 가치를 나처럼 마음속 깊이 간직하고 있는 사람이라면 그의 추억을 아무리 존중하여도 결코 충분하다고 생각하지 않을 거야."

---

*31 포스(1751~1826). 오늘날 호메로스의 두 서사시 〈일리아스〉와 〈오디세우스〉의 독일어판 중 제일 좋은 번역작으로는 그가 역자로 작업한 것을 꼽고 있는데, 당시 괴테도 그렇게 평가하고 있다.
*32 에르네스티네(1756~1834). 포스 부인의 이름이다.

이어 괴테는 말했다. "포스는 나에게 아주 소중한 존재였지. 그러므로 나는 그를 우리 예나 대학에 계속 있게 하고 싶었어. 그를 빼앗기고 싶지 않았던 거지. 그러나 하이델베르크 대학에서 그에게 제시한 조건이 너무도 좋았기 때문에 우리의 빈약한 재력으로는 어떻게 할 도리가 없었어. 그래서 그가 가는 것을 그대로 놔두는 길밖에는 없었다네."

"그럴 즈음" 하고 괴테는 말을 계속했다. "실러를 만난 것은 나에게는 행복한 일이었네. 왜냐하면 우리 두 사람의 성질은 서로 아주 달랐지만 우리의 방향은 일치하고 있었기 때문이었지. 그리하여 우리의 관계는 아주 밀접해졌고, 결국 우리 두 사람은 서로 떨어질 수 없게 되어 버렸어."

이어 괴테는 그의 친구의 두세 가지 일화를 말해 주었는데 이것은 나에게는 아주 감명 깊은 것이었다.

"그 웅장한 성격으로 미루어 추측할 수 있는 일이지만, 실러는 사람들이 그에게 바쳤고 또 바치려고 했던 일체의 공허한 존경이나 시시한 우상화를 한사코 싫어했지. 코체부가 실러의 명성을 위해 공적으로 시위 운동을 개최하려고 했을 때에, 그는 그게 너무 싫어 그 혐오감 때문에 거의 병을 일으킬 정도였네. 마찬가지로 그는 알지 못하는 사람이 찾아오는 것을 싫어했어. 만약 어떤 약속에 지장이 생겨 그걸 연기해 오후 4시경에 만나자고 했다면, 그 시간에 이르러서는 너무 초조해진 나머지 언제나 병을 일으켰지. 그리고 또 가끔 그럴 때에는 기분이 좋지 않아 심하게 난폭해지기까지 했어. 내가 목격한 일이지만, 언젠가 어떤 알 수 없는 외과 의사가 그를 찾아와 예고 없이 방 안으로 들어오자 실러는 이 사나이에게 심하게 호통을 쳤지. 그러자 이 불쌍한 사나이는 기가 막혀 허둥지둥 나가버리고 말았네."

괴테는 말을 계속했다. "이미 말한 바이고 우리 모두 알고 있는 바이지만, 우리 두 사람의 방향은 전적으로 똑같은 것이었네. 하지만 우리의 성질은 아주 달랐어. 그리고 이것은 단지 정신적인 사항에서뿐만 아니라 생리적인 사항에서도 적용되는 말이었지. 실러에게는 쾌적한 공기가 나에게는 독처럼 작용했네. 어느 날 나는 그를 찾아갔지. 그러나 그는 집에 없었어. 그의 부인이 곧 돌아올 것이라고 말했기 때문에 나는 그의 책상 맞은 편 의자에 앉아 이것저것 메모를 하고 있었어. 그러나 얼마 안 있어서 어딘지 좀 불쾌한 기분이 되었고 이것이 점점 더 강해져 급기야 기절해 버릴 지경이 되었지. 나에게는 전혀 익숙하지 않은 이런 난처한 상태의 원인이 무엇인지 처음에는 잘 몰랐는데, 결국 나의 옆 탁자의 서랍에서 흘러나오는 불쾌한 냄새 때문이라는 것을 깨달았지. 나는 서랍을 열어 보았어. 놀랍게도 거기는 썩은 사과로 가득 채워져 있었지. 나는 곧장 창가로 가서 신선한 공기를 마셨기 때문에 곧바로 다시 본래의 상태로 돌아와 기분이 좋아졌지. 얼마 안 있어 그의 부인이 다시 들어왔네. 그녀의 말에 의하면 그 서랍은 언제나 썩은 사과로 가득 채워져 있어야 한다는 것이었어. 실러는 그 썩은 냄새를 아주 좋아해서 그것 없이는 기운을 차릴 수도 없고 글을 쓸 수도 없다는 것이었지."

"내일 아침 일찍" 하고 괴테는 말을 이었다. "실러가 이 예나에서 살았던 그곳도 자네에게 보여 주지."

얼마 안 있어 불이 켜지자 우리는 조촐한 저녁 식사를 먹었다. 그리고 그 후에도 한동안 여러 가지 추억에 대한 담화로 시간을 보냈다.

나는 괴테에게 나의 소년 시절에 꾸었던 이상한 꿈에 대해 이야기했다. 그 꿈은 다음 날 그대로 실현되었던 것이다.

"나는 어린 홍방울새 세 마리를 기르고 있었습니다. 나는 그것들에 정성을 쏟았고, 무엇보다도 그것들을 귀여워했습니다. 새들은 나의 방 안을 자유로이 날아다녔고 내가 문을 열고 들어오면 곧 나한테로 날아와 내 손 위에 와서 앉았습니다. 어느 날 정오쯤이었지요. 내가 방으로 들어왔을 때 불행하게도 이 새 중의 한 마리가 내 머리 위를 지나 집 밖으로 날아가 버렸습니다. 오후 내내 지붕이란 지붕 모두를 찾아보았지만 날이 저물어도 그 어린 새는 아무 흔적도 없어 나는 낙심했습니다. 밤에는 그 어린 새에 대한 애절한 생각을 하면서 잠이 들었지요. 그러자 새벽녘에 꿈을 꾸었습니다. 그것은 이런 것이었습니다. 내가 이웃집들을 따라 없어진 새를 찾고 있었는데, 갑자기 새소리가 들려왔습니다. 처다보니 나의 오두막집 정원 뒤의 이웃집 지붕 위에 새가 앉아 있었습니다. 그것은 곧 내 가까이로 내려와서는 먹이를 원한다는 듯이 나한테로 다가왔습니다. 그런데 그 새는 날개를 움직이고는 있었지만 나의 손 위에 뛰어

내릴까 말까 하면서 좀처럼 결심을 못하는 것 같았습니다. 그래서 나는 서둘러 집으로 달려가, 물에 적신 순무 씨를 넣은 찻종을 가지고 왔습니다. 자기가 좋아하는 먹이를 내밀자 새는 곧 내 손 위로 날아왔습니다. 이렇게 하여 나는 기쁨에 넘쳐 이 녀석을 다른 두 마리가 있는 나의 방으로 데리고 왔습니다.

이런 꿈을 꾸고 있는 동안 나는 눈을 떴습니다. 그리고 그때는 완전히 날이 밝아져 있었기 때문에 나는 재빨리 옷을 갈아입고 무엇보다 먼저 정원을 빠져 나와 꿈속에서 새를 발견한 이웃집을 향해 달려갔습니다. 그런데 정말 놀랍게도 그 새는 실제로 거기에 있었습니다! 이제 모든 것이 문자 그대로 내가 꿈에서 본 것과 똑같이 일어났습니다. 내가 이리로 오라고 유인하자 그것은 정말 가까이 다가왔습니다. 그렇지만 나의 손으로 날아오는 것을 머뭇거렸습니다. 나는 서둘러 집으로 돌아가 먹이를 가지고 왔지요. 그러자 새는 내 손 위로 날아왔고, 나는 이 새를 다시 다른 새들이 있는 곳으로 데리고 갔습니다."

괴테는 말했다. "자네가 소년 시절에 겪은 그런 일은 정말로 불가사의한 것이지. 그러나 우리가 아직 올바르게 설명할 수는 없어도 그런 것들은 이 세상에서 흔히 일어나고 있는 일이야. 우리는 모두 신비의 세계를 헤매고 있지. 우리는 어떤 분위기에 에워싸여 있지만 그 분위기 속에서 무엇이 움직이고 있는가, 그 분위기와 우리의 정신은 어떤 관계를 맺고 있는가 하는 것에 대해서는 아직껏 전혀 알 수는 없네. 그렇지만 이것만은 확실하게 말할 수 있을 것이야. 특수한 경우에 있어서 우리 영혼의 촉각은 육체적인 한계를 뛰어넘을 수 있고, 가까운 미래에 대한 예감을 가질 수 있을 뿐만 아니라, 그 이상으로 실제로 일어나는 일을 간파할 수도 있다고 말이야."

"이것과 똑같은 일을 나는 바로 얼마 전에도 체험했습니다. 나는 산책을 하고 돌아오며 에어푸르트의 큰길을 걷고 있었습니다. 바이마르에서 약 10분쯤 걸리는 지점이었지요. 그때 극장 모퉁이에 도달하게 되면 어떤 여인*33과 만나게 될 것이라는 생각이 갑자기 내 마음속에 떠올랐습니다. 나는 이 여인을 여

---

*33 아우구스테 클라트치히(1810~1875)를 말하는 것으로, 그녀는 바이마르 극장에서 가수 겸 여배우로 활동하고 있었다. 그녀는 에커만과 단지 친구로 지냈지만, 한동안 에커만의 약혼녀 요한나에게는 위험한 여성이었다. 그러나 에커만이 드디어 요한나하고 결혼하고 난 뒤에 그녀도 1833년 그녀의 다른 남자 친구이던 호프부르크의 배우 라 로슈와 결혼했다.

에커만이 소년 시절 어린 홍방울새에 대하여 이상한
꿈을 꾼 적이 있다는 것을 이야기하자, 괴테도 이에
대하여 자기가 체험한 이심전심(以心傳心) 새 이야기
를 들려 준다.

러 해 만나지 않았고 참으로 오랫동안 잊고 있었습니다. 그런데 갑자기 그 여
인을 만나게 되지 않을까 하고 생각하고는 불안한 심정이 든 것입니다. 그리
고 그 모퉁이를 돌아서려는 찰나, 바로 약 10분 전 내 마음속에 떠올렸던 바로
그 장소에서 그녀를 만났습니다. 정말 적잖게 놀랐지요."

"그것도 정말로 불가사의한 것이지. 그리고 우연 이상이지" 하고 괴테는 대
답했다. "이미 말한 대로 우리는 모두 신비와 기적의 세계를 더듬고 있네. 또한
하나의 영혼은 다른 영혼에게 그저 묵묵히 얼굴을 맞대고 있는 것만으로도
결정적인 영향을 끼칠 수 있지. 나는 그런 예를 여러 개 들 수 있어. 내가 절친
한 사이의 친구하고 함께 걸어가며 뭔가를 열심히 생각하고 있을 때, 그 친구
는 곧 내가 생각하고 있었던 것을 말하기 시작하네. 이런 일은 드물지 않게 있
었지. 내가 알고 있는 어떤 사나이는 즐겁게 서로 담화를 나누고 있는 모임을
한마디도 말을 하지 않고 오직 정신력만으로 갑자기 침묵하게 만드는 능력을
가지고 있어. 그뿐만 아니라 그 사나이는 좌중의 모든 사람들에게 어딘지 무
서운 느낌이 들게 할 정도로 불쾌한 분위기를 조성하곤 했지.

우리는 모두 우리 자신 속에 전력과 자력(磁力)과 같은 것을 가지고 있어.
자석처럼 동질적인 것과 이질적인 것과의 접촉에 따라 서로 끌어당기기도 하
고 반발하기도 하는 힘을 발휘하지. 이런 것은 있을 수 있는 일이야. 아니 그뿐

만 아니라 이런 일은 충분히 가능한 것이지. 가령 어떤 젊은 아가씨가 어두운 방 안에 있다고 해 보세. 그녀는 자기를 살해하려고 마음먹은 사나이와 함께 있는데, 그것을 알아차리지 못하지. 그런데 그녀가 어쩐지 무서운 기분을 느끼고 결국 방에서 뛰쳐나와 가족들이 있는 곳으로 달려가 버릴 수도 있는 일이란 말일세."

"이와 비슷한 가극의 한 장면을 나도 알고 있습니다" 하고 나는 말했다. "오랫동안 멀리 떨어져 지내야만 했던 두 애인이 자기들도 모르게 어두운 방 안에서 서로 만나는 장면입니다. 그들은 한동안 서로가 같이 있는지도 모르고 있다가 드디어 자력이 작동하여 서로 가까이에 있는 것을 느낍니다. 그리고 자기도 모르는 사이에 서로가 끌려 얼마 안 있어 그 젊은 아가씨가 그 젊은이의 팔에 안기게 되는 것입니다."

"사랑하는 사람들 사이에서는 이 자력이 특히 강할 뿐만 아니라 아주 멀리에까지 작동하지. 내가 청년 시절에 혼자서 산책하고 있을 때 그리운 아가씨를 만나고 싶은 심정이 되어 그녀만을 한참 동안 생각하고 있으면, 드디어 그 아가씨가 실제로 저쪽에서 걸어오곤 한 일이 여러 번 있었어. '방 안에서 가만히 있을 수가 없었어요' 하고 아가씨는 말했네. '이곳으로 오지 않을 수 없었거든요.'

지금도 내가 이곳에 와서 얼마 안 되는 해에 일어난 일을 기억하고 있지. 나는 곧 또다시 열렬한 사랑에 빠져 버렸다네. 그런데 오랫동안의 여행을 끝마치고 돌아왔을 때였어. 궁정의 사정 때문에 밤늦게까지 그곳을 떠날 수 없어 며칠 동안 애인을 만나러 갈 수가 없었지. 그때 우리의 사랑은 이미 남의 이목을 끌고 있었기 때문에 소문이 크게 퍼지지 않게 하기 위해서 대낮에 공공연히 찾아가는 것은 피하고 있었어. 그러나 밤이 나흘째, 닷새째로 접어들자 참을 수가 없게 되어 나도 모르는 사이에 그녀한테로 갔고, 그녀의 집 앞에 가서 섰지. 조용조용 계단을 밟고 올라가 그녀의 방으로 들어가려고 했는데, 그녀 혼자만 있는 것이 아니었어. 방에서는 여러 사람들의 목소리가 들려왔네. 나는 다시 살짝 내려와 서둘러 어두운 거리로 되돌아왔지. 그 당시에는 아직 가로등이 없었어. 기분이 좋지 않아서 나는 흥분한 채로 정처 없이 한 시간 가량 거리를 걸어다녔지. 그러나 애인에 대한 간절한 생각에 사로잡혀 다시 그녀의 집 앞을 지나갔어. 할 수 없이 나의 쓸쓸한 방으로 돌아가려고 다시 한 번 그녀의 집 앞을 지나가다 보니 이제는 불이 꺼져 있었지. '외출하였구나! 그러나 이렇게 어두운 밤중에 어디로 갔을까? 그렇다면 그녀를 어디에서 만날 수 있다는 말인가?' 하고 나는 혼자서 중얼거렸어. 나는 다시 한 번 길거리 여러 곳을 걸어다녔지. 많은 사람들을 만났어. 행인들의 모습과 키 높이를 보고 그녀임에 틀림없다고 생각해서 가까이 가보면 그녀가 아니었고, 그럴 때마다 실망을 하곤 했지. 나는 그 당시에 벌써 상호작용을 굳게 믿고 있었네. 그리고 내 쪽에서 강렬하게 사랑을 그리워하면 그녀를 가까이 끌어당길 수 있다고 믿고 있었네. 게다가 눈에 보이지는 않지만 더 고귀한 존재에 의해 내 자신이 보호받고 있다고 믿고 있었어. 이 존재에게 나는 그녀를 내 쪽으로, 아니면 나를 그녀 쪽으로 인도해 줄 것을 간절히 빌었지. '그렇지만 너는 정말 바보로구나!' 나는 다시금 스스로에게 말했지. '너는 다시 한 번 시도해 보려고 하지 않고 있어. 다시 한 번 그녀 쪽으로 가보려고 하지 않고 있지. 지금이야말로 묵시와 기적을 찾아봐야 하는 것인데도!'

이럭저럭 하고 있는 사이에 나는 큰 광장을 따라 내려왔네. 그리고 나중에 실러가 살았던 저 작은 집 앞까지 왔지. 그때 문득 방향을 바꿔 궁정 쪽으로 돌아가 거기에서 왼쪽의 작은 길로 들어섰는데, 그 방향으로 백 걸음도 가기 전에 이쪽을 향해 오고 있는 여인의 모습이 보였어. 그것은 내가 그리워하는 애인의 모습 그대로였지. 거리는 여기저기의 창문에서 새어 나오는 희미한 불빛으로 어슴푸레 밝았지만, 나는 이날 밤 벌써 비슷한 일로 번번이 실망을 했기 때문에 그 여자에게 말을 걸어볼 용기가 나지 않았지. 우리 두 사람이 스쳐지나갔을 때에 우리의 팔이 서로 닿았고, 나는 가다 말고 뒤를 돌아봤네. 그런데 그녀도 그렇게 하더군. 그리고 '당신이었군요!' 하고 그녀는 말했네. 그것은 그리운 그녀의 목소리였어. '드디어!' 하고 나는 말했네. 그리고 기뻐서 눈물이 흘러 나왔어. 우리는 서로 손을 꼭 잡았다네. 나는 말했네. '나의 희망은 헛된 것이 아니었군요. 나는 그리움에 가득 차 당신을 찾고 있었소. 나는 틀림없이 당신을 만날 것이라고 생각하고 있었지요. 이제 그것이 실현되었으니 나는 기쁘고 하느님께 감사할 뿐입니다.' '그렇지만 당신은 매정한 사람이에요!' 하고 그녀는 말했어. '어째서 당신은 나에게 오지 않았어요? 오늘 우연히 당신이 벌써 3일 전부터 이곳에 와 있었다는 말을 들었어요. 그래서 이제는 나를 잊어버린 것으로만 생각하고 오후 내내 계속 울고 있었답니다. 그러고는 한 시간 전부터 당신에 대한 그리움, 그리고 무엇보다도 불안한 생각으로 가만히 있을 수 없었습니다. 친구들이 두어 명 찾아왔지만 그녀들의 방문은 나에게는 영원처럼 길게 생각되었습니다. 이제 겨우 그녀들이 가 버리자, 나는 나도 모르게 모자와 외투를 집어들었습니다. 바깥의 어둠 속으로 뛰어나왔지만 어디로 가야 할지 몰랐습니다. 그러면서도 당신 생각만이 내 마음을 차지하고 있었고, 반드시 당신을 만나게 될 것이라는 생각뿐이었습니다.' 그녀가 진심으로 이렇게 말하고 있는 사이에도 우리는 계속 손을 꼭 잡고 서로 껴안았네. 그리고 우리는 서로 떨어져 있었어도 우리의 애정은 식지 않았다는 것을 확인할 수 있었지. 나는 그녀를 집 앞까지 동반했고 급기야는 그녀의 집 안으로 들어갔지. 그녀는 나보다 앞장서서 어두운 계단을 올라갔어. 그때에도 그녀는 내 손을 꼭 잡고 거의 나를 끌어올리다시피 하면서 걸어갔네. 나의 행복감은 이루 말할 수 없는 것이었네. 드디어 다시 만날 수 있었으니 말일세. 그뿐만 아니었지. 나의 신념도 헛되게 끝난 것이 아니었어. 눈에 보이지 않는 작용이 있다고 하는 나의 감정도 그릇된 것이 아니었던 게야."

괴테는 이를 데 없이 자애로운 기분 속에 잠겨 있었다. 나는 계속 몇 시간이라도 그의 말씀을 듣고 싶었다. 그러나 그는 점점 피곤을 느끼는 것처럼 보였다. 그래서 우리는 침실로 들어가 곧 잠을 청했다.

1827년 10월 8일 월요일 예나에서
우리는 아침 일찍 일어났다. 옷을 입고 있는 동안 괴테는 어젯밤에 꾸었던 꿈에 대해 나에게 말했다. 꿈속에서 그는 괴팅겐에 있었다. 그리고 친한 사이인 그곳 교수들하고 여러 가지 유익한 담화를 교환했다는 것이다.

우리는 커피를 두세 잔 마셨다. 그러고는 마차를 몰아 자연과학에 관한 수집품을 소장하고 있는 건물로 갔다. 해부학실을 참관했다. 동물과 원시 동물의

실러는 1788년 괴테 추천으로 예나 대학 교수에 임명되었다. 1799년부터는 예나 정원집에 살았다. 다리 바로 옆 길모퉁이 작은 집이 그의 걸작들, 특히 〈발렌슈타인〉이 탄생한 곳이다.

갖가지 골격과 선사 시대 인간의 골격도 관람했다. 그때 괴테는 그들의 이빨을 보고 그들은 참으로 도덕적인 종족이었다는 것을 알 수 있다고 설명했다.

이어 그는 마차를 천문대로 가게 했다. 거기에서는 슈뢴 박사*³⁴가 우리에게 아주 중요한 기계를 보여 주면서 설명을 해 주었다. 거기에 인접해 있는 기상학실을 구경했는데, 이것도 특별한 흥미를 끌었다. 그리고 괴테는 이러한 모든 것들을 훌륭히 관리하고 있는 것을 보고 슈뢴 박사를 칭찬했다.

이어 우리는 정원으로 내려갔다. 괴테는 이곳 정자 안의 돌로 만든 테이블 위에 조촐한 아침 식사를 준비시켰다. 그가 말했다. "아마 자네는 우리가 지금 얼마나 희귀한 곳에 와 있는지를 모를 게야. 이곳에 실러가 살고 있었지. 이 정자에서, 이제는 거의 부러질 듯한 이 벤치에 앉아 오래된 이 돌로 만든 테이블을 사이에 두고 우리는 여러 가지 유익하고 위대한 말을 나눴어. 그 당시에 그는 아직 30대, 나 자신은 40대로 두 사람 모두 아직 한창 일할 나이의 젊은이였지. 정말로 우리는 대단했어. 이제는 모든 것이 다 지나가 버렸네. 나는 이제는 그 당시의 내가 아니야. 그렇지만 지구는 옛날 그대로 변하지 않았고, 공기며 물이며 대지도 여전히 그전 그대로이네.

＊34 슈뢴 박사(1799~1875). 예나대학의 천문학 교수이며 천문대 대장이기도 하다.

자네는 나중에 슈뢴과 함께 위로 올라가서 실러가 살고 있었던 다락방을 보도록 해야지."

우리는 이럭저럭 하는 사이에 쾌적한 공기 속의 안온한 장소에서 아침 식사를 아주 맛있게 먹었다. 실러는 이때에 적어도 우리의 정신 속에 살아 있었다.

괴테는 계속 애정을 담아 실러를 추억하면서 그에게 여러 가지 좋은 말을 바쳤다.

그러고 난 다음 나는 슈뢴과 함께 다락방으로 갔다. 그리고 실러가 사용하던 방의 창문을 통해 가장 멋진 전망을 감상했다. 그 창의 방향은 남쪽으로 나 있었다. 그래서 두어 마일 저쪽에는 아름다운 강물이 덤불을 빠져나와 꿈틀거리면서 보일 듯 말 듯 흘러가고 있는 것이 보였다. 그뿐만 아니라 넓은 지평선도 보였다. 유성의 운행을 관찰하기에 가장 멋진 곳이었다. 이 장소는 〈발렌슈타인〉에 나오는 천문학에 관한 것이나 점성학에 관한 것을 쓰는 데에는 정말로 안성맞춤이었다고 말할 수 있을 것이다.

나는 다시 괴테한테로 내려갔다. 괴테는 마부에게 궁중 고문관인 되베라이너 씨*35 댁으로 가도록 명령했다. 그는 이 사람을 아주 높이 평가하고 있었다. 그는 괴테에게 두세 가지 새로운 화학 실험을 해 보였다.

그럴 즈음 정오가 되었다. 우리는 다시 마차에 올라탔다. 괴테는 말했다. "이번에는 식사를 위해 '곰관'에 돌아가지 말고 이 아름다운 날을 옥외에서 즐기도록 하세. 브르가우로 가도록 하지. 포도주도 가지고 왔네. 그곳에 가면 틀림없이 좋은 물고기가 있을 테니 그것을 끓이든지 구워달라고 해 보세."

우리는 그렇게 했다. 그리고 만사 뜻대로 잘 되었다. 우리는 잘레 강 물가를 따라 올라가 덤불 쪽을 꾸불꾸불 지나갔다. 길은 아까 실러의 다락방에서 바라다보았듯이 정말로 쾌적한 곳이었다. 우리는 곧 브르가우에 도착하여 작은 여관 옆에서 마차를 세웠다. 그 여관은 강에 가까웠고 옆에는 로베다로 통하는 다리가 있었다. 그리고 작은 거리가 목초지의 저쪽 바로 가까이에 보였다.

이 작은 여관은 괴테가 말한 대로였다. 여관집 여주인은 죄송하다고 하면서 아무것도 없지만 수프와 맛있는 물고기 정도는 장만할 수 있다고 했다.

---

*35 되베라이너(1780~1849)씨. 예나의 화학자로 괴테와 친교를 맺고 있다.

우리는 기다리는 동안 햇살을 쬐면서 다리 위를 이리저리 거닐었다. 강은 뗏목 일꾼들 소리로 떠들썩해서 보기에도 즐거웠다. 두꺼운 소나무 판자로 짜 맞춘 뗏목에 올라탄 그들은 차례대로 다리 아래로 미끌어지듯 가 버렸다. 그렇게 물에 젖기 쉬운 어려운 일을 하면서도 그들은 쾌활하게 소란을 떨었다.

우리는 옥외에서 물고기 요리를 먹으면서 옆에는 든든한 포도주 병을 놓고 함께 여러 가지 재미있는 이야기에 빠졌다.

한 마리의 작은 매가 날아 지나갔다. 그 나는 모양과 모습이 뻐꾸기와 아주 닮았다. 그것을 보고 괴테가 말했다.

"박물학의 연구가 아직 훨씬 뒤떨어져 있던 시대에는 뻐꾸기는 다만 여름 동안만 뻐꾸기로 지내고, 겨울이 되면 맹금으로 변한다는 생각이 일반적으로 널리 퍼져 있었다네."

"이런 견해는" 하고 나는 대답했다. "지금도 서민들 사이에 남아 있습니다. 그뿐만 아니라 이 착한 새가 완전히 성장하면 그 즉시로 자기 자신의 양친까지도 잡아먹고 만다는 어이없는 소문까지 퍼져 있습니다. 그래서 이 새는 부끄럽기 그지없는 배은망덕의 비유에 인용되고 있습니다. 나는 현재의 이 순간에도 이 황당무계한 생각을 버리려고 하지 않고, 오히려 그리스도교의 신앙 조항처럼 굳게 믿고 있는 사람들을 알고 있습니다."

"내가 알기로 사람들은 뻐꾸기를 딱따구리의 부류에 집어넣고 있지."

"대체로 그렇게 하고 있습니다. 그것은 아마 두 다리가 약하고 두 개의 발가락이 뒤로 향해 있기 때문일 것입니다. 그렇지만 나는 그렇게 분류하고 싶지 않습니다. 뻐꾸기는 딱따구리와 같은 생활 양식을 영위해 나가기 어렵습니다. 어떠한 마른 나무껍질이라도 부술 수 있는 강한 부리나 이러한 작업을 할 때에 몸을 지탱해 낼 수 있는 날카롭고 단단한 꼬리 깃도 가지고 있지 않습니다. 또 그 다리의 발가락에는 나무에 머무르는 데 없어서는 안 될 날카로운 발톱도 없습니다. 그러므로 나는 이 뻐꾸기의 작은 발은 진짜 반목조류(攀木鳥類, 나뭇가지를 움켜쥐기에 편한 발을 가진 새 종류)의 그것이 아니라 단지 겉모양만 그러한 것일 뿐이라고 생각합니다."

"조류학자들은 아마도 어딘가 특수한 새를 그저 솜씨 좋게 분류해 놓는 것만으로 기뻐하는 모양이야. 그렇지만 이와는 달리 자연은 자기 마음대로 행동하고, 인간이 만들어 낸 어색한 분류 같은 것에는 무관심으로 일관하고 있지."

나는 계속했다. "게다가 밤꾀꼬리는 그 천성적인 정력과 동작 그리고 생활 방식으로 볼 때, 개똥지빠귀와 훨씬 더 비슷하지만 바위종다리과에 들어가 있습니다. 그렇다고 내가 이 새를 개똥지빠귀과에 넣어야 한다고 생각하는 것은 아닙니다. 밤꾀꼬리는 양자의 중간에 존재하는 독자적인 새입니다. 이것과 마찬가지로 뻐꾸기 또한 독자적인 새로서 아주 뚜렷하게 자신의 개성을 가지고 있습니다."

"꾀꼬리에 관해서 내가 들은 모든 말로" 하고 괴테는 말했다. "나는 이 진귀한 새에 대해서 각별한 흥미를 느끼게 되지. 그 성질은 아주 문제가 많고 공공연한 비밀이기도 하네. 그러나 이 비밀이 너무나 뚜렷하기 때문에 해결은 점점 더 어려워지지. 게다가 이것과 똑같은 경우를 많은 사물에서 볼 수 있어.—우리는 전적으로 기적 속에 빠져 있지. 사물의 궁극적인 것, 최선의 것은 우리에게는 수수께끼로 남아 있네. 우리 한번 꿀벌을 예로 들어 보기로 하지. 그들은 꿀을 찾아 수 마일의 거리를 날아가네. 그렇지만 쉬지 않고 방향을 바꾸지. 어떨 때는 몇 주일을 꽃이 한창인 순무 밭을 찾아 서쪽으로 날아가기도 하고 다음으로는 같은 정도의 시간을 꽃이 핀 북쪽 황야를 향해 날아가지. 그리고 또 방향을 바꿔 메밀꽃이 만발한 데로 가네. 그러고는 어디론가 클로버 꽃이 핀 들녘으로도 가지. 그리고 마지막으로 다시 한 번 방향을 돌려 꽃이 만발한 보리수로 날아가네. 그렇지만 누가 그들에게 '이번에는 저쪽으로 날아가 봐. 거기에 자네들이 좋아하는 것이 있지! 그리고 이번에는 이쪽으로 가 봐. 거기에는 새로운 것이 있지!'라고 말했을 것인가. 그리고 누가 그들을 그들이 살고 있는 촌락으로, 그리고 그들의 벌집으로 돌아가게 안내한단 말인가! 그들은 마치 눈에 보이지 않는 끈에 의해 조종받듯이 이쪽으로 혹은 저쪽으로 가기도 하지. 그러나 그 끈의 정체는 무엇인가. 우리는 아직도 알지 못하고 있네. 종달새도 이와 마찬가지이지! 그들은 지저귀면서 밭 위를 날아올라 곡식의 바다 위를 떠돌지. 곡식은 바람에 이쪽저쪽으로 흔들리면서 어디에서나 똑같은 파도를 일으키고 있네. 하지만 종달새는 다시 제 새끼를 향해 둥지가 있는 바로 그

지점으로 오차 없이 내려앉지. 이런 모든 외적인 사항은 대낮처럼 명백하게 우리의 눈앞에서 전개되네. 그러나 그들의 내면을 묶는 정신적인 맥락*36은 우리에게는 닫혀져 있지."

"뻐꾸기도 이것과 다를 것이 없습니다. 우리 모두가 알고 있듯이 이 새는 자기 스스로 알을 품지 않고, 제 알을 어떤 다른 새의 둥지 속에 밀어 넣습니다. 더 자세히 말한다면 이 새는 자기 알을 바위종다리의 둥지나 황색 할미새의 둥지, 검은 바위종다리의 둥지 또는 갈색의 바위종다리의 둥지나 작은 부리울새 그리고 굴뚝새의 둥지에 넣어 둡니다. 이것도 우리는 다 알고 있습니다. 그리고 이 새들은 모두 벌레를 먹고 살고 있으며 또 그래야만 한다는 것도 우리는 알고 있습니다. 왜냐하면 뻐꾸기 자신도 벌레를 먹고 사는 새라서 그 새끼는 씨를 먹고 사는 새에게서 양육되면 안 되기 때문입니다. 그러나 뻐꾸기는 이들 모든 새가 정말로 벌레를 먹고 사는 새인지 아닌지를 어떻게 식별한다는 말입니까!—게다가 뻐꾸기는 어떻게 자기의 알과 가냘픈 새끼들을 그 구조나 온도, 그리고 건조함과 습기의 심한 차이가 있는 남의 둥지에 떠맡길 수가 있단 말입니까!—바위종다리의 둥지는 엉성한 풀 줄기와 얼마 안 되는 말털로 정말로 대수롭지 않게 만들어진 것이기 때문에 찬 공기도 마구 들어오고 바람도 많이 맞습니다. 둥지 위는 열려진 채이고 덮개도 없습니다. 그렇지만 뻐꾸기의 새끼는 그 속에서도 훌륭히 잘 자랍니다. 이것과는 달리 굴뚝새의 둥지는 바깥쪽은 이끼나 풀의 줄기, 그리고 잎사귀로 두껍고 단단하게 만들어져 있고 안쪽으로는 여러 털과 깃으로 면밀하게 전면을 깔고 있기 때문에 바람은 전혀 들어오지 않습니다. 또한 위는 둥근 천장으로 덮여 있고 아주 작은 새가 출입할 수 있을 정도의 작은 통로가 남겨져 있을 뿐입니다. 이런 밀폐된 둥지 속에서는 6월이 되면 더위 때문에 질식할 것이라고 생각할 수 있을 것입니다. 그렇지만 뻐꾸기의 새끼들은 그 속에서 최고도로 잘 자라고 있습니다. 그뿐만 아니라 황색의 할미새의 둥지는 전혀 다른 모양을 하고 있습니다!—이 새는 물가나 실개천 그리고 여러 가지 습지에서 서식하면서 그 둥지를 습기 많은 목장이나 등심초의 작은 수풀 속에 만듭니다. 이 새는 축축한 토지

─────────────

*36 〈파우스트〉 제1부 〈서재〉장면 제1939행에 나오는 메피스토펠레스의 말이다.

에 구멍을 파고 거기에 몇 가닥 풀을 드문드문 펴놓습니다. 그러므로 뻐꾸기 새끼의 부화와 생육도 심한 습기와 추위 속에서 행해짐에 틀림없습니다. 그런 데도 이 새끼도 훌륭히 잘 자라고 있습니다. 그렇다면 이 새는 도대체 어떻게 된 새란 말입니까. 가장 손상받기 쉬운 약한 어린 시절임에도, 다른 새들에게는 치명적일 수도 있는 습도나 건조함의 변화 그리고 더위와 한파에는 전혀 아랑곳하지 않습니다. 어미 새 자신은 나이를 먹었기 때문에 습도나 추위에는 대단히 민감해져 있을 텐데, 어떻게 자기 새끼를 위해서는 그런 것을 신경쓰지 않아도 괜찮다는 것을 알고 있을까요?"

"바로 이 점에 있어서도 우리는 신비 앞에 서게 되는 것이지. 그렇지만 뻐꾸기가 어떻게 자기 알을 굴뚝새의 둥지에 갖다 넣는지 자네가 본 일이 있다면 설명해 주었으면 좋겠어. 그처럼 작은 구멍으로는 들어갈 수 없고, 그렇다고 그 위에 머물러 있을 수도 없지 않겠는가."

나는 대답했다. "뻐꾸기는 마른 데에서 알을 낳고 그러고는 그것을 주둥이로 굴뚝새 둥지로 밀어 넣습니다. 또한 이 새는 굴뚝새의 둥지에서뿐만 아니라 다른 새들의 둥지에서도 이렇게 한다고 생각됩니다. 왜냐하면 벌레를 먹고 사는 다른 새의 둥지 위가 열려 있다고 하더라도, 둥지가 작다든지 혹은 그 주위가 가지로 에워싸여 있다든지 하여 긴 꼬리를 가진 뻐꾸기는 그 위에 앉아 있을 수 없기 때문입니다. 이것은 충분히 생각할 수 있는 일입니다. 그렇지만 어째서 뻐꾸기가 놓고 가는 알은 유달리 작고, 벌레를 먹고 사는 다른 작은 새의 알과 똑같은 크기인 것일까요. 이것은 새로운 수수께끼입니다. 우리가 풀지 못한 이 수수께끼에 나는 그저 감탄할 뿐입니다.—뻐꾸기의 알은 바위종다리의 알보다 약간 큰 크기입니다. 그리고 벌레를 먹고 사는 작은 새가 부화한다고 하면 아무리 해도 이 이상 커서는 안 됩니다. 작다는 것은 전적으로 좋은 것이며 이치에도 맞는 것입니다. 알의 크기와 새의 크기 사이에는 벌새(蜂鳥)에서 타조에 이르기까지 결정적인 비례관계가 있지만, 자연은 특수한 경우를 배려하여 이 일관된 위대한 법칙을 깨고 이런 융통성 있는 조치를 취하고 있는 것입니다. 우리는 되풀이하여 이것에 경탄하지 않을 수 없습니다."

뻐꾸기는 제 알을 스스로 부화하지 않고 다른 새, 그
것도 벌레만을 먹는 새둥지에 집어 넣는다. 괴테는
이것은 기적과 같은 현상이고, 신이 어디에서나 살
아 있는 증거라고 말했다.

"그것은 사실 경탄할 만한 일이지. 왜냐하면 우리의 시야가 너무 좁기 때문
에 전부를 내다볼 수 없기 때문이야. 만약 훨씬 더 넓게 눈을 뜬 사람이라면
언뜻 볼 때 반칙으로 보이는 이런 것도 아마 법칙의 범위 내에 넣을 수 있을
것이야. 그건 그렇더라도 계속하여 말해 주기 바라네. 도대체 뻐꾸기는 알을
얼마나 많이 낳는지 알고 있는가?"

"이것을 확실하게 말할 수 있는 사람이 있다면" 하고 나는 대답했다. "그 사
람은 바보일 것입니다. 이 새는 아주 민첩하게, 어떨 때에는 이쪽으로 또 어떨
때에는 저쪽으로 날아다니면서 하나의 둥지에는 언제나 오직 하나의 알을 넣
습니다. 그러므로 틀림없이 하나보다는 더 많은 알을 낳을 것입니다만 그것들
이 어디에 끼어들어가 있는지는 아무도 모릅니다. 게다가 아무도 이 새를 따
라다닐 수도 없습니다! 그렇지만 가령 이 새가 5개의 알을 낳는다고 합시다.
그리고 이 모든 것이 무사히 부화하여 애정 많은 양부모한테서 양육된다고
합시다. 이 경우에도 새삼 놀라지 않을 수 없는 일이 일어난 것입니다. 자연은
이 다섯 마리의 뻐꾸기 새끼를 위해 적어도 최고로 잘 지저귀는 새 50마리의
희생을 불사한 셈이니까요."

"이런 것에 있어서도 자연은 다른 경우에 있어서와 마찬가지로 전혀 주저함
이 없어. 자연은 많은 생명을 낭비하지. 그리고 때에 따라서는 특별한 고려 없
이 이런 일을 해치운다네. 그렇지만 단 한 마리의 어린 뻐꾸기를 위해 그처럼
많은 다른 새의 새끼가 죽는다는 것은 무슨 말인가?"

"무엇보다도" 하고 나는 대답했다. "양부모가 낳은 알의 부화가 실패로 돌아간다는 이야기입니다. 흔히 있는 일이지만 원래 둥지에 있던 새알과 뻐꾸기의 알이 함께 부화하는 경우, 양친은 태어난 새끼 중에서 큰 쪽, 즉 뻐꾸기 새끼 쪽에 더 비상한 애정을 쏟고 오직 그쪽에만 먹이를 가져다줍니다. 그러므로 자기 자신의 새끼는 죽어서 둥지에서 모습을 감춰 버립니다. 또 뻐꾸기의 새끼는 쉬지 않고 먹이를 원합니다. 그리고 작은 새가 벌레를 아무리 많이 갖고 와도 이 새끼는 더욱더 많은 먹이를 필요로 합니다. 이 새끼가 완전히 성장하여 깃털이 다듬어지고 둥지를 떠나게 되어 나무의 우듬지로 날아가기까지는 많은 시일을 필요로 합니다. 그러나 둥지를 떠나고 난 후에도 오랫동안 계속 쉬지 않고 양육을 받으려고 하기 때문에 양부모는 한여름을 이것으로 시간을 보내게 됩니다. 그리고 애정 깊은 양부모는 이 큰 새끼 뒤를 쉬지 않고 쫓아다니느라 다른 알들의 부화에는 관심이 없습니다. 이런 이유에서 오직 한 마리의 뻐꾸기 새끼 때문에 실로 많은 다른 새의 새끼들이 희생되는 것입니다."

"정말로 설득력이 있는 설명이로군" 하고 괴테는 말했다. "그건 그렇고 계속 이야기해 줄 수 있겠는가. 뻐꾸기는 둥지를 떠나자마자 곧 자기를 부화시키지도 않은 다른 새에게서 양육을 받는가. 내가 들은 바로는 그렇다는 이야기가 있는데."

"그렇습니다" 하고 나는 대답했다. "뻐꾸기의 새끼는 낮은 둥지를 떠나자마자 높은 떡갈나무의 우듬지에 자리를 정하고 모두 들으라는 듯이 소리 높이 울어 댑니다. 이 울음 소리를 들은 이웃에 있는 작은 새들이 모두 가까이로 다가와서 이 새를 맞이합니다. 바위종다리도 옵니다. 검은 바위종다리가 옵니다. 황색의 할미새도 날아서 옵니다. 여기에 가세하여 낮은 둥지나 우거진 둥지 속을 기어서 빠져나오는 굴뚝새까지도 그 성질을 이겨 내고 높은 떡갈나무의 우듬지에 있는 귀여운 새 손님을 향해 날아옵니다. 그러나 다른 어떤 새보다도 충실한 양육자는 이 새를 기른 양부모의 부부입니다. 다른 새들은 그저 때때로 맛있는 먹이를 가지고 오는 데에 그칩니다."

"그렇다면 뻐꾸기의 새끼와 벌레를 먹고 사는 작은 새들 사이에는 아주 대단한 사랑이 형성되어 있는 것 같구먼."

"벌레를 먹고 사는 작은 새들이 뻐꾸기의 새끼에 대해 갖는 애정은 정말로 깊은 것입니다. 만약 뻐꾸기의 새끼가 양육되고 있는 둥지에 사람이 가까이 다가가기라도 하면 작은 양부모는 놀람과 공포 그리고 근심 걱정으로 어찌할 지를 몰라 당황해합니다. 특히 검은점휘파람새는 심한 절망감을 나타내면서 마치 경련을 일으키는 것처럼 지면을 스칠 정도로 휘청휘청 날아갑니다."

"정말로 신기한 일이야" 하고 괴테는 말했다. "그러나 생각할 수 없는 일은 아니야. 그렇지만 가령 바위종다리 부부가 지금 막 그들의 알을 부화하려고 하는 마당에, 그 둥지에 뻐꾸기가 가까이 다가와 알을 낳고 가는 것을 허락한 다는 것은 어딘지 이상하지 않은가."

"그것은 물론 정말로 수수께끼와도 같은 일입니다" 하고 나는 대답했다.

"그러나 전혀 이해할 수 없는 일은 아닙니다. 벌레를 먹고 사는 작은 새는 모두 둥지를 떠난 뻐꾸기를 기릅니다. 그리고 그 새가 뻐꾸기를 부화하지 않 았다고 하더라도 이것을 양육하는 일을 합니다. 이 때문에 양자 사이에는 일 종의 친화력이 생기는 것입니다. 그리고 그들은 쉬지 않고 서로 알고 지내게 되고 서로를 오직 대가족의 한 성원이라고 생각하기에 이릅니다. 게다가 해당 뻐꾸기는 전년에 자기를 부화하고 양육하여 준 바위종다리 부부에게 금년에 는 자신의 알을 가져오는 그런 식이 되어 버리는 것입니다."

"물론 그렇게 말할 수 있겠지. 그러나 전적으로 납득이 가는 것은 아니야. 뻐꾸기의 새끼가 자기를 부화하지도 않고 양육하지도 않은 그런 새에게서 먹 이를 받아먹는다는 것은 아무래도 기적이라고 생각하지 않을 수 없지."

"그것은 확실히 기적입니다" 하고 나는 대답했다. "그렇지만 이것과 비슷한 일이 곧잘 일어나기도 합니다. 아니 그뿐만 아니라, 나는 이런 경향 속에 자연 전체를 깊이 관통하고 있는 위대한 법칙이 있다고까지 예감하고 있습니다.

나는 한 마리의 홍방울새 새끼를 잡은 일이 있었습니다. 그 새는 사람들에 게서 먹이를 받아먹기에는 너무 커 버렸지만 자기 스스로 먹이를 찾기에는 아직 너무 어렸습니다. 나는 이 새를 위해 한나절을 여러 가지로 애를 써보았 지만 조금도 먹이를 섭취하려고 하지 않았습니다. 그러므로 나는 이것을 한 마리의 나이 먹은 홍방울새 새장에 넣어 보았습니다. 그 새는 고운 목소리로 잘 지저귀기 때문에 벌써 여러 해 동안 새장에 넣어서 창 밖에 걸어 놓았던 것이었습니다. 나는 나이든 새가 먹는 것을 보면 새끼새도 먹이가 있는 데로 가서 그와 똑같은 행동을 할 것이라고 생각했습니다. 그러나 그렇게 하지 않고 새끼새는 나이 먹은 새를 향해 주둥이를 벌리고 먹이를 조르는 듯한 그런 목소리를 내면서 날갯짓을 했습니다. 그러자 나이든 홍방울새는 즉석에서 가엾다는 듯이 어린 새를 받아들여 마치 자기가 낳은 새끼처럼 길렀습니다.

나중에 한 마리의 회색 바위종다리와 세 마리의 새끼새를 선물로 받았을 때에도 이것들을 큰 바구니 속에 함께 넣어 두었습니다. 그러자 나이든 새가 새끼새들을 길렀습니다. 다음날 이미 둥지를 떠난 밤꾀꼬리의 새끼새 두 마리를 선사 받았습니다. 그것들도 또 바위종다리가 있는 데에 넣었습니다. 그러자 역시 그것들도 그 나이든 새가 양자로 받아들여 길렀습니다. 그 후 며칠이 지나서 아직 둥지를 떠나지 않고 이제 겨우 깃털이 자랄 정도인 방앗간 바위종다리의 새끼, 그리고 여기에 더하여 다섯 마리의 대머리 바위종다리 새끼를 함께 밀어 넣었습니다.

그런데 바위종다리는 이 모든 새들을 받아들여, 성실한 양어머니가 되어 보살핌을 다하고 있었습니다. 그것은 언제나 주둥이에 가득히 개미의 알을 갖고 와서는 넓은 바구니 속을 이쪽 구석 저쪽 구석으로 날아다녔습니다. 그리고 그것이 가는 곳 어디에나 먹이를 원하여 열려 있는 목구멍이 기다리고 있었습니다.—그뿐만이 아닙니다!—그러는 사이에 어지간히 자란 바위종다리의 새끼새 한 마리는 자기보다 작은 새 두셋을 기르기 시작했습니다. 물론 그것은 아직 장난을 치는 것 같기도 했고 어딘지 아직 어린 데가 있기도 했지만, 빨리 바지런한 어머니를 따라서 행동하려고 하는 결연한 본능이 강하게 나타나고 있었습니다."

"여기까지 오면 이것이야말로 성스럽고 엄숙한 이야기이지" 하고 괴테는 말했다. "그 말을 들으니 그저 기쁘고 놀라울 뿐이야. 알지도 못하는 새를 기른다는 그것 자체가 자연을 관통하는 보편적인 법칙으로서 실제로 존재하고 있다면, 그 사실에 의해 여러 가지 수수께끼가 풀릴 수 있을 것이야. 그리고 신은 자기를 찾으면서 울어 대는 고아가 된 까마귀 새끼에게까지도*[37] 가여움을 느끼고 있다고 확신을 갖고 말할 수 있을 것이야."

"이것은 보편적인 법칙으로서 확실히 존재한다고 생각합니다. 왜냐하면 나는 야생 생태에서도 버림받은 것이 이런 극진한 부양과 연민의 정을 받는 일을 본 적이 있기 때문입니다.

지난 여름이었습니다. 나는 티이푸르트 부근에서 두 마리의 굴뚝새 새끼들을 잡았습니다. 그 새들은 바로 최근에 겨우 둥지를 떠난 것이었습니다. 전에 그것들이 나뭇가지 위에서 일곱 마리의 형제들과 함께 열을 지어 머물러 있거나 둥지 속에서 부모들로부터 양육을 받는 것을 본 적이 있었지요. 나는 그 두 마리의 새끼를 비단 손수건에 싸가지고 바이마르로 향해 사격장까지 가서, 거기에서 오른쪽 목장 쪽으로 일름강을 따라 내려와 수영장 쪽을 지났습니다. 그리고 다시 왼쪽 숲 쪽으로 들어갔을 때, 거기서 쉬었다가 다시 한 번 굴뚝새를 보려고 생각했습니다. 그런데 손수건을 열자 두 마리는 함께 내 손에서 빠져 나가 곧장 덤불과 풀 속으로 모습을 감춰 버렸습니다. 아무리 찾아봐도 소용이 없었습니다. 그로부터 3일이 지나서 나는 우연히 다시 같은 장소를 지나갔습니다. 그때 작은 부리울새가 울어 대는 소리를 들었기 때문에 가까이에 둥지가 있다고 생각했습니다. 한동안 둘러보다가 실제로 둥지를 찾아냈습니다. 그런데 그 둥지 속을 보고 나는 정말로 놀랐습니다. 그 속에서 깃털이 막 자란 작은 부리울새와 내가 잡은 두 마리의 굴뚝새의 새끼가 나란히 있는 것을 발견했기 때문입니다. 그 새들은 아주 기분 좋게 이 가족에게 끼어들어가 어버이인 작은 부리울새의 양육을 받고 있었습니다. 나는 이 불가사의한 광경을 보고 대단히 기뻤습니다. 나는 마음속으로 생각했습니다. '너희들은 이렇게도 현명하구나. 이렇게 훌륭히 서로 돕고 있구나. 착한 작은 부리울새가 너희들을 이토록 알뜰하게 떠맡고 있으니 나는 절대로 너희들의 끈끈한 관계를 방해하지 않겠다. 오히려 너희들이 탈없이 잘 양육되기를 기원할 뿐이다.'"

"그것은 내가 이때까지 들었던 조류학 이야기 중에서도 가장 멋진 것이로군" 하고 괴테는 말했다. "자네의 건강과 자네의 행복한 관찰을 위해 건배하세!—

---

*37 구약성서 〈시편〉 제147장 제9절이다.

이 말을 듣고도 신을 믿지 않는 사람에게는 모세와 예언자의 말도*38 아무런 도움이 되지 못할 것이야. 내가 신은 어디에서나 살아 계시다*39고 하는 것은 바로 이 때문이지. 신은 모든 곳에 그 무한한 사랑을 심고 있는 것이야. 그리고 고귀한 인간 중에서 가장 아름답게 꽃을 피는 것을 일찍이 동물 속에 싹으로써 암시하고 있는 것이지. 그렇고말고. 자네의 연구와 관찰을 계속하도록 하게! 자네는 이 방면에서 특별한 성공을 거두고 있는 것 같아. 앞으로 전혀 예측할 수 없는 귀중한 결론에 도달할는지도 모를 일이야."

이렇게 우리는 바깥 대기 속에서 식사를 하면서 서로 유익하고 심오한 이야기를 나눴다. 햇빛은 서쪽 언덕 정상으로 기울어지고 있었다. 괴테는 집으로 돌아갈 시간이 되었다고 말했다. 우리는 서둘러 마차를 몰았다. 예나를 지나 '곰관' 여관에 방 값 지불을 마치고 잠시 푸룸만가에 들렀다. 그리고 우리는 전속력으로 달리는 말발굽 소리와 함께 다시 바이마르로 향했다.

1827년 10월 18일 목요일

헤겔이 이곳에 와 있었다. 괴테는 이분의 철학에서 생겨난 몇 가지 성과에 특별한 호감을 갖고 있는 것은 아니지만, 개인적으로는 그를 대단히 존경하고 있었다. 괴테는 그에게 경의를 표시하기 위해 오늘밤 다과회를 개최했다. 첼터 또한 참석했지만, 그는 오늘 밤 안으로 다시 출발할 예정이었다.

모임은 하만에 대한 이야기로 대성황을 이루었다. 이때에는 특히 헤겔이 담화를 이끌어 나갔다. 그는 이 비범한 천재에 대해 아주 근본적인 의견을 피력했는데, 그것은 대상을 가장 진지하고도 가장 양심적으로 연구함으로써 비로소 얻어낼 수 있는 그런 것이었다.

다음으로 화제는 변증법의 본질로 옮겨졌다.—"요컨대"하고 헤겔은 말했다. "이것은 누구에게나 내재하고 있는 모순의 정신을 법칙화하고 방법론으로서 완성한 것에 불과한 것입니다. 그리고 이것은 진위를 변별하는 데에 있어서 도움이 되는 바가 아주 크다고 생각합니다."

---

*38 신약성서 루가복음 제16장 제31장이다.
*39 이 말은 신의 편재에 관한 괴테의 의견과 괴테다운 직관을 가장 잘 나타내고 있다.

이에 괴테는 말참견을 했다. "그런데 이런 정신상의 기술, 그리고 융통성이 함부로 악용되어 그릇된 것이 참된 것으로, 참된 것이 그릇된 것으로 이용되는 일이 없었으면 좋겠어!"

"그런 일은 종종 일어납니다" 하고 헤겔은 대답했다. "그러나 그것은 정신적으로 병들어 있는 사람들만이 하는 짓입니다."

"그렇다면" 하고 괴테는 말했다. "나는 자연을 연구했기 때문에 그런 병이 생기지 않아 다행이군. 왜냐하면 자연의 세계에서는 무한하고 영원한 진리를 취급하기 때문이지. 대상을 관찰하고 이것을 처치하는 데 있어서 어디까지나 순수하고 성실하게 일을 진행하지 않으면 불충분하다고 하여 배척을 받네. 그러므로 나는 많은 변증법적 병자에게는 자연 연구가 좋은 치료법이라고 믿고 있어."

일동이 계속하여 아주 유익한 말과 유쾌한 담화에 열을 올리고 있을 때에 첼터는 일어나 한마디 말도 하지 않고 가 버렸다. 우리는 그가 괴테에게 작별 인사를 드리는 것이 고통스러워서 이런 탈출구를 택해 비통한 순간을 피했다는 것을 알았다.

1828년

1828년 3월 11일 화요일

나는 요 몇 주일 동안 건강 상태가 아주 좋지 않았다. 밤에는 잠을 잘 잘 수 없고, 또한 밤에서 아침에 이르기까지는 불안하기 그지없는 꿈속에서 실로 각양각색의 상황 속에 몸을 두었다. 꿈속에서 나는 아는 사람 또는 알지 못하는 사람들하고 대화를 나누고 말다툼을 벌이고 심지어 싸우기도 한다. 그리고 모든 것을 정말로 생생하게 그리고 아주 또렷하게 다음 날 아침까지 기억한다. 그러나 이 꿈 생활은 내 두뇌의 힘을 소모했기 때문에, 낮이 되면 나는 완전히 녹초가 되어 어떠한 정신적인 작업에도 전혀 마음이 내키지 않고 머리도 돌아가지 않았다.

나는 괴테에게 되풀이하여 나의 상태를 하소연했다. 그러자 그는 무슨 일이 있어도 의사한테 가서 상담하도록 재삼 권하며 말했다. "자네의 병은 절대로 대단한 것은 아닐 것이야. 아마 대단치 않은 고장일 거야. 광천수 한두 잔, 아니면 염분을 조금 섭취하면 나을 것이야. 그렇지만 그대로 방치하지 말고 손을 쓰도록 해야 하네!"

괴테의 말이 가장 지당한 것일는지 모른다. 또 나도 그분의 말이 맞다 하고 혼잣말을 했다. 그러나 이때에도 결단을 내리지 못하는 타고난 성질과 내키지 않는 마음이 화근이 되어 그대로 불안한 밤과 불쾌한 날을 보내면서 병의 치료에 손을 쓰지 않았다.

그래서 오늘 식사가 끝난 뒤에도 나는 여전히 산뜻하지 않은 모습을 하고 있었다. 이에 괴테는 참을 수가 없는지 드디어 빈정대는 웃음을 띠면서, "자네는 샌디 제2세야.*1"라고 말했다. "저 유명한 트리스트램의 아버지로, 문이 삐걱

---

*1 여기서 괴테는 영국 작가인 스턴(1713~1768)의 작품 〈신사 트리스트램 샌디의 생애와 의견〉

거리는 소리에 화를 내며 반평생을 보낸 사나이지. 단지 문에 두세 방울 기름을 붓기만 하면 매일 불유쾌한 생각을 하지 않고 지낼 수 있는데 그런 결심을 하지 않고 말이야.

그렇지만 우리 모두는 그러하지. 인간의 무지와 깨달음이 그의 운명을 결정짓지! 우리는 매일 데몬의 끈에 끌려가고 있어서 무엇을 행할 것인가를 지시받기만 하면 되는 것이야. 그러나 착한 영혼에게서는 버림을 받게 되기 때문에 해이해져서 암중모색만을 하게 되네.

이런 점에서 볼 때 나폴레옹은 참으로 위대했지!—그는 언제나 크게 깨달았고 언제나 투철했고, 그리고 결단력이 있었어. 어떤 경우에도 유리하다고 인정한 것, 필요하다고 인정한 것을 그 즉시로 실천에 옮길 수 있을 정력을 충분히 가지고 있었지. 그의 일생은 전쟁에서 전쟁으로, 승리에서 승리로 향하는 반신의 행보였어. 그는 쉬지 않고 깨달음의 상태에 있었다고 해도 과언이 아닐 것이야. 그렇기 때문에 또한 그의 운명은 이 세상에서 그의 이전에는 볼 수 없었고, 그의 이후에도 볼 수 없을 만큼 찬란한 것이었어.

정말이지 나의 친구여, 그는 위대했어. 우리는 절대로 그의 흉내를 낼 수가 없지!"

괴테는 방 안을 이쪽저쪽으로 왔다갔다 했다. 나는 식탁을 마주하고 앉아 있었다. 식탁은 이미 치워져 있었지만 아직도 약간의 포도주, 약간의 비스킷, 과일 등이 남아 있었다.

괴테는 나에게 술을 따랐고 비스킷과 과일도 먹으라고 강요했다. "물론 자네는" 하고 그는 말했다. "오늘 나의 점심 식사 초대를 거절했지. 그러나 친구가 주는 이 한 잔을 마시면 기분도 한결 좋아질 것이야."

내가 이 대접을 공손히 받고 있는 동안 괴테는 방 안을 계속 왔다갔다 하면서 흥분하여 중얼거리면서 가끔 알 수 없는 말을 했다.

내가 이야기를 시작했다. "그렇지만 나폴레옹은 아직 젊고 세력이 당당했을 때 특히 그처럼 쉬지 않는 깨달음의 상태에 있었던 것으로 생각됩니다. 그 당시에는 확실히 신의 보호와 끊임없는 행운이 그를 돕고 있었습니다. 하지만 이

의 내용을 인용하며 에커만을 조롱하고 있다.

와는 반대로 말년에는 이러한 깨달음이나 행운의 별도 그를 저버린 것 같습니다."

"자네는 무엇을 말하려는 것인가!" 하고 괴테는 말했다. "나도 연애시와 〈베르테르〉를 두 번 쓰지는 않았어. 비범한 것을 탄생하게 만드는 신성한 깨달음은 언제나 젊음과 생산력이 결합되어 나타나는 것이지. 나폴레옹은 이때까지이 세상에 태어난 사람 가운데서 가장 생산적인 인간 중의 한 사람이었지.

그렇지, 그렇고말고. 단지 시나 연극을 창작하는 것만이 생산적일 필요는 없어. 행위의 생산력도 있는 것이야. 그리고 대부분의 경우 이쪽이 한층 더 중대하지. 의사만 하더라도 그가 진정으로 의사로서의 사명을 다하려면 생산적이지 않으면 안 되네. 그렇지 않으면 어쩌다 요행히 병을 고쳐 성공을 거둘 수는 있겠지만 대체로는 실수만을 저지르는 것이 고작일 것이야."

나는 말했다. "당신이 이 경우에 생산력이라고 부르는 것은 이 세상에서 흔히 천재라고 부르는 것 같습니다."

"양쪽은 서로 아주 가까운 데가 있지" 하고 괴테는 말했다. "왜냐하면 천재란 저 생산적인 힘 이외에는 아무것도 아니지 않겠는가. 바로 이런 것이 있음으로써 신과 자연 앞에 아무런 부끄럼 없이 올바르고 영원토록 사라지지 않는 행동도 나타나는 것이 아니겠는가. 모차르트의 모든 작품은 이러한 종류의 것이지. 그 가운데에는 시대에서 시대를 거쳐 영향을 끼치고 시들어 없어지지않는 생산력이 있는 것이야. 이 밖의 다른 위대한 작곡가와 예술가도 마찬가지인 것이지. 피디아스와 라파엘로도 그 뒤로 따라오는 수세기에 걸쳐 영향을 끼치지 않았던가! 뒤러와 홀바인*2도 마찬가지였어!—고대 독일의 건축 예술의형식과 균형을 처음으로 창출해 낸 사람, 그리고 그 결과 시대가 경과함에 따라 슈트라스부르크의 대성당과 쾰른의 대성당을 만들 소지를 열어 준 사람도역시 천재였지. 왜냐하면 그의 사상은 쉴 사이 없이 생산적인 힘을 잃지 않고오늘에 이르기까지 영향을 끼치고 있기 때문이네. 루터는 정말로 현저한 천재였지. 그는 지금까지도 많은 훌륭한 시대를 만들어 내고 있어. 그러므로 금후얼마나 오랫동안 그 생산력이 계속하여 작용할지 예상할 수 없을 정도라네.—

---

*2 뒤러(1471~1528)와 홀바인(1465~1524). 두 인물 모두 독일의 대표적인 화가이다.

라파엘의 〈기적의 고기잡이〉 1515년. 런던 빅토리아 알버트 박물관 소장

고대 그리스의 최고 조각가인 피디아스
(기원전 490년)가 제작한 대리석상

뒤러의 〈사도 마르코와 바울〉 뮌헨 알테피나코테크
소장

레싱은 천재라는 고귀한 칭호를 거부하려고 했지.*³ 그러나 그의 의사와는 달리 그의 영향은 영속하고 있어. 이와는 반대로 문학계에서 볼 때, 생존 중에는 대단한 명성을 얻고 위대한 천재라고 생각되었던 몇몇 사람들의 영향은 그 생애의 끝과 함께 끊어져 버렸지. 그러므로 이런 사람들은 그들 자신과 그 밖의 사람들이 생각했던 만큼 대단한 것이 아니었던 것이야. 왜냐하면 이미 말한 대로 생산적이고 영속적인 영향력을 갖고 있지 않는 천재는 존재하지 않기 때문이지. 그리고 이 경우 그 사람이 종사하고 있는 것이 일이든 예술이든 그 직업 같은 것은 문제가 되지 않아. 무엇이든 매한가지야.—오켄*⁴이나 훔볼트처럼 학문 분야에서 천재를 발휘하는 것도 좋고 프리드리히 대왕이나 페터 대왕 그리고 나폴레옹처럼 전쟁이나 국가 통치에 있어서 천재를 발휘하는 것도 좋아. 또는 베랑제처럼 노래를 창작하는 데에 있어서 그래도 역시 좋지. 그러니까 모두 마찬가지야. 그리고 문제는 그 사상, 그 착상 그리고 그 행동이 살아서 영속하고 있는가 없는가인 것이야.

그리고 여기에 또 첨가할 것이 있네. 어떤 사람이 대량의 작품을 만들고 많은 활동을 했다고 해서 반드시 이것을 생산적이라고 말할 수는 없다는 것이야. 문학에서도 시집을 계속하여 출판하기 때문에 대단히 생산적이라고 생각되는 시인이 있네. 그러나 나의 생각으로 이런 사람들은 전적으로 비생산적이라고 할 수 있지. 왜냐하면 그들이 만들어 낸 것은 생명이 없고 영속성도 가지고 있지 않기 때문이야. 이와는 달리 골드스미스가 만든 시는 정말로 적어서 숫자로 말하면 논할 것이 못 되지. 그럼에도 내가 그는 시인으로서 정말로 생산적인 사람이라고 단언하기를 주저하지 않는 것은, 그가 쓴 시는 적지만 그 속에는 사라질 수 없는 생명이 있기 때문이야."

말이 한동안 끊어졌다. 그 사이에 괴테는 여전히 실내를 이쪽저쪽으로 걸어 다녔다. 그렇더라도 나는 이 중요한 문제에 대해서도 더 깊이 있게 듣고 싶었기 때문에 괴테의 기분을 흔들어 움직여 보려고 했다.

나는 말했다. "도대체 어떤 유명한 인물에서 볼 수 있는 이런 천재적인 생

---

*3 레싱은 〈함부르크 희곡론〉의 마지막 논문에서 천재의 칭호를 거부하고 있다.
*4 오켄(1779~1851). 박물학자이자 자연철학자인 그는 잡지 〈이지스〉를 창간(1817~1848)했다.

산력은 그 정신에만 깃들어 있는 것입니까? 그렇지 않으면 육체에도 깃들어 있는 것입니까?"

괴테는 대답했다. "적어도 그 점에 있어서 육체는 아주 큰 영향력을 가지고 있지.—그런데 독일에서는 천재는 몸이 작고 허약하고 때로는 심한 꼽추라고까지 생각한 시대가 있었네. 그렇지만 나는 그 정신에 상응하는 육체를 가진 천재에게 호감을 가지고 있어.

사람들은 나폴레옹이 화강암으로 만들어진 인간이라고 하는데, 이것은 특히 그의 육체에 대해서 꼭 들어맞는 말이야. 이 사람은 아무리 어려운 일이라도 찾아서 했고 또 그렇게 할 수 있는 힘도 가지고 있었지—시리아 사막의 타오르는 모래에서 모스크바의 눈 덮인 들판에 이르기까지 얼마나 수없이 많은 진군과 전투 그리고 야영이 있었던가!—그리고 그는 그때마다 얼마나 많은 고난과 육체적인 부자유를 견디어 내야만 했던가! 잠도 제대로 못 잤고 먹을 것도 제때에 먹지 못했지. 그때에도 그는 끊임없는 고도의 정신적 활동가였네! 브뤼메르 제18일째*5의 극심한 흥분과 격동 속에서 한밤중이 다 될 때까지 그는 하루 종일 아무것도 먹지 못하고 있었지. 그러나 이때에도 그는 육체적인 휴식을 취하려고 생각하지 않았네. 밤이 깊어짐에 따라 그는 프랑스 국민에게 보내는 저 유명한 선언문을 기초할 만한 힘이 자기의 육체 안에 충분히 있음을 느끼고 있었던 것이야.—그가 얼마나 많은 고난을 겪고 견디어 냈는가를 생각해 보면, 40세가 되었을 때 그의 신체에는 단 한 군데도 성한 부분이 남아 있지 않을 것이라고 예상해야 할 거야. 그러나 그 나이 때에도 그는 여전히 완벽한 영웅의 신체를 확고하게 유지하고 있었던 것일세.

그렇지만 그의 행동의 참된 전성기는 그의 청년시대에 있었다는 자네의 의견은 참으로 옳은 말이야.—비천한 집안 출신인 한 사나이가 모든 인재들이 빠짐없이 활동하던 그 시대에 그처럼 뛰어났기에 27세인데도 벌써 3천만 국민의 우상의 자리에까지 올랐던 것이지!—그렇지, 그렇고말고! 나의 친구여, 위

---

*5 프랑스 혁명기 국민공회는 1792년 9월 22일을 기점으로 달력 체계를 바꾸어 혁명력을 제정하였다. 브뤼메르는 그 달력 두 번째 달(10월 22일부터 11월 20일까지)의 호칭이며, 그 18일은 종래의 11월 9일이다. 그리고 바로 이날 나폴레옹이 쿠데타를 강행하고 집정정부를 수립하여 군사독재가 시작된 것이다.

대한 일을 성취하려면 우리는 모름지기 젊지 않으면 안 되네. 그리고 이것은 나폴레옹 혼자에게만 한정된 말은 아니야."

"그의 동생인 뤼시앙*6도 또한 젊은 나이에 대단한 일을 해냈습니다. 그가 500인 회의의 의장이 되었고 이어서 내무장관이 된 것도 이제 겨우 25세가 될까말까할 때였습니다."

"뤼시앙이 어쨌다는 것인가?" 하고 괴테는 말참견을 했다. "역사를 보면 내각에 있어서나 직장에 있어서 아직 젊은 나이에 유명한 사건을 처리하여 명성을 떨친 사람들이 수백 명이나 된다네."

괴테는 활발하게 말을 계속했다. "만약 내가 군주라면 가문이나 연공 덕분으로 점차로 승진한 사람들, 그리고 노년에 이르러서도 관례대로 외곬길을 천천히 그리고 편안하게 걸어간 사람들, 또 이렇다 할 재능도 발휘하지 못한 사람들을 절대로 중요한 자리에 앉지지는 않을 것이네.—나는 젊은 사람들을 원하지!—그러나 그들은 명석하고 활기에 차 있고, 최선의 의지와 지극히 고귀한 인격을 갖춘 인재가 아니면 안 되네.—그렇게 되면 통치를 해도 즐겁고 국민도 앞으로 전진해 나갈 것이야.—그렇다면 이처럼 착한 신하에게 시중을 받는 군주는 또 어디에 있는가!—나는 현재의 프러시아의 황태자*7에게 큰 기대를 걸고 있지.—그에 관해서 내가 알고 들은 모든 점으로 미루어 볼 때 그는 대단히 훌륭한 인물이야! 그리고 그가 이런 비범한 인물이기 때문에 비로소 유망하고 재능이 풍부한 사람들을 인정하고 채용할 수 있는 것이야. 뭐니 뭐니 해도 같은 종류는 같은 종류에 의해 인정받는 것이지. 자신이 위대한 능력을 갖추고 있는 군주만이 그 신하와 추종자 가운데에서 위대한 재능의 소유자가 누구인지 알아볼 수 있고, 또 그에 상응하게 인정하고 평가할 수 있는 것이라네.

'훌륭한 인재에게 길을 열어 주어라!' 이 말은 나폴레옹의 금언이었지. 그는 부하의 선택에 정말로 독자적인 요령을 터득하고 있었어. 중요한 인물들을 적재적소에 앉히는 것에 매우 능숙했지. 그러므로 그의 일생동안 행해진 어떠한

---

*6 뤼시앙(1775~1840). 나폴레옹의 동생이자 군사위원으로 500인회 위원장으로서 총재정부에 대한 반란을 계획하고, 이집트 원정 중이던 형에게 연락을 취하여 브뤼메르의 쿠데타를 성공적으로 이끌었다.
*7 나중의 프리드리히 빌헬름 4세이다.

위대한 대사도 그의 부하들은 다른 데서 그 전례를 찾아볼 수 없을 만큼 그에게 헌신적이었지."

오늘밤의 괴테는 유달리 내 마음에 들었다. 그의 천성 중 가장 고귀한 부분이 그의 마음속에서 펄떡펄떡 생동하고 있는 것처럼 보였다. 이때 그는 목소리의 울림에도 빛나는 눈빛에도 이상한 힘이 배어 있었다. 그것은 마치 청춘의 절정에서 발랄하게 타들어 가는 불꽃과도 같았다.—그처럼 고령이고 아직도 중요한 직책을 맞고 있는 그가 그처럼 단호하게 젊은이를 옹호하고, 국가의 최고 지위가 청년은 아니더라도 아직 혈기 왕성한 소장 연령의 인물들로 채워지기를 원하고 있다는 것은 드물게 여겨졌다. 나는 나이를 많이 먹었음에도 중요하고 복잡한 사무에 종사하는 데에 필요한 정력과 젊은 활기를 잃지 않고 있는, 또한 높은 자리에 있는 독일인 두세 명의 이름을 들지 않을 수 없었다.

"이러한 사람들 그리고 이와 비슷한 사람들은" 하고 괴테는 대답했다. "천재적인 성품을 가진 분들로 일종의 독특한 인물들이지. 다른 사람에게는 젊은 시절이 오직 한 번밖에 없지만, 이 사람들은 반복되는 사춘기를 체험하고 있는 것이야.

다시 말해, 개개의 엔텔레키는 영원의 일부이지. 그리고 그것은 얼마 안 남은 햇수를 육체와 결합한다고 하더라도 노화되어 없어져 버리는 것이 아니야. 이런 엔텔레키가 하찮은 것이라면 육체에게 감금되어 있는 동안 별다른 활동을 못하지. 그런 경우라면 오히려 육체 쪽이 더 우세해져서, 엔텔리키는 육체가 노쇠해감에 따라 그 육체를 보존할 수 없어 지장을 초래하게 될 것이야. 그러나 모든 천재적인 인물에게서 볼 수 있듯이 엔텔레키가 강력한 종류의 것이면 그것은 육체에 침투함으로써 그 조직에 작용한다네. 그리고 그것을 강화하고 드높여 줄 뿐만 아니라 더 나아가 정신적인 우세를 확보하여 영원한 청춘이라는 특권을 쉬지 않고 주장하려고 하네. 그러므로 특별히 혜택을 받은 사람들에게서는 거듭하여 일시적인 젊어짐이 되풀이되는 것처럼 보이지. 이것이 내가 말하는 사춘기의 되풀이인 것이야.

그러나 젊음이란 움직일 수 없는 것일세. 엔텔레키가 아무리 왕성하게 나타난다고 하더라도 육체적인 조건을 완전히 극복해 낼 수는 없어. 엔텔레키는 젊은 육체와 결합되어 있는가 아닌가에 따라 큰 차이가 나는 것이지.

나의 일생 중에는 매일 전지 한 장분, 다시 말해 16페이지를 인쇄할 수 있는 분량의 글을 써 낼 수 있는 시절이 있었네. 그때 나는 이것을 아주 쉽게 해낼 수 있었지. 나의 〈형제 자매〉*8는 3일 안에 완성했고, 〈클라비고〉*9는 자네도 알지만 1주일 안에 다 써 냈다네. 지금은 이런 일은 거의 하지 않고 있어. 그러나 나이 먹은 지금에 이르러서도 생산력 그 자체의 결핍을 슬퍼하고 있는 것은 아니라네. 젊었을 때에는 어떤 날에도 어떤 경우에도 할 수 있었던 것을 지금에 이르러서는 단지 때때로 형편이 좋을 때에만 할 수 있다는 것이지. 10년인가 12년 전이지만 저 해방 전쟁*10 후의 행복한 시절, 〈서동시집〉*11의 시를 한참 쓰고 있을 때 나는 가장 생산력에 넘쳐 있었네. 그때에는 하루에 두 편에서 세 편을 쓴 일도 있었지. 옥외에서 마차 안에서 그리고 때로는 여관에서도 가능했지. 어디나 나에게는 마찬가지였어. 하지만 〈파우스트〉 제2부를 쓰고 있는 지금 나는 이 작업을 하루 중 이른 아침 시간에 한정하고 있다네. 그 시간이 잠에서 깨어나 상쾌한 기분으로 활기를 되찾고 번거로운 일상적 잡일에 방해 받지 않는 때거든. 그렇지만 어느 만큼이나 쓸 수 있다는 말인가! 가장 순조롭게 일이 잘 될 때에야 겨우 원고지 한 장 정도 쓰고, 대체로는 손바닥 가득할 만큼의 분량만을 쓰게 되네. 그리고 때로 마음이 무르익지 않을 때에는 이것보다는 더 적게 쓰고 있어."

"일반적으로 말해서" 하고 나는 말했다. "생산적인 기분을 강화시킨다든지

---

*8 괴테는 이 작품을 1776년 10월 26일, 28일, 29일의 3일에 걸쳐 썼다.

*9 괴테는 〈시와 진실〉 제15장에서 〈클라비고〉는 1774년 5월에 1주일 걸려서 완성했다고 보고하고 있다.

*10 해방전쟁(1813~1815). 추위로 인하여 나폴레옹의 러시아 원정이 실패하자 구라파의 총연합군이 궐기하여 여러 번의 회전을 거듭하였다. 그러던 끝에 라이프치히 회전에서 프러시아가 결정적인 승리를 거두고 또 워털루 회전에서도 연합군이 이기자, 나폴레옹은 세인트 헬레나 섬으로 유배되어 그곳에서 죽었다.

*11 괴테의 이 시집에서도 다시 젊어지는 순간이 되풀이하여 강조되고 있다. 우리는 실제로 괴테의 작품 속에서 그 주인공이 젊어지는 장면을 〈파우스트〉 제1부 〈마녀의 부엌〉(2337~2604행)에서 보게 된다. 파우스트는 마녀가 그린 동그라미 속으로 들어가자 마녀가 주문을 외우고 난 다음 건네준 특수 조제한 물약을 마시고 자신이 30년이나 더 젊어진 것을 알게 되는 것이다.

또는 기분이 내키지 않을 때에 이것을 드높일 수 있는 방법은 없는 것일까요?"

괴테는 대답했다. "그건 참으로 묘한 문제지. 그리고 그것은 여러 가지로 생각할 수 있을 것이고 또한 말할 수도 있을 것이야.

최고의 생산력, 모든 위대한 창의, 모든 발명, 열매를 맺고 결과를 초래하는 모든 위대한 사상은 누구나 뜻대로 이룰 수 있는 것이 아니네. 그리고 그것은 현세적인 지배력의 모든 것을 초월하고 있지.—인간은 이런 것을 천상에서 내려 주시는 뜻하지 않은 선물이자 신의 순수한 아들이라고 생각하고 기쁘게 감사하는 마음으로 받아들이고 존경해야 하네. 이것은 마력적인 것과 비슷한 것으로, 압도적인 힘을 갖고 사람을 자기 뜻대로 끌고 다니지. 그리고 인간은 아무리 자기가 자발적으로 행동하고 있다고 믿고 있어도 자기도 모르는 사이에 실은 이것에 몸을 바치고 있는 것이야. 이럴 경우 인간은 때로 한 단계 더 높은 세계 통치의 도구가 되고, 신성한 신의 영향을 받아들이기에 흡족한 그릇으로 여겨지는 것이지.—내가 이렇게 말하는 것은 단지 하나의 유일한 사상이 수세기 전체의 모습을 완전히 바꾸었던 경우가 있고, 또 두세 명의 개인이 만들어 낸 것이 그 시대에 각인되어 그 뒤로 따라오는 시대에도 계속 표면화되면서 유익한 영향을 남기는 일이 있기 때문이야.

그러나 다음으로 이것과는 다른 종류의 생산력이 있지. 그것은 훨씬 현세적인 영향에 예속되어 있는 것이네. 물론 여기에서도 여전히 인간은 신적인 것을 숭배해야 할 이유를 발견하겠지만, 이것은 훨씬 인간을 자유롭게 해주는 것이야. 나는 하나의 계획을 성취하는 데 필요한 모든 것, 결론이 벌써 확실하게 제시되어 있는 사상의 연쇄의 모든 고리를 이 속에 넣지. 그리고 어떤 예술 작품에서 눈에 드러나는 구성 요소를 형성하고 있는 모든 것도 이 속에 넣는다네.

〈햄릿〉이 처음으로 셰익스피어의 머리에 떠올랐을 때 그 전체의 정신은 뜻밖의 인상을 주면서 그의 영혼 앞에 나타났고, 그는 개개의 장면과 인물 그리고 전체의 매듭을 흥분된 기분으로 전망할 수 있었다네. 그것은 순전히 하늘이 내려 준 선물이었지. 물론 이와 같은 착상을 마음에 간직하려면 먼저 셰익스피어처럼 정신을 갖추는 것을 필수 조건으로서 충족시켜야 하네. 하지만 그렇다고 그에게 이 하늘로부터의 혜택을 직접 좌우할 힘이 있었던 것은 아닐세.

그러나 그 이후에 나오는 개개 장면의 마무리, 인물들의 대화는 완전히 그가 마음먹은 대로 갔네. 그러므로 그는 매일 매시간 그것을 썼고, 몇 주일을 펜이 움직이는 대로 계속 쓸 수가 있었지.—그리고 그가 다 쓴 것에는 어느 부분도 일관되게 똑같은 생산력이 보이네. 또 그의 모든 각본을 보았을 때 마음이 내키지 않고 펜에 힘이 빠져 있는 곳은 한 군데에도 없어. 우리가 그의 글을 읽고 받는 감명은 그가 정신적으로나 육체적으로나 시종일관 건강하고 강력한 인간이었다고 하는 점에서 기인하는 것이네.

그러나 어떤 희곡 시인은 그렇게 체질이 좋지 않고 건장하지도 않고 완전하지도 않네. 오히려 병에 잘 걸려 쇠약에 빠지는 사람이지. 이런 경우엔 매일 매일 장면을 써내려가는 데에 필요한 생산력이 정체된다네. 그래서 때로는 며칠이고 생산력을 완전히 잃어버리는 일도 생길 것이야. 그렇게 되면 그 사람은 알코올이 들어 있는 음료라도 마셔 불충분한 생산력을 높이려고 하지. 이런 일이 물론 때로는 잘 되어 갈 수도 있을 것이야. 그러나 이런 수단을 이용해 억지를 써서 만든 장면들은 결국 모두 큰 결함이 있는 것으로 드러나게 된다네.

그러므로 절대로 무리를 해서는 안 된다는 것이 나의 충고이지. 그리고 생산적이 못 될 때에는 어떤 날이든 어떤 시간이든 차라리 잡담을 한다든지 늦잠을 자면서 지내는 것이 좋아. 이런 날에 쓴 것은 나중에 가서도 싫다는 생각이 들게 된다네."

이에 내가 말했다. "당신이 지금 말씀하시는 것은 나도 여러 번 경험을 하고 느껴왔습니다. 이것은 전적으로 옳은 말씀이니 지당한 충고로서 귀담아 들어야 할 것입니다.—그렇지만 자연적인 수단에 의해 조금도 무리를 하지 않고 생산적인 기분을 드높이는 사람도 있는 것으로 생각됩니다. 나도 지금까지 어떤 착잡한 상황에 처했을 때 도무지 올바른 결심을 내릴 수 없는 경우가 여러 번 있었습니다. 그러나 그럴 때 두세 잔의 포도주를 마시고 나면 어떻게 해야 할 것인가가 확실해져서 즉시 결심이 섰습니다.—결국 결단을 내리는 것도 일종의 생산력입니다. 그리고 만약 몇 잔의 포도주가 이 미덕을 촉진시켰다면 이런 수단도 반드시 배척해야 마땅한 것은 아닙니다."

그러자 괴테가 말했다. "자네의 의견에 반대할 생각은 없네. 그러나 방금 전에 내가 언급한 것도 옳은 것이지. 이래서 진리는 곧잘 다이아몬드와 비교되네. 다이아몬드는 한쪽 방향뿐만 아니라 다방면으로 빛을 던지지. 또한 자네는 나의 〈서동시집〉을 잘 알고 있으니 나 자신이

> 술에 취해 있을 때면
> 옳은 것을 알 수 있다.*12

고 말한 것으로도 내가 자네의 견해에 전적으로 찬성하고 있다는 것을 알 수 있을 것이야.—확실히 포도주는 그 속에 사람을 생산적으로 만드는 유별난 종류의 힘을 가지고 있지. 그러나 이 경우에도 모든 것은 때와 상황 여하에 달려 있어. 어떤 사람에게는 포도주를 마시는 것이 이익이 될 수 있겠지만 다른 사람에게는 해가 될 수도 있지. 또 생산적으로 만드는 힘은 안식과 수면 속에도 있겠지만 운동 속에도 있네. 이러한 힘은 물 속에도 있지. 특히 대기 속에도 유달리 많아.—신선한 공기를 맡을 수 있는 옥외는 우리에게는 단골 장소이네. 거기에서는 마치 신의 정신이 직접 인간에게 와 닿고, 그 신성한 힘이 영향을 끼치는 것처럼 생각되지.—바이런 경은 매일 여러 시간을 야외에서 보냈네. 어떨 때는 바닷가를 따라 말을 달렸고, 때로는 작은 배에 돛을 달아 항해하기도 했고 노를 저어서 나가기도 했지. 어떨 때에는 바닷물을 뒤집어쓰면서 수영을 하는 것으로 체력을 단련했어. 바이런 경은 고금을 통해 가장 생산적인 인물 중의 한 사람이었네."

괴테는 나를 마주하고 앉아 있었고 우리는 계속 여러 가지 이야기를 나눴다. 이어 또 우리의 이야기는 다시금 바이런 경으로 깊이 들어가 그의 말년을 괴롭혔던 여러 가지 불행을 말했다. 그러다가 마지막으로는 그의 마음씨는 그처럼 숭고한 것이었지만 불행한 운명은 그를 그리스로 몰고 가 결국 그곳에서 완전 파멸로 이르게 했다는 이야기가 나왔다.

괴테는 말을 계속했다. "대체로 한 인간의 중년기에는 빈번하게 전환기가 찾아오곤 한다는 것을 자네는 알고 있을 것이야. 청년기에는 모든 것이 최고로

---

*12 역시 〈서동시집〉 중의 〈술을 따르는 자의 서〉에 나온다.

순조롭게 흘러 만사에 성공을 거둔 사람도 중년기에 접어들면 운이 달라지네. 하룻밤 사이에 모든 것이 갑자기 변해 버려 재난과 불운이 겹쳐서 잇따라 오는 것이지.

자네는 내가 무엇을 말하려고 하는지 알겠는가? 인간은 한 번은 죽지 않으면 안 되네.―비범한 인간이라면 누구나 완수해야 할 천직으로서 일종의 사명을 갖고 있지. 그런데 이것을 완수하여 버리면 그 이상 더 같은 인간의 모습으로 이 지상에 있을 필요가 없어지네. 신은 그를 또 다른 일을 위해 사용하려 하거든. 이 세상에서는 만사가 자연의 길을 따라 일어나는 것이기 때문에 악령들은 쉴 사이 없이 그의 다리를 잡아끌어 결국 그를 넘어뜨리고 말지. 나폴레옹이나 그 외의 많은 사람들이 그러했던 것이야. 모차르트는 36세에 죽었지. 라파엘로도 이것과 거의 비슷한 나이에 죽었어.―바이런은 이들보다 조금 더 오래 살았을 뿐이네. 그렇지만 그들은 모두 그들의 사명을 완벽하게 다했고 죽어야 할 때에 죽었다고 말할 수 있을 것이야. 이것은 영원토록 존속되도록 예정된 이 세계에서 앞으로 나타날 다른 사람들이 해야 할 일을 남겨 두기 위한 것이네."

이럭저럭 하는 사이에 밤도 깊어 가고 있었다. 괴테는 나에게 다정스럽게 악수의 손을 내밀었다. 이리하여 나는 작별 인사를 드렸다.

1828년 3월 12일 수요일

어젯밤 괴테와 헤어진 뒤에도 나는 그와 나눴던 의미심장한 대화가 내 머릿속에서 떠나가지 않았다.

그 말 중에는 바다와 바다 바람의 힘에 대한 이야기도 있었다. 괴테는 그때 모든 온화한 기후의 섬나라 사람들과 해변가의 주민들은 대륙 내부의 민족들보다 훨씬 생산적이고 활동력이 강하다고 말했다.

나는 그 말을 생각하고 큰 바다가 가지고 있는 활력을 동경하면서 잠들었다. 그런데 그 때문이었을까. 그날 밤에 다음과 같은 즐겁고, 또 나에게는 아주 희귀한 꿈을 꾸었다.

나는 낯선 지방에서 낯선 사람들과 어울려 정말로 명랑하고도 행복하게 지내고 있었다. 이를 데 없이 아름다운 여름 날씨가 매혹적인 자연 속에 있는 나를 에워싸고 있었다. 그곳은 남쪽 스페인 아니면 남프랑스 또는 제노바 근방과 같은 지중해의 해변인 듯했다.―우리는 정오의 즐거운 식탁을 마주하고 술도 많이 마셨다. 그리고 이들과 함께 오후의 파티를 열기 위해 나는 나보다 다소 젊은 사람들과 함께 걸어 갔다.―우리는 관목이 무성한 쾌적한 평지를 슬슬 걸어가고 있었다. 그러자 우리는 갑자기 바다 한가운데의 가장 작은 섬 위에 와 있었다. 그 섬은 바위 덩어리가 툭 튀어나온 것으로, 거기에는 사람 대여섯 명이 설 수 있는 여유밖에 없었다. 조금이라도 몸을 움직이면 물속으로 떨어질 염려가 있었다.―우리가 걸어 온 곳을 뒤돌아보니 바다 외에는 아무것도 보이지 않았다. 그러나 우리 앞쪽으로 헤엄치면 15분밖에 걸리지 않는 곳에 이곳으로 오라고 손짓하듯 해변이 펼쳐져 있었다. 그 해안은 어떤 곳은 평평하고 어떤 곳은 바위가 많고 상당히 높이 올라가 있었다. 그곳의 푸른 삼림과 새하얀 천막 사이를 보았더니 밝은 색깔의 가지각색의 옷을 입은, 마음이 들떠 있는 즐거운 사람들의 무리가 보였다. 그 사람들은 천막에서 흘러나오는 아름다운 음악을 들으면서 즐거운 하루를 보내고 있었다.

"이래가지고는 아무것도 할 수 없지" 하고 어떤 사람이 다른 사람에게 말했다. "옷을 벗고 헤엄쳐 저쪽으로 가야겠어."―"그럴듯한 말이야"라고 나는 말했다. "자네는 젊고 아름답고 게다가 수영을 잘하지. 그렇지만 나는 헤엄을 잘 치지 못 해. 그리고 해변가의 알지 못하는 사람들 앞에 유쾌하고 기분 좋게 나타날 수 없어. 난 이런 볼품 없는 체격을 하고 있으니 말이야."

"자네는 바보야" 하고 가장 멋진 몸매를 한 한 사람이 말했다. "자네의 옷을 벗고 그 몸을 나한테 주기만 하면 돼. 그러면 내 몸을 자네에게 주겠어." 이 말을 듣고 나는 곧 옷을 벗고 물속으로 들어갔다. 그러자 다른 사람의 몸 속에 있는 나 자신은 곧바로 늠름한 수영 선수가 돼 버린 기분이었다. 나는 얼마 안 있어 그 바닷가에 도달했고 옷을 벗은 채 물방울을 뚝뚝 떨어뜨리면서 아주 의젓하게 사람들 속으로 걸어 들어갔다.―나는 이 아름다운 사지를 갖고 행복감을 느꼈다. 나의 행동은 구김살이 없었고 나무 숲 안에서 식탁을 둘러싸고 즐기고 있는 낯선 사람들하고도 곧잘 어울릴 수 있었다. 나의 한 패들도 계속

상륙해서 우리와 함께 했다. 그러나 나의 몸을 가진 젊은이만은 아직 나타나지 않았다. 그 젊은이의 사지 속에 있는 나는 매우 기분이 좋았다.─드디어 그도 바닷가 가까이로 왔다. 그러자 사람들은 나에게 예전의 나를 보는 것이 재미있지 않은가 하고 물었다. 이 말을 듣고 나는 웬일인지 불유쾌한 기분에 빠져 버렸다. 왜냐하면 나 자신을 보아도 전혀 대단한 기쁨을 느끼지 못할 것 같았고, 또한 저 친구가 곧 자기 몸을 다시 돌려 달라고 요구하지 않을까 하는 두려운 생각이 들었기 때문이었다. 그렇긴 하지만 나는 바다 쪽으로 몸을 돌리면서 또 하나의 나 자신이 아주 가까이까지 헤엄쳐 오는 것을 보았다. 이어그는 머리를 옆으로 돌리고 웃으면서 나를 쳐다보았다. "자네의 두 팔과 두 다리는 전혀 헤엄칠 기력을 가지고 있지 않아." 그는 나를 향해 이렇게 외쳤다. "나는 물결과 거센 파도와 실컷 싸워야만 했어. 그러니 이렇게 늦어져 제일 꼴찌로 들어온 것도 이상할 것이 없지." 나는 곧 그의 얼굴을 보고 그것은 나의 얼굴이라는 것을 알아차렸다. 그러나 그의 얼굴은 젊어졌고, 조금 둥글게 넓어졌으며, 싱싱한 혈색을 띠고 있었다. 이제 그는 육지에 당도하였다. 그가 몸을 일으키며 모래 위에 첫 발을 내디뎠을 때 나는 그의 등과 어깨를 들여다보았다. 그리고 그의 몸매가 완벽한 것을 보고 기뻤다. 그는 바위 기슭을 넘어서 우리 모두가 있는 데로 왔다.

내가 있는 곳으로 걸어왔을 때 그는 나의 새로운 몸 크기와 완전히 같은 크기로 변해 있었다. 도대체 어떻게 해서 나의 저 작은 체구가 이처럼 아름답게 커진 것일까 하고 나는 혼자 생각했다.─바다의 원시적인 힘이 그에게 이처럼 멋진 작용을 한 것일까? 아니면 이 친구의 젊디젊은 정신이 사지 전체로 침투했기 때문일까?─그 다음으로 우리는 한동안 함께 기분 좋게 즐기고 있었다. 그 사이에도 나는 이 친구가 육체를 다시 바꾸자는 기색을 나타내지 않았기 때문에 마음속으로 이상하게 생각했다. 사실 그도 아주 당당한 외모를 하고 있었다. 그리고 그로서는 결국 어느 쪽이든 매한가지인 것처럼 생각되었다. 그렇지만 나는 그렇지 않았다. 나는 원래의 내 몸을 다시 가진다면 그것이 다시 오그라들어 전과 마찬가지로 작아지는 것이 아닌가 하고 불안한 생각이 들었다.─이 점을 확실하게 해 두기 위해 나는 그를 옆으로 끌고 와서 나의 사지를 어떻게 생각하는지 물었다. "이를 데 없이 좋기만 하지!" 하고 그는 말했다. "전체의 느낌이나 힘의 상태도 이전과 다를 것이 없어. 자네가 어째서 자네의 몸을 좋아하지 않는지 나는 알 수가 없네! 이것은 나에게는 이를 데 없이 잘 어울리지. 우리는 무슨 일에 있어서나 오로지 자기가 가지고 있는 것으로 만족하지 않으면 안 되네. 만약 자네가 원한다면 자네는 나의 몸 속에 그대로 머물러 있어도 좋아. 왜냐하면 나는 이제부터 영원토록 만족하는 마음으로 자네의 몸 속에 머물러 있기를 원하기 때문이지." 그가 이렇게 선언했기 때문에 나는 아주 기뻤다. 그리고 나의 감정과 사상 그리고 기억, 그 모든 것이 이전과 마찬가지로 생생하게 떠올랐기 때문에 꿈속에서도 나는 그것을 강하게 느꼈다. 설사 육신이 바뀔지라도 그와 관계없이 인간의 영혼은 완전히 독립할 수 있는 것이고, 금후의 실존도 가능하다는 인상을 받았던 것이다.

"자네의 꿈은 상당히 즐거운 것이야." 괴테는 오늘 식사가 끝난 뒤 내가 꿈의 윤곽을 보고했을 때 말했다. "자네가 잠들어 있을 때에 미의 신이 찾아 왔구먼그래. 이것은 특별한 은총에 해당하지. 왜냐하면 눈을 뜨고 있는 상태에서는 이처럼 독특하고 아름다운 것을 창출해 낸다는 것이 어렵다고 생각되기 때문이야."

"어떻게 해서 이런 꿈을 꾸게 되었는지 이해할 수 없습니다" 하고 나는 말했다. "나는 요즘 계속하여 매일같이 기가 꺾인 상태에 있었기 때문에 이처럼 윤이 나고 싱싱한 생활의 모습은 나에게는 너무나 거리가 먼 것입니다."

"인간의 본성 속에는 불가사의한 힘이 깃들어 있는 것이야" 하고 괴테는 대답했다. "우리가 거의 희망을 잃어버린 때에도 우리를 위해 뭔가 좋은 것을 준비하고 있지.—나의 일생에도 눈물로 밤을 지새우면서 가까스로 잠들던 때가 여러 번 있었네. 그러나 이럴 때에는 꿈속에 아주 사랑스러운 모습이 나타나서 나를 위로하고 축복해 주었어. 그러면 다음 날 아침에는 나는 다시 생기가 넘쳐 기쁘고도 힘차게 벌떡 일어날 수 있었던 것이지.

그건 그렇고 우리 늙은 유럽인들은 다소 차이는 있지만 모든 점에서 아주 잘못 돼 가고 있네. 우리의 상태는 너무나도 인공적이고 복잡하지. 우리의 음식물이며 생활 방식 모두가 올바른 의미에서 자연스러운 데가 없어. 그리고 우리의 인간적인 교제에서도 진심어린 애정이나 친절을 볼 수 없지.—누구나 모두 세련되고 정중하긴 하지만 어느 한 사람도 용기를 갖고 온정과 성실을 보이려고 하지 않네. 그래서 소박한 성품과 심성을 가진 정직한 사람은 심한 봉변을 당하게 되지. 그러므로 오직 한 번만이라도 좋으니 남양 군도 어딘가에 야만인으로 태어나 불순물이 섞이지 않은, 이를 데 없이 순수하고 인간다운 생활을 맛보고 싶다는 소망도 가끔 가지게 되네.

우울한 기분 속에서 우리가 살고 있는 현대의 비참한 모습을 깊이 생각하노라면 이 세계가 점차로 최후 심판의 날로 다가가고 있다고 생각될 때가 가끔 있지. 그리고 악(惡)은 한 세대에서 다음 세대로 겹쳐 쌓여가기만 하고 있어! 왜냐하면 우리는 우리 조상이 범한 죄악에 괴로워하는 데 그치지 않고 이 전래의 죄악에 우리의 죄악을 더해 자손들에게 넘겨주기 때문이야."

"그와 비슷한 생각은 종종 내 머릿속에도 스쳐지나갑니다" 하고 나는 말했다. "그러나 어디에선가 독일 용기병의 연대가 내 옆을 지나가는 것을 보면서 젊은 사람들의 아름다움과 힘을 차분히 생각할 때면, 또 다시 어느 정도의 위로를 받게 돼 인류의 영속도 그렇게 절망할 것이 못 된다고 혼잣말을 합니다."

"우리 나라의 시골 사람들이 여전히 훌륭한 체력을 갖추고 있다는 것은 두말할 필요가 없지. 그리고 시골은 이제부터 오랫동안 단지 능력 있는 기병을 공급할 뿐만 아니라, 우리를 절대적인 파멸과 타락의 밑바닥으로부터 구해 줄 것이라고 생각하네. 그곳은 멸망해 가는 인류의 힘을 되풀이하여 보충하고 소생시키는 일종의 저장고라고 말할 수 있을 것이야.—그렇지만 우리 한 번 대도시로 가보도록 하지. 그러면 거기에서는 이것과는 전혀 다른 공기를 느끼게 될 것이네. '절름발이 악마'*¹³ 아니면 환자가 많은 의사를 찾아가 이야기를 나누도록 해 보지. 그러면 그는 자네에게 여러 가지 이야기를 속삭여 줄 것일세. 그 말을 듣고 자네는 인간의 본성을 해치고 사회를 괴롭히고 있는 비참함과

---

*13 프랑스 소설가인 르 사즈(1668~1747)의 작품으로 1707년에 발표되었다. 이 세태 풍자 소설을 써서 일대 성공을 거두었던 그는 일생을 파리 거리에서 살았다. 그는 다작을 하여 변두리 작은 극장을 위해서도 집필하였으며, 문필로 생계를 이어간 프랑스 최초의 직업적인 문사로 알려졌다.

불행에 깜짝 놀라 어안이 벙벙해질 것이야.

그렇지만 우리는 이런 우울한 생각은 버리도록 해야지. 자네의 기분은 어떤가? 어떻게 지내고 있는가? 그리고 오늘은 지금까지 어떻게 지냈는가? 한 번 말해 보고 나에게도 좋은 생각을 심어 주기 바라네."

"스턴의 작품을 읽었습니다" 하고 나는 대답했다. "요릭이 파리의 시내 여기저기를 돌아다니면서 열 사람 중 한 사람은 난쟁이라고 말하는 대목입니다. 당신이 조금 전에 대도시의 죄악에 대해 말했을 때에 바로 그것을 생각했습니다. 나는 또 나폴레옹 시절, 프랑스의 보병 중에서 순전히 파리 출신만으로 구성된 일 대대를 보았던 것을 생각해 냈습니다. 모두 약하기 그지없는 키가 작은 사람들로 전쟁에는 아무런 도움이 되지 않을 것 같았습니다."

그러자 괴테가 말했다. "웰링턴 공작의 스코틀랜드 산악병들은 그들과는 전혀 다른 용사들이었을 것이야."

"워털루 대전 1년 전에 나는 그들을 브뤼셀에서 보았습니다. 그들은 실제로 훌륭한 군인들이었습니다! 모두 억세고 생생했고 민첩했으며, 신이 처음으로 창조한 인간 같았습니다. 그들은 모두 대범하게 머리를 들고 희희낙락하고 있었습니다. 그리고 우리 눈에 드러나는 정강이도 힘차게, 마치 그들은 원죄와 우리 조상의 결함을 갖고 있지 않다는 듯이 정말로 경쾌하게 행진하여 지나갔습니다."

"어딘지 독특한 데가 있군 그래" 하고 괴테는 말했다. "혈통 때문인가, 토지 때문인가. 아니면 자유로운 헌법 때문인가, 건전한 교육 때문인가.—하여튼 간에 대체로 영국인들은 많은 다른 국민보다는 우수한 것 같이 생각되지. 이곳 바이마르에서 보이는 소수의 영국인들도 일류라고 할 수는 없겠지만, 모두들 유능하고 호감이 가는 사람들이지!—그리고 그처럼 젊어 이제 17세 정도밖에 안 되는데도 이 이국 땅에 와서 지내면서 조금도 서먹서먹하게 느끼지 않고 어리둥절해하지도 않지. 오히려 사교계에서 보는 그들의 행동거지는 자못 자신만만하고 자유로워 마치 어디를 가나 그들이 주인인 것 같고, 이 세계의 모든 곳이 그들에게 속해 있는 것 같다네. 이 때문에 그들은 우리 나라 부인들의 마음을 사로잡았고 우리 젊은 아가씨들의 마음을 그처럼 엉망으로 만들어 버렸어. 나의 며느리에게서 오랫동안 기다리던 어떤 새로운 섬나라 청년이 이곳에 도착할 것이라고 들을 때면, 가정의 평화를 사랑하는 독일의 한 가장으로서 나는 적지 않은 전율을 느낄 때가 많다네. 그러고는 언젠가 그가 이곳을 떠나게 될 때에 그를 위해 뿌려질 눈물을 일찌감치 마음속에 그려보곤 하네.—그들은 위험한 젊은이들이지. 물론 그들은 위험하다는 것, 바로 이것이야말로 그들의 미덕인 것이야."

"그렇지만 나는 여기 바이마르에 있는 젊은 영국인들이 다른 사람들보다 더 총명하고 더 재치 있고 더 많이 교육을 받았고, 참으로 우수하다고 말할 수는 없습니다."

이에 괴테가 말했다. "나의 친구, 그것과 이것하고는 아무런 상관이 없네. 또한 출신이나 부귀하고도 아무 상관이 없어. 중요한 것은 그들은 자연이 만들어 준 그대로의 존재로서 머무르는 용기를 올바르게 가지고 있다는 것이지. 그들에게서는 조금도 좋지 못한 됨됨이라든가 뒤틀린 흔적을 전혀 볼 수가 없네. 그들에게는 어중간한 것, 비뚤어진 것이 전혀 없어. 그들은 어떤 경우에도 인간으로서 언제나 어디까지나 완전하지. 또 때로는 완전히 어리석은 자도 있네. 나도 이것을 마음으로 인정하고 있지. 그러나 이것이라도 자연의 저울에 달아보면 언제나 상당한 무게를 가지고 있어.

개인적인 자유의 행복, 영국인이라는 명성의 자각 그리고 이 이름이 다른 국민들 사이에서 얼마만큼 중요시되고 있는가 하는 의식이 이미 어린 아이 때부터 이익이 되고 있지. 그러므로 그들은 가정에서나 학교 교육 현장에서도 우리 독일인에 비교하여 훨씬 대단한 존경을 받고 있으며 또한 자유롭고 행복한 교육을 받게 된다네.

우리가 사랑하는 바이마르에서 우리 나라의 현재 상황이 어떠한 것인가 알고 싶으면 다만 유리 창문으로 바깥을 바라보기만 하면 충분하지. 얼마 전에 눈이 왔어. 그러므로 이웃집 어린아이들은 작은 썰매를 가지고 거리에서 미끄럼을 타려고 했지. 하지만 곧 순경이 가까이 오자 그 불쌍한 아이들은 있는 힘을 다해 도망을 치더군. 이번에는 그 애들이 봄날의 햇빛에 이끌려 집 밖으로 나갔어. 그리고 친구들과 함께 집 앞에서 장난을 쳐 보려고 하지만 언제나 겁을 먹고 불안해하지. 엄격한 순경이 오지 않을까 하고 두려워하고 있는 것처럼 말이야.—한창 장난을 치고 싶은 나이인데도 채찍 놀이 같은 것은 할 수 없고, 노래를 부르고 소리를 치고 싶어도 허락되지 않지. 곧 순경이 나타나 이것을 못하게 하기 때문이야. 우리 나라에서는 사랑하는 젊은이들을 일찍부터 길들이려고만 하여 일체의 자연적인 것이나 독창적인 것, 그리고 일체의 야성적인 것도 모두 추방해 버리지. 이리하여 결국 남는 것은 속물뿐이라 그 이외의 아무것도 될 수 없네.

자네도 알고 있지만 우리가 살고 있는 이곳에는 거의 하루도 빠짐없이 외국 여행자들이 찾아오고 있어. 그렇지만 내가 동북 방면*14에서 오는 사람들, 특히 독일의 젊은 학자들의 풍채를 직접 접할 때 대단한 기쁨을 느낀다고 말한다면 거짓말을 하는 것이 될 것이야.—그들은 근시이고 창백하고 가슴은 우묵하게 들어가 있고, 젊었으면서도 젊은이의 광채를 잃고 있지. 이것이 내 앞에 나타나는 사람들 대부분의 모습이야. 그리고 그들과 말을 해 보면 곧 알게 되지. 우리들에게 기쁨인 것이 그들에게는 아무 의미도 없는 케케묵은 것으로 생각되고, 그들은 완전히 관념의 포로가 되어 사변의 최후의 문제에만 흥미를 나타내고 있다는 것을 말이야.—그들에게서는 건강한 관능이나 관능적인 것에 대한 기쁨 같은 것은 전혀 찾아볼 수 없어. 모든 젊디젊은 감정이나 젊음의 희열은 그들에게서 완전히 없어져 버렸네. 그것도 완전히 되돌릴 희망이 없을 정도로 말이야. 왜냐하면 20대에서 벌써 늙어버리면 40대에 가선 결코 젊어질 리가 없기 때문이지."

괴테는 탄식을 하면서 입을 다물었다.

나는 전 세기의 행복한 시대를 회상했다. 괴테의 청년기는 거기에 있었다. 제젠하임*15의 여름 대기가 내 마음속에 떠올랐다. 나는 괴테에게 다음의 시구를 다시 생각하게 했다.

---

*14 여기서는 베를린에서 오는 사람들을 말한다.

*15 괴테는 슈트라스부르크 대학시절 한동안 제젠하임 목사의 딸인 프리데리케 브리온을 열렬히 사랑했다. 이 체험에서 독일 서정시에 새로운 길을 열어 놓은 괴테의 시 〈들장미〉, 〈5월의 노래〉 그리고 〈만남과 이별〉이 탄생했다.

오후에 젊은 우리들은
서늘한 나무 그늘에 앉아 있었다.*16

"아!" 괴테는 탄식했다. "그 당시는 정말로 아름다운 시절이었지!—그렇지만 나는 이 시절을 우리의 기억에서 지워버리고 싶네. 그렇게 하지 않으면 회색 안개가 낀 현재의 나날을 도저히 견디어 낼 수가 없기 때문이지."

나는 말했다. "제2의 구세주가 나타나 현재 상태의 엄숙함과 불쾌감 그리고 이 무서운 압박을 어떻게든 제거해 버릴 필요가 있습니다."

"그분이 또 다시 나타난다고 하더라도 사람들은 그를 두 번째로 십자가에 못박을 것이야. 그렇지만 우리는 결코 그와 같은 위대한 분을 필요로 하는 것이 아닐세. 영국인들을 모범으로 삼고, 우리 독일인들에게 철학을 줄이고 실제적인 것에 대한 활동력을 더 높이도록 하고, 이론보다는 실천을 더 존중하도록 교육을 한다면 이것만으로도 상당한 구제책이 될 것이야. 이렇게 되면 그리스도와 같은 성자의 직접적인 출현을 기다리지 않아도 되는 것이지. 밑으로부터는 민중의 힘으로 학교와 가정 교육을 통해서, 그리고 위로부터는 군주와 그 측근자들을 통해서 뛰어난 성과를 거둘 수 있을 것이야.

가령 장차 정치가를 지망하는 학생들에게 너무 과중하게 이론적이고 박식한 지식을 요구하는 것은 좋지 않은 일이야. 이 때문에 젊은이들이 너무 일찍 정신적으로 또 육체적으로 망가져 버리고 말지. 이런 교육으로 실무를 맡게 될 때 그들은 물론 철학이나 학술상의 사항에 놀랄 만한 지식의 축적을 가지고 있겠지만, 그런 것들은 그들의 한정된 실무에 전혀 적용이 되지 않네. 그러므로 어렵게 쌓은 지식을 무용지물로서 완전히 잊어버리지 않으면 안 되는 상황이 되는 거지. 그렇지만 이와는 반대로 그들에게 가장 필요한 것은 결여되어 있는 것이야. 실제로 사회에 나가서 착실하게 활동하기 위해 절대적으로 소홀히 해서는 안 되는 필수적인 정력이 정신적으로나 육체적으로 결핍되어 있는 것이지.

게다가 또 인간을 취급하는 정치가의 생활에는 애정과 친절이 필요한 것이

*16 괴테의 시 〈여우는 죽어서 가죽을 남긴다〉의 첫 시작이다.

아니겠는가?—그런데 자기 자신이 불유쾌한 상태에 있으면 어떻게 제3자를 정성을 다하여 친절하게 돌볼 수 있겠는가?

그러나 사람들은 모두 아주 불행하지. 책상에 얽매어 있는 학자이건 정치가이건 그 3분의 1은 몸을 해쳐 우울증이라는 악마에 들볶이고 있네. 현재와 미래 세대의 사람들을 이러한 해독으로부터 보호하기 위해서는 상부로부터의 결연한 조치가 필요할 것이야."

괴테는 미소를 지으면서 덧붙였다. "좌우간 1세기쯤 지나면 우리 독일인은 어떻게 되어 있을 것인가. 그때에는 추상적인 학자나 철학자가 없어지고 용케도 인간이 되어 있기를, 그것을 우리는 즐거운 마음으로 희망하고 기다려 보기로 하지."

1828년 5월 16일 금요일 ★

괴테와 함께 산책을 하기 위해 마차를 달렸다. 그는 코체부와 뵈티거 일파와의 논쟁을 생각해 내면서 즐거워하고 있었다. 그러면서 코체부에게 던진 유쾌한 경구 두세 마디를 낭송했다. 그것은 사람의 마음에 상처를 주는 것이 아니라 오히려 익살을 즐기는 그런 것이었다. 어째서 이것을 전집에 넣지 않는지 나는 물었다. "나는 이런 시를 전부 모은 것을 가지고 있지" 하고 괴테는 대답했다. "나는 이것을 남몰래 소장하고 있다가 매우 드물게 아주 절친한 사람에게만 보여 주네. 이것은 적의 공격에 대해 나에게 허락된 유일한 악의 없는 무기였지. 나는 이것으로 마음도 차분해지고 편안해져서 화가 났을 때의 불쾌감을 정화시킬 수 있었어. 이것이 없었다면 나는 적의 공공연한 공격과 때로는 악의에 찬 싫은 소리로 상처를 받았어도 그것을 그대로 두어야만 했을 것이야. 그러므로 개인적이기는 하지만 이런 시는 나에게 큰 도움을 주지. 그러나 이것은 순전히 사적인 영역에 속하는 것일세. 나는 이것으로 일반인들에게 번거로움을 주기 싫고 또 살아 있는 사람들에게 상처를 주기도 싫어. 그렇지만 언젠가 이 가운데 몇 개를 발표하는 것은 괜찮네."

1828년 6월 6일 금요일 ★

얼마 전에 바이에른 왕이 괴테의 초상화 작업을 위해 그의 궁정 화가 슈틸러를 바이마르로 보냈다. 슈틸러는 일종의 소개장 또는 그 기량의 증명으로서 아주 아름다운 젊은 부인인 뮌헨의 여배우 폰 하근*17 양의 등신대의 전신상 그림을 가지고 왔다. 그래서 괴테는 슈틸러의 주문대로 모든 자세를 그리게 했고, 그 초상화는 수일 전에 완성되었다.*18

이날 정오에 나는 괴테와 함께 식사를 했다. 우리 외에 다른 사람은 없었다. 디저트 때에 그는 일어나 식당에 붙어 있는 작은 방으로 나를 안내해 바로 전에 완성한 슈틸러의 작품을 보여 주었다.─이어 그는 나를 소위 마요리카의 방으로 불리는 은밀한 곳으로 데리고 갔다. 거기에는 저 아름다운 여배우의 초상화가 놓여 있었다. "어때?" 하고 그것을 한동안 바라보고 난 후에 그는 말했다. "이 그림은 노력한 만큼 가치 있는 것이지.─슈틸러는 상당히 빈틈 없는 사람이야!─그는 이 아름다운 여배우의 초상화를 좋은 미끼로 사용하여 나를 낚아 올리는 데에 성공했지. 이번에는 노인의 얼굴을 그리는 것이긴 하지만 자신이 붓끝을 움직이면 천사와 같은 멋진 그림이 탄생할 수 있을 것이라는 희망을 내 가슴속에 솟아나게 하는 그런 술수를 써가면서, 그는 그림을 그리는 동안 내가 계속하여 한 자리에 앉아 있도록 했던 것이야."

1828년 9월 26일 금요일 ★

괴테는 오늘 나에게 그의 집 정원 속의 독립된 정자에 소장되어 있는 화석의 수집품을 보여 주었다. 이 수집은 그 자신에 의해 시작되었지만 그의 아들에 의해 많이 늘어난 것이었다. 특히 수없이 많은 화석의 뼈는 진귀한 것이었다. 그는 이 모든 것이 바이마르 근방에서 발견된 것이라고 말했다.

---

*17 폰 하근(1809~1891). 뮌헨의 여배우이다.
*18 뮌헨의 궁정화가인 슈틸러는 5월 26일부터 8주간 바이마르에서 지내면서 괴테의 초상화를 완성했다.

1828년 10월 6일 월요일 ★

괴테 댁에서 폰 마르티우스 씨와 함께 식사를 했다. 그는 며칠 전에 이곳에 도착했다. 그는 괴테와 함께 식물학상의 문제를 이야기했고, 특히 자신이 중대한 발견을 한 식물의 나선형 경향에 관한 말을 전했기 때문에, 괴테에게는 새로운 분야가 열리게 되었다. 괴테는 그 친구의 이념을 일종의 젊은이의 정열을 갖고 받아들이려 하는 것 같았다. "이것은 식물의 생리학에 기여하는 바가 아주 막대한 것이지. 나선형 경향의 새로운 착상은 나의 〈변태설〉하고 완전히 일치하고 있어. 그것은 같은 방법을 거쳐 발견된 것이기는 하지만 이 발견으로 놀랄 만한 진보를 이룩한 것이지."

1828년 10월 17일 금요일 ★

괴테는 요사이 며칠 동안 이래로 아주 열심히 〈글로브〉를 읽고 있다. 그리고 자주 이 잡지를 화제의 대상으로 삼았다. 쿠쟁과 그의 학파의 업적을 그는 특히 중요하게 여기고 있었다.

"이 사람들은 오로지 프랑스와 독일의 접근을 실현시키기 위해 최선을 다하고 있네. 그들은 두 국민 사이의 사상적 교류를 쉽게 하기 위해 가장 적절한 하나의 언어를 만들고 있지."

〈글로브〉가 괴테에게 특별한 흥미를 끌고 있는 것은 프랑스 문학의 최근 작품들이 거기에서 논의되고 있기 때문이다. 그 속에서는 자주 낭만파의 자유라든지, 또는 가끔 하잘것없는 규범의 속박으로부터의 해방이 활발하게 변호되고 있었다.

"경직되고 낡아빠진 시대의, 완전히 잡동사니와 같은 규범이 무슨 가치가 있단 말인가!" 하고 그는 오늘 말했다. "모두가 고전적이라든가 낭만적이라고 떠들어 대서 무슨 소용이 있단 말인가! 어디까지나 중요한 것은 작품의 질이 좋고 뛰어나야 하는 것이네. 그래야만 그것이 또 고전적이 되는 것이지."

1828년 10월 23일 목요일

오늘 괴테는 카를 아우구스트 대공을 제목으로 하여 이 세상에 드문 군주의 다사다난한 생애를 아주 간결하게 정리해 낸, 법무장관 밀러의 소책자를 극찬했다.

"이 소책자는 정말로 아주 잘 쓰여져 있어" 하고 괴테는 말했다. "재료는 아주 신중하면서도 충실하게 다루어져 있고, 모든 부분에 아주 따뜻하게 애정이 감돌고 있지. 그리고 이와 함께 요령 있고 간결한 필치로 그의 업적을 차례로 펼쳐 가고 있네. 생애와 업적이 그처럼 풍부한 것에 접하게 되면 우리는 정신적인 현기증을 느끼게 되지. 법무장관은 그 소책자를 베를린에도 보냈어. 그 답장으로 며칠 전에 알렉산더 폰 훔볼트에게서 편지를 받았지. 이것은 극히 드문 일이야. 나는 그 편지를 읽고 깊은 감동을 받지 않을 수 없었지. 훔볼트는 대공이 긴 생애에 걸쳐 가장 친밀하게 어울려 지낸 인물이라네. 이것은 물론 조금도 이상할 것이 없지. 풍부한 성품과 심오한 소질을 가지고 있었던 대공은 쉬지 않고 새로운 지식을 찾아 나섰어. 그리고 훔볼트야말로 어떠한 질문에도 가장 좋고 가장 심오한 대답을 해 줄 수 있는 보편적인 교양을 갖춘 인물이었지.

그런데 대공은 베를린에서 돌아가시기 전에 바로 여러 날 동안 훔볼트와 거의 쉬지 않고 대화를 하면서 지냈다네. 그리고 대공은 마음에 걸려 있는 여러 가지 중요한 문제에 마지막까지 자기의 친구로부터 해답을 얻을 수 있었어. 이 것은 실제로 놀라워해야 할 사실이지. 독일에서 태어난 가장 위대한 군주 중 한 분이 그 최후의 며칠간의 목격자로서 훔볼트와 같은 인물을 가질 수 있었다는 것은 자비로운 신의 배려였다고 할 수밖에 없네. 그 편지를 복사하도록 해 놓았으니 그중 몇 군데를 반드시 자네에게 보여 주겠네."

괴테는 일어나서 책상이 있는 곳으로 가 그 편지를 꺼내 다시 내가 있는 식탁으로 와서 앉았다. 그는 한동안 조용히 읽고 있었다. 그의 눈에는 눈물이 글썽거렸다. "자네도 읽어 보게." 괴테는 그 편지를 나에게 넘겨주었다. 나는 읽었다. 그러는 동안 괴테는 일어나 방 안을 이러저리 걷고 있었다.

훔볼트는 이렇게 쓰고 있었다.

대공이 그처럼 갑자기 서거하신 것에 대해 나만큼 깊은 충격을 받은 사람은 없을 것입니다. 대공은 '근 30년 동안 실로 극진한 호의를 갖고, 아니 격의 없는 애정을 갖고' 나를 대해 주었습니다. 또한 이곳에서도 거의 항상 나를 자기 곁에 두려고 하였습니다. 마치 눈에 덮인 고고한 알프스처럼 장엄한 그때의 모습은 해가 서산에 지는 것을 알리는 예고의 시각과도 같았습니다. 저 위대하고 인간적인 군주가 우리와 함께 이곳에서 지냈던 마지막 며칠만큼 생생하고 총명하고 온유하게 국민 생활의 발전에 정성을 다하며 먼 장래의 일까지 돌보려 하는 모습을 전에는 한 번도 본 일이 없었습니다.

몸이 그처럼 극도로 쇠약해져 있는데도 이처럼 원기 왕성하고 이상할 정도로 명석한 정신 상태에 있다는 것은 무서운 현상으로 생각되었고, 나는 이러한 근심 걱정을 나의 친구들에게 여러 번 말하기도 했습니다. 대공 자신은 분명히 회복될 수 있다는 희망과 큰 불행이 올 수도 있다는 예상 사이를 동요하고 있는 것이 눈에 보였습니다.

내가 그를 마지막으로 만났을 때는 돌아가시기 24시간 전이었습니다. 아침식사 때였는데 그는 기분이 좋지 않고 식욕이 전혀 없었습니다. 그런데도 계속 기운 좋게 스웨덴에서 온 발트 지방의 화강암과 우리의 대기를 어둡게 한다고 하는 혜성의 꼬리, 그리고 겨울이 되면 닥치는 동쪽 해안 한파의 원인에 대해 물었습니다.

내가 그를 마지막으로 만났을 때, 작별의 악수를 하면서 쾌활하게 이렇게 말했습니다. '훔볼트여, 퇴플리츠 온천과 다른 모든 온천들은 인공적으로 따뜻하게 한 물과 같다고 생각하지 않는가? 그것은 화덕에서 불을 때서 만든 것이 아니지.―이것에 관해서는 자네가 국왕*[19]과 함께 왔을 때 퇴플리츠에서 논의하도록 하세. 자네의 옛날부터의 지론과 그 화덕에서 만든 불은 반드시 나의 몸을 다시 한 번 좋아지게 만들어 줄 것일세.' 참으로 이상합니다. 무슨 일이고 이런 인물이 관여하게 되면 의미 있는 것이 되어 버리기 때문입니다.

포츠담에서 나는 여러 시간을 그와 단둘이 긴 안락 의자에 앉아 있었습니다. 그는 마시기도 하고 자기도 했습니다. 그러고는 다시 일어나 앉아 대공비에게 쓰고는 다시금 자고 있었습니다. 그는 쾌활했지만 아주 피곤해하고 있었

---

*19 프리드리히 빌헬름 3세(1770~1840)를 말하는 것이다.

습니다. 하지만 그 사이사이에도 어려운 질문을 하고는 나를 괴롭혔지요. 그는 물리학, 천문학, 기상학, 지구 구조학, 혜성의 핵의 투명성, 달의 대기, 색이 달린 2중의 별. 온도에 대한 태양 흑점의 영향, 원시 세계에 있어서의 유기체의 출현, 지구 내부의 지열을 이야기했고, 나와 말을 나누는 도중에 잠이 들어 버리기도 했습니다. 때로는 침착성을 잃기도 하였고, 그러고 난 뒤에는 사소한 부주의를 저질러도 미안하다고 싱글벙글 부드럽고 정중하게 용서를 빌면서 '어때, 홈볼트여, 나는 이제 마지막이야'라고 말하였습니다.

갑자기 아무 맥락도 없이 화제는 종교로 옮겨갔습니다. 그는 경건주의가 만연하여 이 광신이 정치적인 경향을 띠고 전제주의를 편들어 모든 자유로운 정신 활동까지도 모두 억압하려고 한다고 탄식하였습니다.

'게다가 위선적인 놈들이 있지' 하고 그는 외쳤습니다. '그들은 그 신앙에 의해 군주들의 환심을 사고 지위와 훈장을 얻으려 하고 있네!—중세기에 대한 문학적인 편애를 이용하여 발을 붙이려고 하고 있어.'

그 사이에 그의 분노는 가라앉았습니다. 그리고 자기는 지금 그리스도교 속에서 많은 위안을 발견하고 있다고 말씀하셨습니다. '그것은 인류애의 교리야'라고 그는 말했습니다. '그러나 그것이 처음부터 왜곡되어 버렸던 것이지. 최초의 그리스도 교도들은 극단론자 출신 자유사상가들이었거든.'

나는 이 멋진 편지를 읽고 충심으로 기쁨을 느꼈다고 말했다. 이에 괴테가 말했다. "이제 알았겠지만 대공은 정말로 훌륭한 인물이었네. 홈볼트도 이 짧은 편지 속에 실로 훌륭하게 그의 마지막 모습을 잊지 않도록 써 두고 있지. 이것은 정말로 이 위대한 군주의 사람 됨됨이 일체를 그려낸 상징이라고 할 수 있어. 정말로 대공은 이와 같은 인물이었어.—나는 가장 확실하게 이렇게 말할 수 있지. 왜냐하면 나 자신만큼 그를 속속들이 알고 있는 사람은 없기 때문이야. 하지만 보통 사람들처럼 그토록 위대한 인간도 이처럼 빨리 돌아가야 하는 것이라네. 이것은 정말로 슬픈 일이 아닌가! 차라리 100년을 더 살았더라면 좋았을 것이야.—그렇지만 잘 들어 보게. 이 세상은 우리가 생각한다든지 소망하는 것처럼 그렇게 급속하게 목적지에 도달하지는 못하지. 그 도중에 도처에 악마들이 나타나서 방해를 놓으면서 지체시키고 있어. 그러므로 전체적으로는 진전을 보고 있기는 하지만 그것은 아주 완만하기 그지없지. 자네도 이제부터 오래 살아 보면 내 말이 지당하다는 것을 알게 될 것이야."

"인류의 진전은" 하고 나는 말했다. "수천 년을 목표로 하고 있는 것 같이 생각됩니다."

"그런 것은 아무도 알 수 없네" 하고 괴테는 대답했다.—"아마 수백만 년이 더 걸릴는지도 모르지! 그렇지만 아무리 인류가 계속 존재한다고 하더라도 그들을 괴롭히는 장애물과 여러 가지 곤란한 것들은 없어지지 않을 것이야. 이로 말미암아 인류는 그 힘을 더 키워가고 한층 더 현명해지고 분별력도 향상되기는 하겠지. 그러나 한층 더 선량해지고 행복해지고 활동적이 될 수는 없을 것이야. 아니면 그렇게 되었다고 하더라도 그것은 어떤 시기에만 한정된 것이네. 나는 신이 인류에 대해 조금도 기쁨을 느끼지 않는 시대가 올 것이라고 생각하지. 그리고 신은 다시 모든 것을 파멸시키고 살아 있는 모든 것을 갱신할 것임에 틀림없어. 나는 모든 것이 그 방향으로 향해 가고 있다는 것을 확신하고 있지. 그리고 먼 장래에 그 시기가 와서 갱신기가 나타날 것은 이미 결정된 일이야. 그렇지만 그때까지 가려면 아직도 상당한 기간이 필요한 것도 사실이지. 우리는 아직도 수천 년을 옛날 그대로인 사랑하는 이 지구의 표면에서 여러 가지 놀음을 상연하며 살아갈 것이야."

괴테는 유달리 기분이 매우 좋아 보였다. 그는 포도주 병을 가져오게 하고는 자기도 마시고 나에게도 주었다. 우리의 대화는 다시 카를 아우구스트 대공으로 돌아갔다.

"대공의 뛰어난 정신이" 하고 괴테는 말했다. "자연의 모든 영역에 걸쳐 있었다는 것을 알게 되었을 것이야. 그는 물리학, 천문학, 지구 구조학, 기상학, 원시 세계의 식물과 동물의 형상 그리고 그 외의 것에 이해와 관심을 보여 왔네. 내가 바이마르로 왔을 때 그는 18세였지. 그러나 그 당시에 벌써 훗날 큰 일을 하게 될 싹을 보이고 있었다네. 그는 얼마 안 있어 나하고 아주 친밀하게 어울리게 되었어. 그리고 내가 행하는 모든 일에 깊은 관심을 표시했어. 내가 그보다 약 10세 연장이었다는 것은 우리의 어울림에 많은 이득을 가져왔지. 그는 온 밤을 내 옆에 앉아 예술과 자연의 문제, 이 밖의 여러 가지 유익하다고 생각되는 문제들을 열심히 이야기했네. 우리는 깊은 밤중에 이르기까지 그 자리를 떠나지 않고 있다가 나의 긴 의자 위에서 나란히 잠들어 버린 일도 종종 있었지. 50년 동안 우리는 서로 손에 손을 잡고 일해 왔네. 그러므로 드디어 상당히 큰 업적을 올릴 수 있었다는 것도 조금도 이상한 일은 아니었을 것이야."

"대공이 가지고 있는 것과 같은 그처럼 뿌리 깊은 교양은 군주들 사이에서는 드문 것이라고 생각합니다."

"아주 드문 일이지" 하고 괴테는 대답했다. "모든 일에 있어서 아주 재치 있는 의견을 개진할 수 있는 사람은 많지. 그러나 대부분 깊이가 없고 그저 표면만을 어루만지는 것에 그치고 말아. 궁중 생활에 따르기 마련이고 젊은 군주들의 마음을 빼앗아 가기 쉬운 저 무서운 산만함과 분열, 이런 것은 하등 이상할 것이 없지. 특히 젊은 군주는 이런 모든 것에 마음을 쓰지 않을 수 없어. 모든 것을 아주 조금만, 이것을 조금, 저것을 조금, 그 다음에 또 이것을 조금, 저것을 조금 하는 식으로 알아두지 않으면 안 되네. 하지만 이렇게 해 가지고는 아무것도 정착할 수 없고 뿌리를 뻗어나갈 수가 없지. 이러한 요구를 받으면서 연기처럼 없어져 버리지 않기 위해서는 확고한 천성이 기초로 자리잡고 있지 않으면 안 된다네. 대공은 물론 천성으로 위대한 인간이었지. 그의 모든 언어와 행동도 여기에서 나오고 있어."

내가 말했다. "그는 고도의 과학적이고 정신적인 경향에 대해 각별한 흥미를 나타내고 있었음에도, 또한 정치에 있어서도 깊이 이해하고 있었던 것처럼 생각됩니다."

"대공은 전인적인 인간이었지" 하고 괴테는 말했다. "그의 모든 것은 오직 하나의 위대한 원천에서 흘러나오고 있네. 그리고 무슨 일을 하든 전체도 좋고 부분도 좋았지. 그는 자기가 원하는 대로 일을 할 수 있었어. 그가 통치를 행사하는 데 특히 세 가지가 도움이 되었지. 그는 인물과 성격을 구별할 수 있는 특별한 재능을 가지고 있었기 때문에 각자를 적재적소에 배치할 수 있었네. 이것은 정말로 대단한 일이었지. 그리고 이 이상 가는 것은 아니지만 이것과 똑같을 만큼 중요성을 차지하고 있었던 것은 그가 지극히 숭고한 선의와 지극히 순수한 인간애에 불타고 있어서 온 마음을 기울여 최선을 다하려고 했다는 점이야. 그는 언제나 국가의 행복을 제일로 생각했고 자기 자신은 맨 마지막으로 아주 조금만 생각했다네. 고결한 사람을 맞이하고 좋은 목적의 촉진을 돕기 위해 그의 손과 마음은 언제나 준비되어 있었고 열려 있었지. 그에게는 신적인 것이 많이 있었어. 그는 인류 전체를 행복하게 해 주고 싶었을 것이야. 사랑은 사랑을 낳고, 사랑을 받고 있는 사람은 통치하기도 쉬운 것이지.

그리고 그는 주위의 누구보다도 위대했다네. 어떤 사건에 대해 그의 귀에 들어오는 열 사람의 목소리보다는 자기 가슴속에서 우러나오는 열한 번째의 더 좋은 목소리를 듣는 분이었지. 다른 사람이 속삭이는 목소리는 그대로 흘려 버렸네. 그리고 그는 다른 사람이 꾸며 대는 말에 넘어가 참으로 공적이 있는 사람을 배척한다든지 아첨을 떠는 패거리를 감싼다든지 하는, 군주로서 해서는 안 되는 일을 쉽게 하지 않았어. 그는 모든 일을 스스로 보고 스스로 판단했지. 그리고 어떠한 경우에도 자기 자신의 가슴속에 아주 확고한 기반을 갖추고 있었어. 여기에 더하여 그는 천성으로 말수가 적은 쪽이었고, 입 밖에 낸 말은 즉시 실행에 옮겼지."

"대단히 유감스럽게 생각하는 바입니다만," 하고 나는 말했다. "나는 대공의 외모 외에는 알고 있는 것이 거의 없습니다. 그렇지만 그의 외모는 나의 마음에 깊이 새겨져 있습니다. 지금도 나는 그가 닳아서 떨어진 회색 외투와 군모를 착용하시고 여송연을 천천히 피우면서, 애견을 데리고 저 오래된 마차를 타고 사냥 길에 오르는 것을 눈앞에 보는 것 같습니다. 이렇게 볼품 없는 오래된 마차를 타고 있는 그분의 모습 말고는 본 일이 없습니다. 게다가 그것은 두 마리의 말이 이끄는 마차에 지나지 않았습니다. 호화로운 여섯 마리의 마차나 훈장을 단 윗도리는 전혀 대공의 취미에 맞지 않았던 것처럼 생각됩니다."

"현재 군주들 사이에서 그런 취미는 이제는 시대에 뒤떨어진 것이지. 현재에 중요한 것은 인류의 저울로 달아 볼 때 그 인간의 무게가 어느 정도 나가는가 하는 것이야. 그 밖의 모든 것은 아무 쓸데없는 것이지. 훈장을 단 윗도리나 여섯 마리의 말이 이끄는 마차는 오늘날에 와서는 기껏해야 무지한 군중과 같은 사람들을 놀라게 하는 것에 지나지 않지. 그건 그렇고 대공의 저 오래된 마차의 용수철은 이제는 거의 기능을 잘 발휘하지 못하네. 그래서 그를 모시고 함께 마차를 탄 사람은 마차의 끔찍한 진동을 참지 않으면 안 되었지. 그렇지만 대공은 이것으로 자못 만족해하고 있었지. 그런데 그는 건실하고도 불편한 것은 사랑했지만 연약한 것은 싫어했어."

"이런 면모는 당신이 쓴 〈일메나우〉*²⁰라는 시 속에 잘 나타나 있습니다. 그 속에서 당신은 그를 있는 그대로 묘사했다고 생각합니다."

"그는 그 당시 아주 젊었지" 하고 괴테는 대답했다. "실제로 우리는 정말로 미친 짓을 하면서 지냈어. 대공은 고급 포도주와도 같았지. 그렇지만 아직 한참 발효 중에 있었네. 그는 자기 정력의 배출구를 모르고 있었지. 그래서 우리는 때로는 위험하기 짝이 없는 일을 했어. 사냥용 말을 몰아 덤불과 개천을 뛰어넘고 강물을 지나 산으로 올라가고 내려가고, 며칠이든 피로에 지칠 때까지 마구 달렸지. 그리고 밤에는 넓디넓은 창공 아래 숲 속에서 모닥불을 피우면서 야영을 했어. 이런 일이 그의 기분에 맞았고. 일공국의 상속은 대공에게는 하찮은 것이었어. 대공은 일공국하고 싸워서 추격하고 돌격하고 점령할 수 있었을 것이네. 또한 그렇게 하는 것이 대공의 소망이기도 했을 것이야."

괴테는 말을 계속했다. "〈일메나우〉의 시에는 한 시기가 삽화처럼 들어가 있지. 내가 이것을 쓴 것이 1783년이었으니, 시를 쓸 당시 그 시기는 이미 먼 과거가 되어 있었네. 그러므로 나는 자신을 그 속에서 역사적인 인물로 묘사하고 있지. 옛날의 나 자신을 상대로 서로 대화를 했던 것이야. 이 속에는 자네도 알고 있지만 아주 위험한 사냥을 끝내고 나서 산속에서 맞는 밤이 그려져 있지. 우리는 어떤 바위 근방에 작은 오두막집을 세워 놓고는 그것을 전나무의 작은 가지로 덮어 씌웠네. 그리고 그 속의 마른 바닥에서 밤을 보냈지. 이 오두막집 앞에는 여러 개의 횃불이 불붙고 있었지. 우리는 사냥해 온 것을 끓이기도 했네. 그 당시에 벌써 담뱃대를 이용하고 있었던 크네벨은 불 가까이에 앉아서 여러 가지 두서 없는 농담을 하면서 우리 모두를 즐겁게 해 주었지. 그러

---

*20 1783년 9월 3일은 아우구스트 대공의 탄생일이었기 때문에 괴테는 이 시를 대공에게 바친 것이다.

는 사이에 포도주 병은 손에서 손으로 넘어갔어. 길고 화사한 수족을 가진 늘씬한 제켄도르프*21는 나무 줄기에 기분 좋게 기대어 몸을 뻗고 있었지. 그러면서 여러 가지 시구를 읊조리고 있었어.—아래쪽의 작은 오두막집에서는 대공이 깊은 잠을 자고 있었어. 나는 그 앞에 앉아서 어렴풋이 불타고 있는 숯불 옆에서 이것저것 괴로운 상념에 잠겨 있었고, 또 나의 저서가 불러일으킨 여러 가지 불행으로 인해 슬픔에 빠져 있었지. 크네벨과 제켄도르프에 관한 묘사는 지금도 결코 나쁜 것이 아니었다고 생각하네. 그리고 젊은 시절의 대공에 대한 묘사도 20대(代)의 우울하고 사나운 상태에 내몰렸던 그를 그린 것으로는 지금도 괜찮다고 생각하고 있지.

호기심이 그를 먼 곳으로 꾀어내면
그에게는 험한 바위도 좁은 길도
문제되지 않는다.
우발적인 화근은 도처에서 매복하여
기다리고
그를 고통의 팔 속으로 몰아 넣는다
그러면 긴장된 괴로움의 충동은
그를 이쪽 저쪽으로 쫓아다닌다
불만스런 활동에서 휴식으로 접어들면
휴식도 불만으로 가득 채워진다
날은 맑게 개어도 어둡고 스산하니
야무지고 즐거움도 없이
몸과 마음이 상처받고 부서져
딱딱한 침대 위에서 그는 잠든다.

---

*21 제켄도르프(1744~1785). 바이마르의 궁정시종인 그는 문학과 음악에 뛰어난 재질을 가지고 있어서, 괴테의 작은 시작들을 작곡하기도 하였다. 그는 주로 바이마르 극장 상연과 궁정 콘서트를 주관했다.

대공은 정말로 이랬지. 이 시 속에는 조금도 과장이 없네. 그러나 대공은 얼마 안 있어 이런 질풍노도적인 시기에서 빠져나와 바람직한 군주로 되돌아왔지. 그러므로 나는 1783년 대공의 탄생일을 맞이하여 그에게 옛날 자신의 모습을 생각해 내게 했던 것이야.

그가 처음 한동안 나를 여러 가지로 괴롭혔고 근심 걱정을 끼쳤던 것은 부정할 수 없지. 그렇지만 그는 바람직한 천성을 가진 분이었기 때문에 얼마 안 있어 마음도 맑아지고 이를 데 없이 훌륭하게 수양을 쌓아 갔다네. 그래서 대공과 함께 지내고 일하는 것이 즐겁게 되었네."

"당신은 처음 시절에" 하고 나는 말했다. "대공과 함께 스위스를 통과하는 외로운 여행을 하지 않았습니까?"

"대공은 대체로 여행을 좋아하셨지" 하고 괴테는 대답했다. "그러나 그것은 흥미나 기분 전환을 위한 것은 아니고 도처에서 견문을 넓히고 자기 나라에 수입할 수 있는 여러 가지 좋은 것과 유용한 것을 찾기 위한 것이었어. 농업, 목축 그리고 공업도 대공의 이런 현명한 방식에 의해 이루 말할 수 없을 정도로 막대한 덕을 입고 있지. 예컨대 대공의 성향은 사적인 것이 아니고 이기적인 것도 아니고 순수하게 생산적이었어. 그것도 모든 사람들의 행복을 위해 생산적이었던 것이야. 그의 명성도 이로 말미암아 탄생한 것이지. 그리고 그 명성이 이 작은 나라를 넘어 멀리까지 전해진 것도 그 때문이었어."

"그의 무관심하고 꾸밈없는 외모에서 볼 때" 하고 나는 대답했다. "대공은 명성을 찾아 나섰던 것이 아니고, 오히려 그런 것에는 조금도 신경을 쓰지 않았던 것 같습니다. 그는 스스로 다른 사람의 눈에 띄는 일을 하지 않고 오직 조용히 실행했기 때문에 유명해졌다고 생각합니다."

"유명해진다는 것은 어딘지 독특한 것이지. 장작이 타는 것은 그 안에 불타는 요소가 있기 때문이야. 이와 마찬가지로 한 인간이 유명해지는 것은 그 사람이 유명해질 수 있는 소질을 갖추고 있기 때문이야. 명성은 찾아 나선다고 해서 얻어지는 것이 아닐세. 이것에 대해 아무리 발버둥을 쳐봐도 아무 소용이 없지. 약삭빠르게 행동하고 갖은 수단을 다 써서 일종의 명성을 얻어낼 수 있을는지는 모르지만, 그 핵심 내부에 보석이 없으면 그것은 허망한 것이며 오래 가지도 못하는 것이야.

국민의 인기도 마찬가지이지. 대공은 국민의 인기를 찾지는 않았어. 그리고 국민에게 아첨을 떠는 일은 절대로 하지 않았지. 그렇지만 국민은 그를 사랑했어. 이것은 대공이 민중 자신들에게 성실하다는 것을 느꼈기 때문이야."

괴테는 다음으로 대공가(家)의 다른 분들을 말하면서 이 모든 분들에게서 고귀한 성격의 특색이 엿보인다고 했다. 그는 현 섭정의 인자한 마음씨를 말했고, 젊은 왕자는 앞으로 아주 크게 촉망되는 분이라고 했다. 그리고 현재 섭정을 맡고 계시는 대공비의 보기 드문 성격도 각별한 호의를 가지고 자세히 설명했다. 이를 데 없이 고귀한 마음씨를 갖고 있는 대공비는 가는 곳마다 고통을 덜게 해 주고 좋은 싹이 틀 수 있도록 거액을 투자하고 있다는 것이다. "그분은 옛날부터 이 나라에는 좋은 천사와 같은 분이었어" 하고 그는 말했다. "그리고 그녀가 이 나라와 결합되어 있는 한 한층 더 그렇게 되어갈 것이야. 나는 이 대공비를 1805년 이래로 알고 있는데, 그녀의 정신과 성격에 경탄할 기회는 수없이 많았지. 그녀는 현대에 있어서 제1류의 여성이고, 또 가장 훌륭한 여성 중 한 분이야. 이것은 그녀가 대공비의 신분이 아니라고 하더라도 그러할 것이야. 그리고 이것이 바로 중요한 점이지. 설사 왕비의 상징인 자포(紫袍)를 벗어 던져도, 참으로 위대한 것은, 아니 참으로 최선의 것은 변치 않고 남기 때문이네."

그러고 난 다음 우리는 독일의 통일, 그리고 어떤 의미에서 통일이 가능한 것이며 소망스러운 것인가 서로 이야기를 나눴다.

"나는 독일이 통일이 되지 않을 것이라는 의구심을 가져본 적이 없네."[22]라고 괴테는 말했다. "좋은 도로가 생기고 장차 철도가 부설되기만 하면 그 사명을 완수할 수 있을 것이야. 그러나 통일이 되려면 무엇보다도 서로 사랑으로 뭉치지 않으면 안 되지. 그리고 외부의 적은 언제나 하나로 단결하여 대항하지 않으면 안 돼. 독일의 소화폐인 탈러와 오스트리아의 소화폐인 그로셴이 전국

---

*22 그 당시 괴테는 독일 여러 나라의 국경을 지날 때마다 소지품을 검사받아야 하는 일을 당해야 했지만, 같은 독일어를 사용하고 같은 문화창달과 세계화를 지향하는 독일은 결국 통일될 것이라는 신념을 잃지 않았다. 그리고 1871년 1월 18일 마침내 프러시아의 재상 비스마르크에 의해 독일 통일의 위업이 이룩된다.

에서 동일한 가치를 가지려면 국가가 하나로 통일되어야 하네. 그러면 나의 여행 가방은 36개국을 통과할 때마다 일일이 검사를 받지 않아도 될 테지. 바이마르 시민들을 위해 발행된 여권이 이웃 대국의 국경 관리에 의해 외국인의 여권처럼 취급되고 불완전하다고 야단을 맞는 일이 없도록 나라가 하나로 통일되었으면 좋겠네. 독일의 나라와 나라 사이에서 국내라든지 국외라든지 하는 말은 이제 사라졌으면 하는 바람이라네. 또한 도량과 중량 그리고 상업 무역에 관련한, 일일이 열거할 수는 없는 이와 비슷한 백여 가지 사항에 있어서도 통일이 되었으면 좋겠네.

그러나 위대한 국가에는 오직 하나의 큰 수도만이 있어야 한다는 생각은 참으로 그릇된 것이야. 독일 통일이 하나의 위대한 수도가 개개의 위대한 재능의 소유자에게 번영을 갖다줄 뿐만 아니라, 대다수 국민의 복지를 증진시킬 수 있는 것이라는 생각을 전제하는 것은 아니네.

한 국가를 많은 수족을 가진 살아 있는 신체에 비교한 사람이 있지. 그렇다면 한 국가의 수도는 심장에 비길 수 있어. 거기에서부터 가깝고 먼 수족으로 생명과 건강이 흘러들어 가지. 그러나 그 수족이 심장에서 너무 멀리 떨어져 있을 때에는 흘러드는 생명이 약해질 수밖에 없고, 그 때문에 사지가 점점 더 약해져 가는 것을 느끼게 될 것이야.

뒤팡*23이었다고 생각하는데, 어떤 프랑스의 재사는 프랑스의 문화 상태를 지도로 작성하여 개화가 앞서가는 주는 밝은 색깔로, 뒤지고 있는 곳은 검은 색으로 일목요연하게 표시했지. 이것에 따르면 수도에서 멀리 떨어진 여러 주들, 특히 남부 지방은 시커멓게 칠해져 있네. 그것은 그곳들이 아직도 미개 상태 그대로 남아 있다는 증거였어. 프랑스와 같이 아름다운 나라는 하나의 일대 중심지가 아닌 열 개 정도 되는 중심지를 가지고 있어서, 그 모든 곳들로부터 광명과 생명이 흘러나왔더라면 더 좋았을 것이야.

독일이 위대한 것은 놀랄 만한 국민 문화가 국가의 방방곡곡에 균등하게 침투되어 있기 때문이지. 그런데 이 국민 문화의 발생지이며 담당자이고 배양자

＊23 뒤팡(1784~1873). 프랑스의 문화경제 정책가인 그는 1827년에 〈프랑스의 생산력과 상업력〉이라는 책을 냈다.

역할을 하고 있는 것은 각 군주의 소재지가 아니겠는가?—만약 우리 독일에 수세기 동안 두 개의 수도인 빈과 베를린만 있었거나, 또는 단지 하나의 수도만이 존재했다고 한다면 독일 문화는 어떻게 되었겠는가? 그뿐만 아니라 문화와 함께 손에 손을 잡고 방방곡곡으로 확장되어 나간 번영 상태는 어떻게 되어 있겠는가?

독일에는 20개 이상의 대학이 전국에 분산되어 있지. 그리고 이와 마찬가지로 100개 이상의 공립 도서관이 보급되어 있어. 그리고 미술관과 자연계의 모든 분야에 걸친 사물을 수집한 박물관도 마찬가지로 수없이 많지. 왜냐하면 그것은 군주 각자가 아름다운 것, 유익한 것들을 자기 가까이 끌어들이려고 한 배려에서 나온 것일세. 인문 계통 고등학교와 공업 학교 그리고 산업 학교도 넘쳐 나고 있지. 그리고 독일에는 학교가 없는 촌락이 거의 없네. 그러나 이 마지막 사항에 관해서 프랑스는 어떤 상태일까!

그리고 또 독일의 극장 수도 70여 개를 넘고 있어. 그리고 이것도 고급 민중 교양의 지지자로서, 그리고 촉진자로서 절대로 경시할 수는 없는 것이야. 독일만큼 음악과 성악에 감각과 훈련이 널리 보급되어 실제로 행해지고 있는 나라는 어디에도 없지. 이것 또한 대단한 것이야. 드레스덴과 뮌헨 그리고 슈투트가르트, 카셀과 브라운슈바이크, 하노버 그리고 이와 비슷한 도시를 생각해 보게. 이곳들로부터 생겨난 생활 요소, 그리고 이 도시들이 그 안에 지니고 있는 위대한 생활 요소를 생각해 보게. 이들 도시에 인접해 있는 여러 주로 흘러 들어 가는 영향을 생각해 보게. 그리고 만약 이들 도시가 오랫동안 군주의 소재지가 아니었다면 모든 것이 어떻게 되어 있을까를 스스로에게 물어보도록 하게.

프랑크푸르트, 브레멘, 함부르크 그리고 뤼벡은 위대하고 화려하지. 이 도시들이 독일의 번영에 끼친 영향은 정말로 헤아릴 수 없을 만큼 크네. 그러나 이들 도시들이 그들의 독자적인 주권을 잃고 하나의 대 독일 제국 아래 지방 도시에 병합되어 있었다면 현재처럼 되어 있었겠는가?—나는 그렇게 생각하지 않네."

1828년 12월 3일 수요일 ★

오늘 나는 괴테와 함께 완전히 색다르고 우아한 위안을 맛보았다. 제네바 주의 카르티니에 살고 있는 뒤발 부인은 설탕에 절인 과일 요리에 뛰어난 솜씨를 보이곤 했는데, 그녀가 자신이 만든 것이라면서 설탕에 절인 레몬 여러 개를 대공비와 괴테에게 증정해 달라고 보내온 것이다. 그녀는 자신만만해 하면서 자기의 과일 조림이 다른 모든 사람들이 만든 것보다 월등하게 맛이 있는 것은, 마치 괴테의 시가 독일의 경쟁자 대부분의 시보다 특출나게 뛰어난 것과도 같다고 말했다.

이 부인의 장녀는 벌써 오래전부터 괴테가 직접 쓴 시의 원고를 원하고 있었다. 그러므로 나는 레몬으로 절인 달콤한 음식으로 괴테를 유인하여 저 젊은 여성을 위해 시 하나를 받아 주려고 생각했다.

나는 마치 중대한 문제를 위임받은 외교관과 같은 얼굴을 하면서 그에게로 갔다. 그리고 이 레몬 절인 것을 미끼 삼아 그의 시의 휘호를 원한다고 대등한 담판을 했다. 괴테는 이 농담을 듣고 웃으면서 아주 통쾌하게 승낙해 주었다. 그러면서 그는 곧 레몬 절인 것을 요구했는데, 이것이 또한 제법 만족스러운 것으로 판명되었다. 그로부터 몇 시간이 지나 나의 친구를 위한 크리스마스 선물로 다음과 같은 시구가 도착하였을 때에 나는 정말로 놀라고 말았다.

> 행복한 나라여, 그 곳에서는
> 이를 데 없이 잘 익은 레몬을
> 현명한 부인들이 맛있게 조리하여
> 진상하는구나![24]

내가 다시 그를 만났을 때 그는 농담 섞인 목소리로 젊었을 때에는 〈괴츠〉를 출판해 줄 출판사를 찾아낼 수 없었는데, 이제는 자기도 문학을 직업으로

---

[24] 이 부인은 소레의 고향인 스위스 제네바에 사는 그의 숙모 뒤발 부인으로, 장녀가 오래전부터 괴테가 직접 쓴 시 한 수를 갖고 싶어하자 자신의 솜씨를 발휘한 요리를 만들어 대공비와 괴테에게 보냈다. 괴테는 이것을 아주 맛있게 먹고 시 한 수를 써서 카르티니에 사는 뒤발 양에게 보냈다.

하여 이렇게 이익을 올릴 수 있게 되었다고 말했다. 그러고 나서 괴테는 덧붙였다. "자네의 상담을 나는 승낙했어. 이 절인 레몬을 다 먹고 나면 잊지 말고 반드시 똑같은 것을 가져와야 하네. 나도 틀림없이 내 시의 수표를 지불할 것이야."

1828년 12월 21일 일요일

어젯밤에 이상한 꿈을 꾸었다. 나는 그 내용을 괴테에게 들려 주었다. 그는 그것을 듣고는 아주 재미있다고 말했다. 나는 동남쪽으로 달리고 있는 넓은 거리에 있었다. 어딘지 알 수 없는 그곳에서 나는 많은 사람들과 함께 서서 하늘을 쳐다보고 있었다. 하늘은 엷은 아지랑이로 덮여 있었고 노란 색으로 빛나고 있어서 아주 밝았다. 모두들 무슨 일이 일어날 것이라고 기대에 가득 차 있었다.

그때에 불붙은 두 개의 점이 나타나 곧장 운석과 같은 폭음을 내면서 우리 눈앞에 떨어졌다. 그곳은 우리가 서 있는 곳에서 그다지 멀지 않았다. 사람들은 무엇이 떨어졌는지 보려고 그곳으로 달려갔다. 그러자 파우스트와 메피스토펠레스가 이쪽을 향해 걸어오고 있는 것이 아닌가!—나는 기뻤다.—조금은 이상하다고 생각했지만 내가 잘 알고 지내는 거리로 들어선 나는, 그들과 함께 어깨를 나란히 하고 유쾌하게 담소하면서 다음 모퉁이로 돌아섰다. 우리가 무엇을 이야기했는지는 전혀 기억하지 못한다. 그러나 그들의 신체 모양은 실로 독특한 인상을 주어서 나에게는 완전하고도 확실하게 기억에 남아 쉽게 잊을 수가 없었다. 이들 두 사람은 우리가 보통 생각하고 있는 것보다 젊었다. 파우스트가 27세라고 한다면 메피스토펠레스는 21세 정도였을 것이다. 메피스토펠레스의 모습은 사뭇 고상하고 명랑해서 어디까지나 자유롭게 보였다. 그는 아주 경쾌하게 걸어오고 있었다. 그에게는 어딘지 신의 사신을 생각하게 하는 데가 있었다. 그의 얼굴은 아름다웠고 어디에도 악의는 없어 보였다. 그래서 만약 그의 젊디젊은 이마에서 튀어나와 옆으로 구부러져 있는 아름다운 두 개의 뿔이 없었다면, 그가 악마라고는 아무도 알아차리지 못했을 것이다. 게다가 아름다운 머리칼이 부풀어올라 양쪽으로 나부끼고 있었다.

파우스트는 걸어가는 도중 말을 하면서 얼굴을 나에게 향했다. 그때 나는 그의 독특한 표정에 놀랐다. 그가 타고난 지적이고도 근원적인 자질, 즉 지극히 고귀한 윤리성과 성실성이 얼굴 표정 하나하나에 번져 있었다. 이렇게 젊은 청년인데도 모든 인간적인 희열과 고뇌 그리고 사고가 일찍부터 그의 영혼을 관통하고 있는 것처럼 보였다.—그의 얼굴은 이렇게 만들어져 있었다! 조금은 창백하면서도 매력에 차 있어서 아무리 보아도 싫증이 나지 않았다. 나는 그의 용모를 그림으로 그리기 위해 가슴속에 새겨두려고 노력했다. 파우스트는 오른쪽에, 메피스토펠레스는 우리 두 사람의 사이에 끼어 걷고 있었다. 그러므로 파우스트가 그의 아름답고 독특한 얼굴을 돌리면서 메피스토펠레스 또는 나에게 말을 할 때, 그 인상은 나의 마음속에 강하게 남았다. 우리는 거리를 빠져 나왔다. 그러자 군중들은 우리들에게 더 이상 신경을 쓰지 않고 가 버렸다.

1830~1832년

1830년 1월 18일 월요일 ★

괴테는 라바터를 말하면서 그의 사람 됨됨이의 여러 가지 훌륭한 점을 칭찬했다. 그는 두 사람이 전에 가졌던 절친한 우정도 이야기했다. 그리고 그들은 그 당시 형제처럼 서로 결합되어 있어서 가끔 같은 침대에서 함께 자기도 했다고 말해 주었다.

"유감스럽게도" 하고 그는 덧붙였다. "얼마 안 있어 약한 신비주의가 그 천재의 비상(飛翔)을 정돈 상태에 빠지게 해 버렸지."

1830년 1월 22일 금요일 ★

우리는 월터 스콧이 쓴 〈나폴레옹 전〉을 이야기했다.

괴테는 말했다. "이 책의 저자는 확실히 심하게 정확하지 못하고 또 너무 편파적이라고 비난을 받는지 모르지. 그렇지만 내가 보는 견지에서는 바로 이 두 가지의 결점이야말로 이 저서에 전적으로 특별한 가치를 부여하고 있는 것이라네.—이 책은 영국에서 정말로 예상 밖으로 일대 성공을 거두었지. 이것은 바로 월터 스콧이 나폴레옹과 프랑스 국민에 대한 그의 증오심을 통해 영국 국민의 여론과 감정의 참된 통역자이자 대변자로 여겨지고 있기 때문이라고 생각하네. 그의 책은 결코 프랑스의 역사를 위한 실증서는 되지 못하겠지만 영국의 역사에는 중요한 것이 될 것이야. 그렇지만 어떠한 경우에도 이 책은 이 중대한 역사상의 과정에 없어서는 안 될 증언서인 것이지.

좌우간 나폴레옹에 관한 정반대 의견을 들을 수 있다는 것은 흐뭇한 일이야. 나는 지금 비니용*¹의 저서를 읽고 있는데, 이 책은 나에게는 아주 특별한

─────────────

*1 비니용(1771~1841). 프랑스의 외교관이자 역사가인 그는 1827년 〈브뤼메르 18 이후 프랑스

가치가 있는 것처럼 생각되네."

1830년 1월 25일 월요일 ★

나는 뒤몽*²의 유고 출판 준비를 위해 작성한 목록을 괴테한테로 가지고 갔다.―괴테는 이것을 아주 주의 깊게 읽었다. 그는 그토록 다양하면서도 풍부한 원고를 보고 예측할 수 있는 저자의 지식과 관심 그리고 이념의 엄청난 넓이에 놀라워하는 것 같았다.

"뒤몽은" 하고 괴테는 말했다. "대단히 폭이 넓은 정신의 소유자였음에 틀림없어. 그가 취급한 문제 중에 흥미가 없는 것이라든가 중요하지 않은 것은 하나도 없네. 그 사람이 어떤 인물이며 어떤 정신의 소유자인가 하는 것은 언제나 그 주제의 선택으로 나타나는 것이지. 그런데 인간의 정신이 모든 주제를 똑같이 막히지 않고 훌륭하게 처리해 낼 수 있는 보편적 교양을 지니기를 바랄 수는 없는 것이야. 그래서 설사 이 저자가 모든 것에서 똑같이 성공을 거두지는 못했다고 하더라도, 그것을 취급하려고 한 의도와 의지만으로도 나는 그를 높이 평가하고 있네. 그의 저서 모든 곳은 실제적이고도 유익한, 그러면서도 선한 의도가 지배하고 있어. 나는 이것을 특별히 드물고 훌륭하다고 생각하네."

나는 이것과 함께 〈파리 기행〉의 제1장을 가지고 왔다. 그것을 그에게 낭독해 드리려고 생각했던 것이다. 그러나 그는 혼자서 읽고 싶어 했다.

이어 그는 독서의 어려운 점을 말하면서, 아무런 준비나 예비 지식도 없이 당장 철학 서적이나 과학 서적을 마치 소설과 조금도 다를 것 없다는 듯이 읽으려고 하는 많은 사람들의 어리석음을 비웃었다.

"이 세상의 순진한 사람들은" 하고 그는 말을 계속했다. "읽고 배우는 데에 얼마나 많은 시간과 노력이 필요한지 모르고 있지. 나는 이것에 80년이 걸렸

의 역사〉 11권을 출판하였고, 괴테도 20일과 22일에 걸쳐 이 책을 읽었다고 그의 일기에 적고 있다.

＊2 뒤몽(1759~1829). 스위스의 제네바 출신인 그는 소레의 증조부이다. 미라보와 벤담의 비서인 그는 철학, 법률 그리고 정치 등 다방면에 걸친 저술가였다. 소레는 그의 유언에 따라 그의 저작 일부의 편집인으로 지정되었다.

어. 그리고 아직도 목적지에 도달했다고 말할 수 없네."

1830년 1월 27일 수요일

정오에 괴테와 함께 아주 즐거운 식사를 했다. 그는 폰 마르티우스 씨를 극구 칭찬했다.

"나선형 경향에 대한 그의 근사한 착상은 정말 매우 중요한 것이지. 내가 여기에 더하여 그에게 소망하고 싶은 것이 있다면, 그건 그가 자신이 발견한 근원 현상을 한층 더 단호하게 관철해 나가는 것이야. 너무 장황하게 증명하려 하지 말고 하나의 사실을 법칙이라고 단언할 수 있는 용기를 가졌으면 좋겠어."

이어 괴테는 나에게 하이델베르크 자연 과학자 회합의 의사록을 보여 주었다. 거기에는 말미에 필적이 그대로 붙어 있었기 때문에 우리는 그것을 바라보고 그 인물을 추측해 보았다.

"이런 학술회합에서는" 하고 괴테는 말했다. "세상 사람들의 생각만큼 그렇게 큰 성과를 올릴 수 없다는 것을 나는 잘 알고 있지. 그러나 사람들이 서로 알게 되고, 때로는 서로 친밀해지는 것을 배우는 것은 아주 좋은 일이야. 여기에서 어떤 중요한 인물의 새로운 학설이 인정 받게 되는 좋은 결과가 탄생하고, 이 사람은 또 자진하여 다른 전문 분야에 있는 우리까지도 존중하고 우리 일에 힘을 써 주기에 이르는 것이지. 어쨌든 이건 아무도 예측할 수 없는 상당히 좋은 성과를 올릴 것이라고 생각하네."

이어 괴테는 나에게 어떤 영국 작가가 보내온 편지를 보여 주었다. 거기에는 '괴테 공작 각하'라는 주소 성명이 붙어 있었다.

"이 칭호는 아마도 독일 저널리스트들 덕분으로 붙여진 것일 게야. 그들은 나를 너무나 사랑하는 나머지 곧잘 '독일의 시인 공작'이라고 부르곤 했지. 그런 독일인의 순진한 잘못으로 영국인도 순진한 잘못을 일으키게 된 것이야."

괴테는 다시 폰 마르티우스 씨로 돌아가 그가 가지고 있는 상상력을 칭찬했다. "참으로 위대한 과학자에게는 반드시 이런 높은 재능이 있다고 생각하네. 물론 내가 의미하는 상상력이란 애매 모호한 것에 빠진다든지 실제로 존재하지 않는 것을 공상하는 그런 것이 아니네. 현실의 기반을 떠나지 않는 것, 그리고 현실과 이미 알고 있는 것을 척도로 하여 예측하고 추측하면서 사물 속으로 걸어 들어가는 것을 의미하는 것이지. 이렇게 할 때에 자기가 예측한 것이 실제로도 존재할 수 있는 것인가 아닌가, 다른 의미가 알고 있는 법칙에 모순되는 것인가 아닌가를 음미할 수 있는 것이야. 그러나 이런 상상력은 물론 그 전제 조건으로서 살아 있는 세계와 그 여러 법칙을 환하게 깨닫고 있는 폭넓고 냉철한 두뇌를 가진 사람을 필요로 하는 것이지."

우리가 이런 말을 하고 있는 사이에 괴테가 쓴 〈형제 자매〉의 보헤미아어 번역본이 들어 있는 소포가 도착했다. 이에 괴테는 아주 기뻐하는 것 같았다.

1830년 1월 31일 일요일 ★

왕자를 동반하고 괴테한테로 갔다. 괴테는 우리를 그의 서재로 안내했다.

우리는 그의 작품의 여러 가지 판(版)에 대해 이야기했다. 그때에 나는 괴테로부터 그 자신은 이들 출판물의 대부분을 가지고 있지 않다는 말을 듣고는 좀 이상하다는 생각이 들었다. 그는 자기가 그린 동판화가 들어 있는 〈로마의 사육제〉의 초판조차도 가지고 있지 않았다. 어떤 경매에서 그는 그것에 6탈러의 값을 매겼지만 낙찰받지는 못했다는 것이다.

그는 다음으로 〈괴츠 폰 베를리힝겐〉의 최초의 원고*³를 보여 주었다. 이것은 그가 누이동생한테서 자극을 받아 수주일 안으로 완성했던 것이다. 그로부터 50년 이상이 지났지만 이것은 그때의 모습 그대로 있었다. 막힘 없는 그 글씨체, 거기에는 훗날 그의 독일 글자에 일관되어 있고 지금도 여전히 볼 수 있는 자유롭고 명랑한 특색이 일찍부터 완연하게 드러나고 있었다. 그 원고는 아주 깨끗했다. 어느 페이지에도 정정한 흔적이 한 군데도 없었기 때문에, 이것은 처음에 갈겨 쓴 초안이라기보다는 오히려 청서한 것으로 생각될 정도였다.

괴테가 말한 바에 따르면 그의 초기 작품들은 모두 자필로 직접 썼다고 한

---

*3 1771년 11월부터 12월에 걸친 약 6주일 사이에 쓴 희곡으로, 이것에 관해서는 〈시와 진실〉 제3부 제13장에 나온다.

다. 〈베르테르〉도 그러했지만 그 원고는 잃어버리고 없다고 했다. 이것과는 달리 훗날에는 거의 모든 것을 구술(口述)했다는 것이다. 자필로 된 것은 단지 시나 복안의 일시적인 메모에 지나지 않았다. 새로운 작품의 사본을 만들어 두는 것을 잊어버린 일도 실로 많았다. 따라서 그는 이를 데 없이 귀중한 문학 작품의 원고를 되는대로 형편에 맡겼던 일이 여러 번 있었다는 것이다. 그리고 그가 가지고 있었던 유일한 원문을 슈투트가르트의 인쇄소에 보냈던 일도 여러 번 있었다고 했다. 우리가 〈베를리힝겐〉의 원고를 세밀히 바라보고 난 뒤에 괴테는 〈이탈리아 기행〉의 원문을 보여 주었다. 이것은 나날을 따라 이어간 관찰과 메모의 기록이긴 하지만, 그 필적은 〈괴츠〉의 경우와 마찬가지로 멋진 특색을 나타내고 있었다. 모든 것이 명석하고 안정되어 있어 정정된 흔적은 아무 데에서도 발견되지 않았다. 그리고 그때그때의 메모이긴 하지만 그 어떤 부분도 필자의 머릿속에 언제나 신선하고도 명료하게 나타나 있었다는 것을 알 수 있었다. 시종 일관 아무것도 변하지 않았고 움직이지도 않았지만 용지만은 예외였다. 용지는 이 여행자가 머무르는 도시마다 모양과 색깔이 쉬지 않고 다른 것으로 바뀌고 있었다.

이 원고의 말미 근처에 자못 멋지게 휘갈겨 그린 괴테의 펜 그림이 있었다. 큰 관복을 입고 법정에서 연설을 하고 있는 이탈리아의 변호사를 사생한 것이다. 이것은 우리가 상상조차 할 수 없는 아주 진기한 모습이었다. 게다가 그의 복장은 사뭇 색다른 모양이어서 가장 무도회에 가기 위해 선택한 것이 아닌가 하고 생각되었다. 그러면서도 모든 것이 오직 사실 그대로의 충실한 묘사였다. 집게손가락을 엄지손가락 앞으로 가져가 나머지 손가락은 열어 놓은 채로 그 뚱뚱한 연설자는 기분이 좋은 듯 서 있었다. 단순해 보이는 이 동작은 그가 쓰고 있는 큰 가발과 정말로 꼭 들어맞아 있었다.

1830년 2월 3일 수요일 ★

우리는 〈글로브〉지와 〈르 탕〉지에 대해 이야기를 나누었고, 화제는 계속하여 프랑스 문학과 문인들에게로 옮겨갔다.

괴테는 그중에서도 특별나게 말했다. "기조는 내 마음에 꼭 맞는 사나이이며 또 건실한 인물이지. 그는 개화된 자유주의와 결합된 심오한 지식을 가지고 있네. 그의 지식은 모든 당파를 뛰어넘어 자기만의 길을 걸어가고 있지. 그가 이번에 선출된 국회에서 어떤 역할을 맡게 될지 무척 궁금하네. 빨리 그 모습을 보고 싶을 뿐이야."

"그를 단지 피상적으로만 알고 있는 사람들은" 하고 나는 대답했다. "그를 가리켜 다소 현학적이라고 말하고 있습니다."

그러자 괴테가 말했다. "그의 어떠한 점을 두고 현학적이라고 비난하는 것인지 나는 수긍이 가지 않네. 생활 방식 속에 일정하고 올바른 질서와 확고한 원칙을 가지고 있고, 다분히 사색적이고, 인생살이에서 일어나는 여러 가지 사건을 적당히 다루지 않는 모든 훌륭한 인물들은, 피상적인 견해에만 젖어 있는 패거리의 눈에는 자칫하면 현학자로 비치는 모양이야. 기조는 시야가 원대하고 침착하고 착실한 인물이지. 대체적으로 가볍게 움직이는 보통 프랑스인들과는 대조적인 이 인물은 아무리 높이 평가해도 지나치지 않아. 바로 이 인물이야말로 프랑스에 필요한 사람이라네."

"빌르망은" 하고 괴테는 말을 계속했다. "아마 연설가로서는 훨씬 화려할는지 모르네. 그는 막힘없이 설득해 나갈 수 있는 기술을 가지고 있어. 정확한 표현에 있어서도 절대로 궁색하지 않지. 그러므로 주의를 끌고 청중을 취(醉)하게 만들고 만장의 갈채를 받아. 그러나 그는 기조에 비교하면 훨씬 피상적이고 훨씬 실천적이지 못하지.

쿠쟁이 우리 독일인들에게 줄 수 있는 것은 거의 없어. 그가 자기 국민에게 새로운 것으로서 가져다 준 철학은 우리들에게는 오랜 세월을 두고 널리 알려져 있는 것이네. 그렇지만 그는 프랑스인들에게는 아주 중요한 사람이지. 그는 프랑스인들에게 완전히 새로운 방향을 제시해 주게 될 테니까 말일세.

퀴비에는 위대한 자연과학자야. 그의 문체와 저술에는 놀라지 않을 수 없지. 하나의 사실을 설명하는데 있어서 이 사람만큼 뛰어난 사람은 없어. 그렇지만 그는 전혀 아무런 철학도 가지고 있지 않네. 그래서 그는 그의 제자를 아주 박식하게 교육시킬 수는 있지만 깊이 있게 길러내지는 못하지."

이런 모든 이야기는 앞서 언급한 사람들에 관한 뒤몽의 견해와 아주 비슷했기 때문에 나의 흥미는 점점 더 깊어졌다. 나는 괴테에게 뒤몽의 원고 중에서 이 문제에 관한 부분을 베껴서 가져올 것을 약속했다. 이렇게 하면 괴테는 기회를 보아 이것을 그 자신의 견해하고 비교해 볼 수 있을 것이기 때문이다.

뒤몽을 언급함에 따라 화제는 뒤몽과 벤담*4의 관계로 옮겨졌다. 그러자 괴테는 다음과 같이 말했다.

"나한테 가장 흥미 있는 문제는 뒤몽처럼 아주 이성적이고 온건하고 그러면서도 아주 실제적인 인물이 어떻게 벤담처럼 바보 같은 자의 제자가 되고 충실한 숭배자가 될 수 있었는가 하는 점이지."

나는 대답했다. "벤담은 말하자면 이중적인 인물로 보아도 좋을 것입니다. 나는 벤담을 두 가지로 구별하고 있습니다. 그 하나는 여러 법칙을 인출한 천재로서의 벤담입니다. 뒤몽은 이것을 완성하여 망각에서 구출해 냈습니다. 그리고 다른 하나는 열광적인 인간으로서의 벤담입니다. 이런 면 때문에 그는 극단적인 공리주의에 열중한 나머지 그 학설의 본디 한계를 뛰어넘어 정치와 종교 속으로 들어가 급진론자가 되어 버린 것입니다."

"그렇지만 한 노인이 그 긴 생애의 행로에 종지부를 찍는 마지막 날에 이르러서도 급진주의자로 남아 있었다는 것은 나에게는 정말로 새로운 문제라네."

나는 이 모순을 풀려고 시도하면서 이렇게 말했다. "벤담은 그의 학설과 입법의 탁월성을 영국에서 실시하기 위해서는 당시 조직을 완전히 변혁해야 한다는 것을 확신하고 있었습니다. 그런데 그는 바깥 세상하고는 거의 접촉이 없었지요. 따라서 그런 시도가 폭력적인 혁명의 위험에 빠지게 될 것이라는 판단을 내릴 수가 없었고, 그 때문에 점점 더 열정적인 광분으로 흘러 들어갔던 것입니다."

"이와는 반대로 뒤몽은" 하고 나는 계속했다. "벤담만한 정열은 없었지만 벤담보다는 더 명석한 두뇌를 가지고 있었습니다. 그래서 그는 벤담의 극단화를 옳지 않다고 보았고, 자기가 벤담과 같은 결함에 빠지는 것을 크게 경계하고 있었습니다. 거기에다 그에게는 벤담의 여러 법칙을 다른 어떤 나라, 다시 말

---

*4 벤담(1748~1832). 19세기 초두에 큰 영향을 끼친 영국 공리주의 철학의 창시자로, 그의 학설은 뒤몽에 의해 완성되었다.

해 스위스의 제네바에 응용할 수 있다는 이점이 있었습니다. 이 나라는 정치적인 사건 때문에 그 당시 말하자면 신흥 국가로 간주되고 있었습니다. 그리고 또 그곳에서 모든 것은 더할 나위 없이 성공을 거두었습니다. 그리고 이 행운의 결과로 그 법칙의 가치가 분명하게 증명된 것입니다."

이에 괴테가 말했다. "뒤몽은 모든 이성적인 사람들이 그러하며 또 그렇지 않으면 안 되는 것처럼 바로 절도 있는 자유주의자인 것이지. 나 자신도 그러하네. 그리고 오랜 생애를 살아가는 동안 나는 계속 이런 정신을 갖고 활동하려고 노력해 왔지."

"참된 자유주의자는" 하고 그는 계속했다. "자기에게 허용된 한도 내에서 수단을 다해 가능한 한 많은 좋은 일을 실현하려고 노력하네. 그리고 때로는 피치 못할 결함이 생겨도, 이것을 즉시 불(火)과 칼(刀)을 사용하여 근절하거나 하지 않으려고 조심하지. 공적인 결함은 사려 깊은 전진에 의해 서서히 제거하려고 노력해야 하는 것일세. 폭력적인 수단은 동시에 많은 좋은 것까지도 망쳐 버리기 때문에 채택되어서는 안 되네. 이 세상은 언제나 불완전한 것이지. 그러므로 때와 상황이 좋아져서 더 좋은 것으로 변하기까지는 현재 가지고 있는 어느 정도의 것으로 만족해야 하네."

1830년 2월 6일 토요일

젊은 괴테 부인의 초청으로 식사를 함께 했다. 젊은 괴테는 그의 할머니에 해당하는 프랑크푸르트의 추밀고문관 부인에 대해 두세 가지 재미있는 일화를 말해 주었다.

그가 20년 전 대학시절에 이 할머니를 방문했을 때였다. 어느 날 정오에 그는 할머니와 함께 대주교에게서 식사 초대를 받았다. 대주교는 특별한 예우를 다하기 위해 고문관 부인을 계단이 있는 데에까지 가서 맞이하였다. 그렇지만 대주교가 평상시에 집에서 입고 있는 성직자의 옷을 입고 있었기 때문에 그녀는 그를 평범한 신부라고만 생각하고는 특별한 존경을 표시하지 않았다. 식탁에 착석하여 그의 옆에 앉아 있으면서도 그녀는 처음에는 각별히 마음을 터 놓는 얼굴을 해 보이지 않았다. 그러나 대화가 진행되어감에 따라 한 자리에 앉아 있는 다른 사람들의 태도에서 이분이 대주교라는 것을 차차 알아차리게 되었다.

이어 대주교가 그녀와 그녀의 아드님의 건강을 기원하며 건배를 하였다. 그 때에서야 괴테 부인은 일어서서 대주교 각하의 건강을 위해 건배를 올렸다.

1830년 2월 10일 수요일 ★

오늘 식사가 끝난 뒤에 나는 잠깐 괴테 댁을 들렀다. 그는 봄이 서서히 다가와 다시금 낮이 더 길어지는 것을 기뻐하고 있었다. 우리는 〈색채론〉에 대해서 이야기했다. 괴테는 그의 단순한 이론이 올바르게 인정받는 것은 불가능하다고 생각하고 있는 것 같았다. "나의 반대론자들의 오류는" 하고 그는 말했다.

"100년 이래로 너무나 일반화되어 버렸어. 그 때문에 고독한 길을 걸어가고 있는 내가 이렇다 할 동지를 발견하는 일은 없을 것 같아. 나는 언제나 혼자만 남게 될 거야!—나는 이따금 나 자신이 단지 한 사람만을 태울 수 있는 판자를 붙잡고 물 위에 떠 있는 사나이처럼 생각될 때가 있지. 다른 모든 사람들은 비참하게 익사해 버리지만 나 혼자만은 살아 남는 거야."

1830년 2월 14일 일요일 ★

오늘은 바이마르가 슬픔에 잠긴 날이었다. 루이제 대공비가 오늘 오후 1시 반에 서거한 것이다. 현 대공비는 나로 하여금 폰 발트너 양과 괴테에게 그녀를 대신하여 조문을 드리도록 명령을 내렸다.

나는 먼저 폰 발트너 양한테로 갔다. 그녀는 눈물과 깊은 슬픔 그리고 급기야 돌아가셨구나 하는 상실감 때문에 완전히 짓눌려 있었다. 그녀는 말했다. "나는 50년 이상이나 돌아가신 대공비의 시중을 들었습니다. 대공비는 나를 직접 시녀로 택해 주셨지요. 그리고 그것은 대공비로서는 자유로운 선택이었겠지만 나에게는 매우 자랑스럽고 행복한 일이기도 했습니다. 나는 나의 조국을 떠나 그녀를 위한 시중 생활로 들어섰습니다. 이번에도 대공비께서 나를 함께 데리고 가셨더라면, 나는 이제부터 긴 세월을 그녀와의 재회를 그리워하면서 지내지 않아도 될 텐데 말이에요."

다음으로 나는 괴테한테로 갔다. 그러나 그가 보여 주는 양상은 이것과는 완전히 다른 것이었다!—대공비의 서거가 그에게 준 충격은 그녀에게 가해진 타격 못지 않게 심각한 것이었음이 분명했다. 그렇지만 그는 어떻게 해서라도 그의 감정을 억제하려고 하는 것 같았다. 그는 또 한 분의 절친한 친구[*5]와 함께 아직도 식탁에 앉아서 포도주를 마시고 있었다. 그는 활기 있게 말하면서 대체로 아주 밝은 기분 속에 있는 것처럼 보였다. "자!" 하고 그는 나를 보았을 때 말했다. "잘 왔어. 이쪽에 와서 앉게! 오랫동안 우리를 위협하고 있던 충격이 드디어 우리를 적중하고 말았어. 이제 우리는 적어도 무서운 불안과 싸울 필요가 없게 되었어. 이런 일이 생겨도 우리는 고쳐 생각하고 다시 기운을 내어 살아가도록 노력하지 않으면 안 되지."

"저기에 당신을 위로해 줄 수 있는 것이 있습니다" 하면서 나는 그의 원고 용지를 가리키면서 말했다. "작업은 우리를 괴로움에서 다시 일으켜 세워주는 제일가는 방법입니다."

"우리가 이 세상에서 살아 있는 한" 하고 괴테는 대답했다. "우리는 머리를 치켜세우고 살 것이야. 창작 작업을 할 수 있을 때까지는 단념하지 않을 것이네."

이어 괴테는 많은 나이에 이르기까지 살았던 인물들을 이야기하면서 저 유명한 니농도 언급했다. "그녀는 90대가 되었는데도 아직 젊었지" 하고 그는 말했다. "그녀는 자신의 균형을 유지하는 방법을 잘 알고 있었어. 그래서 세상 만사에 필요 이상으로 걱정을 하지 않았네. 그녀는 죽음까지도 너무 과도하게 두려워하지 않았다네. 18세 때에 중병에 걸렸다가 다시 살아났던 그녀는 자신이 거의 죽을 뻔했던 위급한 상황을 주위 사람들이 자세히 설명해 주었을 때에도, 아주 침착하게 '도대체 죽는다는 것이 무엇이 그렇게 대단한 것입니까! 나도 역시 한 번은 죽어야 하는 것이 아니겠습니까!' 하고 말했지.—그 후 그녀는 70년 이상을 사람들에게서 호감과 사랑을 받고 인생의 모든 기쁨을 향락하면서 오래 살았네. 그렇지만 그녀 자신은 그 타고난 침착성을 잃지 않고,

---

[*5] 소레는 에커만을 말하고 있다.

언제나 자기 자신을 좀먹는 일체의 정열을 초월하여 정신을 가다듬고 있었지. 니농은 이 점을 확실하게 분별하고 있었어.—이 점에서 그녀의 뒤를 따를 수 있는 사람은 거의 없지."

이어 그는 바이에른 왕에게서 온 편지를 나에게 넘겨주었다. 이것은 그가 오늘 받은 것이다. 그러므로 괴테의 명랑한 기분에 아마 어느 정도는 이 편지가 기여한 바가 있었을 것이다. "읽어 보게" 하고 그는 말했다. "왕이 나에게 변치 않고 호의를 가지고 있다는 것을 알 수 있을 것이야. 왕이 문학의 진보와 인간의 더 높은 발전을 위해 표시한 생생한 관심은 나를 그저 대단히 기쁘게 해 줄 뿐이지. 나는 이 편지를 다른 날이 아닌 바로 오늘 받았다는 것을 하늘의 특별한 배려라고 여기고 깊이 감사하고 있네."

그런 다음 우리는 연극과 희곡 문학에 대해 이야기를 나눴다. 괴테는 말했다. "고찌는 비극적인 상황은 오직 36개밖에 없다고 주장했지. 실러는 그 이상의 것을 발견하려고 모든 노력을 다했어. 그렇지만 그는 아무리 해 봐도 고찌만큼 많은 수치를 발견하지는 못했네."

이어 화제는 〈글로브〉지의 한 논문, 특히 아르노[6]가 쓴 〈구스타브 바사〉의 논평으로 옮겨졌다. 이 경우 이 비평가가 취한 태도와 방법은 괴테에게 일대 만족을 느끼게 해 그는 그에 전적으로 찬성을 표시했다. 다시 말해 이 평론가는 그 저자에 대한 많은 회상을 열거하는 것에 그치고, 저자 자체와 그의 문학론에는 깊이 들어가 취급하지 않았다. "〈르 탕〉지의 비평 태도는" 하고 괴테는 덧붙였다. "그다지 현명하지 못하지. 그 비평가는 불손하게도 시인이 나아갈 길을 지시하려고 하네. 그러나 이것은 아주 큰 잘못이야. 왜냐하면 이렇게 지시한다고 해서 시인을 더 좋게 만들 수는 없기 때문이네. 도대체 어떤 시인에게 '이것은 이렇게 해야 한다든지 저것은 저렇게 해야 한다'고 말하는 것만큼 어리석은 짓은 없어. 나는 오랜 세월을 통해 겪은 전문가로서 이렇게 말할 수 있지. 시인을 그 천성으로 주어진 것과는 다르게 바꾸는 것은 전혀 불가능한 일이야. 무리하게 다른 것으로 만들려고 하면 그 시인을 멸망시켜 버리는 것이 되기 때문일세.

---

*6 아르노(1787~1863). 프랑스의 극작가로 그의 비극 〈구스타브 아돌프〉는 1830년의 작품이다.

앞에서도 말했지만 나의 친구들인 〈글로브〉지의 사람들은 이런 문제를 정말로 현명하게 다루고 있네. 그들은 아르노 씨가 백방으로 빌려 온 모든 상투어의 긴 일람표를 인쇄했지. 그리고 이렇게 함으로써 저자가 장차 피하지 않으면 안 되는 위험을 아주 교묘하게 지적하고 있어. 오늘날에는 전적으로 새롭게 생각되는 경우를 발견한다는 것은 거의 불가능에 가까울 것이야. 단지 사물을 보는 관점이라든지 취급 방법 그리고 표현상의 기법 같은 것이라면 새로워질 수 있을 것이네. 그러므로 우리는 더욱더 모든 모방에도 주의를 게을리해서는 안 되지."

괴테는 이어 우리에게 고찌가 베니스에 있는 그의 예술 극장을 어떤 식으로 조직했고, 그 즉흥 극단이 얼마나 인기가 있었는가를 이야기해 주었다. "나는 베니스에서 저 극단의 여배우 두 사람을 보았지. 특히 부리겔라는 그런 즉흥극에서 여러 번 보았네. 이 사람들이 일으키는 효과는 비상한 것이었지."

괴테는 다음으로 나폴리의 익살꾼을 이야기했다. "그 야비하고 익살맞은 인물의 최대 해학은" 하고 그는 말했다. "이따금 무대 위에 있으면서도 갑자기 배우로서의 자기 배역을 완전히 잊어버린 것 같은 시늉을 하는 점에 있어. 그는 자기 집에 있는 것 같은 행동을 하면서 그의 가족과 다정스럽게 말을 하지. 그는 지금까지 연기한 연극을, 또 이제부터 연기하려고 하는 다른 연극을 이야기한다네. 게다가 그는 아무런 거리낌도 없이 자연의 욕망 그대로 자기 멋대로 행동하지. '그렇지만 여보 당신' 하고 그의 아내가 그를 부르지. '당신은 완전히 잊고 있는 것처럼 보이는데요, 잘 생각해 보세요. 이들은 아주 귀중한 손님들입니다. 당신은 지금 관객들 앞에 있는 것입니다!'—'아, 그렇군그래! 그렇군그래!' 하면서 익살꾼은 새삼스럽게 생각에 잠겨서 아내의 말에 대답하지. 이렇게 관중들의 일대 갈채 속에 그는 전의 연극으로 다시 되돌아가네. 그 익살꾼의 연극에 대한 평판이 대단한 것이었기는 하지만 착한 사교계의 사람들은 그곳에 가는 것을 꺼렸어. 일반적으로 건실한 부인들은 전혀 그런 곳에 가지 않았고 남자들만 곧잘 구경하러 갔지.

익살꾼이란 예컨대 일종의 살아 있는 신문인 것이야. 그래서 그날 나폴리에서 일어난 희한한 사건들을 밤에 거기에서 들을 수 있지. 그런 공연에서는 그와 같은 지방 사건들이 서민들의 야비한 방언으로 이야기되었는데, 타관 사람들은 역시 그것을 거의 이해할 수 없었네."

괴테는 화제를 지나간 날의 다른 회상으로 돌렸다. 그는 지폐는 믿을 것이 못 된다고 말하면서 그의 경험을 이야기해 주었다. 그 증거로서 그가 우리에게 이야기해 준 것은 그림의 일화였다. 그것은 그림*⁷이 프랑스 혁명 당시 파리에서 체류하는 것은 위험하다고 생각하고 다시 독일로 돌아와 고타에서 지내고 있을 때의 일이었다.

괴테는 말했다. "우리는 어느 날 그림 집에서 식사를 했지. 화제가 어째서 그런 쪽으로 가게 되었는지 이제는 잘 기억할 수 없지만 좌우간 그림이 갑자기 외쳤네. '맹세코 말하지만, 유럽의 어떤 왕도 내가 가지고 있는 것만큼 값비싼 소맷부리를 가지고 있지 않을 거야.'—우리들, 특히 부인들은 이것을 믿을 수 없었지만 대단히 놀랐던 것은 당연한 일이었지. 그래서 모든 사람들은 그토록 귀중한 소맷부리 한 쌍을 보고 싶다고 몹시 졸라댔네. 이에 그림은 일어나 그의 찬장에서 정말로 화려하기 그지없는 소맷부리 한 쌍을 꺼냈다네. 그것을 본 우리 일동은 환호성을 지르지 않을 수 없었지. 그런데 우리가 이 소맷부리의 값을 매겨보려고 자세히 보니까 그것은 아무리 보아도 100내지 200루이스돌 이상은 호가할 수 없는 물건이었네. 그림은 웃으면서 외쳤지. '자네들은 표적에서 너무 멀리 벗어나 있어. 나는 이것을 위해 25만 프랑을 지불했어. 그래도 프랑스 혁명 당시의 애시냐 지폐를 쓸 수 있어서 다행이었지. 다음 날에 그 돈은 벌써 10페니히의 동전에도 못 미치는 가치였으니까 말이야.'"

1830년 2월 15일 월요일 ★

나는 오늘 대공비의 명령에 따라 괴테에게 문안드리기 위해 오전 12시에 잠깐 동안 그를 방문했다. 그는 슬픔과 깊은 생각에 잠겨 있었다. 그러나 어제와 같은 상당히 격심한 흥분의 흔적은 어디에서도 찾아볼 수 없었다. 50년에 걸쳐 친근한 관계를 맺었던 사람의 죽음이 만들어 낸 공백을 그는 뼈저리게 느

*7 그림(1723~1807). 독일 태생의 프랑스 비평가로 그는 루소, 다랑베르, 그리고 디드로와 친교를 맺고 있었다.

끼고 있는 것처럼 보였다. "나는 무리를 해서라도 일을 하지 않으면 안 되겠어" 하고 그는 말했다. "마음을 고쳐 먹고 기운을 다시 내야지. 그리고 이 갑작스러운 이별에 슬기롭게 대처해야지. 죽음이란 정말로 이상한 것이야. 우리는 이것을 여러 번 경험하고 있는데도 우리에게 아주 귀중한 사람이 죽는다는 것은 불가능한 일로 생각하네. 죽음이란 언제나 어딘지 믿을 수 없고 예기치 못한 것으로 나타나지. 죽음이란 말하자면 갑자기 현실화되어 버리는 불가항력의 것이라네. 우리가 그처럼 친밀하게 지내던 현실 세계로부터 우리로서는 전혀 알 수 없는 미지의 세계로의 이행(移行)이 강제로 행해지는 것이기 때문에, 이 세상에 남겨진 사람들은 가장 심각한 충격을 받지 않을 수 없어."

1830년 3월 5일 금요일 ★

폰 튀르크하임 양*8이 한동안을 이곳 바이마르에서 지냈다. 그녀는 괴테의 청년 시절 애인과 가까운 친척이었다. 나는 오늘 괴테에게 그녀가 떠나가 버리는 것은 아쉬운 일이라고 말했다. "그녀는 그처럼 젊은데도 그녀 나이 또래에서는 좀처럼 볼 수 없는 아주 고귀한 생각과 원숙한 정신을 보여주고 있습니다. 그녀의 출현은 바이마르 일반에게 대단한 인상을 주었습니다. 그녀가 이곳에 더 오래 머물러 있었더라면 많은 사람들에게 위험한 존재가 되었을 것입니다."

"내가 그녀를 자주 만날 수 없었던 것은 참으로 유감스러운 일이지. 나는 처음 한동안 그녀를 이곳으로 초대하는 것을 계속 연기해 왔어. 그것은 그녀와 오붓하게 이야기를 나누면서 그녀 속에서 그녀의 근친인 릴리의 그리운 모습을 다시 찾아내려고 생각했기 때문이지.

자네도 알지만 《진실과 시》 제4권이 며칠 전에 완성됐네. 그 속에는 릴리에 대한 나의 사랑이 젊은 시절의 행복하고도 고뇌에 찬 이야기로 쓰여져 있어. 이 이야기를 세상에 내놓는 것이 만약 어떤 미묘한 배려, 그것도 내 자신을 위한 것이 아니라 그 당시 아직 살아 있었던 애인을 위한 배려에 지장을 주지

---

*8 1808년 태생인 그녀는 릴리의 손녀에 해당된다. 괴테는 릴리 쇠네만과 1775년에 약혼했다가 카를 아우구스트 대공의 초청을 받고 바이마르로 떠나기 전에 그것을 취소한다. 괴테는 릴리와의 사랑에 관해서는 〈시와 진실〉 제4권에 써서 넣었다.

않았다면, 나는 이것을 훨씬 전에 다 써서 출판했을 것이야. 나는 그녀를 얼마나 열렬히 사랑하고 있었는가를 온 세상에게 말하는 것을 자랑으로 생각하고 있지. 그리고 그녀도 나의 애정에 보답했다고 고백하는 것을 부끄럽게 생각하지 않았다고 믿네. 그러나 그녀의 동의를 받지 않고 그것을 공공연하게 말할 권리가 나에게 있을까? 나는 언제나 그녀의 허락을 구하려고 마음먹고 있었네. 그러나 내가 그것을 주저하고 있는 사이에 급기야는 동의를 얻을 필요도 없게 되어 버렸지."

괴테는 말을 계속했다. "지금 자네에게 우리에게서 떠나가고 있는 저 사랑스러운 아가씨에 대해 이처럼 열심히 말을 하니 그 옛날의 모든 추억이 다시 되살아 나오는군. 저 매혹적인 릴리의 모습이 정말로 생생하게 내 눈앞에 떠오른다네. 그리고 그녀의 옆에 있으면서 다시 그녀가 숨을 들이쉬고 내쉬는 소리를 듣는 것 같은 행복한 기분이 되는군. 사실 그녀는 내가 깊이, 그리고 진실로 사랑했던 최초의 여인이었어. 그리고 마지막 여인이기도 했지. 왜냐하면 그 이후의 나의 생애에서 나의 마음을 움직였던 작은 모든 애정은 그 최초의 것과 비교하면 그저 가볍고 피상적인 것에 지나지 않았으니까."

"나는" 하고 괴테는 말을 이었다. "저 릴리와의 연애 시절만큼 나의 참된 행복에 접근했던 적이 한 번도 없었네. 우리 둘을 서로 떼어놓으려고 했던 장애는 결코 뛰어넘을 수 없는 것은 아니었어.—그렇건만 그녀는 나에게서 떠나가 버리고 말았지.

그녀에 대한 나의 애정은 아주 미묘하고 독특한 것이었지. 그러므로 그 애달팠던 시절을 묘사할 때 그것은 지금도 나의 문체에 영향을 끼치고 있네. 자네가 이제 《진실과 시》의 제4권을 읽을 때면 그 연애는 소설 속에서 볼 수 있는 그런 것하고는 어딘지 완전히 다르다는 걸 알아차리게 될 것이야."

"이것과 똑같은 것을" 하고 나는 대답했다. "우리는 당신의 그레트헨과 프리데리케에 대한 연애*9에서도 말할 수 있을 것입니다. 이 두 개의 묘사는 마찬가지로 새롭고 독창적이어서, 소설가들이 이런 것을 고안해 낸다는 것 또 생

---

*9 그레트헨 이야기는 〈시와 진실〉 제1부 제5장에 실려 있고, 제젠하임에서의 프리데리케와의 관계는 제2부 10장에서 제3부 11장까지 실려 있다.

각해 낸다는 것은 불가능하다고 생각합니다. 그것은 여기에 작가의 위대한 진실성이 담겨져 있기 때문입니다. 말하는 사람은 겉보기에 신경 써서 체험한 것을 꾸며 대거나 하지 않습니다. 사건이 단순한 설명만으로 괜찮은 데에서는 감정적인 상투어를 피하고 있지요."

나는 이에 덧붙였다. "그것은 또 연애라는 것이 절대로 한결같지 않기 때문입니다. 연애란 언제나 독자적인 것으로, 서로 사랑하는 사람들의 성격과 개성에 따라 항상 변화하는 것이지요."

"자네 말이 맞아" 하고 괴테는 대답했다. "연애란 서로 사랑하는 우리 애인들만의 것이 아니지. 우리를 끌어당겨 사랑하게 만드는 대상도 있네. 그리고 우리가 잊지 말아야 되는 것은 강력한 제3의 것으로서 마력적인 힘이 여기에 첨가된다는 것이지. 그것은 모든 정열에 붙어 다니는 것이지만, 연애에 있어서는 특히 그 본래의 특성을 나타낸다네. 릴리와의 연애 관계에서는 특히 이것이 활발하게 작용을 했지. 그것이 나의 생애를 다른 방향으로 바꿔 놓았네. 내가 바이마르로 오게된 것과 현재 내가 여기에 있는 것이 그것과 직접적인 관계가 있다고 해도 지나친 말은 아니지."

1830년 3월 6일 토요일 ★
괴테는 며칠 이래로 생 시몽*10의 〈회상록〉을 읽고 있었다.

"지금 루이 14세의 죽음까지 읽었는데" 하고 그는 며칠 전에 말했다. "여기서 쉬고 있지. 지금까지의 12권은 아주 재미있었어. 그것이 특히 군주의 의향과 신하의 귀족적인 도의의 대조에서 오는 것이었기 때문이지. 그러나 저 국왕이 죽고 다른 인물이 등장하는 순간부터는 읽는 것이 도무지 재미가 없어져 버렸네. 이 인물들은 너무나 가치가 없어서 생 시몽이 그들과 어깨를 나란히 하고 있는 것까지도 유감스럽게 생각되었다네. 그래서 싫은 생각이 들어 그 독재왕이 죽는 데에서 책을 덮어 버렸네."

---

*10 생 시몽(1675~1755). 프랑스의 작가이자 정치가이다. 그의 저서 〈루이 14세 시대 및 그 치세에 관한 생 시몽 공의 회상록〉(1829~1830)은 프랑스 역사 및 프랑스 궁정 역사상 중요한 책이다.

괴테는 몇 개월 이래로 〈글로브〉지와 〈르 탕〉지를 열심히 읽고 있었는데, 약 2주일 전부터는 그것을 그만두었다. 이런 잡지들이 십자형의 띠로 묶여 도착해도 그는 이것들을 개봉하지 않고 그대로 옆으로 밀어 버린다. 그러고는 세상이 어떻게 돌아가고 있는지 친구들에게서 듣고 있다. 그는 며칠 이래로 대단히 생산적이어서 〈파우스트〉 제2부에 전적으로 몰두하고 있었다. 수주일 이래 특히 〈고전적 발푸르기스의 밤〉에 완전히 매달리고 있기 때문에 그 일은 빠르고도 현저하게 진척되고 있다. 이처럼 극도로 생산적인 시기가 되면 괴테는 대체로 독서를 하지 않는다. 독서를 한다고 해도 가볍고 밝은 것, 쾌적한 휴식에 도움이 되는 것, 또는 현재 직접 다루고 있는 문제와 관련되어 도움이 되는 것을 읽는 식이다. 이것과는 반대로 아주 눈에 띄게 자극적인 영향을 주고 자신의 조용한 창작을 방해하고 왕성한 흥미를 분열시켜 주의를 다른 쪽으로 돌리게 하는 것은 아주 단호하게 피하고 있다. 현재로서는 〈글로브〉지와 〈르 탕〉지가 바로 이런 경우라고 생각한다. 괴테가 말했다. "내가 볼 때 지금 파리에서는 아주 중대한 사건이 일어나려고 하고 있네. 그야말로 일대 폭발의 전야이지. 그러나 나는 이것에 깊은 상관이 없기에 이 연극의 긴박한 진행 과정에 쓸데없이 매일 자극을 받지 않도록 냉정하게 기다리고 있네. 그러므로 나는 지금 〈글로브〉지나 〈르 탕〉지는 거의 읽지 않고 있지. 그 대신 나의 〈발푸르기스의 밤〉은 상당한 진척을 보고 있다네."

이어 그는 프랑스의 최근의 문학 상황을 이야기했다. 그는 이것에 비상한 관심을 가지고 있었다.

"프랑스인들이 현재 문학의 방향으로서 새로운 것이라고 생각하고 있는 것은, 결국 독일 문학이 근 50년 동안 추구했고 성취한 것의 반영에 지나지 않는 것이지. 현재 그들 사이에서 새롭게 일어나고 있는 역사 연극의 싹은 벌써 반세기 전에 나의 〈괴츠〉 속에서 나타났던 것이야. 물론 독일의 작가들은 자신들이 프랑스인들에게 영향을 줄 것이라고 예상한 일이 없었고, 또 그런 의도를 갖고 쓰지도 않았네. 나 자신도 언제나 독일인만을 염두에 두고 있었지. 그리고 내가 나의 시선을 서쪽 방향으로 돌리고, 라인강 저쪽에 살고 있는 우리 이웃들이 나를 어떻게 생각하고 있을까 궁금해하게 된 것도 겨우 어제오늘의 일이야. 그렇지만 오늘에 이르러서도 그들은 나의 창작에 아무런 영향을 끼치지 못하고 있지. 프랑스의 형식과 묘사법을 모방한 빌란트까지도 결국 시종일관 독일적인 것에 머물러 있지 않았던가. 그러므로 빌란트의 작품을 프랑스어로 번역한다고 하더라도 딱 들어맞지는 못할 것이야."

1830년 3월 14일 일요일

저녁때에 괴테 댁을 방문했다. 그는 나에게 다비드가 보내온 상자의 귀중한 내용물을 정리한 것을 보여 주었다. 나는 며칠 전에 그가 이것을 상자에서 끄집어내는 것을 언뜻 보았다. 그는 프랑스의 가장 탁월한 젊은 시인들의 옆얼굴을 새긴 석고제의 메달을 착실하고도 꼼꼼하게 책상 위에 나란히 늘어놓고 있었던 것이다. 그러면서 그는 다비드의 비상한 재능을 이야기하면서, 착상에 있어서나 끝손질에 있어서 똑같이 위대하다고 되풀이하여 칭찬했다. 게다가 다비드의 주선에 의해 가장 유명한 낭만파 시인들이 직접 증정하여 보내온 많은 최신 저작물들을 보여 주었다.

생트 뵈브*¹¹ 발랑슈,*¹² 빅토르 위고,*¹³ 발자크,*¹⁴ 알프레드 드 비니 그리고 쥘 자넹*¹⁵ 또 이외의 많은 사람들의 작품들이 있었다.

괴테가 말했다. "다비드는 이 선물을 통해 나에게 즐거운 나날을 선사해 주었지. 벌써 1주일을 고스란히 이들 젊은 시인들의 작품을 탐독하고 지내면서, 그들에게서 신선한 인상을 받고 새로운 생명을 향유하고 있지. 내 마음에 쏙 드는 이들의 초상과 저작물에 관해 나는 특별한 목록을 만들어 놓을 생각이

＊11 생트 뵈브(1804~1869). 프랑스의 시인, 소설가이자 비평가인 그는 〈글로브〉지 문예비평의 중요한 기고자였다.
＊12 발랑슈(1776~1847). 프랑스의 비평가이다.
＊13 빅토르 위고(1802~1885). 프랑스의 낭만주의 시인으로, 그의 송시와 담시는 그를 유명하게 만들었고 널리 인정받게 했다. 그의 소설 〈노트르담의 꼽추〉와 〈레미제라블〉은 세계적인 걸작이다.
＊14 발자크(1799~1850). 프랑스의 소설가이다. 그는 자유분방한 공상력과 창조력을 동원하여 현실 사회의 모든 면을 일련의 소설군 속에 파악하려는 웅대한 계획을 실현함으로써 프랑스 리얼리즘 문학의 창시자가 되었다.
＊15 쥘르 자넹(1804~1874). 프랑스의 작가이다.

네. 이렇게 하면 이 두 가지는 나의 미술 수집실과 서고에서 특별한 장소를 차지하게 될 것이야."

프랑스의 젊은이들이 괴테에게 표시한 이 경의는 그의 마음을 참으로 행복하게 만들어 준 것 같았다.

다음으로 괴테는 에밀 데샹의 〈연구〉 중에서 몇 행을 읽었다. 그는 〈코린트의 신부〉의 번역을 충실하고도 아주 잘된 것이라고 칭찬했다. "나는 이 시의 이탈리아어 번역 원고도 가지고 있는데, 그것은 원시(原詩)의 리듬까지도 재현하고 있지."

〈코린트의 신부〉는 이야기가 그의 다른 담시로 옮겨가는 계기가 되었다. "이 담시의 대부분은 실러의 덕분으로 성립된 것이었네" 하고 그는 말했다. "실러는 언제나 자신이 주관하는 문예지인 〈호렌〉*¹⁶에 실어야 할 새로운 작품을 필요로 했기 때문에 나로 하여금 그것을 쓰게 만들었던 것이야. 이 모든 시들은 이미 여러 해 전부터 내 머릿속에서 다 완성되어 있었고, 사랑스러운 영상으로 떠오르고 사라지기도 하는 아름다운 꿈이 되어 나의 마음을 사로잡고 있었지. 그것을 공상하기만 하면 나는 기쁨을 느낄 수 있었네. 하지만 오랫동안 나를 즐겁게 해 준 이 멋진 환상에 불만족스럽고 빈약한 말로 살을 붙여, 싫지만 하는 수 없이 영원한 작별을 고해야 했지. 원고지에 다 쓰고 났을 때 나는 애수에 찬 심정으로 그것을 물끄러미 바라보았어. 마치 사랑하는 친구와 영원히 이별을 해야 하는 그런 기분이었네."

괴테는 계속했다. "내가 시를 만드는 다른 때에는 이런 기분은 일어나지 않았고 느끼는 감정도 완전히 다른 것이었어. 보통 나는 시를 만들기 전에는 그 시에 대한 아무런 인상도 예감도 갖고 있지 않았네. 그러다 시들이 갑자기 나를 덮쳐와 순식간에 쓰여질 것을 요구하는 식이었지. 그러므로 나는 즉석에서 본능적으로, 또 꿈을 꾸는 듯한 기분으로 써내려 가야겠다는 충동을 느끼곤 했네. 이런 봉유병자와 같은 상태에 있었기 때문에 나는 그것을 다 쓰고 난 때라든지, 또 써내려 가다가 여백이 없어져 버렸을 때에야 비로소 내 앞에

---

*16 실러가 주관하는 이 문예지는 1795년부터 1797년까지 코타출판사에서 출판되었다. 괴테의 이름은 나와 있지 않지만 괴테는 실러와 함께 이 문예지의 공동편집자였다.

종이가 완전히 옆으로 기울어져 있었다는 것을 알아차릴 수 있었지. 예전엔 이런 식으로 완전히 옆으로 기울어지게 쓴 종이를 여러 개 가지고 있었네. 그러나 그것들이 점점 사라져 버렸기 때문에 유감스럽지만 그렇게 정신없이 시를 썼던 증거물을 보여줄 수가 없다네."

이어 화제는 프랑스 문학, 특히 최근에 나타나고 있는 비교적 재능이 있는 소수 작가들의 급진적이고 낭만적인 경향으로 옮겨졌다. 괴테는 이에 대해 지금 진행중인 이러한 문학 혁명은 문학 자체로서는 아주 유익한 것이기는 하겠지만 문학을 창출하는 개개의 작가에게는 도움이 되지 않을 것이라는 의견이었다.

"어떠한 혁명도 극단적으로 되어 버리는 것은 피할 수 없는 일이지. 정치적인 혁명의 경우에도 처음에는 여러 가지 종류의 악습을 시정하는 것만을 목표로 하지만 사람들은 자기도 모르는 사이에 유혈과 잔학 속으로 깊이 빠져 들어 가게 되네. 프랑스인들 또한 현재의 문학상의 변혁에 있어서 처음에는 형식의 해방 외에는 아무것도 원하지 않았지. 그러나 현재에는 이것에 머물러 있지 않고 형식과 함께 종래의 내용까지도 배척하기에 이르렀네.─고귀한 정신과 행동의 묘사를 지루하다고 공언하기 시작하고, 모든 종류의 악행을 취급하려고 하고 있지. 그리스 신화의 아름다운 내용 대신, 악마와 마녀 그리고 흡혈귀가 등장하여 고대의 숭고한 영웅들은 악당과 갤리선을 젓는 노예에게 자리를 양보하지 않으면 안 되게 되었네. 이런 것은 강렬한 자극을 제공하는 효과도 있어.─그러나 독자들이 한번 이런 후춧가루와 같은 자극적인 식사를 맛보고 이것에 길들여지게 되면 그 다음 번에는 그 이상의 것, 더 자극이 강한 것을 원하게 되지. 아직 위대하지 않은 젊은 재능들은 활동을 하면서 이 세상 사람들에게 인정을 받고 싶어하지만 자립하여 독자적인 길을 걸어가야 하느니만큼, 시대의 취미에 순응할 수밖에 없을 테지. 어디 그뿐이겠는가. 무서운 것, 몸서리치게 만드는 것을 써서 선배들을 능가하려고 노력하지 않으면 안 될 거야. 그러나 이런 표면적인 효과와 수단만을 뒤쫓아가면 심오한 연구는 소홀히 하게 되고, 재능이나 인간성을 내부로부터 한 발짝 한 발짝 견실하게 발전시켜 나가는 것에는 전혀 무신경하게 된다네. 이런 찰나주의적인 경향은 일시적으로는 문학 일반이 이득을 얻을 수도 있겠지만 재능이 있는 사람들이 받게 되는 손해는 가장 막대한 것이지."

"그렇지만" 하고 나는 말했다. "어째서 재능이 있는 개개인을 파멸시키는 운동이 문학 일반에게는 도움이 된다는 것입니까?"

괴테가 대답했다. "내가 극단 또는 기형이라고 부른 것은 점차로 사라져 없어질 것이네. 그러나 마지막에 가서는 자유로운 형식과 함께 한층 더 풍부하고 다양한 내용이 획득되고, 한이 없는 넓은 세계와 복잡하기 그지없는 인생의 어떠한 대상을 취급해도 시적이 아니라고 배척을 받지 않게 되는, 정말로 어마어마한 이득이 얻어지게 될 것이야. 오늘날의 문학적 시기는 심한 열병을 앓고 있는 상태라고 말할 수 있지. 물론 이것은 그 자체로서는 좋지도 않고 소망스러운 것도 아니지만 건강이 다시 회복되면 상쾌한 결과를 얻을 수 있게 되네. 현재 문학 작품의 모든 내용을 형성하고 있는 것은 참으로 꺼림칙한 것이기는 하지만, 이것이 앞으로는 오직 유익한 성분으로서 나타날 것이야. 그렇고말고. 사람들은 한동안 극단적으로 배격했던 철두철미하게 순수한 것과 고귀한 것을 머지않아 다시 점점 더 강렬한 열망을 가지고 찾아 나서게 될 것일세."

"당신이 특별히 즐겨 읽곤 하는 시인 중의 한 사람인 메리메까지도" 하고 나는 말했다. "그의 〈구즐라〉*¹⁷에서 흉측한 제목을 사용하여 저 급진적인 낭만파와 같은 궤도에 발을 들여놓았다는 것은 놀라운 일이었습니다."

"메리메는 이런 사물을 그의 동료들하고는 전혀 다르게 취급하고 있지. 물론 이때에도 묘지와 밤의 십자로 그리고 유령과 흡혈귀 같은 몸서리치는 모티브가 없는 것은 아닐세. 그러나 이런 불유쾌한 것들이 모두 이 시인의 내면을 감동시켜 생겨난 것은 아니지. 오히려 그는 이것들을 어느 정도 객관적인 거리를 두고, 말하자면 풍자적으로 취급하고 있어. 이런 경우 그의 작업 모습을 보면, 예술가란 때로는 이런 것을 즐기기 위해 시도해 볼 수도 있다는 태도이지. 지금 말한 대로 그는 자신의 본래의 내면을 완전히 감추고 있네. 그뿐

---

*17 명시선집 〈구즐라 또는, 달마티아국에서 수집한 일리리아 시선집〉(1827년)은 세르비아의 노래에 대해 다룬다.

만 아니라 이때에 그는 자기가 프랑스인이라는 것조차도 포기하고 있어. 이것은 사람들이 〈구즐라〉를 처음에는 정말로 일뤼리아의 민요가 아닌가 하고 생각할 정도로 철저한 것이야. 그러므로 그가 의도한 속임수는 거의 성공했다고 말할 수 있지."

괴테는 말을 계속했다. "메리메는 확실히 굳세고 흔들림 없는 사나이야! 특히 어떤 대상을 객관적으로 취급할 때의 역량과 천재적인 재능은 정말로 상상 밖이지. 바이런 또한 그와 같았어. 바이런은 심하게 제멋대로인 개성의 소유자였음에도, 때로 그의 역량을 완전히 감추고 있지. 이것은 그의 몇몇 희곡 작품, 특히 〈마리노 팔리에로〉*¹⁸에서 볼 수 있네. 이 연극을 읽고 있으면 이것을 쓴 사람이 바이런, 아니 영국인이라는 것까지도 완전히 잊어버리게 되지. 이 작품에서 우리는 완전히 베니스에서 이 사건이 일어난 그 당시의 시대를 살고 있는 기분이 되어 버린다네. 등장 인물들의 대사는 순전히 자기 자신의 마음속에서, 그리고 그들 자신의 독자적인 경지에서 나오는 것이기 때문에, 작가의 주관적인 감정이나 사상 그리고 의견 같은 것은 보여 주지 않지. 이것이야말로 참된 방법인 것이야.—이런 점에서는 현대의 젊은 프랑스 낭만주의자들 가운데서 극단적인 사람들을 칭찬할 수가 없네. 나는 그들의 시와 소설 그리고 희곡 작품도 읽었지만 모두가 작가의 개인적인 색채를 띠고 있었어. 그리고 그것들을 쓴 것은 한 사람의 파리 사람이며 프랑스인이라는 것을 결코 잊을 수가 없었다네. 그뿐만 아니라 외국적인 것을 소재로 다루었다고 하더라도 여전히 프랑스나 파리를 넘어서지 못하고 있고, 찰나적인 나날의 소망과 욕구, 갈등과 흥분에 시종일관 사로잡혀 있지."

"베랑제도 마찬가지로" 하고 나는 시험삼아 항의를 해 보았다. "단지 대도시의 상태나 자기 자신의 내면만을 표현하고 있습니다만."

"그 인물도 그 묘사와 내면적인 것을 보면 상당한 가치를 가지고 있다고 말해도 좋은 작가지. 베랑제는 참으로 혜택 받은 재능을 소유하고 있는 인간이야. 착실하게 자기 자신 속에 뿌리를 내려서 순수하게 자기 자신 속에서 발전하고, 완전하게 자기 자신과 조화를 이루고 있지. 무엇이 그때의 풍조를 타고

---

*18 바이런의 작품으로 이탈리아인을 다룬 1820년의 희곡이다.

있는가? 무엇이 유리한가? 무엇이 사람들의 인기를 끌 수 있는가? 또 이것을 모방하기 위해 다른 사람들은 무엇을 하고 있는가? 그는 이런 것을 한 번도 물어본 적이 없었지. 언제나 그 자신의 천분을 핵심으로 삼고 창작 활동을 했고, 민중이라든가 이쪽저쪽의 당파가 자기에게서 무엇을 소망하고 있는가에 전혀 관심이 없었어. 물론 그는 여러 가지로 위급한 시대에는 민중의 기분이나 소망 그리고 욕구에 귀를 기울였지. 그러나 이것은 그의 자신감을 더욱 굳세게 했을 뿐이었네. 그런 귀 기울임이 자신의 마음과 민중의 마음이 일치하고 있다는 것을 그에게 가르쳐 주었기 때문이야. 그러나 그는 결코 자신의 가슴속에 살아 있는 것 이외의 것을 입 밖에 내는 유혹을 받는 일이 없었어."

"자네도 알고 있지만 나는 대체로 이른바 정치적인 시라는 것을 좋아하지 않아. 그렇지만 베랑제가 만든 것은 나를 기쁘게 한다네. 그가 조작해 낸 것은 하나도 없어. 어느 것도 단지 공상적인 것, 또는 공상만을 위주로 한 흥미 같은 것은 없지. 그는 절대로 아무렇게나 쓰는 법이 없네. 오히려 그는 쉬지 않고 아주 확고하면서도 일관되게 중요한 소재를 사용하지. 나폴레옹에 대한 그의 애정 어린 찬미, 나폴레옹의 지휘하에 행해졌던 위대한 무공의 회상, 그 당시에 이런 추억은 상당한 억압을 받고 있던 프랑스인들에게 큰 위안이 되었지. 게다가 성직자 계급의 정치와 예수회와 손잡고 다시 일어나기 시작한 암흑 정치에 대한 그의 증오심, 이런 것들은 당연히 전적인 찬성을 받지 않을 수 없었네. 그리고 그가 이것을 다룰 때마다 얼마나 훌륭했던가! 글로 써내려 가기 전에 그는 그 제목을 얼마나 마음속으로 갈고 닦았겠는가! 그리고 그 모든 것이 무르익어 갔을 때 거기에서 한 걸음 한 걸음 펼쳐지는 기지와 지혜, 풍자와 조롱, 성의와 소박, 또 우아함은 얼마나 풍성했던가! 그의 가곡은 연연 세세 수백만 사람들을 즐겁게 해 주었지. 그의 가곡은 노동자 계급이 읊조리기에는 딱 들어맞았어. 그러면서도 평범한 수준을 훨씬 넘어서 있기 때문에, 민중은 이런 즐거운 정신에 접촉하게 되면 그 자신도 한층 더 고상하고 훌륭한 생각을 하게 되는 거라네. 그렇게 되지 않을 수 없지."

"그가 탁월하다는 것은 전혀 의문의 여지가 없습니다" 하고 내가 말했다. "내가 그를 수년 동안 얼마나 깊이 사랑하여 왔는가 하는 것은 당신도 잘 알고 있습니다. 그리고 당신에게서 그에 대한 이런 말을 듣는 것이 얼마나 기쁜가를 아실 것입니다. 그러나 그의 가곡 중에서 어떤 것을 더 좋아하는지를 말할 때면, 물론 정치적인 시보다는 연애시 쪽이 더 내 마음에 듭니다. 게다가 정치적인 시인 경우에는 특수한 관계나 암시 같은 것이 나에게는 반드시 확실하게 와 닿지 않습니다."

"그것은 자네 쪽이 문제가 있는 것이지. 정치적인 시는 절대로 자네를 위해 쓰여진 것이 아니야. 그렇지만 프랑스인들에게 물어보도록 하게. 그렇게 해 보면 그들은 자네에게 그 좋은 점을 가르쳐 줄 것이야. 정치적인 시는 대체로 아주 운이 좋을 때에 국민의 목소리로 보이지. 하지만 대개의 경우에는 어떤 당파의 목소리로 간주될 뿐이야. 그러나 그것이 만약 좋은 시라면 그런 국민이나 당파에 의해 열광적으로 받아들여지기도 하지. 그리고 또 정치적인 시는 언제나 일정한 시대 정세에서 오는 산물에 지나지 않는다고 여겨지는 것이야. 그렇지만 그 정세가 지나가 버린 뒤에도 그 주제에서 오고 있는 가치가 미래까지 계속되는 것은 아니라네. 이런 건 더 말할 필요도 없는 것이지만 말일세.—좌우간 베랑제는 성공을 거뒀어! 파리는 프랑스나 마찬가지지. 위대한 그의 조국의 모든 중요한 사건이 그 수도에 집중되어 있고, 그곳은 독특한 생명과 독특한 반향을 빚어내지. 게다가 또 그의 정치상의 가곡 대부분을 통해서 보더라도 그를 개개 당파의 단순한 기관이라고는 생각할 수 없어. 오히려 그가 항의를 제기한 것은 대부분의 경우 널리 보편화되어 있는 국민적인 관심사와 연결되어 있었네. 그래서 이 시인은 거의 계속하여 위대한 국민의 목소리로 경청되었던 것이라네. 우리의 독일에 있어서는 이러한 일이 불가능한 것이지. 우리에게는 '여기가 독일이다'라고 결정적으로 말할 수 있는 도시가 없으며, 하물며 그런 지방도 없지. 우리가 빈에서 질문한다면 '여기는 오스트리아다'라고 할 수 있을 것이고, 베를린에서 묻는다면 '여기는 프러시아다'라고 말할 것이야.—다만 16년 전에 우리가 겨우 프랑스인의 지배로부터 벗어나려고 했을 때에는 도처에 독일이 있었어.—정치적인 시인은 이럴 때에 보편적인 영향을 줄 수 있을 것이야. 그러나 그때에는 시인이 필요 없었네. 궁핍과 굴욕감이 널리 퍼져 있었고 국민들은 악마적인 것에 사로잡혀 있었지. 그래서 시인이 불을 붙일 수 있는 영감적인 불꽃은 벌써 저절로 도처에서 불붙고 있었어. 그러나 내가 지금 아른트[19]와 쾨르너 그리고 뤼케르트가 약간 영향을 끼친 것을 부정하려는 것은 아니라네."

"세상 사람들은" 하고 나는 다소 경솔하게 말했다. "당신이 저 중대한 시기에[20] 무기를 잡지 않았던 것 또는 적어도 시인으로서 활동하지 않았던 것을 비난하였습니다."

"그런 말은 이제 그만 하도록 하세!" 하고 괴테는 말했다. "어처구니없는 세상이야. 사람들은 자기가 찾고 있는 것이 무엇인지 알지 못하고 있어. 그러니 제멋대로 지껄이고 제멋대로 행동을 하도록 놔두는 수밖에 별도리가 없지.— 증오심이 일어나지 않는데 어떻게 내가 무기를 잡을 수 있단 말인가! 그때는 이미 젊지도 않았는데 어떻게 미워할 수 있다는 말인가! 만약 그 사건이 내가 20대일 때 일어났다면 나로서도 절대로 마지막까지 꼼짝 않고 가만히 있지는 않았을 것이야. 그러나 그 일이 일어났을 때 나는 벌써 60 고개를 넘기고 있었지.

그리고 우리 모두가 똑같은 방법으로 조국에 봉사할 수는 없어. 우리는 신이 내려 주신 길을 따라 각자 최선을 다해야 하는 것이야. 나는 반세기에 걸쳐 오로지 이 일을 위해 고생을 해 왔지. 나는 이렇게 말할 수 있어. 나는 자연이 나의 하루하루의 작업으로 정해 준 사항에 있어서는 낮과 밤을 조금도 쉬지 않고, 휴양도 취하지 않고 노력하고 연구하면서 내가 할 수 있는 만큼 일을 했다고 말이야. 각자가 자기 자신에 대해 이와 같은 말을 할 수 있다면 모든 사람들이 행복해질 수 있을 것이야."

나는 그를 위로하듯 달래면서 말했다. "당신은 그런 비난에 분개할 필요는 없습니다. 오히려 당신은 비난받는 것을 자랑으로 여겨도 좋을 것입니다. 왜냐하면 세상 사람들이 당신을 높이 섬기고 있어서, 다른 누구보다도 국민 문화에 많은 기여를 하신 당신이 마지막까지 모든 일을 해 주기 바랐기 때문에

---

[19] 아른트(1769~1860). 독일의 시인이자 저술가인 그는 나폴레옹의 압제에 대항하여 열렬한 애국시 그리고 정치적인 논문을 써서 국민의식을 드높였다.

[20] 나폴레옹 1세에 대항하여 프러시아와 러시아의 국민이 총궐기한 해방전쟁(1813~1815)을 말한다.

그런 말도 생긴 것이니까요."

"그것에 대해서는 나의 생각을 말하고 싶지 않네" 하고 괴테는 대답했다. "그와 같은 평판의 배후에는 자네가 알 리 없는 나에 대한 악의가 더 많이 숨겨져 있지. 나는 그 속에서 오래전부터 나를 박해하고 나에게 상처를 입히려고 했던 오래된 증오심이 새로운 형식을 취하고 있는 것을 느끼고 있다네.*21 내가 많은 사람들에게 눈엣가시라는 것, 그들 모두가 나를 기꺼이 제거하고 싶어한다는 것도 나는 너무나 잘 알고 있어. 그런데 나의 재능은 트집잡을 수 없기 때문에 나의 인격에 시비를 걸려고 하고 있지. 내가 거만하다든가, 이기적이라든가, 젊은 작가들에게 너무 질투심이 많다든가, 관능적인 쾌락에 빠져 있다든가, 그리스도교에 반대하고 있다든가 하면서 급기야는 나의 조국, 나의 사랑하는 독일에 대한 애정이 없다고까지 말하고 있는 지경이지.—자네는 이제 여러 해 동안 나를 충분히 잘 알고 있기 때문에 이런 모든 수다는 아무 가치가 없다는 것을 알 수 있을 것이야. 그렇지만 내가 이 때문에 얼마나 괴로워했는가를 알고 싶으면 나의 〈크세니엔〉*22을 읽어 보게. 반격작용 역할을 한 이 풍자시를 보면 사람들이 얼마나 끊임없이 나의 생명에 상처를 입히려고 했는지 알게 될 거라네.

독일의 문인이 된다는 것은 곧 독일의 순교자가 되는 것이지!—그렇고말고. 자네! 자네도 이것에는 이의를 제기하지는 않을 것이야. 나만하더라도 마음에 품은 푸념을 털어놓을 계제는 못 되네. 다른 사람들의 경우는 더 좋지 않았지. 아니 그뿐이 아니라 대부분의 사람들은 나보다 더 나빴지. 영국이나 프랑스도 완전히 우리 나라와 똑같지. 몰리에르는 얼마나 괴로워해야 했던가! 루소와 볼테르도 그렇지 않았던가! 바이런은 독설가들로 인해 영국에서 추방되어 너무 일찍 죽었기 때문에 속물들과 그들의 증오로부터 해방될 수 있었지만, 그렇지 않았더라면 마침내 세계의 끝까지 도망을 가야 했을 것이야.

---

*21 괴테는 해방전쟁이 승리로 끝났을 때에 프러시아 국왕의 개선을 축하하는 축제극인 〈에피메니데스의 각성〉(1814년)을 쓰기도 했다.

*22 〈크세니엔〉에서 괴테는 '그대 신자들이여, 환성을 지르지 말라'라는 구절로 자신의 공격자들에게 반격을 가하고 있다. 또 1847년에 공개된 〈루덴과의 대화〉를 보면, 거기에서 괴테는 애국적인 진정을 토로하고 있다.

옹고집을 부리는 군중이 고귀한 사람을 박해한다면 그것은 있을 수 있는 일이지. 그렇지만 타고난 재능이 풍부한 사람들끼리도 서로를 박해하고 있네. 플라텐은 하이네를 화나게 만들고, 또 하이네는 다시 플라텐을 화나게 만들어*²³ 두 사람은 서로에게 욕을 퍼붓고는 미워하고 있어. 이 세상은 크고 넓어서 평화롭게 살고 활동해 나가는 데에 아무런 부족함이 없지. 그렇건만 저마다 일찍부터 자기 자신의 재능 옆에 언제까지나 쉬지 않고 자기를 괴롭히는 적을 만들고 있지.

방에서 군가(軍歌)를 쓰고 앉아 있다!─어떻게 이런 유(類)의 일을 내가 할 수 있다는 말인가!─밤이 되어 적과 대치하고 있는 최전선에서 말이 울어 대는 소리가 들려오는 야영지에 있다면 군가를 쓸 기분도 생길 수 있을 것이야. 그러나 그것은 나의 생활 태도도 아니고 내가 할 일도 아니었지. 그것은 테오도르 쾨르너의 몫이었어. 군가는 그에게는 완전히 꼭 들어맞지. 그러나 나에게는 전투적인 성질도 없고 그런 정신도 없다네. 그러니 군가는 아마 나의 얼굴에는 전혀 어울리지 않는 가면과 같은 것이었을 것이야.

나는 나의 시 속에서 허식을 부려본 적이 없었네.─체험해 보지도 않고 뼈저리게 느껴 보지도 않고, 또 괴로워해 본 일이 없는 것은 시로 쓴 일이 없고 입 밖에 낸 일도 없어. 연애를 할 때에는 연애시만을 썼어. 증오할 것이 없는데 어떻게 증오의 시를 쓸 수 있다는 말인가!─우리가 프랑스인들의 지배에서 해방되었을 때에는 나도 하느님에게 감사를 했네. 그런데 우리끼리의 얘기네만 나는 프랑스인들을 미워하지는 않았어. 문화와 야만의 문제만을 중요시하고 있는 내가 생각할 때 프랑스는 이 지구상에서 가장 문화가 앞선 국가 중의 하나이며, 나 자신의 교양의 대부분도 그 덕을 입고 있는 데 어떻게 그 군민을 내가 미워한단 말인가!"

괴테는 말을 계속했다. "대체로 국민적 증오심이란 것은 특유한 것이지.─문화의 가장 낮은 단계에서 이 증오심은 언제나 가장 강렬하고도 가장 거칠게 나타나는 법이야. 그렇지만 국민적 증오심이 완전히 모습을 감추고, 말하자

─────────────

*23 하이네는 〈여로의 그림〉의 제3권에서 플라텐을 비방하고 있고, 플라텐은 〈낭만적인 외디프스〉에서 하이네를 공격하고 있다.

면 국민적인 것을 초월하여 이웃나라 국민의 행복이나 불행을 마치 자기 자신이 당하는 일처럼 느끼는 경지가 있네. 이 문화 단계가 나의 성질에는 어울리지. 나는 60세에 도달하기 이전부터 오랫동안 이런 굳센 신념 아래서 살아 왔어."*24

1830년 3월 15일 월요일

저녁 때 거의 한 시간을 괴테 댁에서 지냈다. 그는 예나에 관해 여러 가지 이야기를 했다. 그리고 대학의 각 학과에 걸쳐 그가 실현한 설비와 개량에 대해 말했다. 그는 이전에는 단지 약학과의 범위에 속한 것으로 취급되어 있던 화학과 식물학 그리고 광물학을 위해 특별한 강좌를 도입했다. 특히 자연과학 박물관 그리고 도서관을 위해 그는 많은 업적을 올렸다.

이 기회에 그는 또 한번 자랑스러워하면서 유쾌해하는 것 같았다. 그래서인지 그는 도서관에 인접해 있는 큰방을 강제로 점령했던 이야기를 들려 주었다. 그 큰방은 의학부의 소유였는데, 그들이 그것을 양도하려고 하지 않았던 것이다.

"도서관은 아주 좋지 않은 상태에 있었지. 그곳은 습기가 차 있는 데다 좁아서 장서를 알맞게 보관한다는 것은 불가능한 일이었어. 특히 대공의 원조로 뷧트너 문고*25를 구입했기 때문에 새롭게 1만 3천 권의 책이 더 늘어나, 책들이 바닥에 산처럼 높이 쌓여 여기저기 널려 있었지. 앞에서도 말했듯이 이 책들을 적당히 배열할 수 있는 장소가 없었거든. 이것 때문에 나는 정말로 아주 곤혹스러워 하고 있었네. 새로운 건물을 증축해야 하는 것이지만 그러기 위한 자금이 없었어. 게다가 새로 증축을 하지 않아도 해결할 수 있을 것 같았네. 왜냐하면 도서관에 인접한 큰방 하나가 있었기 때문이야. 이 큰방은 그때 비어 있었기 때문에 우리가 요구하는 모든 것을 더할 나위 없이 충족시켜 줄 수 있었던 것이지. 그렇지만 그 넓은 방은 도서관이 소유하고 있는 것이 아니

---

*24 괴테는 문화국인 프랑스에서 많은 것을 배웠기 때문에 프랑스를 미워할 수 없다고 말한다.
*25 괴팅겐 대학의 철학교수인 뷧트너는 방대한 장서를 소유하고 있었는데, 그가 죽게 되면 그 것은 아우구스트 대공의 것이 된다는 합의가 있었다. 대공이 이 문고를 바이마르에서 운 영하고 있는 예나대학 도서관으로 옮긴 것이다.

고 의학부가 사용하고 있는 것이었다네. 그런데 그들은 그것을 회의를 할 때에만 가끔 사용하고 있을 뿐이었어. 그러므로 나는 의학부의 선생님들을 찾아가서 그 넓은 방을 도서관에게 양보해 줄 것을 정중하게 간청했지. 그러나 그분들은 무슨 일이 있어도 나의 소망을 들어주지 않았어. 그분들은 자신들이 회의를 할 수 있게 새로운 넓은 방 하나를 지어준다면 양보하겠다, 그러나 그것도 지금 당장 지어주어야 한다고 말했지. 나는 그분들을 위해 다른 토지를 마련해 줄 수는 있지만 지금 당장 새로 방을 만들어 주는 것은 약속할 수 없다고 대답했네. 나의 이 대답에 그분들은 만족해하지 않는 것 같았어. 왜냐하면 그 다음날 아침 열쇠를 빌려달라고 사람을 보냈더니 열쇠가 어디에 있는지 보이지 않는다는 대답을 했거든.

이제 이렇게 된 이상 강제 점령 수단을 취하는 것밖에 다른 도리가 없었네. 그러므로 나는 미장이 한 사람을 불러오게 한 다음 앞에서 말한 그 넓은 방의 벽 앞으로 안내했지. '자네, 이 벽은' 하고 나는 말했지. '아주 두꺼운 것임에 틀림없다. 왜냐하면 두 개의 각각 다른 방으로 칸막이를 했기 때문이야. 이 벽이 어느만큼 두꺼운 것인지 한번 시험해 보기 바라네.' 미장이가 일에 착수하여 대여섯 번 힘차게 내려치자마자 석회와 벽돌이 떨어져 나갔지. 그리고 새로 생긴 틈새로부터 벌써 그 넓은 방을 장식하고 있던 옛날 가발을 쓴 높은 분의 초상화가 두세 개 보였지. '일을 계속해 주게' 하고 나는 말했네. '아직 잘 보이지 않아. 사양할 필요가 없어. 내 집에 있는 기분으로 일을 하면 되네.' 이 다정스러운 격려의 말에 미장이는 크게 힘을 발휘했다네. 그래서 틈새는 순식간에 완전히 넓어져 그것을 통해 출입을 할 수도 있게 되었지. 그러므로 나의 도서관원들은 모두 두 팔에 한아름 책을 들고 큰방으로 뛰어들어 갔지.

그들은 점령의 표시로 그것을 땅바닥 위로 던졌어. 벤치, 의자 그리고 책상은 순식간에 사라졌지. 나의 충실한 도서관원들이 정말로 신속하고도 활발하게 움직였기 때문에, 며칠 안 가서 책 전부를 서가에 꽂을 수 있었네. 책장들은 벽을 따라 질서정연하게 나란히 한 줄로 세워졌지. 이어 얼마 안 있어 의학부의 선생님들이 전부 어울려 여느 때와 마찬가지로 출입문을 지나 그 넓은 방으로 들어왔네. 그 방에 일어난 변화를 본 그들은 말문이 막히고 말았어. 그러므로 아무 말도 하지 않고 돌아가 버렸지. 그들은 모두 마음속으로 나를 원망하고 있었지만 그들 한 사람 한 사람을 따로따로 만날 때면, 특히 그중 한두 사람을 나의 집 식탁으로 초대하면 아주 붙임성이 좋고 사랑스러운 친구가 되었지. 나는 이 모험의 전망을 대공에게 말씀드렸어. 이 일은 물론 대공의 양해와 충분한 동의를 얻어 시작한 것이지만 그분은 매우 재미있어 했지. 우리는 이 일이 있은 뒤부터 여러 번 이 이야기를 하고는 서로 웃었네."

괴테는 아주 좋은 기분이었고 이것을 생각해 내고는 즐거워했다. "그렇지, 자네도 알겠지만" 하고 그는 계속했다. "곤란한 일이 생겨야 비로소 좋은 일을 관철시킬 수 있는 법이지. 그 후에 일어난 일이라네. 도서관이 심하게 습기에 차 있었기 때문에 이것에 해를 끼치는 아무 쓸모 없는 낡아버린 시(市)의 외벽 일부를 허물어 치워 버리려고 했다네. 하지만 이번 일은 더욱더 어려웠네. 아무리 간청을 하고 옳은 이유를 조리 있게 말해도 소원을 들어주지 않았지. 그러므로 이때에도 나는 할 수 없이 강제 점령 수단을 써서 일을 처리하지 않을 수 없었네. 시청 사람들은 내가 명령한 노동자들이 낡은 외벽을 때려부수는 일에 착수하는 것을 보고, 그 당시 도른부르크에 머물고 있었던 대공한테로 대표를 파견하여 전하께서 괴테에게 엄명을 내리셔서 낡았지만 존경하는 시의 외벽을 파괴하는 것을 중지시켜 주십시오, 하고 청원서를 제출했지. 그러나 나에게 비밀리에 그 임무를 위임해 주고 있었던 대공은 '나는 괴테가 하는 일에는 간섭을 하지 않네. 그는 자기가 하는 일을 잘 납득하고 있지. 어떻게 잘 해내는지 두고 봐야 할 것이야. 만약 자네들에게 용기가 있으면 괴테한테 가서 직접 말해 보도록 하게'라는 멋진 답변을 해 주었어."

"그런데 아무도 내 앞에 나타나지 않았지" 하고 괴테는 웃으면서 덧붙였다. "나는 장애물이었던 낡은 외벽을 계속 때려부쉈지. 이리하여 다행히도 드디어 도서관이 건조해지는 것을 볼 수 있었어."

1830년 3월 17일 수요일 ★

저녁 때 두세 시간을 괴테 댁에서 지냈다. 나는 대공비의 부탁을 받고 〈겜마 폰 아르트〉*26를 그에게 돌려주면서, 이 희곡 작품에 대해 내가 생각하고 있는 모든 훌륭한 점을 그에게 피력했다. 그는 대답했다. "구상이 매우 참신하고 도처에서 확실하게 재능이 드러나는 그와 같은 작품을 보게 되면 나는 언제나 기쁘다네." 이어 그는 그 책을 두 손으로 잡고 옆얼굴로 비스듬히 바라보면서 덧붙여 말했다. "그렇지만 희곡 작가가 쓴 대본이 너무 길어서 쓰여진 원작 그대로 상연되지 않는 것을 보면 나로서는 어딘지 기분이 좋지 않아. 이러한 결함이 있으면 내가 이 작품에서 당연히 얻게 될 즐거움도 절반으로 줄어들게 되네. 한번 보게. 실제로도 〈겜마 폰 아르트〉는 너무 두꺼운 책이지 않는가?"

나는 대답했다. "실러는 이 점에 있어서 그렇게 잘 하지는 못했습니다. 그가 위대한 희곡 작가인 것은 분명하지만요."

"확실히 그는 이 점에 있어서는 성공했다고 할 수 없지" 하고 괴테는 대답했다. "특히 왕성한 청년 시기에 쓴 그의 초기의 작품들은 전혀 정리가 되어 있지 않아. 마음에 떠오르는 것과 말하려고 하는 것이 너무나 많아 어떻게 매듭을 지어야 할지를 몰랐어.

훗날 그는 이 결점을 잘 알아차리고 무한한 노력을 다하였고, 연구와 작업을 거듭하여 극복하려고 하였지. 그렇지만 조금도 성공을 거두지 못했네. 자기의 주제를 적절하게 소화하고 거기에서 한발 물러서서 이것을 관찰하고 오직 필요 불가결한 것에만 집중한다는 것은 물론 생각하는 것보다는 훨씬 어려운 것이야."

궁중 고문관인 리머가 찾아온 것을 알리면서 안으로 들어왔다. 나는 괴테가 저녁 때 언제나 리머와 함께 일하는 것을 알고 있었기 때문에 인사를 드리고 떠나려고 했다. 그렇지만 괴테가 나에게 그냥 앉아 있으라고 부탁했기 때문에 나는 아주 기쁜 마음으로 그의 말에 따랐다. 그리고 괴테의 입으로부터 오만과 방자 그리고 메피스토펠레스적인 변덕에 가득 찬 담소를 직접 들을

---

*26 스위스의 작가이자 목사인 보른하우저(1799~1856)의 희곡작품이다.

수 있었다.

"쬠메링*²⁷은" 하고 괴테는 시작했다. "가엾게도 75세가 됐을까 말까한 나이에 죽고 말았어. 인간이라면 그 이상 더 오래 살도록 용기를 가지지 않으면 안되지. 그렇지 않다면 인생이란 얼마나 초라한 것인가! 나의 친구 벤담은 극단적인 과격주의의 바보이긴 하지만 이 점에 있어서는 잘 견디어 낸다고 칭찬을하고 싶네. 왜냐하면 그는 나보다 여러 주일 연장자이기 때문이야."

이에 내가 말했다. "우리는 이렇게 덧붙일 수 있을 것입니다. 그분은 다른 점에 있어서도 당신과 꼭 마찬가지로 젊은이들 못지않게 여전히 열심히 활동을하고 있다고 말입니다."

"그럴지도 모르지. 그렇지만 우리 두 사람은 쇠사슬의 양쪽 반대편 끝에 자리를 잡고 있는 셈이네. 그는 파괴하려고 하고 있어. 그런데 나는 보존하고 건설하려고 하고 있지. 그 나이에 그처럼 과격한 것은 더없이 어리석은 짓이야."

"내 생각으로는 과격주의도 두 종류로 구별하지 않으면 안 된다고 생각합니다. 그 하나는 앞으로의 건설을 위하여 모든 것을 파괴해 장애물을 걷어치우려는 것이고, 다른 하나는 폭력적인 수단을 사용하지 않고 좋은 곳으로 도달할 수 있다는 희망을 갖고 정치적인 약점과 결함을 지적하는 것만으로 만족해하는 것입니다. 당신이 영국에서 태어났다면 틀림없이 후자에 속했을 것입니다."

"그렇고말고. 자네가 나를 잘못 봐서는 안 될 말이지" 하고 괴테는 대답했다. 그는 이제는 완전히 메피스토 그대로의 태도와 목소리로 변해 버렸다. "혈안이 되어 나쁜 습관을 찾아다니고 그 이름을 대면서 폭로하고 다니는 일, 어떻게 내가 그런 일을 할 수 있다는 말인가? 만약 내가 영국에서 태어났더라면 이런 나쁜 습관을 제물처럼 먹고 지냈을 것이야.―만약 내가 영국에서 태어났더라면 말이지, 돈 많은 공작 아니면 1년 수입이 3만 파운드 되는 주교라도 되어 있었을 것이야."

"정말로 좋은 말씀입니다! 그렇지만 만약 그렇게 될 수 있는 제비에 당첨되

---

*27 쬠메링(1755~1830). 그는 1820년 이래로 프랑크푸르트에서 살고 있는 의사이자 해부학자이다. 그는 전신기의 발명가이기도 하다.

지 못하고 허탕을 치는 경우에는 어떻게 하시겠습니까? 제비에 당첨되지 않는 경우는 수없이 많습니다."

"나의 친구여, 누구나 다 제비에 당첨될 것이라고 장담할 수는 없는 것이지." 괴테는 대답했다. "그런데 자네는 설마 내가 당첨되지 않는 그런 제비를 뽑을 것이라고 믿고 있는가?—나는 무엇보다도 제39개 조항*28을 이용할 것이네. 나는 이것을 모든 방면과 방향에 걸쳐 옹호할 것이야. 특히 제9조는 나에게 완전히 각별한 주의와 온유한 헌신의 대상이 되어 줄 테지. 나는 매년 받는 3만 파운드를 놓치지 않기 위해서 시나 산문을 써서 신앙심이 강한 것처럼 겉을 꾸미고 거짓말도 다할 것이야. 그리고 한번 이런 높은 지위를 차지하게 되면 이것을 지키기 위해 무슨 일이든 다할 거라네. 특히 무지라는 어두운 밤을 한층 더 어둡게 하기 위해 모든 힘을 다할 것이야. 그렇고말고. 나는 마음씨 좋고 단순한 군중들에게 교묘히 접근하여 환심을 살 걸세. 그리고 사랑스러운 학교 아이들을 구워삶을 것이야. 그리고 이 세상 사람 아무도 나의 이 화려한 지위가 가장 추악한 나쁜 습관을 기초로 삼고 있다는 것을 알아차리지 못하고, 혹 알아차린다고 하더라도 이것을 감히 입 밖에 낼 수 있는 용기를 갖지 못하도록 할 거란 말이지."

"당신의 경우라면" 하고 나는 말했다. "사람들은 적어도 당신이 훌륭한 재능에 의해 이와 같은 높은 지위에 올라선 것이라고 생각하여 오히려 마음의 위로를 받을 것입니다. 그러나 영국에서는 자주 다른 이들도 아니고 아주 어리석고 무능한 자들이 이 세상 최고의 영화를 누리고 있습니다. 그리고 그들은 자기 자신의 공적에 의해서 그런 것을 얻는 것은 아닙니다. 그들은 그것을 비호와 우연, 그리고 무엇보다도 가문의 덕택으로 손에 넣은 것입니다."

이에 괴테가 말했다. "결국에 있어서는 이 지상에서 찬란한 재산을 얻은 것이 자기 자신 혼자의 힘에 의해서든지 상속에 의해서든지 간에 그것은 문제가 되지 않아. 어느 경우에 있어서나 처음으로 재산을 챙긴 사람은 다른 사람의 무지와 약점을 이용한 천재적인 사람들이었어.—정신병원을 찾을 필요가 없을 정도로 이 세상은 바보와 미친 사람들로 가득 차 있지. 지금 생각났지만

---

*28 1571년 의회에 의해 승인된 영국교회와 관련된 법률이다.

돌아가신 대공은 내가 정신병원을 싫어한다는 것을 잘 알고 있었는데, 한번은 나를 속이고 갑자기 그런 곳으로 나를 데리고 가려고 한 일이 있었네. 그렇지만 나는 이것을 재빨리 알아차렸기 때문에 '감금되어 있는 정신병자까지 찾아가서 보고 싶지는 않습니다. 자유롭게 길거리를 걸어 다니고 있는 정신병자들을 보는 것만으로도 이미 충분하기 때문입니다. 전하, 정 다른 도리가 없다면 지옥일지라도 모시고 갈 수 있지만 정신병원만은 사양하겠습니다'라고 말했네.

오, 39개 조항을 내 방식대로 취급하여 단순한 민중을 깜짝 놀라게 한다면 얼마나 재미있을까?"

"주교가 되지 않았어도 당신은 이런 즐거움을 맛볼 수 있을 것입니다."

"아니야" 하고 괴테는 말했다. "그러면 차라리 조용히 있는 것이 나아. 하지만 주교라면 그처럼 많은 거짓말을 해야 하니 돈을 듬뿍 받아야 하지. 주교의 지위와 1년 수입 3만 파운드를 예상할 수 없다면 나는 도저히 그런 짓을 할 생각은 없어. 그건 그렇고 나는 이전에 이런 종류의 일을 한 번 해본 적이 있었네. 16세의 어린 나이에 그리스도의 지옥행을 취급한 열광적인 시를 썼고 이것을 출판도 했지. 그렇지만 유명해지지는 못했네. 그런데 이 작품이 얼마 전에 내 수중으로 다시 들어왔어. 이 시는 정통파적인 편협에 가득 차 있는 것으로, 내가 천국으로 들어갈 수 있는 가장 훌륭한 통행증 역할을 해 줄 것이야. 리머, 그렇지 않은가? 자네는 이것을 알고 있지?"

"아니오, 각하" 하고 리머는 대답했다. "나는 그것을 알지 못합니다. 그렇지만 내가 이곳에 왔던 첫 해, 당신이 중병을 앓고 있을 때 있었던 일을 생각해 낼 수는 있습니다. 그때에 당신은 꿈을 꾸듯 갑자기 그와 같은 주제에 관한 아주 아름다운 시를 읊조린 일이 있었습니다. 당신은 그때 소년 시절의 그 시를 생각해 낸 것임에 틀림없습니다."

"정말이지, 그럴 수도 있는 일이야" 하고 괴테는 말했다. "나도 이와 비슷한 선례를 잘 알고 있지. 어떤 신분이 천한 노인이 임종의 병상에서 정말로 뜻밖에도 아름답기 그지없는 그리스어의 잠언을 낭송했던 것이야. 사람들은 이 사나이가 그리스어를 알 리 없다고 확신하고 있었기 때문에 깜짝 놀라 이것은 기적 중의 기적이라고 외쳐 댔지. 그러나 이 노인은 자신이 젊은 시절부터 그리스어의 각종 격언을 억지로 암송하도록 강요당했다는 것이 불행하게도 탄로 나게 되었을 때, 똑똑한 사람들도 바보에게 속아 넘어 갈 수 있겠구나 하고 변명을 했네. 이 노인은 양가댁의 한 사내아이 앞에서 자기를 모범 삼아 시 낭송을 해 보라고 격려하기 위해 그렇게 한 것이었지. 그는 정말로 고전적인 그리스어의 내용을 전혀 이해하지 못하면서 기계적으로 그대로 암기하고 있었어. 하지만 50년 동안 그것을 두 번 다시 생각해 내지 못했는데, 드디어 그 임종의 병상에서 갑자기 다시 생생하게 기억해 냈던 것이야."

이어 괴테는 또다시 전과 같은 악의와 풍자를 담아 영국의 높은 성직자들의 엄청난 봉급을 언급하고는 더비의 주교인 브리스톨 경*29과 가졌던 일화를 이야기해 주었다.

"브리스톨 경이" 하고 괴테는 말했다. "예나를 지나갈 때, 나를 알고 지내고 싶다고 해서 어느 날 저녁에 그의 초청을 받아들여 그를 방문했지. 그런데 그는 가끔 기분이 좋아 좀 난폭한 태도를 취했네. 그러나 나도 이에 굴하지 않고 마찬가지로 난폭하게 대응하자 그는 완전히 얌전해졌지.

우리의 담화가 오가고 있는 동안 그는 〈베르테르〉에 관해 나에게 설교를 하려고 했어. 그는 그 책에 현혹되어 자살을 한 사람들이 있는데, 이것에 대해 양심의 가책을 받지 않는지 물으며 말했네.─'〈베르테르〉는 완전히 부도덕하고 저주를 받아 마땅한 책이지요!'─'잠깐만요!' 하고 나는 외쳤어. '만약 그 불쌍한 〈베르테르〉에 대해 그렇게 말을 하신다면 당신들은 권력자들에 대해서는 어떤 태도를 취할 작정입니까. 그들은 단 한 번의 전쟁에 10만 여명의 사람들을 전쟁터로 보내 그들 중 8만 명이 서로 죽이고 죽게 하고 살인과 방화 그리고 약탈을 일삼게 하고 있습니다. 그런데도 당신들은 이런 잔학한 행위 뒤에 신에게 감사를 드리면서 찬송가를 부르고 있습니다.─또한 당신들은 지옥벌의 무서움을 설교하면서 당신들 교구의 연약한 신도들을 불안에 떨게 하고 있는데, 그로 인해 그들은 제정신을 잃고 급기야는 정신병원에서 비참한 생애

---

*29 브리스톨(1730~1803)경. 그는 1797년 6월 10일에 예나로 왔는데, 괴테는 1797년 12월 6일 카를 대공에게 그를 만난 것에 대한 보고를 하였다.

를 마치고 있는 것입니다!—당신들은 이성 앞에서 무기력하기 그지없는 정통파의 갖가지 교리를 휘두르면서 그리스도교를 믿고 있는 신도들의 마음속에 위험한 의혹의 씨를 뿌리고 있고, 그 때문에 절반은 강하고 절반은 약한 양면을 갖추고 있는 영혼들은 죽음 외에는 도망쳐 나올 길이 없는 미궁 속으로 빠져 들어가고 있습니다.—당신들은 이럴 경우 자기 자신을 위해 무슨 말로 변명할 것이며 그리고 또 어떤 견책을 받을 것입니까?—그런데도 당신들은 이 한 사람의 작가에게 책임을 물으며 이 하나의 작품을 꾸짖고 있습니다. 이 작품은 얼마 안 되는 편협한 정신의 소유자들에게 옳지 않게 해석되어 고작 해야 열두 명 정도밖에 안 되는 바보들과 아무 쓸모 없는 자들을 이 세상에서 해방시켜 주었을 뿐입니다. 이자들은 생명의 촛불도 얼마 남지 않아 불어서 완전히 꺼버리는 수 밖에는 다른 길이 없었습니다. 나는 인류를 위해 참으로 공헌한 바가 크기 때문에 인류로부터 감사를 받아도 괜찮다고 생각했습니다. 그런데도 당신들이 나타나서 이 선량하고 작은 공적에 죄를 씌우려고 하고 있습니다. 이것에 비하면 당신들, 성직자들, 그리고 군주들은 그처럼 엄청난 일들 그리고 격렬한 일들을 태연하게 행하고 있지 않습니까!'

이 반격은 그 주교에게서 멋진 효과를 거뒀지. 그는 어린양처럼 온순해졌다네. 그 이후에도 대화가 계속되었지만, 나에 대한 태도는 매우 정중했고 내 기분에 잘 맞추어 주었어. 이렇게 하여 나는 그와 함께 아주 즐거운 하룻밤을 보냈어. 왜냐하면 브리스톨 경은 좀 무례한 점이 있기는 했어도 재치 있고 세상 물정에 밝은 사람이어서 여러 종류의 문제를 서로 이야기할 수 있었기 때문이지. 그는 작별할 때 현관까지 배웅하면서 교구 신부에게 나를 좀 더 바래다 주라고 일렀네. 내가 이 신부와 함께 길거리로 나왔을 때 그는 나에게 외쳤어. '오, 괴테 선생님! 당신은 정말로 당당하게 말을 하셨습니다. 당신이 얼마나 브리스톨 경의 마음에 들었는지 모르실 것입니다. 당신은 브리스톨 경의 마음을 사로잡는 비결을 체득하고 계십니다. 어렵게 생각하고 망설였다면 틀림없이 당신은 지금처럼 만족한 기분으로 집에 돌아가시지 못했을 것입니다.'"

"당신은 당신이 쓴 〈베르테르〉 때문에 여러 가지로 괴로움을 당해야 했을 것입니다" 하고 나는 말했다. "브리스톨 경과의 일화를 들으니 생각이 나는데요, 이 문제에 대해서 당신은 나폴레옹과 회담을 하셨지요. 탈레랑도 그 자리에 있었습니까?"

"그도 함께 있었지" 하고 괴테는 대답했다. "그렇지만 나폴레옹에 대해서는 아무 불평도 할 것이 없었네. 그는 나에게는 지극히 상냥스럽게 대했어. 그리고 이 문제도 정말이지 그처럼 위대한 인물에게서 기대할 수 있을 만큼 대해 주었어."

〈베르테르〉에서 대화는 소설과 희곡 일반으로 넘어가 그것이 대중에게 도덕적인 영향 혹은 비도덕적인 영향을 끼쳤는가에 대해서 언급했다. "만약 한 권의 책에 나오는 추잡한 장면들이 우리 눈앞은 아니더라도 우리의 귓전에서 매일같이 전개되는 우리 실생활보다 엄청나게 많이 더 부도덕한 영향을 끼친다고 한다면 참으로 곤란한 문제임에 틀림없지. 하지만 한 권의 책 또는 희곡 작품이 어린아이들에게 끼치는 영향도 전혀 두려워할 필요가 없네. 앞에서도 말했지만 일상 생활에서 일어나는 일들이 가장 영향력 있는 책보다도 훨씬 감화력이 더 큰 것이야." 이에 나는 말했다. "그렇지만 사람들은 아이들이 들어서는 좋지 않다고 생각되는 일들을 아이들의 면전에서는 말하지 않도록 주의를 기울이고 있습니다."

"그것은 정말로 기특한 마음씨야" 하고 괴테는 말했다. "나 자신도 그렇게 하고 있네. 그러나 나는 이러한 주의는 전혀 도움이 되지 않는다고 생각하고 있지. 어린아이들은 개와 마찬가지로 예민한 후각을 가지고 있어서 어디에서나 모든 것을, 특히 좋지 못한 것을 발견하고는 낌새를 챈다네. 어린아이들은 또 언제나 자기 집에 출입하는 사람들이 그들의 부모하고 어떤 관계를 갖고 있는지 정말로 정확하게 잘 알고 있지. 게다가 어린아이들은 보통 때에는 거짓말을 하지 않기 때문에 그들은 우리에게 그들의 가족 사이에서 우리가 어느만큼 호의를 받고 있는지, 아니면 미움을 사고 있는지 그 정도를 알아낼 수 있는 멋진 청우계의 역할을 해 준다네.

한번은 사교계에서 나에 대해 좋지 않게 말을 하는 사람이 있었네. 그런데 이 일은 나에게는 매우 중대하게 생각되었기 때문에, 나는 이 나쁜 소문이 어느 누구에게서 나온 것인지를 알아내는 것에 큰 관심을 기울이지 않을 수 없었지. 대체로 이곳 사람들은 나에게 지나칠 정도로 호의를 가지고 있었네. 그래서 여러 가지로 생각해 보아도 그 나쁜 소문의 출처를 전혀 알 수 없었지. 그러다가 갑자기 모든 것이 명백하게 드러났어. 말하자면 이렇게 된 것이었지. 어느 날 나는 길거리에서 서로 알고 지내는 사람의 어린 자녀들을 만났네. 그런데 그들이 보통 때는 언제나 나에게 하곤 했던 인사를 하지 않았어. 이것으로 나는 충분히 알 수 있었지. 이리하여 나는 이것을 유력한 단서로 파악하여, 나의 명예를 짓밟고 그처럼 험상궂은 말을 퍼뜨린 것은 그애들의 사랑하는 부모였다는 것을 곧 알아낼 수 있었다네."

1830년 3월 29일 월요일 ★

저녁때에 잠시 동안을 괴테 댁에서 지냈다. 그는 아주 침착하고 명랑했으며 기분도 한결 온화한 것 같았다. 그는 손자인 볼프와 그의 친밀한 여자 친구인 카롤리네 에글로프슈타인 백작 부인에게 둘러싸여 있었다. 볼프는 그의 사랑하는 할아버지를 어지간히 괴롭히고 있었다. 그는 할아버지의 몸 위에 기어올라가서 어떨 때는 그 한쪽 어깨 위에 앉아 있는가 하면, 곧 다른 어깨 위로 옮겨가서 걸터앉곤 했다. 열 살이 다 된 사내아이의 무게는 나이 많은 괴테에게는 견디어 내기가 무척 어려운 것일 테지만, 그는 지극히 관대한 마음으로 이 모든 것을 꾹 참고 있었다. "그렇지만 사랑하는 볼프야" 하고 백작 부인은 말했다. "착한 할아버지를 그렇게 못살게 구는 건 좋지 않아요! 정말이지, 할아버지는 네가 너무 무거워 완전히 지쳐버릴 텐데."

"괜찮을 거예요" 하고 볼프는 대답했다. "우리는 곧 잠자리로 들어갈 텐데요, 뭐. 그렇게 하면 할아버지도 피로를 완전히 풀고 다시 쉬실 수 있지요."

"그렇지" 하고 괴테는 이 말을 받아 말했다. "사랑은 언제나 좀 뻔뻔스러운 데가 있는 법이야."

대화는 캄페*30와 그의 동화로 옮겨졌다. 괴테는 말했다. "나는 캄페와는 지금까지 단지 두 번 만났지. 마지막으로 만난 것은 40년 전에 카를스바트에서

---

*30 캄페(1746~1818). 교육자이자 동화작가인 그는 괴테를 1776년에 데사우에서 알게 되었고, 마지막으로는 1817년에 카를스바트 온천장에서 만났다.

였어. 그는 그때 이미 많이 늙어 있었고, 마르고 완고하며 고집이 셌지. 그는 일생 동안을 오직 어린이들을 위해 글을 썼네. 이와는 반대로 나는 어린이들을 위한 글은 전혀 쓰지 않았어. 그뿐이겠는가. 20세의 큰 청년들을 위한 글도 쓰지 않았지. 게다가 그는 나를 싫어했어. 나는 그에게는 눈 위의 혹이었고 발에 걸리는 돌이었기 때문에, 그는 갖은 술수를 써서 나를 피했다네. 그러나 운명은 어느 날 전혀 뜻하지 않게 나를 그의 옆으로 데려갔지. 그러므로 그는 나에게 두세 마디 말을 건네지 않을 수 없었어. 그는 말했지. '나는 당신의 정신적인 재능을 진심으로 존경하고 있습니다! 당신은 모든 분야에 걸쳐서 놀랄 만한 높이에 도달하고 있습니다. 그렇지만 그런 모든 것은 나하고는 아무 상관이 없는 것들입니다. 다른 사람들이 그것에 대해 뭐라고 말하든 나에게는 전혀 아무 가치가 없는 것입니다.'—이런 솔직함은 좀 무례한 것이었지만 나는 조금도 성을 내지 않았지. 그리고 나는 이에 대해서 여러 가지로 붙임성 있는 말을 했네. 게다가 또 사실 나는 캄페를 대단히 존경하고 있었지. 그는 어린이들을 위해 믿을 수 없을 만큼 많은 업적을 올렸기 때문이야. 그는 어린이들에게는 기쁨이었으며, 말하자면 그의 책은 아이들에게 복음서였지.—다만 무서운 공포심을 일으키게 만드는 몇 개의 이야기를 썼을 뿐 아니라, 이것을 어린이들을 위한 전집에 함께 넣은 서투른 행위에 대해서는 그를 나무라도 좋다고 생각하네. 밝고 신선하고 그리고 천진난만한 어린이들의 환상을 어찌하여 이런 무서운 인상으로 괴롭혀야 할 필요가 있다는 말인가!"

1830년 4월 5일 월요일

괴테가 안경을 싫어한다는 것은 널리 알려진 사실이다.

"이것은 나로서도 좀 이상한 일이기는 하지만" 하고 그는 기회 있을 때마다 되풀이하여 말하곤 했다. "아무리 해도 나로서는 참을 수 없다네. 낯선 사람이 안경을 끼고 내 앞에 나타나면 나는 곧 불유쾌한 기분에 빠져 버려 그 기분을 억제할 수가 없어. 심각한 혼란에 빠지게 되어 그 사람에 대한 호의도 곧 잊게 되지. 그뿐만 아니라 나의 정상적인 생각도 손상을 받아 나의 본래 심정의 편견 없는 자연스러운 전개도 생각할 수 없게 된다네. 그때는 마치 처음 만나는 사람이 첫마디 인사부터 난폭한 말을 꺼내려고 하는 것 같은 그런 불쾌한 인상을 받게 되네. 수년 전에 나에게 안경은 귀찮은 두통거리라고 지상에 발표한 이래로 이런 느낌은 더 한층 강하지. 그러므로 처음으로 만나는 사람이 안경을 끼고 나한테로 오게 되면 나는 곧 '이 사람은 나의 최근 시를 읽지 않고 있군!' 하고 생각하게 되지. 이리하여 이것만으로도 벌써 그는 다소 불리하다네. 만약 읽었다고 한다면 그가 나의 버릇을 인정하지 않고 무시한 것이 되기 때문에 더 한층 좋지 않지. 안경을 끼고 있어도 나에게 난처한 생각을 주지 않는 유일한 사람은 첼터 한 사람뿐이야. 그 밖의 다른 사람의 경우는 모두 불쾌하기 그지없지. 나는 안경을 낀 사람을 보면 내 자신이 그 알 수 없는 사나이에 의해 세부에 걸친 탐색의 대상으로 사용되고 있는 것처럼 생각되네. 그들이 안경으로 무장하고 내 마음 깊숙이 파고 들어와 이 노인의 얼굴 주름살 하나하나를 조사하고 있는 것 같은 기분이 든단 말일세. 그들은 나하고 가까운 사이가 되려고 노력을 하지만 그들과 나 사이에 있는 공평한 균형은 안경으로 모두 파괴되어 버린다네. 게다가 나는 이처럼 싫은 생각을 하면서까지 그들과 접촉하려는 마음은 없어. 말을 나누면서 그 사람의 눈을 볼 수 없지 않은가. 마음의 거울이 눈부신 두 개의 유리로 감추어져 있는 것 같은 사람에게서 도대체 무엇을 얻을 수 있다는 말인가!"

"누군가가 말했습니다" 하고 나는 말참견을 했다. "안경을 쓰게 되면 사람들이 오만하게 된다고 말입니다. 안경이 그들을 감각적으로 완전한 경지로 드높여 주기 때문에, 드디어 그들은 이러한 인공적인 높이를 자기가 태어나면서부터 갖추고 있는 고유한 자연적인 힘이라고 생각하게 된다는 것입니다. 그러한 망상에 사로잡혀 자기의 본래의 능력을 훨씬 높게 잘못 평가한다는 얘기지요."

"그 주장은 상당히 재미있군" 하고 괴테는 말했다. "그것은 자연과학자가 생각할 수 있는 것이야. 그러나 더 자세히 생각해 보면 확실하지 못하지. 왜냐하면 만약 참으로 그러하다면 눈먼 사람은 모두 아주 겸손한 인간이어야만 할 것이고, 이와는 반대로 건강한 눈을 가진 사람은 모두 거만하기 그지없어야 할 것이기 때문이야. 그러나 실제로는 절대로 그렇지가 못하지. 오히려 정신적으로나 육체적으로 천성으로 혜택을 받고 있는 사람은 대개 겸손하네. 이와는 반대로 특별히 정신적으로 결함이 있는 사람은 훨씬 더 자만심이 강하다네. 생각건대 자비로운 자연은, 높은 경지에 서 있기에는 너무나도 부족한 모든 사람들에게 그것을 조정 완화하고 보충해 주는 수단으로서 자만과 오만을 내려 주신 것 같아.

그건 그렇고 겸손과 자만도 지극히 정신적인 영역에 속하는 윤리적인 사항이니 육체와는 거의 상관을 갖고 있지 않네. 자만은 옹고집이고 정신적으로 몽매한 사람에게서 볼 수 있지만, 명석한 정신을 갖고 있고 천성적으로 재능이 풍부한 사람들에게서 발견되는 것은 기껏해야 자신의 힘을 기뻐하는 감정인 것이야. 그러나 이 힘은 실제로 존재하는 것이기 때문에 이 감정은 다른 종류의 것이며 절대로 자만은 아니지."

우리는 계속하여 다른 여러 가지 화제로 이야기를 나누면서 마지막으로 젊은 괴테 부인이 주관하고 있는 바이마르의 잡지인 〈카오스〉도 언급했다. 이 잡지에는 단지 이곳 바이마르의 독일 신사숙녀뿐만 아니라 특히 이곳에 체류하고 있는 젊은 영국인들과 프랑스인들, 그리고 다른 외국인들도 함께 참여하고 있었다. 그러므로 거의 매호마다 가장 잘 알려진 유럽 언어의 거의 전부가 뒤섞여 망라되곤 했다.

"나의 며느리가 편집하고 있는 잡지치고는 잘된 편이지" 하고 괴테는 말했다. "그녀는 지극히 독창적인 잡지를 만들어 내는 데에 성공했어. 우리 사교계의 회원 한 사람 한 사람을 분주하게 움직이게 만들어, 이것도 이제는 일 년 이상 계속하고 있으니 그녀가 사람들로부터 칭찬을 받고 감사를 받을 만도 하네. 물론 이런 일은 호사가가 취미 삼아 하는 일에 지나지 않지. 그리고 그런 것에서 무슨 위대한 것, 불후한 것이 탄생하지는 않는다는 걸 나는 너무나 잘 알고 있네. 그렇지만 그것만으로도 괜찮지. 그리고 이것은 말하자면 현재 바이마르 사교계의 정신적 높이를 반영하는 거울이라네. 게다가 왕왕 무엇을 시작하고 무엇을 해야 할 것인지를 전혀 알지 못하는 현재의 젊은 신사 숙녀들에게 시사하는 바가 있는 것이지. 이것은 정말로 중요한 문제인 것이야.

그들은 이 잡지를 통해 정신적인 중심점을 얻게 되고 논의와 담소의 주제를 제공 받게 되지. 이렇게 되면 아주 보잘것없고 공허한 잡담 같은 것에는 빠지지 않게 되네. 나는 매호 인쇄되자마자 이 잡지를 읽지만, 대체로 졸렬한 것은 어디에서도 찾아볼 수 없고 오히려 가끔 정말로 훌륭한 글이 두셋 실려 있기도 하지. 가령 대공모의 서거를 애도하는 폰 베히톨수하임 부인[31]의 비가를 자네는 어떻게 생각하는가? 이 시는 정말로 훌륭한 것이 아니겠는가? 그렇지만 단 한 가지, 이 시뿐만 아니라 우리 젊은 신사 숙녀 많은 사람들에 대해서도 말할 수 있는 것은, 그들은 마치 물기가 넘쳐 너무나 많은 어린 가지를 기생시키고 있는 나무처럼 사상과 감수성에 넘쳐 나고 있지만, 그것을 스스로 제어할 능력이 없고 그것을 적절한 데에서 끊지 못하고 있다는 것이네. 이것은 폰 베히톨수하임 부인에게서도 나타나고 있지. 하나의 운(韻)을 보존하기 위해 다른 시구를 첨부하여 그 시 전부를 완전히 망쳐 버렸어. 덕분에 시 전체가 거의 못쓰게 되어 버렸지. 나는 그 결점을 원고 속에서 발견했네. 그래서 제때에 완전히 삭제해 버릴 수 있었어."

괴테는 웃으면서 말을 첨부했다. "오랫동안 실무를 맡아보면 삭제의 요령을 배우게 되지. 실러는 이 점에 있어서 특히 훌륭했네. 나는 그가 〈연간시집〉을 편집하고 있을 때에 22절의 화려한 시를 7절로 줄이는 것을 보았어. 그런데 이 무서운 수술 뒤에도 그 시의 효과는 조금도 손상되지 않았지. 오히려 이 7절 쪽에 전의 22절에 있던 사상이 모두 충분하고도 효과적으로 보존되어 있었네."

1830년 4월 19일 월요일 ★

괴테는 오늘 그를 찾아온 두 사람의 러시아인에 대해 말했다. "대체로 그들은 호감이 가는 사람들이었지. 그러나 그중 한 사람은 그다지 마음에 들지 않았어. 함께 있는 동안 끝까지 한마디도 말을 하지 않았지. 그는 말없이 인사를 하고 들어와서 앉아 있는 동안 입을 열지 않았고, 그렇게 아무 말도 하지 않고 있다가 반시간이 지나서 인사를 하고는 떠나 버렸네. 그는 다만 나를 바라보기 위해서 온 것처럼 생각되었어. 내가 그들과 마주하고 있는 동안 그는

---

[31] 베히톨수하임 부인(1751~1841). 아이제나흐의 부수상인 베히톨수하임의 미망인이다.

눈길을 나에게서 딴 데로 돌리지 않았다네. 나는 지루해졌기 때문에 이것저것 머리에 떠오르는 대로 바보스런 말들을 지껄여 대고 말았지. 화제는 아마 북미합중국이었다고 생각하네. 그것을 나는 가벼운 기분으로 취급하고는 아는 것과 모르는 것 할 것 없이 막연하게 말해 버렸어. 그런데도 나의 애기가 두 외국인에게 그다지 마음에 들지 않는 것은 아닌 것 같았네. 언뜻 보았을 때 그들은 지극히 만족해하면서 돌아갔지."

1830년 4월 22일 목요일 ★

괴테 댁에서 식사를 했다. 젊은 괴테 부인도 함께 있었다. 담소는 즐거웠고 활기에 차 있었다. 그렇지만 그것에 관한 대부분, 아니 아무것도 머리에 떠오르지 않았다.

식사를 하고 있는 동안 여행 중인 어떤 외국인이 면회를 청했다. 오래 머물러 있을 시간은 없고 내일 아침 일찍 다시 떠나야 한다는 것이었다. 괴테는 그 사람에게 참으로 유감스럽게도 오늘은 아무하고도 만날 수 없지만 내일 정오 때면 괜찮겠다고 전했다. "이만 하면" 하고 그는 미소지으면서 덧붙였다. "이제는 충분하다고 생각하네." 그러나 동시에 그는 자신의 며느리가 추천한 헨닝 2세의 방문은 식사가 끝난 뒤에 받아들일 것을 약속했다. 또한 그의 갈색 눈이 그의 어머니의 눈빛과 닮았는지 확인해 봐야겠다고 말했다.

1830년 5월 12일 수요일 ★

괴테의 창문 앞에는 크기가 작은 모세의 청동상이 서 있었다. 이것은 미켈란젤로의 저 유명한 작품의 모형인 것이다. 그 양쪽 팔은 신체의 다른 부분에 비해 너무나 길고 억세게 생각되었기 때문에 나는 그 의견을 괴테에게 말했다.

그러자 괴테는 힘차게 외쳤다. "그렇지만 십계를 새겨 넣은 저 무거운 석판 두 개를 날라야 했던 두 팔이 예사로운 것이었다고 생각하는가? 그리고 또 유태인 군대를 지휘하고 통솔해야 하는 모세가 평범한 팔을 가져서 충분하겠는가?"

괴테는 이렇게 말하고 웃었기 때문에 나로서는 내 쪽이 실제로 틀린 생각이었는지, 아니면 괴테가 미켈란젤로를 변호하기 위해 조금 희롱한 것에 불과한 것인지 이해할 수 없었다.

1830년 8월 2일 월요일 ★

프랑스의 7월 혁명 폭발 보도*32가 오늘 바이마르로 전해져 모든 사람들을 흥분의 도가니로 몰아넣었다. 나는 오늘 오후에 괴테한테로 갔다. "어때?" 괴테는 나를 향해 외쳤다. "자네는 이 일대 사건을 어떻게 생각하는가? 화산은 폭발해 버렸어. 모든 것이 불길에 싸여 있어. 이제는 대문을 꼭 잠그고 밀실에서 의논할 일은 아니야!"

"무서운 이야기입니다!" 하고 나는 대답했다. "지금까지 알려진 어려운 정황으로 볼 때, 그와 같은 내각으로서는 현재의 왕가를 추방하는 것 말고 다른 결말을 찾을 수 없을 것입니다."

"우리가 서로 주고받는 말이 잘 통하지 않는 것 같네, 나의 친구여" 하고 괴테는 말했다. "내가 말하고 있는 것은 전혀 다른 것이야. 난 지금 학술원에서 공개적으로 거론된 논쟁 얘기를 하고 있네. 학문에 있어서 아주 중대한 의의를 갖고 있는, 퀴비에와 조프로아 드 상틸레르 사이의 논쟁 말일세."

괴테의 이 말은 너무나 의외였기 때문에 나는 어떻게 대답해야 할지 몰랐다. 나는 몇 분 동안 사고가 완전히 정지되어 버리는 것을 느꼈다.

"이 사건은 최고로 중요한 것이야." 괴테는 말을 계속했다. "7월 19일 의회의 보고를 접하고 내가 무엇을 느꼈는지 자네는 상상조차 하지 못할 것이야. 우리는 이제 영원히 조프로아 드 상틸레르라는 강력한 동맹자를 얻은 것이지. 그러나 이와 동시에 이 보고서를 읽고 이 문제에 대한 프랑스 학술계의 관심이 얼마나 컸는가를 알 수 있었어. 저 무서운 정치적인 격동에 처해 있었음에도 7월 19일의 회의는 만원이었고 일대 성황 속에서 진행되었네. 그런데 이제 무엇보다도 가장 잘된 것은 조프로아에 의해 프랑스에 도입된 자연의 종합적인 연구 방법을 파기할 수 없게 되었다는 것이지. 이 문제는 학술원에서, 그것

---

*32 이 혁명으로 그때까지의 왕가는 추방되고 새로운 시민왕이 권좌에 오른다.

미켈란젤로 제작 〈모세〉 로마 베드로 대성당 안에 있는 빙콜리 성당. 이곳 성당 지하에 안치되어 있는 교황 율리우스 2세를 기리기 위해 이 모세상이 제작되었다. 시스티나 성당 천장에 그려진 미켈란젤로의 벽화 〈천지창조〉는 율리우스 2세의 착상에 의해 탄생된 것이다.

도 많은 관중의 면전에서 행해진 자유 토론에 의해서 공공연한 것이 되어 버렸네. 이제는 그것을 비밀위원회에 회부한다든지 문을 꼭 닫아건 방에서 처리한다든지 해서 뭉개어 없애 버리는 일은 없게 되었지. 이제부터는 프랑스에서도 자연 연구를 하는 곳에서는 정신이 지배하게 되고 물질을 자기 뜻대로 다스리게 될 것이야. 사람들은 위대한 창조의 원리, 즉 신비로운 신의 작업장을 엿볼 수 있게 될 것이네!—우리가 분석적인 방법으로 오직 개개의 물질적인 부분만을 연구하여, 모든 부분에 방향을 지시하고 모든 정도를 벗어난 것을 하나의 내재적인 법칙에 의해 제어하고 증명해 나가는 정신적인 입김을 체득하지 못한다면, 자연과의 일체의 접촉이 결국 무슨 소용이 있겠는가!"

괴테는 말을 이었다. "나는 지나간 50년 동안 이 엄청난 문제를 갖고 갖은 고생을 겪었지. 처음에는 외로웠지만 차차 나를 지지하는 사람들이 생겼어. 그러다가 참으로 기쁜 일이지만 급기야는 같은 계통의 정신을 가진 다른 인물들로 말미암아 내가 능가당하고 있지. 나는 삽간골(挿間骨)에 관한 최초의 발견을 했고, 그에 대한 보고를 페터 캄페르*33에게 보냈다네. 하지만 완전히 무시당해 아주 실망할 수밖에 없었어. 블루멘바흐도 이와 비슷했지. 물론 그는 개인적으로 접촉하고 난 뒤부터는 나의 편이 되어 주었어. 그리고 그 이후에 쬠메링, 오켄, 달톤, 카루스 그리고 다른 많은 훌륭한 사람들을 동지로 만들 수 있었지. 이제야말로 조프로아 드 상틸레르도 우리편이 되어 주었고 그와 함께 그의 모든 훌륭한 제자와 신봉자들도 우리편이 되었네. 이 사건은 나에게는 정말로 믿어지지 않을 만큼의 가치를 가지고 있지. 이렇게 나는 그 연구를 위해 일생을 바쳐 왔다네. 그런데 드디어 나 자신의 학설이기도 한 것이 일반적인 승리를 거두었으니, 내가 환호성을 지르는 것도 당연한 일이지."

1830년 8월 21일 토요일 ★

나는 괴테에게 전도 유망한 청년*34을 추천했다. 그는 그 사람을 위해 힘이

---

*33 페터 캄페르(1722~1789). 네덜란드의 의사이자 해부학자이다.
*34 에트빌러(1802~1877)를 말하는 것이다. 그는 젊은 독문학자로 그해에 예나대학에서 교수 자격증을 받은 상태였다.

되어 주겠다고 약속해 주었다. 그러나 괴테는 그의 가능성을 거의 신뢰하고 있는 것 같이 보이지 않았다.

괴테는 말했다. "나처럼 재능이 있는 젊은 사람들을 옹호하기 위해 일생 동안 귀중한 시간과 돈을 들여온 사람도 없을 것이야. 그런데 이 젊은이들은 처음에는 아주 유망해 보여 희망을 가지게 했지만, 결국 쓸모 있는 사람이 되지 못했다네. 그리고 그들이 특정 방면에서 가졌던 열의와 욕망도 점점 사라져 버렸지. 지금부터는 자네 같은 젊은 사람들이 나의 역할을 이어 받아 그들의 보호자 노릇을 해 주기 바라네."

나는 이 말을 듣고 그러한 청년들에게 배반당한 괴테의 기대를, 꽃은 두 배로 피지만 열매를 전혀 맺지 못하는 나무에서 얻는 실망과 비교해 보았다.

1830년 10월 13일 수요일 ★

괴테는 그 기억에 도움이 되도록 라틴어와 독일어로 식물의 이름을 써넣은 일람표를 보여 주었다. 그의 말에 의하면 그는 온통 이런 일람표로 둘러친 방을 가지고 있었다. 그리고 이 벽을 따라 걸어다니면서 연구하기도 하고 외우기도 하기 위한 것이었다. "유감스럽게도" 하고 그는 덧붙였다. "훗날 이것을 흰색으로 칠해 버렸지. 이것과는 별도로 오랜 세월 동안 나의 작업 메모를 연대순으로 써넣은 방도 있었네. 가장 최근의 작업을 거기에 적어 넣곤 했지. 이것 또한 안타깝게도 흰색으로 칠해 버리고 말았어. 그것이 있으면 지금쯤 아주 요긴하게 쓸 수 있을 텐데 참으로 애석하다네."

1830년 10월 20일 수요일 ★

괴테 댁에서 약 한 시간 가량을 지냈다. 대공비의 부탁으로, 왕자가 입회하고 있는 이곳 '석궁(石弓) 협회'에 은제 문장의 방패를 기증하는 문제를 그와 상담하기 위해서였다.

우리의 담화는 얼마 안 있어 다른 화제로 바뀌어 괴테는 생 시몽주의자들*35에 대한 나의 의견을 말해 달라고 했다.

---

*35 사회주의적 사상의 창시자 생 시몽(1760~1825)의 이론에 대한 신봉자들을 말한다.

나는 대답했다. "그들은, 사람은 각자 자기 자신의 행복을 추구하기 위한 필수조건으로서 전체의 행복을 위한 활동을 하지 않으면 안 된다는 말을 하려는 것 같습니다."

"내 생각으로는" 하고 괴테는 말했다. "각자는 누구나 자기 자신의 일부터 시작하지 않으면 안 된다네. 우선 처음에는 자기 자신의 행복을 도모해야 하는 일이네. 그렇게 하면 거기에서 결국 틀림없이 전체의 행복이 생겨나게 될 것이야. 그러니 대체로 그 학설은 전혀 비실제적이고 실현가능성이 없는 것처럼 생각되네. 그것은 모든 자연, 모든 경험 그리고 수천 년 이래로 전해 내려오는 사물의 모든 진행을 거역하는 것이야. 만약 모든 사람이 각자 오직 개인으로서 그 직무를 다하고 그 가까이의 작업 범위 내에 있어서 성실하고 유능하다면 전체의 복리도 향상될 것이야. 나는 작가를 천직으로 여기고 살아 가고 있지만, 대중이 무엇을 원하고 있으며 또한 내가 어떻게 하면 전체를 위해 공헌할 수 있을까 하는 점을 문제로 삼아 본 적은 없었지. 오히려 나는 언제나 나 자신을 더 현명하게 만들고 더 좋게 하는 일에 관심을 기울이며, 나 자신의 인격적 내용을 드높이려고 노력했을 뿐이었어. 그리고 나는 쉬지 않고 내가 선하다고 믿고 진실되다고 인정한 것을 표현하려고 노력했지. 확실히 나는 이것이 넓은 범위에 영향을 끼쳤고 도움을 주었다는 것을 부정하지 않네. 그러나 그것은 목적이 아니고 자연물의 작용에 의해 생기는 순전히 필연적인 결과였던 것이지. 만약 내가 작가로서 대중의 소망만을 엿보고 이것을 충족시키려고 노력했다면, 나는 죽은 코체부가 했던 것처럼 짧고 우스꽝스러운 이야기를 들려 주면서 그들의 환심을 사려고 했어야 할 것이야."

"그 말씀에는 아무런 이론도 없습니다" 하고 나는 말했다. "그렇지만 단지 한 개인으로서 자기만이 즐길 수 있는 행복뿐만 아니라, 국민으로서 또는 큰 전체의 일원으로서 향유하는 행복도 있습니다. 만약 민중 전체를 위해 가능한 만큼 행복의 달성을 원칙으로 하지 않는다면 어떤 근거를 갖고 법률을 제정하는 것이겠습니까!"

괴테는 대답했다. "나는 물론 자네의 주장에 조금도 반대하지 않네. 그렇지만 그렇게 할 경우 자네의 원칙을 이용할 수 있는 사람은 극소수의 선택된 사람들뿐일 것이야. 그것은 단지 군주나 입법자를 위한 처방전에 지나지 않을 것이란 말일세. 그럴 경우라고 하더라도 나는 법률이 지향해야 하는 것은 마땅히 행복의 분량을 늘려야 한다는 외람된 생각보다 폐해의 분량을 줄이려는 노력이라고 생각한다네."

"양측 모두 대체로 같은 결과로 돌아갈 것입니다. 가령 나쁜 도로는 큰 화근으로 생각됩니다. 그러나 이제 그 나라의 군주가 가장 낙후된 마지막 촌락에 이르기까지 좋은 길을 깔아 놓는다면, 단지 큰 폐해가 제거될 뿐만 아니라 동시에 그의 국민에게는 막대한 행복을 가져다주게 되는 것입니다. 또한 재판이 늦어진다는 것도 큰 불행입니다. 그렇지만 군주가 누구나 할 수 있는 공개적인 구두 수속을 제정하여 그 군민을 위해 신속한 재판을 도모한다면, 여기서도 큰 폐해가 제거될 뿐만 아니라 또한 큰 행복이 얻어지게 될 것입니다."

"이 문제에 대해서" 하고 괴테는 말참견을 했다. "나는 자네와 전혀 다른 의견을 말하고 싶네. 그러나 약간의 폐해는 지적하지 말고 그대로 놔두기로 하지. 그렇게 함으로써 인류가 그 힘을 계속하여 발전시켜 나가기에 필요한 것을 남겨두는 셈이지. 그런데 내가 말하려는 근본 요지는 우선 아버지는 자기집을 위해, 직장을 가진 사람은 자기의 거래처를 위해, 성직자는 인간 상호간의 사랑을 위해 전력을 다해야 한다는 것이고, 경찰은 우리의 기쁨을 방해하지 말라는 것이라네."

1831년 1월 4일 화요일 ★

나는 괴테와 함께 나의 친구인 제네바의 퇴퍼*[36]의 화집 두세 권을 대충 훑어보고 있었다. 그의 재능은 화가로서 뿐만 아니라 작가로서도 이와 마찬가지로 위대했지만, 이제 그는 자기 정신의 생생한 직관을 막연한 언어로 표현하는 것보다 오히려 우리의 눈에 확실한 형상으로 드러낼 수 있는 그림 쪽을 더선호하고 있는 것 같았다. 경쾌한 펜화로 만들어 낸 〈파우스트 박사의 모험〉이 들어 있는 책은 완전히 희극 소설의 인상을 갖추고 있었다. 괴테는 이 책을 유달리 마음에 들어했다.

---

*36 제네바의 퇴퍼(1799~1846). 스위스 제네바의 화가이자 소설가이다.

"정말로 이 책은 유쾌하기 그지없네." 그는 차례로 페이지를 넘기면서 가끔 외쳤다. "모든 것에 재능과 지혜가 번득이고 있어! 이 가운데 몇 장면은 다른 것에 비길 수 없이 잘돼 있지! 이제부터 좀 더 진지한 주제를 택해서 조금만 더 단단히 죄게 되면 그는 생각할 수도 없는 것을 만들어 낼 수 있을 것이야."

"세상 사람들은 그를 라블레와 비교하면서, 그는 라블레를 모방하고 그에게서 아이디어를 빌려오고 있다고 비난하고 있습니다" 하고 나는 말했다.

"사람들은 자기 스스로 말을 하고는 있지만, 무슨 말을 하고 있는지 모르고 있어" 하고 괴테는 대답했다. "나는 그와 같은 점은 전혀 발견할 수 없네. 데퍼는 그와는 반대로 완전히 독자적인 입장에 서 있다고 생각하네. 그리고 그는 지금까지 나타난 다른 재능 있는 사람들과 마찬가지로 어디까지나 독창적이야."

1831년 1월 17일 수요일 ★

쿠드레이가 괴테 댁에서 건축 설계도를 열심히 보고 있었다. 나는 샤를 10세*37의 초상이 들어 있는 프랑스의 5프랑짜리 1830년도 발행권을 가지고 와서 보여 드렸다. 괴테는 그의 머리가 뾰족한 것을 보고는 농담을 했다. "이분이 가진 신앙심의 기능은 대단히 발달해 있는 것처럼 보이는군. 그는 신앙심이 너무나 두텁기 때문에 자신은 부채를 지불할 필요가 없다고 생각했던 것이야. 이것은 의문의 여지가 없지. 하지만 우리는 그 때문에 엄청난 빚을 짊어지고 있어. 현재 유럽에서 좀처럼 평화가 회복되지 않는 것도 그의 어리석은 행동 때문이지."

이어 우리는 〈적과 흑〉을 이야기했다. 괴테는 이것은 스탕달*38의 작품 중에서 최고의 것으로 생각한다고 말했다. "그렇지만 나에게는" 하고 그는 덧붙였다. "그가 쓴 여성 두세 명의 성격이 좀 지나치게 낭만적으로 느껴진다는 것

---

*37 샤를 10세(1824~30 재위). 루이 16세의 동생으로 프랑스의 국왕이었다.
*38 스탕달(1783~1842). 프랑스의 소설가인 그는 개인 대 사회의 관계를 명석하게 묘사함으로써 발자크의 작품과 더불어 리얼리즘 소설의 고전으로 간주된다. 그의 대표작은 〈적과 흑〉이다.

을 부정할 수는 없지. 그러나 그녀들은 모두 깊은 고찰과 심리학적인 통찰에서 탄생한 인물들이기 때문에, 이 저작의 세부에 걸쳐 부자연스러운 점이 있어도 너그럽게 봐줄 수 있을 것이야."

1831년 1월 23일 화요일 ★

왕자와 함께 괴테 댁에서 지냈다. 그의 손자들이 요술을 해 보이면서 즐기고 있었다. 특히 발터의 솜씨가 대단했다. 괴테는 말했다. "나는 아이들이 이런 흥에 겨운 활동을 하면서 적당히 여가를 보내는 것에 조금도 이의가 없어. 특히 적은 수의 사람이긴 하지만 구경꾼을 눈앞에 두고 있다는 것은 막힘 없는 연설 연습이라든지 몸놀림 그리고 정신 연마를 위한 아주 좋은 수단이기도 하다네. 본디 우리 독일인들에게는 이런 기회가 아주 드물지. 때로는 작은 허영심이 발동한다는 폐단이 없는 것은 아니지만 유익한 것이 더 많기 때문에 이것은 충분히 보상될 수 있을 것이야."

"그리고 구경을 하는 사람들도 틀림없이 이런 허영심을 지워버리는 것에 신경을 쓰게 될 것입니다" 하고 나는 말했다. "왜냐하면 구경꾼들은 보통 이런 어린 요술쟁이의 손놀림을 아주 날카롭게 바라보기 때문입니다. 그리고 또 아주 심술궂어 그 애가 잘못하게 되면 비웃고 그의 작은 속임수를 공공연하게 폭로해서 아이를 성나게 만들지요."

이에 괴테가 말했다. "그들도 배우와 마찬가지이지. 오늘은 갈채를 받지만 다음 날에는 저주의 휘파람 소리를 듣게 되네. 만사가 탈선하지 않고 잘 굴러가는 것도 이 때문이야."

1831년 3월 10일 수요일 ★

오늘 정오 때에 약 반시간 가량을 괴테 댁에서 지냈다. 나는 그에게 대공비가 유망한 젊은 배우의 양성을 위해 이곳 극장 감독에게 1,000탈러의 하사금을 교부하기로 결정했다는 것을 알려 드렸다. 이 보고는 평소에 이곳 극장의 변함없는 번영을 염원하고 있던 괴테를 아주 기쁘게 했다.

다음으로 나는 이것과는 별도로 다른 종류의 위탁을 괴테와 협의했다. 그것은 현재 독일의 최고 작가*39로서 관직도 없고 재산도 없이 오직 자신의 재능의 소신만으로 생활을 하고 있는 그런 사람이 있다면, 그를 바이마르로 초빙하여 이곳에서 아무런 근심걱정 없이 살 수 있는 지위를 마련하여 준다는 것이었다. 이렇게 하면 그 사람은 어떤 작품을 쓰든 그것을 완성시키는 데에 필요한 여유를 충분히 얻을 수 있게 될 것이었다. 빈곤에 몰려 어설프게 글을 써서 그 자신의 재능과 문학에 큰 손해를 끼치게 되는 비참한 상태에서 훌륭한 작가를 구출해 내려는 것이 다름 아닌 대공비의 의도였던 것이다.

괴테는 대답했다. "대공비의 그와 같은 의향이야말로 참으로 장한 말씀이시지. 그분의 그런 고귀한 마음씨에 나는 그저 머리가 수그러질 뿐이야. 그러나 여기에 합당한 선택을 내려야 한다면 그건 상당히 어렵지. 현재 가장 탁월한 재능이 있는 사람들은 이미 관직에 올라 있고, 연금 또는 자기의 재산으로 걱정 없이 잘 지내고 있네. 게다가 또 이곳으로 온다는 것이 아무에게나 적절하다고 말할 수 없고, 또 그렇게 하는 것이 아무에게나 실제로 도움이 된다고 말할 수도 없지. 그렇더라도 나는 그 고귀한 의향을 내 가슴속에 담아 두기로 했네. 그리고 가까운 장래에 이것이 좋은 결실을 맺도록 해야 하겠지."

1831년 3월 31일 수요일 ★

괴테는 최근 또다시 건강 상태가 대단히 나빠져서 단지 아주 친한 사이의 사람들하고만 만나고 있다. 2, 3주일 전에는 방혈(放血)을 행하지 않으면 안될 지경이었다. 그 이후에는 오른쪽 다리가 짓눌리듯 아파 왔기 때문에 드디어는 다리를 절개하기에 이르렀다. 그러자 몸 내부의 통증도 가라앉고 아주 빨리 회복으로 돌아섰다. 그런데 이 다리 절개의 상처 또한 2, 3일이 지나자 이제 본래의 상태로 돌아서, 그는 다시 그전과 마찬가지로 쾌활해졌고 붙임성도 더 좋아졌다.

오늘은 대공비가 그를 방문했고 대공비도 아주 만족해하면서 그의 곁을 떠

---

*39 이에 해당하는 인물로는 소설가인 카를 슈핀들러(1796~1855)가 거론되었다. 그러나 하인리히 마이어가 그는 이 대상으로 '적합하지 않다.'고 판단을 내렸기 때문에, 그는 이 정책의 수혜자가 되지 못했다.

났다. 대공비는 그의 상태를 물으셨다. 그러자 그는 아주 정중하게 '오늘까지는 회복의 기색이 없었습니다만, 대공비가 왕림해 주셔서 새롭게 건강이 회복되는 기쁨을 느낄 수 있게 되었습니다' 하고 대답했다.

1831년 4월 14일 수요일 ★

왕자가 주최하는 야회(夜會)가 있었다. 함께 참석한 비교적 나이 많은 분들 가운데 어느 한 사람이, 괴테가 이곳에 와서 지낸 지 얼마 안 되던 초기 시절의 일들을 아직도 기억한다면서 다음과 같은 금시초문의 이야기를 들려 주었다.

"1784년에" 하고 그 사람은 말을 시작했다. "나는 일메나우 광산의 엄숙한 개광(開鑛) 축하에 즈음하여 괴테의 저 유명한 연설을 들었습니다. 그때에 그는 이곳 거리와 이 근처에 있는 관리와 관계자들을 모두 초대하였습니다. 그는 연설 내용을 잘 기억하고 있어서 한동안은 막힘 없이 잘 진행하여 갔습니다. 그러다가 갑자기 그는 그 수호신으로부터 완전히 버림을 받은 것처럼 사색의 실마리로부터 완전히 단절되어 버린 듯했고, 그 후로부터는 말하는 요령도 완전히 잊어버린 것 같았습니다. 만약 다른 사람이 이런 낭패를 맞게 되었다면 분명 이를 데 없이 당황했을 것입니다. 그러나 그는 전혀 그렇지 않았습니다. 오히려 적어도 10분 동안 그는 조용히 꼼짝 않고 수많은 청중들을 바라만 보고 있었습니다. 청중들은 모두 그 인격의 위력에 사로잡혀 버린 듯 상당히 오랫동안을, 아니 거의 우습게 여겨질 만도 할 동안 완전히 조용히 가라앉아 있었습니다. 드디어 그는 다시 연설의 줄거리를 잘 정리한 듯 입을 열어 마지막까지 막힘 없이 아주 원활하게 축사를 잘 끝냈습니다. 그러면서도 그는 전혀 아무 일도 일어나지 않았던 것처럼 거북해하지 않고 명랑한 상태를 유지했지요."

1831년 6월 20일 일요일 ★

오늘 오후 반시간 가량을 괴테 댁에서 지냈다. 그는 아직 식사 중이었다.
우리는 자연 과학과 관련한 두세 가지 문제를 특히 언어의 불완전성과 불

충분성에 대해 이야기했다. 괴테는 이 때문에 나중에 이르러서도 그렇게 쉽게 바로잡을 수 없는 오류와 그릇된 견해가 퍼져 버린다고 하였다.

"이 문제는 지극히 간단한 것이지. 모든 언어는 인간의 가까이에 존재하는 욕구나 인간의 영위 그리고 인간에게 통용되는 감정과 직관에서 생기는 것이네. 그런데 이제 만약 한층 더 고차원적인 인간이 대자연의 불가사의한 작용과 섭리에 대해 예감과 인식을 얻었다고 가정해 보세. 이럴 경우 인간적인 사물하고는 완전히 동떨어진 이와 같은 것을 표현해야 하는데, 그것은 이미 인간에게 주어진 언어로는 도저히 충분하지 않을 것이네. 그의 독자적인 관찰을 충분히 충족시키기 위해서는 전신의 언어를 자유자재로 구사하지 않으면 안 될 것이야. 그러나 이것은 불가능하기 때문에 이 이상한 자연 상황을 관찰하면서도 여전히 인간적인 표현에 의지하는 수밖에는 다른 길이 없는 것이지. 이리하여 그는 이러한 경우의 거의 모든 곳에서 언어의 부족함을 자초하기 때문에, 그의 대상의 지위를 떨어뜨리게 되지 않으면 완전히 손상을 끼쳐 못쓰게 만들어 버리게 되네."

"그렇지만 당신은" 하고 나는 말했다. "어떤 경우에라도 정말로 예리하게 대상의 핵심으로 육박하고, 모든 상투어를 배격하며 당신의 한층 더 높은 고찰에 어울리는 아주 특정적인 언어 표현을 쉬지 않고 발견해 나가고 있습니다. 그런 당신이 말하는 것이어서 어느 정도 이해할 수도 있습니다. 그렇지만 우리 독일인들은 대체로 아직은 이럭저럭 만족을 해도 괜찮지 않을까 하고 생각해 봅니다. 우리의 언어는 유달리 풍부하고 세련되고 계속 발전되어 나갈 가능성도 있기 때문에, 때로는 비유의 힘을 빌리지 않을 수 없다고 하더라도 말하고자 하는 것의 본질에 가장 가깝게 접근할 수 있습니다. 그렇지만 프랑스어는 우리의 독일어와는 반대로 대단히 불편합니다. 프랑스어는 고차원적인 자연 상태를 관찰하고 표현하려고 하면, 기술에서 얻어진 비유를 사용해야 하기 때문에 그것은 즉시 물질적으로 변하고 천하게 되어 버립니다. 그러므로 고차원적인 고찰을 전달하는 데에 프랑스어는 전혀 충분하지 못합니다."

"자네는 정말로 핵심을 찌르는 말을 해 주었다고 생각하네" 하고 괴테는 말참견을 했다. "바로 얼마 전에 퀴비에와 조프로아 드 상틸레르 사이의 논쟁 때에도 자네의 말이 지당하다는 것을 경험했지. 조프로아 드 상틸레르는 자연의 정신적인 섭리와 창조에 대해 참으로 높은 견식을 가지고 있는 사람이지. 그렇지만 그가 부득이 전래의 표현을 사용하지 않으면 안 되는 데에서 프랑스어는 전혀 아무런 도움을 주지 못하고 있어. 또한 이것은 단지 불가사의한 정신적인 대상이나 관계를 표현할 때뿐만이 아니야. 우리의 눈에 확실하게 드러나는 구체적인 대상이나 상황의 경우에도 그러한 것이지. 그는 유기체의 각 부분을 표현하려고 했어. 하지만 그럴 때면 그에게는 물질이라는 말 이외의 다른 말이 없었네. 그렇기 때문에 가령 뼈는 같은 종류의 부분으로서 하나의 팔의 유기적인 전체를 형성하고 있지만, 그 설명을 하기 위해 집을 짓는 돌이나 각목 그리고 판자가 인용되면서 그것들과 같은 정도로 표현되는 형편이야."

"이것과 똑같은 경우가 또 있지" 하고 괴테는 말을 계속했다. "프랑스인들은 자연의 창조물에 대해서 말할 때에도 조립이라는 용어를 사용하고 있는데, 이것도 역시 적절하지 않네. 기계의 각 부분을 하나로 결합하여 만드는 대상물에 대해서는 조립이라고 말할 수 있을 것이야. 그러나 각 부분이 생명을 갖고 형성되고 공통의 정신이 유기적인 전체의 구석구석을 관통하고 있다고 생각될 때에는 이렇게 말할 수 없는 것이라네."

"그뿐만이 아닙니다" 하고 나는 말했다. "조립이라는 용어가 미술이나 문학 같은, 순전히 창작적인 경우에도 사용된다는 것은 적절치 않으며 품위를 떨어뜨리는 일로 생각됩니다."

"완전히 품격을 떨어뜨리는 일이지. 우리는 프랑스인들에게서 끌어온 이것을 될 수 있는 대로 빨리 버리지 않으면 안 되네. 어떻게 모차르트가 그의 〈돈 조반니〉를 조립했다고 말할 수 있겠는가!—조립!—마치 작품이 달걀과 밀가루 그리고 설탕을 뒤섞어서 만든 과자나 비스킷의 한 조각과 같다는 것이 아닌가!—모차르트의 〈돈 조반니〉는 전체와 각 부분이 하나의 정신의 주형(鑄型) 속으로 흘러들어 한 생명의 입김에 의해 관통되어진 정신적인 창조물인 것이야. 이때에 창조자는 자신의 작품을 시험해 보고 짧게 잘라 보고 제멋대로 행동해 볼 수 있는 위치가 아닐세. 오히려 그는 그의 천재에 깃들어 있는 마력적인 정신에 지배되어 그것이 명령하는 대로 실행한 것에 지나지 않는 것이지."

1831년 6월 27일 일요일 ★

우리는 빅토르 위고에 대해 이야기했다. "그는 뛰어난 재능의 소유자이지" 하고 괴테는 말했다. "그렇지만 불행하게도 당대의 낭만적인 경향에 완전히 사로잡혀, 아름다운 것과 함께 정말로 참기 어려운 것과 추악하기 그지없는 것까지도 그리려고 하고 있네. 나는 최근에 그의 〈노트르담의 꼽추〉를 읽었지. 그리고 이것을 끝까지 다 읽고 고통을 이겨 내는 데에는 적지 않은 인내심이 필요했지. 이 책은 이때까지 나온 책 중에서도 가장 불유쾌한 느낌을 주는 것이었어! 우리가 이걸 읽으며 고문을 당하는 것과도 같은 고통을 견디어 내고 인간적인 본질과 인간적인 성격이 진실미 있게 그려져 있는 것을 느껴도, 결국 그 고통을 풀어 주는 기쁨을 찾을 수는 없다네! 오히려 이 책에는 자연스러운 데가 없고 아무런 진실도 없어! 그가 그려 내고 있는 소위 말하는 행동적인 인물들은 결코 피와 육체를 가진 살아 있는 인간이 아니고 나무로 만들어진 불쌍한 인형이야. 그는 이 인형들을 자기 뜻대로 움직여, 자기 의도대로 그것들이 여러 가지로, 어떤 때에는 찌푸린 얼굴을, 또 어떤 때에는 괴기한 얼굴을 하게 만들기도 하지. 그건 그렇다 치더라도 이와 같은 책을 출판하고 있을 뿐만 아니라, 이것을 지극히 당연하고 재미있다고 생각하다니, 우리는 도대체 어떤 시대에 살고 있다는 말인가!"

1831년 7월 14일 수요일 ★

나는 왕자와 함께 뷔르템베르크의 국왕 폐하를 모시고 괴테를 방문했다. 왕은 돌아오는 길에 대단히 만족해하는 것 같았다. 그리고 그는 나에게 이 방문으로 대단히 기쁘셨다며 괴테에게 감사의 말을 전해 달라고 부탁하셨다.

1831년 7월 15일 목요일 ★

잠깐 동안을 괴테 댁에서 지냈다. 나는 그에게 뷔르템베르크 왕이 어제 남긴 전언을 말씀드렸다. 이때에 그는 식물의 나선적 경향에 관한 연구에 몰두하고 있었다. 그는 이 새로운 발견에 대한 의견을 말하면서, 이것은 계속 현저한 진전을 거듭하여 과학에 커다란 영향을 끼치게 될 것이라고 하였다. "뭐니

뭐니 해도" 하고 괴테는 덧붙였다. "자연의 연구가 우리에게 가져다주는 기쁨보다 더 나은 것은 이 세상에 없지. 자연의 비밀은 헤아리기 어려울 만큼 심오한 것이야. 그렇지만 우리 인간은 자연을 점점 더 깊이 통찰하는 것이 허락되어 있을 뿐만 아니라, 그 능력 또한 주어져 있지. 자연은 결국 마지막까지 그 근본을 캐내기 어려운 것으로 머물러 있기는 하지만, 우리에게는 영원히 매력적인 존재로서 재삼 새로운 통찰과 발견을 얻을 수 있도록 노력하게 만드는 것이라네."

1831년 7월 20일 화요일 ★

식사가 끝난 뒤에 반시간 가량을 괴테 댁에서 지냈다. 그는 사뭇 명랑하고 온화한 기분 속에 빠져 있었다. 우리는 여러 가지 일을 이야기했는데, 마지막으로 카를스바트에 대해서 언급하였다. 이리하여 그는 그곳에서 체험했던 여러 가지 연애 모험담을 들려주면서 흥겨워했다. "대수롭지 않은 연애 모험은 온천장에 머물러 있는 동안 따분함을 이겨낼 수 있는 유일한 방법이지. 이것마저 없으면 너무나 지루해서 죽을 지경일 거야. 그렇지만 정말 다행스럽게도 나는 거의 매번 거기에서 가벼운 친화력을 발견했지. 그리고 그것은 수주일간 나를 아주 즐겁게 해 주었다네. 특히 지금도 생각할 때면 마음이 흐뭇해지는 하나의 사건이 있네. 들어 보게. 내가 폰 레케 부인*40을 방문했던 어느 날이었어. 난 그녀와 한동안 두서 없는 말을 나누고 난 뒤 작별 인사를 드렸지. 그런데 현관 문을 나서자마자 나는 두 사람의 아리따운 딸을 거느린 어떤 귀부인을 만났어. '지금 막 당신 집에서 나온 그 신사는 누구신가요?' 그 부인은 폰 레케 부인에게 물었네. '그분은 괴테였지요' 하고 폰 레케 부인은 대답했지. 그러자 그 예쁜 두 딸을 거느린 부인이 말했어. '오, 정말로 애석한데요. 서로 아는 사이가 되는 기회를 놓쳐 버렸네요!' 레케 부인은 말했지. '오, 조금도 애석해할 필요가 없어요. 그분은 귀부인과 함께 어울리면 아주 지루해 하지요. 예쁜 아가씨 같으면 그의 마음을 움직이게 할 수 있겠지요. 그러나 우리와 같

---

*40 폰 레케 부인(1756~1833). 여류 문필가. 그녀는 괴테를 1785년 알고 지내면서 키를스바트 온천장에서 여러 번 만났다.

은 할머니들하고 있으면 그가 자기 이야기에 열중한다든지 상냥하게 대한다든지 하는 것은 생각할 수도 없는 일이에요.'

두 딸은 어머니와 함께 집으로 돌아왔을 때에 폰 레크 부인의 말을 떠올리며 말했지. '우리는 젊고 아름다워. 그러니 저 유명한 야인을 붙들고 길들이는 데에 성공할 수 있는지 한번 해보자.' 다음 날 아침 내가 약수터 옆의 산책길을 지나갈 때 그녀들은 나에게 이를 데 없이 우아하고 사랑스러운 인사를 되풀이했다네. 그래서 나도 그녀들한테로 다가가 말을 건네지 않을 수 없었지. 그녀들은 정말로 매혹적이었어! 나는 새삼 그녀들하고 말을 하게 되었고 그녀들은 나를 자신들의 어머니한테로 데리고 가게 됐지. 이렇게 하여 나는 결국 포로가 되었던 것이지. 그 이후로는 우리는 매일같이 서로 만나 함께 지냈네. 그러다가 우리들의 관계를 한층 더 은밀하게 만드는 일이 생겼지. 딸 한 명의 약혼자가 도착했기 때문에 나는 다른 딸하고는 점점 더 친하게 맺어지게 된 거야. 게다가 또 누구나 헤아릴 수 있는 일이지만 나는 그녀의 어머니에 대해서도 한층 더 상냥스러워졌지. 말하자면 우리 모두는 이를 데 없이 만족해하고 있었지. 이렇게 하여 나는 이 가족하고 아주 행복하게 지냈어. 그녀들은 지금도 나에게는 아주 기분 좋은 추억으로 남아 있지. 이 두 딸들은 얼마 안 있어 그들의 어머니와 폰 레케 부인과의 대화로 말미암아 나를 정복하려는 음모를 세웠고, 이것이 훌륭하게 성공을 거뒀다는 것을 내게 이야기해 주었지."

이것을 계기로 괴테가 나에게 들려 주었던 다른 일화가 떠올랐기 때문에 여기에 그것을 첨가하려고 한다.

괴테는 말했다. "예전에 어떤 친한 친구와 저녁때에 성 안에 있는 정원을 산책하고 있었지. 그때 뜻하지 않게 가로수 길이 끝나는 언저리에서 우리 동아리에 속하는 다른 두 사람의 그림자를 발견했어. 그 두 사람은 서로 조용히 이야기를 나누면서 걸어가고 있었지. 그 신사와 숙녀의 이름은 여기에서 거론하지 않기로 하겠네. 그러는 편이 좋을 것 같아서 말이야. 이 두 사람은 서로 나누는 이야기에 흥겨워서 별다른 생각은 하고 있지 않은 것처럼 보였어.—그러다가 갑자기 두 사람의 머리가 기울어지는가 싶더니 그들은 서로 열렬한 키스를 주고받았지. 그러고는 다시 맨 처음의 방향으로 돌아가면서 아무 일도 없었다는 듯이 자못 진지한 이야기를 계속하는 것이었어. '당신은 저 광경을 보았습니까?' 하고 같이 가던 나의 친구가 깜짝 놀라면서 물었지. '나는 나의 눈을 믿을 수가 없는데 말입니다.' '나는 확실히 보았지' 하고 나는 침착하게 대답했지. '그렇지만 나도 믿어지지가 않아.'"

1831년 8월 2일 월요일 ★

우리는 식물 변태설에 대해, 특히 칸돌*⁴¹의 균제설(均齊說)에 대해 이야기했다. 괴테는 이것을 완전히 환상이라고 해석하고 있었다.

"자연이란 것은" 하고 그는 말했다. "아무에게나 몸을 맡기는 것이 아니지. 오히려 자연은 해롱거리며 자기 매력을 이용해 많은 사람을 유혹하지만, 누구라도 그를 붙잡아 자기 소유로 만들었다고 믿는 순간 그 팔에서 슬쩍 빠져나가 버리는 젊은 아가씨와 같다네."

1831년 10월 19일 수요일 ★

오늘 벨베데레에서 농업장려협회의 모임이 있었다. 거기에서는 최초의 공업 물품과 상품의 박람회가 열렸는데 출품된 물건들은 예상 외로 풍부했다. 이어 많은 회원들이 참석한 가운데 성대한 회식이 있었다. 거기에 뜻밖에도 괴테가 나타났기 때문에 참석자들은 모두 기뻐하며 어쩔 줄을 몰라했다. 그는 한동안 머물러 있으면서 출품된 상품들을 아주 흥미 있게 바라보고 있었다. 그가 모습을 나타낸 것은 호감이 가는 인상을 주기에 충분한 일이었다. 특히 이때까지 그를 한 번도 본 일이 없는 사람들에게는 더욱 그러했다.

1831년 12월 1일 목요일

한 시간 가량 괴테 댁에서 지내면서 여러 가지 이야기를 나누었는데, 대화 중에 소레에 대한 말도 나왔다.

괴테는 말했다. "나는 최근 그가 쓴 상당히 훌륭한 시를 읽었지. 그것은 3부

---

*41 칸돌(1778~1841). 이미 2부 296번에도 나왔지만, 그는 스위스의 제네바의 식물학자이다.

곡인데 전반의 2부는 밝고 정원풍이고, 〈한밤중〉이라는 표제가 붙어 있는 마지막 부분은 몸서리치게 하는 음산한 성격을 띠고 있었네. 이 〈한밤중〉은 대단한 성공작이네. 우리에게 마치 밤공기에 접하는 것 같은 느낌을 주는 렘브란트*[42]의 그림과 마찬가지로 이것을 읽으면 실제로 밤의 입김이 몸에 닿는 것 같은 기분이 되지. 빅토르 위고도 이것과 비슷한 주제를 취급하고 있지만 이만큼 성공하지는 못했다네. 이 이론의 여지가 없을 만큼 대단한 천재도 밤의 묘사에 이르러서는 조금도 실제적인 밤을 그리고 있지 못했어. 오히려 주위는 여전히 밝고 눈으로 확실하게 볼 수 있는 대낮이었기 때문에 밤의 묘사는 단지 꾸며 놓은 것에 불과했지. 소레는 저 유명한 빅토르 위고를 이 〈한밤중〉에서 의심의 여지없이 능가하고 있네."

나는 이 찬사를 듣고 기쁘게 생각했고 화제의 소레가 쓴 3부곡을 가능한 한 빨리 읽어야겠다고 마음먹었다. 내가 현대 독일 문학에서 3부곡은 아주 드문 편이라고 하자 괴테가 말했다.

"이 시 형식은 근대에 들어와서는 나라를 불문하고 드물지. 이 경우에 중요한 것은 제1부에서는 일종의 발단이 되며 제2부에서는 파국에 도달하고 제3부에 가서는 화해하는 장면으로 끝나는, 무리 없이 3부에 걸쳐서 취급될 수 있는 소재를 발견하는 것이야. 나의 시 〈젊은이와 물방앗간 아가씨〉는 이러한 요구와 결부되어 있지. 그렇지만 애초에는 이것을 3부곡으로 만들려는 생각이 전혀 없었어. 나의 〈파리아〉는 완전한 3부곡인데, 이것은 3부곡으로 쓰려는 의도를 가지고 구상했고 또한 그렇게 만든 것이라네. 이것과는 달리 소위 말하는 〈정열의 3부곡〉은 원래 3부곡으로 썼던 것은 아니고, 말하자면 어느 정도의 우연도 깃들여져서 겨우 3부곡이 된 것이야. 자네도 알고 있듯이 처음 이 비가는 단지 그것만으로 독립된 시였지. 그 후 시마노프스카 부인이 나를 찾아와 그해 여름을 마리엔바트에서 함께 지냈어. 그리고 그녀의 매력적인 멜로디로 말미암아 젊고 행복했던 날들의 여운이 내 가슴속에 다시 되살아났던 것이지. 그러므로 이 여자 친구에게 바친 시절(詩節)은 오로지 저 비가의 운율과 가락을 빌려 만들어졌고, 이것으로 인해 저절로 화해적인 조정으로

---

*[42] 렘브란트(1609~1669). 괴테는 1830년 이후에 '사상가 렘브란트'라는 논문을 쓴 적이 있었다.

끝나고 있지. 그 후 바이간트*43가 나의 〈베르테르〉의 신판을 계획하고 있어 나에게 그 서문을 부탁했는데, 그것이 〈베르테르에게〉라는 시를 쓸 절호의 기회를 제공해 주었네. 나의 가슴속에는 여전히 정열이 맺혀 있었기 때문에 이 시가 어느 사이에 비가를 위한 서곡이 되어 버린 것이지. 이런 관계로 현재 합쳐진 3개의 시는 모두 사랑의 상처로 인한 공통의 감정이 관통되어 있어 자기도 모르는 사이에 〈정열의 3부곡〉이 성립된 것일세.

나는 소레에게 더 많은 3부곡을 쓰도록 권고했지. 그도 역시 내가 방금 전에 말한 것처럼 하는 것이 좋을 것이야. 뭔가 3부곡이 될 만한 독특한 재료 없을까 하고 고생을 하면서 찾아 나설 필요는 없다. 그것보다는 오히려 자신의 많은 미발표 시 가운데서 내용이 충실한 것을 끄집어내서, 기회를 봐서 일종의 발단과 화해적인 조정을 구성해 내면 좋을 것이야. 그리고 이 3부곡의 제작 사이사이에는 확실한 중단을 남겨 두어야 하네. 이렇게 하면 아주 쉽게 목적을 달성할 수 있고 여러 가지로 생각하지 않아도 되지. 이렇게 한다는 것도 사실 마이어가 말한 대로 아주 어려운 일이긴 하지만."

다음으로 우리는 빅토르 위고에 대해서 이야기했다. 괴테는 그가 너무 많은 작품을 쓰고 있으며 이것은 그의 재능을 심하게 해치는 일이라고 하였다.

괴테는 말했다. "만약 1년 사이에 두 개의 희곡과 하나의 장편소설을 쓸 정도로 무모한 짓을 하고 더 나아가 오직 막대한 돈을 모으기 위해서만 글을 쓴다면, 누구나 건강을 해치고 아무리 탁월한 재능의 소유자라고 해도 파멸해 버리고 말 것이야. 그가 부자가 되려고 하는 것, 그리고 한 시대의 명성을 얻으려고 기를 쓰는 것을 나는 비난하고 싶지는 않아. 그렇지만 후세까지 오래오래 살아남으려고 생각한다면 그는 작품을 훨씬 덜 쓰고 더 많은 것을 공부해야 할 것이야."

이어 괴테는 〈마리용 드로름〉*44을 언급하면서 나에게 이렇게 설명해 주었

---

*43 라이프치히의 출판상인으로, 괴테의 〈젊은 베르테르의 슬픔〉 초판을 출판하였다. 그의 출판사에서 1824년 2월 〈베르테르〉 출판 50주년 기념판을 발간하기 위해 새로운 서문을 간청하였고, 괴테는 서시로서 〈정열의 3부곡〉 제1부의 〈베르테르에게〉를 보냈다. 그리하여 〈베르테르〉의 출판 50주년 기념판은 다음 해 1825년에 간행됐다.
*44 비극으로 1829년에 나왔다.

다. 이 주제는 단지 1막으로 표현하면 충분하며 또한 그것으로 훌륭한 비극이 될 수 있는데도, 이 작가는 전적으로 이차적인 생각에 매혹되어 작품을 터무니없이 길게 5막물로 잡아 늘였다는 것이다. "이것을 읽고 우리가 얻을 수 있는 이득이 있다면" 하고 괴테는 덧붙였다. "이 시인도 세밀 묘사에 있어서는 상당한 솜씨를 발휘하고 있다는 것을 알게 되는 것뿐이네. 확실히 그는 이 점에 있어서는 뛰어난 재능의 소유자야. 우리의 고개를 끄덕이게 만드는 것도 대단한 것이지."

1832년 1월 5일 목요일 ★

제네바에 있는 나의 친구인 퇴퍼가 보낸 펜화와 수채화가 들어 있는 새로운 책 여러 권이 도착했다. 대부분은 스위스와 이탈리아의 풍경화로 그가 도보여행 도중 조금씩 그려 모은 것이다. 괴테는 이 스케치, 특히 수채화의 아름다움에 완전히 놀라 저 유명한 로리*⁴⁵의 그림을 보고 있는 것과 같다고 말했다. 나는 이것은 결코 데퍼의 최고 작품들이 아니며, 이젠 이것과는 전혀 다른 것을 보내올 것이라고 말했다. "나는 자네 말의 의미를 알 수 없어" 하고 그가 말했다. "도대체 한층 더 좋은 것이란 무엇이란 말인가! 예술가가 어느 정도의 높이까지 도달하게 되면 그의 한 작품이 다른 것보다 더 완전한 솜씨인지 아닌지는 거의 문제가 되지 않는 것이네. 전문가라면 어떤 작품을 보더라도 그 거장의 일관된 기량과 재능, 그리고 그 수법의 전폭(全幅)을 꿰뚫어 볼 수 있는 것이야."

1832년 2월 17일 금요일 ★

나는 영국에서 조각한 뒤몽의 초상화를 괴테에게 보냈다. 그런데 이것이 그의 비상한 관심을 끌게 된 것 같았다.

"나는 이 유명한 인물의 초상화를 여러 번 되풀이하여 바라보았지." 괴테는 내가 오늘 저녁 그를 방문했을 때에 말했다. "처음에는 나에게 어딘지 친숙해질 수 없는 그 무엇을 가지고 있었어. 그렇지만 나는 그것을 미술가의 취

---

*45 로리(1760~1836). 스위스의 수채화가이다.

급 방법 때문으로 돌렸다네. 즉 그 선을 어딘지 너무 딱딱하고 깊게 팠기 때문이라고 생각했지. 그렇지만 이 극도로 특징적인 머리 부분을 바라보고 있자니까 점점 모든 경직성이 없어져 버리고 말았어. 그러고는 어둠 속의 근저로부터 조용하고 온화한, 그러면서도 지성적이고 섬세하고 온유함을 가득 담은 아름다운 표정이 떠올랐어. 이것은 현명하고 온정이 가득 찬 사람과 오로지 이 세상의 행복을 위해 활동하고 있는 인물의 특징으로, 보고 있는 사람의 마음을 아주 기분 좋게 해 주는 것이지."

우리는 계속하여 뒤몽에 대해, 특히 그가 미라보*46에 관해서 쓴 〈회상록〉에 대해서 말했다. 뒤몽은 이 책 속에서 미라보가 교묘하게 이용한 여러 가지 수단을 폭로하고 많은 재능 있는 인물들을 열거하면서, 미라보가 이 사람들을 자기 자신의 목적을 위해 움직였고, 그들의 힘을 빌려 일을 했다고 말하고 있다. "나는 이 〈회상록〉만큼 유익한 책은 없다고 생각하네" 하고 괴테는 말했다. "이것을 통해 우리는 그 당시의 가장 비밀스러운 부분까지 깊숙이 들여다볼 수 있어. 또 이것으로 기적이라고 믿었던 미라보도 우리들에게 당연한 것이 되지. 그러면서도 그의 위대함은 조금도 손상을 받지 않아. 그렇지만 이번에 도착한 프랑스 잡지의 최근의 비평을 보면 그 잡지는 이점에 관해 다소 의견을 달리하고 있네. 선량한 사람들은 이 〈회상록〉의 저자가 그들의 미라보를 파멸시키고 그의 초인적인 행위의 비밀을 폭로하여, 지금까지 그의 이름으로 독점되던 위대한 공적의 몇 부분을 다른 사람들에게도 나누어 주려고 하고 있다고 믿고 있어.

프랑스인들은 미라보를 자기들의 헤라클레스로 보고 있는데, 이것은 어디까지나 옳은 것이야. 그렇지만 그들은 거상(巨像) 또한 개개의 부분으로 성립되어 있다는 것, 그리고 고대의 헤라클레스도 하나의 집합체로서 자기 자신의 행위와 다른 사람들의 행위의 위대한 대표자에 지나지 않는다는 것을 잊고 있지.

설사 우리가 자신이 마음 내키는 대로 행동하고 있다고 생각하더라도, 궁극적으로 우리 모두는 집합체인 것이야. 왜냐하면 가장 순수한 의미에서 이것

*46 미라보(1749~1791). 프랑스혁명 초기의 정치가로서, 그는 천재적인 추진력을 가지고 있었다.

이야말로 우리의 소유물이라고 말할 수 있는 것은 실제로는 얼마 안 되는 미미한 것에 지나지 않기 때문이지! 우리는 모두 우리 이전에 살았던 사람들로부터, 그리고 우리와 현재 함께 살고 있는 동시대의 사람들로부터 받아들이고 배우지 않으면 안 되는 것이야. 아무리 가장 위대한 천재라고 하더라도 모든 것이 오직 자기 자신의 덕분이라고 생각한다면, 그 이상의 진보는 불가능하다네. 그렇지만 너무나도 많은 착한 사람들이 이것을 알아차리지 못하고 독창성의 환상에 휘둘려, 인생의 반평생 동안 암중모색만을 하고 있지. 나는 자기는 어떠한 대가에게서도 배우지 않았고 오히려 모든 것은 오직 자기 자신의 천재의 덕을 입고 있을 뿐이라고 자만하고 있는 미술가들을 알고 있는데, 이 사람들이야말로 어리석은 자들이지! 이런 생각으로 모든 것이 잘 통할 것이라고 생각하고 있다니! 세계가 자신들에게 한 발짝 한 발짝 다가가 어리석기 그지없는 자신들을 어엿이 제구실을 할 수 있는 인물로 만들어 준 것을 생각하지 못하고 있어! 그렇지, 나는 정말 이런 미술가를 데려다가 내 방의 벽을 따라 걷게 하고 싶네. 거기에는 위대한 대가 몇몇의 스케치들이 걸려 있어. 만약 그 사람이 어느 정도의 천재성을 가지고 있다면, 그 그림들을 한번 쳐다보기만 해도 몰라볼 만큼 다른 사람이 되고 마음이 드높아져 떠나게 될 것임에 틀림없지.

외부 세계의 소재를 우리 가까이로 끌어당겨 고차원적인 목적에 이용할 수 있는 역량과 성향이 없다면, 어떻게 우리가 훌륭한 일을 할 수 있다는 말인가. 이 이야기는 내 자신에 관한 것이 되지만 내 스스로가 느끼고 있는 것을 겸손하게 말해 보려고 하네. 나는 긴 생애에 걸쳐서 자랑할 수 있는 갖가지 일을 했고, 또 성공을 거둔 것도 사실이야. 그러나 정직하게 말해서 이것이야말로 나의 것이라고 할 수 있는 것이 무엇이 있겠는가. 나는 보는 것, 듣는 것, 식별하는 것, 선택하는 것, 그리고 보았던 것과 들었던 것들에 다소의 정신을 부여하여 생명화하고 어느 정도 교묘하게 재현하는 능력과 성향을 가지고 있었을 뿐이라네. 이밖에 나에게 무엇이 있었다는 말인가. 나는 결코 나의 작품들이 나 자신의 지혜만으로 이루어진 것이라고 생각하지 않네. 이 작품들은 나에게 재료를 제공해 준 나 이외의 수천의 사물들과 인물들 덕분이었던 것이야. 거기에는 어리석은 자도 있고 착한 자도 있고, 또 양식이 있는 자도 있고 몽매한 자도 있지. 어린아이도 젊은이도, 그리고 나이가 지긋한 분도 있었어. 이 모든 사람들이 내 마음속에 떠올라 생각하고 생활하고 작용을 하며 나에게 자신들이 모아 놓은 체험을 이야기해 준 것이지. 이리하여 나는 다른 사람들이 나를 위해 씨를 뿌려준 것을 손에 잡아 거둬들이는 것 이외에는 아무것도 한 것이 없어.

　예컨대 어떤 사람이 어떤 것을 자기의 힘으로 얻었는가, 그렇지 않으면 다른 사람의 힘으로 얻었는가, 자기의 힘을 작용시켰는가, 그렇지 않으면 타인의 힘을 빌려 작용시켰는가를 묻는다는 것은 완전히 어리석은 짓이라고 생각하네. 가장 중요한 것은 위대한 의지를 가지고 있는가, 그리고 이것을 실현시킬 기량과 인내심을 가지고 있는가이지. 이 밖의 모든 것은 아무래도 좋은 것이야. 그러니 미라보가 가능한 한 외부 세계와 그 힘을 이용했다는 것, 이것은 완전히 당연한 일이야. 그는 사람들의 재능을 꿰뚫어 볼 수 있는 천부의 재능을 갖추고 있었지. 그리고 그로 말미암아 선택된 사람들은 그의 강력한 본성의 마력에 끌려간 것처럼 그와 그의 지도력에 기꺼이 몸을 맡겼던 것이야. 이리하여 그는 탁월한 인재들에 에워싸여 있었고, 그 사람들은 그의 뜨거운 불길에 흔들려 그의 고매한 목적을 향해 매진했던 것일세. 즉 그는 다른 사람들과 함께 그리고 다른 사람들을 통해 일하는 것을 알고 있었던 것이지. 이것이 그의 천재인 것이며 독창성인 것이며, 또한 그의 위대함인 것이야.”

1832년 3월 11일 일요일

　저녁때에 약 1시간 가량을 괴테 댁에서 여러 가지 좋은 이야기를 나눴다. 나는 영어로 된 성서를 사가지고 갔었는데, 아주 유감스러운 일이었지만 그 속에는 외전(外典)이 포함되어 있지 않았다. 그것들은 정전(正典)이 아니고, 신에게서 나온 것이 아니기 때문에 들어가 있지 않다는 것이었다. 나는 저 철두철미 고귀하고 경건한 생활의 모범인 토비아스, 그리고 솔로몬과 예주스 시라하의 지혜 등, 정신적으로나 윤리적으로 비길 만한 것을 찾아볼 수 없을 만큼 높은 위치에 있는 이 모든 경전들이 없는 것을 아쉬워했다. 나는 괴테에게 구약성서 중에서 두세 편만을 신이 직접 내려 주신 것으로 인정하고, 이것과 똑같이 훌륭한 다른 것에 대해서는 그렇지 않다고 간주하고 있는 것은 너무나 편협한 견해이며, 이것을 유감스럽게 생각한다고 말했다. 그리고 이 견해와는 달리 신에게서 직접 내려 받지 않고 신의 작용의 직접적인 결과가 아니라고 하더라도, 반드시 숭고한 것 그리고 위대한 것이 생겨날 수도 있다고 하였다.

"나도 자네하고 전적으로 같은 의견이네" 하고 괴테는 말했다. "그렇지만 성서 그 자체에 관해 고찰할 때에는 두 가지 입장이 있어. 그중의 하나는 일종의 원시종교의 입장으로서, 신으로부터 발단한 순수한 자연과 이성의 입장이지. 이것은 신성(神性)에 혜택 받은 인간이 존재하는 한 영원토록 변하지 않으며 언제까지나 존속하고 존중받을 것이야. 그렇지만 이것은 오직 선택된 사람들에게만 한정되는 것으로 너무나 고매하고 너무나 숭고하기 때문에 일반화될 수가 없다네. 다음으로 또 하나는 교회의 입장이 있지. 이것은 한층 더 인간적인 것이야. 이 입장은 약하고 변화하기 쉽고, 또 실제로도 변화해 가고 있네. 그러나 이것도 인간의 약한 본질이 존속하고 있는 한 영원히 변화하면서 지속해 나갈 것이야. 구름 한 점 없는 신의 계시가 발하는 광채는 너무나도 순수하고 눈부셔서 이를 데 없이 연약한 인간에게는 적절하지 못하다네. 그래서 우리 인간은 그것을 견디어 낼 수 없을 걸세. 이때 교회가 중생을 달래고 조절하는 인정 많은 중개자로서 나타나지. 이렇게 하여 모든 사람을 돕고 모든 사람들을 행복하게 해 주고 있네. 그리스도 교회는 그리스도의 후계자로서, 인간을 자신들이 저지른 죄의 무거운 짐으로부터 해방시켜 준다는 신앙과 결부되어 있으므로 절대적인 세력을 가지고 있지. 이러한 위력과 신망을 보유함으로써 교회의 조직을 유지하는 것은 그리스도교 성직자 계급의 중요한 목적이 되어 있는 것이야.

그러므로 성직자들은 정신의 위대한 계몽에 힘이 생기게 하고 높은 윤리성과 숭고한 인간성의 가르침이 내포되어 있는 것이, 성서 중의 이 책에 있는가 아니면 저 책에 있는가 하는 것을 그다지 크게 문제 삼지 않지. 그것보다 오히려 그들은 모세의 책 중에서 인류 타락의 이야기와 구세주의 갈망과 발생 쪽을 더 중요시하고, 여기에 예언자들의 말을 빌려 그 사람, 즉 기다려지는 그 사람을 되풀이하여 가리키네. 그리고 이와 동시에 복음서에 기록된 저 구세주가 실제로 이 세상에 나타났다는 것, 그리고 인류의 죄를 속죄하기 위해 십자가에 못 박혀 죽었다는 것에 사람들의 눈이 향하도록 하는 것이네. 그러므로 이러한 목적과 방향에 입각하여 저울에 달아보게 되면 고귀한 토비아스와 솔로몬의 지혜, 그리고 시라하의 잠언까지도 별로 큰 무게를 갖지는 못하는 것이야.

좌우간 성서 중의 사항에 관한 진위(眞僞) 여부를 문제 삼는 것만큼 어리석은 일은 또 없지. 가장 순수한 자연과 이성에 조화를 이루고 있고 오늘날에 이르러서도 우리의 발전에 기여하고 있는 완전히 탁월한 것, 이것 이외에 무엇이 더 진실되다는 말인가! 그리고 어떠한 성과도, 적어도 아무런 좋은 성과도 가져오지 않는 그런 불합리한 것, 공허한 것 그리고 어리석은 것보다 거짓된 것이 또 어디에 있겠는가!—성서의 진위가 절대적으로 진실된 것이 전승되고 있는가 아닌가의 문제에 의해 결정된다면, 두 세 가지 점에서 복음서의 진실성도 의심스러워질 것이야. 그중에서 마르코의 복음서와 루가의 복음서는 직접적인 관찰과 경험에서 쓰여진 것이 아니고, 구두로 전해져 훨씬 훗날에야 비로소 쓰여진 것이지. 그리고 마지막에 실린 사도 요한의 것은 그가 완전히 노년에 이르렀을 때에야 기록된 것이야. 그렇긴 하지만 나는 이 네 개의 복음서[47] 모두를 완전히 진실된 것이라고 생각하고 있네. 왜냐하면 이 복음서 속에는 그리스도의 인격에서 흘러나온 숭고함과 한때 이 지상에 나타난 신과 똑같은 신성의 숭고함이 반영되어 있기 때문이네. 만약 나의 성질 속에 그리스도에게 경배하고 싶은 외경심이 있는가 라고 묻는다면 나는 '단연코 그렇다'고 대답할 것이야.—나는 도덕의 최고 원리에 대한 신성한 계시인 그에게 몸을 굽힐 것일세. 또 만약 나의 성질 속에 태양을 공경하는 심성이 있는가 묻는다면 나는 다시 '단연코 그렇다'라고 대답할 것이야. 왜냐하면 태양도 마찬가지로 최고 존재의 계시이며, 또한 우리 이 지상의 자식들이 인지할 것을 허락 받은 가장 강력한 계시이기 때문이지. 나는 태양 속에 존재하는 신의 광명과 생산력을 숭배한다네. 우리는 오직 모든 식물과 동물과 함께 이 빛에 의해

[47] 마태오복음서, 마르코복음서, 루가복음서, 요한복음서를 지칭한다.

서만 살고 부지런히 힘쓰고 그리고 존재하고 있기 때문이야. 그러나 만약 누군가 사도 베드로나 사도 바울의 엄지손가락 뼈에 몸을 굽히겠느냐고 묻는다면 나는 '제발 부탁입니다. 그런 어리석은 짓은 안 합니다'라고 대답할 것이야. 우리는 사도가 '성령의 불을 *끄*지 말라!'*48고 말하고 있다는 걸 기억해야 하네.

교회의 제도 속에는 어리석은 것이 너무나 많아. 그러나 교회는 지배하려고 하기 때문에, 머리를 숙이라고 명령 받고 지배 받기를 원하는 어리석은 서민을 갖고 있지 않으면 안 되네. 지위가 높고 풍부한 급여를 받고 있는 성직자들은 하층 계급의 계몽을 가장 두려워하고 있지. 그들은 서민들이 가능한 한 오랫동안 성서까지도 멀리하게 했어. 가난한 그리스도 교구의 신자들은 풍부한 급여를 받는 주교가 군주들과 같은 호화 생활을 하는 것을 보고 어떻게 생각하겠는가. 한편으로는 군주와도 같은 주교가 6마리의 말이 *끄*는 화려한 마차를 타고 다니건만, 복음서 속의 가난하고 초라한 그리스도는 그의 제자들과 함께 겸손하게 맨발로 걸어가고 있는 것을 알게 된다면 말일세."

괴테는 계속했다. "우리는 루터에게, 그리고 넓게 말한다면 종교 개혁에게 헤아릴 수 없을 정도로 많은 은혜를 입고 있다네. 우리는 지속적으로 발전하여 나가는 문화 덕분으로 정신적인 편견의 속박으로부터 해방되었고, 그리스도교의 근원으로 다시 되돌아가 그것을 그 순수한 모습 속에서 이해할 수 있게 되었지. 우리는 다시 신의 대지 위에 두 다리로 힘주어 딛고 서서 우리 자신이 신의 은총을 받은 존재임을 느낄 수 있는 용기를 되찾은 것이야. 그렇지만 정신 문화가 아무리 점점 더 진보하여 가고 자연 과학이 아무리 더욱더 넓고 깊게 성장하여 가고 인간 정신이 아무리 자기 뜻대로 확대되어 나간다고 하더라도, 인간 정신은 복음서 속에서 널리 빛나고 있는 그리스도의 숭고함과 윤리적 문화를 능가하지는 못할 것일세!

그러나 우리 신교도들이 고귀한 발전 속에 점점 활발하게 전진하면 할수록 가톨릭 교도들도 점차 급속도로 그 뒤를 따라올 것이야. 더욱더 자기 주변으로 퍼져나가는 현대의 위대한 계몽에 자신들이 사로잡혀 있다는 것을 알아

---

*48 신약성서 데살로니카 전서 제5장 제19절에 나오는 구절이다.

차리게 되면, 그들은 어떤 태도를 취하든 결국은 그 뒤를 따라가지 않으면 안되는 것이지. 이리하여 장차 언젠가는 드디어 모든 것이 하나가 되는 때가 올 것일세.

그리고 흉측한 신교도의 종파 싸움도 그치게 될 것이고, 이것에 붙어 다니는 아버지와 아들 사이, 형제와 자매 사이의 증오심과 적개심도 없어질 것이야. 왜냐하면 사람들이 그리스도의 순수한 가르침과 사랑을 있는 그대로의 모습으로 이해하고 받아들이게 되면, 그들은 인간으로서 위대하고 자유로움을 느끼고 교회에서 예배를 올릴 때 외견상 사사로운 차이가 나는 것은 특별히 문제 삼지 않을 것이기 때문이지.

그리고 또 우리 모두는 점점 말과 신앙의 그리스도교로부터 신념과 행위의 그리스도교로 향해 나아가게 될 것이야."*49

이어 화제는 그리스도 이전에 생존했던 중국인과 인도인 그리고 페르시아인과 그리스인들 사이의 위인들에게로 바뀌었고, 신의 위력은 구약성서에 등장하는 위대한 유대인들 몇몇에게 미쳤던 것과 마찬가지로 그들 가운데에서도 작용했을 것이라는 결론에 이르렀다. 거기에서 이야기는 우리가 생활하고 있는 이 현대 세계의 위대한 사람들 사이에서 신의 작용이 어떻게 나타나고 있는가 하는 문제로 바뀌었다.

괴테는 말했다. "사람들이 하는 말로는 신이 저 아득하고 먼 옛날부터 이 세상에서 완전히 제 모습을 접고 고요 속으로 물러가 버렸다고 하네. 인간은 이제는 완전히 자립하고 살아가고 있기 때문에, 신(神) 없이 그리고 볼 수 없는 신의 입김을 받지 않고서도 매일 매일을 어떻게 살아가야 할 것인가를 알아야 한다는 것이 일반적인 의견인 것이야. 아무튼 종교나 윤리적인 사항에 있어서는 우리는 지금도 신의 영향을 인정하고 있지. 그렇지만 과학과 예술 세계에서 존재하는 모든 것은 오로지 인간에게 의존하고 있는 것이며, 순전히 인간 힘의 소산이라고 믿고 있네.

그러나 누구라도 괜찮으니 인간의 의지와 인간의 힘을 갖고, 모차르트나 라파엘로 그리고 셰익스피어라는 이름이 붙은 작품에 필적하는 것을 창출해

---

*49 다른 나라로 가서 행하는 선교사업을 말하는 것일 게다.

낼 수 있는가 한번 보고 싶군. 너무나도 잘 알고 있는 바이지만, 이것은 결코 이들 세 사람의 위인들에게만 한정된 사항이 아니야. 예술의 모든 분야에 걸쳐서 수없이 많은 탁월한 사람들이 활동하고 있고, 지금 언급한 사람들과 마찬가지로 참으로 훌륭한 것을 창출해 냈지. 그런데 그들이 저 세 사람과 마찬가지로 위대했다고 한다면, 그것은 그들이 저 세 사람과 마찬가지로 범속한 인간성을 빠져 나와 뛰어나게 신의 은총을 받고 있었기 때문이라네.

도대체 어찌된 이유 때문인가?—신은 저 유명한 천지 창조의 6일 이후에도 결코 휴식을 취하지 않았어. 오히려 최초의 날과 마찬가지로 신은 지금도 쉬지 않고 활동을 하고 있지. 만약 신이 이 물질적인 기초 위에 정신 세계를 위한 양성소를 세워 보려는 계획을 가지고 있지 않았다면, 이 삭막한 세계를 단순한 요소로 조립한다든지 연연 세세 태양 빛을 받게 해서 회전시킨다든지 하는 것은 그에게 그다지 즐거운 일이 아니었을 것일세. 따라서 신은 지금도 더 열등한 것들을 한 단계 더 끌어올리려고, 더 높은 인물들 속에서 계속하여 활동을 하고 있는 것이야."

괴테는 침묵했다. 그러나 나는 그의 위대하고 유익한 말을 내 마음속 깊이 새겨 두었다.

〈괴테와의 대화〉에 대하여

〈괴테와의 대화〉는 젊은 문학도인 에커만(1792~1854)이 1823년부터 1832년, 괴테가 세상을 떠나기까지 괴테의 만년을 함께 지내며 나눈 대화를 정리한 것이다. 괴테는 에커만의 문학적인 재능을 인정하여 그에게 바이마르에 머물 것을 간곡히 권유하였다. 이에 에커만은 괴테의 전집을 펴내는 일을 돕기로 결심했다. 그리하여 이 대문호의 저작 작업의 조수이자, 그로부터 문학과 교양을 지도 받는 제자, 또 여러 부문에 관한 의견을 나누는 친구로서 에커만이 9년 간에 걸쳐 괴테와 나눈 대화를 기록한 이 책이 나오게 된 것이다. 에커만은 이 〈괴테와의 대화〉를 괴테가 살아 있을 때에 기획하여 출판하고자 했으나, 결국 이 책은 1835년 시작하여 1848년에 이르러서야 전 3권이 모두 세상에 나오게 되었다.

〈괴테와의 대화〉는 에커만의 성실한 인품과 뛰어난 감수성, 이해력, 무엇보다도 괴테를 향한 겸허한 헌신, 그리고 괴테에게서 받은 감화와 존경심을 충실히 반사하는 거울로, 우리로 하여금 괴테의 전체상과 에커만이 포착한 인간 괴테의 위대함을 느끼게 한다. 이 책은 출판된 지 150여 년이 지났지만 일반 독자와 괴테 연구자들 사이에서 오늘도 널리 읽히고 있다.

〈괴테와의 대화〉에는 '학문과 예술의 모든 분야에 걸친 위대한 원리, 인간의 고매한 관심과 정신적인 소산, 금세기의 탁월한 사람들에 관한 괴테의 해명'이 담겨 있으며, 또 그의 자연과학에 대한 이론, 광산, 농업, 문학, 교육에 대한 극히 실제적인 견해, 그리고 가정생활 등이 구체적으로 묘사되어 있다. 그러므로 이 〈괴테와의 대화〉는 비단 문학에 대한 괴테의 내적 또는 외적 고백일 뿐만 아니라, 더 나아가서는 인생과 예술, 인간과 사회에 대한 괴테의 생각을 보여주는 작품이라고 할 수 있다.

〈괴테와의 대화〉는 인간 괴테가 만년에 스스로 달성한, 하나의 기념비적인 전체상이다. 〈시와 진실〉〈빌헬름 마이스터의 편력시대〉〈파우스트〉 제2부 등, 괴테가 자기 작품으로서 완성한 예술적 형태의 경우와 같은 소재가, 여기에서는 에커만이라는 듣는 이를 모체로 하여 색다른 형식으로 드러나고 있다. 그리하여 그 소재는 각종 인식 및 증언의 풍부한 스케치로 다시 태어났다. 이 책에는 창조자로서의 괴테가 존재하지 않는다. 여기서 등장하는 괴테는, 상대에게 영향을 줘서 그를 움직이는 사람이다. 괴테의 빛나는 본질이 하나의 거울에 반사된 셈이다. 거울에는 이 거인의 독특한 형상이 비친다. 또 괴테의 세계, 그의 세계감정, 현실의 환경세계, 정신적 세계와의 온갖 관계 등이 총괄적으로 드러난다. 늙은 괴테의 지혜는 그가 스스로 붓을 쥐고 만들어낸 유물 속에도 존재하지만, 이렇게 또 하나의 창조적 방법을 통해서도 존재하고 있는 것이다.

괴테는 긴 생애 동안 많은 벗들을 맞이했다. 그 많은 벗들 중에서, 이토록 커다란 전체상을 확보한 사람은 에커만 한 사람뿐일 것이다. 괴테와 관련된 수많은 소재를 '대화의 서사'로 펴낸 사람은 에커만 외에도 많이 있다. 그러나 이만큼 총체적인 괴테의 분위기 속에서, 괴테의 기념상을 구축한 사람은 에커만 오직 하나뿐이다.

니체는 〈인간적인 너무나 인간적인〉이라는 잠언집에서 "괴테의 작품, 특히 독일어로 쓰인 책 중 이 세상에 존재하는 최고의 책인 〈괴테와의 대화〉를 빼놓는다면, 독일의 산문문학 가운데 반복해 읽을 만큼 가치 있는 작품이 도대체 무엇이 있겠는가? 이 〈괴테와의 대화〉는 독일 산문문학의 보배다"라고 극찬했다.

또한 군돌프는 그의 명저인 〈괴테〉에서 에커만의 〈괴테와의 대화〉는 인쇄된 교과서가 아니며, 한군데 모은 예지의 수확물도 아닌 오로지 '복음서일 뿐'이라고 말하면서 '괴테의 목소리를 그처럼 순수하게 청취할 수 있는 귀를 가졌었다는 것은 에커만의 불멸의 공적'이라고 했다. 1817년 괴테의 아들인 아우구스트 괴테(1789~1830)와 결혼한 뒤 그의 집에 함께 살면서 괴테의 임종을 지킨 며느리 오틸리에는, 이 책이 나온 뒤인 1836년 영국 친구에게 보낸 편지에서 이렇게 말하고 있다. "에커만처럼 자기 자신의 감정을 전혀 개입시키지 않고 시아버님의 말을 그대로 이해해 쓴다는 것은 불가능한 일이라고 생각합니다. 우리는 이 책을 읽으면 마치 아버님의 말과 목소리를 직접 듣는 것 같은 기분이 되어 버립니다." 이것은 인간 괴테가 이 책 속에서 얼마나 생생하게 살아 숨쉬고 있는지를 말해주는 대목이다.

제2차 세계대전이 끝난 뒤인 1949년 스위스 취리히의 아르테미스 출판사는 괴테 탄생 200주년을 기념해 괴테 전집을 발행하였는데, 이 전집의 편집을 맡은 보이틀러는 프랑크푸르트에 있는 괴

에커만(1792~1854)
괴테는 에커만의 어린 시절 우상이었다. 에커만은 시인이 되려는 자신의 꿈을 접고 괴테의 조수를 자원한다. 그의 저서 〈괴테와의 대화〉는 인터뷰의 기록에 그치지 않고, 괴테의 인생·사상에 대한 정보를 예술적으로 정리한 것이다. 그는 괴테의 저작권 집행자로, 사후 작품 출판에도 관여했다.

테 생가의 관장이기도 했다. 그는 에커만의 〈괴테와의 대화〉야말로 괴테 전집 기념출판의 완결본인 셈이며, 괴테의 작품을 가장 잘 이해할 수 있게 해 주는 압권이라고 하면서, 이 책을 괴테 전집의 일부로 포함시켰다. 그뿐만 아니라 1999년 프랑크푸르트의 도이체 클라시커 출판사가 괴테 탄생 250주년을 기려 괴테의 작품 40권을 출판했을 때에도 〈괴테와의 대화〉는 똑같이 전집의 마지막 권을 장식했다.

사실 괴테의 명작들 가운데는 에커만이 바이마르로 온 뒤 그의 도움으로 착착 진행되어 완성된 것이 많다. 〈괴테와 실러의 왕복서간〉은 1828년에 출판되었고, 〈빌헬름 마이스터의 편력시대〉는 1829년, 괴테의 자서전 〈시와 진실〉의 마지막 부분인 제4부는 1831년에 완성되었는데, 이 책들이 발간되는 과정에는 에커만의 충실한 조력이 있었던 것이다. 또한 독일문학의 최고 걸작으로

평가 받고 있는 〈파우스트〉 제2부도 괴테 자신의 끊임없는 정진에 에커만의
우정어린 편달과 재촉이 더해지고, 기회 있을 때마다 행해진 각 막과 각 장에
대한 두 사람의 열띤 토론을 거쳐 괴테가 세상을 떠나기 한 해 전인 1831년 8
월에야 완성되었다. 괴테는 평소 에커만에게 "내가 〈파우스트〉 제2부를 완성
하게 되면 그것은 자네의 공적으로 돌려도 되지. 나는 이미 여러 번 이 말을
했지만, 자네가 그것을 납득하여 주기까지 되풀이하는 거라네." 이렇게 말하
곤 했다(2부 1830년 3월 7일 408쪽).

하지만 〈괴테와의 대화〉가 세상에 나왔을 때, 그즈음 문단에서는 에커만은
괴테에게 무조건적으로 "당신 말이 옳습니다!" 이런 대답만 하는 용기 없는
사람이라며 비웃는 작가들도 있었다. 그러나 우리가 이 책의 2부 1829년 2월
19일자의 일기를 본다면 반드시 그런 것만은 아니었다는 것을 알 수 있다. 여
기에는 에커만이 〈색채론〉의 일부 내용에 관해 괴테와 의견차를 보이는 장면
이 기록되어 있다. 에커만은 아직 괴테의 〈색채론〉에 익숙해 있지 않았을 때
괴테의 요청으로 그 첫 장을 읽은 뒤, 실제로 어느 해맑은 겨울날에 실험을
해 보게 된다. 그런데 그 결과 괴테의 추론 가운데 어떤 부분은 오류를 띠고
있다는 것을 발견한 것이다. 이에 그는 괴테에게 그 사실을 직접 말하지 않고
서면으로 알리려 했지만, 괴테가 재촉하자 할 수 없이 그 실험결과를 말해 주
었다. 처음에는 괴테의 얼굴색이 확연히 굳어지고 달라졌지만, 괴테는 에커만
이 자신을 사랑하고 전혀 악의가 없다는 것을 알고 있었으므로 결국 서로 화
해했다. 여기에 그의 글의 일부를 실어 보기로 한다.

괴테는 자신의 문학작품에 대한 비판에 접하는 경우에는 언제나 아주 관
대했고, 또 어떠한 반대에 접하더라도 거기에 근거가 있으면 감사하는 마음으
로 받아들였다. 그런데 이런 그가 〈색채론〉에 있어서는 훌륭한 것이라고 하더
라도 반론을 용납하지 않았던 것이 좀 이상하게 여겨질 것이다. 그러나 이 수
수께끼도 다음과 같이 생각하면 쉽게 풀린다. 그는 시인으로서는 외부로부터
더할 나위 없는 보상을 받아왔지만, 그의 모든 저작 중에서 가장 위대하면서
도 동시에 가장 난해한 이 〈색채론〉에 있어서만은 비난과 불찬성 이외의 어

떤 것도 얻지 못했다. 이에 관해서는 반평생을 통해 모든 방면으로부터 무분별한 반론만이 그를 향해 울려왔다. 그러므로 그가 쉬지 않고 하나의 자극적인 전시 상태에 몸을 두고, 언제라도 격정적인 반격 태세를 갖추고 있었던 것은 당연한 일이었을 것이다.

그는 〈색채론〉에 관한 한 출중한 아이를 가진 착한 어머니와도 같았다. 다른 사람들이 이 아이를 인정하지 않으려고 하면 할수록, 자신의 자식에 대한 애정은 더해갈 뿐이었다.(2부 1829년 2월 19일 332쪽)

에커만은 나중에는 괴테의 〈색채론〉 신봉자가 되어, 이탈리아 제노바에 있는 영국 영사의 아들인 친구 스털링을 만나서도 괴테의 〈색채론〉의 타당성에 대해 열변을 토하면서 이에 대한 주의를 환기시켰다. 또한 그는 애석하게도 괴테의 〈색채론〉이 다른 국제도시인 제네바 도서관에 비치되어 있지 않은 것을 알고는 한탄하기도 한다. 이처럼 에커만의 괴테에 대한 열정은 문학적 영역에 대한 업적에 국한된 것이 아니었다. 소레는 스위스 제네바 출신으로, 대공비 파블로브나의 초청을 받아 에커만보다 1년 앞서 1822년에 바이마르에 왔다. 그는 대공비의 요청으로 바이마르 공작의 프랑스어 교관으로 일했다. 1년 뒤 에커만이 바이마르에 오자, 소레는 그와 함께 지내며 친분을 쌓았다. 소레가 오랜 노력 끝에 1931년 드디어 괴테의 자연과학적 주저인 〈식물의 변태설〉을 프랑스어로 번역해 출판했을 때, 에커만도 괴테와 함께 무척 기뻐했다.

2000년대에 들어와서 '괴테'는 신화적인 존재가 아니라 우리처럼 죽음, 병, 고독에 대해 공포를 가진 평범한 인간으로서 재인식되며 비평가들 입에 다시 오르내리고 있다.

에커만의 〈괴테와의 대화〉를 자세히 살펴보면, 우리는 괴테가 얼마나 죽음과 병 때문에 괴로워했으며 스스로를 불행한 인간으로 생각했는지를 곳곳에서 찾아볼 수 있다. 이와 같이 괴테 또한 우리처럼 약점 많고 불행한 인간이었다. 괴테는 많은 고통을 당하면서도 불행과 공포에서 벗어나 자기가 원하는 인물이 되기 위해 환경과 싸우며 무한히 노력하지 않으면 안 되는 인간이었던 것이다. 그러나 그는 늘 그 인간 속에서 훌륭한 것을 찾기 위해 노력했고, 일생을 바쳐 그것을 높은 수준으로 고양시키려 애썼다. 이것이 바로 괴테를 평범한 작가가 아닌 독일을 넘어선 세계 문화에 내려진 축복으로 만든 것이다. 또한 그는 모든 인간이란 훌륭하게 개발될 수 있는 가능성을 갖고 있다고 생각했으며, 이런 면에 괴테의 교육자로서의 이상(理想)이 숨어 있는 것이다.

이러한 괴테의 흥미, 신념, 희망은 바로 '휴머니티'였다. 그의 모든 작품은 휴머니티를 순화하고 고양시키려는 목적을 위한 것이다. 인생에 대한 그의 신념은 바로 이 휴머니티의 승리에 대한 신념이며 우주에는 도덕적인 질서가 있다는 것에 대한 신념이었다. 우리는 에커만의 〈괴테와의 대화〉에서 휴머니티의 실현을 위한 괴테의 노력을 배우고, 생의 무의미를 극복하고 좀 더 높고 좀 더 아름다운 것을 인생 속에 구현하기 위한 우리 노력의 한 규범으로 사용해야 할 것이다.

에커만의 자서전에 의하면, 그는 1792년 9월 21일 뤼네브르크와 함부르크 사이의 루에 강변의 작은 도시 빈젠에서 태어났다. 가난한 집 출신인 그는 소년 시절에도 집 안에 할 일이 없을 때를 빼고는 학교 가는 것이 허락되지 않았다. 봄이 되어 엘베 강의 범람이 물러가면 그는 강의 안쪽 둑으로 나가서, 밀려온 갈대를 모아 암소의 잠자리를 만들어 주는 일을 했다. 이어 넓은 목장에 새싹이 돋아오면 다른 아이들과 함께 암소를 지키면서 긴 하루를 보냈다. 또 그는 여름 한동안은 밭에 나가 들을 가는 일을 도왔다. 또 1년 내내 집에서 사용할 연료를 얻기 위해 10리 떨어진 숲 속으로 가서 마른 나무를 끌고 오기도 했다. 가을이 되어 추수를 해야 할 때에는 여러 주일을 들녘에서 이삭 줍기를 했고, 가을바람이 불어오면 오래 된 떡갈나무 열매를 모아 거위를 기르는 잘사는 사람들 집에 가져가 팔았다. 열두세 살이 되었을 때 에커만은 이 마을 저 마을을 다니면서 행상을 하는 아버지를 도와 물건을 날랐는데, 이때가 그의 소년 시절 가운데 제일 즐거운 추억으로 남아 있다고 했다.

열네 살 때 그는 우연한 기회에 자기가 그림그리기에 남다른 재주를 지니고 있다는 것을 깨달았다. 그래서 그림을 그리는 것에 관심을 갖게 된 그는 한번은 이웃집 도공에게서 그릇 그림을 그릴 때 본보기로 사용하는 문양집을 빌려다가 열심히 모사를 했다. 그런데 그의 그림이 너무나 훌륭해서 금방 소문이 났다. 그 소문은 그 지방의 제일인자인 마이어의 귀에까지 들어가게 되었다. 그는 에커만의 그림을 보고 매우 감탄하여, 어느 날 에커만을 불러 장차 화가가 되고 싶으면 학교를 졸업하자마자 함부르크에 있는 대가에게서 배울 수 있도록 주선하겠다고 말했다. 그러나 에커만의 부모는 화가라면 집을 페인트칠하는 칠장이로만 여겨서, 아들이 화가가 된다면 높은 건물을 칠하는 등의 힘들고 위험한 일을 해야 할 것이라고 걱정을 했다. 그래서 결국 이 일은 없었던 걸로 결말이 내려졌다. 그러나 그 뒤부터 그를 주목하고 여러 가지로 도와주려는 사람들이 나타났다. 그래서 그는 소수의 상류사회 아이들의 개인교습에 끼여 프랑스어를 배우고 라틴어와 음악도 배울 수 있는 기회를 얻는다.

에커만은 상급학교로 진학하고 싶었지만 경제적인 형편이 이를 허락하지 않았다. 또 늙은 부모를 조금이라도 도와드려야 했기 때문에 초등학교를 졸업하자마자 시골 재판소의 서기가 되었다. 그곳에서 일하던 그는 추천하는 사람이 있어, 1813년까지 베벤젠 시장의 비서로 근무했다.

이 시기에 독일에서는 나폴레옹의 지배로부터 벗어나려는 이른바 해방전쟁(1813~1815)이 일어났다. 젊은 에커만도 애국심에 불타 직장을 그만두고 고향으로 돌아가 자원군에 동참했다. 그의 부대는 프랑드르와 브라반트 지방으로 진격했는데, 여기에서 처음으로 위대한 네덜란드 화가들의 그림을 만나 화가란 무엇을 의미하는지를 깨닫게 된다. 그는 어린 시절의 일을 생각하면서 화가로 입신하기로 결심한다. 그러나 에커만은 곧 화가가 되려면 대가 밑에서 철저하게 그림공부를 해야 함을 알게 된다. 그리고 때마침 하노버에서 안락하게 살고 있던 어린 시절 친구에게로 가 그의 신세를 지면서 그즈음 유명한 화가인 람베르크 밑에 제자로 들어가기로 한다. 에커만이 람베르크에게 가서 자신의 희망을 말하자, 람베르크는 그에게 예술보다는 빵 해결이 선결문제이며, 그림 수준을 향상시키려면 오랜 시간이 걸린다는 것을 이야기해 준다. 그리고 예술로 생계를 꾸려가는 것은 상당히 어려운 일이라고 말하면서도 에커만의 희망을 들어주었다. 마침내 그는 친구 집에 기거하면서 그림그리기에 전념하여 상당한 진전을 보았다. 그러나 그는 수개월에 걸친 종군생활로 축적되어 있었던 과로로 중병에 걸려 그림공부를 포기해야만 했다.

에커만은 더 이상 친구의 신세를 지고만 있을 수는 없어, 건강이 회복되자 하노버의 군복 업무 담당 부서에 취직을 하였다. 이때 그는 람베르크의 제자인 전도유망한 미술학도와 사귀게 되었는데, 이 친구의 영향으로 처음으로 문학에 관심을 가지게 되었다. 그즈음에는 테오도르 쾨르너가 청년들 사이에서 숭배의 대상이었다. 에커만 역시 그의 시집 〈7현금과 검(劍)〉을 읽고는 크게 감명을 받았다. 그는 자기도 전쟁터에서 큰 고초를 겪었던 일을 쾨르너처럼 시로 써보자고 생각하고는 시 창작을 하여 수백 부를 자비로 인쇄해서 시중에 배포했다. 이 시집은 예상 외로 성공을 거둬 잡지에 실려 곳곳으로 팔려나갔다. 한 작곡가는 이것을 작곡에 쓰기도 했다. 그때 스물네 살이던 그는 이 성공에 용기를 얻어 계속 시를 썼지만, 점차 자신이 정신적으로 교양이 부족함을 느끼게 된다. 그리하여 친구의 권유를 받아들여 실러와 클롭슈토크의 작품을 읽었는데, 그것들은 에커만의 감탄을 자아내기는 했지만 어딘지 마음에 들어맞지는 않았다.

그러던 중 우연한 기회에 에커만은 괴테의 시를 읽고 괴테야말로 자기 마음에 꼭 드는 시인이라는 것을 알았다. 그는 곧 괴테에 깊이 빠져버려 〈빌헬름 마이스터의 도제시대〉, 〈시와 진실〉, 〈희곡집〉, 〈파우스트〉를 속속 구입해 읽어 나갔다. 에커만은 괴테에 대한 찬탄과 사랑의 정이 괴테를 읽으면 읽을수록 더해가, 나중에는 괴테 말고는 생각하지도 않고 말하지도 않을 정도였다. 에커만은 괴테의 작품으로 어느 정도 문학적 기초를 다져 가며 계속해서 시를 썼다. 번역이 잘된 셰익스피어와 소포클레스, 호메로스 작품도 읽었다. 그러나 어학이나 역사 분야의 특수한 전문 지식은 인문계통 고등학교와 대학에서만 가르치며, 많은 훌륭한 인물들의 전기를 읽어 보면 그들은 예외 없이 인문계통 고등학교를 졸업하고 대학교육을 받았다는 것을 알게 되었다. 그 뒤로 에커만은 독학하는 것을 그만두고, 하노버 고등학교 교수에게서 1년 동안 착실하게 고대 그리스어와 라틴어의 개인교습을 받았다. 다행히도 고등학교

파우스트와 마르그리트, 메피스토와 마르트 부인
파우스트 제2부는, 괴테와 에커만의 끊임없는 노력으로 괴테가 세상을 떠나기 한 해 전인 1831년에야 완성되었다.

수업시간은 대부분 그의 직장 근무시간과 겹치지 않았기 때문에 상관의 허락을 받고 어느 일요일 오후 교장을 찾아가 입학시험을 치른 뒤 제2급에 편입학을 했다. 에커만은 그때 스물다섯 살이었다. 국가공무원 신분이었지만 젊은 학생들과 어울려 열심히 공부했다.

그는 새벽 5시에 일어나 예습을 하고 8시부터 10시까지 학교에서 수업을 받고는, 서둘러 사무실로 돌아와 1시까지 일을 했다. 그러고는 집에 가서 간단히 점심식사를 마친 뒤 학교로 가서 4시까지 계속되는 수업을 들은 뒤 다시 사무실에서 7시까지 일을 했다. 그 이후의 시간은 예습과 개인교습으로 보냈다. 이렇게 무리했기 때문에 에커만은 점점 건강을 해쳐, 학교를 그만두든지 직장을 그만두든지 두 가지 가운데 하나를 택해야 했다. 언제나처럼 생계를 위한 경제적 문제를 우선 생각해야 했던 그는 결국 학교를 그만두었다.

그러나 대학에 진학하는 것이 목표였던 에커만은 포기하지 않고 계속 개인교습을 받았다. 드디어 괴팅겐대학으로 갈 결심을 한 뒤 윗사람에게 사표를 제출했다. 상관은 그가 진지하고 굳은 결심으로 한 치의 양보도 하지 않을 것이라는 점을 알고 그의 사표를 받아 주었다. 그리고 그의 대학 공부를 위해 자신의 봉급에서 2년 동안 매년 150탈러를 내 주었다. 이리하여 그는 1821년 5월 상관이 내준 150탈러와 시집의 예약출판으로 번 150탈러를 챙겨, 그리고 그리던 괴팅겐대학으로 향했다. 에커만은 처음 1년간은 후원자들의 요구대로 법률학을 공부했지만 아무래도 만족할 수가 없었다. 그의 머릿속은 언제나 문학과 미술 같은 한층 더 높은 인간적인 교양에 관한 것으로 가득 차 있었다. 그래서 결국 그는 2년째에 접어들면서 법률연구는 단념하고 주로 어학에 힘을 쏟았다. 그럴 즈음 금전적인 원조도 끊어지고 자신도 시론(詩論)을 써보고 싶다는 생각이 간절해져 1822년 가을, 에커만은 대학을 떠나 하노버 근처의 시골집으로 가 〈시학논고〉를 썼다. 경제적인 사정으로 인세를 충분히 받아야 했던 에커만은 원고를 괴테에게 보내, 폰 코타 출판사에서 자신이 쓴 시론을 출판할 수 있도록 추천장을 써 달라고 부탁했다. 그리고 나서 곧 괴팅겐에 돌아가, 괴테에게 자신의 경력과 학력, 시집 한 부를 보냈다. 그 뒤 그는 괴테에게서 답장을 받은 것은 물론이거니와, 여행자의 입을 통해 괴테가 자신에게 호의를 갖고 있고 〈예술과 고대〉 지상에 자신에 대해 언급할 작정이라는 말을 들었다. 직접 괴테를 한번 만나보고 싶다는 생각을 한 에커만은 5월 끝 무렵, 집을 떠나 걸어서 바이마르로 갔다.

괴테는 특히 에커만의 '괴테와 관련된 시학논고'를 읽고 그에게 호감을 가지게 되었다고 한다. 그리고 에커만을 직접 만난 뒤로는 에커만이야말로 자기가 찾던 사람이라고 생각해, 그에게 자신과 함께 바이마르에 머물러 달라고 간청했다. 에커만은 이를 받아들여 괴테 전집 편찬을 도우면서, 한편으로는 그의 문학활동의 주목적인 〈괴테와의 대화〉를 계속 써내려 갔다.

1825년 에커만은 괴테의 추천으로 예나대학에서 문학박사 학위를 받았다. 1829년부터 1839년까지는 왕자인 카를 알렉산더의 영어 교육관으로 일했다. 그리고 1843년에는 바이마르의 궁정고문관에 임명되기도 했다. 본문 중에서도 수 차례 나오지만 에커만은 새를 무척 사랑했다. 그는 새소리만 듣고도 그 새의 이름을 맞힐 수 있을 정도였고, 언제나 새를 관찰하여 여러 종류의 습성과 특징을 파악하고 있었다. 그래서 그의 바이마르 집은 새장으로 가득 채워져서 '새 동물원'이라는 별명으로 불리곤 했다(637~642쪽). 1834년 태어난 에커만의 아들 카를은 화가로 성장하여 아버지의 소원을 풀어 주었는데, 그는 아버지가 집에서 사육했던 새들을 즐겨 그림에 담았다. 에커만은 1854년 12월 3일 바이마르에서 세상을 떠났다. 묘는 괴테의 묘와 가까운 곳에 있다.

에커만은 정열적이며 신뢰할 만한 멋진 청년이었지만, 독창적인 재능을 갖지는 못했다. 오히려 꼼꼼하고 충실했으며 말수가 적어 항상 일말의 희극적 유머가 감도는 사람이었으며, 그 한계를 괴테 자신은 이미 알고 있었을 것이다. 그렇기 때문에 괴테는 그 한계 자체를 가장 유효하게 활용하여, 그의 목소리를 허심탄회하게 듣는 에커만의 귀와 붓으로 불멸의 공적을 낳는데 성공한 것이다. "〈괴테와의 대화〉는 인쇄된 교과서가 아니며, 한군데 모은 예지의 수확물도 아닌, 오로지 복음서일 뿐이다…… 그것은 소리이며, 문자가 아니다." 군돌프가 말한 것도 이 의미에서일 것이다.

이 괴테의 살아 있는 목소리, 바이마르의 복음은, 지금은 변함없이 불후의 고전으로서 우리들의 귀와 눈에 전달되고 있다.

스위스 취리히 대학에서 독문과 교수를 지낸 에밀 슈타이거는, 괴테가 세상을 떠난 다음 날 아침 그 시신 옆에 서서 감회에 젖어 있는 에커만의 모습과 그의 상황 묘사에 깊은 인상을 받았다. 그는 자신의 방대한 〈괴테〉(1959) 3권 마지막 장에 다음과 같은 에커만의 글 전문을 실으면서 그의 탁월한 표현력에 감탄을 표했다.

"이만큼 많은 과거의 것이 관(棺) 속에서 나와, 전통이 소행한 일은 없다. 다시금 인간의 재산으로 생기에 찬 형자(形姿), 또한 언어가 되었던 일도 없다."

괴테가 운명을 달리한 다음 날 아침, 나는 이미 세상을 떠난 그의 모습을 한 번만 더 보고 싶다는 간절한 그리움에 사로잡혔다. 그의 충실한 하인인 프리드리히가 그가 안치되어 있는 방을 열어 주었다. 반듯이 드러누워 있는 그는 마치 잠이 들어 있는 사람 같았다. 그의 숭고하고 고귀한 용모 전체는 깊은 평화와 견고함이 지배하고 있었다. 그의 억센 이마에는 아직도 사상이 깃들어 있는 것 같았다. 나는 그의 머리카락을 조금 잘라 내 간직하고 싶었지만 황공한 생각에 짓눌려 결국 그렇게 하지 못했다. 육체는 옷이 벗겨진 채로 흰 시트로 싸여 있었고 주위에는 큰 얼음 덩어리들이 놓여 있었다. 이것은 유해를 가능한 한 오랫동안 시원하게 보존하기 위함이었다. 프리드리히가 그 시트를 열어 보여주었다. 그러자 나는 신성하리만큼 장엄한 그의 머리와 발끝까지 온몸을 보고 눈을 크게 뜨지 않을 수 없었다. 가슴은 아주 억세고 넓고 솟아나와 있었으며, 팔과 넓적다리는 토실토실하니 부드럽게 살이 쪄 있었다. 다리는 화사하게 참으로 아름다운 모양을 하고 있었다. 신체의 어느 부분에서도 비대하거나 마르고 쇠약한 흔적은 찾아 볼 수 없었다. 한 사람의 완벽한 인간이 위대한 아름다움을 갖고 내 앞에 누워 있었다. 나는 감동한 나머지 순간적으로 저 불멸의 정신이 이 유해를 떠나가 버렸다는 것을 잊고 있었다. 나는 손을 그의 가슴에 갖다댔다.—한없이 깊은 침묵뿐이었다.—나는 옆으로 몸을 돌리고 참고 참았던 눈물이 하염없이 흘러내리도록 그대로 두었다.(2부 512~513쪽)

이 책은 Deutscher Klassiker Verlag의 괴테 전집 제39권 〈Gespräche mit Goethe〉를 텍스트로 하여 번역되었다.

Johann Peter Eckermann

〈Gespräche mit Goethe〉

Übersetzt und kommentiert

von

Kwack Bok Nock

괴테 연보

1749년 8월 28일 프랑크푸르트 암 마인에서 아버지 요한 카스파르 괴테(1710~ 1782)와 어머니 카타리나 엘리자베트 텍스토르(1731~1808) 사이에서 태어남.

1759년 프랑크푸르트가 프랑스군에 점령됨—7년 전쟁(1756~1763).

1764년 4월 3일 마리아 테레지아 여왕의 장남 요셉 2세가 신성로마제국의 황제로서 프랑크푸르트에서 대관식을 올림. 괴테도 이 광경을 구경함.

1765년 이 해의 10월부터 1768년까지 라이프치히 대학에서 법학 공부.

1767년 처녀 시집 〈안네테〉, 희곡 〈연인의 변덕〉 완성.

1768/70년 병으로 고향 프랑크푸르트에서 요양하면서 지냄.

1770년 이 해의 3월부터 1771년의 여름까지 슈트라스부르크에 유학 생활을 함. 이 때 헤르더를 알게 되어 가깝게 지냄. 제젠하임을 방문하여 프리데리케 브리온(1752~1813)과 알게 됨. 법학사 학위 취득.

1771/72년 프랑크푸르트에서 단기간 변호사 개업. 〈괴츠 폰 베를리힝겐의 이야기〉를 희곡으로 씀. 프랑크푸르트 학예지에 '독일건축에 관해서'기고.

1772년 5월부터 9월까지 베츨라에서 체류. 케스트너의 약혼자 샤를롯테 부프(1753~1828)를 알게 됨.

1773/75년 프랑크푸르트에서 익살극, 사육제극, 시 등을 씀. 희곡 〈클라비고〉, 〈파우스트〉와 〈에그몬트〉 집필 개시. 〈젊은 베르테르의 슬픔〉 발표. 릴리 쇠네만(1758~1817)과 약혼.

1775년 5월부터 7월까지 스위스 여행. 11월 카를 아우구스트 공(1757~1828)의 초빙을 받고 바이마르로 이주.

1776년 추밀원의 일원으로 임명. 괴테의 추천으로 헤르더가 종교총감독에 임명됨. 샤를롯테 폰 슈타인(1742~1827)을 알게 됨. 일메나우 채광에 착수.

1777년 11월부터 12월까지 하르츠 여행.

1778년 5월 베를린 방문—바이에른 왕위계승전(1778~1779).

1779년 군사 및 도로공사위원 취임. 산문극 〈이피게니에〉를 씀. 9월부터 1780년 1월까지 스위스 제2차 여행.

1782년 귀족 증서를 받음. 내각의 수반이 되고 재무관리의 책임도 함께 위임 받음.

1784년 해부학 연구. 악간골 발견.

1785년 군주동맹 토의. 식물학 연구 시작.

1786년 이 해 9월부터 1788년 6월까지 이탈리아 여행. 운문극 〈이피게니에〉와 〈에그몬트〉를 완성.

1788년 정무에서 물러남. 크리스티아네 불피우스(1765~1816)를 알게 됨. 〈로마 비가〉를 씀.

1789년 12월 아들 아우구스트가 태어남(1830년 사망). 다섯 아이 중 혼자 살아 남은 아이임.

1790년 8권으로 된 괴테 저작집을 펴냄. 예나대학 총감독 위임받음. 3월부터 6월까지 베네치아 체류. 〈베네치아의 경구〉. 7월부터 10월까지 슐레지엔 야영. 해부학, 식물학, 광학 등의 자연과학 연구. 〈식물의 변태설〉을 씀.

1791년 궁정극장 총감독 취임(1817년까지 26년간). '대코프타'. '광학논집' 2편.

1792년 8월부터 11월까지 프랑스 원정—제1차 대프랑스연합전쟁(1792~1795). 〈신판저작집〉 출판되기 시작(7권 1799년까지). 1793년 〈라이네케 푹스〉. 〈시민장군〉. 5월부터 7월까지 마인츠 포위.

1794년 실러(1759~1805)와의 친교 시작. 〈빌헬름 마이스터의 도제시대〉(1796년 완성).

1795년 〈호렌〉. 〈독일 망명자의 담화〉. 〈메르헨〉.

1796년 실러와 공동으로 2행시 형식의 풍자시인 〈크세니엔〉을 씀. 〈헤르만과 도로테아〉 완성.

1797년 〈담시〉 발표. 7월부터 11월까지 남독일, 스위스 여행.

1798년 잡지 《프로필레엔》(1800년까지) 간행.

1799년 〈아킬레스〉—제2차 대프랑스연합전쟁(1799~1802).

1801년 안면단독(顏面丹毒)에 걸림.

1802년 예나의 프롬만가와 교제. 거기에서 빌헬미네 헤르츠리프(1789~1865)를 알게 됨.

1803년 〈사생아〉발표. 헤르더 사망.

1804년 스탈 부인 내방. 〈빙켈만〉을 씀—나폴레옹 황제 즉위.

1805년 신장 기능 이상으로 중병을 앓음. 실러 죽음. 첼터(1758~1832)와의 친교가 시작됨.

1806년 10월 14일 예나결전. 바이마르가 프랑스군에 의해 점령됨. 크리스티아네 불피우스와 정식 결혼—라인동맹 체결.

1807년 〈파우스트〉 제1부 완성. 〈판도라〉 집필 시작.

1808년 〈파우스트〉 제1부 출판. 12권으로 된 최초의 전집(1806~1808). 에어푸르트에서 나폴레옹과 처음 만남—제3차 대프랑스연합전쟁(1805~1807) 종결.

1809년 〈친화력〉 발표. 〈자서전〉 집필 시작—나폴레옹의 대오스트리아 원정. 티롤, 스페인, 칼라브리아에서의 봉기.

1810년 〈색채론〉 완성.

1811년 〈나의 생애에서—시와 진실〉 집필 계속, 1831년에 완성.

1812년 베토벤 및 오스트리아 여황제 마리아 루도비카를 만남—나폴레옹의 러시아 원정.

1813년 4월부터 8월까지 테플리츠 체류—나폴레옹 대 러시아, 프러시아, 오스트리아 동맹군과의 전쟁. 10월 16일부터 18일에 걸쳐 라이프치히 결전. 1814년 4월 나폴레옹 퇴위, 엘바 섬에 격리됨. 빈회의가 개최됨.

1814년 〈에피메니데스 잠을 깸〉. 마인 강, 라인 강 유역 여행. 마리안네 빌레머(1860년 사망)를 알게 됨.

1815년 다시 마인 강, 라인 강 유역 여행. 폰 슈타인 남작과 함께 쾰른 여행. 두 번째의 전집 간행 20권(1815~1819)—나폴레옹 100일 천하. 워털루 전쟁.

나폴레옹 세인트 헬레나 섬에 유배. 바이마르가 대공국이 됨.

1816년 크리스티아네 죽음. 잡지 《예술과 고대》(1832년까지 계속) 간행.

1817년 극장 총감독의 지위에서 물러남. 아들이 오틸리에 폰 포그비시(1796~1872)와 결혼하여 이후 손자 발터(1818~1885)와 볼프강(1820~1883)이 태어남. 손녀 알마는 1845년 17세로 죽음. 잡지 〈자연과학에 관해〉(1824년까지 계속)─10월 발르트부르크 축제.

1819년 〈서동시집〉 완성. 베를린에서 〈파우스트〉의 여러 장면 처음으로 상연.

1821년 〈빌헬름 마이스터의 편력시대〉 제1부 〈초판〉 출간. 7월부터 8월까지 보헤미아의 요양지에 체류. 이 때 마리엔바르트에서 울리게 폰 레베초브(1804~1899)를 알게 됨.

1823년 이 해 연초에 중병. 요한 페터 에커만(1792~1854)의 바이마르 내방. 〈마리엔바르트의 비가〉.

1825년 〈파우스트〉 제2부의 집필 다시 시작.

1826년 〈전집 결정판〉 1831년까지 40권, 그리고 1833년부터 42년까지 20권 증보. 그 중의 제1권은 〈파우스트〉 제2부(1833년). 실러의 두개골을 손에 쥐고 관찰. 〈단편소설〉을 위한 시.

1827년 〈중국과 독일 세시기(歲時記)〉.

1829년 〈빌헬름 마이스터의 편력시대〉 완결.

1830년 아들 아우구스트가 로마에서 죽음. 파리의 아카데미에서의 퀴비에와 죠프로와의 논쟁에 깊은 관심을 보임─파리의 7월 혁명.

1831년 유서 작성. 〈파우스트〉 제2부 완결. 일메나우에서 마지막으로 탄생일을 축하함.

1832년 3월 14일 마지막 외출. 3월 16일 발병.

3월 22일 별세─3월 26일, 카를 아우구스트 공가의 묘소에 묻힘.

권위 있는 괴테 전집(Weimarer Ausgabe)은 바이마르의 대공비인 조피에 의해 1887년에 출판을 시작하여 1919년에 완결된 것임. 제1부 창작 63권, 제2부 자연과학 논문 14권, 제3부 일기 16권, 제4부 서간 50권 등 모두 143권으로 되어 있음.

곽복록(郭福祿)

일본 조치(上智) 대학교 독문학과 수학. 서울대학교 독문학과 졸업. 미국 시카고 대학교 대학원 독문학과 졸업(석사). 독일 뷔르츠부르크 대학교 독문학과 졸업(독문학 박사). 서울대학교·서강대학교 독문학과 교수 역임. 한국독어독문학회 회장. 한국괴테학회 초대회장. 서강대학교 명예교수 역임. 지은책 《독일문학의 사상과 배경》 옮긴책 프리덴탈 《괴테 생애와 시대》 요한 볼프강 괴테 《파우스트》 《젊은 베르테르의 슬픔》 《빌헬름 마이스터의 수업시대·편력시대》 《친화력》 《헤르만과 도로테아》 《이탈리아 기행》 《시와 진실》 《괴테시집》 《괴테전집(12권)》 토마스 만 《마의 산》 카를 힐티 《잠 못 이루는 밤을 위하여》 니체 《차라투스트라는 이렇게 말했다》 《비극의 탄생》 《즐거운 지식》 《권력에의 의지》 안데르센 《안데르센 동화전집》 등이 있다.

세계사상전집068
Johann Peter Eckermann
GESPRÄCHE MIT GOETHE
괴테와의 대화Ⅱ
요한 페터 에커만/곽복록 옮김
동서문화창업60주년특별출판
1판 1쇄 발행/2016. 11. 30
발행인 고정일
발행처 동서문화사
창업 1956. 12. 12. 등록 16-3799
서울 중구 다산로 12길 6(신당동 4층)
☎ 546-0331~6 Fax. 545-0331
www.dongsuhbook.com
*

사업자등록번호 211-87-75330
ISBN 978-89-497-1583-4 04080
ISBN 978-89-497-1514-8 (세트)